KB070547

아동 심리치료의 실제

—— 심리장애별 치료 ——

신현균 저

학지사

머리말

 필자가 대학에서 후학을 양성하면서 안타까웠던 점은 임상심리학자의 관점에서 쓴 아동, 청소년 심리치료에 대한 국내 사례집이 없다는 것이었다. 과거 임상심리연구소에서 아동, 청소년 심리치료에 전념할 때 성인 심리치료와는 다른 어려운 문제들에 끊임없이 부딪히면서 시행착오를 겪었었다. 이론을 실제 상황에 적용하려면 예상하지 못했던 일들이 일어나기 때문에 아동 치료에서 세심하게 고려해야 할 점들이 많다는 것도 점차 알게 되었다. 이런 기억들을 떠올리며 현장에서 일하는 치료자들과 심리치료를 공부하는 학생들에게 실제적인 도움이 되는 사례집을 쓰고 싶었다.

 이 책은 비교적 흔한 심리장애를 가진 아동들을 심리치료했던 사례들 중 비교적 성공적인 사례들을 모은 것이다. 실제 국내 사례들에 바탕을 두고 심리평가와 심리치료 과정을 상세히 담고 있지만, 내담자의 개인적인 정보들은 모두 수정하였으며 비슷한 여러 사례들을 하나의 사례로 통합함으로써 개인 정보가 유출되지 않도록 하였다. 즉, 실제 사례에 근거를 두고 있지만 사적인 정보를 보호하기 위해 가상적인 부분들이 포함되어 있다.

 이 책의 구성을 보면, 제Ⅰ부에는 아동 심리치료를 할 때 알고 있어야 할 기본적인 내용들을 기술하였고, 제Ⅱ부에 사례들을 제시하였다. 즉, 제Ⅰ부에서는 성인 심리치료와는 다른 아동 심리치료의 특성에 대해 기술하고, 아동 심리치료의 주요 이론들에 대해 간략하게 소개하였다. 그리고 이 책의 모든 사례들에서 채택한 심리치료 과정, 즉, 첫 면담부터 시작해, 심리평가, 사례개념화, 그리고 치료 단계별로 고려해야 할 점들을 설명하였다. 또한 대부분의 아동, 청소년 치료에서 중요한 부분을 차지하는 부모 교육에 대해서도 소개하였다.

제Ⅱ부에서는 열 가지의 주요 심리장애별로 치료 사례를 제시하였다. 개별 내담자에 대한 치료 계획을 세우려면, 심리평가를 통해 현재 문제나 성격 특성, 가족 특성 등 다양한 요인을 고려함으로써 가장 적합한 치료 입장과 기법들을 선택하는 것이 필요하다. 필자는 기본적으로 아동중심적 접근과 인지적 접근을 선호하지만, 사례에 따라서는 행동치료나 정신역동적인 치료가 필요하며, 때로는 절충적인 입장에서 치료하는 것이 가장 효과적인 경우도 있다. 또한 부부치료나 가족치료가 반드시 병행되어야 하는 경우도 있다. 따라서 각 진단별 특성과 내담자의 특성에 따라 가장 적합하다고 생각되는 치료적 접근과 기법들을 적용하였다. 내담자와의 첫 만남부터 치료 종결까지 시간적인 순서에 따라 사례를 기술하였다. 즉, 현재 문제, 첫 면담과 행동관찰에서 얻은 정보, 심리검사 원자료와 해석, 사례개념화와 심리치료 계획을 기술하였다. 다음으로, 실제 수행된 심리치료 과정을 초기, 중기, 후기, 종결기로 나누어 기술하고, 주요 부분들의 축어록과 그림 등의 자료들을 제시하였다.

이 책이 각 심리장애의 비교적 전형적인 치료 사례들을 제시하고 있어 아동 심리치료에 관여하는 분들에게 지침서 역할을 할 수 있을 것으로 기대한다. 심리학뿐 아니라 상담학, 정신의학, 아동학, 사회복지학, 간호학 등 아동과 청소년의 정신건강에 관여하는 다양한 분야의 상담자들에게도 이 책이 실질적인 도움이 되기를 바란다. 실제 현장에서 만나는 내담자들은 비록 같은 진단을 받은 경우라 하더라도 한 사람 한 사람이 모두 독특한 특성을 갖고 있다. 따라서 이 책을 기본적인 지침서로 참고하되, 각 사례마다 치료자의 창의성과 융통성을 발휘하라고 권하고 싶다. 또한 이 책이 국내 아동 심리치료에 대한 초창기 사례집인 만큼 부족한 부분도 있을 것이다. 따라서 이 책으로 공부하는 치료자와 학생들은 여기서 채택한 심리치료 방법이나 과정 등에 대해 비판적인 시각을 가지는 것도 필요하다고 생각한다.

이 책은 2009년에 아산재단총서로 초판이 출판된 이후 새로운 참고문헌들을 반영해 제Ⅰ부의 내용을 일부 보완한 것이다. 책이 출판되기까지 여러분들의 도움이 있었다. 자료 정리를 도와준 안문희 선생과 출판을 맡아 수고해 주신 학지사 관계자 여러

분께 감사드린다. 든든한 지원자인 가족, 항상 따뜻한 동료애로 지지해 주시는 전남대 심리학과 교수님들, 이 책을 저술해야 할 필요성을 절실하게 느끼게 해 준 제자들, 그리고 최고의 스승이었던 어린 내담자들에게 고마움을 전하고 싶다.

2014년 4월

신현균

차 례

제3장 아동 심리치료 과정　　　　　　　　79

제4장　부모교육과 상담　　　　　　　　　　　　　　117

 제2부　아동 심리장애별 치료사례

제5장　불안장애 아동의 아동중심 놀이치료　　　　　　149

제6장 우울장애 아동의 아동중심 놀이와 사회기술 훈련 결합치료 및 부부 상담 189

제7장　주의력결핍 및 과잉행동 아동의 인지행동치료　　　241

제8장　학습장애 아동의 학습치료　　　　　297

제9장　분리불안장애 아동의 지지치료　　　　　340

제10장 등교거부 아동의 정신역동적 놀이치료

제12장 외상후스트레스장애 아동의 지지치료 469

제13장 학습부진 아동의 구조화된 단기 학습기술 향상치료 517

제14장 게임 과몰입 아동의 인지행동치료　　　　562

제1부

아동 심리치료의 기초

제1장

아동 심리치료의 특성

아동 심리치료의 특성

아동을 대상으로 심리치료를 할 때는 아직 발달 과정상에 있는 아동이라는 특성을 고려하여 연령에 적합한 치료 목적, 치료 과정 그리고 치료 기법들을 사용하는 것이 중요하다. 이 장에서는 성인과는 다른 아동의 특성들을 살펴보고, 아동 심리치료를 할 때 특히 고려해야 할 점과 아동 심리치료자의 역할과 자질, 독특한 경험 등에 대해 알아보겠다.

1. 아동의 특성에 적합한 심리치료

아동 내담자의 특징으로는, 성격이 발달하는 과정에 있고 자아가 미숙하며 행동하려는 욕구가 있고 성장하려는 욕구를 나타내지만 또한 보호자에게 의존적이라는 점을 들 수 있다(Chethik, 2000/2003). 첫 번째로 아동은 덜 발달된 자아로 인해 현실을 객관적으로 파악하기 어려우며 대처 능력 또한 미숙할 수밖에 없다. 자신이 겪고 있는 어려움에 대해서도 잘 인식하지 못하므로 자발적인 치료 동기를 갖기 어렵다는 점이 아동 치료에서 고려되어야 한다. 두 번째로 대부분의 성인 심리치료가 대화를 통해 이루어지는 것과 달리, 아동은 언어발달과 인지 능력이 미숙하며 행동화하려는 경향이 있으므로 대화를 주된 방법으로 하는 심리치료를 하는 것이 어려운 경우가 많다. 따라서 아동의 이러한 특성을 고려해 놀이나 게임, 예술적인 활동 등을 위주로 하는 심리치료를 하는 것이 바람직하다. 세 번째로 고려해야 할 사항은 아동의 삶의 많은 부분이 보호자에 의해 통제되고 영향을 받는다는 점이다. 이는 아동의 심리적인 문제를 이해하고 치료하는 데서 부모를 포함한 보호자의 역할과 참여가 중요하다는 것을 뜻한다.

1) 부정확한 현실 파악과 치료 동기의 부족

아동의 연령이 어릴수록 미숙한 인지 능력으로 인해 외부 현실에 대해 객관적인 지각을 잘하지 못한다(Pledge, 2004/2005). 또한 현실적인 대처 능력도 발달하지 못했기 때문에 사소한 외부 자극에 의해서도 쉽게 영향을 받게 된다. 따라서 성인의 관점에서 보자면 대수롭지 않은 일에 의해서도 쉽게 두려움과 공포심을 느끼고 불안이 유발될 수 있다. 예를 들어, 서너 살짜리 아동이 부모의 말을 잘 듣지 않을 때 부모가 눈을 부릅뜨면서 큰소리로 야단치는 것은 어른의 입장에서는 그다지 무섭지 않을 거라고 생각하지만, 아동의 입장에서는 공포심을 느낄 만한 사건일 수 있다. 또한 어린 아동은 현실적이고 합리적인 사고를 잘하지 못하므로 비현실적인 불안을 많이 경험한다. 어두운 곳에는 귀신이 있을 것이라든지, 꿈에서 본 커다란 곰이 자신을 해칠 것이라고 생각하는 등 비현실적인 생각을 하기도 한다.

Davies(1999)는 아동기에 일탈행동을 야기하는 구체적인 불안에 대하여 언급하였다. 공격적 감정에 대한 반응, 부모의 애정이 철회되는 데 대한 두려움, 신체적 기능에 대한 통제 실패, 친구들로부터 거절당하는 데 대한 불안, 부적절한 현실검증과 마술적 사고 등이 아동에게 불안을 유발한다(Chethik, 2000/2003에서 재인용).

아동의 이런 경향은 치료 상황에도 유사하게 적용된다. 처음 만나는 치료자에 대해 자신을 야단치거나 벌을 줄 사람으로 지각하기도 하고, 심리치료실을 아픈 주사를 맞게 될 무서운 장소로 느낄 수도 있다. 낯선 것에 대한 두려움으로 치료를 거부하는 경우도 있다. 또는 불안감과 더불어 주눅이 든 상태로 마지못해 치료에 협조할 수도 있다. 따라서 아동 치료자는 성인과는 다른 이러한 아동의 특성을 파악하고 이에 대비할 필요가 있다.

아동은 이처럼 현실 지각이 부정확함으로 인해 자신의 문제를 인식하기 어려운 경우가 많다. 초등학교 저학년 아동들의 경우만 해도 자신이 왜 심리치료를 받아야 하는지를 정확하게 알기는 어렵다. 동생을 상습적으로 괴롭히는 문제 때문에 치료에 의뢰된 아동에게 무엇 때문에 치료자를 만나러 왔는지를 물어보면, '밥을 잘 안 먹어서'

'아침에 일찍 안 일어나서', 혹은 '공부를 열심히 안 해서'라고 대답하기도 한다. 간혹 '동생을 때려서'라고 대답하는 경우에도, 그 문제의 원인이 무엇이라고 생각하는지에 대해 물어보면 대부분 자기중심적인 입장에서 생각한다. 즉, '동생이 먼저 건드렸기 때문에 때렸다'든지, '동생이 자신을 화나게 만들었기 때문에 싸우게 된다'고 말한다.

이런 특성은 아동이 현실을 객관적으로 인식하지 못할 뿐 아니라, 불안과 고통, 좌절을 견디는 능력도 부족하므로 자기 문제의 원인을 내부에서 찾지 않고 타인을 비난하는 등 외재화함으로써 고통을 줄이려는 무의식적인 시도에서 기인한 것으로 볼 수 있다. 이처럼 아동은 문제의 원인에 대해 자기중심적인 지각을 하고 대처 능력이 충분히 발달하지 못해 미숙한 대처 방식을 보이게 된다. 스트레스를 경험하는 상황에서 언어를 사용한 감정과 욕구의 표현이 미숙하여 행동화하는 경향을 보이기 쉬워 공격 행동이나 과잉 행동 등을 나타내게 된다.

성인 내담자는 여러 가지 자아능력, 즉 자아의 상태를 바라보는 자아 관찰능력과 향상된 자아상태를 바라보기 위하여 미래로 자신을 투사시킬 수 있는 능력도 가지고 있다. 하지만 이는 아동 내담자들에게는 불가능한 능력이다(Rees, 1978: Chethik, 2000/2003에서 재인용). 아동은 자신의 문제에 대해 제대로 인식하지 못하기 때문에 심리치료에 대한 동기가 없는 경우가 많아 대부분은 타의에 의해 치료에 의뢰된다. 당연히 심리치료의 목표 또한 갖고 있지 않으므로, 성인 심리치료에서처럼 초기 회기에서 치료 목표를 명확히 설정하기 어려운 경우가 많다.

이러한 아동의 특성을 요약하면 다음과 같다.

- 아동은 현실 판단이 미숙하고 자기중심적인 경향을 보인다.
- 아동은 미숙한 인지, 정서 조절 및 대처 능력을 나타낸다.
- 불안과 고통, 좌절을 견디는 능력이 부족하다.
- 자신의 문제를 인식하기 어렵고 치료 동기가 부족하다.

이와 같은 아동의 특성으로 인해 아동 심리치료 시에 반드시 고려해야 하는 사항들로는, 치료자-내담자 관계 형성 방식과 치료동기 유발 및 치료목표 설정을 아동의 특성에 부합하게 해야 한다는 것이다.

(1) 치료 관계 형성

아동이 갖고 있는 치료자에 대한 비현실적인 두려움으로 인해 초기에 치료 동맹을 형성하기 어려울 수 있다. 어떤 아동은 치료자의 진정한 관심에 대해 공격적으로 반응하기도 한다. 일반적으로 아동을 치료할 때 주의해야 할 점은 아동의 자아 상태가 미숙한 상태에 있다는 점이다. 따라서 치료자는 아동이 견딜 수 있는 좌절감의 정도를 인식할 필요가 있고 아동의 감정 상태를 진정시킬 필요가 있다(Harley, 1986: Chethik, 2000/2003에서 재인용). 따라서 치료 초기에는 약간의 거리를 두고 접근하는 것이 바람직하다. 즉, 내담 아동에게 심리적으로 위협이 되지 않는 내용들을 중심으로 대화하거나, 내담 아동이 자발적으로 표현하는 내용을 따라가는 방식이 심리치료와 치료자에 대한 두려움을 줄이는 데 도움이 된다.

아동과 긍정적인 치료 관계를 맺는 데 시간이 걸릴 수 있다. 어떤 아동은 2~3회기만에 치료 동맹이 형성되는 반면, 다른 아동은 10회기 이상 걸릴 수도 있다. 치료 동맹은 성인의 경우와 마찬가지로 아동의 경우에도 자신의 문제를 자각하고 개선하기 위한 기초 단계로서 필수적이다. 치료자가 염두에 두어야 할 것은 개별 아동의 특성을 정확하게 파악해, 점진적으로 아동 내담자와 긍정적인 치료 관계를 맺어나가야 한다는 것이다. 몹시 불안하고 강박적인 아동이나, 보호자와 안정된 애착이 형성되지 못한 아동은 치료 관계를 형성하는 데도 일반적으로 시간이 많이 걸린다.

(2) 치료 동기 유발과 치료 목표 설정

아동은 자신의 문제에 대해 정확하게 인식하지 못하고 치료 동기가 부족하다. 나이가 어릴수록 자신의 문제를 인식하고 언어로 표현하는 데 한계가 있다. 따라서 치료자가 아동의 진정한 문제가 무엇인지 이해하기 위해서는 아동이 보이는 행동과 놀이 양상을 포함해, 부모나 주변 사람들의 보고, 심리평가 결과 등을 종합해 판단해야 한다.

치료자가 파악한 아동의 주된 문제를 아동 내담자와 의사소통하는 방식도 개별 아동의 특성에 맞추어야 한다. 아동의 연령과 자신의 문제에 대한 인식 수준 및 인지 능력 등을 고려해 아동이 주관적으로 힘들어하는 부분을 중심으로 쉽게 설명해 주는 것이 좋다. 아동의 주된 문제를 일방적으로 전달하는 것은 때때로 자신을 비난하는 것으로 받아들여 치료에 방어적으로 반응하게 만들기 때문에 주의해야 한다. 그보다는 아동의 장점들에 대해 먼저 말해 주어 불안 수준을 낮추어 준 뒤에 주된 문제에 대해 언급하면서 그 문제에 대한 아동의 의견을 물어보는 방식이 바람직하다. 그리고 나서, 심리치료를 받는 것이 아동의 현재 어려움을 덜어주고 더 유능해지고 즐거운 생활을 하는 데 도움이 된다는 점을 알려줌으로써 치료 동기를 유발하는 것이 좋다. 예를 들어, 유치원에서 자주 친구들과 다투고 선생님 말을 잘 듣지 않아 야단을 맞는 아동이 유치원에 가기 싫어할 때, 치료를 받음으로써 친구들과 잘 지내고 유치원에 더 즐겁게 다닐 수 있다고 말해 줄 수 있다. 이러한 의사소통은 성인의 경우만큼 구체적이지 않고 다소 모호한 측면이 있지만, 발달 과정 중에 있는 인지 능력을 고려한다면 어린 아동에게 치료 초기부터 문제를 구체화시켜 의사소통하는 것이 바람직하지 않을 때가 많다. 치료가 진행되면서 주된 문제에 대해 점점 더 구체적으로 다룰 수 있다. 물론, 아동이 자신의 문제를 어느 정도 인식하고 있거나 초등학교 고학년인 경우에는 처음부터 더 직접적이고 구체적으로 문제에 대해 대화하고 치료 동기를 유발하는 것이 가능하다.

치료를 위해 아동의 문제에 대해 직접적으로 의사소통하는 것이 꼭 필요하지 않은 경우도 있다. 예를 들어, 부모의 불화가 지속되어 양육자와의 분리불안을 보이는 등 불안 증상을 보이면서 상징적이고 은유적인 내용의 놀이를 하는 학령 전기 아동의 경우, 치료자도 내담 아동의 은유 수준에 맞추어 의사소통하는 것이 필요하다(Brems, 2008). 그렇게 함으로써 내담 아동이 치료자에게 편안함을 느끼고 치료 동기도 자연스럽게 유발될 수 있다. 그런 경우에는 아동의 행동에 대해 언어적으로 해석을 해 주는 것이 치료의 진전을 방해할 수도 있다. 치료가 진행됨에 따라 아동이 자신의 행동과 놀이에 나타나는 은유와 구체적인 현실 간의 관계를 깨닫게 되었을 때, 구체적인 문제에 대해 의사소통할 수 있다.

치료 목표를 설정하는 것도 위와 같은 맥락에서 이해 가능하다. 개별 아동의 특성에 따라 '두 달 안에 친구 두 명 사귀기'와 같이 구체적인 치료 목표를 초기에 설정할 수도 있지만, '유치원에 즐겁게 잘 다니기' 같은 모호한 치료 목표를 설정할 수도 있다. 때로는 치료 목표에 대해 언급하지 않고 치료를 시작할 수도 있다. 이런 판단은 일반화된 공식보다는 개별 아동 내담자의 특성에 따라 융통성 있게 이루어질 필요가 있다.

어린 아동의 경우, 치료 동기를 유발하기 위해 필요하다면 보상 계획을 세울 수 있다. 특히 치료 초기에는 치료실에 오기를 두려워하거나 귀찮아하는 아동들이 있다. 아동을 배려하는 치료자의 진심이 전해지는 것이 물론 가장 중요하며, 이에 더해 사탕이나 스티커 등의 작은 선물을 주는 것도 치료자와 치료에 대해 긍정적인 태도를 갖게 하는 데 도움이 된다. 그러나 물질적 보상을 지나치게 사용하는 것은 금물이며, 점차 사회적 보상과 치료로 인한 자기 보상에 의해 치료를 지속할 수 있도록 만들어야 한다.

2) 행동 욕구와 놀이의 활용

놀잇감이 갖추어진 치료실에 들어온 아동들은 대부분 자발적으로 놀이를 시작하려 한다. 성인이 치료실에서 언어를 통해 치료자와 의사소통하고 자기를 표현하려는 것과 마찬가지로, 아동은 의사소통의 수단으로 주로 행동화와 놀이를 사용한다(Landreth, 2002/2009). 아동은 대부분의 감정을 적극적인 놀이의 형태로 표현하고, 부분적으로는 언어의 형태로 표현한다(Sandler, Kennedy, & Tyson, 1980: Chethik, 2000/2003에서 재인용). 아동의 놀이는 단순히 의미 없이 노는 것이 아니다. 놀이에는 아동의 특성을 나타내는 많은 내용들이 들어 있다. 아동은 놀이를 통해 자신의 현재 생활, 정서 상태, 욕구나 대인관계 등을 보여준다. 동생을 미워하는 아동은 치료실의 어린아이 인형을 잠시 만지작거리다가 바닥에 내동댕이쳐 버림으로써 자신의 분노감을 표현한다. 놀이는 아동의 언어다. 간혹 언어와 인지 능력이 매우 발달해 있고 놀이보다 치료자와 대화하기를 좋아하는 어린 아동들이 있지만, 이런 경우는 드물다. 따라서 놀이를 활용하지 않고 아동과 의사소통하는 것은 매우 어려운 일이다.

놀이는 성장을 촉진하는 아동기의 주요 활동이기 때문에 아동 심리치료에서 놀이의 사용은 이미 널리 입증되고 지지되어 왔다. 놀이에서는 장난감 또는 단순한 사물들이 아동의 성장을 촉진하고 중요한 생활 상황을 행하도록 돕는 목적으로 사용된다(Landreth, 2002/2009; Schaefer, 1993: 김춘경, 2004에서 재인용). 아동은 놀이를 할 때 특정한 목적을 추구하지 않지만, 그렇다 하더라도 놀이는 '무의식적 목적성'을 지니고 있다(Landreth, 1991: 김춘경, 2004에서 재인용). 이는 놀이 안에 아동을 성장·발달시키는 요소가 들어 있다는 뜻이다. 놀이를 통해 아동은 자신이 겪는 문제들을 드러내고, 다양한 해결책을 찾는 시도를 하며, 시행착오를 거쳐 새로운 것을 학습하는 등 성장해 나간다. 예를 들어, 가족 간의 다툼으로 인해 불안한 환경에서 성장하는 8살짜리 아동이 동물들이 모여 사는 동네에 폭풍우와 회오리 바람이 몰아치는 놀이를 수 차례 계속하다가 모든 동물이 죽거나 다치는 결말을 내기도 하고, 외부의 구조대원이 도와주는 결말을 보이다가, 나중에는 동물들 스스로 폭풍우의 피해를 막기 위해 집을 튼튼하게 짓고 다친 동물들을 서로 돌보아 주는 결말에 도달하는 것을 보면, 놀이의 문제 해결 효과 및 치료적인 효과를 알 수 있다. 놀이의 치료적 기능은 다양하지만, 크게 관계 형성, 자기 노출 그리고 치유 기능의 세 가지로 정리될 수 있다(Brems, 2008).

첫째, 관계 형성 기능으로, 놀이는 치료자와 아동 간에 긍정적이고 특별한 관계를 발달시키는 데 도움이 된다. 대부분의 아동들은 놀이를 자발적으로 즐긴다. 처음에 치료자에 대해 낯설고 두렵게 느끼는 아동이라도 놀이를 통한 상호작용을 하게 되면 편안함과 즐거움을 공유하게 된다. 따라서 치료실과 치료자에 대해 긍정적이고 안정된 느낌을 경험하게 되어 이후의 치료적인 작업의 토대를 다질 수 있다.

둘째, 자기 노출 기능으로, 아동은 놀이를 하면서 의식적이든 무의식적이든 간에 자기를 드러내게 된다. 아동은 놀이를 통해 자신의 감정, 갈등, 문제, 관계의 어려움 등을 직접적으로 또는 상징적으로 재연함으로써 다양한 정보를 치료자에게 제공한다. 아동은 가족 간의 갈등을 사람 인형을 사용해 직접적으로 재연하기도 하지만, 동물 인형들을 사용해 간접적으로 재연하기도 한다. 그러나 노련한 치료자라면, 아동이 내보이는 은유와 상징을 대개 이해할 수 있으며, 내담 아동의 은유와 상징의 수준에서 의사소통함으로써 아동이 불안감을 느끼지 않으면서 계속 자기 노출을 하도록 도울 수 있다.

놀이의 상징성을 활용함으로써, 아동은 의식적으로 인식하지 못하거나, 직접적으로 표현하기에는 너무 어렵거나 두렵거나 고통스러운 정보를 치료자에게 전달할 수 있다. 아동은 놀이를 통해 두려움 없이, 오히려 즐겁게 자신의 문제들, 감정, 욕구 및 갈등을 드러내며, 치료자는 이를 통해 아동이 갖고 있는 어려움의 본질을 이해할 수 있게 된다.

셋째, 놀이는 치유, 학습 및 성장 기능을 가진다. 놀이를 통해 감정과 갈등이 자연스럽고 자유롭게 표현되므로 아동은 감정의 정화를 경험하게 되는데, 그것만으로도 치료적인 효과를 가진다. 즉, 아동은 자신의 감정에 대해 정확하게 인식하게 되고, 더 구체적으로 탐색할 기회를 갖게 된다. 자신이 왜 자꾸 욕을 하는지를 모르던 아동이 놀이를 통해 형에 대한 분노가 많다는 점을 깨닫게 되고, 자신의 감정에 대한 이러한 인식은 형과의 갈등 상황을 어떻게 현명하게 해결할지에 대해 숙고하게 만든다. 놀이 상황에서는 아동이 겪고 있는 어려움이나 스트레스가 놀이의 주제로 나타나므로, 문제 해결과 다양하고 더 좋은 대처 방략을 학습할 수 있는 기회를 갖게 된다. 반복되는 놀이 주제를 통해 아동은 안전한 환경에서 시행착오를 거치면서 자신에게 가장 적합하고 효과적인 문제 해결책을 찾아내고, 이런 경험이 반복됨으로써 효율적인 대처 방략을 습득하게 된다.

또한 놀이 상황은 학습의 장이다. 내담 아동은 치료자의 행동을 모방함으로써 바람직한 행동 방식을 학습할 수 있다. 분노를 통제하지 못하고 자주 욕을 하거나 공격 행동을 보이는 아동이 놀이 상황에서도 뜻대로 되지 않아서 물건을 던지거나 욕을 할 때, 치료자가 아동의 분노를 수용하면서 "가위가 잘 들지 않아서 지금 화가 많이 났구나." 등과 같이 분노감을 언어로 표현하는 것을 시범적으로 반복해서 보이게 되면, 내담 아동도 행동화하는 경향이 차츰 감소하고 자신의 분노를 말로 표현할 수 있게 된다. 이처럼 예전과는 다르게 새롭게 행동하는 경향이 직접적인 교육이 아닌 놀이를 통해 자연스럽게 학습될 수 있으며, 반복 학습을 통해 자동적으로 내면화될 수 있다. 그 외에도 치료자와 경쟁적 게임을 하면서 갈등 해결 기술을 배우고 사회 규범과 규칙 등 다양한 사회적 기술을 학습할 수 있다.

놀이의 중요한 또 다른 기능은 아동의 통제감과 자존감을 향상시키고 성장을 이끈다는 것이다. 즉, 아동은 자유롭고 즐겁게 놀이를 함으로써, 솔직하게 감정이나 욕구를 표현하고 해결책을 찾아 나가면서 자신감과 통제감을 얻게 된다. 아동은 놀이가 진행됨에 따라 점점 더 의기양양한 모습을 보이게 되며, 자신이 성취해 낸 것들에 대해 만족감을 나타낸다. 결국 아동은 현재의 어려움뿐 아니라 앞으로 닥쳐올 역경에 대해서도 용감하게 맞설 수 있는 유능감을 발달시킬 수 있다. 놀이는 아동이 고통을 적나라하게 드러내면서도 동시에 즐거움과 자기 가치감을 경험하게 하는 심리치료의 중요한 수단이며 아동의 전반적인 성장에 도움이 된다. 결국, 놀이는 언어, 운동, 인지, 문제 해결 그리고 도덕적 판단을 포함한 많은 발달적 영역에서 아동의 성장을 이끈다(김춘경, 2004).

행동 욕구와 놀이와 관련된 아동의 특성을 요약하면 다음과 같다.

• 아동은 신체 활동이나 놀이를 통해 정서 상태, 욕구, 인지 특성, 주요 갈등 및 대처 방식 등을 표현한다.

30

- 놀이는 자유롭고, 자발적이고, 솔직한 자기표현이다.
- 놀이는 관계 형성, 자기 노출, 치유, 학습 및 성장 기능을 가진다.

앞에서 살펴본 놀이의 이점과 기능을 고려하면, 아동 심리치료에서 놀이가 중요한 치료 기법으로 사용될 수 있다는 것은 자명하다. 따라서 아동 심리치료실에는 기본적인 놀잇감을 준비하고 놀이 환경을 적절하게 설정해 두어야 한다. 또한 치료자는 아동의 놀이에 동화되어 놀이를 치료의 도구로 적절히 활용할 수 있어야 한다.

(1) 아동 심리치료실 꾸미기

아동 치료실은 안전하고 사생활이 보호되어야 하며 편안하고 편리해야 한다. 개인 치료실에 필요한 공간 크기는 11~14m²(3~4평) 정도가 가장 좋고, 집단 치료를 위해서는 23~28m²(7~8평)가 적당하다. 치료실은 단순하고 깨끗해야 하고 아동용 의자와 책상이 필요하다. 치료 도구들을 넣어두는 수납장은 어린 아동의 손이 닿을 수 있을 정도로 낮게 만든다. 놀잇감들은 비슷한 종류들을 함께 정리해 두고, 항상 같은 위치에 놓여져 있어서 일관성과 안정감을 줄 수 있어야 한다(김춘경, 2004; Landreth, 2002/2009).

놀잇감들은 치료적인 도움을 줄 수 있는 것이어야 한다. 따라서 다양한 인형, 상호작용을 할 수 있는 게임, 그리거나 만들기 등의 예술 활동 도구 등을 다양하게 준비하는 것이 좋다. 임상적으로 중요하고 필요한 놀잇감과 치료도구 선택에 대한 일반 지침은 다음과 같다(김춘경, 2004; Landreth, 2002/2009).

- 견고하고, 반복사용으로 인해 쉽게 손상되지 않아야 한다.
- 아동에게 성공의 기회를 제공해야 하고, 자존감과 자기 확신을 갖도록 이끌어 주어야 한다.
- 아동에게 흥미를 유발할 수 있는 것이어야 한다.
- 말을 요구하지 않고, 탐색하고 표현하도록 촉진시킬 수 있는 것이어야 한다.
- 폭넓은 정서 표현이 가능한 것이어야 한다.
- 치료자가 아동과 긍정적인 관계를 형성할 기회를 제공해야 한다.
- 아동에게 현실생활과 공상 모두를 탐색할 기회를 제공해야 한다.

위와 같은 기준에서 볼 때 필요한 놀잇감의 종류들에는 현실생활 놀잇감, 공격적인 놀잇감, 무서운 놀잇감, 표현적인 놀잇감/창조적인 놀잇감 등이 있다(Kottman, 1995: 김춘경, 2004에서 재인용; Landreth, 2002/2009). 현실생활 놀잇감은 다양한 인형들, 인형의 집, 가구와 주방 기구들, 전화기, 자동차, 비행기 등의 운송 수단 놀잇감, 다양한 동물 등을 포함한다. 공격적인 놀잇감은 펀치백, 총, 고무로 만든 칼 등의 무기, 수갑, 장난감 군인 같은 것이 포함된다. 무서운 놀잇감으로는 괴물, 상어, 거미, 뱀과 같은 것을 들 수 있다. 창의력과 상상력을 표현하게 하는 놀잇감으로는 크레용, 색연필, 물감, 종이, 가위, 테이프, 풀, 점토, 블록들, 보자기, 망토, 가면 등을 포함한다.

그 외에도 치료자와 상호작용할 수 있는 몇 가지 게임 도구들을 갖추어 두면 유용하게 사용할 수 있다. 발달상 잠복기(6~12세)에 있는 아동들은 종종 인형 등을 가지고 노는 것에 흥미를 보이지 않는다. 이런 아동들은 게임을 선호하는 경우가 많은데, 이는 학령기 아동들의 발달적 흥미와 사회적 세계로의 방향 설정에 더 잘 맞는다. 게임들은 개방적인 놀이에 비해서 '실제의 삶'과 유사해서, 보다 더 자유로운 충동의 표현과 현실의 조작이 허용된다. 또한 게임은 빈번하게 지능, 감정조절, 사회적 기술을 많이 요구한다(Reid, 2006: Kottman & Schaefer, 1993/2006에서 재인용). 게임 도구들은 규칙이 있되 배우기에 너무 어렵지 않은 것들을 선택하면 좋다. 볼링 게임, 윷놀이, 다이아몬드 게임, 체스, 블루마블 같은 주사위 게임 등을 준비해 둔다.

아동 치료실뿐 아니라 대기실을 적절하게 구성하는 것도 필요하다. 대기실에는 아동이 기다리면서 볼 수 있는 아동용 책과 그림책 등이 구비되어 있는 것이 좋다. 대기실은 또한 아동 내담자가 치료를 받는 동안 보호자가 기다리는 공간이기도 하기 때문에 부모들을 위한 교육적인 내용의 책과 자료들을 구비해 두는 것이 바람직하다.

(2) 아동의 놀이에 동화하기

아동 심리치료 시 치료적 목적을 달성하기 위해서는 치료자가 아동의 세계에 동화되어 아동의 입장에서 이해하고 의사소통할 수 있어야 한다. 언어와 비언어적인 경로 모두 의사소통에 활용할 수 있다. 예를 들어, 학령 전기 아동을 치료할 경우에는 치료자가 다소 높고 밝은 어조와 단순한 언어를 사용하면서, 아동의 놀이를 중심으로 비언어적인 의사소통을 하는 경우가 많다.

특히 놀이 상황에서 아동이 내보이는 은유와 상징을 치료자가 민감하게 이해하면서, 내담 아동의 은유와 상징의 수준에 부합하게 반영과 공감 반응을 해 줌으로써 치료적인 성과를 가져올 수 있다. 예를 들어, 형제가 여러 명인 가정에서 성장하는 아동이 젖소 인형과 송아지 인형들을 갖고 놀면서, 송아지가 너무 많아 엄마소의 젖이 모자라지 않을까 질문할 때, 치료자는 내담 아동이 엄마의 사랑이 자신에게 충분히 돌아오지 않을 것을 걱정한다는 것을 이해하여, 내담 아동의 은유에 맞추어 엄마소의 젖이 일시적으로 부족할 수도 있지만 대개는 송아지 수에 맞추어 젖이 충분히 나온다는 것을 아동에게 알려줌으로써 불안 수준을 낮추어 줄 수 있다(Brems, 2002). 아동과의 상호작용에서 비언어적이거나 은유의 수준에서 계속 의사소통할 것인지, 언어화된 의사소통을 할 것인지는 개별 아동의 특성과 치료 상황에 따라 결정해야 한다. 만약 또래 관계에서 어려움이 있는 초등학교 고학년 아동과 블루마블 게임을 할 때는 게임 규칙에 대해 언어적으로 상의하고 합의점을 찾아내는 것이 사회적 기술 향상에 도움이 될 것이다. 또한 감정 표현을 행동화하는 아동의 경우에도 놀이 상황에서 드러나는 아동의 감정을 치료자가 즉각 언어화해서 반영해 주는 것이 아동이 적절한 감정 표현 방법을 배울 수 있는 기회를 제공할 수 있다.

놀이 상황을 치료적으로 이끌어가기 위해 치료자는 다양한 기법들을 활용할 수 있다. 아동 치료자는 추적하기, 반영, 공감, 지지, 직면, 해석 반응 등을 사용하는 것에 숙달되어 있어야 한다. 또한 아동이 사회적 기술이나 대처 방략 등에서 새로운 학습이 필요하다면 놀이 상황에서 모방 학습을 활용하거나 새로운 기술을 반복 연습할 수 있는 기회를 만들어 줄 수도 있다. 매우 충동적인 아동이 무슨 일이든 성급하게 처리하여 실수를 많이 할 때, 아동이 좋아하는 만들기를 함께하면서 처음에는 단순한 만들기를 순서대로 할 수 있도록 유도하여 성취감을 경험하게 하고, 점차 난이도를 높여 가면서 여러 단계에 걸쳐 체계적이고 계획적으로 수행하도록 격려함으로써, 복잡한 과제를 할 때도 실수하지 않고 할 수 있는 방법을 터득하게 도와줄 수 있다.

3) 양육자 역할의 중요성

아동은 주양육자, 주로 부모에게 삶의 많은 부분을 의존한다. 부모는 자녀에게 기본적인 생존의 기초를 제공하고 동시에 심리적으로 정서적인 안정감과 함께 즐거움과 자극을 제공해 아동의 발달과 성장을 돕는다. 또한 아동에게 불안이나 두려움 등 부정적인 영향을 주는 것도 대부분 부모와의 관계에서 비롯된다. 따라서 아동기의 성격 발달이나 증상 형성에 부모가 미치는 영향은 매우 크다. 또한 심리치료를 시작하고 지속할지 여부도 부모에게 달려 있다. 따라서 아동 심리치료에서 부모를 참여시키는 것이 아동의 문제를 정확하게 파악하고 긍정적인 치료 효과를 가져오는 데 중요한 요인이 된다.

먼저 부모의 특성과 부모-자녀 관계를 이해하는 것은 아동이 보이는 문제의 본질을 이해하기 위해 필수적이다. 따라서 아동 문제를 평가하고 진단하는 과정에서 부모에 대한 평가는 중요한 부분을 차지한다. 성장하는 아동에게 나쁜 영향을 미치는 '양육상의 위험요인들'에는 부모의 심한 갈등, 가족 붕괴, 엄격한 양육태도, 강압적인 가족 분위기, 아동 학대 등이 포함된다(Avenevoli & Merikangas, 2006; Davis, 1999: Chethik, 2000/2003에서 재인용). 자주 화를 내고 참을성이 부족한 아동의 경우 부모의 특성을 평가해 보면, 부모 스스로 자주 화를 내거나, 혹은 아동의 욕구나 감정에 둔감하여 공감적으로 반응하지 못하는 경우, 또는 사소한 잘못에 대해 아동을 자주 야단치거나 가혹한 처벌을 하는 경우 등을 자주 발견할 수 있다.

또한 부모의 성격 특성이나 정신병리 역시 자녀에게 부정적인 영향을 주게 된다. 불안하거나 우울한 부모의 자녀들은 부모와 유사한 정서 문제 혹은 행동 문제를 보이기 쉽다. 불안정한 부모들은 자녀와의 관계 역시 불안정하게 맺으며, 부모의 불안정한 정서를 자녀들이 모방하게 되어 건강하게 성장할 수 없게 만든다. 아동의 문제들 중 많은 부분, 특히 불안이나 우울 등의 정서적인 문제들과 품행 문제 등은 대부분 가정환경과 연관되어 있는 경우가 많다. 부모 문제뿐 아니라 형제 관계나 고부 갈등 등 크게는 가족 체계의 문제와 관련될 수 있다.

아동 문제에 대한 진단뿐 아니라 아동 심리치료가 필요하다고 판단될 때, 부모의 협조는 치료에 필수적인 요건이다. 우선 부모가 자녀의 치료에 동의하고 치료 동기를 가져야 치료가 시작될 수 있다. 그리고 아동의 문제를 개선하기 위해 환경적인 변화가 필요한 경우가 있는데, 아동의 심리사회적인 환경 중 가장 중요한 부분이 부모의 성격 특성, 양육 방식이나 양육 가치관이므로, 부모의 변화가 아동의 치료에서 핵심적인 역할을 하게 된다. 자주 심하게 화를 내는 아동의 경우, 부모가 자녀에게 대하는 태도와 반응하는 방식을 교육함으로써 아동의 극심한 분노 표현이 점차 감소할 수 있다. 이런 경우는 치료 과정도 어렵지 않고 치료 효과도 비교적 빨리 나타난다. 반면,

부모의 성격적인 문제나 정신병리, 뿌리 깊은 부부간 불화가 있을 경우에는 단순한 부모교육만으로 부모 문제가 개선되지 않으며, 이에 따라 아동의 문제도 개선되기 어렵다. 아동 심리치료는 아동이 설사 나쁜 환경에 처해 있다 할지라도 심리적으로 건강하게 성장할 수 있는 힘을 갖게 하는 것이 주된 목표이지만, 동시에 가족 관계 등 주변의 심리적인 환경을 개선하는 노력을 병행한다면 치료 효과를 배가시킬 수 있다. 따라서 필요하다면 부모를 대상으로 하는 부부치료나 개별 심리치료, 때로는 가족 치료까지 고려해야 한다.

아동 심리치료에서 부모와 관련된 측면을 요약하면 다음과 같다.

- 부모는 아동의 성장과 발달의 토대를 제공한다.
- 부모의 갈등, 가족 붕괴 및 양육태도 등은 아동의 문제 발생과 유지와 관련된다.
- 아동 심리치료 시 치료에 협조하거나 부모 스스로의 변화 등 부모 역할이 중요하다.

앞에서 살펴본 것처럼 아동의 문제를 이해하기 위해 부모 요인을 평가하는 것과, 부모가 치료에 적극적으로 참여하도록 돕는 것이 아동 심리치료 시에 반드시 고려해야 할 사항들이다. 부모에 대한 평가 결과를 참조하여 아동 심리치료 계획을 수립해야 하며, 부모가 치료에 적극적으로 참여하도록 동기화시켜야 한다. 이를 위해 우선적으로 부모와 좋은 관계를 맺고 심리치료에 대한 구조화와 교육을 하는 것이 매우 중요하다. 부모와 치료자 간에 신뢰롭고 긍정적인 관계가 형성되고 치료에 협조적인 태도를 갖게 된 후에야, 효율적인 자녀 양육 방식이나 행동 수정 방법 등을 단계적으로 교육하는 것이 가능해진다. 부모와의 회기는 아동 치료 회기가 끝나고 10~20분 정도의 시간을 부모에게 할애하는 방식, 또는 한 달에 한두 번 따로 시간을 내어 한 시간 가량 면담하는 방식을 택할 수 있다. 아동 심리치료에서 부모에 대해 개입해야 할 내용들은 다음과 같다.

(1) 부모 평가

아동 문제를 평가할 때 부모와 가족에 대한 평가를 반드시 포함시켜야 한다. 부모와의 면담을 통해 아동에 대한 많은 정보를 얻을 수 있을 뿐 아니라, 현재 아동이 보이는 문제의 원인과 악화시키는 요인과 관련된 정보도 얻을 수 있다. 따라서 아동 심리치료자는 아동뿐 아니라 부모와의 면담도 효과적으로 수행할 수 있어야 하므로 성인에 대한 평가와 심리치료에도 숙달되어 있어야 한다.

아동의 문제에 대해 부모와 의사소통하기 위해서는 상당한 기술이 필요하다. 부모가 자녀를 양육하는 방식이 잘못되어서 아동이 현재의 문제를 갖게 되었다고 부모를 책망하듯이 말한다면, 치료자로서 기술이 부족한 것이다. 마치 아동이 피해자이고 부모는 가해자인 것처럼 말한다면, 부모는 자신을 방어하려 하게 되고 결국 치료에도 비협조적으로 될 것이다. 치료자는 부모가 아동 양육의 전문가가 아님을 수용할 수 있어야 하고, 부모 역시 자녀 문제로 인해 고통받고 있다는 점을 감안해 이들을 내담 아동과 마찬가지로 공감하고 배려하려는 마음가짐을 갖고 있어야 한다. 비록 부모가 자녀 문제의 주된 원인인 것이 사실이라 할지라도, 자녀를 데리고 치료를 받으러 왔다는 것 자체만으로도 그 부모는 칭찬받고 격려받을 만하다.

매우 공격적인 초등학교 1학년 남아를 심리평가한 결과, 어머니에 대한 분노와 적개심이 뚜렷하게 드러나 있고, 어머니의 성격검사 결과는 매우 방어적으로 나온 사례가 있다. 필자는 그 어머니의 방어적인 특성을 고려해, 자녀에게 분노를 유발하는 부모의 양육 방식이나 부모-자녀 관계의 문제에 대해 하나의 잠정적인 가설로 설명하였다. 치료자의 예상대로 아동의 어머니는 자신의 양육 방식이 매우 긍정적이고 합리적이며 결코 처벌을 사용하지 않으며 아동을 몹시 사랑한다고 강하게 주장하면서, 아동 문제의 원인은 다른 데 있을 것이라고 말하였다. 치료자는 그 어머니가 자신의 문제를 수용하는 데 몹시 위협감을 느낀다는 것을 알 수 있었다. 자기 문제를 수용하는 데 시간이 걸릴 수 있음을 고려해서 어머니의 의견을 일부 수용하여, 치료를 진행하면서 문제의 원인을 좀 더 찾아보자고 하여 어머니의 두려움을 감소시켰다. 아동에 대한 심리치료가 두어 달 이상 계속된 뒤에, 아동의 어머니가 치료자에 대해 신뢰감을 갖게 되었을 때, 사실은 자신이 강압적인 남편과의 관계에서 비롯된 분노로 인해 남편이 가장 아끼는 아동에게 욕설과 체벌을 함으로써 스트레스를 풀었음을 고백하였다. 그 이후에 어머니의 분노를 효과적으로 관리하는 방법들에 대해 교육함으로써 모자 관계가 점차 개선되었고 아동의 공격 행동은 급속히 감소하였다. 치료자는 심리평가를 통해 처음부터 모자 관계에서의 문제를 파악하고 있었지만, 성급하게 큰 변화를 유도하려 하지 않았다. 아동들이 보이는 문제에 개인차가 있는 것과 마찬가지로 부모들 역시 개인차를 보인다. 변화하기 위해 시간이 많이 걸리는 부모들에게는 그런 특성을 고려해 의사소통하는 것이 필요하며, 그럼으로써 치료가 조기에 중단되지 않고 계속될 수 있다.

(2) 부모 지지해 주기와 좋은 관계 맺기

치료자는 아동의 현재 상태에 대해 부모에게 정확한 정보를 제공하는 동시에 희망을 주어야 한다. 부모는 자녀의 문제에 대해 몹시 걱정하고 불안해하고 있으므로 안심시키기와 격려를 제공해야 한다. 일반적인 성인 심리치료와 마찬가지로 치료자는 수용하고 반영하고 공감함으로써 부모의 불안 수준을 낮추어줄 수 있으며, 치료자와 심리치료에 대해 긍정적인 태도를 갖도록 유도할 수 있다. 치료자가 생각하는 아동의 주된 문제와 부모가 생각하는 주된 문제가 다를 수 있고, 치료 목표 또한 다를 수 있다. 치료 목표에도 단계가 있으므로, 치료자가 설정한 목표가 더 근본적인 것이라면 후기 목표로 설정하고, 우선적으로 내담 아동과 부모의 요구를 진지하게 수용하여 치료 목표에 반영하는 것이 필요하다. 이런 배려는 부모로 하여금 자신이 존중받는다는 느낌을 갖게 한다.

내담 아동의 고통만큼이나 부모의 고통에 대해 민감하게 이해하려는 노력이 필요하다. 치료자 쪽의 일방적인 교육이나 훈계는 부모를 변화시키는 데 도움이 되지 않는다. 우선적으로 치료자와 긍정적인 관계가 확립될 때 부모 스스로 변화하려는 마음의 여유가 생기게 되며, 그때부터 구체적인 정보를 제공하고 교육을 하는 것이 가장 효과적이다.

(3) 심리치료에 대한 교육과 구조화

아동에게 심리치료를 받게 할 것인지 여부를 결정하고 치료실에 데리고 다니는 사람이 부모이기 때문에 심리치료에 대한 정보 제공과 구조화 역시 아동뿐 아니라 부모에게도 실시하여야 한다. 이는 치료의 성사 여부와 지속 여부에 영향을 주는 필수적 과정이다.

첫째, 심리치료에 대해 현실적이고 합리적인 기대를 갖고 있는지 검토하고, 이에 대한 정확한 정보를 제공해야 한다. 어떤 부모들은 심리치료를 학원 교육과 비슷하게 아동에게 특정한 교육을 시키는 곳으로 이해하여 교육 커리큘럼을 보여 달라고 하는 경우도 있으며, 각 회기마다 무슨 내용을 교육하는지 묻기도 한다. 물론 집단으로 실시하는 구조화된 학습 기술 훈련이나 사회적 기술 훈련 같은 특정한 프로그램의 경우에는 구체적인 치료 내용을 제공할 수 있지만, 대부분의 심리치료는 비구조화되어 있고 구체적인 내용을 제시하기 어렵다. 따라서 초기 면담에서 심리치료의 이러한 특성에 대해 부모에게 알리는 것이 필요하다.

둘째, 부모의 치료 효과에 대한 기대 수준을 합리적으로 조정해야 하는 경우가 많다. 부모들 중에는 짧은 기간 동안의 심리치료를 통해 아동의 모든 문제가 해결되고 성적도 오르고 친구관계도 좋아지는 등 마술적인 효과를 기대하는 경우가 있다. 물론 아동 심리치료가 단기간에 눈에 띄는 효과를 가져오는 경우도 있지만, 아동의 문제가 오래 지속되었거나 문제와 연관되어 있는 환경적인 여건이 개선되기 힘든 상황이라면 단기간에 효과를 보기는 어렵다. 따라서 아동이 보이는 문제의 특성을 심리평가를 통해 정확히 파악한 후, 변화에 필요한 기간이나 예상되는 치료 효과 등에 대해 부모에게 알려주어야 한다. 예를 들어, 잘 적응하다가 동생이 태어나면서부터 공격 행동을 보이는 아동은 갑작스러운 환경 변화에 반응하는 경우이므로, 주변 가족들의 양육 태도가 적절히 수정된다면 한두 달 정도의 단기간 내에 문제가 개선될 수 있을 것이다. 반면, 수년 동안 부모의 불화가 지속되고 부모가 우울하고 불안한 특성을 보이는 경우, 아동의 우울증이나 학습 부진 등 복합적인 문제가 개선되기 시작하는 데는 최소 6개월~1년 이상이 걸릴 것으로 예상할 수 있다. 이런 정보를 제공함으로써 부모가 치료에 대해 현실적인 기대를 갖고 변화가 나타나기까지 기다릴 수 있게 된다. 치료 초기에 이런 과정을 충분히 거치지 않을 경우, 한두 달 이내에 아동의 문제가 개선되지 않는 것에 대해 실망과 불신감을 나타내며 치료를 조기 종결하는 경우가 많으므로, 치료의 지속을 위해서도 구조화는 매우 중요한 절차다.

셋째, 치료자가 아동을 심리치료하는 구체적인 내용에 대해 부모에게 비밀로 할 수 있다는 것에 대해 알려주어야 한다(김춘경, 2004). 부모는 아동의 보호자로서 치료 전반에 대해 알 권리가 있지만, 각 회기마다 구체적인 내용을 모두 아는 것은 아동 치료에 도움이 되지 않는다. 특히 아동들은 치료실에서 치료자와의 관계에서 일어나는 특별한 경험을 타인에게 알리고 싶어하지 않을 수 있고, 부모에게 알려지면 처벌을 받거나 창피할 것이라고 생각할 수 있다. 따라서 아동과의 초기 면담에서도 이러한 비밀 보장 문제를 알려주어야 하며, 부모에게도 알려주어야 한다. 어떤 아동은 숙제를 해 가지 않아 선생님께 야단 맞은 사실을 치료자에게 털어놓으면서 부모에게 알리지 말아줄 것을 요구하였다. 이런 경우에 치료자가 사실을 부모에게 알리고 숙제를 해 가도록 도와줄 것을 요청한다면 단기적인 효과를 기대할 수 있을지 모르지만, 치료자에 대한 아동의 신뢰감이 무너지게 되고 아동 스스로 숙제를 해 나가는 능력을 키우는 데 있어서 역효과를 가져올 것이다. 물론 아동이나 타인에게 심각한 피해가 올 수 있는 정보를 치료자가 알게 되었다면 그때는 부모에게 알려야 한다(제3장 4절의 2) 심리치료에 대한 구조화를 참고하라). 치료 시간에 아동이 무엇을 하는지에 대해 궁금하더라도, 매 회기가 끝날 때마다 아동에게 무엇을 했는지 물어보지 말 것을 부모에게 부탁하는 것이 좋다. 아동은 단순히 재미있게 놀았다고 대답할 것이며, 치료적인 부분에 대해 설명하기는 어렵다.

마지막으로 치료 시간 엄수, 치료비 액수와 납부 방식 등에 대해 초기 면담에서 부모에게 알려주어야 한다. 면담비와 치료비는 민감한 사안인 만큼 정확하게 의사소통해서 불필요한 오해가 생기지 않도록 주의해야 한다.

(4) 자녀 양육 방식과 행동 수정 방법 교육

아동 문제를 개선하기 위해 필요할 경우, 자녀와 긍정적인 관계를 맺는 방법이나 효율적인 양육 방식에 대한 교육, 자녀에 대한 기대 수준 조정하기, 행동 수정에 대한 교육 등을 부모에게 제공할 수 있다. 자녀를 심리치료에 의뢰하는 부모의 경우, 문제 해결을 위해 노력하는 과정에서 부모-자녀 간 관계가 부정적으로 형성되어 있는 경우가 많다. 따라서 아동의 문제를 해결하기 위한 기초적인 토대를 만들기 위해 자녀와 놀아주는 방법이나 자녀의 입장을 공감적으로 이해하기 등을 교육하는 것이 도움이 된다. 부모들이 놀아주기를 하면서도 자녀에게 훈계하고 교육하려는 태도를 견지하는 경우가 많으므로, 어떻게 놀아주어야 하는지에 대해서도 교육이 필요하다(구체적인 내용은 제4장의 부모교육을 참고하라).

또한 자녀에 대해 부모가 비합리적으로 높은 기대를 갖고 있는 경우가 있는데, 발달 단계에 따른 특징이나 아동의 특성 등을 고려해 합리적인 기대를 가질 수 있도록 도와야 한다. 예를 들어, 여섯 살짜리 자녀가 책을 한 시간도 읽지 못한다고 불평하는 부모나, 자녀의 지능이 평균 수준인데 1등을 하지 못한다고 화를 내는 부모의 경우, 발달 수준에 따른 평균적인 집중 시간을 알려주거나, 1등만을 고집하는 부모의 편협

함을 교정하는 것이 필요하다.

긍정적인 부모-자녀 관계가 형성되고 부모의 기대가 합리적으로 조정되면, 다음으로 해야 할 것은 부모의 자녀 양육 방식을 효율적으로 변화시키거나 자녀의 문제 행동을 변화시키기 위한 행동 수정 방법을 교육하는 것이다. 효율적인 자녀 양육 방식과 행동 수정 방법에 대한 교육 내용과 절차는 제4장의 부모교육장에 제시하였다.

(5) 부모의 심리적인 어려움, 부부나 가족 문제에 개입하기

아동의 문제가 부모의 부부 갈등이나 가족 체계의 문제에서 기인한 것으로 판단되면, 아동 치료에 더해 부모에 대한 개인치료나 부부 치료, 혹은 가족 치료가 꼭 필요하다. 때로는 부부 대화법과 갈등 해결 방법을 교육하는 것만으로 부부 관계가 현저하게 개선되는 경우도 있다. 불안과 공격 행동을 보이는 5세 남아의 사례에서 부모가 마주치기만 하면 자주 큰소리로 다투고 각방을 사용하는 등 부모의 불화가 아동 문제와 연관되어 있음을 파악한 치료자는 부모 각각에 대한 개인 상담과 단기간의 부부 치료를 실시하였다. 이들은 특별한 성격적인 문제가 있는 경우는 아니었지만 대화 방식에서 상대방의 입장을 공감하지 못하고 자기 주장만 하며 상대방을 비난하는 것이 문제였다. 이런 특성들을 교정할 수 있도록 자신들의 대화 방식을 모니터링 해 오도록 하여 문제점을 인식하게 하고, 부부 대화의 지침을 제공하여 하나씩 실천하도록 한 결과, 4~5회기 정도의 단기간에 많은 변화를 가져올 수 있었다. 부모 관계가 개선되자 아동의 문제도 급속도로 감소하였다.

이처럼 단순히 대화 방식에서 문제가 있는 경우와는 달리, 심리적으로 건강하지 못한 부모의 특성으로 인해 부부 불화가 지속되는 경우에는 좀 더 장기간의 적극적인 부모 개입이 필요하다. 예를 들어, 매사에 무기력하고 학습 부진을 보이는 한 초등학생 내담 아동의 경우, 우울증이 있는 아버지와 불안 증상이 있는 어머니 사이에 오랫동안 불화가 있어 왔으며, 부부 관계가 회복될 가능성은 매우 낮은 것으로 판단되었다. 치료자는 부부 치료를 시도하기 위해 노력했지만 아동의 아버지는 치료실에 오지 않았다. 다행히 아동의 어머니는 치료자의 권유에 따라 개인 심리치료를 받기로 결정하여 어머니에 대한 개인 치료와 아동 심리치료가 병행되었다. 반년가량의 치료 후에 아동의 어머니는 불안 증상이 완화되면서 남편과의 관계 개선을 위해 스스로 노력하게 되었고 자녀 양육도 잘 할 수 있다는 자신감을 갖게 되었다. 어머니와 아동과의 관계도 개선되었으며 내담 아동도 웃음을 되찾고 공부에 대한 의욕을 갖게 되었다. 부모 모두 심리적으로 건강하면 가장 좋겠지만, 부모 중 한 사람이라도 심리적으로 건강하고 아동에게 지지적인 역할을 해 줄 수 있다면 아동이 건강하게 성장할 수 있다. 따라서 아동 심리치료자는 성인의 개인 심리치료와 기본적인 부부 치료, 가족 치료에 대해 알고 있어야 하며, 필요할 경우 부모와 가족 개입을 위해 다른 심리치료 전문가에게 의뢰하여야 한다.

2. 아동 심리치료자의 역할과 자질

아동 심리치료자는 성인을 치료하는 경우와 마찬가지로 심리치료자로서의 기본적인 자질들을 갖출 것이 요구된다. 즉, 심리학 전반에 대한 폭넓은 지식과 더불어 심리평가, 심리치료, 성격 이론과 발달 이론 등에 대한 전문적인 지식을 갖추어야 한다. 또한 심리치료에 대한 이론뿐 아니라 풍부한 임상 현장 경험을 통해 심리치료의 다양한 기법들을 숙달해야 한다. 이에 더해 심리치료자로서의 윤리적인 소양과 인격적인 성숙을 필요로 한다. 아동을 대상으로 심리치료를 할 때 치료자는 다양한 역할을 하게 되며, 성인 내담자와 작업할 때와는 다른 특별한 경험들을 하게 되므로, 이러한 상황들에 대처할 수 있는 능력을 갖추어야 한다. 따라서 아동 심리치료자는 일반적인 심리치료자로서의 역할에 더해 부가적인 역할을 수행해야 한다.

1) 성장의 촉진자

아동 심리치료자는 내담 아동의 주된 문제를 해결하는 데 도움을 줄 뿐 아니라 전반적인 성장을 촉진시키는 역할을 해야 한다는 것을 항상 염두에 두어야 한다. 어른에게 반항적으로 대하는 것이 주된 문제인 사례에서, 치료자로부터 자신의 감정이나 의견이 존중받고 공감받는 경험을 지속적으로 하게 되면서 반항적인 경향이 감소하였다. 그뿐 아니라, 친한 친구들을 많이 사귀고 동생을 잘 돌보아 주게 되는 등 사회성 발달과 공감 능력의 발달이 촉진되었다. 이로 인해 주변 어른들로부터 칭찬을 많이 받게 되면서 자존감이 향상되고, 자신이 커서 훌륭한 사람이 되겠다는 결심을 하게 되어 공부도 열심히 하게 되었다. 이처럼 심리치료가 주된 문제의 개선뿐 아니라 사회성, 자아정체성 등 다양한 영역에 걸쳐 성장을 돕는 파급 효과를 가져오는 경우가 많다. 아동 심리치료의 두 가지 주요 목적 역시 증상 개선과 성장 촉진이다. 때로는, 증상을 감소시키기 위해 오로지 증상에 치료의 초점을 맞추는 것보다, 정서, 인지, 사회성 등 발달의 전반적인 영역에서 성장하도록 돕는 것이 아동의 적응력과 자기개념을 향상시키게 되면서 주된 증상도 자연스럽게 개선시킬 수 있다.

2) 모범이 되는 치료자

아동 심리치료자가 갖추어야 할 중요한 자질 중 하나는 아동들에게 모범이 되어야 한다는 것이다. 아동들은 긍정적인 감정을 느끼게 하는 사람을 따르고 모방하려는 경향이 있다. 따라서 치료자의 행동 특성, 말투, 외모 등을 유사하게 따라하기 쉽다. 이는 치료적인 효과를 가져오는 중요한 요인이 되면서, 동시에 치료자의 바람직하지 못한 측면을 내담 아동이 학습하게 될 위험성이 있다는 것을 뜻한다. 먼저 긍정적인 측면으로, 모방 학습이 심리치료에서 중요한 역할을 하는 경우가 많다. 완벽주의적인 성향으로 인해 불안 증상을 갖고 있는 아동이 심리치료 시간 중에도 실수를 할까봐 노심초사할 때, 치료자가 가위질을 잘못해서 만들기를 망쳐 놓는 실수를 하고 나서 "나도 사람이니까 이 정도 실수는 할 수 있어."라고 혼잣말을 하는 것을 보여줌으로써, 아동에게 직접적으로 가르치지 않고도 완벽주의 성향과 불안 증상을 감소시킬 수 있다. 이처럼 치료자는 놀이 상황에서 아동으로 하여금 자연스럽게 예전과는 다른 방식으로 생각하고 판단하게 하고, 현실에서 당면하는 문제들에 대해 더 융통성 있게 대처하게 하는 새로운 방략을 학습시키는 모델의 역할을 한다. 이처럼 모방의 긍정적인 효과와는 반대로, 치료자가 약속을 지키지 않는다든지, 솔직하지 못하다든지, 혹은 내담 아동을 존중하지 않는 행동을 보인다면 내담 아동이 이런 바람직하지 못한 행동을 학습하게 될 수 있다. 따라서 비록 치료자가 완벽한 사람일 수는 없지만, 기본적인 사회 규범에서 바람직하게 여겨지는 행동을 하려고 노력해야 하며, 비윤리적이거나 심리적으로 건강하지 못한 행동을 하지 않도록 주의해야 한다. 또한 치료자의 잘못이나 실수에 대해서는 솔직하게 인정하고 사과할 수 있어야 한다.

3) 아동 심리치료 기법들에 대한 숙지

아동 심리치료자는 치료 효과를 가져오기 위해 아동에게 적합한 기법들을 사용하여야 하므로 다양한 치료 방법에 대해 숙지하고 있어야 한다. 심리치료의 원리뿐 아니라 놀이나 예술, 책을 활용하는 방법, 모방 학습이나 행동 수정 기법, 부모교육 방법 등 다양한 영역에 대한 지식이 필요하다.

이론적 입장에 따라 사용하는 치료 기법들이 다를 수 있지만, 아동중심적 놀이치료 자인 Landreth(1987)의 제안이 아동 심리치료자가 가져야 할 기본적인 태도와 기법 들에 대해 잘 요약하고 있다(김춘경, 2004에서 재인용).

- 온화하고 일관된 방식으로 아동을 대함으로써 안정적이고 보호하는 환경을 제공한다.
- 놀이에서 드러나는 아동의 단어와 행동에 대해 관심을 보여주면서 아동의 관점에서 이해하려 노력하고, 항상 그들의 관점을 인정하고 수용하도록 노력한다.
- 아동들이 자신의 감정을 수용하면서 정서를 표현하도록 격려한다.
- 놀이도구의 선택과 사용법 등 치료 과정에서 아동이 스스로 선택할 수 있도록 허용적인 환경을 제공하여, 자기 책임감과 의사결정 능력을 향상시킬 수 있도록 격려한다.
- 아동이 스스로 어떤 것을 하도록 격려하고 놀이 상황에서 가능한 많은 사건들과 많은 상호작용들을 경험하게 함으로써 자기 통제력을 발달시키고 사건들을 통제할 수 있는 기회를 제공한다.
- 치료자가 아동의 감정과 행동을 경험하고 관찰한 것을 언어로 표현해 준다. 치료자에 의한 이러한 언어화는 아동들에게 감정을 적절히 표현할 수 있는 언어를 가르치고, 자신의 내적 동기, 정서, 그리고 상호작용 패턴 등을 통찰하도록 도와준다.

아동들은 자신의 문제에 대해 정확하게 인식하지 못하는 경우가 많으므로, 치료 과정에서 드러나는 아동의 혼란스러운 생각이나 감정 등을 치료자가 언어로 명료화해 주는 것이 자기 인식에 도움이 되며, 언어화와 같은 2차 사고능력을 발달시키게 된다.

이에 더해 아동의 문제 행동을 판단하지 않고 수용하는 치료자의 태도 역시 아동의 내적 자각을 촉진시키는 요인이다. 비판단적이고 수용적인 치료자의 태도는 아동에게 내재되어 있는 충동, 소망을 있는 그대로 수용하게 함으로써 자신의 현재 문제를 더 잘 이해하도록 이끈다(Chethik, 2000/2003). 따라서 아동 심리치료자는 언어화하는 방법, 내담 아동을 있는 그대로 수용하고 반영하며 공감하는 방법 등을 기본적으로 잘 활용할 수 있어야 한다.

아동 심리치료에서는 놀이를 많이 활용하기 때문에 치료자는 다양한 놀이 기법을 알고 있어야 한다. 손인형이나 가면을 사용하는 상징적 놀이와 역할놀이를 통해 자기 표현을 하게 하고 바람직한 사회적 기술을 가르칠 수 있다. 또한 블루마블이나 체스 등의 보드게임을 사용해 아동의 욕구나 공격성을 사회적으로 적절한 방식으로 표현하게 하는 방법을 가르칠 수 있다(Kaduson & Schaefer, 1997/2003; Schaefer & Cangelosi, 2002/2009).

그 외에도 내담 아동의 특성에 적합한 다양한 치료 기법들에 대해 알고 있어야 한다. 예를 들어, 책 읽기를 좋아하는 아동을 위해 독서 목록을 갖고 있는 것이 좋다. 학습장애 아동에게는 학습장애를 극복한 위인들에 대한 책이 도움이 된다. 또한 충동적이고 공격 행동을 자주 보이는 5세의 ADHD 아동에게 『폭력 저리 가』라는 그림책은 타인의 입장을 고려한 다양한 문제 해결 방법들을 생각해 볼 기회를 제공하므로 어린 아동의 생각의 폭을 넓히고 신중한 문제 해결 방법을 습득하도록 도울 수 있다. 그 외에도 친구 관계나 형제 관계, 성 등에 대해 배울 수 있는 책이나 영화 등을 추천해 줄 수도 있다.

3. 아동 심리치료에서 치료자의 경험

아동 내담자를 심리치료하는 것은 독특한 어려움과 더불어 아동 치료자만이 느낄 수 있는 보람과 기쁨이 있다. 특히 아동 심리치료 시에 경험할 수 있는 어려움들에 대해 치료자가 이해하고 있어야 이에 잘 대처할 수 있다.

1) 아동 치료자가 경험하는 힘든 감정

아동의 특성상 비현실적이고 비합리적인 반응을 보이는 경우가 많다. 매우 자기중심적이고 매사에 욕심을 부리는 아동이 치료실에서 자신이 좋아하는 놀잇감들을 집에 가져가겠다고 울면서 떼를 쓰면 치료자는 당황스러운 감정을 경험하게 된다. 이처럼 자신이 원하는 것을 즉각 해 달라고 막무가내로 떼를 쓰는가 하면, 치료자의 호의를 오히려 적대적으로 받아들이는 경우도 있다. 치료자가 내담 아동의 분노를 언어화하면서 반영하고 공감해 줄 때조차도 치료자를 공격하면서 분노를 가라앉히지 못하는 아동을 대할 때, 치료자는 난감해진다. 심리치료에 대한 구조화를 실시하지만 그것이 항상 아동에게 잘 먹혀드는 것은 아니다. 이런 경험을 자주 하게 되면 치료자가 그런 내담 아동을 대할 때마다 피곤하고 정서적으로 소진되는 느낌을 가질 수 있다. 결국 그 내담 아동에 대해 부정적인 감정을 갖게 되고, 그 아동과의 치료 시간이 가까워지면 긴장감과 피로감을 경험하게 되어, 내담 아동을 대할 때 역전이 반응을 보일 수 있다.

이런 문제들은 주로 내담 아동이 의뢰된 주된 문제와 관련되는 것들이다. 따라서 치료자가 자신의 역전이로 인해 내담 아동의 치료에 부정적인 영향을 주지 않도록 주의해야 하며, 오히려 이를 치료적으로 활용할 수 있어야 한다. 예를 들어, 내담 아동이 치료자를 갑작스럽게 공격하거나 제멋대로 행동하고자 할 때 치료자가 화가 날 수 있다. 그럴 때 치료자가 화나는 감정을 적절하게 통제하는 것은 그 자체로 치료적인 효과를 가진다. 치료자가 화가 났음을 솔직하게 받아들이고 이를 비공격적인 방식으로 아동에게 전달해 줌으로써, 아동은 치료자를 모방하면서 점차 분노 조절 방법을 배워 나갈 수 있게 된다. 이런 과정이 한두 번 만에 효과를 나타내는 것은 아니므로 치료자는 인내심을 갖고 반복해서 노력해야 한다. 치료자는 자신의 이러한 노력으로 인해 내담 아동이 긍정적으로 변화될 수 있다는 믿음을 갖고 있어야 한다.

아동 심리치료에서 치료자의 또 다른 힘든 경험은 심각한 심리장애로 고통받는 아동과 가족들을 치료할 때 겪게 된다. 예를 들어, 지능과 언어능력이 매우 떨어지는 자폐장애 같은 경우, 치료자와 가족의 부단한 노력에도 아동의 상태가 그다지 좋아지지 않을 수 있다. 치료자와 가족의 희망 사항과 현실적인 치료 가능성 사이에는 상당한 괴리가 존재한다. 치료자 역시 심리치료의 한계를 느끼면서 좌절감과 안타까움을 경험하게 된다. 이런 경우에는 치료자부터 가치 있고 행복한 삶에 대한 관점을 새롭게 가지는 등 인생관과 가치관을 수정하는 것이 필요하다. 지적으로 유능하고 사회적 능력이 좋은 사람만이 행복하게 사는 것은 아니다. 어떤 부분이 모자라고 결함이 있다 해도 누구나 잘할 수 있는 것이 있으며, 행복을 누릴 수 있다. 치료자가 해야 할 일은 아동이 자신의 잠재력을 충분히 발휘하게 하고 사회생활을 원활하게 할 수 있는 능력을 최대한 키우도록 도와주는 것이다. 이를 위해 심리치료에 대한 기대 수준과 목표를 현실적으로 설정하는 것이 필요하다. 심한 장애를 가진 아동의 경우에도, 느리기는 하지만 변화는 일어난다. 치료 목표를 달성하는 데 시간이 오래 걸리고 희망하는 수준에 도달하지 못할지라도, 그런 노력을 기울이는 것은 충분히 가치 있는 일이다. 치료자의 이러한 태도는 부모의 가치관과 인생관을 변화시키는 데도 도움이 된다.

아동 심리치료자가 겪는 또 다른 어려움 중 하나는 내담 아동을 둘러싼 주변 환경이 열악할 때 경험하게 된다. 앞에서도 언급했지만 심리적으로 건강하지 못한 부모, 가족 간 갈등, 이에 더해 개인 특성을 고려하지 않고 입시 위주로 운영되는 학교 문제, 경쟁 지향적이고 우등생과 열등생을 구분하는 우리 사회의 가치관 등 아동이 심리적으로 안정되고 건강하게 성장하는 데 저해가 되는 요인들이 도처에 널려 있다. 아동 심리치료자는 단지 아동만을 치료하는 데서는 치료 효과의 한계에 도달하게 된다. 따라서 부모에 대한 개입, 교사와의 접촉 등을 기본적으로 하게 되고, 사회를 건강하게 만들기 위해 학교나 지역사회 주민들을 위한 교육에도 관여하게 된다. 또 필요하다면 지역사회나 국가 정책에도 개입해야 한다. 예를 들어, 아동 심리장애를 예방하기 위해 학교에서 정기적으로 예방 교육이나 프로그램을 실시하는 제도를 만들고, 학교 장면을 스트레스가 적은 곳으로 만들기 위한 다양한 노력들이 필요하다.

그러나 내담 아동의 주변 환경에 치료자가 직접 개입하는 것이 항상 쉽지만은 않아 무력감을 경험할 수 있다. 아동의 치료가 꼭 필요한데도 치료에 동의하지 않거나 중도에 치료를 포기하는 부모들을 대해야 하는 경우가 적지 않다. 또한 치료자가 바람직한 양육 방식에 대한 정보를 제공해도 치료자의 전문성을 믿지 않고 기존의 비효율적인 양육 방식을 고수하여 아동 문제가 개선되는 것을 방해하는 부모들은 치료자를 화나고 무기력하게 만든다. 이처럼 아동 치료뿐 아니라 부모들을 대할 때에도 엄청난 인내가 요구되며, 이런 측면들이 치료자를 정서적으로 소진하게 만들 수 있다.

특히 부모가 성격장애를 갖고 있거나 사회병질자인 경우에는 아동의 정신병리를 유발하고 유지하는 데 직접적인 영향을 주기도 한다. 최악의 경우, 아동을 방치하거나 신체적·정서적으로 학대하는 경우까지 있다. 이런 부모들을 상대하는 일은 치료자에게 엄청난 스트레스와 갈등을 유발한다. 이런 경우, 치료자는 내담 아동을 보호하려는 소망으로 인해 나쁜 영향을 주는 부모로부터 아동을 분리시키고 싶어할 수 있지만, 아동의 양육을 책임지는 사람들이므로 분리가 가장 좋은 해결책이 아닌 경우가 많다. 치료자는 최선의 해결책을 찾아보려 하지만 어떤 선택을 해도 아동에게 부정적인 영향을 주는 환경을 변화시키기 힘든 경우가 있다. 이처럼 내담 아동을 둘러싼 부정적인 환경적인 측면들이 치료자를 힘들게 만들 수 있다.

2) 아동 치료자의 보람

아동 심리치료자가 겪는 특별한 어려움들이 있지만, 내담 아동이 발달 과정에서 잘못된 방향으로 성장할 위험성을 감소시켜 삶의 궤도를 건강한 방향으로 돌려놓는 데 도움을 줄 수 있다는 점에서는 큰 보람을 느낄 수 있다. 성인 심리치료가 이미 많은 부분이 결정되어진 상태에서 진행되는 것과 달리, 아동 심리치료는 인생의 초기에 개입이 이루어짐으로써 이후에 발생할지도 모르는 부적응을 예방하고 한 개인의 전체 인생에 매우 큰 영향을 줄 수 있다. 따라서 아동 심리치료자는 상당한 책임감을 느끼는 동시에, 내담 아동의 문제가 해결되고 성장이 가속화되는 것을 보면서 큰 의미와 기쁨을 경험할 수 있다.

아동은 발달 과정 중에 있으므로 성격이나 행동 패턴이 아직 굳어져 있지 않다. 따라서 현재 보이는 문제가 아무리 심각하다 하더라도, 성인에 비해 비교적 짧은 기간에 문제가 개선되는 경우가 많다. 이러한 변화의 용이성은 치료자에게 보람과 만족감을 제공한다(Chethik, 2000/2003). 한 예로, 집이나 학교, 심지어 치료실에서도 자기 뜻대로 되지 않으면 쉽게 짜증과 화를 내며 물건을 던지거나 욕을 하던 아동이 치료가 어느 정도 진행되었을 때 치료자가 실수해 내담 아동이 만든 공작물을 망가뜨리자, "선생님이 이러니까 제가 화가 나잖아요. 그렇지만 용서해 줄게요. 다시 만들면 돼요."라고 말하는 것을 듣게 되면, 그 순간 내담 아동이 보여주는 적절한 감정 표현과 너그러움에 대해 진한 감동을 느끼게 된다. 또, 가족을 비롯해 세상 모든 사람에게 적대적으로 대하던 아동이 치료자와의 긍정적인 관계를 경험하면서부터 주변 사람들에게 호감을 표현하게 되고, 심지어 장애가 있는 친구를 도와주는 등 이타적인 행동까지 하게 되는 것을 보면, 심리치료의 힘은 막강하다고 할 수밖에 없다. 온통 문제 투성이였던 아동이 행복한 아동으로 변화하고 성장하는 과정에 동참함으로써 아동 심리치료자 역시 경이로움과 행복감을 느끼게 된다.

참고문헌

김춘경(2004). 아동상담 – 이론과 실제. 서울: 학지사.

Avenevoli, S., & Merikangas, K. R. (2006). Implications of high-risk family studies for prevention of depression. *American Journal of Preventive Medicine, 31,* 126-135.

Brems, C. (2002). *A comprehensive guide to child psychotherapy* (2nd ed.). Illinois: Waveland press.

Brems, C. (2008). *A comprehensive guide to child psychotherapy and counselling* (3rd ed.). Illinois: Waveland press.

Chethik, M. (2003). 아동의 심리치료 (백용매, 천성문 역). 서울: 학지사. (원전은 2000에 출판).

Kaduson, H. G., & Schaefer, C. E. (2003). 101가지 놀이치료 기법 (김광웅, 유미숙 역). 서울: 중앙적성출판사. (원전은 1997에 출판).

Kottman, T., & Schaefer, C. E. (2006). 놀이치료 사례집 (김은정, 정연옥 역). 서울: 학지사. (원전은 1993에 출판).

Landreth, G. L. (2009). 놀이치료: 치료관계의 기술 (유미숙 역). 서울: 학지사. (원전은 2002에 출판).

Pledge, D. S. (2005). 아동 및 청소년상담 (이규미, 이은경, 주영아, 지승희 역). 서울: 시그마프레스. (원전은 2004에 출판).

Schaefer, C. E., & Cangelosi, D. M. (2009). 놀이치료 기법 (이순행, 김은하, 주현숙, 박유미, 전경숙, 이유진 역). 서울: 시그마프레스. (원전은 2002에 출판).

제2장

아동 심리치료의 주요 이론

아동 심리치료의 주요 이론

아동의 심리적인 문제를 해결하기 위해 다양한 접근법들이 적용되어 왔다. 효과적인 심리치료 방법들은 아동의 심리적 특성, 정신병리 및 변화에 대한 이론적인 근거에 바탕을 두고 있다. 각각의 이론은 아동 정신병리와 치료에 대한 관점, 원인에 대한 견해, 중요시하는 측면 및 치료 방법 등에서 독특성을 갖고 있다. 따라서 이론에 따라 내담 아동의 문제를 개념화하는 방식, 치료 목표와 주요 치료 방법이 결정되므로, 아동 심리치료 이론을 이해하는 것은 치료의 기본적인 방향을 잡는 데 있어서 매우 중요하다.

아동의 문제는 매우 다양하며, 문제의 원인 역시 다양하다. 따라서 하나의 심리치료 이론으로 모든 문제를 잘 설명하기는 어렵다. 각각의 이론들은 강조하는 측면이 다르고, 특정한 심리장애나 문제를 다른 이론에 비해 더 잘 설명한다. 따라서 심리치료자는 특별히 선호하는 이론이 있을 수 있지만, 다양한 이론에 대해 알고 있어야 내담 아동의 특성에 가장 잘 부합하는 심리치료를 할 수 있다. 예를 들어, 행동주의 이론에 바탕을 둔 치료 기법들은 자폐증이나 주의력결핍 및 과잉행동장애에서 나타나는 문제 행동들을 교정하는 데 효과적으로 사용된다. 또한 내담 아동의 개인적인 특성에 따라 더 적합한 치료 이론이 있을 수 있다. 만약 나이가 너무 어리거나 자신의 문제에 대해 거의 인식하지 못하는 아동이라면 인지 치료는 적합하지 않을 것이다.

실제 임상 현장에서는 대부분의 치료자들이 절충적이고 통합적인 심리치료 이론과 기법을 채택하게 된다. 실제로 심리치료 이론들이 서로 완전히 배타적인 것은 아니다. 많은 내용들이 중복되고 궁극적인 목표는 대부분 비슷하다. 단지 사례개념화가 다르고 목표 달성을 위한 방법에 차이가 있을 뿐이다. 예를 들어, 정신역동 이론에서는 아동의 자기(self)를 강화시켜 현실에 근거한 판단과 대처를 하는 것을 치료 목표로 삼을 수 있다. 한편, 인지 이론에서는 비합리적으로 생각하는 방식이나 문제 해결 방식을 변화시켜 융통성 있고 현실적인 문제 해결이 가능해지는 것을 치료 목표로 삼을 수 있다. 이 두 이론은 사례개념화와 치료 목표 설정에서 사용되는 용어에서 차이를 보이지만, 결국 아동이 현실에 효과적으로 대처하게 하는 능력을 향상시킨다는 점에서 본다면, 추구하는 바가 매우 비슷하다.

이 장에서는 대표적인 아동 심리치료 이론들인 정신역동 이론, 개인심리학 이론, 아동중심 이론, 행동주의와 인지행동 이론 및 통합적 이론에 대해 간략히 살펴볼 것이다. 각 이론의 아동 정신병리에 대한 기본 개념과 치료 목표, 치료자 역할 및 주요 치료 기법들에 대해 설명하였다.

1. 정신역동 치료 이론

정신역동 치료의 창시자인 Sigmund Freud는 인간의 무의식을 중시하는 포괄적이고 심층적인 정신병리 이론과 심리치료의 체계를 확립하였다. 인간의 성격 구조를 원초아, 자아, 초자아로 구분하여 설명하였고, 이들 성격 구조들 간의 갈등이 필연적이며 이로 인해 불안을 느끼게 되고 있고, 불안을 감소시키기 위해 자아방어 기제가 작동한다고 보았다. Freud는 특히 아동기에 부모와의 관계에서 경험하는 불안과 갈등이 억압되어 성인이 되어서까지 영향을 준다고 봄으로써, 아동기의 성격 형성과 정신병리를 매우 중시하였다.

Freud의 정신역동 이론을 아동에게 적용한 학자들로는 그의 딸인 Anna Freud, Klein 및 Winnicott 등이 있다. Anna Freud는 아동 분석의 창시자로, 아동을 대상으로 하는 치료에 놀이를 도입하였다. 그녀는 아동의 방어에 대한 해석을 확대하였고, 자아기능을 강화시키는 것을 중시하였다. Melanie Klein은 아동의 놀이가 성인의 자유연상과 본질적으로 같다고 보아 놀이의 중요성을 재확인하였다. Donald Winnicott은 아동 심리치료자의 모성적 역할을 중시하여 버텨주기 또는 안아주기(holding) 기법을 사용하였다(최영민, 2010). 정신역동 이론에 근거를 둔 아동 심리치료는 놀이나 예술 활동 등의 방법을 많이 활용하며, 불안, 공포증, 우울, 불안정한 애착 형성, 자기 혐오를 포함한 자기애 문제에 효과적이라고 알려져 있다(Schaefer, 2003/2006).

1) 치료 목표

정신역동 치료의 목표는 무의식을 의식화하여 성격 구조를 수정하고, 자아를 강화시켜 현실에 바탕을 둔 대처를 할 수 있도록 하는 것이다. 아동의 경우 심리치료의 초점은 단지 외적인 행동이나 증상만을 변화시키는 것이 아니라 아동의 전반적이고 본질적인 측면을 변화시키고, 이탈되었던 발달 경로를 정상 발달의 경로로 되돌려 건강한 성장을 돕는 데 있다(O'Connor & Braverman, 2009/2011). 즉, 건강한 분리, 탄력성, 적응력, 건강한 자기를 발달시키는 것 등이 치료 목표가 된다. 예를 들어, 소심하거나 억제되어 있는 아동의 경우, 자발적이고 활동적이며 모험을 시도할 수 있도록 도와준다. 반면, 충동적인 아동은 사려 깊고, 책임감 있게 성장할 수 있게 도와준다(Brems, 2002). 그 외에도 증상 완화를 통해 아동이 덜 힘들도록 돕는 것, 외상 극복하기, 이혼과 같은 생활 사건에 적응하기, 학교에 잘 다니고 공부할 수 있도록 하기, 개인적인 분노와 공격성 조절하기 등 현실적이고 구체적인 목표들을 세울 수 있다(Schaefer, 2003/2006).

2) 치료자 역할

대부분의 심리치료자들과 마찬가지로 정신역동적 입장의 치료자 역시 안전하고 수용적인 분위기를 조성하기 위해 진솔한 긍정적인 존중을 해 주고 공감적인 태도를 보이려 노력한다. 치료자는 아동에게 따뜻함을 제공하고, 아동의 불합리성과 변덕스러움에도 불구하고 존중하고 인내한다. 이런 기본적인 치료자의 태도를 바탕으로 정신역동 심리치료자는 아동의 자유로운 자기 탐색과 표현을 돕는다. 치료 목표 달성을 위해 치료자는 아동으로 하여금 자신의 문제를 명료화하고 수용하며, 과거의 경험과 현재의 문제 간의 연관성에 대해 이해할 수 있도록 돕는 역할을 한다(Brems, 2008; Schaefer, 2003/2006).

정신역동 치료에서 치료자−내담자 관계의 핵심은 전이관계라고 할 수 있다. 내담 아동이 자기에 대해 더 잘 인식하고 행동에 대해 통찰하게 하고 증상의 의미를 이해하도록 하기 위해, 치료자는 내담 아동의 증상 이면에 내재되어 있는 무의식에 대해 이해하고 해석한다.

아동이 치료자에게 불러일으키는 감정, 즉 역전이 역시 중요한 치료자-내담자 간의 관계이며, 이는 치료적으로 활용될 수 있다. 치료자는 특정한 아동을 만날 때 몹시 긴장하고 피곤하게 느낄 수 있다. 만약, 치료자의 개인적인 특성이나 선호에 의해 불합리하게 피곤함을 느낀다면, 그로 인해 내담 아동의 치료에 방해가 될 수 있다. 따라서 그러한 역전이는 치료자가 스스로 해결해야 할 문제다. 반면, 아동 치료에서 치료자가 흔히 경험하는 '투사적 동일시'는 내담 아동의 특성상 치료자에게 유발하는 감정으로, 내담 아동이 스스로 의식하기 어려운 감정이나 체험을 치료자가 대신 느끼는 것이다. 이는 특히 대상관계 치료에서 필수적인 과정으로, 내담 아동을 이해하기 위해 치료적으로 활용할 수 있다(윤순임 외, 1995; Brems, 2008; Cashdan, 1988/2005). 예를 들어, 어떤 내담 아동이 치료자와 이야기할 때 거의 들리지 않는 작은 목소리로 우물거리며 말해서 치료자는 여러 번씩 다시 물어봐야 하고 무슨 이야기인지 듣기 위해 온통 신경을 곤두세워야 하는 경험을 계속하였다면, 그것은 아동의 특성이 치료자로 하여금 피곤함을 유발한 것이라 할 수 있다. 이런 경우에 치료자가 그 내담 아동을 대할 때 느끼는 피곤함으로 인해, 그 아동의 특성과 대인관계 양상에 대해 더 잘 이해할 수 있게 된다.

3) 치료 기법

정신역동 심리치료에서는 내담 아동을 수용하고 공감하기, 버텨주기, 명료화와 직면, 해석, 놀이의 활용, 부모와 교사 자문 등의 기법들을 사용한다(윤순임 외, 1995; Schaefer, 2003/2006). 무엇보다도 치료자는 공감적으로 경청하고 아동에게 반응한다. 자신의 입장이 전해져서 잘 이해받는 것은 아동으로 하여금 그동안 인식하지 못했던 고통스러운 감각에 맞서게 하고 편안하게 자기를 드러내도록 돕는다. 공감적인 분위기를 유지하려는 것은 치료자에게 또한 '공감적 실패'를 할 기회를 준다(Kohut, 1971: Schaefer, 2003/2006에서 재인용). 이는 내담자가 전하려고 하는 중요한 의사소통을 치료자가 이해하지 못한 순간을 말하며, 이것은 아동에게 버려짐, 비난받음, 거부당함 및 창피함을 느끼게 할 수 있다. 치료자는 내담 아동이 이러한 공감적 실패에 대해 반응하고 분석할 수 있게 해 줌으로써, 자기 주장과 자존감을 보다 강건하게 키우도록 도울 수 있다. 예를 들어, 치료자가 공감적 이해를 하지 못하고 내담 아동에게 조언을 하거나 일종의 잔소리를 할 때, "왜 선생님은 저를 이해 못하죠?"라고 아동이 항의하는 경우가 있다. 이런 과정을 통해 내담 아동은 자신이 이해받지 못한 데 대한 억울함을 표현할 줄 알게 되고, 자신이 존중받고 인정받을 만한 가치가 있다는 것을 주장하게 된다. 이런 과정은 이후의 직면 과정을 통해 자신의 문제를 자각하게 하는 데 도움이 된다.

공감적 이해를 통해 안전하고 수용적인 분위기를 만드는 것에 더해 정신역동 치료자들은 아동을 '치료적으로 버텨주려고(hold)' 노력한다(Winnicott, 1945/1975: Schaefer, 2003/2006에서 재인용). 버텨주기 기법은 내담 아동이 현재 체험하고 있거나 혹은 뭔가 막연하게 느끼기는 하지만 감히 직면하지 못하는, 끝없이 깊은 불안과 두려움을 치료자가 잘 알고 있다는 것을 적절한 순간에 적합한 방법으로 전해 주면서, 내담자에게 큰 힘으로 의지가 되어 주고 따뜻한 배려로 마음을 녹여 주는 것을 의미한다(Winnicott, 1963: 윤순임 외, 1995에서 재인용). 엄마가 아기를 안아주는 방식과 유사하게, 치료자는 내담자를 신체적으로가 아니라 심리적으로 버텨준다. 즉, 치료자는 아동의 마음과 몸이 스스로 견디기에 벅찬 흥분과 심리적 고통을 감내하게 해 준다. 예를 들어, 학교생활을 매우 힘들어하는 아동에게 치료자가 그 어려움을 함께 느끼고 힘을 줌으로써, 아동이 최소한 다음 치료 회기까지 힘든 것을 견뎌내도록 격려하여 어려운 고비를 이겨나가도록 할 수 있다.

명료화와 직면은 아동의 자각을 증진시키는 기법이다. 치료자는 아동이 잘 깨닫지 못한 것을 지적해 주거나 혹은 아동이 말한 것과 실제 사실 간의 불일치를 알게 해 준다. 또한 행동을 명료화하고, 발생한 일의 특징을 묘사하며, 아동의 자각을 증진시키고, 관련된 정동을 탐색하기 위해서 상세한 질문들을 한다(Kottman & Schaefer, 1993/2006). 정신역동 치료자는 직면 기법을 사용함으로써 아동의 행동, 놀이 주제, 또는 중요하게 관찰된 현상들을 지적하여, 내담 아동이 두려워하는 것을 안전하게 인식하도록 돕는다. 명료화는 이런 직면 과정을 촉진시키기 위해서 사용된다. 치료자는 아동이 사용하는 방어에 먼저 직면시킨 후, 다음으로 추동이나 갈등에 직면시킨다. 어떤 아동은 직장 일로 바쁜 어머니가 저녁 늦게 귀가하기 때문에 집에 혼자 있을 때가 많은데, 어머니가 요구하는 일, 즉 준비물 챙기기나 숙제하기, 학원 가기 등을 자주 잊어버려, 어머니가 계속 집으로 전화를 하게 만들었다. 치료자는 이 아동에게 자신이 해야 할 일을 자주 잊어버리는 행동에 대해 먼저 직면하게 만들었고, 나중에는 그 행동에 내재된 의미에 직면하도록 도왔다. 그 아동의 경우, 자신이 버려질지 모른다는 두려움이 내재되어 있어 어머니가 자주 전화하도록 함으로써 그 두려움을 감소시키려는 욕구에 직면하게 되었다. 물론 어머니에게도 아동의 잊어버리는 행동의 의미를 이해하게 하여 아동의 두려움을 감소시킬 수 있는 방법들을 찾아보도록 제안하였다.

직면과 명료화는 해석의 전조가 된다. 정신역동적으로 지향된 치료자는 꿈의 해석, 저항의 해석 및 전이의 해석 등의 기법을 사용한다. 해석은 치료자가 아동에게 자원, 과거력, 방어, 내용 및 추동의 의미를 이해시키는 데 사용하는 설명이다. 해석은 통찰을 가져오게 하여 아동에게 자신의 문제들을 '훈습'하게 한다. 어린 아동의 경우, 치료자는 치료의 훈습단계에서 이 과정을 촉진시키기 위해 흔히 교육적 기능을 담당하기도 한다(Schaefer, 2003/2006).

많은 정신역동 관점의 아동 치료자가 놀이를 활용한다. 놀이는 아동과 친해지고 아동의 신뢰를 얻으며 아동을 긍정적인 치료적 관계에 참여시키기 위한 수단으로, 그리고 정신분석의 도구이자 의사소통의 방편으로 사용된다. 아동의 놀이는 갈등, 충동, 대인관계 기술, 방어, 상상 활동, 그리고 원초아, 자아 및 초자아의 기능 수준에 대한 중요한 정보를 제공해 준다(Kottman & Schaefer, 1993/2006). 치료자는 아동의 놀이 활동이 가능한 방해받지 않고 자연스럽게 전개되도록 도움으로써 자기표현을 촉진시킨다. 내담 아동은 놀이를 통해, 평소에는 두려움으로 인해 표현할 수 없었던 감정과 갈등, 욕구를 드러낼 수 있다. 새로 태어난 동생이 부모의 사랑을 모두 빼앗아 갔다고 생각해서 동생을 미워하는 어린 아동의 예를 보자. 동생을 때리면 부모에게 혼나는 경험을 여러 번 하고 나서, 현실 상황에서는 동생을 공격할 수 없게 되었다. 그러나 그 아동은 놀이 상황에서는 우유병을 빠는 아기 인형을 얼마든지 때려줄 수 있고 집 밖으로 갖다 버릴 수도 있다. 아동은 놀이치료실에서 두려움 없이 자신의 감정과 욕구를 드러낼 수 있다. 결국 아동은 자신의 고통에 대해 충분히 직면하게 되고, 그 어려운 문제에 대해 현실적인 해결책을 찾아보게 된다.

부모와 교사에게 개입하는 것도 중요한 치료 방법 중 하나다. 아동이 부모의 관리하에 있으므로, 치료자는 부모를 지도하고 지지해 주고 문제의 본질을 깨닫게 한다. 특히 부모가 항상 아동의 욕구에 주목하여 그 욕구에 맞춰줄 수 있도록 돕는다 (Schaefer, 2003/2006). 정신역동 이론에서는 보호자의 따뜻하고 공감적인 이해가 아동의 자기와 대상관계를 건강하게 만드는 데 중요한 역할을 한다고 보기 때문에, 부모교육에서도 이런 측면을 강조한다. 한 초등학교 아동은 매우 이중적인 행동으로 인해 교사가 부모에게 심리치료를 권고하여 치료에 의뢰되었다. 이 아동은 겉으로 매우 예의가 바르고 온순해 보이지만, 남이 보지 않을 때는 학교 유리창을 몰래 깨거나 친구들을 험담하여 교사나 또래들로부터 나쁜 평가를 받았다. 이 아동의 경우, 부모의 양육 특성이 자녀에게 지나치게 엄격하고 사소한 잘못에 대해 비난하며 심하게 처벌하였고, 따뜻한 말이나 칭찬하고 인정해 주는 경우가 거의 없었다. 그 부모가 가진 교육에 대한 가치관은 아동들을 엄격하고 무섭게 키워야 바르게 자랄 수 있다는 것이었다. 치료자는 부모교육에 상당한 시간과 노력을 들였고, 부모의 변화와 함께 친밀한 모자 관계가 가능해졌으며, 아동 문제도 점차 개선되었다. 부모 개입에 더해 학교 및 교육적 문제를 심리치료와 병행하거나 치료에 포함시킬 수 있으며, 필요하다면 약물 처방에 대해 정신과 의사에게 자문을 구하기도 한다.

2. 개인심리학 치료 이론

개인심리학 치료 이론의 기본개념으로는 열등감과 보상, 우월성 추구, 생활양식, 사회적 관심, 창조적 자아, 출생순위 및 가상적 목표 등이 있다(윤순임 외, 1995; Corsini & Wedding, 2005/2007). 개인심리학의 창시자인 Adler에 의하면 열등감이 인생 전반에 걸쳐 커다란 영향을 미치기 때문에 정신병리를 이해하는 데 필수적인 개념이다. 인간은 자신이 가진 약점으로 인해 열등감을 갖게 되며 이런 열등감을 보상하고 싶은 욕구가 있다. 즉, 우월감의 욕구를 충족시키고자 한다. 이러한 욕구 충족 과정에서 자신이 가진 긍정적 자질을 개발하고 뚜렷한 목적의식과 노력을 통해 새로운 방향으로 자신을 변화시킴으로써 문제를 해결할 수 있다고 본다.

Adler는 또한 인간의 문제가 인생 초기에 형성된 생활양식에 의해 큰 영향을 받는다고 보았다. 생활양식은 개인의 삶의 목적, 자아 개념, 가치 및 태도 등 개인의 독특성을 설명하는 개념이다. 생활양식은 어릴 때 우월성 추구의 목표를 이루기 위해 스스로 창조한 것이다. 생활양식은 사람들이 왜 특정한 방식으로 행동하고 생각하고 느끼는지에 대해 알려주기 때문에 심리치료의 첫 단계에서 파악되어야 할 매우 중요한 개념이며, 심리치료의 주된 목표 역시 잘못된 생활양식을 수정하거나 재교육하는 것이다.

　개인심리학에서는 '공동체감' 또는 '사회적 관심'을 중시한다. 즉, 인간은 사회적 존재이므로 건강하고 성숙한 삶의 기준은 공동체적 관심이나 사회적 관심에 있다. Adler는 문제 행동의 치료보다는 예방의 중요성을 강조하였고, 교육적 치료에 많은 관심을 갖고 부모교육, 부모상담 프로그램, 교사 교육 및 집단상담의 새로운 장을 개척하였다(Corsini & Wedding, 2005/2007; Schaefer, 2003/2006).

1) 치료 목표

　개인심리학에서는 아동을 병든 존재나 치료받아야 할 존재로 보지 않기 때문에 문제 행동이나 증상의 제거를 주된 치료 목표로 삼기보다는, 열등감을 극복하고 건강한 생활양식을 갖고 사회적 관심을 증진시키는 것을 더 강조한다. 즉, 재교육이나 예방을 중시한다. 치료 과정에서 내담 아동은 자신의 생활양식에 초점을 맞추어 작업을 하면서 자신의 사적 논리를 탐색하고, 잘못된 생활방식을 교정하는 방법을 탐색하게 된다. 궁극적으로 사회에서 타인에 대해 폭넓은 관심을 갖고 다른 사람과 상호작용할 수 있는 사람이 되도록 재교육하는 것이 가장 큰 치료 목표다(Schaefer, 2003/2006).

2) 치료자 역할

　개인심리학 심리치료에서 치료자와 내담 아동 간의 관계는 협력, 상호신뢰, 존중, 확신 및 목표에 대한 동의를 바탕으로 한 대등한 관계다. 치료자의 역할은 기본적으로 용기를 주는 사람이고 교사의 역할도 수행하는 등 다양하며 치료 과정의 단계에 따라 변화한다(Schaefer, 2003/2006). 처음에는 관계 형성에 초점을 두어 비지시적이고 아동의 주도에 따르며 긍정적인 상호작용을 격려한다. 다음 단계에서 치료자는 내담 아동의 현재 기능에 대한 종합적인 진단을 내리기 위해 아동의 열등감의 근원, 우월성 추구 방식과 생활양식 등을 탐색한다. 이를 위해 가족 구성원에 대한 정보와 아동의 출생 순위 등에 대한 정보를 수집하고 초기 기억에 대해 분석한다. 아동 문제에 대한 평가를 바탕으로 치료자는 아동이 열등감을 극복하도록 돕고, 잘못된 생활양식을 교정하고 사회적 관심을 확장시키고 잠재력을 발휘하면서 성장할 수 있도록 다양한 기법들을 활용해 도움을 주는 역할을 한다. 특히 인간관계를 맺는 방법을 시범 보이고 타인과의 긍정적인 상호작용의 가치에 대해 강조하면서 친사회적인 기술을 가르치기도 한다.

3) 치료 기법

개인심리학 심리치료에서는 치료 단계별로 다양한 기법들을 사용한다. 즉, 치료 관계 수립 단계, 생활양식과 역동 탐색 단계, 통찰 단계, 재교육 단계의 네 단계에 따라 상이한 치료 기법들이 사용된다.

첫째, 치료 관계 수립 단계에서는 치료자와 내담 아동 사이에 적절한 치료관계를 수립하기 위해 관심 기울이기, 경청하기, 격려하기, 목표를 규정하거나 명료화하기, 공감하기 및 한계 설정하기 등의 치료 기법을 사용한다(김춘경, 2004; Schaefer, 2003/2006).

둘째, 생활양식과 역동 탐색 단계는 내담 아동을 분석하고 평가하는 단계로, 내담 아동이 자신의 생활양식을 이해하고 생활양식이 현재의 기능에 미치는 영향을 이해할 수 있도록 돕는다. 이 단계에서는 가족 내에서의 아동의 심리적 위치, 출생 순위, 부모–자녀 관계 등을 살펴보면서 가족에 대해 탐색하고 초기 기억이나 꿈의 분석을 한다(Schaefer, 2003/2006). 한 내담 아동은 지나친 물욕과 경쟁적인 성향을 갖고 있어, 자매간에도 자주 다툼이 있고 또래 관계에서도 양보를 하지 않아 친구를 잘 사귀지 못하였다. 내담 아동은 항상 자신이 억울하게 당한다고 생각하고 있었다. 이 아동은 딸이 네 명인 가정에서 둘째 딸로 성장하는 과정에서 자신이 부모의 관심과 애정을 적게 받는다고 느끼고 있었다. 큰 딸은 맏이로서 부모가 대접해 주고, 두 동생은 어리기 때문에 부모가 보살피고 귀여워해 주어, 둘째 딸인 내담 아동은 상대적으로 부모의 관심을 적게 받는다고 느끼게 된 것이다. 이 아동은 애정 결핍으로 인한 열등감을 물질적인 것으로 보상하려 하였고, 또래나 자매간의 경쟁에서 이김으로써 우월감을 추구하고자 하는 생활양식을 발달시켰다. 이런 특성은 아동의 지적 능력을 발달시키는 데 도움이 되기도 했지만, 주변 사람들과의 잦은 다툼과 갈등을 유발하여 대인 관계의 어려움을 가져왔다. 이 아동에게는 현재 자신의 행동 특성을 성장 과정과 가정환경, 가족 관계 등과 연결지어 탐색해 보는 것이 필요하였다. 이 과정에서 치료자는 아동의 주관적인 감정에 대해 반영하고 공감하고 적절한 질문을 함으로써, 아동이 자신의 문제와 가족 관계 등에 대해 좀 더 객관적으로 볼 수 있도록 유도하였다.

셋째, 통찰 단계는 내담 아동의 자기 이해를 독려하는 단계로 내담 아동이 자신의 잘못된 목표나 자기 패배적인 행동에 대해 통찰하도록 격려한다. 이때 치료자는 은유를 사용하고, 스프에 침 뱉기, 그림 그리기 및 해석을 통해 아동의 통찰을 촉진시킨다. 스프에 침 뱉기 기법은 아동이 자기 패배적인 신념을 포기할 수 있도록 유머를 사용하는 것이다. 그림 그리기 기법은 신체 외곽선 그리기 등을 통해 아동의 삶에서 중요한 사람에 대한 상징적인 표상을 사용함으로써 통찰을 돕는 기법이다. 해석은 주로 삶의 방향, 목표나 목적, 사적인 논리와 그 영향, 현재의 행동에 대한 인식, 행동의 원인이 아닌 현재 행동의 결과에 초점을 둔다(김춘경, 2004; Schaefer, 2003/2006). 위의 사례에서 아동은 자신의 행동이나 생활양식의 장단점을 파악하게 됨으로써 성취를 향해 노력하려는 경향은 장점으로 받아들이되, 자신이나 주변 사람들에게 고통을 가져올 수 있는 경쟁심과 물욕의 문제점을 수용하고 고쳐 나가기로 결심하게 되었다.

넷째, 재교육 단계는 아동이 더 긍정적인 태도, 지각, 신념, 감정 및 행동을 배우고 훈련하는 데 목적이 있다. 따라서 이 단계에서는 내담 아동이 새로운 선택을 하도록 하며 새롭고 더 효과적인 방법을 시도해 보도록 도움을 주고, 스스로 결정하고 용기를 가지고 행동하도록 격려한다. 이 단계에서 사용될 수 있는 주요 기법에는 즉시성, 역설적 의도, 마치 ~인 것처럼 행동하기, 수프에 침 뱉기 및 버튼 누르기 등이 있으며, 문제 해결 기술이나 사회적 기술을 가르치기 위해 모델링, 브레인스토밍, 역할 놀이, 치료적 은유 등 다양한 교습 전략이 있다(김춘경, 2004; Schaefer, 2003/2006). 위 사례에서는 수프에 침 뱉기 기법을 시도하였다. 그 결과, 아동의 특성, 즉 물욕과 경쟁심으로 인해 그동안 얻을 수 있었던 것들을 포기하는 대신, 사회적 관심을 포함해 더 성숙한 행동 방식과 생활양식을 갖게 됨으로써 예전보다 더 많은 것을 얻을 수 있고 더 행복해질 수 있다는 것을 수용하게 되었다.

3. 아동중심 치료 이론

인간중심 치료의 창시자인 Carl Rogers의 이론에 근거해 Garray Landreth는 아동 중심 치료를 시도하였다. 아동중심 치료자들은 아동의 문제에 초점을 두기보다는 잠재력을 발휘하고 성장하도록 돕는 것을 중시한다. 치료자가 무엇을 해 주기보다는 아동과 함께하려는 입장으로, 이는 Landreth의 아동관에 잘 나타나 있다(Landreth, 2002/2009).

- 아동은 성인의 축소판이 아니므로 치료자는 아동을 그렇게 대하지 않아야 한다.
- 아동은 사람이다. 아동들도 깊은 정서적 고통과 기쁨을 경험할 수 있다.
- 아동은 독특하고 존중받을 가치가 있다. 치료자는 각 아동의 독특함을 인정하고 존중한다.
- 아동은 유연해서 방해물이나 자신이 살고 있는 환경을 극복할 수 있는 엄청난 능력을 갖고 있다.
- 아동은 성장과 성숙을 향한 타고난 경향성을 가지고 있다.
- 아동들에게는 긍정적인 자기 안내의 능력이 있다.
- 놀이는 아동들의 자연스러운 언어이며 아동들이 가장 편안해하는 자기표현의 매체다.
- 아동들에게는 침묵할 수 있는 권리가 있다. 치료자는 아동이 말하지 않기로 한 결정을 존중한다.
- 아동들은 자신들이 필요할 때 치유적 경험을 한다. 치료자는 언제 어떻게 아동이 놀아야 하는지를 결정하려 해서는 안 된다.
- 아동의 성장을 재촉할 수는 없다. 치료자는 이 점을 인식하고 아동의 발달 과정에 대해 인내한다.

아동중심 치료에서는 치료자와 내담 아동 간의 관계 형성을 중시하며, 긍정적인 관계를 형성하기 위한 치료자의 태도가 아동들로 하여금 자신과 세계를 탐색하고, 감정을 표현하도록 용기를 불어넣는 데 효과적이라고 본다. 즉, 치료자가 성장을 촉진하는 분위기를 형성해 주기만 하면, 내담 아동 스스로 문제를 해결하고 변화하며 성장해 나갈 능력을 갖고 있다고 본다. 아동중심 치료에서는 치료자의 따뜻하고 보살피는 관계, 무조건 수용, 안전하고 허용적인 분위기 조성 및 아동의 감정에 대한 민감성을 바탕으로, 아동의 문제해결 능력을 존중하고, 아동의 자기 안내를 신뢰하고, 아동이 스스로 변화할 때까지 기다리며 서두르지 않는다.

1) 치료 목표

Rogers는 타인으로부터 인정받고자 하는 욕구와 자신의 경험 간에 불일치로 인해 불안을 경험하게 되고, 그 결과 심리적 문제를 일으키게 된다고 보았다. 즉, 자신에게 중요한 인물의 조건적인 사랑과 평가에 부합하도록 아동은 유기체적 경험을 부정하거나 왜곡할 수 있다. 이는 아동의 잠재력을 발휘하지 못하게 하고 성장을 방해하게 된다. 따라서 치료 목표는 내담 아동의 유기체적 경험을 있는 그대로 수용하게 하고, 비효율적인 방어를 하지 않도록 함으로써 건강한 성장을 도와 자아실현을 하게 하는 것이다. 아동중심 치료자들은 아동의 현재 문제나 증상을 감소시키는 것을 치료 목표로 삼지 않는다.

아동중심 치료의 일반적인 목표는 자기 실현을 향한 내적인 힘을 발견할 수 있도록 아동에게 긍정적인 성장 경험을 제공하는 것이다. 아동중심 치료의 목표들에는 다음과 같은 것들이 포함된다(Landreth, 2002/2009; Schaefer, 2003/2006).

- 더욱 긍정적인 자기개념을 개발하게 한다.
- 책임감을 더 크게 갖도록 한다.
- 더욱 자발적이 되도록 한다.
- 더욱 자기 수용적이 되도록 한다.
- 자기에 대한 신뢰감을 높이게 한다.
- 스스로 의사결정을 하도록 한다.
- 자기 통제감을 경험하도록 한다.
- 대처과정에 민감해지게 한다.
- 평가의 내적 원천을 개발하게 한다.

• 자신을 더욱 신뢰하도록 한다.

한 아동은 공부를 열심히 하는데도 성적이 계속 떨어지고 점점 자신감을 잃고 무기력해져서 심리치료를 받게 되었다. 이 아동과 부모가 호소하는 주된 문제는 성적 하락이었지만, 치료자가 파악한 주된 문제는 달랐다. 아동의 부모는 아동이 반드시 좋은 대학에 들어가서 자신들이 이루지 못한 출세를 해 주기를 바랐다. 부모는 수입의 상당 부분을 과외비에 사용하면서 아동에게 하루 종일 열심히 공부하도록 요구하였다. 아동은 부모가 자신을 위해 고생한다는 것을 알고 있었고 부모의 기대를 충족시키기 위해 공부를 잘하려고 노력하였다. 그러나 성적이 항상 원하는 대로 나와 주지는 않았고, 한두 번 성적이 떨어지자 시험이 다가올 때마다 아동은 불안해져서 집중도 잘되지 않게 되었다. 결국 성적은 계속해서 떨어졌으며, 아동은 자신감을 잃고 자포자기하여 더 이상 공부를 하지 않게 되었다. 이 사례에서 치료자는 내담 아동과 부모의 소망을 이해하고 존중하지만, 아동의 성적 향상을 주된 치료 목표로 삼는 것은 부적절하다고 판단하였다. 그보다는 부모의 과도한 기대에서 유발된 아동의 불안감을 감소시켜야 하고, 아동의 현재 감정과 욕구를 존중하고 수용하여 자신이 원하는 삶을 살 수 있도록 돕는 것이 더 중요하다고 판단하였다. 그러나 치료자의 이런 치료 목표를 내담 아동에게 강요하지 않고 아동 스스로 자신의 목표를 설정하도록 허용하였다. 이를 위해 부모의 통제를 감소시키는 개입이 필요하였다. 아동은 부모의 통제에서 벗어나면서 스스로 공부에 대한 계획을 세우게 되었다. 또한 허용적인 치료 분위기 속에서 자신의 장점이나 특기 등을 발견하고 다양한 관점에서 장래 희망을 탐색하는 등 자신이 원하는 삶이 무엇인지 생각하고 선택할 수 있는 용기를 갖게 되었다.

2) 치료자 역할

아동중심 치료에서 치료자는 촉진자의 역할을 한다. 치료자는 내담 아동의 독특성을 존중하면서 치료의 주도권을 아동에게 넘겨준다. 그렇지만 치료자가 수동적인 존재는 아니다. 치료자는 아동의 반응에 정서적으로 민감하고 적극적으로 반응하여야 한다(Landreth, 2002/2009). 치료자의 태도는 치료적 관계를 형성하고, 아동의 성장을 위해 내적 자원을 촉진하게 만든다. 진실성, 따뜻한 보살핌과 수용, 공감적 이해 등을 통해 외적인 평가나 판단이 없는 허용적인 분위기가 조성되면, 내담 아동은 자신의 감정, 욕구 갈등들을 있는 그대로 경험하고 탐색할 수 있게 된다.

치료자의 진실성은 내담 아동이 자신의 내면을 솔직하게 들여다보도록 이끈다. 어떤 내담자는 의도적으로 치료자를 시험하려고 치료자를 화가 나게끔 만들고는, "선생님, 지금 화나셨어요?"라고 물어본다. 만약 분명하게 화가 날 상황인데도 치료자가 화나지 않았다고 대답한다면, 내담 아동 역시 자신의 감정을 숨기는 것을 배우게 될 것이다. 따라서 치료자는 자신의 감정을 속이지 않고 솔직하게 화가 났다고 표현하고 나서, 아동의 행동 의도에 대해 직면시키는 것이 좋다.

보살핌과 수용은 내담 아동이 현재 심각한 문제를 갖고 적응 곤란을 겪고 있다 하더라도, 아동의 현재 상태를 있는 그대로 받아들이며, 판단하지 않는 것이다. 치료자는 아동을 믿고 존중하고 스스로 문제를 해결해 나갈 때까지 인내심을 갖고 기다린다. 치료자의 온정적이고 수용적인 태도를 접할 때 아동은 편안하고 불안이 감소하여 자유롭게 자기표현을 하고 다양한 시도를 해 보고 현명한 결정을 내리는 등 문제 해결 능력이 향상되게 된다. 동생들이 많아 항상 맏이로서 어른스러운 역할을 기대받았던 한 아동은 초등학교 고학년이 되면서 말을 잘 하지 않고 매사에 무기력한 증상 때문에 심리치료에 의뢰되었다. 그 아동은 놀이치료실에서 항상 나이에 적합한 놀잇감을 선택하고 어른스럽게 대화하였다. 그렇게 여러 회기가 지난 뒤 어느 날 아기 인형을 보면서 "인형 놀이는 아기들이 하는 거죠?"라고 치료자에게 물어보았다. 치료자는 내담 아동이 인형 놀이를 하고 싶어하는 욕구를 이해하고 수용하여, "네가 인형 놀이를 하고 싶은가 보구나. 여기서는 네가 원하는 대로 할 수 있어."라고 반응하였다. 내담 아동은 인형을 갖고 몹시 즐거워하면서 "동생들 때문에 인형 놀이를 해 본 적이 없어요."라고 말했다. 내담 아동이 인형을 갖고 놀 나이가 지났다 하더라도 놀이의 경험이 부족했다는 것을 치료자가 수용하고 아동의 욕구를 존중해 주자, 아동은 여러 회기에 걸쳐 계속 인형 놀이를 하면서 자신이 겪었던 힘들었던 일들을 털어놓기 시작했다.

공감적 이해는 내담 아동의 입장에서 이해하고 치료자가 이해한 바를 아동에게 전달하는 것을 뜻한다. 자주 화를 내는 아동에게 다른 사람들은 "그만한 일로 왜 화를 내냐?"면서 아동을 비난하고 야단칠 수 있지만, 치료자는 "그때 화가 많이 났구나."라고 내담 아동의 감정을 공감해 준다. 전자의 반응은 아동에게 억울함을 느끼게 하

고, 감정적으로 더 흥분하게 만들어 화를 증폭시키게 되는 반면, 공감적인 반응은 내
담 아동이 자신의 감정을 객관적으로 볼 수 있는 여유를 갖게 해 주므로 화가 풀리고
그 상황에 대해 더 탐색하고 숙고해 보도록 만든다. 여러 차례의 공감적 이해를 받은
아동은 결국 "제가 그때 좀 참아도 될 걸 그랬죠?"라고 너그러운 마음을 내보이게 되
고, 치료자는 아동 안에 분노뿐 아니라 너그러운 마음도 존재함을 수용함으로써 아동
의 자기 이해를 도울 수 있다. 또한 공감받는 경험을 통해 타인의 감정에 공감하는 능
력이 향상된다. 항상 분노로 가득 차 있던 이 아동은 나중에 치료자에게 "선생님, 오
늘 슬퍼 보여요. 무슨 일 있었어요?"라고 물어볼 만큼 타인에 대해 배려할 수 있게 되
었다.

3) 치료 기법

학습과 변화를 위한 동기는 아동의 자아실현 욕구에서 출발하기 때문에, 치료자가
아동을 억지로 동기화시키거나, 활력을 주거나, 목표 달성을 위해 아동의 행동을 이
끌 필요가 없다는 것이 아동중심 치료의 입장이다(Landreth, 2002/2009). 따라서 특정
한 치료 기법보다는 치료자의 태도를 더 강조한다. 무조건적이고 온정적인 태도로 반
응하기, 문제를 해결하는 아동의 능력 존중하기, 공감적 이해하기를 통해 성장 촉진적
분위기를 제공한다면, 치료자와 내담 아동 간에 긍정적인 관계가 형성되고 아동이 자
신과 세계를 탐색하고 감정을 표현하며 문제를 해결할 수 있게 된다(김춘경, 2004).

아동중심 치료에서는 아동이 대화나 놀이의 주제, 내용 및 과정을 선택한다. 치료
자는 아무리 하찮은 의사 결정이라도 내담 아동에게 권한을 넘겨준다. 그러므로 아
동은 자신에 대한 책임을 지도록 권유받고 그 과정에서 자신의 강점을 발견하게 된
다. 내담 아동은 부적응으로부터 심리적 건강상태로 변화하는 천부적인 능력을 가지
고 있기 때문에 치료 과정에서 치료자의 기법 활용은 그리 중요하지 않다(Landreth,
2002/2009). 이처럼 아동중심 치료자들은 기본적으로 치료자의 태도를 가장 중시하지
만, 내담 아동의 성장과 긍정적 활동을 촉진시키기 위해 반영, 직면, 자기노출 및 즉시
성 등의 기법을 사용하기도 한다(김춘경, 2004).

4. 행동주의 치료 이론

행동주의 치료 이론에서는 아동의 문제나 증상을 잘못된 학습에서 비롯된 습관으로 본다. 이처럼 잘못된 학습은 특정한 환경 자극에 의해 생겨나고 유지되므로, 환경적 사건과 행동 간의 관계를 파악하여 환경의 변화를 통해 행동을 바람직하게 수정하고자 한다.

현대의 행동주의 아동 심리치료의 토대가 된 이론은 고전적 조건형성과 조작적 조건형성 이론이다. Pavlov의 고전적 조건형성 이론은 불안과 공포증이 발생하는 기제를 설명하고, 역조건형성을 통해 이런 증상을 해결하는 데 기여하였다. Skinner의 조작적 조건형성 이론은 행동에 뒤따르는 환경 자극에 의해 문제 행동이 형성되고 유지된다고 설명하며, 행동 이후에 보상과 처벌을 활용함으로써 바람직하지 못한 행동을 수정하는 데 사용되어 왔다. 행동 수정은 주의력결핍 및 과잉행동장애나 자폐 아동의 문제 행동을 교정하는 데 효과적이다(강경미, 2005; 신현균, 김진숙, 2016; Martin & Pear, 2011/2012).

행동주의 치료의 기본적인 가정은 다음과 같다(강경미, 2005). 첫째, 아동의 문제행동은 환경 속에서 학습된 것이다. 둘째, 아동의 문제행동은 개별적으로 학습된다. 셋째, 문제행동은 행동수정 절차를 사용해 수정될 수 있다. 넷째, 아동의 특정한 문제행동은 그것이 학습된 조건이나 상황에 한정되며 다른 상황에까지 일반화되지 않는다. 다섯째, 문제행동을 수정하는 데 있어서 '지금-여기'를 강조한다. 여섯째, 행동수정의 목표는 구체적이다. 일곱째, 증상대치 현상은 일어나지 않는다.

1) 치료 목표

행동주의 치료에서 치료 목표는 아동의 문제 행동을 제거하고 바람직한 행동을 학습하도록 하는 것이다. 이런 목표를 달성하기 위해, 문제 행동을 형성하고 유지시키거나 강화하는 환경 조건을 변화시키는 것이 중요한 개입 절차다. 치료 목표는 구체적으로 설정되고 객관적으로 측정이 가능해야 한다. 예를 들어, 하루에 평균 20번 정도 우는 아동의 경우, 하루에 두 번 이하로 울기를 치료 목표로 삼을 수 있다. 의뢰된 문제가 우울이나 불안 같은 추상적인 문제인 경우, 우울 혹은 불안 증상을 조작적으로 정의내리는 것부터 해야 한다. 즉, 수면 중 다섯 번 이상 잠을 깨는 것, 하루에 다섯 번 이상 우는 것, 일주일에 세 번 이상 숙제를 하지 않는 것 등이 아동의 구체적인 문제일 수 있다. 문제 행동을 이처럼 구체적으로 정의하고 나면, 치료 목표는 이에 준해서 설정된다. 즉, 수면 중 두 번 이하로 잠을 깨기, 하루 한 번 이하로 울기, 일주일에 네 번 이상 숙제하기 등이 치료 목표가 될 수 있다.

2) 치료자 역할

행동주의 입장의 치료자는 내담 아동의 구체적인 행동 변화를 위해, 먼저 문제 행동을 정의하고, 행동과 환경 조건 간의 연관성을 파악하기 위해 그 행동이 일어나는 상황이나 행동 이후의 결과(보상이나 처벌 등)에 관해 정보를 얻는다. 문제의 원인이나 유지, 강화 요인을 파악하고 나면 치료자는 다양한 기법을 사용해 아동의 환경 조건을 변화시킴으로써 문제 행동을 수정한다. 치료자는 새로운 강화 계획을 세우거나 처벌하기, 바람직한 모델로서 역할하기, 긴장 완화나 둔감화 프로그램을 실행하기 등 치료에서 적극적이고 주도적인 역할을 수행한다.

3) 치료 기법

아동의 행동이나 반응은 조건형성에 의해 학습된 결과로 간주되기 때문에, 행동주의 치료에서 사용되는 기법들은 학습 원리들에 바탕을 두고 있다. 크게 고전적 조건형성 원리와 조작적 조건형성 원리에서 치료 기법들이 파생하였다.

놀람, 공포, 두려움, 메스꺼움과 같은 반사적 행동들은 고전적 조건형성 과정을 통해 학습된 행동들이다. 이런 문제들을 해결하기 위해 고전적 조건형성 원리에 근거를 둔 이완 훈련과 체계적 둔감화 등의 기법이 사용된다. 유치원에서 또래 친구에게 자주 괴롭힘을 당하는 아동은 유치원에 가지 않으려 한다. 고통과 유치원이 연합됨으로써 유치원에 대한 공포와 회피 반응이 생긴 것이다. 이 문제를 해결하기 위해서는 역조건형성 원리를 활용해야 한다. 즉, 유치원과 긍정적인 측면을 새롭게 연합시킴으로써 유치원에 대한 두려움을 감소시켜야 한다. 성인의 경우 긴장 이완 훈련을 많이 사용하지만, 어린 아동의 경우에는 좋아하는 것과 연합시키는 방법을 사용한다. 아동이 아이스크림과 그림 그리기를 좋아하고 어른의 칭찬을 받는 것을 좋아한다면, 유치원에서 선생님과 함께 아이스크림을 먹게 하고 그림을 그려 선생님의 칭찬을 받도록 하는 것이 도움이 된다. 만약 아동이 유치원에 들어가는 것을 극도로 무서워한다면 체계적 둔감화 기법을 활용할 수 있다. 즉, 처음에는 유치원이 멀리 보이는 곳에서 아이스크림을 먹게 하고, 다음에는 좀 더 가까이서, 그다음에는 유치원 바로 앞에서 아이스크림을 먹게 하는 등 점진적으로 두려운 대상에 다가가도록 연습시킬 수 있다. 궁극적으로 노출 절차를 포함함으로써 효과가 극대화된다. 또래에 대한 두려움과 회피 증상 역시 이와 같은 방식으로 감소시킬 수 있다. 물론 괴롭히는 또래에게 대처하는 방법을 교육하는 것 역시 필요하다.

조작적 조건형성에 근거를 둔 치료에서는 아동의 문제 행동 이후에 뒤따르는 결과에 의해 문제 행동이 발생하고 유지, 악화된다는 전제하에, 행동과 관련 있는 후속 결과들을 파악하여 변화시키려 한다. 행동과 후속 결과 간의 관계를 분석하는 기능적 분석이 행동 수정에서는 매우 중요한 절차이며 사례개념화의 핵심적인 부분이다. 기능적 분석에서 행동이 다시 일어날 가능성을 증가시키는 것을 강화라 하고, 감소시키는 것을 처벌이라고 한다. 강화와 처벌을 적절하게 적용함으로써 행동 변화를 가져올 수 있다.

아동의 문제 행동을 수정하기 위해 대안적 행동에 대한 강화 계획과 함께 소거 과정을 사용할 수 있다. 소거는 행동에 뒤따르는 결과를 제거함으로써 행동의 빈도를 줄이는 기법이다. 스스로는 숙제를 잘하지 않는 한 아동의 경우, 기능적 분석 결과, 숙제를 했을 때 뒤따르는 보상이 거의 없었던 반면, 숙제를 하지 않았을 때에는 부모가 관심을 기울이며 숙제를 도와주곤 하여 숙제를 스스로 하지 않는 행동을 강화해 온 것으로 밝혀졌다. 이 문제를 교정하기 위해 치료자는 아동이 숙제를 하지 않는 것에 대해 부모가 무시하는 소거 절차를 도입하였고, 스스로 숙제를 하면 칭찬해 주고 간식을 주도록 하였다. 즉, 문제 행동과는 반대되는 대안적 행동에 대해 강화를 함과 동시에 부적절한 행동에 대한 강화를 제거하는 소거 절차를 사용함으로써 바람직한 행동을 학습하고 문제 행동은 감소되게 하였다.

다양한 강화 계획이 아동 치료에 사용된다. 새로운 행동을 빨리 학습하게 하는 데에는 계속 강화가 유용하고, 한번 학습된 행동을 소거되지 않도록 유지시키는 데에는 간헐 강화가 유용하다. 사용되는 강화의 종류도 고려해야 한다. 학령기 이전의 어린 아동들에게는 즉각적인 물질적 강화와 사회적 강화가 효과적인 데 비해, 학령기 아동들은 토큰이나 스티커 제도, 혹은 점수제를 사용하는 것이 지연된 강화를 기다리는 인내심을 키울 수 있어 바람직하다(신현균, 김진숙, 2000).

문제 행동을 제거하거나 감소시키는 데 사용되는 또 다른 기법은 처벌이다. 처벌에는 두 가지 유형이 있다. 행동의 결과로 부정적 자극을 제공하는 유형과 정적 강화물을 빼앗는 유형이 있다. 아동이 동생을 때린 후 부모로부터 꾸중을 듣는 것이 전자의 예이고, 좋아하는 TV를 못 보게 하는 것은 후자의 예다. 타임아웃도 많이 사용하는 처벌의 한 종류이다. 처벌은 자존감 하락, 분노감 유발이나 공격성의 모방 등 부작용이 따를 수 있으므로 아동 행동 수정에서 대개의 경우 처벌보다는 보상을 활용하는 것이 좋다. 처벌이 꼭 필요한 경우는 아동이 매우 위험한 행동을 하거나 문제 행동으로 인해 적응에 심한 곤란을 초래할 때와 같이 제한된 경우다. 그런 경우에는 증상을 빨리 감소시켜야 할 필요가 있으므로 처벌과 보상 기법을 병행하여 사용하는 것이 좋다. 이때에도 처벌보다는 보상을 더 많이 활용해야 한다.

행동 수정 기법들을 사용할 때 주의할 점은 치료자나 부모가 일방적으로 적용하기보다는 아동과 상의하여 아동이 적극적으로 개입하도록 하는 것이 효과적이라는 것이다. 이를 위해 아동과 함께 행동 계약서를 작성하는 것이 도움이 된다. 행동 계약서에는 아동의 목표 행동이 구체적으로 명시되고, 그 행동에 대한 보상과 처벌 내용이 상세하게 기술되어야 한다. 치료자와 부모는 행동 계약서대로 약속을 지키는 것이 중요하다. 약속대로 보상을 받는 경험이 아동으로 하여금 행동 수정에 대해 긍정적인 태도를 갖게 하고, 행동을 변화시키려는 노력을 하게 한다(제4장의 부모교육을 참고하라).

5. 인지행동 치료 이론

인지행동 치료는 행동주의 전통에서 시작되었지만, 인지, 정서, 행동 중에서 특히 인지적 측면이 정서나 행동에 큰 영향을 미친다고 가정한다. 따라서 아동의 정서 문제나 행동 문제를 해결하기 위해 인지 기법 및 행동 기법들을 사용한다. 즉, 인지행동 치료에서는 비합리적이고 편향되고 왜곡된 생각을 변화시키고, 효율적인 문제 해결 방식을 교육함으로써 아동의 문제를 해결하려 한다(Kendall, 2012). 이를 위해 치료자는 때로 지시적이고 교육자로서의 역할을 하게 되며, 내담 아동이 새로운 문제 해결 방식과 생각하는 방식을 학습할 수 있도록 다양한 기법을 활용한다.

　아동 인지행동 치료는 우울이나 불안, 강박증, 죄책감 등의 정서적인 문제를 완화시키는 데 효과적이다. 또한 충동적인 행동과 문제 해결 방식을 교정하고, 부족한 사회적 기술을 향상시키는 데에도 유용하게 적용되므로, 주의력결핍 및 과잉행동장애나 반항적이고 공격적인 아동 문제를 치료하는 데에도 사용된다(Kendall, 2012). 그 외에도 자존감 향상과 융통성 있는 스트레스 대처 방식을 습득하게 하는 데에도 사용될 수 있다.

　전형적인 인지행동 치료 과정은 구조화되어 있고 매뉴얼에 근거한 절차를 사용하는 경우가 많다. 그러나 아동을 대상으로 하는 경우에는, 특히 치료 초기부터 인지행동 절차를 도입하는 것이 아동의 협조를 이끌어내기 어려울 수 있다. 따라서 아동의 특성을 감안해 융통성 있게 치료를 진행해야 하며, 인지행동 치료와 놀이치료를 결합한 인지행동 놀이치료를 하는 것이 효과적일 수 있다(Drewes, 2009/2013). 최상의 치료 성과는 '구조 안에서의 융통성'에서 얻을 수 있다(Kendall, 2012). 융통성 없이 아동의 특성에 맞지 않는 치료 계획을 설정하여 실패한 사례가 있다. 하루에 손을 수십 번씩 씻는 강박 행동을 보이는 초등학교 3학년 아동이 우수한 지능을 갖고 있어 인지행동 치료를 하기로 결정하였다. 내담 아동에게 인지행동 치료의 원리를 설명해 주고, 기저선 측정을 위해 손 씻는 횟수를 모니터링 해 오도록 과제를 주었지만 아동은 과제를 해 오지 않았다. 치료자가 과제를 못해 온 이유에 대해 부드럽게 질문했음에도 아동은 울음을 터뜨렸으며 치료자를 무서워하게 되어 치료가 조기 종결되었다. 이 사례에서 치료자는 아동의 특성을 고려하지 못하고 초반부터 무리하게 인지행동 기법을 적용하려 한 것이 실패의 원인이었다. 이 아동은 오랫동안 강박 증상을 갖고 있었으며, 무서운 아버지와 냉담한 어머니 아래에서 성장하고 있었다. 매사에 두려움을 느끼는 이런 아동에게 치료 초반부터 자신의 강박 행동에 직면해야 하는 모니터링 과제는 매우 위협적이었을 수 있다. 아동의 이런 특성을 감안해 치료 초기에 온정적이고 편안한 관계를 형성하는 데 더 많은 노력과 시간을 들인 후에 인지행동 기법을 적용했더라면 치료를 성공적으로 이끌 수 있었을 것이다.

1) 치료 목표

인지행동 치료의 목표는 내담 아동의 부적응적인 정서와 행동들을 수정하기 위해, 그리고 바람직한 행동을 학습하도록 하기 위해, 아동의 생각하는 방식이나 문제 해결 방식을 합리적이고 융통성 있고 효율적으로 변화시키는 것이다. 예를 들어, 부주의하고 충동적인 특성으로 인해 학습할 때 실수가 많고 또래 관계에서도 자주 다투어 학교생활에 적응하기 어려운 아동에게, 당면한 문제 상황에서 체계적이고 단계적으로 해결해 나가는 과정을 학습하게 하여 충동성을 감소시키는 것이 치료 목표로 설정되었다. 이 아동은 새로운 문제 해결 방식을 학습한 후, 자주 틀렸던 수학 문제를 거의 안 틀리고 풀게 되었다. 또한 또래와의 갈등 상황에서도 한번 더 생각하고 반응하게 되어 주변 사람들로부터 아동이 차분해졌다는 평가를 받게 되고 학교 적응도 향상되었다.

왜곡된 인지 특성으로 인해 우울증을 보이는 다른 아동의 사례를 보자. 부모의 이혼 이후, 이 아동은 자신이 재수 없는 아이이고 잘못을 많이 했기 때문에 부모가 이혼하였다고 생각해 죄책감과 자기 비난이 심했다. 이 아동의 경우, 부모의 이혼이라는 부정적인 사건에 대해 자신에게서 원인을 찾는 비합리적이고 편향된 귀인 과정으로 인해 우울증을 갖게 되었다. 따라서 치료 목표는 단순히 우울 감소가 아니라 아동의 비합리적이고 편향된 귀인 양식을 수정하는 것으로 설정되었다. 즉, 부정적인 사건에 대해 지나치게 내적, 안정적, 전반적 귀인을 하는 경향을 감소시키는 것이 치료 목표였다. 귀인 양식이 변화되면서 부모의 이혼이 부모 간의 문제이지 아동 자신의 문제에서 기인된 것이 아니라는 것을 받아들이게 되어 불필요한 죄책감이 줄어들고 더 이상 자기 비난을 하지 않게 되었다.

2) 치료자 역할

인지행동 치료의 입장을 채택하는 치료자는 '코치로서의 치료자'로 기술될 수 있다. 이는 세 가지 특성을 나타내는데, '자문가/협력자' '진단자' 그리고 '교육자'의 역할을 한다는 것을 뜻한다. 즉, 아동에게 기회와 피드백을 줌으로써 최상의 것을 끌어낼 수 있는 지지적이면서도 엄격한 코치의 역할을 말한다(Kendall, 2012). 치료자는 내담 아동의 문제를 해결하기 위해 생각하는 방식과 문제 해결 방식을 변화시키도록 돕는 과정에서 적극적이고 지시적이며 교육적인 역할을 한다. 그렇지만 치료자가 내담 아동을 일방적으로 가르치거나 훈계하는 것은 아니다. 유능한 치료자는 내담 아동에게 코치를 하지만, 결국 아동 스스로 문제 해결책을 찾아내도록 유도함으로써 자기 통제감을 키워준다.

치료자와 내담 아동은 서로 협조하는 관계여야 한다. 성인을 대상으로 하는 인지행동 치료에서는 치료 초기에 인지치료의 원리와 치료 과정을 설명해 줌으로써 쉽게 협조를 구할 수 있지만, 아동 내담자의 경우는 협조를 구하는 것이 쉽지 않다. 내담 아동들은 흔히 "그거 재미없어요. 생각하기 싫어요. 귀찮아요."라고 말하며, 치료자의 지시를 따르지 않으려 한다. 특히 어린 아동일수록 자신의 문제에 대한 인식을 잘하지 못하고 치료 동기도 부족하므로 전형적인 인지행동 치료 절차에 따라 치료를 진행하기는 매우 어렵다. 따라서 아동을 대상으로 하는 인지행동 치료에서는 치료자가 융통성 있게 치료 과정과 절차를 조정할 필요가 있다. 특히 어린 아동이나 치료에 거부적이고 반항적인 아동에게는 놀이나 게임을 활용하면서 인지행동 치료를 실시하는 것이 가장 효과적이다.

인지행동 치료자는 단기간에 치료 목표를 달성하기 위해 내담 아동에게 처음부터 교육적이고 지시적으로 대하고 싶은 욕구를 가질 수 있지만, 그보다 먼저 내담 아동과 친밀하고 좋은 관계를 형성하는 것에 신경을 써야 한다. 기본적으로 라포가 형성되지 않으면 아무리 좋은 치료 기법도 효과를 내기는 어렵다. 인지행동 치료 역시 치료 관계가 매우 중요하므로, 치료자는 아동을 존중하고, 공감적으로 이해하여야 한다. 긍정적인 치료 관계를 바탕으로 아동이 치료에 적극적으로 참여할 수 있고, 시행착오를 거치면서 스스로 문제 해결 능력을 키워나갈 수 있다. 따라서 아동이 치료에 협조할 준비가 될 때까지 인지행동 기법의 사용을 지연시켜야 할 때도 있다. 아동에 따라서는 치료 초기부터 인지행동 기법을 적용하려 할 경우, 좋은 관계 형성을 해칠 수 있으므로 주의해야 한다.

3) 치료 기법

인지행동 치료 기법들로는 비합리적이고 역기능적인 사고 내용이나 편향되고 왜곡된 인지과정의 수정, 효율적인 문제해결 방식 훈련, 모방 학습, 놀이와 보상의 활용 등 다양하다. 개별 아동의 연령, 주된 문제 및 인지 능력 등에 적합한 기법을 선택함으로써 치료 효과를 높일 수 있다. 자기 지시 등의 세련되지 않은 기법은 위기상황에 있거나 정서적 고통이 심한 경우, 나이가 어리거나 인지 발달 수준이 낮은 아동에게 적합하고, 합리적 분석을 통한 인지 수정과 같은 세련된 기법은 인지와 언어능력이 발달되어 있는 아동에게 적합하다(Friedberg & McClure, 2002/2007).

비합리적이고 역기능적인 사고를 변화시키는 것은 우울, 불안 및 분노 등을 감소시키는 데 효과적이다. 자신의 부정적인 사고 내용을 확인하고, 그러한 생각을 이끌어 내는 편향되고 왜곡된 인지 과정을 수정하게 함으로써 정서적인 문제가 해결될 수 있다. 우울한 아동들은 사소한 부정적인 사건에 대해서도 매우 부정적으로 해석한다. 한 아동은 성적이 한번 하락하자 "나는 바보야, 공부해도 안 돼, 대학도 못갈 거야."라고 생각함으로써 자신감을 잃고 매사에 무기력하게 되었다. 이 아동의 경우, 실제로는 유능함에도 불구하고 편향된 생각에 따라 자신이 무능하다고 믿었다. 이런 비합리적인 생각들을 변화시키기 위해 스스로 탐정이 되어 증거 찾아보기, 대안적인 해석 찾아보기, 재귀인하기, 생각 바꾸기, 기록지 작성하기 등 다양한 기법들이 사용된다. 탐정이 되어 보는 것은 자신의 생각이 사실인지 입증하기 위해 여러 자료들을 수집해서 객관적으로 판단해 보게 하는 것이다.

이 사례의 경우, 자신이 바보라는 증거와 바보가 아니라는 증거들을 찾아보게 하였고, 공부를 해서 성적이 잘 안 나온 경우와 잘 나온 경우를 비교하게 함으로써 지나치게 부정적인 측면만을 보고자 했음을 알게 하였다. 이런 과정을 거쳐 대안적인 생각을 찾아보게 한 결과, "이번에 시험을 못 쳐서 실망했지만, 나는 능력이 있으니까 열심히 하면 다시 성적을 올릴 수 있어."라고 생각을 바꿀 수 있었다. 생각 바꾸기 기록지는 회기 간에 과제로 내어주면 좋다. 첫 번째 칸에 자신의 부정적인 생각을 적고, 두 번째 칸에 그 생각을 입증하는 증거를 적고, 세 번째 칸에는 그 생각에 반대되는 정보를 적는다. 네 번째 칸에는 객관적인 증거와 정보들에 근거해 수정한 생각을 적고, 마지막 칸에는 생각을 바꾼 이후에 기분 변화를 표시한다. 어린 아동의 경우에는 꽃그림을 그려서 줄기와 꽃잎에 생각과 감정을 표시하게 하기도 한다(Friedberg & McClure, 2002/2007). 그런데 인지행동 치료가 부정적인 생각을 제거하고 항상 긍정적으로 생각하도록 교육하는 것이라고 생각한다면 그것은 오해다. 긍정적 사고와 부정적 사고의 비율이 중요하며 최적의 비율은 2 : 1이다. 따라서 과도하게 낙관적인 사고가 반드시 건강한 것을 의미하지는 않는다(Kendall, 2012).

효율적인 문제 해결 방식을 훈련하는 데는 멈추고 생각하기(stop & thinking), 4단계로 문제 해결하기, 자기 지시하기(think aloud) 등의 방법들이 사용된다(신현균, 2002; Friedberg & McClure, 2002/2007; Kendall, 2012). 이 방법들은 자기 통제와 조절을 가능하게 하기 위해 사용된다. 어떤 것이 옳고 그른지에 대해 알고 있지만, 행동 통제력이 부족한 아동들은 일단 일을 저지르고 나서 후회한다. 이런 아동들에게 효율적인 문제 해결 방식을 훈련하게 되면, 자신의 행동에 대해 미리 생각해 보고 어떤 행동을 할지 선택하게 됨으로써 충동적인 행동이 감소될 수 있다. 이 기법은 충동적으로 다른 아이들을 때리는 아동이나 공부할 때 깊이 생각하지 않고 성급하게 문제를 풀어 자주 틀리는 아동에게 도움이 된다.

모방 학습, 이완훈련, 역할극, 놀이, 보상의 활용 등의 기법들도 자주 사용된다. 인지행동 치료자는 회기 시작에 앞서 미리 치료 계획을 세우고 관련된 놀잇감을 선정해 두는 등 놀이 상황을 설정하기도 한다. 그러나 모든 결정을 치료자가 내리는 것보다는 치료 목적에 부합하는 몇 가지 놀잇감을 치료자가 선정하고 아동이 그중에서 선택하도록 하는 것이 바람직하다. 아동에게 효과적인 대처 기술을 습득하게 하기 위해 적합한 놀잇감이나 인형을 통해서 모방 학습을 시도하기도 한다. 예를 들어, 성적으로 학대받은 아동을 대상으로 한 치료에서는 인형을 사용해 외상 경험을 표현하고 처리하게 하며 이후의 학대를 예방하기 위한 대처기술을 가르칠 수 있다(Feather & Ronan, 2010/2012). 또한 인지 기법에 더해 칭찬이나 보상을 적절히 사용함으로써 아동의 바람직한 행동을 증가시킬 수 있다.

6. 통합적 치료 이론

각각의 심리치료 이론들은 정신병리와 심리치료에 대해 독특한 견해와 설명 개념들을 갖고 있다. 그에 따라 이론마다 특징적인 치료 목표가 설정되고 치료 기법들이 개발되었다. 치료자들이 하는 역할도 각각의 이론에 따라 조금씩 차이가 있다. 어떤 아동 심리치료자들은 자신이 공부한 배경이나 학습의 기회, 성격 특성에 의한 선호도 등에 따라 한두 가지의 심리치료 이론을 주된 입장으로 선택하여, 대부분의 내담 아동을 같은 방식으로 치료하려 한다.

그러나 임상 현장에서 만나는 내담 아동들은 매우 다양한 문제를 가지고 오며, 문제의 원인이나 유지 요인도 복합적인 경우가 많다. 아동들의 개인 특성 역시 다양하다. 연령, 지능, 언어 구사 능력, 기본적인 안정감이나 애착의 정도, 대인관계 능력 등에서 모두 다르다. 이런 다양성을 고려하려면 치료자가 한두 가지의 심리치료 방법만을 적용하는 것으로는 치료 역량의 부족함을 느끼게 될 것이다. 특정한 문제나 특정한 아동에게는 특정한 이론적 개념이 가장 적절하게 적용될 수 있다. 다른 문제를 가진 아동에게는 그것이 적합하지 않을 수 있다. 또한 특정한 이론적 입장을 채택한다 하더라도, 내담 아동에게 도움이 되는 치료 기법이라면 다른 이론적 입장에서 도출된 기법도 사용해야 할 것이다. 따라서 임상 현장에서 실제 치료를 담당하는 임상가는 다양한 심리치료 이론과 기법들에 대해 알고 있어야 한다.

많은 심리치료자들이 절충적이고 통합적인 입장을 채택한다. 절충주의나 통합주의가 어떤 이론적 입장 없이 기법들만 여러 이론에서 가져와 사용하는 것을 뜻하는 것은 아니다. 이런 무질서한 통합주의는 치료의 방향을 잡지 못하게 하고 표류하게 만든다. 통합적 기법을 구성하는 절차는 여러 이론에 대한 숙지와 오랜 치료 경험을 거치면서 점점 세련되어지는 장기적인 과정이며, 심리치료자에게는 일종의 과업이고 도전이다(Corey, 2002: 김춘경, 2004에서 재인용). 치료자는 개별 내담 아동의 특성에 가장 적합한 한 가지 이론적 개념을 토대로 내담 아동의 문제를 파악하고 치료 목표를 세워야 하며, 목표를 달성하는 과정에서 필요할 경우 다른 이론에서 도출된 기법을 부분적으로 사용하는 것이 바람직하다.

불안하고 주의 집중을 못하고 숙제 등의 해야 할 일을 하지 않는 한 내담 아동의 사례에서, 치료자는 아동중심 치료의 입장으로 아동을 개념화하고 치료하기로 결정하였다. 이 아동은 부모의 지나친 간섭과 통제, 사소한 잘못에 대해 처벌하는 양육 방식으로 인해 자율성이나 자발성이 발달하지 못하였고 자신의 감정이나 욕구를 잘 인식하지 못하고 솔직하게 의사소통하는 것도 어려워하였다. 치료자는 허용적이고 성장 촉진적인 환경 아래서 아동이 안정감을 회복하고 스스로 자신의 문제를 자각하고 해결책을 찾아나가는 것을 치료 목표로 설정하였다. 또한 부모교육을 통해 아동의 자율성과 정서적 안정감을 향상시킬 수 있도록 양육 방식을 수정하게 하였다. 이런 치료 방법이 아동의 문제 해결에 가장 적합하다고 판단하였지만, 치료 효과가 나타나기까지는 상당한 시간이 필요하였다. 그런데 내담 아동이 숙제를 하지 않는 것 때문에 학교 선생님에게 매일 야단을 맞아 주눅이 들고 학교에 가기 싫어하는 문제가 있었고, 이 문제가 지속될 경우 아동의 적응에 상당한 어려움을 초래하게 될 것이므로 시급하게 해결할 필요가 있었다. 이런 필요에 의해 치료자는 아동의 숙제하기에 대해서만은 행동치료 기법을 활용하기로 결정하였다. 그러나 자율성과 자기 통제에 의해 아동이 행동하도록 하는 치료 목표를 고려해 볼 때, 보상과 처벌같이 외부 자극을 조작하는 행동치료 기법을 사용하는 것은 치료 목표와 상반되는 것이었다. 치료자는 이 문제를 해결하기 위해 행동수정을 실시하는 과정에 아동을 적극적으로 참여시켜, 아동의 의견을 존중하면서 행동수정 계획을 함께 세웠다. 즉, 아동의 노력에 대해 외부에서 보상이 주어지지만, 숙제에 대해 스스로 평가하고 기록지에 기록하게 하고 보상으로 받을 선물도 스스로 결정하게 하였다. 결국 숙제하기에 대한 행동수정 절차의 대부분은 아동이 결정하였으며 극히 일부분만을 부모와 치료자가 담당하게 되어, 아동의 자율성을 크게 침해하지 않고 숙제하는 습관을 들일 수 있었다. 통합 절차를 활용할 때 이처럼 치료 목표와 모순되지 않도록 치료 기법들을 사용할 것이 요구된다. 이 과정에서 치료자는 내담 아동의 특성에 대해 민감하게 이해해야 하며 융통성과 창의성을 발휘할 필요가 있다.

아동 심리치료를 할 때 많은 경우에 아동뿐 아니라 양육자에 대한 개입이 필요하며, 때로는 가족, 또래, 학교, 이웃, 지역사회 등 광범위한 영역에 걸친 개입이 필요할 수 있다. 따라서 아동에 대한 개인 치료와 가족 치료를 통합하거나, 개인 치료와 학교나 시설 상황에서의 집단 치료를 통합하는 것이 요구된다. 이러한 통합 치료를 중다체계 치료(Multisystemic Therapy: MST)라고 한다(Weisz, 2004/2008). Henggeler와 그의 동료들(Henggeler, Schoenwald, & Pickrel, 1995: 김춘경, 2004에서 재인용)이 시행한 이런 치료 접근법은 반사회적인 청소년들을 위한 대체 치료 방법으로 개발되었다. 이 방법은 복합적인 요인들의 상호작용으로 인해 아동, 청소년 문제가 유발된다는 사회 생태학적 모델에 기초하고 있다. 경찰서에 상습적으로 드나드는 소년범들의 경우, 가정 내 문제와 또래 집단 문제, 아동을 보호해 주지 못하는 사회의 문제 등 다양한 요인들이 복합적으로 작용한다. 따라서 이런 아동, 청소년 문제를 해결하기 위해서는 개인 치료와 지속적인 멘토링 제도의 활용뿐 아니라 부모교육을 비롯해 '폭력이나

따돌림 문제 해결' 등과 같은 또래 집단 치료, 부모 역할을 부분적으로 대신해 줄 수
있는 이웃이나 지역 사회의 개입 등 다각도의 개입이 있어야 가장 효과적으로 문제를
해결하고 재범을 예방할 수 있다.

참고문헌

강경미(2005). 아동행동수정. 서울: 학지사.

김춘경(2004). 아동상담 – 이론과 실제. 서울: 학지사.

신현균(2002). 쑥쑥 크는 집중력. 서울: 학지사.

신현균, 김진숙(2016). 주의력결핍 과잉행동장애. 서울: 학지사.

윤순임 등(1995). 현대 상담 · 심리치료의 이론과 실제. 서울: 중앙적성출판사.

최영민(2010). 대상관계이론을 중심으로 쉽게 쓴 정신분석이론. 서울: 학지사.

Brems, C. (2002). *A comprehensive guide to child psychotherapy* (2nd ed.). Illinois: Waveland press.

Brems, C. (2008). *A comprehensive guide to child psychotherapy and counselling* (3rd ed.). Illinois: Waveland press.

Cashdan, S. (2005). 대상관계치료 (이영희, 고향자, 김해란, 김수형 역). 서울: 학지사. (원전은 1988에 출판).

Corsini, R. J., & Wedding, D. (2007). 현대 심리치료(7판) (김정희 역). 서울: 박학사. (원전은 2005에 출판).

Drewes, A. A. (2013). 인지행동 놀이치료 (채규만, 김유정, 위지희, 임장성 역). 서울: 시그마프레스. (원전은 2009에 출판).

Feather, J. S., & Ronan, K. R. (2012). 아동의 외상과 학대에 대한 인지행동치료: 단계적 접근 (신현균 역). 서울: 학지사. (원전은 2010에 출판).

Friedberg, R. D., & McClure, J. M. (2007). 아동과 청소년을 위한 인지치료 (정현희, 김미리혜 역). 서울: 시그마프레스. (원전은 2002에 출판).

Kottman, T., & Schaefer, C. E. (2006). 놀이치료 사례집 (김은정, 정연옥 역). 서울: 학지사. (원전은 1993에 출판).

Kendall, P. C. (2012). *Child and adolescent therapy: Cognitive-behavioral procedures* (4th ed.). New York: The Guilford Press.

Landreth, G. L. (2009). 놀이치료: 치료관계의 기술 (유미숙 역). 서울: 학지사. (원전은 2002에 출판).

Martin, G., & Pear, J. (2012). 행동수정 (9판) (임선아, 김종남 역). 서울: 학지사. (원전은 2011에 출판).

O'Connor, K. J., & Braverman, L. D. (2011). 놀이치료 이론과 실제 (2판) (송영혜, 이승희, 김

현주 역). 서울: 시그마프레스. (원전은 2009에 출판).

Schaefer, C. E. (2006). 놀이치료의 기초 (김은정 역). 서울: 시그마프레스. (원전은 2003에 출판).

Weisz, J. R. (2008). 아동, 청소년 심리치료 (오경자, 정경미, 문혜신, 배주미, 이상선 역). 서울: 시그마프레스. (원전은 2004에 출판).

제3장

아동 심리치료 과정

아동 심리치료 과정

심리치료에는 순차적으로 따라야 할 단계가 있다. 각 단계별로 달성해야 할 목표가 있으며, 이들 목표들이 달성되어야 다음 단계로 나아갈 수 있다. 따라서 치료자들은 각 단계별로 중요하게 다루어야 할 내용들을 숙지하고 이를 철저히 따를 필요가 있다. 이러한 과정을 염두에 두지 않고 심리치료를 한다면, 시간이 지나도 치료의 진전을 가져오기 어렵다.

가장 먼저 내담 아동을 이해하기 위해 심리평가가 필요하며, 여기에는 면담과 심리검사가 포함된다. 평가 결과를 기초로 내담 아동의 문제에 대한 사례개념화를 하고, 이에 따라 심리치료의 목표와 방법을 결정하는 등 치료 계획을 세우게 된다. 실제 치료를 시작하게 되면 초기, 중기, 후기 단계를 거쳐 종결 단계에 이르게 된다.

1. 심리평가를 위한 면담과 심리검사

치료자와 내담 아동 혹은 보호자와의 첫 만남은 아동의 문제에 대한 정보 수집 및 평가가 시작됨과 동시에 치료적인 관계 형성이 시작되는 중요한 순간이다. 치료자는 아동의 문제를 파악하기 위해 내담 아동과 면담이나 놀이를 하고, 보호자와도 면담한다. 그러나 첫 면담에서 정보 수집을 하는 것에만 치료자가 신경을 쓰게 되면, 지나치게 질문을 많이 하게 되어 내담자가 취조를 당하는 것 같은 느낌을 받게 되므로 주의해야 한다. 첫 면담에서 긍정적인 치료자 – 내담자 관계, 치료자 – 보호자 관계를 형성하기 위해, 심리치료의 초기 단계에서 하듯이 경청, 수용, 반영 그리고 공감하는 태도를 보여주어야 하고, 이에 더해 치료에 대한 희망을 제공하여 치료 동기를 유발하는 등 한두 번의 만남에서 치료자가 해야 할 일이 매우 많다. 따라서 첫 면담에는 충분한 시간을 할애해야 하며, 치료자로서의 기본적인 자세를 미리 마음에 새기고 임하는 것이 좋다.

첫 접촉은 대부분 아동을 치료에 의뢰하고자 하는 보호자와 갖게 된다. 미리 전화를 하거나 보호자만 먼저 치료자와 만나게 되는 경우도 있다. 이런 경우에는 보호자와의 면담이 먼저 진행되고 나서 내담 아동과의 면담이 이어지게 된다. 그러나 만약 내담 아동과 보호자가 함께 첫 면담을 하러 온다면, 치료자는 내담 아동을 먼저 면담하는 것이 좋다. 그 이유는 치료의 주체는 내담 아동이므로 치료에서 주도적인 역할을 수행해야 하는 중요한 존재임을 알려주는 의미가 있고, 부모가 먼저 치료자와 면담할 때 아동이 가질 수 있는 걱정과 의구심을 덜어주려는 목적도 있다. 아동을 면담하는 동안 보호자가 대기실에서 기다리면서 면담 기록지를 작성하도록 하면, 이후 보호자와의 면담 시간을 다소 줄일 수 있다. 그러나 지나치게 길고 상세한 내용을 적도록 요구하는 것은 처음부터 보호자를 지치게 만들 수 있으므로 아동을 첫 면담하는 30~40분 정도의 시간 내에 작성할 수 있는 분량이 바람직하다. 면담 기록지는 다음에 설명할 초기 면담에서 얻어야 할 정보들에 대해 간략하게 질문하고 응답하도록 되어 있다. 그러나 면담 기록지가 면담을 대신할 수는 없으며, 단지 보조 도구로만 사용되어야 한다(Brems, 2008). 만약 아동이 부모와 떨어지는 것을 꺼려한다면 부모와 아동을 함께 면담할 수도 있다.

일반적으로 초기 접수 면담은 아동과 부모 면담까지 1시간 30분~2시간 정도 걸린다. 경우에 따라서는 3~4시간이 걸릴 수도 있으며, 그런 경우에는 두세 번에 나누어 진행하기도 한다. 면담에 소요되는 시간을 미리 알려주는 것이 좋다.

1) 초기 면담에서 얻어야 할 정보

내담 아동과의 만남, 부모와의 면담, 그리고 부모가 작성하는 면담 기록지 등을 통해 내담 아동에 대한 정보를 얻는다. 여기에는 다음의 내용들이 포함되어야 한다. ① 현재 문제 ② 현재 문제 및 다른 문제들의 병력 ③ 시기별 발달력(건강, 인지, 언어, 운동, 사회성, 정서 발달 등) ④ 학교 또는 유치원 적응(학업, 또래 관계, 교사 관계 등)

⑤ 가족력 및 가족 관계 ⑥ 기타: 흥미, 취미, 장래 희망, 성격 특성 등. 이런 정보들은 아동과의 면담이나 놀이에서의 행동 관찰, 그리고 부모와 교사 등 주요한 타인의 면담과 면담 기록지 내용을 종합하여 얻게 된다(Brems, 2008).

(1) 현재 문제

아동의 주된 문제를 구체적으로 알아보는 것이 중요하다. 예를 들어 정서 불안이 문제라고 한다면, 그것이 다양하고 모호한 의미를 담고 있으므로 실제로 어떤 행동을 의미하는지를 알아보아야 한다. 어떤 경우에는 정서 불안이 집중을 잘 못하는 것을 뜻하기도 하고, 다른 경우에는 친구를 오래 못 사귀는 것을 뜻하기도 하는 등 사람에 따라 같은 용어에 대해 다른 의미를 부여한다. 만약 집중을 잘 못하는 것이 문제라면, 보통 집중 시간이 어느 정도 되는지, 언제 집중이 안 되는지 등에 대해 알아보아야 한다. 만약 아동이 보이는 문제가 한 가지가 아니고 여러 가지라면, 각각에 대해 구체적으로 알아보아야 한다. 또한 문제 행동의 빈도와 심각성 등에 대해서도 알아볼 필요가 있다.

아동의 문제가 무엇인지를 객관적으로 파악하기 위해서는 다양한 출처에서 정보를 수집해야 한다. 내담 아동, 부모, 다른 주 양육자, 또는 교사 등 여러 사람들이 호소하는 주된 문제가 일치하는지, 불일치하는지를 주의 깊게 살펴야 한다. 부모는 아동이 공부를 못하는 것이 주된 문제라고 생각하는 데 비해, 학교 교사는 아동이 다른 아이들을 괴롭히고 선생님에게 반항하는 것이 더 큰 문제라고 생각할 수 있다. 치료자는 여러 출처에서 나온 정보를 종합하여 주된 문제를 파악하고, 관련된 인물들의 요구에 대해서도 각각 주의를 기울여야 한다.

아동의 문제가 정상 범위를 벗어나는지를 파악하기 위해서는 그 문제가 아동의 연령을 고려할 때 정상적인 수준인지 아닌지를 판단해야 한다. 동생을 하루에도 열두 번씩 때리는 공격성이 문제라고 할 때, 아동이 열 살이라면 교정해야 할 문제이지만, 세 살짜리 아동이 새로 동생이 태어난 것을 질투하여 보이는 행동이라면 부적절한 문제 행동이라고 보기는 어려울 것이다.

또한 아동이 문제인지, 부모 등 다른 문제가 진짜 문제인지도 파악해야 한다. 초등학교 3학년 아동이 수학 문제를 하루에 세 시간씩 풀지 않고 자꾸 미루는 것이 문제라고 호소하는 어머니의 경우, 주된 문제는 어머니의 과도한 기대나 완벽주의 성향이

다. 따라서 치료의 대상이 아동보다는 어머니가 되어야 할 것이다. 치료자가 해야 할 일은 진짜 주된 문제가 무엇인지를 찾아내는 것이다.

(2) 현재 문제의 병력

주된 문제를 파악했으면, 다음으로 알아볼 것은 그 문제의 병력에 관한 것이다. 즉, 그 문제가 처음 나타난 때와 당시 상황을 알아보아야 한다. 이는 문제의 원인을 파악하는 데 도움이 된다. 또한 문제가 얼마나 오랫동안 지속되었는지, 시간이 경과하면서 어떤 변화가 있었는지, 어떤 상황이나 시간대에서 문제가 더 심해지는지 등을 알아보아야 한다. 이는 문제의 촉발 요인과 유지 요인을 파악하기 위해 중요하다.

유사한 문제를 보인다 하더라도 아동의 병력에 따라 진단이 달라지고 치료적 개입이 달라지게 된다. 예를 들어, 공부할 때 집중을 못하고 성적이 자꾸 떨어지는 초등학교 저학년인 두 아동이 있을 때, 이들이 현재 보이는 문제는 비슷하지만 병력, 진단 및 치료는 완전히 다를 수 있다. 한 아동은 유아 때부터 주의가 산만하고 과잉활동을 계속 보여 왔으며, 집이나 학교를 포함해 언제 어디서나 이런 문제가 있었다. 다른 아동은 어렸을 때는 차분하고 집중도 잘했는데, 학교에 입학하면서부터 집중을 못하고, 집에서는 집중해서 책을 볼 수 있지만 학교에 가면 주의가 산만해진다. 물론 심리검사를 통해 더 자세한 평가를 해 보아야 알겠지만, 치료자는 두 아동의 문제에 대해 서로 다른 가설을 세워볼 수 있다. 전자의 경우 ADHD가 우선적으로 고려되어야 한다면, 후자의 경우 학교 상황과 관련된 적응 문제나 불안 등의 정서적인 문제가 우선 고려되어야 할 것이다. ADHD와 불안장애는 치료 방법이 근본적으로 다르다. 따라서 주된 문제를 표면적으로 파악하는 것만으로는 적절한 치료 계획을 세우기 어려우므로, 병력을 잘 알아보아 원인과 유지 요인 등을 정확하게 파악해야 한다.

문제 행동들에 대한 부모와 교사의 대처 방식이 무엇이었으며, 그 효과는 어떠했는지도 알아보아야 한다. 또한 현재 문제 혹은 또 다른 심리적인 문제로 인해 심리평가를 받은 적이 있는지, 치료를 받은 적이 있는지도 알아본다. 만약 과거에 치료 경력이 있다면, 언제, 누구에게, 얼마 동안, 어떤 치료를 받았는지, 그 효과가 어떠했는지 알아보아야 한다. 이전 치료에 대한 경험이 이후의 심리치료에 대한 기대나 태도에 영향을 주기 때문에 이를 자세히 알아보는 것은 매우 중요하다.

(3) 시기별 발달력

내담 아동의 출생 이전, 출생 당시, 유아기, 학령 전기, 초기 아동기, 후기 아동기 등 발달 단계에 따른 발달 특성에 대해 알아보아야 한다. 먼저 출생 이전 시기에 대해 얻어야 할 정보에는 아동의 임신 전 부모의 건강과 심리상태, 원하는 임신, 원하는 성이었는지 여부, 태아 시기의 임산부와 태아의 건강 상태 등이 포함된다. 난산이나 조산 여부 등 출산 시의 특징들도 알아보아야 한다.

유아기 이후로는 건강상태, 인지, 언어, 운동, 사회성, 정서 발달 등 다양한 영역에서 정상적으로 발달했는지 여부를 알아보아야 한다. 특정한 질병에 걸린 적이 있는지, 키우기 힘든 까다로운 아기였는지 등에 대해서도 알아본다. 특히 현재 아동이 보이는 문제와 관련될 수 있는 발달 영역에 대해서는 더 상세하게 알아보아야 한다. 예를 들어, 유아기 때 양육자와의 눈맞춤이 잘 되지 않거나 사회적 미소를 보이지 않는 것은 발달 장애의 신호일 수 있다.

발달 시기에 따라 주 양육자가 누구였는지, 양육자가 자주 바뀌었는지, 양육자의 특성과 아동과의 관계가 어떠했는지, 그리고 발달 시기에 따라 특별한 환경적 특성이나 사건을 경험했는지 등도 중요한 정보다.

(4) 학교 또는 유치원 적응

학교나 유치원 생활에 잘 적응하는지 여부는 아동의 생활에서 중요한 부분이다. 따라서 학교 학습, 또래 관계, 교사 관계 및 학칙 준수 여부 등 전반적인 학교나 유치원 생활에 대해 알아보아야 한다. 먼저 학습 능력, 학습 태도 및 인지 기능에 대한 평가가 필요하다. 좋아하는 과목, 싫어하는 과목에 대해서도 알아본다. 필요하다면 내담 아동을 담당하는 학교나 유치원 교사, 혹은 과외 교사와 접촉하여 정보를 얻어야 한다.

적절한 또래 관계를 맺을 수 있는지 여부는 아동의 적응 정도와 성격 특성에 대해 잘 알려주는 지표이기 때문에 상세하게 알아보아야 한다. 친한 친구가 있는지, 친구가 몇 명인지, 오랫동안 사귄 친구가 있는지, 어떤 특성을 가진 아동을 친구로 삼는지, 친구와의 갈등을 어떻게 해결하는지 등에 대해 파악해야 한다. 친한 친구가 많다고 하지만 자세히 알아보면 자신보다 두세 살 아래의 아동을 주로 사귄다면 이는 사회성 발달이 지체된 것으로 볼 수 있다. 또는 친구가 많아도 사귀는 기간이 짧다면 친밀하고 안정된 관계 형성에 어려움이 있는 것으로 볼 수 있다.

교사나 과외 교사와의 관계도 아동의 학교생활 적응 정도를 알려주는 중요한 지표이다. 필요하다면 교사와 전화 통화를 하거나 직접 면담을 할 수도 있다. 교사들은 내담 아동 또래의 많은 아동들을 상대하기 때문에 부모보다 더 객관적인 관점에서 아동을 평가할 수 있어서 유용한 정보를 제공할 수 있다.

(5) 가족력 및 가족관계

가족은 3대까지 친가와 외가 모두에 대해 정보를 얻는 것이 필요하다. 즉, 조부모 대까지 개인 특성과 질병, 특히 심리장애 여부 등에 대해 알아보아야 한다. 부모와 형제자매 등 동거하는 가족에 대해서는 더 상세한 정보가 필요하다. 부모의 나이, 직업, 학력, 종교, 성격 특성, 자녀 양육 방식, 가족 분위기, 질병 등 전반적인 특성에 대해 알아보아야 한다. 부모의 심리장애나 부적응 여부는 자녀들에게 매우 큰 영향을 주기 때문에 상세히 알아본다. 예를 들어, 불안장애가 있는 부모는 자녀에게 나쁜 일이 일어날지 모른다고 항상 걱정하기 때문에 과잉보호하기 쉽고, 아동은 부모의 그런 불안과 걱정을 모방하여 소심한 성격이 형성되기 쉬우며 불안장애에 취약해진다. 부모의 방임 혹은 권위적이고 과잉 통제하는 양육 태도 역시 자녀에게 불안을 유발하거나 적개심과 반항심을 유발할 수 있다. 또한 가치관이나 양육 방식에서 부모 간에 차이가 있는지 여부도 알아볼 필요가 있다. 부모 양육 방식의 불일치는 자녀에게 혼란스러운 느낌을 유발할 수 있다. 내담 아동의 형제자매에 대해서도 나이, 성격 특성, 학교생활 적응 정도, 질병 등에 대해 알아본다.

가족 개개인의 특성을 알아보고 나면, 가족 관계의 특성에 대해 알아보아야 한다. 부모의 부부 관계, 부모-자녀 관계, 형제자매 관계 등에 대해 알아본다. 가족 관계를 파악하게 되면, 가족 구조나 기능의 문제가 아동의 문제와 연관되는지를 알 수 있다. 부부 갈등이나 고부 갈등을 효율적으로 해결하지 못하거나, 부모의 특정 자녀에 대한 편애, 형제자매간의 심한 경쟁 등은 아동에게 정서적인 문제를 유발하는 등 건강한 성장을 저해하는 요인들이다. 또한 가족 중에 만성적인 질병이나 장애를 가진 사람이 있는 경우에도 모든 가족 구성원의 관심이 그쪽으로 쏠리게 되면서 아동이 적절한 사회적 지지나 보호를 받지 못하는 경우가 생길 수 있다. 형제자매가 심한 장애가 있는 경우, 아동이 나이보다 성숙하고 이타적인 성향을 갖게 되는 긍정적인 효과도 있지만, 한편으로는 부모의 관심과 지지가 장애아에게 주로 제공됨으로써 충분한 관심을 받지 못해 간혹 반항적인 행동 등의 문제로 부모의 관심을 끌고자 할 수 있다. 이처럼 가족 관계에서의 문제와 관련되어 아동의 문제가 유발되고 유지되는지에 대해 알아보는 것은, 이후 치료의 주요 대상을 결정하는 데 있어 중요하다. 때로는 아동 개인 치료보다 가족 치료나 부부 치료가 필요할 수 있다.

(6) 기타: 흥미, 취미, 장래 희망, 성격 특성 등

아동의 관심분야나 취미, 좋아하는 놀이 등에 대해 알아보는 것은 아동의 특성을 파악하고 아동에게 적합한 치료 방법을 찾는 데 도움이 된다. 또한 장래 희망에 대해 알아보면, 아동의 가치관, 부모의 가치관의 영향 정도 등을 파악할 수 있다.

아동 자신이 생각하는 자신의 성격 특성, 장단점과 부모 등 주변 사람들이 생각하는 아동의 성격, 장단점 등에 대해 알아보고, 차이점이 있는지를 알아본다. 아동의 스트레스 대처 방식, 좌절 시의 반응 특성 등에 대해서도 정보가 필요하다.

2) 내담 아동과의 첫 만남

내담 아동과의 첫 면담 방식은 대부분 아동의 연령이나 개인적인 특성에 의해 결정된다. 아주 어린 아동이나 언어 표현에 어려움이 있는 아동의 경우, 대화보다는 자유로운 놀이를 통한 만남이 바람직하다. 일반적인 지침은 10세 이하의 아동에게는 놀이 치료 방식을, 10세 이상의 아동에게는 놀이와 아동의 자발적인 선택에 의한 대화를 함께 사용하는 것이다(Brems, 2002). 더 세부적으로는 초기 아동기(3~5세), 중기 아동기(6~11세), 청소년기(12~18세)로 구분하여 발달적인 특성을 고려하여 면담하는 것이 좋다(조수철, 신민섭, 김붕년, 김재원, 2010). 연령 이외에 아동이 가진 특성도 감안해야 한다. 언어 발달이 빠르고 대화하기를 좋아한다면 7~8세 아동이라도 놀잇감을 갖고 놀기보다는 치료자와 이야기하는 것을 더 선호할 수 있다.

치료자는 내담 아동의 행동을 관찰하고 놀이와 면담 내용들을 통해 아동의 특성을 파악하게 된다. 첫 행동 관찰은 치료자가 아동과 면담을 시작하려 할 때 아동이 부모와 어떻게 분리되는지를 관찰하는 것이다. 부모와 쉽게 분리되어 치료실로 들어오는지, 부모에게 매달리면서 분리를 거부하는지, 그리고 그때 부모의 반응이 어떤지를 살펴야 한다(Brems, 2008). 부모와의 분리가 어려운 특성은 아동의 연령이나 현재 문제와 연관될 수 있다. 만약 분리가 어려우면 내담 아동과 부모가 함께 치료실에 들어오도록 허용하고, 아동이 치료실의 분위기에 익숙해지고 편안하게 느끼면 그때 부모를 나가게 한다. 심한 분리 불안이 있는 아동의 경우에는 끝까지 부모와 함께 첫 만남을 진행할 수밖에 없다.

내담 아동과의 첫 만남에서 치료자는 먼저 자신에 대해 간단하게 소개한다. 심리치료자라고 말하는 것보다는, 아동들이 학교생활을 더 즐겁게 할 수 있게 도와주는 사람이라든지, 아동들이 힘들어하는 문제를 해결하도록 도와주는 사람이라든지 등과 같이 아동들이 이해하기 쉽게 소개하는 것이 좋다.

첫 만남의 목적은 좋은 관계 형성과 정보 수집이다. 만약 대화가 가능하다고 판단되면, 치료실을 찾게 된 경위부터 물어보는 것이 좋다. 치료자가 문제에 대한 언급을 초반에 회피하고 다른 이야기로 시작하게 되면, 오히려 아동이 불안감을 갖게 될 수 있다. 따라서 직접적으로 질문한 후 내담 아동의 반응을 주의 깊게 살펴야 한다. 만약 아동이 자신의 문제에 대해 언급하기를 힘들어한다면, 말하지 않아도 된다는 것을 알려주고 하고 싶은 이야기를 하도록 허용한다. 대개의 경우 개방형 질문을 하여 내담 아동이 자발적으로 대화를 이끌어가게 하고, 면담이 끝난 후 치료자가 체계적으로 정리하면 된다. 심하게 불안한 아동의 경우처럼, 만약 아동이 개방형 질문을 어려워한다면 좀 더 구체적이고 폐쇄형 질문을 사용할 수 있다. 자신의 문제를 언어적으로 표현하기 어려운 아동에게는 자유롭게 놀이를 하도록 허용하고 관찰함으로써 아동에 대한 정보를 얻는다.

내담 아동과의 첫 만남에서 정보 수집도 중요하지만, 그에 못지 않게 아동이 치료자와 치료실에 대해 편안하게 느끼고 긍정적인 감정을 갖게 하는 것이 중요하다. 아동 치료자는 내담 아동에게 신뢰감과 정서적인 지지를 제공할 수 있어야 한다. 이를 위해 심리치료자로서의 기본적인 태도와 다양한 기법들을 활용할 필요가 있다.

아동을 대하는 치료자의 태도로, 아동을 존중하고 무조건적으로 수용하며, 비지시적이고 허용적인 태도를 들 수 있다. 수용하기는 치료자가 아동의 감정과 욕구에 주의를 집중하고 있는 그대로 받아들이고 이해하는 것이다. 이는 치료자가 아동의 감정이나 욕구, 자기표현에 대해서 판단하지 않는 태도를 보이는 것을 뜻한다. 아동이 사소한 일에 분노를 표현할 때, "그런 사소한 것으로 화를 내는 건 잘못이야."라고 말한다면, 이는 아동의 감정에 대해 치료자가 잘잘못을 판단하는 것이다. 심리치료는 잘 잘못을 지적하고 가르치려는 단순한 교육이 아니다. 그런 방식은 내담 아동을 더 화나게 만들어 치료에 역행하게 만든다. 따라서 내담 아동이 지금 여기에서 화가 난 것을 이해하고 수용하는 것이 치료적인 목적을 위해 훨씬 더 효과적이다. "그게 네 맘대로 되지 않아 화가 났구나."라고 내담 아동의 감정을 수용하고 반영하는 치료자의 태도는 아동이 자신의 감정 상태를 더 잘 들여다보고, 그것의 적절성 여부에 대해 스스로 생각하게끔 만들어준다. 결국 아동은 자신이 사소한 일에 화를 냈다는 것을 깨닫게 되고, 스스로 행동 방식을 변화시키게 된다.

비지시적이고 허용적인 태도는 치료자가 치료 상황을 일방적으로 이끌어가지 않고, 내담 아동이 주도하도록 허용하는 것을 의미한다. 치료자는 아동이 자신을 자유롭게 표현하고 성장시키기 위해 하는 시도를 따르고, 아동이 스스로 선택과 시행착오를 통해 문제를 해결해 나가도록 허용한다. 그러나 치료자가 아무 일도 하지 않고 수동적이 되어야 한다는 뜻은 아니다. 치료자는 아동의 감정, 욕구 및 행동을 적극적으로 반영하고 공감하여 아동이 자신의 문제를 정확히 볼 수 있도록 도움을 주는 역할을 한다(Brems, 2008). 치료자는 성급하게 문제를 해결하려 하지 않고 아동이 문제 해결 능력을 키울 때까지 인내심을 갖고 기다려야 한다.

치료자는 아동 면담 시 언어적, 비언어적인 상호작용 기법들을 활용하여 의사소통한다. 비언어적인 기법으로는, 기본적으로 부드럽게 눈을 맞추고 미소 띤 표정을 짓는 것이 중요하다. 목소리도 약간 높은 어조로 밝게 한다. 아동의 반응에 대해 고개를 끄덕이는 등 경청하고 있음을 알린다. 언어적인 기법 중 고려해야 할 것은, 아동과 의사소통할 때 쉬운 언어를 사용해야 하고, 아동의 은유와 상징을 이해해야 한다는 것이다(Brems, 2008).

3) 심리검사

대개 첫 면담을 하고 나서 내담 아동의 특성과 현재 상태를 더 정확하게 파악하기 위해 심리검사를 하는 경우가 많다. 아동이 현재 보이는 문제뿐 아니라 문제의 원인이나 유지 요인을 찾고, 아동의 전반적인 발달 상태와 성격 특성 등을 파악하기 위해 심리검사를 하게 된다. 심리검사를 통해 아동이 갖고 있는 장점과 약점을 파악하여 치료 계획에 반영할 수 있다. 2~3시간이라는 짧은 시간 안에 내담 아동과 보호자에 대해 많은 객관적인 정보를 얻을 수 있다는 것이 심리검사의 장점이다.

아동 심리치료에 활용하기 위한 심리검사는 대개 아동의 인지 능력 평가, 학업성취 평가, 성격 평가, 부모 성격 평가 등을 포함한다. 필요에 따라 일부 심리검사를 선택할 수 있지만, 아동의 상태를 종합적으로 파악하기 위해서는 다양한 심리검사들을 실시 하는 것이 바람직하다.

(1) 심리검사의 용도와 선택 기준

아동의 현재 지적 능력 수준과 지적 잠재력을 파악하고 인지 능력의 강·약점을 알 아보기 위해서는 지능검사를 선택한다. 표준화되고 객관적인 지능검사로 널리 사용 되는 검사는 Wechsler 아동 지능검사(K-WISC-IV)다(Weiss, Saklofske, Prifitera, & Holdnack, 2006/2012). 지능검사는 아동의 인지 발달 수준과 특정 인지 영역의 잠재 력이나 결함을 알아보는 데 사용되며, 학습 능력에 대한 정보도 제공할 수 있어 많은 경우에 추천되는 검사다(신민섭, 2005). 아동이 직접 지능검사를 받기 어려운 경우에 는 양육자와의 면담을 통한 사회성숙도 검사(SMS)를 실시하기도 한다. 그 외에 아동 의 뇌기능 장애를 알아보기 위한 신경심리검사들로 BGT, VMI 등이 있다.

학업 성취를 평가하기 위해 사용되는 표준화된 학습기능검사로는 기초학습기능검 사가 있다. 교육개발원(1986)에서 표준화한 개인 검사로 유치원이나 초등학교 아동들 의 학업에 기초가 되는 능력을 평가하는 데 사용된다. 읽기와 독해력, 산수, 쓰기 등에 대해 연령별, 학년별 평가치를 제공하지만, 오래된 규준을 사용하고 있어 해석에는 주 의를 요한다.

아동의 성격을 평가하는 심리검사에는 여러 가지가 있는데, 집-나무-사람 그림 검사(HTP), 동적 가족화 검사(KFD), 로샤 검사, 아동용 TAT 검사(CAT), 문장완성검 사(SCT) 등과 같은 투사 검사들이 많이 사용된다. 이들 검사들은 아동의 정서 상태, 주된 욕구, 자기상, 대인관계 능력과 타인과의 관계, 대처 특성, 현재 적응 수준 등 다 양한 정보를 제공한다. 그 외에 부모나 교사가 평정하는 아동행동 체크리스트(CBCL, TRF)는 아동의 외현화, 내재화 문제에 대한 정보를 제공해 준다.

특수한 목적으로 사용되는 심리검사들도 알아두어야 한다. ADHD를 진단하기 위 한 검사로 ATA(Advanced Test of Attention)을 사용할 수 있다. 이 검사는 국내에서 개발된 표준화된 연속 수행 검사로, 5세에서 15세까지의 연령별 규준이 확립되어 있으며 시각, 청각 두 가지 검사로 구성되어 있다. 아동의 충동성, 부주의 등을 평가함으로써 ADHD 진단에 도움이 된다(신민섭, 조성준, 전선영, 홍강의, 2000). 그 외에도 초등학교 고학년 연령인 아동의 우울증이나 불안을 진단하기 위해 자기 보고형 질문지들을 활용할 수 있다.

치료자는 다양한 심리검사들의 용도와 활용 정도에 대해 잘 알고 있어야 하며, 내담 아동을 평가하는 데 도움이 되는 심리검사들을 적절하게 선택하여야 한다. 대부분의 경우, 다양한 심리검사를 실시하여 여러 검사들 간의 일치하는 부분과 불일치하는 부분들을 모두 고려하여 해석하는 것이 가장 많은 정보를 주게 된다.

(2) 심리검사의 실시와 해석

아동에게 심리검사를 실시할 때는 표준화된 실시 절차를 따라야 하지만, 아동의 연령이나 특성을 고려하여 융통성 있게 실시하는 것이 더욱 중요하다. 예를 들어, 오랫동안 집중할 수 없는 아동의 경우, 자주 휴식 시간을 주고 검사 후에 보상을 약속하는 것도 좋다. 또 지루함을 견디지 못하는 아동을 위해서는 심리검사를 게임이나 놀이처럼 재미있게 실시하는 것이 아동으로 하여금 검사에 주의를 기울일 수 있게 한다. 때로는 검사 제시 순서를 변형시켜 실시하는 것이 필요할 때도 있다.

아동을 대상으로 하는 심리검사 결과를 해석할 때 특별히 고려해야 할 점은 아동의 연령과 지능 수준, 그리고 현재의 정서나 욕구 상태 등을 반드시 감안해야 한다는 것이다. 즉, 아동의 연령이나 지능 수준에서 정상 수준에 속하는 반응인지, 아니면 정상 범위에서 이탈한 반응인지를 판단하여 검사결과를 해석해야 한다. 또한 현재 아동 상태가 검사결과에 영향을 줄 수 있으므로, 이를 감안하여 해석해야 한다. 예를 들어, 반항적인 성향이 있는 아동이 지능검사 결과 지능지수가 85가 나왔다고 할 때, 그 아동이 심리검사에 대해 거부적인 태도를 보이며 열심히 하지 않았다면 지능이 평균 하 수준이라고 해석해서는 안 된다. 마찬가지로 아동에게 그림 검사를 많이 활용하지만, 기계적으로 해석해서는 안 된다. 가정환경이 불우한 아동은 집 그림을 정상적으로 그리지 못할 수 있지만, 그 반대의 경우도 많이 나타난다. 즉, 정상적인 가정을 소망하는 것이 그림에 투사되어 행복한 집을 그릴 수도 있다.

심리검사에서 엄청난 정보들이 시사되지만, 그것들 중 의미 있는 것들을 수합하여 종합하는 능력은 오랜 동안의 수련 과정과 지도 감독을 받은 경험, 풍부한 임상 경험

등을 거침으로써 가능해진다. 심리검사의 잘못된 실시와 해석은 치료 계획을 잘못 수립하게 만들 수 있다. 아동에게 심리검사를 적절하게 실시하고 검사결과를 해석하는 과정은 숙련된 지식과 기술을 요하기 때문에 임상심리전문가나 정신보건임상심리사 자격증을 소지한 전문가 혹은 전문가의 지도 감독을 받는 검사자가 수행하여야 한다.

2. 사례개념화

면담과 행동 관찰, 심리검사 등을 통해 내담 아동에 대해 많은 정보가 수집되면, 사례개념화를 할 준비가 된 것이다. 사례개념화는 내담 아동의 현재 주된 문제에 대해 그 의미, 원인, 유지 요인 등을 파악함으로써 구체적인 치료 계획을 세우기 위한 필수 과정이다. 사례개념화 없이 치료를 시작하는 것은 목표 지점 없이 항해를 하는 것과 같다. 그런 경우 안개 속에서 파도에 따라 이리저리 떠다니며 계속 시행착오를 하게 되어 시간이 지나도 목표 지점에 도달하지 못할 위험성이 크다. 초기에 여러 정보들을 통합해 사례개념화를 잘해 놓음으로써 치료의 기초 토대를 마련하게 되면, 치료가 실패할 확률이 줄어든다. 물론 내담 아동을 치료해 나가면서 사례개념화가 다소 수정되는 경우도 있지만, 경험이 풍부하고 전문성을 갖춘 치료자라면 대부분 초기에 설정한 사례개념화에 따라 일관성 있게 치료를 진행할 수 있다.

사례개념화는 심리학 전반에 대한 이론적 지식, 아동정신병리, 아동 심리검사 및 아동 심리치료에 대한 지식, 훈련을 통한 전문성과 다양한 아동 내담자를 치료한 임상 경험 등을 바탕으로 할 때 적절하게 이루어질 수 있다. 부실한 자료들에 근거를 두거나, 자료들에 대한 잘못된 해석에 근거한 사례개념화는 내담 아동의 특성에 맞지 않은 방향으로 치료를 이끈다. 따라서 사례개념화는 치료를 시작하기 전에 치료자가 심사숙고해야 할 중요한 부분이다.

1) 사례개념화에 포함되어야 하는 내용

사례개념화는 내담 아동을 이해하는 기본 틀이다. 여기에는 문제 목록, 가능한 진단, 문제의 원인과 유지 요인 등이 포함된다(Brems, 2008).

(1) 문제 목록

문제 목록은 내담 아동이나 보호자가 의뢰한 주된 문제와 일치할 수도 있고, 그렇지 않을 수도 있다. 치료자가 작성하는 문제 목록은 단순히 겉으로 나타나는 문제점들만 포함하는 것이 아니다. 치료자는 다양한 출처에서 나온 많은 정보들을 의미 있고 일관성 있게 조직화하여 진짜 문제가 무엇인지 파악해야 한다. 예를 들어, 아동이 겉으로 드러내는 문제는 집중을 못하고 성적이 떨어지는 것일 수 있지만, 치료자가 치료해야 할 진짜 문제는 집중력 향상이 아닐 수 있다. 즉, 어린 아동이 부모의 불화를 보면서 자신이 버려질지도 모른다는 생각을 자주 하면서 심한 불안을 느끼게 되어 집중력이 저하된 것이라면, 아동의 치료는 불안 감소에 초점이 맞추어져야 할 것이다. 이 경우, 아동의 불안을 감소시키려면 부모에 대한 개입이 필요할 것이다. 따라서 겉으로 드러난 문제와 내재되어 있는 문제를 모두 포함해 문제 목록을 작성해야 한다. 또한 행동, 정서 및 성격, 사회성, 학업, 가족 문제 등 다양한 영역별로 작성하는 것이 좋다.

① 행동 문제

행동 문제는 겉으로 드러난 문제들이며 보호자나 교사 등 주변 인물들이 의뢰한 주된 문제인 경우가 많다. 공격 행동, 과잉 행동, 강박 행동, 회피 행동 등이 여기에 속한다. 행동 문제의 이면에는 정서적인 문제나 가족 문제 등 다른 문제들이 있는 경우가 많으므로 치료 계획을 세울 때 감안해야 한다.

② 정서 및 성격 문제

정서 문제는 불안, 공포, 우울, 분노 등의 정서 경험과 분노 폭발 등과 같은 정서 조절의 문제를 포함한다. 성격 문제는 자기중심적인 성향, 완벽주의 성향 등을 포함하며, 낮은 자존감의 문제는 대부분의 심리장애와 관련된다.

③ 사회성 문제

사회성 문제는 대인관계에서의 문제들로, 기본적으로는 양육자와의 애착 형성에서의 문제, 가족 간 불신과 애정 결핍, 또래나 교사 관계에서의 어려움 등이 포함된다. 친구를 사귀지 못하거나, 자주 다투거나, 교사에게 반항적인 경우 등이 적응을 어렵게 한다.

④ 학업 문제

학업 문제는 아동의 적응과 밀접한 관련이 있다. 전체적인 학업 수행 수준뿐 아니라 학업 수행이 아동의 지적 잠재력에 부합하는지, 특별히 저조한 과목은 무엇인지 등을 목록화할 필요가 있다. 낮은 학업 성취는 낮은 지능으로 인한 학습 지진, 정서적인 문제와 관련되는 학습 부진, 읽기, 쓰기, 수학 등의 특정한 인지 기능의 결함과 관련된 학습 장애에서 기인할 수 있다. 그 외에도 낮은 주의집중력이나 나쁜 학습 습관, 낮은 학습 동기, 정서 불안이나 우울 등으로 인해 지적 잠재력을 발휘하지 못하는 경우가 있다.

⑤ 가족 문제

가족 문제로 부모의 불화, 고부 갈등, 부정적인 부모-자녀 관계나 경쟁적인 형제자매 관계 등이 대표적이다. 아동의 경우, 가족 문제는 정서, 행동, 학업 및 사회성 문제와 직, 간접적으로 관련될 때가 많다.

⑥ 기타 문제

위에서 언급한 문제 영역에 포함되지 않는 문제들로는 의학적, 신체적 문제나 환경적인 문제 등이 포함된다. 신체 질병이나 장애는 심리적인 문제와 연관될 수 있다. 아동의 만성적인 질병은 우울증과 관련될 수 있으며, 부모의 과잉 보호를 유발해 의존적인 성격이 형성될 수도 있다. 내담 아동뿐 아니라 가족 구성원들의 의학적, 신체적인 문제들도 목록에 포함시킬 필요가 있다.

환경적인 문제들에는 사회, 경제적, 문화적, 종교적 문제들이 포함된다. 우리 사회의 학벌 중시 가치관이나 지역사회 특성이 아동 문제와 관련될 수 있다. 예를 들어, 우범 지역에 거주하는 것은 아동이 사회규범을 적절히 내재화하는 데 저해 요인이 될 수 있다.

(2) 진단

특정 장애에 대한 진단을 내리는 것이 항상 가능한 것은 아니며, 또한 심리치료를 잘하기 위해 진단이 반드시 필요한 것은 아니다. 그러나 가능하다면 진단을 내리는 것이 아동이 가진 주된 문제의 특성에 대해 더 잘 이해하게 하고, 전형적인 치료 방법을 선택할 때 도움이 되며, 전문가들 간의 의사소통을 원활하게 한다.

임상 현장에서 주로 사용되는 진단 체계로는 세계보건기구가 설정한 국제질병분류(ICD)와 미국정신의학회에서 만든 정신장애 진단 및 통계 편람(DSM)을 들 수 있다. 현재 사용되는 DSM-5에서 아동에게 흔히 진단되는 심리장애들로는 분리불안장애나 특정공포증 등을 포함하는 불안장애, 반응성 애착장애나 외상후스트레스장애 등을 포함하는 외상 및 스트레스 관련 장애, 지적장애, 자폐스펙트럼장애, 학습장애, 주의력결핍 및 과잉행동장애 등을 포함하는 신경발달장애, 그 외에 우울장애, 반항성 장애, 품행장애, 강박장애 등이 있다(APA, 2013).

(3) 아동 문제의 원인 및 유지 요인

문제 목록을 작성하고 진단을 내리게 되면 치료자가 다음으로 할 일은 이러한 문제의 원인이 무엇인지, 문제를 유지시키거나 악화시키는 요인들은 무엇인지 규명하는 것이다. 이는 심리치료를 할 때 어떤 부분에 초점을 두고 개입해야 하는지를 결정하는 데 핵심적인 역할을 한다. 문제의 직, 간접적 원인이 되는 요인으로는 소인 요인과 촉발 요인을 들 수 있고, 문제를 유지시키거나 악화시키는 요인으로 강화 요인을 들 수 있다. 이런 여러 요인들이 복합적으로 상호작용하는 것에 대한 이해는 심리 내적 역동과 가족역동을 작성함으로써 정리된다.

① 소인 요인

아동 문제의 발생에 있어서 소인 요인으로는 사회 관습적인 요인, 환경적인 요인, 사회적인 요인, 가족적인 요인, 개인적인 요인 및 생물학적인 요인이 있다(Brems, 2008). 대개의 경우 여러 소인적 요인들이 상호작용하여 아동의 문제나 증상 형성에 영향을 미친다.

• 사회 관습적 요인

사회 관습적인 요인(Societal factors)은 시대정신, 편견이나 사회적인 가치 등을 뜻한다. 예를 들어, 섭식장애의 경우 여성의 아름다움의 기준으로 마른 체형을 선호하는 사회적 선호도와 관련되어 나타날 수 있다.

• 환경적 요인

환경적인 요인(Environmental factors)은 지진 등의 자연재해로 인해 심리적 충격을 받게 되는 경우나 이사나 전학 등의 환경 변화들을 포함한다. 이러한 외상이나 변화에 잘 적응하지 못할 경우 적응장애를 보일 수 있다.

• 사회적 요인

사회적 요인(Social factors)은 환경적인 문제들과 밀접한 관련이 있는데, 아동의 생활환경이나 부모의 사회 경제적 지위 등이 포함된다. 우범 지역에 거주하는 가난한 가정의 아동은 부모의 맞벌이로 인해 방임되기 쉽고, 약물 남용이나 비행 등의 문제에 노출되기 쉽다.

• 가족적 요인

가족적 요인(Familial factors)은 부모의 이혼, 불화, 양육에 대한 부모 불일치, 형제자매의 출생 순서, 세대 간 갈등, 한 부모 가정, 가족 구성원에 의한 아동학대, 부모의 심리장애 등과 같은 문제들을 포함한다. 역기능적 가족 문제들은 아동의 우울증이나 행동장애를 포함해 다양한 심리장애의 위험요인이다.

• 개인적 요인

개인적 요인(Personal factors)에는 인지 기능이나 성격 등 개인적 특성들이 포함된다. 예를 들어, 낮은 지능을 가진 아동은 전반적인 학습 능력이 부족하고 사회적 상황에 대한 이해력도 미숙하기 때문에 학교생활에서 학습 지진이나 또래 관계에서 따돌림을 당하는 등의 문제를 갖게 되기 쉽다. 성격 특성은 특정한 스트레스 대처 방식이나 대인관계 양상 등과 관련될 수 있다. 예를 들어, 강박적인 성격의 아동은 낯선 상황에서 융통성 있게 대처하기 어려우며, 대인관계의 폭도 좁은 경향이 있다.

• 생물학적 요인

생물학적 요인(Biological factors)은 간질 같은 신경학적 결함, 신체장애나 질병 ,

유전적 문제 등을 포함한다. 임산부가 임신 기간 동안 술이나 약물을 오용 혹은 남용했을 때 태아 알코올 증후군을 유발할 수 있다. 생물학적 요인들은 심한 지적장애, 주의력결핍 및 과잉행동장애, 학습장애 등의 원인으로 간주되기도 한다. 유전적인 요인들도 정신분열증이나 기분장애 등의 발생에 관여할 수 있다(Mash & Wolfe, 2009/2012).

② 촉발 요인

소인 요인들로 인해 취약한 상태에 있는 아동에게 문제가 드러나게 하는 데 영향을 주는 것이 촉발 요인이다. 부모와 안정된 애착 관계가 형성되지 못한 아동은 대인관계에서 취약한 상태에 있을 수 있는데, 친구들로부터 따돌림을 당하는 사건을 겪게 되면 우울증이나 불안 증상을 보일 수 있다. 이런 사건은 아동이 심리적으로 건강하다면 사소한 스트레스 정도로 지나칠 수 있지만, 취약한 상태에 있는 아동에게는 심리적인 문제의 촉발 요인으로 작용할 수 있다. 따라서 아동의 심리적 문제 발생에 있어서 소인 요인과 촉발 요인의 상호작용을 이해하는 것이 중요하다.

③ 강화 요인

아동의 문제를 지속시키거나 악화시키는 것이 강화 요인이다. 아동의 문제나 증상은, 그것으로 인한 이차적인 이득과 관련되어 지속될 수 있다. 예를 들어, 신체화 증상을 보이는 아동이 부모가 다툴 때 더 심한 증상을 호소한다고 하자. 그 증상은 부모가 다툼을 멈추고 아동에게 주의를 기울이게 함으로써 아동의 불안을 감소시키는 의미를 가질 수 있다(Brems, 2002). 이처럼 증상의 의미를 찾아내는 것은 심리치료 계획을 세울 때 반드시 고려되어야 한다.

꾀병과는 달리, 이차적인 이득은 대부분 무의식적인 과정에서 일어난다. 부모들도 자신의 행동과 아동의 증상 간의 관련성에 대해 알지 못하기 때문에, 아동의 문제를 해결하지 못한다. 예를 들어, 아동의 문제 행동에 대해 부모가 부적절하게 반응하는 것이 아동의 문제 행동을 지속시키고 악화시킬 수 있다. 어린 동생을 잘 데리고 놀 때는 부모가 관심을 보이지 않다가 동생을 괴롭힐 때 부모가 야단을 치는 등 관심을 보이면, 동생을 괴롭히는 행동은 강화를 받게 되어 점점 더 심해질 것이다.

④ 심리 내적 역동과 가족 역동

소인 요인, 촉발 요인 및 강화 요인들의 상호작용을 검토하면 아동의 문제에 대해 일관성 있고 체계적인 이해가 가능해진다. 현재 아동의 문제는 소인 요인에 더해 특정한 촉발 요인이 작용해 시작되었고, 강화 요인에 의해 유지되고 있다고 개념화할 수 있다. 이처럼 아동 개인의 취약성에 가족이나 사회 문화적인 문제 및 특정한 사건이나 경험이 더해지면서 아동은 증상을 형성하게 된다. 치료자가 내담 아동의 상태와 가족 등 주변의 심리사회적 환경의 특성 및 여러 요인들 간의 관계에 대해 전체적인 그림을 그릴 수 있게 되면 사례개념화가 완성된다. 이는 곧바로 치료 계획을 세우는 토대가 된다.

3. 심리치료 계획 세우기

사례개념화에 근거를 두고 내담 아동에게 적합한 심리치료에 대해 구체적인 계획을 세우게 된다. 심리치료 계획을 세우는 것은 치료 목표를 설정하는 것과 치료 방법을 결정하는 것이다.

1) 치료 목표 설정하기

아동 심리치료의 목표는 크게 세 가지다. 첫째, 아동의 현재 문제나 증상을 해결하는 것, 둘째, 아동의 전반적인 적응 능력을 향상시키는 것, 셋째, 아동의 다양한 발달 영역(자아발달, 언어발달, 운동신경발달, 심리사회적 발달)에서의 기능을 향상시켜 정상적인 발달을 돕는 것이다(Freeheim & Russ, 1983: 김춘경, 2004에서 재인용). 아동의 특성에 대해 치료자가 파악한 것에 기초해 특정한 치료 목표에 더 비중을 둘 수 있지만, 이 세 가지 목표는 어느 한 가지도 소홀히 할 수 없을 만큼 모두 중요하다. 또한 한 가지 목표가 달성됨으로써 다른 목표가 자동적으로 달성되기도 한다. 예를 들어, 우울하고 무기력한 것이 주된 문제인 아동에게 우울 증상 자체에 대해 직접적으로 개입하지 않더라도, 자신감과 친구를 사귀는 능력 등을 향상시킴으로써 즐거운 경험을 많이 하게 되면, 결국 부정적인 사고방식이 변화되면서 우울증에서 벗어날 수 있다.

치료 목표를 설정할 때 상위 목표와 하위 목표를 나누는 것이 필요하다(Brems, 2008). '사회성 향상'이라는 목표는 상위 목표에 해당된다. 이는 상당히 추상적이고 모호한 목표이므로, 하위 목표는 측정 가능하도록 구체적으로 설정할 필요가 있다. 즉, '일주일에 세 번 이상 만나는 친구 사귀기' '두 달 이상 친구 관계를 유지하기' 등이 하위 목표가 될 수 있다. 이같이 구체적인 하위 목표를 설정하는 것은 치료 효과를 객관적으로 파악하는 데도 도움이 된다. 사례개념화의 문제 목록 유목별로 치료 목표를 설정하는 것도 한 가지 방법이다.

　　치료 목표가 여러 가지일 때는 비슷한 것들을 묶어 유목화하는 것이 필요하다. 유치원 아동이 엄마와 떨어지려 하지 않고, 유치원에 안 가려 하고, 밖에 나가 또래들과 놀지 않으려 하는 것은 모두 분리불안 증상으로 유목화될 수 있다. 또한 치료 목표가 여러 가지인 경우에는 우선순위를 정하고 목표 달성을 위한 단계를 설정하는 것이 필요하다. 단기적인 치료 목표로는 아동의 적응을 심각하게 방해하는 문제, 변화가 비교적 쉬운 문제 등을 설정하는 것이 좋다. 더 장기적인 치료 목표에는 변화가 일어나는 데 시간이 걸리는 문제들, 예를 들어 긍정적인 자기상 형성하기나 안정된 대인관계 능력 향상시키기 등이 포함될 수 있다.

　　Brems(2008)는 치료 목표를 크게 두 가지로 분류하였는데, 한 가지는 현재 드러나는 문제들을 해결하는 것이고, 다른 한 가지는 심리 내적 혹은 대인관계 역동을 근본적으로 복원하는 것이다. 외현적인 문제 해결은 단기 치료 목표에 적합하고, 역동의 변화는 장기적인 치료 목표에 적합할 것이다. 대개 내담 아동이나 보호자의 관심은 외현적인 문제 해결에 있지만, 치료자의 관심은 외현적인 문제뿐 아니라 근본적인 역동의 변화에 있을 수 있다. 따라서 치료 목표에 대해 내담 아동, 보호자, 치료자 간에 개방적인 의사소통과 타협이 필요할 수 있다. 치료 목표를 합의하고 결정하는 과정은 치료자가 선호하는 이론적 입장, 내담 아동과 보호자의 치료에 대한 기대와 동기, 가능한 치료 기간과 비용 등 여러 가지 요인에 의해 영향을 받게 된다.

2) 치료 방법 결정하기

　　치료 목표를 설정하고 나면, 다음 단계는 목표 달성을 위해 적합한 치료 방법을 선택하는 것이다. 치료자가 선호하는 이론적 입장이나 내담 아동의 주요 문제와 특성에 따라 치료 방법은 달라질 수 있다. 임상 현장의 치료자들은 비록 특정한 이론적 선호를 갖고 있다 하더라도, 실제 치료 방법에서는 치료 목표 달성을 위해 대부분 통합적이고 절충적인 방법을 사용하게 된다. 또한 내담 아동의 특성에 따라 효과적인 치료 방법을 적절하게 적용할 필요가 있다. 자폐 아동이나 주의력결핍 및 과잉행동장애 아동의 경우에는 행동 수정 방법이 효과적이고(Kendall, 2012; Leaf & McEachin, 1999/2013), 학습장애 아동을 치료하기 위해서는 결핍되어 있는 인지 기능을 강화시켜 주는 인지행동치료 방법들이 효과적일 수 있다(Mash & Wolfe, 2009/2012).

치료자의 주관적 판단보다는 경험적 증거에 기반하여 특정한 증상을 감소시키는데 효과적이라고 알려져 있는 치료 요소들을 고려하는 것이 중요하다. 예를 들어, 자폐 증상 감소에 효과적인 치료 요소들로는 의사소통기술 훈련, 모방학습, 사회적 기술훈련, 칭찬과 물질적 보상 등이 있다. 외상적 스트레스를 겪은 아동들에게는 심리교육, 이완, 인지치료, 그리고 노출이 효과가 좋다(Chorpita & Daleiden, 2009). 이같은 치료 요소들을 놀이, 미술, 음악, 독서, 글쓰기, 이야기 등을 활용해 적용할 수 있다.

아동 심리치료를 할 때는 아동뿐 아니라 부모나 교사를 치료 대상에 포함시켜야 하는 경우가 많이 있다. 특히 부모는 아동 문제의 소인 및 강화 요인으로 작용할 수 있고, 아동 문제의 개선을 위한 심리사회적 환경 변화에서 중요한 역할을 담당할 수 있기 때문에, 대부분의 아동 치료에서 중요한 개입 대상이 된다. 이처럼 내담 아동 주변의 인물들에 대한 개입으로는 부모교육이나 교사에 대한 자문이 주로 이루어진다. 사례개념화에 따라 때로는 부모에 대한 개별 심리치료나 부부 치료, 혹은 가족 치료가 필요할 수 있다. 또한 지역사회의 도움을 구할 수도 있다. 예를 들어, 품행 문제를 보이는 아동과 청소년들에 대해 경찰서나 보호관찰소와 연계해 이들을 지속적으로 멘토링해 주는 심리 지원 프로그램들에 참여하게 할 수 있다.

4. 아동 심리치료의 초기 단계

심리치료 목표가 설정되고 치료 방법이 정해지면 심리치료가 시작된다. 심리치료에는 각 단계별로 달성해야 할 것들과 특히 주의해야 할 측면들이 있다. 집을 지을 때 땅을 다지는 기초 공사부터 하고 나서 버팀목을 세우고 벽을 쌓은 후 지붕을 올리는 과정을 따라야 하는 것과 마찬가지로, 심리치료에도 따라야 할 절차와 과정이 있다. 치료자가 이러한 과정에 대한 지식을 갖고 있지 않으면 집을 지을 때 부실 공사가 되는 것처럼, 치료가 진행될수록 점점 더 어려운 상황에 봉착하게 된다.

심리치료의 단계는 초기, 중기, 후기 및 종결 단계로 크게 나눌 수 있다. 먼저, 초기 단계는 집을 지을 때의 기초 공사에 비유된다. 흔히 심리치료 초보자들은 처음부터 여러 가지 치료 기법을 사용해 치료 효과를 가져오고 싶어하고, 자신의 치료 능력을 입증하려 하는 경우가 많은데, 이는 매우 위험하고 비현실적인 욕구이다. 초기 단계에는 그 단계에서 달성해야 할 일에 집중해야 한다. 치료자는 내담자가 치료 과정상 적절한 시기가 되어야 건강한 방식으로 변화한다는 사실에 대해 알고 있어야 하며, 인내심을 갖고 기다리는 마음의 여유를 가져야 한다. 심리치료의 초기 단계에서 반드시 달성해야 할 내용들에는, 치료 목표에 대해 내담 아동과 가족과 합의하기, 심리치료에 대한 구조화, 치료적인 관계 형성, 내담 아동에 대해 더욱 상세한 정보 수집과 이해하기 등이 포함된다. 이런 목표를 달성하기 위해 내담 아동에 따라 짧게는 2~3회기, 길게는 10~20회기 정도의 기간이 소요된다.

1) 치료 동기 유발 및 치료 목표 합의하기

치료자가 초기 면담과 심리검사 결과를 종합하여 사례개념화를 하고 잠정적인 치료 계획을 세운 뒤에는 내담 아동과 보호자와 함께 치료 전반에 대해 구체적으로 상의해야 한다. 먼저 심리평가 결과에 대한 피드백을 제공하고, 치료자가 파악한 내담자 문제에 대한 개념화를 제시하면서 변화에 대한 희망을 주어야 한다. 이를 바탕으로 치료 동기를 유발하고 치료 목표와 치료 방법 등에 대해 의논하게 된다. 이 과정은 생각보다 단순하지 않고 매우 어려운 과정이며, 치료자의 융통성과 의사소통 능력이 요구된다. 아동의 상태에 대해 솔직하게 전달하면서도 동시에 내담자와 보호자가 받을 심리적인 충격 등 정서적인 반응도 감안해야 하므로 치료자의 민감성이 요구되기도 한다. 피드백 제공과 의논 절차를 효과적으로 실시함으로써, 치료자의 전문성에 대한 신뢰와 변화에 대한 희망 및 치료에 대한 동기를 유발할 수 있다.

아동과 보호자는 주된 문제에 대한 견해와 이해 수준이 다르기 때문에 이 절차는 따로 진행하는 것이 바람직하다. 아동과의 면담 시에는 아동의 연령, 인지 수준 및 자신의 문제에 대한 인식 수준 등과 부합하게 이 절차를 진행해야 한다. 예를 들어, 어린 아동이 자신의 무의식적인 신체화 증상이 부모의 갈등을 감소시키기 위한 이차적 이득을 얻기 위한 목적에서 일어난다는 것을 이해하기는 매우 어려운 일이며, 그것을 이해시키는 것이 치료 동기 유발이나 치료 목표 합의에 도움이 되지는 않는다. 이런 경우, 치료자는 내담 아동이 신체 증상으로 인해 어려움을 겪고 있다는 것을 말해 주고, 그것을 줄이기 위해 치료실에 정기적으로 와서 놀이를 하고 이야기를 하는 것이 필요하다고 제안하는 것이 더 바람직하다. 물론 치료자가 설정한 치료 목표뿐 아니라 아동이 원하는 치료 목표에 대해서도 존중하고 수용하는 것이 치료의 초기 과정에서 매우 중요하다.

부모와의 면담에서는 아동 문제에 대한 원인이나 유지 요인에 대한 치료자의 개념화를 하나의 가설로 제시하고, 이에 대한 부모의 견해를 들어보는 방식으로 진행하는 것이 방어를 감소시키는 효과가 있다. 물론 치료자는 전문성에 대한 자신감을 보여야 하므로, 명확하게 드러난 부분들에 대해서는 확신을 갖고 전달할 필요가 있다. 그러나 부모의 자존감을 저하시키거나 지나친 불안감을 유발할 수 있는 내용에 대해서는 좀 더 잠정적인 가설로 제시하는 것이 좋다. 만약 치료자의 설명을 듣고 부모가 아동 문제의 원인에 대해 이해하고 수용하게 되면 치료 목표에 합의하는 것은 쉽게 이루어질 수 있다. 그러나 자신들의 문제를 인정하는 데 어려움을 보이는 부모들은 치료자의 가설을 받아들이지 않으려고 할 것이다. 이때 치료자가 자신의 개념화를 강요한다면 부모는 심리적으로 위협을 느껴 치료를 거부하게 될 가능성이 크다. 따라서 치료자는 부모가 자신의 문제를 받아들일 수 있을 때까지 시간 여유를 주고 기다릴 필요가 있다. 방어적인 부모들을 대할 때 치료자는 "치료를 진행하면서 좀 더 관찰하는 과정을 통해 치료자의 가설을 더 검토해 보고 다른 가능성이 있는지를 찾아볼 수 있다."고 하여 최종 결론을 잠시 미루는 것이 좋다. 그리고 부모의 견해를 존중하고 부모가 생각하는 치료 목표를 수용함으로써 치료 목표를 적정한 수준에서 합의할 필요가 있다. 치료가 진행되면서 치료자가 중요하다고 생각하는 치료 목표를 향해 단계를 높여 갈 수 있다. 이는 정말 중요한 문제가 무엇인지를 부모가 점차 알게 되고 문제의 원인을 수용한 후에 합의해도 늦지 않다.

치료 초기 단계에서 내담 아동과 보호자의 욕구를 감안해 최소한 잠정적으로라도 치료 목표에 대한 합의가 이루어져야 한다. 치료 목표가 합의되면 다음으로 치료 방법과 치료 기간에 대한 합의가 필요하다. 치료자가 아동에게 가장 적합하다고 판단한 치료 방법에 대해 설명해 주고, 필요하다면 부모교육이나, 부모나 가족을 대상으로 하는 개입의 필요성에 대해 제안한다. 최종적인 합의는 치료자의 견해와 보호자의 욕구, 그리고 치료비 등의 현실적인 여건 등을 참작하여 도출된다. 부모가 치료 동기를 갖고 치료 목표를 달성하고 싶어해도, 경제적인 사정으로 인해 치료비를 부담하기 어려운 경우에는 장기적인 유료 치료에 합의하기는 어려울 것이다.

2) 심리치료에 대한 구조화

보호자가 심리치료에 동의하고 치료 목표에 합의하고 나면, 아동과 보호자에게 심리치료에 대한 준비를 시켜야 한다. 즉, 심리치료에 대한 구조화를 제공해야 하는데, 이는 심리치료가 잘 진행되기 위해 필요한 정보를 제공하고 심리치료에 대한 기초적인 교육을 시키는 것이다. 여기에는 내담 아동과 보호자의 심리치료에 대한 기대를 확인하고 현실적인 기대를 하도록 만드는 것, 내담자와 보호자가 해야 하는 역할, 치료 기간과 횟수 및 치료 시간, 약속 시간 지키기, 치료비와 지불 방식, 비밀보장을 비롯한 윤리적인 문제 등에 대해 알려주는 것이 포함된다. 아동 심리치료에서 구조화는 내담 아동과 보호자에게 실시하는 내용이 일부 다르므로 따로 실시하는 것이 바람직하다(제1장의 양육자 역할 부분을 참고하라). 즉, 치료에서 부모의 기대나 역할에 대한 부분, 치료비에 대한 부분, 일부 윤리적인 문제 등은 부모에게만 구조화하게 되고, 내담자의 기대와 역할, 일부 윤리적인 문제는 내담 아동에게 중점적으로 알려주면 된다. 아동 심리치료에 대한 구조화의 전반적인 내용은 성인 심리치료에 대한 구조화와 별로 다르지 않지만, 일부 윤리적인 문제와 아동에게 한계설정을 하는 부분은 아동 심리치료에서 특정하게 다루어야 할 내용이다.

(1) 고지된 동의 및 비밀보장

아동을 심리치료하는 데에는 많은 윤리적, 법적 문제가 발생할 수 있다. 치료자는 이에 대해 잘 알고 있어야 하며, 보호자에게 치료 초기에 알려주는 것이 필요하다(Brems, 2008).

첫째, 심리치료에 대한 동의서를 받아야 한다. 내담 아동의 동의뿐 아니라 보호자의 동의가 필요하며, 이는 문서로 작성되어야 한다. 동의서에는 치료과정에 영향을 줄 수 있는 모든 정보를 미리 알고 이에 대해 동의한다는 내용이 포함된다. 일반적으로 내담 아동이 11세 혹은 12세 이상이면 아동의 서명을 받지만, 내담 아동의 연령이 너무 어리거나, 심한 장애가 있거나, 치료 필요성에 대해 합리적으로 인식하지 못해 동의할 자격에 문제가 있는 경우에는 내담 아동의 동의서를 받는 것이 필수적인 것은 아니며, 부모 또는 법적 보호자가 대리로 서명할 수 있다(DeKraii & Sales, 1991: 김춘경, 2004에서 재인용).

둘째, 치료 내용에 대한 비밀보장에 대해 내담 아동과 보호자에게 알려주어야 한다. 이는 내담자의 문제가 노출되지 않도록 보호하고, 치료자와의 신뢰감을 형성하는 데 필요하다. 비밀이 보장되지 않는다면 내담자는 치료 상황에서 심리적 안정감을 느끼지 못하며, 치료에 필요한 정보를 노출하지 않게 될 것이다(DeKraii & Sales, 1991: 김춘경, 2004에서 재인용). 따라서 치료에서 방어적인 태도를 계속 유지하게 되므로 치료의 진전을 가져오지 못한다. 이런 이유 때문에 부모에게도 치료실에서 자녀가 무엇을 했는지, 무엇을 말했는지에 대해 시시콜콜 물어보지 말 것을 요청하는 것이 좋다. 그런데 아동 치료에서 비밀 보장은 간단한 문제가 아니다. 특히 부모를 비롯한 보호자에게 치료 상황에서 알게 된 아동의 문제를 비밀에 부치는 것이 좋은지에 대해서는 심사숙고가 필요한 부분이다.

부모에게 정보를 공개할지 여부를 결정하는 일반적인 기준은 '아동에게 무엇이 최선인가'에 대한 치료자의 판단에 있다(김춘경, 2004). 한 내담 아동이 치료실에서 갖고 놀던 작은 인형을 집에 가져가겠다고 졸랐지만 치료자가 허락하지 않았다. 치료가 끝난 직후 치료실을 정리하던 치료자는 그 인형이 없어진 것을 알았고, 즉시 내담 아동과 전화 통화를 해서 인형이 없어진 사실을 알렸다. 내담 아동은 자신이 그 인형을 가져갔음을 인정했고 다음 시간에 갖다 주겠다고 말했으며, 그 일을 부모에게 알리지 말아달라고 치료자에게 부탁했다. 치료자는 다음 시간까지 부모에게 알리지 않겠다고 약속했고, 다음 치료 시간에 그 문제에 대해 아동과 더 얘기하고 나서 부모에게 알릴지 여부를 최종 결정하겠다고 말했다. 치료자는 약속을 지켰고, 다음 회기에 아동은 그 인형을 갖고 왔을 뿐 아니라, 자신의 인형 하나를 더 갖고 와서 치료자에게 주었다. 아동은 일주일 동안 자신의 잘못에 대해 깊이 반성했으며, 사죄의 방법까지도 찾아냈던 것이다. 치료자가 그 문제에 대해 더 이상 훈계를 할 필요는 없었으며, 오히려 아동이 한 번 실수했지만 자신의 잘못을 인정하고 잘못된 행동에 대한 책임을 지려 한 것에 대해 성숙한 대처 방식이라고 인정해 주었다. 그러나 똑같은 잘못을 다시 하는 것은 허용되지 않음을 알려주었다. 그 아동은 이후로 다시는 치료실에서 놀잇감을 가져가지 않았다.

이 사례에서 치료자는 내담 아동의 특성상 상습적인 도벽이 아닌 한 번의 실수라는 것을 파악했고, 그 잘못을 부모의 개입 없이도 해결할 수 있다는 판단을 내림으로써 아동의 자존감을 살려 주고, 아동과의 약속을 지키기 위해 부모에게 비밀을 말하지 않았다. 만약 아동에게 기회를 주었는데도 불구하고, 병적인 도벽이 있어 계속해서 같은 잘못을 하는 경우라면, 치료자의 대처는 달라질 것이다. 즉, 아동이 부모에게 알리지 말 것을 치료자에게 부탁한다 해도, 치료자는 아동의 문제를 해결하기 위해 부모의 도움이 필요하다는 것을 아동에게 설명해 주고, 그 대신 부모가 처벌이 아닌 다른 방식으로 도움을 주도록 요청할 것임을 알려주어 아동의 두려움을 줄여줄 수 있다. 중요한 것은, 어떤 경우에든 치료자는 솔직해야 하고 약속을 지켜야 한다는 것이다. 비밀보장을 해 주기 어려운 경우에는, 그 사실을 내담 아동에게 솔직하게 말해 주어야 한다. 이러한 비밀보장의 제한점에 대해 치료 동의서를 받을 때 내담 아동과 부모에게 분명히 알려주어야 한다(Brems, 2008).

자녀의 중대한 문제에 대해 부모는 알 권리가 있으므로 아동의 모든 정보를 비밀에 부칠 수는 없다. 만약 내담 아동이 자신이나 타인을 해칠 가능성이 있다면 보호자에게 아동의 의도를 통지하여야 한다. 만약 보호자가 문제를 예방하기 어려운 상황이라면 내담자를 입원시키도록 조치하여야 한다(Pierofesa, Pierofesa, & Pierofesa, 1990: 김춘경, 2004에서 재인용). 이처럼 치료자가 비밀을 보장하지 않아도 되는 상황을 APA(1987)에서는 다음과 같은 여덟 가지 경우로 제시하였다(Brems, 2008에서 재인용).

① 아동, 노인 혹은 장애인이 학대받거나 방임을 당하는 것을 알게 되거나 의심이 가는 경우
② 환자나 내담자의 의사나 의도가 타당한지 의문인 경우
③ 내담자의 잘못된 행동을 심리학자가 변호하는 데 필요한 정보일 경우
④ 신체적 폭력의 위협이 희생자에게 곧 가해지리라는 것을 치료자가 알게 된 경우
⑤ 민사소송절차에서 자해의 위험에 대해 치료자가 알게 된 경우

⑥ 환자 혹은 내담자가 정신적 혹은 정서적 손상을 주장하는 소송에서 정신상태가
　문제되는 경우
⑦ 환자 혹은 내담자가 법령에 준하여 조사받을 경우
⑧ 이 법의 위반을 검토하는 위원회에서 환자나 내담자가 조사받는 경우

　셋째, 치료자는 내담자에 대한 보호의 의무와 경고의 의무에 대해 보호자에게 알려
주어야 한다. 만약 어떤 부모가 아동을 학대하거나 해칠 위험이 있다면, 치료자는 경
찰이나 관련 기관에 알려야 하는 의무가 있다. 그런 경우에는 아동학대예방센터 등의
아동보호기관과 연계하여 아동이 보호받을 수 있도록 도움을 주어야 한다.

(2) 한계 설정

　아동에게 심리치료에 대한 구조화를 할 때 빠뜨려서는 안 되는 부분이 한계 설정에
관한 것이다. 이는 치료 상황에서 아동의 특정한 행동이 통제되어야 하는 데 대한 지
침을 제공하는 것이다. 치료실에서 치료자를 공격하거나 물건들을 파손해서는 안 된
다는 것, 치료 시간을 지켜야 한다는 것과 치료실의 물건을 가져가지 않아야 한다는
것 등을 내담 아동에게 알려주면 된다. 내담 아동의 행동에 이러한 제한을 두는 것은
아동과 치료자를 보호하고 내담 아동에게 신체적 · 심리적인 안정감을 제공하기 위해
서다. 치료실에서는 대부분의 행동이 허용되는 자유로움이 있지만, 무제한의 자유는
오히려 아동을 불안하게 만들고 현실 생활과도 괴리가 크기 때문에 바람직하지 않다
(Brems, 2008). 아동에게 한계 설정을 하는 시기는 초기 단계에서 치료에 대한 구조화
를 할 때가 가장 적당하다. 그러나 아동의 특성에 따라 한계 설정을 얼마나 중요하게
다룰 것인지가 달라져야 한다. 매우 소심하고 우울, 불안 등의 내재화 문제를 가진 아
동들에게는 한계 설정을 가볍게 알려주는 정도면 충분하고, 때로는 치료 초기에 하지
않고 아동이 문제 행동을 보일 때 할 수도 있다. 반면, ADHD나 공격적인 아동 등 외
현화 문제를 보이는 아동에게는 치료 초기에 명확하게 한계 설정을 해 주어야 하고,
치료 회기 중에도 아동이 한계 설정을 위반할 때마다 다시 해 주어야 한다.

3) 안정감 제공과 치료적인 관계 형성하기

아동에 따라 개인 차이가 있지만 내담 아동이 심리치료실이라는 낯선 환경에서 심리치료자라는 낯선 사람을 만나야 하는 것에 대해 처음부터 편안하게 느끼기는 어렵다. 따라서 심리치료 초기 단계에서 치료자가 신경써야 할 것은 내담 아동의 긴장과 불안감을 줄이고, 아동이 자유롭게 자신을 표현할 수 있는 분위기를 만들어 주고, 긍정적인 치료자-내담자 관계를 형성하는 것이다.

심리치료 상황은 아동의 현실 상황과는 여러 가지 측면에서 달라야 한다. 특히 치료자가 아동에게 관심을 보이며 따뜻하고 판단하지 않으며 아동을 존중하는 태도를 보여주고, 반영, 명료화, 공감 등의 반응을 하면, 아동이 치료 상황에 빨리 친숙해지고 안정감과 자유로움을 느끼게 되고 치료자를 신뢰하게 된다. 긍정적인 치료자-내담자 관계를 토대로 하여, 아동은 자기를 있는 그대로 표현하고 다양한 새로운 시도를 하여 자신에게 적합한 문제 해결 능력을 키울 수 있게 된다.

때때로 아동과의 가벼운 신체 접촉이 관계 형성에 도움이 될 수 있다. 아동과 악수를 하거나 가볍게 등을 두드려주는 정도의 신체 접촉은 친밀감을 표현하여 좋은 관계 형성을 촉진시키기도 한다. 그러나 가끔 신체 접촉은 성적 접촉으로 오인될 가능성이 있어 주의해야 한다. 예를 들어, 성적 학대를 받은 경험이 있는 아동의 경우에는 아동이나 보호자 모두 신체 접촉에 대해 매우 예민한 상태에 있으므로 오해의 소지가 생길 수 있다. 그런 경우에는 치료자 쪽에서 먼저 신체 접촉을 시도하지 않는 것이 좋다(Brems, 2008).

치료실의 물리적인 환경 역시 안전하고 아동이 사용하기 적합하게 조성되어 있어야 한다. 특히 놀잇감들은 항상 같은 자리에 배치되어 있어야 아동에게 일관성과 안정감을 줄 수 있다. 또한 심리치료에 대한 구조화에서 치료 시간에 아동이 원하는 것을 자유롭게 할 수 있다는 것과, 치료 시간에 대해 알려주고 한계 설정 등을 해 주는 것이 신체적인 안전감과 심리적인 안정감을 제공해 준다(Brems, 2008).

내담 아동과 치료적인 관계를 형성하는 것뿐 아니라 보호자와 긍정적인 관계를 형성하는 것도 치료자가 초기 단계에서 반드시 해야 할 일이다. 보호자 역시 치료자에 대해 완전한 신뢰가 생기지 않은 상태이므로 불안감을 경험할 수 있다. 따라서 보호자와의 관계에서도 치료자가 존중하고 수용하며 공감하는 태도를 보여주고, 치료에 도움이 되는 정보를 제공함으로써 치료자와 심리치료에 대해 긍정적으로 느낄 수 있도록 배려해야 한다.

4) 내담 아동에 대해 더욱 상세한 정보 수집과 이해하기

치료자는 이미 초기 면담과 심리검사 등을 통해 내담 아동에 대해 상당한 부분을 파악하고 있지만, 치료 초기 단계에서 내담 아동에 대해 더 깊이 있는 이해를 하기 위해 다양한 방법을 활용하여 정보를 수집해야 한다. 이런 정보들은 치료자가 처음에 설정한 사례개념화가 적절한지 여부를 검증해 주며, 내담 아동에 대한 더 상세한 이해를 통해 사례개념화를 수정, 보완하거나 정교화할 수 있게 해 준다. 또한 초기에 아동의 강점과 약점을 파악함으로써 차후에 심리치료가 진행될 때 예상되는 치료에 대한 방해 요인이나 활용할 수 있는 요인 등을 알 수 있게 된다. 예를 들어, 내담 아동이 치료 초기 단계에서 자신의 뜻대로 되지 않으면 사소한 일에도 짜증이나 화를 낸다면, 치료자는 아동이 좌절에 대한 인내력이 매우 부족하다는 것을 파악하고, 아동에게 적절한 수준의 좌절에 점진적으로 노출시키면서 인내력을 키워가는 계획을 세울 수 있다.

치료자는 내담 아동과 이야기를 하거나 자유로운 놀이, 그림 그리기 등 다양한 방법을 활용해 의사소통하고 정보를 수집한다. 많은 경우에 아동들은 직접적인 대화를 통한 의사소통보다는 놀이에서 드러나는 은유를 통해 치료자와 의사소통한다. 각각의 아동은 자신만의 독특한 방법으로 상징과 은유를 사용한다. 그러므로 치료자는 이러한 은유와 은유 속에 포함되어 있는 상징의 의미를 이해할 수 있어야 한다. 치료자가 아동의 은유나 상징의 의미를 이해하기 쉬운 경우도 있지만, 그렇지 않은 경우도 많다. 치료의 초기 단계에서 대부분의 내담 아동은 자신의 놀이에서 나타나는 은유나 상징의 의미를 알지 못한다. 즉, 아동은 자신의 기억과 연관된 어떤 부분을 치료자와 공유하고 정보를 제공하지만, 현재의 문제와 그 원인을 연결 짓기는 어렵다. 예를 들어, 가정환경이 열악한 아동이 동물 모형들을 갖고 놀면서 맹수가 공격하거나 태풍이 와서 우리가 부서지는 놀이를 계속하지만, 그 일이 마치 제3자에게 일어난 일처럼 아동의 개인적인 감정이 실리지 않는 경우가 많다. 아동이 자신의 문제와 문제의 원인을 연결 지을 수 있으려면 치료가 상당히 진행되어야 한다. 치료자 역시 처음부터 아동 놀이의 은유나 상징을 이해하지 못할 수 있다. 그러나 그렇더라도 크게 걱정하지 않아도 된다. 왜냐하면 중요한 은유와 상징은 반복적으로 나타나게 되며, 치료자는 은유를 이해하기 위해, 그리고 아동의 자각을 촉진시키기 위해 적절한 시기에 내담 아동에게 질문을 하거나 투사 기법을 사용하는 등 그 의미를 탐색할 수 있기 때문이다 (Brems, 2008). 그 외에도 내담 아동에게 주의를 기울이고 경청하며 아동의 반응에 대해 반영과 명료화를 해 주는 등 다양한 방법을 사용함으로써, 어떤 은유와 상징이 특정한 내담 아동에게 있어서 무엇을 의미하는지를 알 수 있다.

5. 아동 심리치료의 중기 단계

치료자와 내담 아동 간에 신뢰롭고 긍정적인 관계가 형성되고 아동 문제들에 대해 더 깊이 있는 탐색이 이루어지는 등 치료의 초기 단계에서 달성해야 할 목표들을 달성하고 나면 치료는 중기 단계로 접어들게 된다. 이 단계에서 치료자는 내담 아동에 대해 탐색과 분석을 계속하면서, 아동이 자신의 문제에 대해 인식하고 문제 해결을 위한 새로운 시도들을 하도록 도와주게 된다. 아동은 정서나 갈등 등을 노출하고 자신의 문제를 인식하게 되면서 문제의 해결, 성장의 촉진 등 치료 목표들을 달성하기 위한 시도를 하게 된다. 따라서 아동이나 가족 등에게서 실질적인 변화가 일어나기 시작하는 시기가 중기 단계다.

내담 아동의 내적 상태에 대한 인식을 도와주기 위해 치료자는 반영과 명료화, 공감적인 의사소통을 사용해 아동의 자기표현을 격려한다(Brems, 2008). 내담 아동은 정서, 동기 및 갈등 등을 표현하면서 예전에는 알지 못했던 자신의 내적 상태에 대해 점차 알게 된다. 분노가 많이 내재되어 있는 한 아동이 치료 초기에는 치료자에게 수시로 "선생님은 저를 싫어하죠?"라고 말하면서 자신의 분노를 치료자의 분노인 것으로 잘못 인식했지만, 치료 중기에 와서는 자신이 화가 났다는 것을 알게 되었다. 그 이후로 아동은 매번 치료실에 들어오자마자 "나 지금 화났어."라고 말하면서 펀치 오뚜기를 여러 차례 발로 차고 주먹으로 때리고 나서는 "시원하다. 이제 좀 살겠다."라고 말하면서 치료 회기를 시작하곤 하였다.

내담 아동이 이처럼 자신의 내적 상태에 대해 인식하게 되면, 다음으로 자신의 문제와 원인적 요인들을 연결 지을 수 있게 된다. 치료자는 이 과정에서 안전한 분위기를 조성하고 질문이나 설명을 사용해 내담 아동이 자기 문제의 근원이나 원인을 이해할 수 있도록 돕는다. 나방에 대한 공포증이 있는 한 아동은 자신의 공포증과 과거에 자신을 학대했던 아버지에 대한 두려움 간의 관련성을 알게 되면서 공포증이 완화되었다. 이 아동은 치료자와 손을 잡은 상태에서 자신 있게 나방을 쫓아내면서 "이젠 안 무서워. 아빠도 나를 더 이상 괴롭힐 수 없어."라고 소리쳤다(Brems, 2008). 이처럼 중기 단계에서는 현재의 문제와 과거 사건들 간의 관련성을 인식하면서 아동이 통제감을 갖게 되고 문제가 해결되기 시작한다. 아동이 두려움 없이 자신의 문제를 솔직하게 들여다보고 예전과는 다른 방식으로 대처할 수 있도록, 치료자는 아동 곁에서 힘을 주는 든든한 버팀목 역할을 해야 한다. 내담 아동은 치료자를 믿고 어려운 시도를 해 볼 수 있으며, 점차 자신에 대한 믿음이 생겨나 치료자에게 의지하고 않고도 어려운 현실 상황에 잘 대처할 능력을 갖게 된다.

때로는 문제의 원인을 찾아내는 것보다 현재 문제를 직접적으로 교정하는 것이 더 중요할 수 있다. 예를 들어, 부모의 폭발적인 분노 표현 방식을 모방하는 아동을 치료할 때, 자신의 분노 표현 행동이 부모의 행동을 모방함으로써 시작되었다는 것을 아는 것만으로는 습관화된 행동 패턴이 교정되지 않는다. 이런 경우에는 아동이 바람직한 행동을 새롭게 학습할 수 있도록 도와주어야 한다. 치료자가 새로운 학습 모델의 역할을 수행해야 하고, 부모교육을 통해 부모의 분노 표현 습관이 변화되도록 개입해야 한다. 또한 아동이 자신의 행동을 교정하려는 노력을 하도록 격려하기 위해 보상을 활용하는 등 행동 수정 기법을 도입하고, 자기 지시하기 같은 인지 치료 기법들을 활용할 수 있다.

치료 중기 단계에서는 치료 목표 달성을 위해 도움이 되는 다양한 기법들을 사용하여 변화를 유도하게 된다. 치료자의 반영이나 공감 등이 특히 치료 초기 단계에서 많이 사용된다면, 중기 단계에서 효과적으로 사용될 수 있는 치료 기법들로는 질문하기, 직면시키기, 정보 제공하기, 해석하기 등이 있다. 또한 내담 아동에게 효율적인 문제 해결 방법을 가르치거나 새로운 대처 기술의 학습을 돕기 위해 모방 학습, 인지 치료, 행동 수정 기법 등을 활용할 수 있다. 대부분의 경우, 부모교육이나 가족에 대한 개입도 병행하는 것이 필요하다.

내담 아동의 개별적인 특성에 따라 중기 단계의 기간이 결정된다. 아동의 전반적인 발달 상태가 양호하고, 문제의 지속 기간이 오래되지 않았거나, 문제의 원인이나 강화 요인을 분명히 알 수 있고 쉽게 개선할 수 있으며, 보호자의 적극적인 협조가 있는 경우에는 대개 총 25회기 이내의 단기 치료를 하게 되므로, 중기 단계도 보통 10~20회기 정도가 된다. 반면, 아동의 발달이 지체되어 있거나, 문제가 오랫동안 지속되었거나, 문제의 원인이 복합적이고 해결되기 어렵고, 보호자가 치료에 별로 도움이 되지 못하는 경우에는 치료 기간이 더 길어지게 된다.

6. 아동 심리치료의 후기 단계

아동 심리치료의 후기 단계에서는 의뢰된 문제가 어느 정도 해결되기 시작하면서 아동이 얻은 문제 해결 능력과 자신감을 공고하게 하고 내재화시키는 데 주력하게 된다. 내담 아동이 자신의 문제에 대해 잘 알게 되고, 자신의 문제를 해결하는 방법들을 터득한 상태이므로, 이런 능력을 더 강화시키고 현실 상황으로 일반화시키기 위해 반복적으로 연습할 필요가 있다. 치료 후기 단계에서는 이러한 작업들에 초점이 맞추어지며, 대개 이 단계의 내담 아동은 정서적으로 상당히 안정된 상태로 치료 상황을 주도해 나가고 다양한 도전을 시도하기도 한다. 치료자는 아동의 이러한 자신감과 통제력, 효율적인 대처 능력을 격려하면서, 내재화할 수 있도록 돕는다.

후기 단계에서 치료자는 내담 아동의 문제 해결 능력을 신뢰하고, 때때로 시험해 보기도 한다. 즉, 어려운 과제를 제시하기도 하고, 회기 간에 아동에게 도전적인 과제를 내어 주기도 한다. 충동성이 현저했던 ADHD 아동에게 치료 후기 단계에서 치료자가 여러 단계의 순서를 거쳐야 하는 복잡한 만들기 과제를 제시했을 때, 아동이 잠시 난감해했지만 "천천히 차분하게 할 수 있어."라고 하면서 조심스럽게 시작할 수 있다면 아동의 통제력은 많이 향상된 것이라 할 수 있다. 때로 내담 아동이 여전히 실패에 대해 두려워하거나 자신 없어 하면서 치료자에게 조언을 구하고 의존하려 할 수 있지만, 치료자는 해결책을 제시하지 않는 것이 바람직하다. 그보다는 아동의 선택을 존중하고 도전을 격려하며, 실패를 수용할 수 있는 여유를 갖도록 도와주는 것이 좋다.

치료 후기 단계에 있는 아동이라 해도 모든 문제가 완벽하게 해결된 것은 아니며,

여전히 문제점과 취약점이 남아 있는 경우가 많다. 그러나 중요한 것은 아동이 완벽하게 변화되는 것이 아니다. 오히려 불완전한 자신을 받아들이고 자신의 단점과 한계를 알지만, 용기를 갖고 잠재력을 발휘하고 장점을 살려 나가는 것이 더 중요하다. 치료자가 아동의 노력과 능력을 인정하고 격려해 주는 것은 내담 아동이 이런 용기와 자신감을 갖는 데 큰 도움이 된다. 심리치료는 내담자가 자신의 약점보다는 장점을 더 부각시켜 긍정적인 사고방식을 갖도록 돕는 과정이기도 하다. 따라서 내담 아동이 여전히 불완전하고 변화되어야 할 측면이 많이 남아 있다 해도, 이미 시작된 변화가 계속될 것이 예상된다면 치료의 마지막 단계인 종결을 준비할 수 있다.

7. 아동 심리치료의 종결 단계

치료 목표가 어느 정도 달성되면 치료를 종결해야 하는데, 종결 단계 역시 다른 치료 단계들만큼 중요하며 치료적이어야 한다. 치료가 종결되고 나면 아동이 치료자로부터 심리적으로 독립해 당면하는 문제들을 스스로 해결하고 성장해 나가야 하므로 치료 후기와 종결 단계에서는 이러한 새 출발에 대해 준비시키는 것이 필요하다. 이를 위해 치료 전체 과정에서 아동이 터득한 것들에 대해 정리하고, 향상된 능력을 재점검하고, 이후에 닥칠지 모르는 시련에 맞설 수 있는 자신감과 면역력을 키워야 한다. 또한 아동의 인생에서 한때 중요한 사람이었던 치료자와의 만남을 성숙하게 끝내는 것 역시 종결 단계에서 신경써야 할 일이다.

바람직한 종결을 위해서는 언제 종결을 준비할 것인지, 종결 단계에서 치료자와 내담자가 다루어야 할 것들은 무엇인지에 대해 알고 있어야 한다. 또한 치료 종결 시에 나타날 수 있는 내담 아동의 행동 특성에 대해 치료자는 잘 알고 있어야 하며, 이를 치료적으로 해결할 수 있는 방법들을 터득하고 있어야 한다.

1) 치료 종결의 신호 및 기준

치료를 언제 종결할지는 내담 아동의 변화와 향상, 보호자를 포함한 주변 사람들의 판단, 그리고 치료자의 판단을 종합하여 결정 내리게 된다. 내담 아동이 보이는 종결

의 징후들을 살펴보면, 의뢰된 문제에서 상당한 변화를 보이고 외부 활동이나 미래의
계획 등에 대해 표현하며 자신감을 나타낸다. 동시에 치료 상황에서도 변화를 보이는
데, 예전에 늘 하던 놀이에 대해 관심이 적어지고 그동안 하지 않았던 것들을 새로 시
작하지만, 전반적으로 치료 회기에서 할 말이나 할 일을 일찍 끝내고 지루함을 표현
하기도 한다. 친구와의 만남을 위해 치료 약속을 변경하는 등 치료 외에 다른 활동에
우선권을 준다. 이런 징후들은 아동이 치료 상황에서 작업할 것이 더 이상 남아 있지
않음을 보여주는 것이다. 이런 징후들은 치료에 대한 저항과는 구별되어야 하는데, 그
기준은 이미 치료적인 향상을 보이고 있는지의 여부에 있다(Brems, 2008).

　치료자 쪽에서 경험하는 종결의 징후는 내담 아동을 치료하는 시간이 편하고 힘들
지 않으며, 치료자가 별로 신경쓰지 않아도 회기가 잘 진행되며 때로 지루하게 느낀
다는 것이다. 또한 내담 아동이 점점 좋아지고 내담 아동의 성취에 대한 기대를 갖게
된다. 그리고 내담 아동으로 인해 걱정하는 시간이 줄어들고 책임감을 덜 느끼게 된
다. 내담 아동의 보호자나 주변 사람들 역시 아동의 문제가 감소하고 긍정적인 변화
들을 보이는 것에 대해 만족하고 아동의 미래에 대한 걱정이 줄어들게 된다.

　이처럼 여러 출처에서 바람직한 변화의 징후들이 나타나면 치료 종결을 고려하게
된다. 종결의 일반적인 기준으로 다음의 내용을 고려할 수 있다(Brems, 2008).

① 현재 문제가 해결되거나 증상 감소나 소멸
② 인지, 정서 경험, 정서 표현, 도덕성, 자기 발달과 대인관계 등 많은 영역에서 적
　절하게 발달함.
③ 문제 해결 능력이 향상되고, 융통성이 있으며, 새로운 상황에 적응하는 기술과
　대처 능력이 향상되고 자발적인 행동이 증가함.
④ 자존감, 자기 가치감이 향상되고, 독립적이고, 즐거움을 느끼는 능력이 증진됨.
⑤ 갈등이 감소하고, 갈등을 다룰 수 있으며(자기 통제), 자신의 행동과 정서에 대
　한 제한과 경계를 설정할 수 있음.

2) 종결 과정에서 나타나는 아동의 특성 및 치료자의 대처 방법

　치료를 종결할 시기가 되면, 내담 아동 혹은 보호자가 종결에 대해 먼저 언급하기

도 하고, 치료자가 먼저 종결에 대해 제안하게 되는 경우도 있다. 종결에 대한 최종 결정은 내담 아동, 보호자 그리고 치료자가 합의하여 내려지게 된다. 치료를 종결하기로 결정하고 나면, 내담 아동을 종결에 직면시키는 것부터 해야 한다. 치료자는 내담 아동의 문제가 개선된 것에 대해 언급하면서, "우리가 앞으로 언제까지 만날지에 대해 얘기할 때가 되었어. 네 생각은 어떠니?"라고 말을 꺼낼 수 있다. "저 이제 화도 잘 안내고, 혼자서 숙제도 하니까 여기 더 이상 안 와도 될 것 같아요. 그렇지만 여기 더 다니면 좋겠어요." 이 말은 치료의 종결을 앞둔 내담 아동의 성숙하고 솔직한 자기표현의 한 예이다. 대다수의 내담 아동은 예전과 다르게 자신의 생활이 즐거워지고 문제가 감소되고 있음을 스스로 알고, 치료를 끝내고 자율적인 삶을 살고 싶어한다. 이와 동시에 외부 현실과는 다른 치료실에서 경험했던 치료자와의 좋은 시간들을 계속하고 싶은 소망이 있다. 원래 인생이란 갈등의 연속이며, 치료의 종결 단계 역시 피할 수 없는 이런 갈등에 직면해야 하는 상황이므로, 치료자는 종결 과정 역시 치료적으로 다룰 수 있어야 한다. 치료적인 종결 과정을 통해 내담 아동은 자율성과 자신감을 강화시키며 한 단계 더 성장할 수 있고, 친밀한 인간 관계에서 경험하는 양가감정을 견뎌내는 힘을 키울 수 있다.

Brems(2008)는 치료 종결 시 내담 아동이 보일 수 있는 감정을 단계별로 설명하고, 각 단계에서 치료자가 어떻게 대처해야 하는지를 제시하였다. 먼저 종결에 대해 내담 아동에게 구체적으로 설명해 주어야 한다. 앞으로 남은 회기를 말해 주고 점진적으로 종결할 것임을 알려준다. 즉, 2주에 한 번, 1달에 한 번, 3개월에 한 번, 6개월 후에 한 번 만나게 될 것임을 알려준다. 그리고 나서는 치료 종결에 대한 감정을 표현하도록 내담 아동에게 요청한다. 단기 치료의 경우에는 종결에 대한 감정이 현저하지 않을 수 있지만, 비교적 장기간 치료를 받아온 아동들은 대개 부정, 분노, 타협, 우울, 수용이라는 감정의 변화 단계를 겪는다.

종결에 대한 아동의 첫 번째 반응은 부정이다. 즉, 종결에 대한 치료자의 이야기를 못 들은 척하거나 주제를 바꾸려 하는 등 종결 문제를 다루지 않으려 한다. 치료자는 내담 아동이 종결의 주제를 회피하고자 하는 것에 직면시키고, 그 과정이 힘들 수 있다는 것을 반영, 공감해 주지만 종결이 피할 수 없는 현실임을 분명하게 지적해야 한다.

부정의 다음 단계는 분노다. 내담 아동은 치료자와의 좋은 관계가 파괴되고, 자신이 버림받는 것 같은 느낌을 가질 수 있다. "선생님 미워, 마귀 할망구"라면서 화를 내는 등 아동은 일시적으로 자신의 감정을 통제하지 못하고 치료자에게 부적절하게 분노를 표출하기도 한다. 치료자는 아동의 분노에 당황할 수 있지만, 그것이 종결과 관련되어 나타날 수 있는 감정임을 이해하고 이를 아동에게 설명해 주어 아동이 죄책감을 느끼지 않도록 도와줄 필요가 있다. 이러한 분노 표현은 종결 논의 직후에 나타나기보다는 다소 시간이 지난 뒤에 나타날 수 있음을 알아야 한다.

내담 아동은 종결에 대한 분노를 표현한 뒤, 상황을 변화시키려는 마지막 시도, 즉 타협을 시도한다. 치료를 끝내지 않으려 하거나 더 연장시키기 위한 무의식적인 시도로, 문제 행동이나 증상이 재발하거나 새로운 문제가 출현할 수 있다. 이때의 증상은 치료 효과의 후퇴라기보다는 타협의 맥락에서 이해되어야 하며, 치료자는 흔들리지 말고 일관성 있게 종결 과정을 진행시켜야 한다. 치료자는 증상 재발에 대해 내담 아동에게 그 의미를 설명해 주고, 아동이 그 문제를 해결할 능력을 이미 갖고 있으므로 현재 증상으로 인해 치료가 연장되지 않을 것이라는 점을 분명하게 전달해 주어야 한다. 그 대신, 종결 후 추가 회기를 하는 것에 대해 알려주어 아동의 불안감을 감소시켜 줄 수 있다. 이 단계에서는 부모의 협조가 중요하다. 부모에게 아동의 타협 시도에 대해 설명하고 아동이 보이는 문제에 대해 과잉반응을 하지 않도록 미리 요청해야 한다. 이런 과정에 대해 부모가 알지 못하면, 아동의 문제가 재발하는 것에 의해 불안해져서 치료를 연장하게 하는 데 숨은 협력자가 될 수 있다.

타협이 실패하면 내담 아동은 우울 증상을 보일 수 있다. 슬픈 감정을 표현하거나 무력감, 자기 비난, 경미한 불면증, 일시적인 식욕부진 등을 보일 수 있다. "선생님이 보고 싶으면 어떡하죠?"와 같은 표현은 치료자와의 관계가 종결되는 것에 대한 아쉬움의 표현으로 정상적이고 건강한 것이다. 이런 표현은 치료자에 대한 애착과, 상실에 대한 슬픔을 표현하게 해 주어 좋은 관계의 본질에 대해 아동이 인식하도록 도와준다. 헤어짐의 슬픔은 치료자도 느끼게 되는데, 치료자가 느끼는 감정에 대해 적절한 시기에 솔직하게 자기 노출을 하는 것이 좋다. 치료자는 더 이상 내담 아동을 만날 수 없는 것에 대해 섭섭함을 표현하지만, 감정을 잘 다스리면서 헤어지는 모습을 보여주는 모델이 될 수 있다.

마지막으로 아동은 종결을 수용하게 된다. 수용 단계에서 내담 아동과 치료자는 함께 치료의 진전을 되돌아보고 아동의 변화를 회상하면서, 종결 후에도 아동이 잘 지낼 수 있음을 믿고 격려해 주게 된다. 종결 후 필요하다면 언제든지 다시 도움을 받을 수 있다는 것을 알려주어 불안감을 줄여주는 것도 중요하다. 또 좋은 치료자-내담자 관계의 경험을 통해 인간 관계의 중요성을 인식하고, 헤어지더라도 서로에 대한 기억이 항상 남아 있을 것임을 표현한다. 서로 선물이나 카드를 교환하거나 간단한 다과와 함께 종결 의식을 갖는 것도 좋다.

앞에서 알아본 종결 단계는 치료 목표가 달성되고 종결하는 경우에 해당되지만, 치료 목표가 달성되지 못한 상태에서 조기 종결을 해야 하는 경우에도 유사한 종결 과정을 따라야 한다. 심리치료에 대해 긍정적인 느낌을 가진 상태에서 종결할 수 있어야 다시 도움이 필요할 때 심리치료를 찾게 된다. 조기 종결의 사유로는 이사나 경제적 문제 등 외적 요인에 의한 것과 치료에 대한 부모의 저항에 의한 것이 있다. 후자의 경우는 대부분 치료적으로 다룰 수 있다. 또한 치료자의 사정으로 인해 치료를 계속할 수 없는 경우가 있는데, 이때는 다른 치료자에게 의뢰하여 치료가 지속될 수 있도록 도움을 주어야 한다.

 참고문헌

김춘경(2004). 아동상담-이론과 실제. 서울: 학지사.

신민섭(2005). 웩슬러 지능검사를 통한 아동 정신병리의 진단평가. 서울: 학지사.

신민섭, 조성준, 전선영, 홍강의(2000). 전산화된 주의력 장애 진단 시스템의 개발 및 표준화 연구. 소아 청소년 정신의학, 11(1), 91-99.

조수철, 신민섭, 김붕년, 김재원 (2010). 아동, 청소년 임상면담. 서울: 학지사.

American Psychiatric Association (2013). *Diagnostic and statistical manual of mental disorders* (5th ed.). Washington, DC: Author.

Brems, C. (2002). *A comprehensive guide to child psychotherapy* (2nd ed.). Illinois: Waveland press.

Brems, C. (2008). *A comprehensive guide to child psychotherapy and counselling* (3rd ed.). Illinois: Waveland press.

Chorpita, B. F., & Daleiden, E. L. (2009). Mapping evidence-based treatments for children and adolescents: Application of the distillation and matching model to 615 treatments from 322 randomized trials. *Journal of Consulting and Clinical Psychology, 77*(3), 566-579.

Kendall, P. C. (2012). *Child and adolescent therapy: Cognitive-behavioral procedures* (4th ed.). New York: The Guilford Press.

Leaf, R., & McEachin, J. (2013). 자폐증 치료를 위한 ABA 프로그램 (정경미, 스펙트럼 호프 재단 역). 서울: 학지사. (원전은 1999에 출판).

Mash, E. J., & Wolfe, D. A. (2012). 아동이상심리학 (4판) (송영혜, 김귀남 역). 서울: Cengage Learning. (원전은 2009년에 출판).

Weiss, L. G., Saklofske, D. H., Prifitera, A., & Holdnack, J. A. (2012). WISC-IV 임상 해석 (신민섭, 도례미, 최지윤, 안현선 역). 서울: 시그마프레스. (원전은 2006에 출판).

부모교육과 상담

부모교육과 상담

제1장에서 알아보았듯이 부모가 아동의 성격 발달이나 증상 형성에 미치는 영향은 매우 크다. 즉, 아동의 심리적인 문제가 발생되는 데서 부모는 소인적인 취약성을 제공하거나 문제를 촉발시키거나 유지시키는 역할을 한다. 한편으로 부모는 아동이 스트레스 사건을 경험하거나 어려운 상황에 처했을 때 보호 요인을 제공하기도 한다. 또한 아동의 심리적인 문제를 해결하는 데 도움이 되는 심리사회적 환경을 조성하는 데서 주된 역할을 담당하기 때문에, 부모의 노력과 변화가 치료 효과에 지대한 영향을 미친다. 따라서 아동 심리치료 과정에 부모를 참여시키고, 필요한 교육을 실시하는 것이 긍정적인 치료 효과를 가져오는 데 필수적이다.

부모에 대한 평가와 개입 역시 아동 심리치료 못지않게 임상가의 전문성을 요한다. 부모 심리평가와 지지해 주는 방법, 부모를 대상으로 하는 심리치료의 구조화 등에 대해서는 제1장에서 설명하였다. 본 장에서는 부모를 면담할 때 고려해야 하는 내용들, 아동 심리치료 단계에 따라 부모교육에 포함되어야 할 내용들, 다양한 부모 유형별로 치료자가 겪을 수 있는 어려움과 이에 효율적으로 대처하는 방법 등에 대해 설명하였다.

1. 부모 면담 시 고려할 점

아동 치료와 병행하는 부모교육은 단순히 치료자가 일방적으로 교육하고 훈계하거나 정보를 제공하는 것이 아니다. 아동 치료와 마찬가지로 부모 역시 심리치료적으로 접근해야 치료자가 기대하는 변화를 가져올 수 있다. 가장 먼저, 아동 치료에 대한 부모의 욕구와 감정, 기대 등에 대해 공감적으로 이해하고 존중하는 데서부터 시작해야 한다. 또한 아동의 문제로 인해 부모 역시 심리적으로 지치고 스트레스를 받고 있는 상태임을 감안해 치료자가 지지적인 태도를 보여주는 것도 중요하다(제1장의 양육자 역할 부분을 참고하라).

아동 치료를 위해 부모 모두 관여하는 것이 최상의 결과를 가져오지만 아버지는 어머니에 비해 치료에 자발적으로 참여하는 경우가 훨씬 적다. 치료뿐 아니라 자녀 양육에서도 소극적이거나 방관자 역할을 하는 경우가 많다. 아버지를 치료에 관여시키기 위해 치료자는 적극적으로 접촉을 시도할 필요가 있다. 가능하면 직접 면담하는 것이 좋지만, 시간을 내지 못하거나 꺼려한다면 전화 통화를 할 수도 있다. 이때 가장 먼저 해야 할 일은 치료자가 일방적으로 설명하기보다는 아버지가 자녀 문제를 어떤 관점에서 이해하고 있는지, 무엇을 염려하고 있는지, 어떤 것이 궁금한지, 심리치료에 대해 어떤 태도를 갖고 있는지 등을 파악하는 것이다. 자녀의 문제에 대한 이해나 양육 방식 등에서 아버지가 어머니와 다른 견해를 갖고 있는 경우나 심리치료에 대해 부정적인 태도를 보이는 경우도 많다. 그럴 때 누가 옳고 그르다고 말하기보다는 견해가 다를 수 있으며 각자의 생각이 일리가 있으므로 가장 좋은 방법을 찾아나가는 과정이 심리치료임을 강조하는 것이 좋다. 특히 아버지의 문제점을 지적하는 것을 삼가고, 바쁜 아버지가 많은 시간을 내지 않고도 자녀의 성장과 문제 해결에 큰 역할을 할 수 있음을 알려주거나 궁금해하는 정보들을 제공해 주어 치료에 서서히 협조하게 이끌어야 한다. 도움이 되는 짧은 읽을거리를 제공하고 다시 통화하는 것도 좋다. 치료 초기에는 방관자였던 아버지들이 이런 과정을 거치면서 치료자를 신뢰하게 되면 어머니 못지않게 치료에 적극적으로 참여하게 된다.

아동 치료에서 치료자가 아동의 고유한 특성에 민감하게 반응해야 하는 것과 마찬가지로, 부모의 특성에 맞게 개별적인 부모교육을 실시해야 한다. 부모의 연령, 교육수준, 인지 능력 및 상황 이해 능력, 심리적인 건강 상태, 자녀 문제에 대한 인식 정도 등 다양한 측면들을 고려하여야 한다. 예를 들어, 부모가 우울한 경우, 치료자가 하는 말들 중 부정적인 내용의 것만을 받아들여 아동 치료에 대해 비관적인 견해를 갖고 치료에 협조하지 않을 수 있다. 따라서 치료자는 부모의 우울 상태가 상황 이해력에 어떤 영향을 주고 있는지를 확인하면서 면담해야 하고, 만약 부모가 왜곡되게 받아들인다면 교정해 주어 오해가 없도록 신경 써야 한다. 임상 현장에서 만날 수 있는 여러 유형의 부모들에 효율적으로 대처하는 방법은 이 장의 뒷부분에서 설명하였다.

2. 부모교육에 포함되어야 할 내용

아동 심리치료 단계에 따라 부모의 변화도 단계적으로 유도해야 하므로, 부모교육 내용과 방법도 치료 단계에 따라 달라져야 한다. 초기에는 치료자 – 부모 관계 형성에 주력함으로써 치료자에 대한 긍정적인 느낌과 신뢰감을 갖도록 해야 한다. 이는 아동 치료를 지속하게 하는 가장 중요한 요인이다. 좋은 관계가 형성되고 나면, 다음 단계로 아동의 문제 해결에 도움이 되는 실제적인 정보들을 제공하고, 필요하다면 부모의 양육 방식이나 생활 방식의 변화를 유도한다.

1) 초기 과정

치료의 초기 과정에서는 아동 치료에 대한 기본적인 정보를 제공하고 심리치료의 구조화를 실시함과 동시에, 치료자와 보호자 간에 긍정적인 관계를 형성하고 부모가 겪고 있는 스트레스를 감소시켜 주어야 한다. 이 시기에 부모가 아동에게 해 줄 수 있는 최상의 것으로는 부정적인 부모 – 자녀 관계를 개선하고 좋은 관계를 형성하는 것임을 알려주고, 그 방법에 대해 알려준다.

(1) 치료에 대한 구조화

치료 초기 단계에서 치료자는 내담 아동의 문제에 대해 부모가 궁금해하는 부분들을 설명하고, 치료 방법과 과정에 대해 알려준다. 또한 심리치료에 대해 교육을 하는 구조화 과정이 필수적이다. 심리치료에 대해 잘 알지 못하는 부모들은 치료가 한두 번 만에 마술적인 효과를 보이며 끝날 것이라고 믿기도 하고, 정반대로 심리치료의 효과에 대해 신뢰하지 못하는 경우도 많다. 치료자는 심리치료가 어떤 것인지에 대해 부모들이 오해하지 않고 현실적인 기대를 하게끔 교육해야 한다. 그 외에도 심리치료의 구체적인 절차들에 대해 알려줌으로써 치료에 협조적인 태도를 갖도록 도와주어야 한다(제3장의 심리치료의 초기 과정 부분을 참고하라).

(2) 긍정적인 관계 형성

내담 아동과 마찬가지로 부모 역시 치료자와의 만남이 낯설고, 치료자의 전문성과 자질에 대해 얼마나 신뢰할 수 있을지 알기 어렵다. 따라서 아동 치료에 도움이 되는 자신이나 가족에 대한 사적인 정보를 털어놓기를 꺼릴 수 있다. 치료자는 부모의 이런 심리상태에 대해 이해해야 하며, 부모를 아동 치료의 가장 좋은 협조자로 만들기 위해 기본적인 토대를 만드는 작업에 신경을 써야 한다. 치료 초기 단계에서 긍정적인 치료자-보호자 간 관계가 형성되어야, 부모가 적극적으로 치료에 개입할 동기를 갖게 된다. 관계 형성을 위해서는 일반적인 심리치료에서 하듯이 치료자가 부모의 감정이나 생각, 욕구 등을 따뜻하게 수용하고 공감적으로 이해하려는 노력을 해야 한다. 치료자가 성급한 마음에 아동의 문제에만 초점을 두고 부모의 심리적인 고통을 아랑곳하지 않고 치료 초기부터 부모의 잘못된 양육 방식이나 생활 방식 등에 대해 직접적으로 지적하고 수정할 것을 종용한다면, 부모들이 감당하기 힘든 죄책감에 시달리거나 자존감에 위협을 느낄 수 있다. 또한 자기 방어를 하게 되어 치료에 역행하는 저항을 보일 수도 있다. 따라서 치료자는 부모가 자기 노출을 할 수 있는 마음의 여유가 생길 때까지 인내심을 갖고 기다리면서, 부모를 정서적으로 지지해 주는 역할을 해야 한다. 부모가 심리적으로 안정감을 느낄 때 자녀의 문제나 자기 자신의 문제에 대해서도 객관적으로 볼 수 있게 되므로, 치료 상황에서 편안하게 느끼도록 배려해야 한다.

부모의 특성에 따라 치료자와 좋은 관계를 형성하고 안정감을 갖게 되는 데 걸리는 시간이 달라진다. 어떤 부모들은 처음부터 아동 문제에 자신들이 미친 영향에 대해 인식하고 있고 변화할 준비가 되어 있는 반면, 어떤 부모들은 실제로는 자신들의 문제가 아동 문제의 직접적인 원인임에도 불구하고 자녀나 타인을 비난하면서 자신들의 문제를 보지 못한다. 전자의 경우에는 관계 형성하는 기간이 한두 번의 만남으로도 충분하겠지만, 후자의 경우에는 10회기 혹은 그 이상이 필요할 수 있다. 이 기간 동안 치료자는 아동 문제의 해결을 위해 부모의 도움을 구하기보다는 부모의 정서적인 고통을 완화시키는 데 집중할 필요가 있다. 치료자의 이런 노력에도 불구하고, 어떤 부모들은 시간이 가도 자신에 대해 통찰력이 생기지 않고 내담 아동을 도울 준비가 되지 않는다. 이런 경우는 대개 부모가 우울, 불안, 정신분열증 등과 같은 심리장애를 갖고 있거나 경계선 성격, 자기애성 성격, 반사회적 성격 등의 성격 장애를 갖고 있는 경우들이다. 이런 경우에는 단순히 부모교육만으로는 부족하므로, 부모가 개인 심리치료를 받을 수 있도록 도와주어야 한다.

(3) 부모의 스트레스 감소시키기

자녀가 심리치료를 받아야 하는 상황에서 대부분의 부모들은 자녀에 대한 걱정과 양육으로 인한 스트레스를 많이 경험한다. 어떤 부모는 자신들의 생활을 모두 포기하고 자녀에게만 매달려서 빨리 문제를 해결하고 싶어한다. 그러나 변화가 일어나기 위해서는 시간이 걸리므로, 이런 조급함은 금방 사람을 지치게 만들어 오히려 치료에 역효과를 가져오게 된다. 따라서 치료자는 부모가 현재 겪고 있는 스트레스에 효율적이고 여유 있게 대처할 수 있도록 도움을 주어야 한다. 부모가 먼저 심리적으로 건강하고 일상생활을 잘 할 수 있어야, 자녀에게 좋은 모범이 되고 자녀 문제를 해결하는 데 도움을 주게 된다. 치료자는 다음과 같은 다양한 스트레스 대처 방식에 대해 정보를 주고 부모가 실천할 수 있도록 격려한다.

첫째, 하루 중 일정한 시간, 일주일 중 일정한 시간은 자녀 양육에서 벗어나 부모 자신만을 위한 시간을 갖는다. 취미 활동이나 친구 만나기, 혹은 운동하기 등의 시간을 정기적으로 갖는 것이 정신건강을 위해 필요하다. 또한 부부만을 위한 시간을 갖는 것도 좋다(Bloomquist, 1996/2000).

둘째, 다른 사람으로부터 사회적 지지를 받는 것이 필요하다. 일상생활의 힘든 감정을 털어놓고 이야기할 상대가 있는 것이 스트레스를 완충시키는 역할을 한다. 가까운 사람에게 고충을 털어놓고 위로를 받을 기회를 만들도록 조언한다.

셋째, 바람직한 생활 습관을 들인다. 규칙적인 생활을 하고, 정기적으로 운동하고, 좋은 식습관을 갖고, 충분한 휴식을 취한다. 자녀 때문에 부모가 이러한 규칙적인 일상생활을 흐트러뜨리지 않는 것이 자녀에게도 좋은 모범이 된다.

넷째, 매사 긍정적으로 생각하도록 노력한다. 어떤 일이든 긍정적인 측면과 부정적인 측면이 있는데, 부정적인 측면에 초점을 맞추면 쉽게 우울해지고 불안해진다. 가능하면 긍정적인 측면을 부각시켜 보도록 노력하는 것이 스트레스를 줄이는 데 도움이 된다.

다섯째, 분노 감정을 효과적으로 다스리는 방법을 배워서 실천한다. 특히 자녀 문제로 인해 좌절하고 화가 나는 경험이 많은 부모들은 자신의 분노 감정을 파괴적이지 않은 방식으로 해결하는 것이 자신의 스트레스 감소에 도움이 될 뿐 아니라, 자녀들에게 효과적인 감정 조절을 하는 모델이 된다. 화가 날 때 심호흡하며 이완하고, 잠시 시간을 두고 화를 가라앉힌 뒤에 차분하게 대화하는 방법을 배우는 것이 좋다(이 장의 화와 분노를 효과적으로 해결하기를 참고하라).

여섯째, 스트레스를 감소시킬 수 있는 지지 집단에 참여하거나 전문가의 도움을 받는다. 자녀 문제로 인해 지속적인 스트레스를 받는다면, 비슷한 자녀 문제로 고민하는 부모 모임에 참가해 정보를 교환하고 정서적으로 지지를 받는 것이 좋다. 부모의 스트레스가 이런 여러 가지 방식으로 해결되지 않는다면 심리 건강 전문가에게 상담을 받도록 권유한다.

(4) 아동과 좋은 관계 맺는 방법 교육하기

부모는 내담 아동의 문제를 해결하기 위해 자신들이 무엇을 하면 좋을지에 대해 궁금해한다. 치료자는 부모 역시 치료자로서의 역할을 일부 할 수 있음을 알려주고, 좋은 효과를 내기 위해서는 부모–자녀 관계가 긍정적으로 형성되어야 한다는 것을 설명해 주어야 한다. 심리치료를 받으러 오는 아동의 경우, 대부분 부모와의 관계가 나빠져 있는 상태이기 때문에 부모의 말을 잘 듣지 않는다. 따라서 부모가 아동에게 바람직한 양육을 하기 위해 가장 먼저 해야 할 일은 아동의 행동을 변화시키려 시도하기 전에 좋은 관계를 형성하는 것이다.

따라서 심리치료 초기 단계에서는 긍정적인 부모–자녀 관계를 형성하는 방법에 대해 부모에게 알려주는 것이 필요하다. 교육 내용으로는 아동에게 긍정적인 관심 보여주기, 아동의 자존감 높여주기, 아동의 특성 고려하기, 놀아주기, 칭찬과 보상 제공하기 등이 포함된다(신현균, 2002; 신현균, 김진숙, 2016; Bloomquist, 1996/2000).

① 긍정적인 관심과 격려

긍정적인 관심과 격려는 좋은 관계 형성의 기본 토대가 되고, 아동의 변화를 촉진시키는 데 도움이 된다. 아동의 행동에 대해 부모 입장에 서서 판단하기 이전에, 아동을 믿어주고 아동의 감정, 생각, 욕구 등을 있는 그대로 수용해 주는 것이 필요하다.

물론 아동의 잘못된 행동을 강화해서는 안 되지만, 비난하지 않으면서 아동 스스로 자신의 문제를 깨우칠 때까지 기다려 주는 것이 필요하다. 아무리 문제가 많은 아동이라도 잘하려 하고 노력하는 것이 있게 마련이다. 그것을 당연하게 여기지 말고 적극적으로 찾아내서 인정해 주고 관심을 가져주는 것이 좋다. 언어적, 비언어적 통로를 사용해 부모의 관심을 표현할 수 있다.

* 긍정적인 관심을 표현하는 데 도움이 되는 비언어적 표현들

- 꼭 껴안아준다.
- 머리나 어깨를 가볍게 토닥거린다.
- 부드럽게 눈을 맞춘다.
- 다정하게 웃는다.

* 긍정적인 관심을 표현하는 데 도움이 되는 언어적 표현들

- 지금 네가 원하는 것(생각하는 것, 느끼는 것)은 …구나.
- 아빠한테 네가 얼마나 잘했는지 말해야겠다.
- 네가 …하니까 참 자랑스럽다(대견하다).

② 자녀의 자존감 높이기

자존감이란 자기 자신을 가치 있게 보는 태도를 말한다. 자존감이 높은 사람들은 스스로 바람직한 행동을 하려고 노력하지만, 자존감이 낮은 사람들은 쉽게 포기하고 참을성도 없으며 무책임한 행동을 한다. 아동이 나타내는 많은 문제들은 낮은 자존감과 관련되기 때문에, 심리치료 과정에서 자존감을 높여주는 것은 긍정적인 치료 효과를 가져오는 데 필수적이다. 부모가 다음의 방법들을 꾸준히 실천함으로써 아동의 자존감을 높여줄 수 있다.

- 아동에게 자주 관심을 보이고 애정 표현을 하여 자신이 소중한 존재라는 사실을 알게 한다. 또한 아동의 노력에 대해 인정하고 칭찬해 주어 계속 노력할 수 있는 동기를 키워주는 것이 필요하다.
- 아동의 권리를 존중한다. 아동의 생각, 감정, 욕구를 존중하고, 아동의 의사결정

을 존중한다. 부모의 의견이 더 합리적이라 할지라도 이를 일방적으로 강요하지 말고 아동과 타협해 나가는 과정에서 아동의 판단력과 책임감을 키워주어야 한다. 아동은 많은 시행착오를 거치면서 자신에게 가장 좋은 길을 찾을 권리가 있으며, 부모는 기다리고 격려해 주는 역할을 해야 한다.

- 아동의 단점이나 실패에 대해 너그러운 태도를 보여야 한다. 많은 부모들은 자녀가 완벽하기를 원하고, 단점이나 잘못하는 것은 모두 고쳐주려 한다. 그러나 이는 비현실적인 목표다. 어떤 아이든지 장, 단점을 갖고 있게 마련이며 실수를 하면서 배우게 되어 있다. 부모가 자녀의 이런 측면을 용납하지 못하면 아동에게 끊임없이 부정적인 피드백을 주면서 훈계하게 된다. 부모의 이런 태도는 아동이 자신의 부족한 측면에 초점을 맞추게 하여 자존감을 깎아내리는 지름길이다. "누구나 단점은 있어, 실수할 수도 있어." 이처럼 여유 있는 부모의 태도가 아동으로 하여금 용기와 자신감을 갖게 만든다.
- 아동을 형제나 다른 아동과 비교하지 않아야 한다. 누구보다 못하다는 말을 자주 듣는 아동은 열등감을 키우게 되고, 스스로 최선을 다하기보다는 다른 사람을 깎아내림으로써 자신의 자존감을 세우려 애쓰게 된다. 따라서 모든 아동 각각이 독특한 장점과 개성을 갖고 있다는 것을 부모가 받아들이는 것이 필요하다. 이를 통해 아동은 순위 경쟁에 신경쓰기보다는 자신의 잠재력을 발휘하려고 노력하게 되며, 이 과정에서 얻은 성취감을 바탕으로 자존감도 향상된다.

③ 아동의 특성 고려하기

아동들은 신체적 특성, 건강, 성격, 적성과 흥미, 지능 등 다양한 측면에서 모두 다르다. 같은 형제 자매라도 차이가 있는데, 아동 개개인의 이러한 특성을 고려하지 않고 부모가 일률적으로 양육하려 한다면 아동의 성장에 저해 요인이 될 수 있다. 부모는 자녀 양육에 있어서 개별 아동의 특성에 민감해야 하고 창의적일 필요가 있다. 어떤 아동에게는 부모의 쓴소리가 자신을 성장시키는 약이 되지만, 다른 아동에게는 그것이 자신감을 잃게 하는 독이 된다. 즉, 지나치게 제멋대로 하려는 아동에게는 때로 어른이 야단치는 것이 필요하지만, 불안하고 소심한 아동에게는 그것이 아동을 더 불안하게 만든다. 아동을 강인하게 키우기 위해 어린 나이에 극기 훈련 캠프를 보내는 것도 마찬가지다. 어떤 아동은 캠프에 갔다 온 뒤에 참을성과 독립심이 향상되지만,

다른 아동은 자신감을 잃고 불안 증세에 시달리게 될 수도 있다. 부모는 자녀가 어떤 특성을 갖고 있는지 정확하게 파악할 수 있어야 하며, 아동 특성에 적합한 양육을 하도록 노력해야 한다. 이를 위해 전문가의 도움이 필요한 경우도 있다.

④ 놀아주기

즐거운 경험을 같이하는 사람에 대해 긍정적인 느낌을 갖게 되는 것은 자명하다. 따라서 부모-자녀 관계를 개선하기 위해서는 함께 즐겁게 노는 것이 큰 도움이 된다. 그런데 단지 같이 노는 것이 중요한 것이 아니라, 어떻게 노는지가 중요하다. 많은 부모들은 자녀와 놀면서도 뭔가를 가르치고 훈계하려 한다. 결국 놀이는 학습의 장이 되어 버리고, 부모가 주도하는 상황이 된다. 이런 놀이는 아동에게 놀이가 줄 수 있는 즐거움, 자유로움, 그리고 편안함을 제공하지 못한다. 결국 놀이 상황이 정서적인 교류의 장이 되지 못한다. 이런 놀이는 부모-자녀 관계를 개선하는 데 별로 도움이 되지 않는다.

따라서 어떻게 놀아주어야 하는지에 대한 설명 없이 단지 놀아주라고 제안했을 때, 부모는 지치고 아동 역시 불만족스러워하는 경우가 많다. 따라서 치료자는 부모교육을 할 때, 아동과 어떻게 놀아주어야 하는지에 대해 구체적으로 알려주어야 한다. 예를 들어, 아동과 놀 때 부모는 아동과 같은 연령대로 돌아가서 놀이를 즐길 수 있어야 한다. 부모 역시 놀이가 즐겁다는 것을 경험해야 하고, 아동과 신나게 노는 것으로 충분히 기뻐할 수 있어야 한다. 또한 아동이 놀이 상황을 주도하도록 허용하고 부모는 좋은 놀이 친구가 되어 주어야 한다. 같이 놀면서 관심과 애정을 표현하는 신체 접촉을 하거나, 아동의 생각, 느낌, 행동을 따라가면서 이해하려는 태도를 가지는 것이 필요하다. 부모가 이해한 것을 언어로 표현하면 부모의 관심이 직접 아동에게 전달될 수 있다. 즉, 아동이 현재 무엇을 하고 있는지, 어떻게 느끼고 있는지 등에 대해 말해 주는 것으로, "지금 지도를 자세히 보고 있네." "지금 기분이 좋아 보여."라고 말해 줄 수 있다.

자녀와의 놀이 시간에 부모가 하지 말아야 할 것들에 대해서도 알려주어야 한다. 질문하기, 판단하거나 비난하기, 명령이나 훈계하기 등은 부모가 피해야 할 것들이다(Bloomquist, 1996/2000). 적절한 질문을 하는 것이 때로 아동의 행동에 대한 관심을 표명하는 것일 수 있지만, "왜?"라는 질문은 아동이 자신을 질책하는 것으로 받아들

이기 쉬우므로 피하는 것이 좋다. 아동의 행동에 대해 '좋다, 나쁘다'를 판단하는 것
은 아동의 행동을 제한하게 만들고 자유로운 놀이를 방해하는 것이므로, 위험한 행동
에 대한 제재처럼 꼭 필요한 경우를 제외하고는 하지 않는 것이 좋다. 명령이나 훈계
는 아동에게 저항감을 유발시켜 좋은 관계 형성을 방해하며, 자율성과 창의성을 발현
하지 못하게 한다.

⑤ 칭찬과 보상 주기

누구나 자신을 칭찬해 주고 보상을 주는 사람을 좋아하게 되고, 자신을 비난하고
야단치는 사람은 싫어하게 된다. 이는 상호성 원리에 의한 것이다. 부모-자녀 관계를
개선하기 위해서는 칭찬과 보상을 자주 활용하는 것이 좋다. 어떤 부모들은 아동이
칭찬할 만한 행동을 전혀 하지 않는다고 하지만, 적극적으로 찾아보면 칭찬해 줄 것
은 무궁무진하다. 아동이 잘하는 것이나 노력하는 것에 대해 부모가 당연하게 여긴다
면 칭찬해 주기가 힘들 것이다. 예를 들어, 아동이 밥을 잘 먹는 것에 대해서도 "밥 먹
는 것을 보면 복이 들어오게 먹는구나. 키도 쑥쑥 잘 클 거야." 이런 긍정적인 말을 해
줄 수 있으며, 이런 것이 아동으로 하여금 부모에 대해 좋은 느낌을 갖게 만든다.

칭찬과 보상은 자주 주는 것이 좋지만, 진실성이 결여되었거나 다른 의도가 있는
것은 효과를 반감시킨다. 즉, 칭찬을 해 주고 나서 심부름을 시킨다든지, 공부하라고
요구한다든지 하는 것은 칭찬의 효과를 떨어뜨린다. 따라서 때로는 아동의 존재 자체
에 대해 부모가 자랑스러워하는 마음을 전달하고, 때로는 아동의 노력에 대해 칭찬하
고 보상하는 것이 필요하며, 칭찬을 다른 요구와 병행하지 않는 것이 좋다.

2) 중기 과정

치료의 초기 단계에서 치료자와 부모 간에 긍정적인 관계가 형성되고, 부모-자녀
관계도 개선되어 간다면, 부모교육의 다음 단계는 내담 아동의 문제를 감소시키기 위
한 실제적인 방법들을 알려주고 실천하도록 돕는 것이다. 이때는 내담 아동에 대한
치료도 중기에 접어들 시점이 되며, 치료자와 부모가 합심하여 아동 문제를 적극적으
로 해결하려는 시도를 하게 된다. 이 단계가 되면 부모들은 심리치료와 치료자에 대
해 신뢰감을 갖고 협조할 준비가 된다. 즉, 방어적인 태도가 줄어들면서 부모 자신의

문제들을 더 객관적으로 인식하게 되어, 부모 스스로 변화할 필요성을 느끼게 된다. 이런 상태에서 치료자가 유용한 치료적 정보들을 제공하면 부모들은 이를 쉽게 수용하며 실천하려 노력한다. 또한 부모와 내담 아동 간에 좋은 관계가 형성되고 있는 것이 토대가 되어, 부모가 시도하는 치료적 개입이 아동 문제를 해결하는 데 효과적으로 작용할 수 있다. 이 단계에서 유용한 부모교육 내용들에는 부모의 가치관이나 생활 방식의 수정, 자녀 양육 방식의 개선, 가족 문제와 갈등 해결하기, 분노를 효과적으로 처리하기, 행동 수정 방법의 교육 등이 포함된다.

(1) 부모의 가치관과 생활 방식의 수정

아동이 보이는 심리건강상의 문제들 중 일부는 부모의 경직된 가치관이나 건강하지 못한 생활 방식과 관련될 수 있다. 완벽주의 혹은 일류주의를 지향하는 가치관을 가진 부모들은 그것을 자녀에게 직접적으로 강요하거나, 설사 그러지 않는다 하더라도 간접적으로 영향을 주게 된다. 이들은 사람을 서열을 매겨 평가하려 하고, 성공한 사람과 실패한 사람으로 나누는 이분법적인 생각을 나타낸다. 부모의 이러한 가치관은 자녀 역시 경직된 가치관을 형성하게 만들어 경쟁에서 지는 것을 두려워하고, 실패 가능성에 대해 항상 걱정하게 된다. 이는 곧 불안이나 강박적인 경향으로 이어질 수 있으며, 나이가 들수록 사소한 실패 경험들이 누적되어 자기 비하를 하거나 우울감을 경험할 수 있다. 때로는 자신이 실패자라고 규정짓고 자포자기하여 게임 중독이나 비행 행동 등에 빠져들 수 있다.

만약 부모의 가치관이 현재 아동의 문제와 관련되어 있다면, 가치관의 수정이 필요하다. 이는 부모 자신의 심리건강 문제와도 직결되는 것이다. 먼저 인간이라는 존재의 불완전성을 수용하는 것부터 시작해야 한다. 완벽주의는 비현실적인 인생 목표를 설정하게 하여 실패의 가능성을 높이고 불안감을 유발하기 때문에, 심리건강에 나쁜 영향을 준다. 따라서 최종 목표보다는 자신의 잠재력을 발휘하기 위해 노력하는 과정에 가치를 두는 것이 중요하고, 꾸준히 노력하면 좋은 결과가 올 것이라는 희망적인 기대를 가지는 것이 바람직하다. 자녀의 성취나 행동에 대해서도 부모의 기대 수준을 조정할 필요가 있다. 아동, 청소년들은 완벽한 것과는 거리가 멀다는 것을 받아들이고, 실수나 실패 경험을 통해 성장해 나간다는 것을 알아야 한다.

부모의 가치관과 마찬가지로 생활 방식 역시 모방 학습 과정을 통해 자녀에게 전달된다. 따라서 자녀의 문제를 교정하기 위해서는 부모가 먼저 자신의 생활 방식에서 문제점을 파악하고 수정해 나갈 필요가 있다. 한 아동이 자신의 물건을 간수하지 못하고 학용품이나 옷 등을 잃어버리고, 정리정돈을 못하는 문제를 갖고 있었다. 그런데 아동의 아버지 역시 매우 어수선한 생활 방식을 갖고 있어 약속한 것을 잊어버리고 항상 자기 물건을 찾지 못하고 지갑도 자주 잃어버린다고 하였다. 이런 경우에 부모는 변화하지 않으면서 아동에게 변할 것을 요구하는 것은 어불성설이다. 부모는 아동에게 요구하기 전에 자신이 먼저 정리정돈하는 구체적인 방법을 배우고 실천하도록 노력해야 한다. 예를 들어, 약속을 잊지 않기 위해 수첩에 기록하는 습관을 들이는 것을 연습하면서 아동도 참여시키는 것이 좋다.

(2) 양육 방식 및 의사소통 방식의 개선

부모의 양육 유형은 자녀에 대한 수용의 정도와 부모의 통제 여부에 따라 크게 네 가지로 분류될 수 있다. 자녀를 수용하지만 부모가 통제하지 않는 경우는 허용형이고, 부모가 통제하지만 자녀를 수용하지 않는 경우는 권위주의적이고 과잉통제형이다. 전자의 경우, 아동은 자기중심적이고 사회 규범을 배우기 어려워 또래 관계나 학교생활에 적응하기 어려워진다. 후자의 경우에는 자율성과 융통성이 부족하고, 때로는 어른에게 적대적이거나 반항적인 성격으로 성장하게 된다. 수용과 통제 둘 다 하지 않는 경우는 방임형인데, 이런 방식은 자녀 양육에 관심이 없고 무책임한 경우로 아동은 정상적으로 성장할 수 없게 된다. 이 세 가지 유형은 모두 아동의 건강한 성장을 저해하는 양육 유형이다.

가장 바람직한 양육 방식은 자녀를 충분히 수용하면서도 부모가 적절히 통제하는 민주적이면서도 권위적인 방식이다. 내담 아동의 부모 스스로 자신들이 어떤 유형의 양육을 하는지에 대해 평가하게 하고, 자신들의 양육 방식의 문제점과 개선할 점이 무엇인지 고려하도록 도와야 한다. 아동의 연령이나 성격 특성에 따라 적합한 양육 방식이 무엇인지도 고려해야 한다. 자녀가 성장할수록 부모의 통제는 줄어들고 아동 스스로 통제하는 능력을 키울 수 있게 해야 한다. 즉, 초등학교 1, 2학년 때는 아동의 학교 숙제를 부모가 함께 도와주고 검토해 주어 좋은 숙제하기 습관을 들이도록 해야 하지만, 초등학교 고학년이 되면 부모의 관여 없이도 숙제를 스스로 할 수 있도록 해야 한다.

부모의 양육 방식은 자녀와의 의사소통 방식에서 드러난다. 민주적이면서도 부모의 권위와 통제력을 보여주는 의사소통 방식을 사용하기 위해서는 상당한 연습이 필요하다. 따라서 부모가 평소에 의사소통하는 방식에 대해 평가하고 문제점을 개선해 나가는 것이 중요하다. 효율적인 의사소통을 위한 부모교육 내용은 다음과 같다(신현균, 김진숙, 2000).

＊기본 자세
- 부드럽게 눈을 맞추고 편안한 목소리로 말한다.
- 자녀의 의견이 부모의 것과 다를 수 있음을 인정하고, 자녀의 의견을 존중하고 이해하겠다는 마음을 갖는다.
- 부모의 생각을 강요하지 않으며, 서로 합의하고 타협할 자세를 갖는다.

＊들어주기
- 자녀가 하는 말에 주의를 집중해서 경청한다. 고개를 끄덕이거나 '음, 음' 등으로, 상대방을 이해한다는 것을 나타낸다.
- 자녀의 말을 중간에 끊지 말고 끝까지 들어준다.
- 자녀에게 자신의 입장을 말할 수 있는 기회를 주고, 자녀의 입장에서 공감하려고 노력한다.
- 이해가 안 될 때는 부드럽게 질문한다.

＊말하기
- 비난하기, 야단치기, 비아냥거리기, 명령하기, 훈계하기 등은 최소한으로 줄인다.
- 부모의 생각과 느낌, 바람을 '나 전달법(I-message)'으로 전달한다(Gordon & Gordon, 1976/1989). 이는 부모가 자신의 생각이나 느낌을 솔직하게 자녀에게 전달하면서도 자녀의 기분을 상하지 않게 하는 방법이다. '나 전달법'과 '너 전달법'의 예를 제시해 비교해 보게 한다.
   예) 너 전달법: "내가 전화 받는데 너 조용해 못해? 조용히 안하면 혼날 줄 알아."
   　　나 전달법: "내가 전화 받는데 네가 그렇게 큰소리로 말하면 전화가 안 들려 답답하다. 전화할 때 조용히 해 주면 좋겠다."

- 부모가 충고를 해 주고 싶을 때는 명령이나 해결책을 제시하지 말고 부모가 갖고 있는 정보를 제공한 후, 자녀가 직접 의사 결정을 내리도록 도와준다. 이는 아동의 자율성과 책임감을 키워줄 수 있다.
- 자녀의 잘못된 행동에 대해 말할 때는 최대한 짧게 말한다.

(3) 가족 문제와 갈등의 해결

가족 관계는 가장 가까운 인간 관계이면서 동시에 가장 많은 갈등이 생길 수 있는 관계다. 아동의 많은 문제들은 가족의 역기능과 관련되어 있다. 따라서 아동 문제를 해결하기 위해 가족 기능을 개선할 필요가 있으며, 이는 아동의 부모가 노력해야 할 부분이다. 가족의 가장 기본 단위는 부부이며, 가족 문제의 시작 역시 부부에서 비롯된 것이다. 부부간에 갈등이 잦거나 불화가 있다면 이를 적극적으로 해결하는 것이 아동 문제를 해결하는 데 반드시 필요하다. 심각한 부부 문제가 있다면 전문적인 부부 치료를 받아야 하지만, 경미한 경우에는 부모교육을 통해 부부 갈등 해소 방법과 부부 대화법 등을 배움으로써 부부 관계를 개선시킬 수 있다. 이 방법들은 부부 관계뿐 아니라 부모-자녀 관계, 고부 갈등이나 형제 자매 간 불화 등에도 적용할 수 있다.

① 갈등 해결 방법

가족이지만 서로의 욕구와 생각, 가치관이 다를 수 있어 갈등이 생긴다. 부모와 자녀 간에는 가치관, 생활방식, 옷에 대한 취향, 친구의 선택, 심미적 선호, 도덕성, 정치적 신조, 인생 목표, 개인적 습관 같은 것의 차이 때문에 갈등이 생긴다. 사실 갈등 그 자체가 문제가 아니라, 갈등을 해결하는 방식이 잘못되어서 관계가 나빠진다. 갈등은 피할 수 없는 것이며 갈등을 잘 해결하면 오히려 관계가 더 좋아지기도 한다. 부모는 자녀를 학원에 보내고 싶은데, 자녀는 가기 싫어한다면 어떻게 할 것인가? 대개의 경우 부모가 힘과 권위를 사용해 자신의 뜻을 관철시키거나, 자녀가 고집을 부려서 하고 싶은 대로 하게 되는데, 이 두 방법은 모두 한쪽은 이기고 한쪽은 지는 승패법이다. 이 방법을 사용하면 패배한 쪽은 승자에게 적개심을 갖게 되고 욕구불만 상태가 된다. 따라서 갈등 해결의 더 효과적인 방법에 대해 부모에게 알려줄 필요가 있다. 갈등 해결 방법 중 승자도 패자도 없는 무패법은 민주적인 절차에 따라 서로의 욕구를 존중하는 방식이다(Gordon & Gordon, 1976/1989). 무패법은 다음과 같은 절차를 따르면 된다.

① 가족 각자의 서로 다른 욕구를 명확히 정의한다.
② 가능한 해결책들을 모두 생각해 내고, 이 과정에서 어떤 대안들에 대해서도 평가하거나 비난하지 않는다.
③ 각 해결책들의 장점과 단점을 함께 평가한다. 점수를 매겨보는 것도 좋다.
④ 장·단점 평가에 근거해 가능한 한 많은 사람이 수용할 수 있는 해결책을 결정한다.
⑤ 결정된 해결책을 실행한다.
⑥ 일정한 기간이 지난 후에 평가한다. 문제가 해결된 방식에 대해 가족들이 만족하는지 알아본다. 만약 만족스럽지 않다면 처음부터 다시 시작한다.

② 부부 대화법

부부간에 잦은 다툼이 있을 때, 위에 제시한 갈등 해결 방법을 활용하는 것이 도움이 된다. 그에 더해 부부간의 원활한 의사소통을 위해 부부 대화법을 배우고 연습하는 것이 필요하다. 부부가 평소에 의사소통하는 방식에 대해 평가하고 문제점을 개선해 나가려는 노력이 중요하다. 어떤 내담 아동의 부모는 대화를 하기만 하면 싸우게 되어 서로 대화를 하지 않는 게 상책이라고 생각하게 되었다. 그러나 대화가 없는 냉랭한 분위기가 지속되면서 가족 모두 긴장감을 지속적으로 경험하게 되고 내담 아동은 불안 증상을 갖게 되었다. 이 아동의 부모에 대한 면담 결과, 대화 방식에 문제가 많았다는 것이 드러났다. 이 부부는 성격이 급하여 상대방이 하는 말을 끝까지 듣지 않고 자신의 의견만을 고집스럽게 말하고자 하는 경향이 있어, 대화가 진행되지 못하고 화를 내게 되는 것이 가장 큰 문제였다. 이 아동의 부모는 부부 대화법을 배움으로써 상대방을 배려하면서 대화할 수 있게 되었고, 다툼이 줄어들면서 서로에게 감사할 부분이 많다는 것을 알게 되었다. 부부 대화법의 주요 교육 내용은 다음과 같으며, 다음 회기까지 부부가 각 지침들을 얼마나 잘 지켰는지 모니터 해 오는 과제를 내어 주어 실천하도록 격려하는 것이 필요하다.

* 듣기

- 배우자에게 먼저 이야기할 기회를 주고 나서 자신의 의견을 말한다.
- 배우자가 말하는 것을 경청하며, 말하는 중간에 끊지 않는다.
- 배우자가 하는 말의 의도를 미리 짐작하거나 추측하지 않는다.
- 배우자의 말 중에 동의하거나 수용할 수 있는 부분에 대해 맞장구를 쳐 주는 등 긍정적인 반응을 한다.
- 배우자의 요구를 다 들어줄 수 없을 경우, 적어도 정서적인 부분에 대해서는 이해하고 공감하는 반응을 한다.

* 말하기

- 즐겁고 긍정적인 내용의 대화를 많이 하려 노력한다.
- 배우자에게 고맙다, 미안하다, 수고했다 등의 말을 자주 한다.
- 배우자에게 명령하지 말고 제안하고 타협한다.
- 배우자의 잘못에 대해 비난하기보다는 '나 전달법'으로 나의 감정과 바람을 말한다.
- 화가 날 때 분노 폭발을 자제하고, 배우자의 약점을 지적하거나 극단적인 말을 하지 않는다.

(4) 화와 분노를 효과적으로 해결하기

분노 감정을 잘 다스리지 못해 대인 관계에서 문제가 생기는 경우가 많이 있다. 부부 사이나 부모 자녀 간에도 화와 분노를 조절하지 못할 경우, 언어적 · 물리적인 공격 행동이 나타날 수 있다. 특히 부모가 분노를 조절하지 못하면 자녀들은 두려움을 느끼고 불안 증상이나 적개심을 갖게 되고, 부모의 공격 행동을 모방해 아동이 공격적인 행동을 하는 경우도 있다. 아버지의 가정 폭력을 경험한 아동은 아버지를 싫어하고 무서워하지만, 화가 나는 상황이 되면 자신도 모르게 공격 행동을 할 가능성이 크다. 이는 분노 감정 상태에서 비효율적으로 대처하는 방식을 모방 학습했기 때문이다. 이런 경우, 부모가 분노 감정을 처리하는 방법을 배워 새로운 방식으로 대처하는 모습을 보여주는 것이 아동 문제를 해결하는 데 매우 효과적이다. 부모교육에서 분노를 잘못 다루는 방법과 효과적으로 해결하는 방법들을 비교하면서 알려주는 것이 필요하다.

✱ 화와 분노를 잘못 다루는 방법

• 화가 나는 대로 큰소리를 지르거나 물건을 파괴하거나 폭력을 사용한다. 이 방법은 당장은 화가 풀릴지 모르지만, 가족에게 두려움과 적개심을 불러일으키고 사이가 나빠지게 만든다. 자녀 역시 화가 나면 소리를 지르거나 물건을 던지는 것을 배우게 된다.

• 화와 분노를 마음속에 쌓아두고 표현하지 않는다. 이 방법은 당장 다툼은 일어나지 않겠지만, 분노 감정이 해결되지 못하고 오랫동안 남아 있게 된다. 그렇게 되면 가슴이 답답하고 소화가 안 되는 등의 신체증상이 생길 수 있다. 또한 누적된 분노가 한꺼번에 폭발적으로 터져나올 수 있다.

• 분노감을 애꿎은 약자에게 돌려서 푼다. 배우자 때문에 화가 났는데 자녀에게 화를 내는 경우가 여기 해당한다. 부당하게 당하는 아동은 억울하게 느끼게 되고 부모에게 적개심을 갖게 된다.

• 한번 화가 나면 현재의 문제를 넘어서서 예전의 일까지 합쳐서 화를 낸다. 이 경우에는 극심한 분노 폭발을 보이며 오랫동안 화를 내게 된다. 그러면 아동은 자기 잘못을 뉘우치기보다는, 사소한 잘못에 대해 가혹하게 야단을 맞는다고 생각하게 된다.

✱ 분노 감정을 효과적으로 해결하는 방법

• 부모나 자녀 모두 화가 날 수 있다는 것을 인정하고, 화가 날 때의 감정을 어떻게 처리할지 생각하고 나서 행동한다.

• 분노가 극에 달한 상태라면 잠시 혼자 있는 시간을 갖는다. 화가 머리끝까지 치민 상태에서 대화하면 서로에게 상처를 주는 말을 하게 되거나 폭력을 쓰게 될 수 있다. 혼자서 심호흡을 하고 신체를 이완시키고, 숫자를 천천히 세는 것이 도움이 된다.

• 너무 늦게까지 분노를 쌓아두지 말고, 극심한 분노가 가라앉은 다음에 당사자와 가능하면 빠른 시간 내에 대화한다.

• 왜 화가 났는지를 먼저 생각한다. 아동의 잘못보다는 부모의 높은 기대 때문에 화가 난 것은 아닌지 생각해 본다. 예를 들어, "자녀는 부모 말을 무조건 따라야 돼."라는 생각을 갖고 있다면 화가 날 일이 아주 많을 것이다. 경직된 사고방식

을 바꾸어 타인의 사소한 잘못과 실수에 대해 이해하려는 마음을 갖는 것이 필요하다.

- 분노 감정을 '나 전달법'을 사용해 솔직하게 표현한다. 예를 들어, "방을 자꾸 어지르다니 정말 못됐구나."보다는 "네가 또 방을 어질러서 힘들고 속상하다. 이제는 화가 나는구나."라고 말한다. 이 방법은 자녀가 자신의 행동 때문에 부모가 화났다는 것을 알게 되므로 자기 반성을 더 쉽게 하게 만든다.
- 아동이 같은 잘못을 반복하여 부모가 화가 날 때, 충분한 시간을 갖고 서로가 납득할 수 있을 때까지 함께 이야기한다. 즉, 자녀의 나쁜 습관 때문에 부모가 자주 화가 난다면, 그 습관을 고칠 방법을 자녀와 함께 의논하고, 행동 수정을 적용하여 자녀가 노력하는 것에 대해 보상을 준다.

(5) 행동 수정 방법 교육: 보상과 처벌을 효과적으로 사용하기

아동의 문제 행동을 감소시키고 바람직한 행동을 증가시키는 데 행동 수정이 효과적이다. 그러나 이 기법을 사용하는 것은 결코 단순하지 않다. 잘못 실시하게 되면 문제 행동이 감소하기는커녕 부작용이 더 심각하게 나타날 수 있다. 예를 들어, 행동 수정 기법으로 훈련을 받은 어떤 아동은 책을 읽을 때마다 돈을 요구하고, 돈을 주지 않으면 책을 읽지 않는다. 이런 부작용은 아동의 나이나 특성 등을 고려하지 않고 일률적으로 행동 수정 기법을 적용하거나, 비효율적인 강화 계획을 적용하기 때문에 나타난다. 따라서 부모에게 행동 수정 기법에 대해 교육하는 것은 매우 신중하게 고려한 뒤에 결정해야 하며, 부모가 이 기법을 잘못 사용할 가능성에 대해 치료자가 항상 염두에 두고 감독해야 한다. 부모가 내담 아동에게 행동 수정을 실시할 때 시행착오를 겪을 수 있으므로 치료자의 지속적인 피드백이 필요하다. 부모교육 내용에는 보상을 활용하는 방법, 교육적인 처벌 방법, 그리고 행동 계약을 체결하는 방법 등이 포함된다.

① 보상 활용하기

노력한 뒤에 칭찬이나 선물을 받는 것은 누구나 좋아하며, 더 열심히 하고 싶은 동기를 유발한다. 아동의 문제 행동을 교정하기 위해서도 보상을 활용하는 것이 효과적일 수 있다. 자주 동생을 때리는 아동에게 동생을 때리지 않을 때 칭찬해 주고 간식을 준다면, 동생을 안 때리는 행동이 강화될 수 있다. 보상은 힘든 것을 참아내게 하며, 좋은 것을 기다리는 즐거움을 안겨준다. 보상을 효과적으로 활용하기 위해서는 다양한 측면들을 고려해야 한다. 보상을 활용한 강화 계획을 짤 때 고려해야 할 내용들은 다음과 같다.

＊ 아동의 특성에 맞게 보상 계획을 설정한다. 나이가 어릴수록 즉각적인 보상을 자주 제공하는 것이 효과적인 반면, 학령기 아동들은 스티커나 점수제를 활용해 일정 기간 동안 노력한 후 좀 더 큰 지연된 보상을 받도록 하는 것이 인내심을 키우는 데 좋다. 기다리지 못하는 아동에게는 처음에는 하루나 이틀 이내에 보상을 받도록 계획을 하고, 일주일, 이주일, 한 달로 점차 기간을 늘려 큰 보상을 받을 수 있게 한다. 이런 지연된 보상 계획은 부모와 아동이 상의해서 함께 작성함으로써 행동 수정 과정에 아동을 적극적이고 주도적으로 참여시키는 것이 바람직하다.

＊ 아동에 따라 보상이 되는 것이 다르기 때문에, 보상을 일률적으로 정하기는 어렵다. 어떤 아동은 부모의 인정과 칭찬이 가장 효과적인 반면, 다른 아동은 밖에 나가 노는 것이 가장 큰 보상이 될 수 있다. 따라서 부모가 아이의 욕구를 잘 살펴서 보상을 정해야 한다. 일주일 동안 숙제를 잘했을 때 박물관에 데리고 가겠다는 보상을 정한 어머니는 자신이 박물관을 좋아하기 때문에 그렇게 정했지만, 실제 아동은 박물관을 좋아하지 않아 숙제하기 습관을 들이는 데 실패하였다.

＊ 보상을 다양하게 사용한다. 흔히 보상이라고 하면 돈이나 선물을 생각하기 쉽다. 그러나 물질적인 보상을 너무 많이 사용하는 것은 물질에 대한 탐욕을 가져올 수 있기 때문에 조심해야 한다. 물질적인 보상과 신체적인 애정 표현이나 칭찬 같은 심리사회적인 보상을 적절하게 혼합하는 것이 좋다. 돈은 간헐적으로 사용하는 것이 바람직하다. 활용할 수 있는 보상의 종류들은 다음과 같다(신현균, 김진숙, 2000).

- 소모할 수 있는 보상: 좋아하는 음식, 음료수
- 활동 보상: 오락, 레고, 조립, 인형놀이, 자전거 타기, 여행, 영화, TV 보기
- 소유할 수 있는 보상: 옷, 신발, 학용품, 장난감, 돈, 스티커, 점수
- 사회적 보상: 언어적 칭찬("어려운 걸 끝까지 해 냈구나."), 신체 접촉(머리 쓰다듬기,

등 두드려주기, 안아주기)

＊외적인 보상을 점차 내적인 보상으로 대체시킨다. 문제 행동을 교정하고 바람직한 습관을 들이기 위해 처음에는 부모나 교사가 외적인 보상을 주는 것부터 시작하지만, 최종 목표는 아동 자신이 노력하는 과정에서 오는 보람이나, 어떤 일을 성취한다는 것 자체가 보상이 되도록 해야 한다. 책을 읽지 않는 아동이 책에 관심을 갖도록 하기 위한 가장 쉬운 방법은 아동이 책 근처에만 가도 돈을 주고 책을 조금이라도 읽으면 더 많은 돈을 주는 것이다. 그러나 이 방법은 아동에게 책을 읽는 시늉을 해서 돈을 타내는 수단을 제공하게 된다. 즉, 아동이 책에 대해 진정한 관심이 생기기보다는 돈에 대한 욕심으로 책을 접하게 되는 것이다. 이렇게 행동 수정이 된 아동은 돈을 받지 않으면 책을 읽지 않을 것이다. 이는 행동 수정이 추구하는 목표와는 맞지 않는 결과이다. 그렇다면 어떻게 책 읽는 습관을 들일 것인가? 처음에는 재미있게 꾸며진 아동 서점에 부모가 아동과 함께 가서 부담 없이 놀면서 책에 대해 좋은 느낌을 갖게 하고 돌아오는 길에 맛있는 간식을 사 줄 수도 있다. 함께 놀면서 책을 함께 보고 재미있는 이야기를 해 주기도 하고, 아동이 잠깐이라도 책을 보면 부모가 관심을 보이면서 칭찬해 준다. 또한 읽은 책의 내용에 대해 부모와 아이가 생각을 나누고 토론하는 것도 좋다. 이처럼 사회적 보상을 적절히 사용하면서, 그런 과정을 통해 아동이 책을 읽는 것 자체에 재미를 붙이도록 하면, 나중에는 책 읽는 것을 아동이 즐기게 되므로 외부에서 보상을 주지 않아도 책을 읽게 된다. 간혹 아동이 책을 한 권 다 읽었을 때 부모가 칭찬과 함께 작은 선물을 해 줄 수도 있다. 이 방법은 간헐적 보상을 제공하여 이미 습득되기 시작한 책 읽기 행동이 지속되게 해 준다.

② 교육적인 처벌하기

아동의 많은 문제는 보상을 사용하여 해결될 수 있지만, 때로는 처벌이 필요할 때가 있다. 처벌은 혐오적인 결과를 제공함으로써 특정한 행동을 없애거나 감소시키는 것이다. 아동이 자신이나 타인에게 위험한 행동을 하거나 현저한 적응 문제를 일으키는 경우처럼 특정한 행동을 빨리 제거해야 할 필요가 있을 때 처벌이 효과적일 수 있다. 또한 보상을 활용해도 효과가 없는 경우에 처벌을 사용하는 것이 도움이 될 때가 있다. 처벌에는 두 가지 유형이 있다. 잘못한 행동 후에 체벌이나 비난하기같이 부정적 자극을 제공하는 유형과, 좋아하는 TV를 못 보게 하는 것같이 정적 강화물을 빼앗는 유형이 있다.

보상과 마찬가지로 처벌 역시 아동의 특성에 따라 융통성 있게 적용해야 한다. 어떤 아동은 아무리 심한 체벌을 해도 행동 변화가 나타나지 않는다. 이는 이 아동에게 체벌이 효과가 없다는 것을 나타내므로, 다른 방법을 강구해야 함을 뜻한다. 대개의 경우 잘못된 처벌의 역사로 인해 처벌의 효과를 볼 수 없게 되므로, 만약 처벌을 사용하기로 결정했다면 매우 신중하게 처벌 계획을 세워야 한다. 부모교육에서는 잘못된 처벌로 인한 부작용에 대해 충분히 알려주고, 교육적인 처벌 방법에 대해 교육하는 것이 중요하다.

＊ 처벌의 부작용

아동의 잘못에 대해 비난하고 야단치는 처벌은 자존감을 하락시키고 분노감을 유발할 수 있다. 신체를 아프게 하는 체벌을 하면 즉각 효과가 나타날 수 있지만 여러 가지 부작용이 있다. 어떤 식으로든 아동에게 혐오적인 자극을 주는 처벌 방식은 다음과 같은 부작용을 가져올 수 있다(신현균, 김진숙, 2000).

- 일시적인 효과뿐이다.
- 처벌하는 사람 앞에서만 잘못된 행동이 감소하고, 실제로 해결되지는 않는다.
- 자주 체벌을 받으면 익숙해져서 처벌의 효과가 없어진다.
- 처벌하는 사람에 대한 적개심이 생기고 부정적인 인간관계를 형성할 수 있다.
- 아동이 어른의 공격성을 모방해 약자를 공격하거나 물건을 파괴할 수 있다.

＊ 교육적인 처벌 방법

처벌의 여러 부작용들 때문에 체벌을 가하거나 아동의 자존감을 깎아내릴 언어적 처벌은 삼가는 것이 좋다. 부득이 처벌을 해야 하는 상황에서는 교육적인 효과를 볼 수 있는 방식으로 해야 한다. 이를 위해 다음 사항들을 고려하는 것이 필요하다(신현균, 김진숙, 2016).

- 먼저 긍정적인 관계가 형성되고 난 뒤에 처벌을 사용한다. 부모-자녀 관계가 좋지 않을 때 처벌을 사용하면 적개심과 반항심을 더 키우게 된다.
- 처벌을 사용하기 전에 보상 기법을 사용하여야 하며, 필요하다면 병행하여 사용

할 수 있다. 그럴 때도 처벌보다는 보상을 더 많이 활용해야 한다.

- 처벌을 하기로 결정했으면, 체벌보다는 아동의 권리를 뺏거나 잘못된 행동에 대해 벌점을 부과하는 방법을 사용하는 것이 좋다.
- 처벌에 대해 부모와 자녀가 서로 합의해서 결정한다.
- 만약 처벌에 대해 약속했으면, 일관성 있게 처벌이 이루어져야 한다. 즉, 부모의 감정에 따라 처벌 여부가 결정되어서는 안 된다.
- 부모가 분노한 상태에서는 감정적이고 가혹한 처벌을 할 수 있으므로 주의해야 한다. 우선 분노를 가라앉힌 다음에 처벌을 해야 교육적인 처벌을 할 수 있다.
- 사람을 처벌하지 말고 특정한 행동에 대해 처벌해야 한다. 아동의 잘못에 대해 "넌 나쁜 놈이다."라고 말하지 말고 "네가 동생을 때리는 것은 나쁜 짓이다."라고 말하면서 그 행동에 대해 처벌해야 한다.
- 타임아웃, 즉 생각하는 의자를 활용한다. 조용하고 자극이 없는 장소에 놓인 의자에서 5~10분 정도 아무것도 하지 않고 앉아 있도록 하면서, 자신의 잘못된 행동을 반성하게 한다(Martin & Pear, 2011/2012). 처음에는 부모가 아동이 움직이지 못하게 붙잡고 있어야 하는 경우도 있다. 그러나 골방이나 화장실에 가두는 것처럼 두려움을 유발하는 것은 좋지 않다.

③ 행동 계약 맺기

보상이나 처벌을 사용한 행동 수정 프로그램을 실시할 때, 어른들이 일방적으로 실시하는 것은 효과를 반감시킨다. 아주 어린 아동을 제외하고는 아동과 함께 상의하고 타협하여 일종의 행동 계약을 맺는 것이 필요하다. 어떤 보상을 받을 것인지도 아동의 취향과 욕구를 반영해 결정한다. 너무 큰 보상을 아동이 요구하는 경우에는 부모가 한계를 설정하고 타협한다. 이런 과정을 거치는 것은 외부의 힘에 의해 완전히 통제당한다는 느낌을 줄이고 아동이 주도적으로 자신의 행동을 변화시키는 데 참여하고 책임을 진다는 의미를 담고 있다.

행동 계약서에는 구체적인 내용을 기록하여 논란의 소지를 없애야 한다. 또한 잘 보이는 곳에 붙여두고 매일 기록하고 부모가 평가해 주어야 한다. 아동이 어느 정도 노력했으면 완벽하지 않더라도 보상을 주는 것이 좋다. 보상의 약속은 빠른 시일 안에 반드시 지켜야 아동이 신뢰감을 갖고 행동 수정에 계속 동참하게 된다. 다음은 행동 계약서의 예시다.

행동 계약서(예)

나 ○○○는 [스스로 숙제하기 습관]을 들이기 위해 다음과 같이 하기로 약속한다.

나의 약속: 학교 수업이 끝나고 집에 돌아와서 스스로 두 시간 이내에 숙제를 끝마 친다.

보상: 약속을 지키면 부모님이 하루에 스티커 한 개씩을 붙여준다. 스티커가 다섯 개 모이면 주말에 컴퓨터 오락을 두 시간 동안 할 수 있다.

스티커가 열 개 모이면 이틀 안에 만화영화 비디오를 한 개 보거나, 이천 원 중 선택할 수 있다.

스티커가 스무 개 모이면 일주일 안에 놀이공원에 놀러가거나, 오천 원 중 선 택할 수 있다(단, 한 번 사용한 스티커는 다시 사용할 수 없다).

처벌: 약속을 하루 안 지키면 스티커를 붙여주지 않는다.

2일을 연속적으로 약속을 안 지키면 그동안 모은 스티커 한 개를 반납한다.

3일을 연속적으로 약속을 안 지키면 모든 계약 내용이 취소되고 다시 행동 계 약을 한다.

계약 기간: 2014년 7월 2일 ~ 2014년 7월 31일

계약일: 2014년 7월 1일

계약자: 학생 ○○○ 서명   부모 ○○○ 서명

---

3) 후기 과정 및 종결 과정

후기 단계는 아동의 문제가 어느 정도 해결되기 시작하는 단계로, 부모의 관심은 이러한 긍정적인 변화가 가속화되고 유지되는 데 있다. 후기 과정에서는 부모가 아동에 대한 신뢰감을 바탕으로 정서적으로 지지하고 격려하는 역할을 지속적으로 할 수 있도록 해야 한다. 또한 그동안 부모나 가족이 노력했던 부분들과 변화된 측면을 계

속 유지하는 것이 중요하다. 아동의 상태가 좀 나아졌다고 해서 부모의 양육방식이나 가치관 등이 예전의 비효율적인 방식으로 되돌아간다면, 아동 문제가 다시 재발할 수도 있기 때문이다. 치료의 후기 단계라 해도 아동의 문제가 완벽하게 해결된 것은 아니며 변화가 진행 중인 경우가 많다. 이런 점에 대해 부모가 걱정할 수 있으므로, 치료가 끝난 이후에도 긍정적인 변화가 계속 진행되며, 이때 부모 역할이 중요함을 알려줄 필요가 있다.

치료의 종결 과정에서 부모의 역할에 대해서도 교육이 필요하다. 치료 종결을 앞두고 내담 아동이 보일 수 있는 감정 변화들에 대해 부모에게 알려주어 이에 적절하게 대처하도록 교육한다. 즉, 일시적으로 문제 행동이나 증상이 재발 혹은 악화되거나 새로운 문제가 출현할 수 있으며, 이는 종결을 늦추려는 무의식적인 시도에 기인한 것임을 부모에게 알려주어야 한다. 이런 교육을 통해 부모가 지나치게 걱정하거나 과잉반응을 보이지 않을 수 있다. 또한 치료자와의 이별을 앞두고 내담 아동이 일시적으로 우울 증상을 보일 수 있으며, 그럴 때 부모가 정서적으로 지지해 줌으로써 부모-자녀 관계가 더 돈독해질 수 있다는 것도 알려주어야 한다.

치료 종결 이후를 대비한 부모교육도 실시하여야 한다. 치료가 종결된 이후에 아동이 잘 적응해 나갈지 여부에 대해 부모가 염려할 수 있다. 부모가 어떤 측면에 대해 걱정하는지에 대해 대화하면서, 아동이 어려움을 보일 때 어떻게 대처할지, 그동안의 치료 과정에서 배운 내용들을 바탕으로 부모가 어떤 도움을 줄 수 있을지에 대해 이야기하는 것이 필요하다. 이런 과정을 통해 부모가 자녀에게 실질적인 도움을 줄 수 있다는 자신감을 갖게 해야 한다. 물론 부모의 노력으로 문제가 해결되지 않을 때 치료자에게 자문을 구하거나, 필요하다면 다시 치료를 받을 수 있다는 것도 알려준다.

3. 부모 유형별 대처 방법

내담 아동의 부모들은 다양한 특성을 갖고 있으므로 부모들을 대하는 과정도 치료자에게는 상당히 힘들고 신경을 써야 하는 부분이다. 모든 부모들이 다 합리적이거나 현실 판단을 객관적으로 잘하는 것은 아니다. 따라서 자녀의 문제나 자신들의 문제에 대해 정확하게 인식하지 못하거나, 치료에 역행하는 태도를 갖고 있는 경우도 있다.

따라서 아동 치료자는 성인 정신병리와 심리치료에 대해서도 숙지하고 있어야 이런 어려운 부모들을 효율적으로 상대하면서 치료 효과를 최대화시킬 수 있다. 임상 현장에서 자주 접하게 되는 부모 유형별로 치료자의 대처 방법들을 설명하였다.

1) 치료자에게 지나치게 의존하려는 부모

자녀 문제에 어떻게 대처해야 할지 전혀 알지 못하는 부모들이 있다. 이들은 대개 심리학적 지식이 거의 없으며, 비전문가인 주변 사람들의 조언을 이것저것 들어서 자녀를 비일관적인 방식으로 양육하는 사람들이다. 이들은 부모 자신의 심리적인 특성이나 문제들에 대해서도 인식하지 못하는 경우가 대부분이다. 또한 심리적으로 미성숙하여, 자신이나 자녀에게 조금만 문제가 생겨도 해결할 능력을 갖고 있지 못하고 쉽게 불안해진다. 이런 부모들은 아동 문제를 해결하는 데 치료자에게 전적으로 의존하려 하고 심리치료의 마술적인 효과를 기대하기도 한다.

이런 부모들은 치료자의 설명을 열심히 듣고 받아들이며 치료자가 하는 조언을 귀담아 듣기 때문에, 치료 초기에는 치료자가 상대하기 수월할 수 있다. 그러나 이들의 특성상, 치료자의 설명을 제대로 알아듣지 못하고 자신들의 인지 틀에 맞추어 단순화시켜 이해하기 때문에 아동의 문제를 엉뚱하게 이해하는 경우가 있다. 따라서 자녀의 문제 해결에 별다른 도움이 되지 않을 때가 많다.

이런 부모들에게는 처음에 사례개념화를 설명할 때 핵심적인 내용만을 쉽게 전달하고 제대로 이해했는지 확인할 필요가 있다. 또한 심리치료의 구조화를 상세하게 실시해서 잘못된 기대를 교정해 주어야 한다. 이런 절차를 소홀히 할 경우, 치료 효과가 빨리 나타나지 않는 것에 대해 치료자에게 실망하고 치료 동기를 잃어버리는 등 치료를 지속시키는 데 어려움을 가져오게 된다.

이들은 오로지 치료자가 심리치료의 모든 측면을 책임져 주기를 원하며 자신들은 노력할 준비가 되어 있지 않다. 이들을 치료에 적극적으로 개입시키기 위해 아동 치료에 있어서 부모 역할의 중요성에 대해 반복해서 알려줄 필요가 있다. 아동 발달에 대한 책이나 읽을 자료를 제시하고, 자녀 양육 방식에 대한 교육 등 기본적인 부모교육을 해야 한다. 다소 시간이 걸리는 이런 과정을 통해 효율적인 부모 역할을 수행할 수 있는 능력을 키워줄 필요가 있다.

2) 치료자와 심리치료를 불신하는 부모

심리치료 경험이 없는 대부분의 부모들은 심리치료의 효과에 대해 다소 의문을 가질 수 있다. 그러나 이런 의구심은 전문적인 심리평가를 통해 아동 문제에 대해 개념화를 하고 치료 계획에 대해 듣게 되면서 치료자를 조금씩 신뢰하게 되고 치료가 진행될수록 대부분 줄어들게 된다. 그러나 어떤 부모들은 치료자의 전문적인 능력에 대해, 혹은 심리치료의 효과에 대해 불신하며 기대를 갖고 있지 않다. 이들은 '어차피 잘 안 되겠지만 다른 방도가 없으니 한번 해 보겠다'는 자세로 치료에 임한다. 이들은 치료자의 능력을 시험하기 위해 아동이나 자신들에 관해 제대로 된 정보를 주지 않거나 거짓 정보를 제공하기도 한다. 이들은 질문을 많이 하지만, 치료자의 설명에 대해 그다지 반응을 보이지 않으며, 믿지 않는다.

이런 부모들은 기본적으로 인간에 대한 신뢰감이 부족한 사람들이며, 의심이 많고 일상적인 대인관계에서도 문제를 보일 가능성이 크다. 이들은 치료자의 수용적이고 공감적인 태도에도 별로 감동하지 않으며, 치료에 대해 방관자적인 태도를 보이기 때문에 치료 협조자로서의 역할을 수행하지 못한다. 치료자 입장에서는 이런 부모들을 대할 때 몹시 긴장하게 되고 정서적인 교류를 느끼지 못한다.

이런 부모들을 대할 때는 우선 치료자가 부모의 불신감을 그대로 수용하는 것부터 시작해야 한다. 이들에게 신뢰감을 주기 위해 전문성을 강조한다 해도 별 효과가 없으므로, 치료자는 일관성 있고 성의 있는 태도를 계속 보이는 정도면 충분하고, 이들을 설득하려 하지 않는 것이 좋다. 이 경우에는 부모와 좋은 관계를 형성해서 아동 치료에 협조를 구하기 위해 지나친 노력을 하기보다는, 아동 치료에 전념하는 것이 더 나을 수 있다. 결국 아동이 변화를 보여야 치료자와 심리치료에 대해 신뢰감이 생기고, 그때 가서야 치료에 적극적으로 협조하게 될 것이기 때문이다.

3) 문제를 부정하는 부모

아동의 문제가 심각하고 어쩌면 평생 동안 지속될 것이 예상되는 경우, 즉 자폐장애나 정신지체 같은 경우에 많은 부모들이 자녀의 문제를 부정하려 한다. 아동의 문제가 그다지 심하지 않다든지, 집안 내력이 어릴 때 발달이 느리다든지 등의 이유를 대면서 자녀의 문제가 심각함을 받아들이지 않으려 한다. 이는 심리적인 충격을 완화시키고자 하는 무의식적인 방어에서 기인하는 것으로, 특히 첫 면담이나 치료 초기 단계에서 많이 나타나는 현상이다.

치료자가 심리평가를 통해 진단에 대해 전문가로서의 확신을 갖고 있다 할지라도, 부모가 수용하지 못한다면 잠시 유예 기간을 두는 것이 필요하다. 부모들은 부정, 분노, 우울의 단계를 거치고 나서야 현실을 수용하게 된다. 이 단계 동안 치료자가 역점을 두어야 할 것은 부모의 감정 상태를 수용하고 공감해 주고 위로해 주는 것이다. 치료자의 진단을 강요하는 것은 부모의 방어를 더 강하게 만들거나 위협감을 느끼게 되어 치료를 포기하게 만들 수 있다. 치료자는 진단에 대해 치료를 진행해 가면서 좀 더 관찰하고 자료를 모아서 다시 재검토해 보겠다고 말해 줌으로써 부모의 고통을 완화시킬 수 있다.

어떤 부모들은 현실을 빨리 수용할 수 있지만, 다른 부모들은 그 과정에 오랜 시간이 걸린다. 치료자는 부모가 아동 문제의 본질을 수용할 준비가 될 때까지 인내심을 갖고 기다리는 동시에 부모의 양육 스트레스를 감소시키는 개입을 하고, 아동 치료에 도움이 되는 부모교육을 진행시키는 것이 좋다. 비록 아동의 문제가 심각하지만 부모가 도와줄 수 있는 방법들을 알게 됨으로써 미래에 대한 두려움이 감소하게 된다. 결국 아동의 문제를 수용하게 되어 부모가 적극적인 치료자 역할을 담당할 수 있게 된다.

4) 주지화하는 부모

어떤 부모는 자신이 알고 있는 약간의 심리학 지식을 바탕으로 아동 문제를 진단하고 사례개념화까지 하려 한다. 이들은 문제의 원인까지 확신하고 있으며, 해결책까지 다 갖고 있는 듯한 인상을 준다. 이들은 치료자를 자신들의 지도를 받으며 심리치료를 수행하는 사람 정도로 인식하며, 치료자의 전문성에 대해 별 기대를 하지 않는다. 이들은 대개 자기중심적인 사람들로, 아동 문제의 원인을 자신들보다는 외부에서 찾음으로써 자존감을 유지하려 한다. 예를 들어, 학교에서 따돌림을 당하는 초등학생 딸을 데리고 온 한 어머니는 자신의 딸이 너무 예쁘고 똑똑하여 완벽하기 때문에 열등감이 많은 대부분의 아이들이 자신의 딸을 질투하여 따돌리는 것이라고 굳게 믿고 있었다. 따라서 치료자가 해야 할 일은 자신의 딸이 그런 상황에서도 기죽지 않고 다른 아이들을 무시하면서 당당할 수 있도록 도와주는 것이라고 처방까지 내렸다. 그러나 이 사례에 대한 치료자의 평가 결과, 어머니는 자기애성 성격장애가 의심되었다. 즉, 자신과 자신의 가족은 너무 완벽한 사람들이라 일반인의 시기와 질투를 받을 수밖에 없다고 믿고 있었다. 내담 아동 역시 그런 어머니의 사고방식을 그대로 수용하여 공주처럼 행동하면서 다른 아이들을 무시하는 것이 따돌림을 당하는 주된 이유로 판단되었다.

이런 부모들을 대할 때 치료자는 무시당하는 느낌을 받아 화가 나기 쉬우며, 이들의 잘못된 지식에 대해 신랄하게 지적하여 기를 죽이고 싶은 욕구를 갖게 된다. 그러나 이런 상황에서도 치료자는 치료적인 태도를 견지해야 한다. 이 사례의 경우, 부모의 의견에 정면으로 반대하면서 치료자의 전문적인 견해를 제시한다면 부모는 자존감에 위협을 받으며 분노를 경험하게 될 것이다. 그 결과, 치료자의 견해를 수용하지 않을 것이 확실하다. 따라서 치료자는 아동 문제에 대한 부모의 견해를 하나의 가설로 수용하고, 또 다른 가설들이 있을 수 있음을 설명하였다. 이 사례의 경우, 치료자는 '부모가 판단하는 것처럼 아동이 장점이 많고 훌륭하지만 인간은 누구나 부족한 점을 갖고 있으며, 아동이 대인관계 기술을 좀 더 배운다면 학교생활에 더 잘 적응하면서 건강하게 성장할 수 있을 것'이라고 제안하여 부모의 자존감을 건드리지 않으면서 아동 쪽에서의 변화도 필요함을 전달하였다. 주지화하는 부모들을 대할 때 치료자는 이들의 비현실적이고 잘못된 생각과 믿음을 한꺼번에 변화시킬 수 없으므로 점진적으로 현실과 접목시키기 위해 노력해야 한다.

 참고문헌

신현균(2002). 쑥쑥 크는 집중력. 서울: 학지사.
신현균, 김진숙(2016). 주의력결핍 과잉행동장애. 서울: 학지사.

Bloomquist, M. L. (2000). 행동장애 어린이를 돕는 기술 (곽영숙 역). 서울: 하나의학사. (원전은 1996에 출판).
Gordon, T., & Gordon, J. (1989). 부모역할 배워지는 것인가 (김인자 역). 서울: 한국심리상담연구소. (원전은 1976에 출판).
Martin, G., & Pear, J. (2012). 행동수정 (9판) (임선아, 김종남 역). 서울: 학지사. (원전은 2011에 출판).

제2부

아동 심리장애별 치료사례

제5장

불안장애 아동의 아동중심 놀이치료

불안장애 아동의 아동중심 놀이치료

1. 사례: 자신감이 없고 불안해하며 공부가 손에 안 잡히는 지영이

초등학교 3학년 여학생인 지영이는 약 1년 전부터 주의집중력이 부족하고 공부에 대한 의욕이 점점 없어졌다. 또한 겁이 많고 자주 불안해하며 매사에 자신감이 부족하여 학교 다니는 것도 힘들어한다. 사소한 일에 자주 짜증을 내며 부모와 동생들에게 화를 낸다.

2. 초기 면담과 행동관찰

1) 내담 아동과의 첫 면담

지영은 단정한 옷차림에 얌전한 태도의 여학생으로 다소 작은 목소리로 말하였다. 그러나 치료자와 눈맞춤을 잘하면서 질문에 대해 적절하게 대답하였다. 다음은 첫 면담 중 주요 부분에 대한 축어록이다.

치료자: 여기 어떻게 오게 됐어?

지영: 공부 때문에. 문제 대충 읽고, 읽다가 놓치고.

치료자: 지영이가 요즘 힘든 게 집중이 안 되고 공부가 잘 안 되는 거구나.

지영: 자꾸 딴생각하고, 귀찮고. 몸이 들썩거려요.

치료자: 딴생각이 나고 공부가 손에 안 잡히는구나.

지영: 잘 해야지, 못하면 어쩌나, 미리 걱정해요.

치료자: 그렇구나. 잘하고 싶은데 잘 못할까봐 걱정이 많구나. 그래서 스트레스를 많이 받겠네. 스트레스 받을 땐 어떻게 해? 〔내담 아동의 어려움을 반영하고, 대처 방식에 대해 알아보기 위해 질문함.〕

지영: 동생하고도 싸우고, 머리도 아프고요. 〔스트레스 상황에서 비효율적인 대처를 보이는 것으로 추정됨.〕

치료자: 스트레스를 해소하는 게 힘든 것 같네.

지영: 스트레스 해소하는 방법을 몰라요. 웃으려 해도 동생 때문에 화가 나요. 동생이 장난으로 놀리는데도 기분이 나빠져요.

치료자: 별일이 아니라고 생각하면서도 짜증이 나는구나.

지영: 괜히 짜증내고 싶을 때가 있어요. 참고 넘어가기도 하지만 어떨 땐 동생을 때리고 엄마, 아빠에게 화내요. 아, 옛날에 있었던 일도 기억나요. 친구와 싸웠던 일들.

치료자: 기분이 안 좋을 때는 안 좋았던 일들이 많이 기억나고 그렇지?

지영: 유치원 때 일도 기억나요. 기분 나쁜 일이 안 잊혀져요. 그리고 밤에 무서워요. 누가 옆에 있지 않으면 큰일 날 것 같고. 〔자신이 겪고 있는 불안 증상에 대해 언급함.〕

치료자: 밤에 혼자 있으면 무슨 생각이 들어? 〔탐색적 질문을 통해 불안과 관련된 생각들을 알아보려 함.〕

지영: 무서운 생각이요. 귀신 생각. 귀신이 돌아다닐 것 같고.

치료자: 그런 생각 하면 되게 무섭겠다. 그렇게 무서울 때는 어떻게 해?

지영: 불안하면 손톱 물어 뜯고, 엄마 자는데 깨워요.

치료자: 불안할 때 어찌해야 할지 모르는구나. 〔내담 아동의 어려움에 대해 반영함.〕

지영: 그냥. 마음이 가라앉지 않아요.

치료자: 혼자서 계속 무서워하는구나. 〔내담자가 자신에 대해 더 이야기하도록 계속 반영하고 있음.〕

지영: 엄마, 아빠에게도 이런 말하기 싫어요. 〔부모와의 관계에 대해 언급함.〕

치료자: 부모님이 아시면 어떨 것 같아서 말하기 싫니?

지영: 보나마나 이렇게 하면 돼, 그럴 거예요.

치료자: 부모님이 지영이가 힘들어하는 걸 대수롭지 않게 여기고 신경을 별로 안 써 주

신다고 생각하나 봐. 〔지영의 생각을 명료화 함.〕 부모님에 대해 더 얘기해 볼래? 〔부모에 대한 정보를 얻기 위해 개방형 질문을 함.〕

지영: 좋았다, 안 좋았다 해요.

치료자: 좋을 때도 있고, 안 좋을 때도 있고.

지영: 동생이 잘못했는데 나를 야단쳐요.

치료자: 그럴 땐 정말 화나겠구나. 〔지영의 감정에 공감하는 반응을 함.〕

지영: 요즘은 잘 해 주세요. 그런데 내가 동생을 돌봐 주다가 실수하면 야단맞아요.

치료자: 잘 해 주기도 하시지만, 동생에게 잘 해 주려 하다가 실수한 건데, 야단 맞으면 억울하겠다. 〔내담자의 감정에 대해 반영, 공감함.〕

지영: 예. 그리고 애들이 나에 대해 나쁜 얘기 하는 것 같고, 쳐다보는 것 같고 그래요. 〔부모님 얘기를 더 이상 하지 않고 화제를 바꿈. 친구관계에서 예민한 상태인 것으로 보임.〕

치료자: 친구들이 지영이를 나쁘게 얘기할 것 같이 느껴지면 학교생활도 힘들겠구나.

지영: 친하지 않은 친구는 마주치지 않았으면 좋겠어요. 불안해요.

치료자: 친한 친구는 괜찮은데, 안 친한 친구들과는 지내기가 불편하구나.

지영: 혼자 있으면 좋겠어요. 괜히 애들이 놀릴 것 같고. 〔대인관계에서 지나치게 예민한 양상을 계속 호소함.〕

치료자: 그런 게 언제부터 그랬어? 〔탐색적 질문을 함.〕

지영: 오래 전부터 불안했어요. 아마 유치원 전부터. 기억이 잘 안 나요.

치료자: 오래 전부터 불안했었구나.

지영: 선생님이 지적해서 발표하는 것도 싫고, 문제를 모를 때는 불안해요. 〔다양한 상황에서 불안함을 호소함.〕

치료자: 지영이가 잘하고 싶은데, 선생님이 갑자기 시키거나 답을 잘 모를 때는 당황하는구나. 〔지영의 감정을 반영함.〕

지영: 예. 1, 2학년 때는 괜찮았어요. 그런데 한 번 틀렸는데 옆에 짝꿍이 나보고 "너 참 멍청하다."라고 했는데, 그때부터 틀리면 어떡하나 하고 걱정하게 되었어요.

치료자: 그 얘기 들은 게 충격적이었나 보다. 〔지영의 감정에 공감함.〕

지영: TV에서 도둑이나 살인범 얘기를 보고 나면 밤에 도둑 들어올까 봐 무서워요. 나중에 중학교나 고등학교 가면 학교 폭력 당하면 어떡하나? 언니, 오빠들도 무섭고.

〔전반적으로 불안과 두려움이 많고 예기 불안을 나타냄.〕

치료자: 아주 나중에 생길지도 모를 일까지 지금 걱정하는구나. 〔지영의 문제에 직면시키는 반응을 함.〕

지영: 그리고 공부하려면 손이 떨려요. 그럴 때는 혼자 있고 싶고, 그런데 혼자 있으면 불안해요. 〔자신이 겪는 어려움을 점점 자세하게 얘기함.〕

치료자: 그래, 이러지도 저러지도 못하겠구나. 〔혼란스러운 감정을 반영함.〕

지영: 얘기하고 나니까 마음이 조금 가벼워졌어요. 아직도 마음이 무거워요.

요약 및 설명

내담 아동은 자신의 생각, 감정 등을 비교적 솔직하고 적절하게 표현하고 있다. 다양한 상황에서 일반화된 불안을 나타내고 있으며, 부모와의 관계에서 다소의 양가감정을 경험하고 있는 것이 시사된다. 내담 아동이 자기 문제를 비교적 잘 파악하고 있으며 지적 능력 및 언어적인 표현 능력이 양호하지만, 한 가지 주제에 집중하지 못하고 이런 저런 이야기를 하는 등 다소의 불안정감을 보이는 것으로 추정된다. 치료자는 내담 아동의 감정과 생각 등을 반영, 명료화하고 공감하는 반응을 주로 하면서 탐색을 위한 질문들을 사용하였다.

2) 부모와의 첫 면담에서 얻은 정보

(1) 부모가 호소하는 주된 문제

① 주의가 산만하다. 공부할 때 딴짓을 한다. 공부에 흥미가 없다. 전 과목에 걸쳐서 다 그렇다. 전에는 공부를 잘 했는데, 약 1년 전부터 그렇다.

② 안절부절못하고 안정감이 없다.

③ 자신감이 부족하고, 걱정이 많다. 시작하기도 전에 미리 안 되면 어쩌나 하고 걱정부터 한다.

④ 겁이 많아 밤에 혼자 안 자려 한다. 무섭다고 한다.

⑤ 사소한 일에 짜증을 내고, 화나면 동생들을 때린다.

(2) 발달력

임신과 출산 과정에서 별 문제는 없었다.

건강하고 정상 발달하였다. 순해서 부모가 키우기 편했다.

2년 뒤에 여동생이 태어났는데, 조산을 해서 두 달간 인큐베이터에 있었다. 여동생이 장애를 갖게 되어서 재활치료받으러 다니느라 부모가 그쪽에만 신경을 쓰고 내담아동에게는 신경을 많이 못 썼다.

지영이 순하고 착해서 어린이집이나 유치원에서도 별다른 문제는 보이지 않았다.

말도 빨리 했고 자기표현도 잘 했다.

한글도 스스로 깨치고 혼자 그림 그리고 책 읽는 것을 좋아한다.

나이에 비해 똑똑하고 야단맞을 일을 거의 안 했다.

초등학교 입학해서 처음에 조금 힘들어했지만 금방 적응하고 공부도 잘 했다.

사교육은 지영이가 다니고 싶어해서 미술학원과 영어학원에 다닌다.

현재 학교생활: 별 문제는 없다. 몇 달 전부터 공부하기를 싫어하고 집중을 못해서 힘들어한다.

친구관계: 친구를 폭넓게 사귀지는 않는 것 같다. 그래도 친한 친구는 있다. 친구에게 잘 해 주는 것 같지는 않다.

성격: 착하고 순종적이다. 그런데 1년 전에 셋째 동생이 태어나고부터 짜증이 늘고 자주 화를 낸다. 공부도 힘들어하고 계속 스트레스가 많은 것 같다.

(3) 가족력

현재 부모, 지영, 세 동생이 함께 살고 있다.

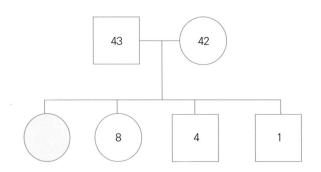

- 父(43세): 회사원. 대학원졸. 대기업에 다니는데, 비교적 안정된 직장이라 일과 관련된 스트레스는 적은 편이다. 성격이 좀 조용하고 내성적이다. 자녀들을 사랑하고 관심이 많지만, 양육 방식은 방임형이다. 잔소리도 안 하고 야단도 안 친다. 내담 아동을 신뢰하고 훌륭하게 성장할 것이라고 믿는다.
- 母(42세): 주부. 대졸. 매사 걱정이 많다. 둘째 아이가 장애가 있어 항상 걱정이다. 그래도 아주 조금씩 나아지는 것 같아 긍정적으로 보려고 애쓴다. 큰애(내담 아동)가 착하고 뭐든지 잘 해서 기대가 크다. 부모가 지영에게 직접적으로 요구를 많이 하지는 않지만, 부모의 기대가 큰 것을 어렴풋이 알고 있을 것 같다. 아마 맏이로서 부담감을 느낄 것 같다.
- 여동생(8세): 선천적으로 뇌성마비 장애가 있어서 자주 병원에 다니고 재활치료를 받는다. 운동장애, 언어장애 등 전반적인 장애가 있어 특수학교에 다닌다.
- 남동생(4세): 건강하고 개구쟁이다. 말을 잘하고 활동적이고 자기주장이 강하다.
- 남동생(1세): 예상하지 않았는데 늦둥이가 생겨 낳았다. 건강하고 활동적이다. 母가 힘들어하면 지영이가 동생을 돌봐줄 때도 있지만, 갈수록 많이 귀찮아하고 짜증을 낸다.
- **부부 관계**: 좋은 편이다. 부부가 애들을 돌보는 데 시간을 함께 많이 보낸다. 가끔 말다툼을 하지만 대개 금방 풀린다. 남편이 이해를 많이 해 주는 편이고, 싸우고 나서 먼저 사과한다.
- **부모 – 자녀 관계**: 장애아와 늦둥이 아기가 있어 애들 양육이 좀 힘들다. 부모가 내담 아동에게 기대가 커서 뭐든지 알아서 잘 해 주기를 바란다. 작년까지는 공부도 잘하고 엄마 일도 잘 도와주고 했는데, 최근에는 공부를 안 하려고 해서 잔소리를 하게 된다. 지영이 두 살 때부터 장애아 동생 때문에 관심을 많이 못 받고, 최근에는 늦둥이 동생이 태어나 치이고, 그런 점이 좀 안 됐다. 그동안 잘 해 왔는데 칭찬은 별로 못 해 줬다. 그래서 그런지 요즘 부모에게도 자주 짜증을 낸다.
- **형제자매 관계**: 지영이 맏이 역할을 계속 잘해 왔다. 항상 동생들에게 양보하고 동생들을 잘 돌봐줬다. 엄마가 힘들어하면 스스로 알아서 동생들을 돌봐 주기도 한다. 그러다 보니 아마 자기 자신을 억제한 적이 많았을 것이다. 요즘은 네 살짜리 동생이 까불고 대들고, 막내 동생이 따라다니고 자기 물건을 만지면 짜증

을 낸다. 전에는 안 그랬는데 요즘 들어 간혹 남동생들을 때리고 울린다.

3. 심리검사

지영이의 현재 정서 상태와 적응 정도 등을 알아보고, 주의력과 집중력 등의 인지 기능들을 평가하는 것이 필요하여 심리검사를 실시하였다. 지영의 문제가 정서 불안과 관련될 가능성이 있어 부모 성격검사도 실시하였다. 포함된 검사는 BGT, HTP, KFD, SCT, KEDI‐WISC, Rorschach, 父母 MMPI 등이었다.

1) 검사태도

나이에 비해 키가 크고 단정한 외모의 여아로 다소 긴장한 모습이었음. BGT 검사 시 제시하는 카드의 그림을 모두 한 장의 종이 안에 넣어 그려야 한다는 지시를 하였지만, 제일 처음 제시되는 그림을 종이 한 장에 가득 차도록 그려 넣었음. 도형을 모사할 때는 스케치하듯이 그렸으며 많이 지우면서 수정을 매우 많이 하였음. HTP 검사 시 집 그림을 그리도록 하자 검사실 안에 있는 인형의 집을 보면서 그대로 그려 넣었음. 그리다가 종이가 부족하자 "아래쪽이 모자라요, 어떻게 해요?"라고 묻기도 하였음. 나무 그림을 그릴 때는 나무 잎사귀를 일일이 다 그려 넣느라 시간이 많이 걸렸음. 검사자가 그렇게 자세히 그리지 않아도 된다고 말해 주자 중간에 그만두어 그림을 완성하지 못했음. 사람 그림을 그릴 때에는 눈, 코, 입을 모두 그리지 않았음. 동적 가족화 검사에서는 여동생을 자신보다 크게 그렸음. 지능 검사 시, 언어성 검사에서는 전반적으로 반응시간이 느린 편이었으며 발음이 불분명하여 알아듣기 힘든 경우도 있었음. 산수문제에서는 문제를 불러주면 다시 반복해서 묻는 경우가 많았음. 로샤 검사 시 두 번째 카드에 대해 거꾸로 봐도 되는지를 묻고는 그 이후로 거의 모든 카드를 이리저리 돌려서 보았음. 검사태도는 전반적으로 협조적이었지만, 눈을 깜박이는 경우가 많았으며 손톱을 물어뜯기도 하였음.

2) 심리검사 원자료

(1) BGT

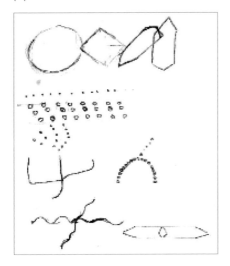

(2) 그림 검사

① 집 그림

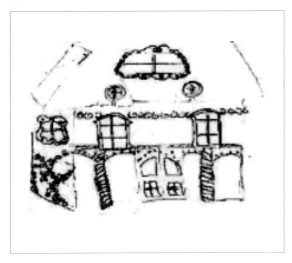

- 어떤 집: 그냥 사람 사는 집.
- 누가 사나: 가족들이요.
- 분위기: 화목해요.
- 미래: 여기서 계속 살 것 같아요.

② 나무 그림

- 어떤 나무: 은행나무.
- 나이: 열 살.
- 상태: 건강해요.
- 주변에 다른 나무: 있어요. 산과 강이 있어요.
- 미래: 누가 베어가지 않았으면 좋겠어요. 늙으면 사람들이 베어가겠죠?

③ 여자 그림

- 누구: 파티에 초대된 사람./ 생일파티.
- 나이: 스물두 살.
- 지금: 파티장으로 가고 있어요. 선물을 뭘 줄까 생각하면서.
- 기분: 멋있는 옷을 입고 싶다.
- 성격: 급해요.
- 장래 희망: 화가나 패션 디자이너.
- 빠진 부분: 선물./ 눈코입./ 까먹었어요.

④ 남자 그림

- 누구: 모델.
- 나이: 스물다섯 살.
- 지금: 폼 잡고 있어요.
- 기분: 자기가 입고 있는 옷이 멋있어서 기분 좋아요.
- 성격: 착해요.
- 장래 희망: 의사./ 아픈 사람들 치료하려고.

⑤ 동적 가족화

- 지금: 가족 사진 찍고 있어요.
- 누구: 왼쪽부터 큰 남동생, 나, 여동생, 아빠, 엄마, 엄마가 막내 동생을 안고 있어요. (두 살 아래의 여동생을 자신보다 크게 그림)
- 분위기: 좋아요.
- 가족 관계: 아빠 엄마는 서로 친해요. 큰 남동생은 자꾸 까불어요. 내 물건 가져가고 대들고. 막내는 귀여운데 좀 귀찮아요. 여동생이 아파서 제가 앞으로 돌봐줘야 해요.

(3) 문장완성검사

1. 내가 가장 행복한 때는 <u>내 뜻대로 모든 것이 이루어 질 때</u>.
2. 내가 좀 더 어렸다면 <u>지금 이 공부보다 더 쉬운 공부를 하고 있다</u>.
3. 나는 <u>친구가 많지 않다</u>.
4. 다른 사람들은 나를 <u>미술 시간에 그림을 잘 그린다고 한다</u>.
5. 우리 엄마는 <u>날 사랑하신다</u>.
6. 나는 <u>놀리는 애들을 혼내는 것 공상을 잘 한다</u>.
7. 나에게 가장 좋았던 일은 <u>가족과 즐거운 시간을 보냈을 때다</u>.
8. 내가 제일 걱정하는 것은 <u>공부다</u>.
9. 대부분의 아이들은 <u>나보다 공부를 더 잘하는 것 같다</u>.
10. 내가 좀 더 나이가 많다면 <u>더 어려운 공부를 하였을 거다</u>.
11. 내가 가장 좋아하는 사람(은) <u>엄마와 친구다</u>.
12. 내가 가장 싫어하는 사람(은) <u>나을 놀리는 사람이다</u>.
13. 우리 아빠는 <u>자상하실 때가 많다</u>.
14. 내가 가장 무서워하는 것은 <u>귀신</u>.
15. 내가 가장 좋아하는 놀이는 <u>컴퓨터 게임</u>.
16. 내가 가지고 있는 것 중에서 제일 아끼는 것은 <u>동화책</u>.
17. 내가 가장 가지고 싶은 것은 <u>드레스</u>.
18. 여자 애들은 <u>나를 좋아하는 아이가 별로 없다</u>.
19. 나의 좋은 점은 <u>없는 것 같다</u>.
20. 나는 때때로 <u>상상을 한다</u>.
21. 내가 꾼 꿈 중에 제일 좋은 꿈은 <u>없다</u>.
22. 나의 나쁜 점은 <u>손톱 물어 뜯기 버릇</u>.
23. 나를 가장 슬프게 하는 것은 _____
24. 남자애들은 <u>축구를 좋아한다</u>.
25. 선생님들은 <u>대부분 엄하신 것 같다</u>.
26. 나를 가장 화나게 하는 것은 <u>남동생들</u>.
27. 나는 공부 중 <u>수학, 과학, 체육이 제일 싫다</u>.
28. 내가 꾼 꿈 중에 제일 무서운 꿈은 <u>차에 치는 꿈</u>.

29. 우리 엄마 아빠는 <u>자상하실 때가 많다.</u>

30. 나는 커서 <u>화가</u>이(가) 되고 싶다.

　　왜냐하면 종이에 아름다운 <u>그림을 넣고 싶어서.</u>

31. 내 소원이 마음대로 이루어진다면,

　　첫째 소원은 <u>동생이 건강해진다.</u>

　　둘째 소원은 <u>소원 이루게 해주는 반지.</u>

　　셋째 소원은 <u>공부를 하지 않고 똑똑하게 해준다.</u>

32. 내가 만일 먼 외딴 곳에 혼자 살게 된다면, <u>가족</u>와 제일 같이 살고 싶다.

33. 내가 만일 동물로 변할 수 있다면 <u>사자</u>이(가)되고 싶다. 왜냐하면 날 <u>약올르게</u>
　　<u>하는 동생을 혼 내주게.</u>

(4) 로샤 검사

카드번호	반응시간	반응번호	연상반응	질문반응
I	3"	①	박쥐	① (전체) 윗부분이 박쥐./ 날개, 손, 눈 있고. 다리는 없어요. 다리는 뭐가 없는지 모르겠어.
		②	귀신	② (전체) 거꾸로 봤어요. 눈이 네 개, 손, 다리/귀신: 눈 때문에.
II	6"	)V①	거꾸로 봐도 돼요? 도깨비.	① (전체) 뿔. 코./ 세모난 도깨비./ 뿔?: 이렇게 생겨서.
		V②	귀신	② (전체) 이게 이렇게 날개를 펼치는 게 꺼멓게 있어서./ 귀신같아 보였어요.
III	5"	①	사람 거꾸로 되어 있는 것.	① 머리 같구요. 손으로 뻗은 거 같구요.
		②	두 사람이 식사하는 모습 같아요. 또 없어요.	② 가운데 식탁, 옆에 사람 모양 같아요.
IV	7"	V①	날개달린 용	① (전체) 용의 머리, 눈, 날개 펼치고, 꼬리, 다리.
		)∧②	스핑크스, 아래에 그림자	② (전체) 스핑크스 앞이 이렇게 되어 있잖아요.

V	2"	①	박쥐	① (전체) 뿔 달린 것 같고, 얼굴, 날개, 다리./ 박쥐?: 날개 때문에.
		V②	나비	② 맨 위에는 빼고. 더듬이, 날개.
		⟩∧③	새	③ 맨 위는 빼고. 얼굴, 날개를 펼치고 날아가고 있어요.
VI	4"	∧V①	나무	① 이것들 빼구요, 나뭇가지고. 나뭇잎이 모여서 만든 것.
		V⟩②	기타	② (전체) 이렇게 장식이 달려 있고, 잡구 치는 것 같애요./ 그냥 기타 같아요.
VII	4"	①	2명의 사람	① 얼굴, 코, 입. 서로 보고 놀라서 팔을 뒤로 빼고 있고, 깃털장식을 달고 있어요.
		V②	무슨 문이요.	② (전체) 이렇게 뾰족하게 된 건 장식이구요. 이렇게 된 덴(공간) 사람들이 들어가는 거예요.
VIII	10"	V⟩V①	마녀	① 모자 쓰고 얼굴이고, 손을 이렇게 하고 있구요./ 마녀가 요술부리는 것 같아요.
		②	불타는 숲	② 불이 덮치고 있고, 숲이고, 숲의 그림자/불?: 빨가니까./ 숲?: 나뭇가지고, 잎 같아요. 초록색이니까./ 그림자?: 회색으로 비치고 있어요.
IX	3"	∧V①	할아버지, 이상한 할아버지	① (전체) 눈. 수염. 빨간 옷 입고 있고 주황색이 머리털, 여기 가운데는 머리가 없어요.
		V∧V ∧②	여자애	② (전체) 빨간 모자를 쓰고 있고, 초록색 머리. 망토를 걸치고 있어요.
X	43"	①	머리에 모자 쓴 여자. 남잔가? 사람. T.L.) 거미 같아요.	① 까만 모자. 빨간 머리, 선글라스.

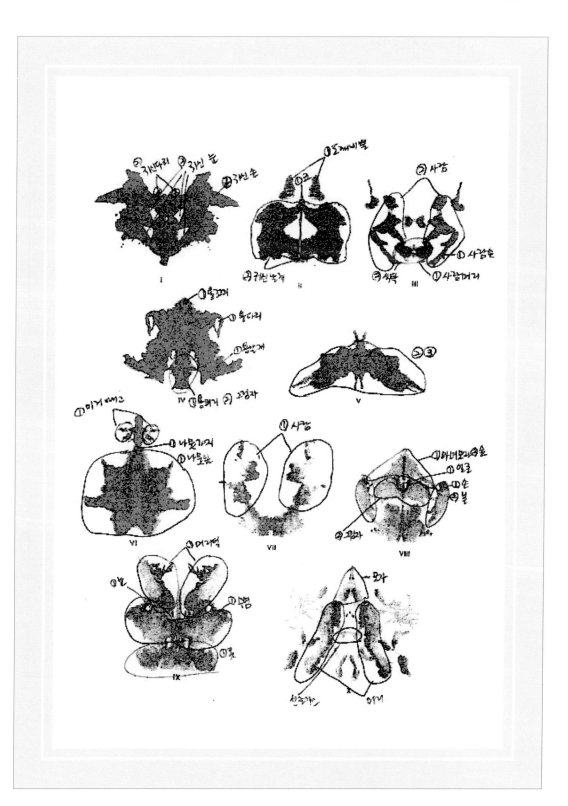

(5) 부모 성격검사

母 MMPI

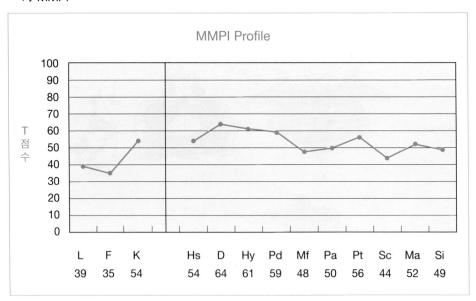

父 MMPI

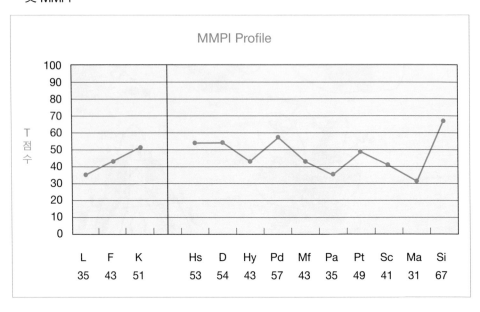

3) 검사결과

① BGT: 곡선의 처리가 다소 빈약하고 점의 형태를 왜곡하는 등의 오류를 보이고 있음. 또한 스케치하듯 그리는 등 정서적으로 불안정한 상태가 시사됨. 그러나 뇌손상이 의심되지는 않음(즉각적 회상 = 5).

② 인지 기능: KEDI-WISC로 측정한 전체검사 IQ는 102로 [보통] 수준이며, 동등한 수준의 지적 잠재력이 추정됨. 언어성 지능과 동작성 지능 간에 유의미한 차이는 보이지 않음.

상식문제	공통성문제	산수문제	어휘문제	이해문제	숫자문제	언어성지능
9	11	8	12	10	(6)	100

빠진곳찾기	차례맞추기	토막짜기	모양맞추기	기호쓰기	동작성지능
12	5	10	10	16	104

상식적 지식이나 어휘력, 추상적 사고력, 사회적 상황에 대한 이해력 등은 보통 수준으로, 후천적인 학습이 양호하게 이루어져 있음. 또한 시각-운동 협응 능력이나 시각적 예민성 등 지각적 조직화 능력도 보통 수준에 해당됨. 단순한 과제에 지속적인 주의를 기울이는 능력은 우수한 편임. 그러나 현재 주의력과 집중력이 상당히 저하되어 있으며, 순차적인 문제 해결에 어려움이 있을 수 있겠음.

현재 주의집중력이 저하되어 있어 학습 시 실수가 잦고 학업 성취 수준도 지적 잠재력에 비해 낮을 것으로 판단됨. 그러나 높은 성취 욕구와 다른 사람으로부터 인정받고 싶어하는 욕구가 강해 기계적으로 수행하는 단순한 과제에서는 우수한 수행을 보일 수 있겠음.

사회적 규범이 양호하게 내재화되어 있어 사회적 상황에 대한 이해력과 판단력은 잘 유지되고 있음. 그러나 대인 관계 상황에 대해 다소 자의적으로 해석할 가능성이 있으므로, 상황에 따라 적절한 대처를 하지 못할 가능성이 시사됨. 따라서 때때로 친밀한 또래 관계를 형성하는 데 어려움을 겪을 수 있겠음.

③ 사고 및 문제 해결: 단순하고 명확한 자극에 대해서는 일반적인 방식으로 지각할 수 있으나, 모호하고 복잡한 과제에서는 자극 상황을 효율적으로 분석하고 조직화하지 못함. 사소하고 지나치게 세부적인 것에 몰두하는 등 융통성이 부족하고 경직된 사고방식을 나타내고 있음. 따라서 스트레스 등의 강한 정서적인 자극이 제시되면 긴장과 불안감을 통제하지 못함으로 인해 상황을 객관적으로 지각하지 못하고 과도하게 두려운 것으로 지각하는 등 지각의 편향을 보일 수 있음. 문제해결을 위한 기본적인 인지적 자원은 양호하지만, 현재는 문제 해결의 효율성이 저하되어 있는 것으로 판단됨.

④ 정서 및 성격: 정서적으로 상당히 불안하고 쉽게 긴장하는 등 정서 조절에서 어려움을 보이겠음. 그러나 정서 표현을 적절히 하기 힘들어하며 불편감이나 좌절감 등을 강하게 억압하고 있는 것으로 보임. 따라서 불만이나 좌절감이 해결되지 못하고 누적되어온 듯함. 현재는 다소의 무기력감을 경험하면서 매사에 의욕이 없고 자신감이 저하되어 있는 것으로 판단됨. 이러한 정서적인 어려움이 주의집중을 어렵게 만들어 학습 곤란을 가중시킴으로써 더 많은 좌절감을 경험하게 하는 것으로 보임.

성취 욕구가 상당히 강하고 꼼꼼한 성향을 갖고 있지만, 한편으로 실수에 대한 두려움이 내재되어 있어 소심한 면을 보이고 있음. 최근 자신이나 주변 인물들의 기대만큼 학업 성취를 하지 못해 자신감이 저하되어 있으며, 다른 사람의 반응에 대해 지나치게 민감하게 반응할 수 있겠음. 따라서 대인관계에서 자주 불편감을 경험하며 다소 소외감을 느낄 수 있겠음. 이러한 예민성과 소극적인 경향, 높은 긴장 수준 등으로 인해 현재 원만한 또래 관계나 가족관계를 형성하는 데 다소의 어려움을 겪을 가능성이 시사됨.

가족 관계나 애착 형성에서 근본적인 문제는 별로 시사되지 않지만 여러 명의 동생과 동생의 장애 등으로 인해 부모의 정서적인 지지와 관심을 충분히 받지 못해 안정감에 대한 욕구가 지속적으로 좌절되어 온 것으로 보임. 또한 맏이 역할의 부담감과 책임감으로 인해 자신의 욕구와 감정을 자연스럽게 표현하지 못했을 가능성이 있음. 따라서 자유롭게 정서 표현을 하고 정서적인 안정감을 되찾고, 과민한 성향을 교정할 수 있는 치료적인 개입이 필요하겠음. 또한 자신에 대해서 좀 더 긍정적인 평가를 하고 자신감을 가질 수 있도록 도움이 필요함. 이를 통해 주의집중력과 학습 문제가 개선될 수 있으며 원만한 대인관계 능력도 향상될 것으로 판단됨. 가족의 정서적인 지지도 필요하겠음.

4) 요 약

① BGT: 뇌의 기질적 장애는 시사되지 않음.
② 인지 기능: 보통 수준(FSIQ=102, VIQ=100, PIQ=104) / 주의집중력이 저하되어 있음.
③ 사고 및 문제 해결: 경직되고 비효율적인 문제 해결 방식이 시사됨.
④ 정서 및 성격: 불안하고 긴장되어 있으며, 대인관계에서 과민하고 자신감 저하를 나타냄.

4. 사례개념화 및 심리치료 계획

1) 문제 목록

① 학업: 주의가 산만하고 공부에 집중을 못한다. 공부에 관심이 없다.
② 행동: 안절부절못하고 안정감이 없다.
③ 정서: 불안, 두려움, 짜증을 내고 걱정이 많다. 자신감이 부족하다.
④ 사회: 예민하고 친구가 많지 않다.
⑤ 가족: 맏이로서의 부담감을 경험하며, 동생들을 귀찮아하고 가끔 때린다.

2) 진 단

아동 면담과 부모와의 면담 자료, 행동 관찰 및 심리검사 결과 등을 종합하여 일반화된 불안장애로 진단하였다.

3) 문제의 원인 및 유지 요인과 사례 역동

현재 정서적으로 불안하고 쉽게 두려움을 경험하며 매사에 걱정을 많이 한다. 주된 문제로 호소하는 주의 집중의 어려움이나 학업 문제 등은 정서 불안에 동반해 나타나는 것으로 보인다. 불만이나 좌절감이 오랫동안 누적되어 왔지만 자기표현을 잘하지 못하고 억압해 왔으며, 현재는 상당한 무력감을 경험하면서 의욕이 저하되고 자신감도 저하되어 있는 것으로 판단된다.

지영의 이러한 문제들은 성장 배경에서 기인한 것으로 보인다. 애착 형성이나 가족 관계에서 근본적인 문제는 별로 시사되지 않지만, 장애가 있는 여동생과 어린 두 남동생으로 인해 어릴 때부터 양육자로부터 충분한 관심을 받지 못하고, 나이보다 조숙한 역할을 암묵적으로 강요받아 왔을 가능성이 크다. 따라서 연령에 적합한 애정과 관심 받고 싶은 욕구가 지속적으로 좌절되어 왔을 수 있다. 맏이로서 부모의 기대에 부응해야 하는 부담감과 책임감이 내재되어 있고, 인정받고 싶은 욕구가 강한 바, 어린아이로서의 욕구를 억압해온 것으로 보인다. 성취 욕구도 강해 실수에 대한 두려움이 내재되어 있다. 따라서 주변 사람의 반응에 지나치게 민감해 쉽게 스트레스를 경험할 수 있다. 현재는 자신과 부모의 기대에 부응하지 못한다고 생각해 위축되어 있으며 타인의 부정적인 평가에 예민해져 있어 적극적인 대인관계를 형성하는 데 어려움을 보일 수 있다.

4) 심리치료 목표

지영이의 경우, 정서적으로 안정감을 갖도록 하는 것이 일차적으로 필요하다. 또한 예민하고 걱정이 많은 성격을 교정하고, 자신의 욕구나 감정을 억압하지 않고 편안하게 표현하도록 도움을 줄 필요가 있다. 이를 바탕으로 대인관계에서 대처 기술의 향상을 위한 훈련을 할 수 있다. 또한 자신에 대한 비현실적인 기대를 낮추어 사소한 실수를 허용함으로써 좀 더 긍정적이고 유연한 자기상을 가질 수 있도록 해야 한다. 그리고 지영이 부담감을 느끼는 가족 상황에 잘 적응할 수 있도록 효과적인 대처 방법을 개발할 필요가 있다. 이를 위해 부모의 적극적인 관심과 정서적인 지지가 필요하다. 부모교육이 필요하지만, 동생들의 양육으로 인해 현실적으로 부모가 지영이를 치

료실에 데리고 다닐 수 없는 형편이어서 최소한의 부모교육을 실시하는 것으로 합의
하였다. 각 영역별로 구체적인 치료 목표는 다음과 같다.

① 정서: 불안과 두려움을 극복하고, 일상적인 스트레스에 대한 대처 능력 향상.
② 행동: 자신감을 가지고 적절한 자기 주장 하기. 공격 행동의 감소.
③ 사회: 예민성을 줄이고 솔직한 자기표현을 통해 적극적인 친구 관계 맺기.
④ 학업: 집중이 어려울 때 사용할 학습 방략 습득. 공부에 대한 관심과 자신감 향상.
⑤ 가족: 맏이로서의 의무감과 부담감을 감소시키고, 연령에 적절한 역할을 수행하
게 함. 지영이의 현재 문제 해결에 도움을 주도록 부모교육 실시.

5) 치료 방법

지영이 기본적인 애착 형성이나 지적 능력 등이 양호하고, 자기 통제력과 자신의
문제에 대한 이해도 양호하므로, 대화와 아동중심적 접근법에 의한 개인 놀이 치료를
실시하여 자신의 문제를 스스로 해결해 나가는 능력을 키우는 것이 바람직하다. 부모
가 기본적으로 성격적인 문제를 별로 보이지 않으며, 자녀 양육의 상당한 어려움에도
불구하고 비교적 부모 역할을 잘 수행하고 있어서, 최소한의 부모교육을 하는 것만으
로도 효과적일 것으로 판단된다. 특히 부모가 지영의 성장 환경에 대해 한계가 있었
음을 잘 알고 있고, 심리검사 결과 해석에 대해서도 쉽게 수긍하고 인정하여, 차후 지
영의 치료에 협조적일 것으로 판단되었다. 학교생활에서 특별한 문제 행동을 보이지
는 않으므로, 교사에 대한 자문이나 도움은 구하지 않기로 하였다. 아래에 구체적인
치료 방법에 대해 요약하였다.

① 아동중심적 놀이치료(주 1회): 정서적 지지 제공, 욕구와 정서를 억압하지 않고 자
연스럽게 표현할 기회 제공, 불안과 두려움에 대한 개입, 동생들의 존재 등 현실
적으로 피할 수 없는 스트레스에 대한 대처 능력의 향상 등.
② 부모교육: 자녀 양육의 스트레스를 효과적으로 해결하는 방법 교육, 동생이 많은
맏이의 스트레스에 대한 가족의 이해 촉구, 지영에게 지나치게 어른스러운 역할
을 기대하는 태도의 수정, 관심과 사회적 지지를 보여주는 방법 교육 등.

5. 심리치료 과정

1) 초 기

지영이 자신의 욕구나 감정을 많이 억압하고 있으므로, 심리치료 초기에는 편안한 분위기를 조성하고 긍정적인 치료자–내담자 관계를 형성하는 데 역점을 두었다. 이를 위해 치료자가 허용적이고 지지적이며 공감적인 태도를 보이도록 노력하였다. 또한 지영이 자신의 현재 상태를 파악하고 어려움의 근원을 스스로 알 수 있도록, 때로 직면시키기를 시도하였다.

■ 1회기

❋ 치료자와 대화를 하고 싶어 하였고, 특히 동생에 대한 불만을 계속 이야기하였다.

• 네 살짜리 남동생이 나한테 장난을 건다. 싸우면 동생이 절대 사과하지 않는다./ 전에는 봐 줬지만 요즘은 자주 싸운다./ TV 채널 갖고 싸우고 막내 동생 때문에도 싸우고. 동생이 내 말을 안 듣는다. 컴퓨터 자기가 더 하겠다고 우기고. 내 방을 어지르고 안 치우고. 내 물건을 가져가서 망가뜨리고. 커 가면서 점점 말을 안 듣는다.

• 부모님은 동생이 어리다고 동생 편을 든다. 부모가 밉다. 동생도 밉다. 자기 잘못은 말 안하고 내가 잘못했다고 부모님께 고자질해서 내가 야단맞는다.

• [치료자가 지영의 스트레스에 공감하는 반응을 많이 함.]

• 대처 방법: 잘 해주면 말을 잘 듣는다. 그런데 잘 해 주기가 싫다. 서로 골탕 먹이려 하고 싸운다. 결국 때리는 방법밖에 없다.

• [대처의 어려움에 대해 공감하는 반응을 함.]

요약 및 설명

놀이치료실에서 하고 싶은 것을 할 수 있다고 설명했지만, 지영은 놀이를 하지 않고 자신의 스트레스에 대해 쏟아놓듯이 계속 이야기하였다. 특히 동생에 대한 불만이 끝없이 많았고, 자신의 편을 들어주지 않는 부모에 대해서도 다소의 불만을 토로하였다.

치료자는 내담 아동의 솔직하고 자유로운 자기표현을 돕기 위해 반영과 명료화, 공감 반응을 주로 사용하였다. 지영은 치료자의 지지적인 태도에 시간이 갈수록 긴장을 풀고 편안해 했으며, 하고 싶은 이야기를 수다스럽게 하였지만 문제 해결과 관련된 진전은 없었다.

〈父 면담〉

• 父는 최근 지영이 보이는 문제들에 대해 상세하게 이야기하였다.

요즘 지영이 스트레스가 많은 것 같다. 전에는 안 그랬는데, 동생을 자꾸 때리고 공부 얘기만 하면 짜증을 낸다. 말을 잘 안 하고, 신경질을 낸다. 감정조절이 잘 안 된다.

공부 안 하려 한다. 배운 것도 잊어버리고.

숙제: 숙제는 마지못해 하긴 하지만 열심히 안 한다.

혼자서는 잠을 못 자고 부모 방에 올 때도 있다.

지영 母가 동생들 돌보느라 몹시 바빠서 지영이를 데리고 치료받으러 올 수 없다. 父가 시간을 내서 데리고 다닐 예정이다.

요약 및 설명 ● ● ●

父가 지영의 문제에 대해 걱정을 많이 하였다. 치료자가 심리검사에서 나온 좋은 결과들을 설명하자 수긍하고 다소 안심하였다.

지영에게 더 많은 관심과 정서적인 지지가 필요함을 설명하고 '자녀와 좋은 관계 맺기'에 대한 읽을 자료를 제공하였다. 혹시 지영이 혼자 치료받으러 올 때는 길을 잃을 것을 대비해 부모의 휴대폰을 지영에게 빌려줄 것을 부탁하였다.

■ 2회기

＊ 잠깐 동안 대화를 한 후, 그림을 그리는 데 주력하였다.

- 즐겁게 지냈다./ 재밌는 만화 비디오도 보고.

  동생이 요즘 나를 안 괴롭힌다. 지난번에 여기 오고 나서 엄마, 아빠가 동생 편만 들지 않겠다고 말했고, 실제로 그랬다.

- (놀잇감들을 둘러봄.) 다 어린애들 장난감이다./ 이거 갖고 놀면 애들이 놀릴 거다 (놀잇감을 갖고 놀지 않음).

- (그림 도구들을 가져와 물감으로 천천히 그림을 그림 – 나무, 벤치, 놀이터 그림) 사람 얼굴이 마음에 안 든다(사람 얼굴을 지우고 다시 그림).

- 어떤 그림: 공원 그림.

- 그림이 마음에 드는가: 별로./ 나무 그리는데… 벤치 있고, 그래서 공원.

- 사람은: 그냥 앉아 있다. 옆에 자전거 있다.

- 그림에 대해 설명: 그저 그렇다./ 자전거가 맘에 안 든다. 미끄럼틀도 맘에 안 든다.

요약 및 설명

지난번 회기에 비해 말수가 적고 부모와 동생의 변화에 대해 간단하게 언급하였다. 장난감을 갖고 놀고 싶은 욕구를 억제하며 자연스럽게 놀이를 하지 못하였다. 조용하게 천천히 그림을 그렸고, 자신이 그린 그림에 대해 탐탁지 않아 하였다. 치료자는 지영의 그림에 대한 부정적인 태도를 반영하여 수용하였다.

〈母 면담〉

- 母는 지영의 문제와 부모가 앞으로 노력해야 할 것들에 대해 이야기하였다.

  아무래도 지영이 문제에 대해 치료자와 의논해야 할 것 같아서 동생들을 다른 사람에게 맡기고 왔다. 지난번에 지영 父가 가져온 심리검사 결과 보고서와 '자녀와 좋은 관계 맺기' 자료를 읽었다. 그걸 보니 반성이 많이 되었다. 지영이가 여러 가지로 그동안 힘들었을 것 같다.

  지영이 요즘 동생에게 화를 잘 낸다. 자기도 모르게 괜히 화가 난다고 한다. 전에는 동생들이나 부모를 배려했었는데, 요즘은 남을 배려하지 않는다. 남의 얘기를 끝까지 들으려 하지 않고, 아무 것도 아닌 일에 짜증을 낸다. 부모가 자기를 안 좋아하는 것 아니냐고 물어보기도 한다. 사실 동생들 뒤치다꺼리하느라고 지영이에게 관심을 못 써 줬다. 이제부터라도 좀 더 신경을 써 주고 칭찬도 해 주고 해야겠다.

요약 및 설명

母가 지영의 상태에 대해 충분히 잘 이해하고 있으며, 치료자가 보내준 읽을거리를 상세히 읽는 등 현 상황이 힘든데도 불구하고 변화를 위한 노력을 하려는 동기를 보였다. 남매 간 다툼에서도 형평성을 유지하겠다는 선언을 하는 등 실제 부모교육 내용을 실천하기도 하여 지영이 변화해 나가는 데 부모가 도움이 될 것으로 예상된다.

■ 3회기

(부모가 시간을 낼 수 없어 지영이 혼자 오다가 지하철 출구를 잘못 나가 30분 동안 헤매다 옴. 휴대폰으로 치료자와 계속 통화하면서 찾아옴.)

＊ 동생에 대한 불만을 이야기하고 나서, 색점토 놀이를 하였다.

• 길 못 찾아서 무서웠다. 못 찾아오는 줄 알았다. 휴대폰 없었으면 큰일 날 뻔 했다. 〔어려운 상황에서 차분하게 문제를 해결한 것에 대해 칭찬해 줌.〕

• 지난주에 기분 나빴다./ 동생과 싸웠다./ 결국 내가 의자를 걷어차고, 동생에게 바보라고 했다. 속이 다 시원했다. 그런데 좀 미안했다./ 母가 동생을 야단쳤다. 누나 말 좀 잘 들으라고 母가 말해줘서 좀 기분이 좋았다.

• 나쁜 일이 또 있었는데 잊어버렸다./ 학교 다니기 귀찮다. 지루하다. 수업 때 집중이 안 된다. 〔지영의 어려움에 공감하고, 집중 문제는 스트레스가 해결되면서 차츰 나아질 수 있다고 설명해 줌.〕

• 색점토 놀이에 관심을 보이면서도 실제 놀이를 하는 것은 꺼려하여, 치료자가 자유로운 놀이를 격려하는 개입을 시도하였다. 아래에 축어록을 제시하였다.

지영: (색점토를 만지작거리며) 이거는 애기들이나 하는 거죠?

치료자: 아기들만 색점토를 한다고 생각하니?

지영: 다 큰 사람이 그걸 하면 남들이 비웃잖아요?

치료자: 다른 사람들이 비웃을까봐 걱정이 돼서 하고 싶은 걸 못하는구나. 〔지영의 예
민성과 억압하는 성향에 대해 직면시키기 위한 반응을 함.〕

지영: 그럼 해도 돼요?

치료자: 나한테 허락을 받으려 하네. 지영이가 원하면 여기 있는 건 뭐든지 할 수 있어.
〔치료실에서의 허용성에 대해 설명해 줌.〕

지영: 안 웃으실 거죠? 〔타인의 평가에 대해 걱정하고 확인하려 함.〕

치료자: 지영이가 색점토를 하면 내가 비웃을 것 같이 생각되니?

지영: 아니요.

치료자: 관심이 있으면 나이에 상관없이 누구나 색점토를 할 수 있어. 어른인 나도 만드
는 거 좋아해서 색점토나 종이접기 같은 거 가끔 하거든. 〔지영이 자신의 욕구를 편
하게 충족시키도록 격려하기 위해 치료자가 자기 노출 반응을 함.〕

지영: 정말요? (신이 나서 색점토를 주물럭거리기 시작함.) 선생님은 안 만드세요?

치료자: 나도 같이 만들면 좋겠니?

지영: 예.

치료자: 좋아. 그럼 같이 만들어 보자. (치료자가 지영이 만드는 것에 보조를 맞추어 비슷한
것을 같이 만듦.)

지영: (포도, 오렌지, 사과, 식탁, 찻잔 등을 천천히 정교하게 만듦.)

치료자: 이걸 만들었구나. 〔지영이 만드는 것들에 대해 추적하는 반응들을 함.〕

지영: (만들기에 매우 몰입하여 약 10분가량 말 없이 만드는 것에 열중함.)

치료자: 이거 만들면서 어떤 생각이 떠오르니?

지영: 없는데요. 그저 그렇게.

치료자: 별다른 생각은 안 드는구나. 만든 것들이 마음에 드니?

지영: 약간. (자신이 만든 작품에 자기 이름을 새김.) 〔만족감과 성취감을 경험하는 듯함.〕

요약 및 설명

지영이 항상 맏이 역할을 하느라 어린아이로서 가질 수 있는 욕구들을 억압해 오던

행동 특성이 치료 상황에서도 그대로 드러나 원하는 놀이를 시도하지 못했다. 치료자는 지영이 원하는 것을 자연스럽게, 타인의 평가에 신경 쓰지 않고 수행하게 격려함으로써 지나친 자기 억제 경향을 벗어버리고 즐거움과 만족감을 경험하도록 도왔다.

■ 4~7회기

＊ 거의 매 회기마다 동생에 대한 불만을 이야기하고 나서, 다양한 놀이를 시도하였다.

- 동생이 귀찮게 굴어서 싸웠다. (동생과 다툰 것에 대해 많이 이야기함.)
- (몇 가지 놀이를 자발적으로 선택하지만 치료자에게 해도 되는지 물어보고 나서 조심스럽게 함. 장난감 볼링을 해도 되는지 물어보고 함. 처음 해 본다고 신기해 함. 규칙을 잘 지키고 치료자와 번갈아 함.)
- (색점토로 여러 가지 물건을 만듦. 자동차, 망치, 의자를 만들어 자기 이름을 새겨 넣음.)
- (풍선 불어 날리기, 블럭 높이 쌓기, 다트 던지기 등 여러 가지 놀이를 조금씩 함.)

요약 및 설명

지영이 자신이 원하는 것을 조금씩 시도하지만, 매우 조심스럽고 자기 억제를 많이 하는 편이었다.

치료자가 자신을 평가하는 것에 대해 걱정하면서도 점차 치료자와의 관계를 편하게 느끼는 듯했다. 치료받으러 오는 것을 매우 좋아하고 혼자서 시간을 지켜 잘 찾아왔다.

자신의 현재 어려움에 대해서는 비교적 솔직하게 잘 얘기하지만, 효율적인 해결 방안에 대해서는 잘 알지 못했다.

2) 중 기

치료 관계가 안정되게 형성되고 자기표현을 하는 놀이를 어느 정도 즐기게 되어, 중기 단계에서는 지영이 힘들어하는 문제들에 대해 함께 원인을 탐색하고 해결 방안을 모색하는 데 초점을 두었다. 지영이 지적 능력이나 의사소통 능력 등이 양호하여, 놀이와 대화를 활용한 아동중심적 접근방법을 계속 사용하였다. 이를 통해 자신의 문제를 해결하는 방법을 스스로 터득하고, 긴장과 불안을 감소시키도록 유도하였다.

■ 8회기

＊ 처음으로 인형 놀이를 하면서 자신의 상황을 유사하게 재연하였다. 치료자는 지영의 자기표현을 촉진시키고 자신의 문제에 직면시키기 위해 노력하였다. 아래에 축어록 일부를 제시하였다.

지영: 오늘은 뭘 해야 할지 모르겠어요. (인형의 집과 인형들을 쳐다봄.)

치료자: 인형들을 보고 있네. 〔지영의 행동을 추적하는 반응을 함.〕

지영: 제가 인형 놀이 하면 애들이 놀릴 거예요. 어린애 놀이라서.

치료자: 지영이가 인형 놀이를 하고 싶은가 보구나. 그런데 놀림 받을까봐 어떻게 해야 할지 망설여 지나보다. 〔지영의 욕구를 명료화하고, 타인의 평가에 예민한 특성에 직면시킴.〕

지영: 그래도 하고 싶어요.

치료자: 지영이가 하고 싶은 걸 하기로 결정했네. 〔자신의 욕구에 충실한 선택을 한 것을 명료화해 줌.〕

지영: (인형의 집을 꾸미고 인형들을 가져옴.) 아빠, 엄마, 딸, 아들, 아기. 모두 한 식구예요. 애들을 많이도 낳았네. 〔자신의 가족 상황을 표현함.〕

치료자: 이 가족은 애들이 많구나.

지영: 아빠는 회사 가고, 엄마는 애들 깨워 학교 보내고 아기 돌보고. 누나는 남동생과 말다툼하다가 같이 놀고. 손님이 방문했어요. 애들이 날뛰고, 아유 정신 없어라. 엄마는 힘들어서 자고. 가족 여행을 갔어요. 집을 차에 싣고 해수욕장으로. 〔집을 통째로 옮기지 않는 한 여행을 가기 어려운 상황을 상징하는 듯함.〕

치료자: 가족이 많아 한번 여행 가기가 쉽지 않구나.

지영: 절대 못 가죠.

치료자: 그럼 아이들이 실망하겠네?

지영: 예. 동생들 때문에 어딜 갈 수가 없어요. 〔놀이 상황을 자신의 실제 상황과 동일

시함.)

치료자: 동생들 때문에 하고 싶은 걸 제대로 하지 못하니 속상하겠구나. (지영의 입장
을 공감해 줌.)

요약 및 설명

지영이 인형 놀이를 통해 자신의 가족과 자신이 어려움을 겪는 상황을 매우 직접적
으로 표현하였다. 치료자는 많은 동생들로 인해 지영의 욕구가 좌절되어 불만을 느끼는
감정에 대해 공감하고 직면시키려 노력하였다.

〈父 면담〉

• 지영의 최근 상태에 대해 이야기하였다.

지영이 동생들 때문에 귀찮고 속상할 때가 많다고 부모에게 솔직하게 이야기
하여, 정말 그렇겠다고 수긍해 주었더니 기분 좋아하는 것 같았다. 부모도 예전
같으면 네가 나이가 많으니 좀 참으라고 말했을 텐데, 요즘은 그런 말을 안 하려
고 노력한다.

최근 몇 년 동안 실제로 가족 여행이나 나들이를 많이 못했고, 지영이 가 보고
싶어 하는 해수욕장에도 못 데리고 갔다. 늘 동생들이 좀 크면 가자고 달랬다.

요약 및 설명

지영이 치료실에서처럼 집에서도 자신의 감정 표현을 솔직하게 하기 시작하였다. 부
모가 지영의 욕구와 어려움을 이해하고 관심과 정서적 지지를 제공하기 위해 지속적으
로 노력하고 있는 것으로 보여, 부모의 노력에 대해 치료자가 인정하는 반응을 하였다.

■ 9회기

＊ 일상생활이 좀 나아졌음을 이야기한 후 인형 놀이를 하였다.

- 잘 지냈다./ 스트레스가 줄었다./ 동생이 변했다./ 옛날엔 내가 양보했는데, 이제 바뀌었다. 부모님이 동생을 야단쳐서 그런 것 같다. 그래도 어떨 땐 싸운다.
- (지난주에 이어서 인형 놀이를 하면서 수다스럽게 계속 이야기함.)
- 바닷가에 갔어요. 그런데 애들이 말 안 듣고 말썽 부리고, 밖으로 가출했어요. 엄마, 아빠가 쫓아다니고. 애기는 울고 정신없이. 손님이 합세했어요. 그런데 손님의 아기가 유별나서 더 정신이 없어요. 집으로 돌아와 아빠는 출근하고 엄마는 손님과 얘기해요. 그때 새로운 여자애가 나타나 집이 좋다고 하고 이 집에서 살겠다고 말썽을 부려요. 잘못하면 동생이 하나 더 생길지도 몰라요. 잘 설명해 줘서 나중에는 자기 집으로 돌아갔어요. 손님도 아기와 같이 자기 집으로 돌아갔어요.

요약 및 설명

신나게, 수다스럽게 떠들면서 인형 놀이를 계속하였다. 지영이네 가족의 정신없이 사는 모습을 놀이를 통해 표현하였다. 더욱이 손님의 아기와 새로운 여자아이의 출현 등으로 더 힘들어지는 상황을 연출했지만, 결국 모든 일이 잘 해결되고 일상으로 돌아가는 것으로 놀이를 끝냈다. 문제 해결 능력에 대한 자신감이 향상되어 힘든 상황이 닥쳐도 헤쳐 나갈 수 있음을 상징적으로 보여주는 것으로 판단되었다.

■ 10회기

＊ 불안 증상이 호전되는 등 일상생활이 나아지고 있음을 이야기한 후 인형 놀이를 하였다.

- 요새는 귀신이 안 무섭다./ 옥상에 귀신이 산다는 전설이 있는데, 소문이 무섭지 않고 재미있다./ 다 가짜 같고, 안 믿는다. 〔불안과 두려움이 많이 감소된 것으로 판단됨.〕
- 요즘 학교생활이 재미있어졌다./ 이유: 이유는 모르는데, 재미있다.
- 공부에 집중 어려움: 요즘 집중이 잘 된다. 그리고 애들과 떠들게 된다./ 더 친하게 되었다. 내가 먼저 웃고 얘기하고 그러니까.

요즘 배우고 싶은 게 생겼다. 수영 배우러 다니기로 했다. 친구랑 같이. 재미 있을 것 같다.

- (지난번에 이어서 같은 주제로 인형 놀이를 하며 이야기를 많이 함.)
- 다섯 명의 가족에다가 손님들 6~7명이 몰려와 시끌벅적해요. 같이 신나게 여행 가서 호텔에 가고, 맛있는 것 먹고. 애기들 때문에 시끌시끌해요. 애기들이 여기 저기 기어 다니고 밖에 나가고, 어른들은 쫓아 다니고. 애기 엄마는 피곤해 해요. 애기가 말을 안 들어서.

요약 및 설명

지영이 불안 감소 및 학교생활과 일상생활이 좋아졌다고 보고하였다. 인형 놀이를 통해 많은 가족으로 인한 스트레스를 솔직하게 표현하고, 자신의 욕구와 좌절감 등 감정을 표출하고 이해받음으로써 부정적 감정의 억압과 관련된 불안이 감소된 것으로 보인다. 이로 인한 집중력 향상과 의욕 및 긍정적인 정서 경험 역시 증가한 것으로 보인다. 부모의 정서적인 지지 또한 지영의 정서적 안정감과 의욕 향상에 좋은 영향을 주고 있는 것으로 판단된다.

■ 11회기

✻ 최근 일상생활에 대해 상세하게 이야기하는 데 대부분의 시간을 보내고, 끝날 때쯤에 소꿉놀이를 잠깐 하였다.

- 즐겁게 지냈다./ 계속 웃음이 나온다. 다 재미있고. 〔활력과 긍정적 정서가 증가 된 듯함.〕
- 남동생은 더 까분다./ 미울 때가 더 많다. 〔동생에 대한 솔직한 감정 표현을 함.〕
- 수영은 재미있다. 좀 힘들긴 하지만 할 수 있다.
- 집중력이 좋아졌다가 다시 또 나빠졌다가 한다.
- 모레 글쓰기 대회에 나갈 거다. 전에 상 탄 적이 있어 자신감이 생겼다. 〔다양한 영역에 관심을 보이며 자신감이 향상됨.〕
- 여기 오는 게 귀찮은데 지하철 타는 게 힘들다. 근데 오다 보면 귀찮다는 생각이

사라진다. 여기 많이 다녔으면 좋겠다./ 좋은 점: 이야기하고 재미있게 놀 수 있어서 좋다. (치료 상황을 편하고 즐겁게 느끼고 있음. 실제 생활과는 다르게 자신의 연령에 맞는 어린이 역할을 할 수 있고 치료자의 관심과 정서적 지지를 받는 것을 즐기는 듯함.)

- (치료자에게 소꿉놀이 세트로 찻상을 차려줌. 차, 과일, 빵 등을 푸짐하게 차림.) 선생님 드세요. 이게 맛있는 거예요. (음식을 통해 치료자의 관심과 애정을 받고 싶은 욕구를 나타내는 것으로 판단됨.)

요약 및 설명

자신의 일상생활과 심리치료에 대한 느낌을 편안하고 솔직하게 이야기하였다. 최근, 의욕과 활력이 증가하고 다양한 영역에 대해 관심을 보이며, 자신감과 힘든 것을 인내하는 능력 등이 향상되고 있는 것으로 보인다. 또한 즐거움 등의 긍정적인 정서를 많이 경험하는 듯하다. 치료자와 부모로부터 관심과 정서적인 지지를 받고 싶어하는 욕구를 여전히 갖고 있는 것으로 보인다.

〈母 면담〉

- 지영의 최근 상태와 부모의 노력에 대해 이야기하였다.

    가족 상황이 어렵다 보니 가족 외출도 별로 못했는데, 남편과 상의해서 지영이만이라도 가고 싶어하는 곳에 데리고 가야겠다는 생각이 들었다.

    지영이 여러 가지로 조금씩 나아지고 있다. 일단 귀신이 무섭다는 얘기가 줄었다.

    공부, 숙제: 공부도 스스로 찾아서 하려 한다. 그런데 안 할 때는 안 한다. 그러면 걱정이 되어서 공부하라고 잔소리를 하게 된다.

    동생과는 여전히 사소한 걸로 다툰다. 요즘은 동생과 싸워도 지영이를 야단 안 치고 자기들끼리 해결하도록 내버려 둔다. 그러면 지영이가 동생을 달래기도 한다.

    좋은 친구들이 생겼다고 좋아한다. 지영이 친구들과 노는 걸 예전보다 좋아하는 것 같다.

칭찬: 칭찬을 해 주려고 노력은 하는데, 많이는 안 하게 된다. 야단치는 건 예전보다 줄어들었는데, 그래도 가끔은 야단친다.

요약 및 설명

지영의 불안 증상이 호전되고 있고, 일상생활의 의욕이 증가하고 있다고 보고하였다. 또한 부모의 노력과 한계에 대해서도 솔직하게 이야기하였다.

치료자는 지영이 현 상황에 대처하는 능력이 향상되고 있지만, 동생들에게 부모의 관심을 빼앗기고 있다고 느낄 수 있어 관심 받고 싶은 욕구가 강하다는 것을 설명하였다. 따라서 간혹 지영이만을 위한 시간을 할애해서 부모의 관심과 애정을 느낄 수 있게 하도록 조언하였다.

■ 12~15회기

＊ 자신의 일상생활에 대한 이야기를 즐겁게 하는 데 주로 시간을 보내고, 여러 가지 놀이를 조금씩 하였다.

• 요즘 즐겁게 지낸다. 아빠하고 둘이 놀이동산에 갔다 왔다. 하루 종일 신나게 이것저것 다 탔다. 요즘 재미있는 일이 많아 자꾸만 웃음이 나온다.

• 어제 수영 테스트 잘 봤다. 수영교실에 안 빠지고 다닌다. 친구와 같이 다닌다.

• 엄마하고 내 생일 선물에 대해 얘기했다. 햄스터나 물고기 키우고 싶다고 했더니 아빠와 상의해 보겠다고 하셨다. 기대된다.

• 동생하고 사이가 좀 좋아졌다./ 물장난 하면서 재미있게 놀아서.

• (가끔 소꿉으로 음식을 차려서 치료자와 같이 먹는 놀이를 함.)

• (볼링 게임이나 다이아몬드 게임을 하기도 함. 게임 규칙을 잘 지키고 승부에 집착하지 않음.)

요약 및 설명

　학교생활을 비롯해 일상생활에서 즐거움을 많이 경험하며, 자신의 감정과 욕구를 억압하지 않는 등 대처능력과 적응력이 빠르게 향상되고 있는 것으로 보인다. 부모가 지영에게 세심한 관심과 정서적 지지를 계속 제공하고, 지영의 욕구를 존중하는 것으로 판단된다.

3) 후 기

　치료의 목표가 상당 부분 달성되어 후기 단계에서는 지영의 변화된 측면을 공고하게 하는 데 중점을 두었다. 즉 자신의 감정과 욕구를 억압하지 않고 중시하면서도 현실 상황에 적합하게 행동하는 능력을 향상시켜 학업이나 대인관계에서 효율적으로 대처하고 자신감을 가질 수 있도록 격려하였다.

■ 16회기
＊ 인형 놀이를 하면서 이야기를 만드는 놀이를 하였다.
• (인형 놀이 세트를 가져옴.) 오늘은 좀 다르게 할래요.
• 부모가 외국에 갔어요. 그래서 에밀리와 딕은 삼촌 집에서 지내요. 삼촌의 아기, 올리브와 같이요. 삼촌도 외국에 가고 없어요. 작은 엄마가 시장 간 사이에 작은 엄마의 친구들이 와서 에밀리와 딕이 접대를 해요. 음료수, 과일 내고, 아기에게 우유 주고, 과자 주고. 숙제도 얌전히 했어요. 아기도 잘 돌봐 주고. 아기는 아주 귀여워요. 방긋방긋 웃거든요. 작은 엄마가 직장에 다녀서 저녁에 피곤하기 때문에 에밀리와 딕이 아기를 돌봐주면 고마워해요.
• 애들이 저녁도 해 먹고 설거지하고 집안 정리까지 했어요. (남매 인형들이 서로 도와가며 인형의 집을 깨끗하게 정리함.) 매일 그러는 건 아니지만 오늘은 특별한 날이거든요. 작은 엄마 생일이에요.

오랜만에 인형 놀이를 선택했는데, 예전에 비해 인형 놀이의 주제가 상당히 변화되었다. 부모의 보호 없이도 스스로 생활하는 아이들을 역할 연기하면서, 남매의 협동으로 모든 문제를 잘 해결하는 놀이를 하였다. 특히 아기를 돌보고 손님 접대까지 하는 등 부모의 역할을 일부 수행하면서, 맏이로서 자신에게 부여된 역할을 큰 부담감과 스트레스 없이 수용하려는 경향을 보이는 것으로 판단된다. 자신의 현 상황에 대해 비교적 효율적인 대처를 할 수 있는 능력이 향상된 듯하고, 자율성과 자신감을 상징적으로 나타내는 것으로 생각된다.

■ 17회기

✻ 예전에 비해 달라진 자신의 일상생활에 대해 이야기하였다.

• 잘 지낸다. 전에는 화나면 계속 화가 나고, 배도 아팠는데, 요즘 치료받으러 다니면서 화가 소화되는 것 같다. 나쁜 일은 거의 없어지고, 즐거운 일만 머리 속에 가득 찼다.

• 좋은 일이 또 있었다. 아빠와 같이 백화점에 옷 사러 갔었다. 생일 선물로 내가 원했던 햄스터 대신 옷을 사 주시겠다고 해서 그것도 괜찮다고 했다. 옷은 아주 마음에 든다.

• 동생은 요즘도 말썽을 많이 부린다. 패주고 싶지만, 예전보다는 나아져서 봐 준다. 아무래도 좀 더 커야지 말이 통할 것 같다.

• 친구들과도 잘 지내는데, 그 애들은 거의 다 어린 것 같고, 동생 같다.

지영이 심리치료를 통해 변화된 점들에 대해 조리 있게 이야기하였다. 오랫동안 누적되었던 좌절감과 억압되었던 감정들을 표출하고, 자신의 욕구와 감정을 자연스럽게 표현하게 되면서 화와 신체화, 불안감 등이 감소된 것으로 보인다. 긍정적인 감정과 의욕과 활력이 증가하고, 동생을 포함해 다른 사람들에 대해서도 좀 더 이해하려 하고 관

대해진 경향을 보이는 것으로 판단되었다. 부모가 지영에게 긍정적인 영향을 주는 노력을 지속하고 있는 등 더 이상 심리치료를 계속할 필요성이 감소하여, 2회기를 더 한 후에 종결하기로 지영과 부모와 합의하였다.

4) 종 결

■ 20회기

＊ 심리치료의 성과에 대해 평가하고, 그림을 그린 후 종결에 대해 이야기하였다.

• 요즘 힘든 것이 없어졌다. 계속 기분이 좋다. 동생의 웃음소리도 재미있어졌다. '꺅'에서 '호호호'로 바뀌었다. 친구들이 나보고 예전과 달라졌다고 했다. 말이 많아졌다고.

• 두려움: 무서운 것도 많이 없어졌다. 이제 혼자서도 잘 잔다.

• 집중: 좀 나아졌다. 잘 되기도 하고 안 되기도 하는데, 그럭저럭 잘 된다.

• 공부: 잘 된다./ 영어는 별로 재미없다. 수학은 재미있어졌다. 국어는 여전히 좋아한다.

• (말 없이 치료실에 있는 조화들을 엮어서 상담자에게 꽃다발을 만들어 줌.) 〔치료자에 대한 감사의 표현인 것으로 판단됨.〕

• (색점토로 사람을 만듦.) 제목: 들판 위에 서 있는 사람./ 조금 마음에 든다. 많이 들지는 않는다./ 생각나는 것: 아무 생각 안 난다, 아니 조금 난다. 푸른 들판, 넓은 들판, 푸른 바다. (말하면서 종이에 물감으로 푸른 들판을 그림.) 〔정서적인 안정감과 평화로움을 표현하는 것으로 보임.〕

• (치료자가 지영에게 나무 그림을 그려보도록 요청하자 열심히 그림.) 나무 그림이 맘에 든다./ 그냥 나무다./ 상태: 괜찮다.

〔처음 그렸던 나무 그림과 상당한 차이를 보임. 처음 그림에서 나뭇잎을 그리는데 강박적으로 집착했던 것과 달리, 전체적인 구도가 양호하고 나뭇가지 등을 적절하게 표현하고 있어 자존감과 현실 대처 능력 등이 많이 향상되었음을 시사함.〕

- 심리치료 종결에 대해: 이제 여기 안 와도 혼자 잘 지낼 수 있을 것 같다. 친구들과도 친하게 지낸다. 엄마, 아빠도 옛날과 달라진 것 같다. 그런데 여기 안 오게 된 것은 좀 섭섭하다. 여기 다니는 거 좋았는데. 〔더 이상 치료를 받지 않아도 잘 지낼 수 있다는 자신감과 동시에 치료자와의 이별에 대한 섭섭함을 적절하게 표현하고 있음. 치료자는 이별의 선물로 예쁜 카드에 지영이 앞으로 뭐든 잘 해 나갈 수 있을 것이라는 믿음과 격려의 글을 적어 지영에게 주었음.〕

요약 및 설명

잘 웃고 밝고 활력 있어 보였다. 말이 많아지고, 솔직하고 적극적으로 자신의 의사 표현을 하였다. 또한 정서적으로 안정되고 자신감 있어 보였다. 실생활 스트레스에 대한 대처 자신감이 향상되는 등 현재 생활에서 별다른 어려움은 없는 것으로 판단되었다. 종결 이후에도 당면하는 어려운 문제들을 잘 해결해 나갈 수 있을 것으로 보여, 이러한 치료자의 믿음을 전달하고 격려하였다.

〈父 면담〉
- 지영의 현재 생활과 심리치료 성과에 대해 이야기하였다.

父가 보기에도 그렇고 지영 母가 보기에도 지영이 많이 좋아졌다고 한다. 짜증도 안 내고, 동생들에게도 예전처럼 잘 해 준다. 성격도 밝아지고 이것저것 배우려고 한다.

공부하는 것도 덜 힘들어한다. 가끔 귀찮아하기는 하지만 숙제 같은 건 알아서 잘하는 편이다. 책도 많이 읽는다.

큰 애라 기대가 많은데, 잘 해 나갈 것 같다.

부모가 바빠서 지영이와 많이는 못 놀아주지만 좀 더 관심을 가져 주려고 신경 쓴다.

요약 및 설명

지영의 현재 상태는 부모가 보기에도 많이 호전되어 별 문제 없이 지내고 있는 것으로 판단되었다. 치료자는 치료 종결 이후에 부모의 정서적 지지가 더욱 필요함을 조언하였다.

6. 심리치료 결과 및 평가

지영이의 경우, 여러 가지 증상들을 갖고 있음에도 불구하고 심리적으로 건강한 측면을 많이 갖고 있었다. 즉, 애착 형성이 양호했고 부모가 성격적으로 건강하며 비교적 긍정적인 양육 방식을 갖고 있는 등 내담 아동 자신뿐 아니라 가정의 보호 요인들을 많이 갖고 있었다. 또한 문제가 시작된 것이 오래 되지 않은 점 등이 비교적 단기간의 심리치료로 호전을 보이게 된 주요인으로 판단된다. 지영의 경우, 비교적 정상적인 성장 과정에 있지만, 동생들이 많고 장애아 동생이 있어 부모의 관심이 충분히 주어지지 못했다는 점과, 유능하고 성실한 맏이로서의 많은 기대를 계속 받았다는 점 등이 만성적인 스트레스로 작용했던 것으로 보인다. 아동중심적인 심리치료를 통해 온정적인 관심과 공감을 받는 경험을 할 수 있었고, 그로 인해 그동안 억압해 오던 어린아이로서의 욕구와 감정을 표출할 수 있었다는 점이 치료에 효과적이었던 것으로 판단된다. 또한 부모의 실천적인 노력이 지영의 긍정적인 변화에 도움이 되었다.

치료 성과로는 불안 증상과 학습 문제 등 주된 문제들이 해결되고 의욕과 활력 및 자신감이 향상되었으며, 현실의 어려움에 효과적으로 대처할 수 있는 능력이 개발되었다는 점을 들 수 있다. 지영이의 사례는 대화와 놀이를 활용한 아동중심적 접근방법으로 단기간의 심리치료를 통해 스스로 자신의 어려움에 대해 잘 인식하고 해결책을 찾아나간 경우이다. 지영이처럼 정서적인 문제를 갖고 있지만 개인적 잠재력과 부모의 보호 요인이 뒷받침되는 경우, 아동중심적인 심리치료가 문제 행동의 개선뿐 아니라 긍정적인 잠재력을 이끌어내고 성장 과정을 촉진시키는 데 도움이 될 수 있다.

제6장

우울장애 아동의
아동중심 놀이와
사회기술 훈련 결합치료 및
부부 상담

우울장애 아동의 아동중심 놀이와
사회기술 훈련 결합치료 및 부부 상담

1. 사례: 잘 울고 주의 산만한 경식이

초등학교 1학년 남아인 경식이에 대해 어머니가 호소한 주된 문제는 산만하고 과 잉활동을 보인다는 것과 정서적으로 불안정해 보인다는 것이다. 즉, 학교에서 수업시 간에 돌아다니기도 하고, 집에서 숙제를 제대로 하려고 하지 않는다. 정서적인 문제로 는 사소한 일에도 잘 울어서 친구가 조금만 건드려도 우는 등 학교에서 하루에 한두 번은 울고 집에서도 두세 번은 운다. 집에서는 여동생을 자주 떠밀고 욕을 한다.

2. 초기 면담과 행동관찰

1) 내담 아동과의 첫 면담

경식은 귀여운 외모의 아동으로 어머니와 함께 면담실로 들어왔다. 웃는 표정으로 두 손을 모으고 공손하게 인사를 하였다. 수줍어하면서 치료자와 눈맞춤을 잘 못하였 지만 질문에 대해서는 성의껏 대답하였다. 그러나 질문과는 맞지 않는 대답을 하거나 말에 다소 조리가 없는 편이었다. 다음은 첫 면담 중 주요 부분에 대한 축어록이다.

> 치료자: 학교 다니는 게 어때?
> 경식: 좋아요.

치료자: 학교 다니는 게 좋구나. 그래, 어떤 게 좋아?

경식: 오락이요.

치료자: 오락? 어떤 오락인지 좀 더 얘기해 볼래?

경식: 동그란 거, 네모난 거에 넣어서 오락하는 거요. 아빠가 켜면, 10분 동안 오락해요.
〔치료자가 학교생활에 대해 물어보았지만, 집에서 자신이 좋아하는 것에 대해 대답
하고 있음. 치료자 말에 주의를 기울이지 못하고, 다소 긴장한 듯함.〕

치료자: 그렇구나. 오락을 좋아하는구나. 또 좋아하는 거 말해 볼래?

경식: 공부요.

치료자: 경식이가 공부를 좋아하는구나. 어떤 공부가 좋아?

경식: 수학하고 국어요.

치료자: 그래. 그럼 힘든 과목은 뭐지?

경식: 없어요.

치료자: 학교에서 어려운 건?

경식: 없어요. 쉬운 것만 있어요. 〔다소 방어적인 태도를 나타내면서 자신의 문제를 부
정하고 있음.〕

치료자: 경식이는 학교 다니는 데 힘든 거나 어려운 게 없다고 생각하는구나. 〔내담자
의 반응을 수용하고 반영함.〕

경식: 공부하기가 힘들어요. 〔자신의 문제를 솔직하게 말하기 시작함.〕

치료자: 그래, 다시 생각해 보니 공부하는 게 힘들구나.

경식: 예.

치료자: 선생님은 어떠시니?

경식: 좋아요. 안 무서워요.

치료자: 선생님이 야단 별로 안 치시나 보다.

경식: 예.

치료자: 친구들은 어때?

경식: 재미있게 놀아요.

치료자: 친구들과 뭐하고 놀지?

경식: 공차기 놀이요.

치료자: 친구들하고 지내는데 어려운 건 없니?

경식: 없어요. 〔실제로는 친한 친구가 없고 혼자 지내지만, 자신의 문제를 감추려 함.〕

치료자: 친구들과 잘 지낸다고 생각하는구나. 친구들과 싸우기도 하니?

경식: 안 싸워요.

치료자: 경식이가 공부하는 것은 힘들지만 친구 사귀는 것은 괜찮은가 봐.

경식: (침묵)

치료자: 오늘 다 얘기 안 해도 돼. 다음에 경식이가 얘기하고 싶을 때 더 얘기하자. 〔힘든 문제에 대해 내담 아동이 이야기하기 꺼리는 것을 수용하고 존중하는 반응을 함.〕 이제 경식이 가족에 대해 얘기해 볼래? 아빠, 엄마에 대해 얘기해 볼까?

경식: 아빠는 남자예요. 〔아빠에 대해 중립적이고 감정이 실리지 않는 말로 시작함.〕

치료자: 그래. 그렇지. 아빠는 어떤 분이니?

경식: 좋아요.

치료자: 아빠가 잘 놀아주시니?

경식: 재미있는 데만 가요.

치료자: 아빠가 무섭니?

경식: 아뇨, 안 무서워요.

치료자: 엄마는 어때?

경식: 좋아요. 화가 나요. 〔양가감정을 표현함.〕

치료자: 엄마가 좋지만 엄마한테 화가 나 있구나. 뭣 때문에 화가 날까?

경식: 그냥 화가 나요. 말 안 들을 때 화내요.

치료자: 엄마가 화내면 무섭니?

경식: 예.

치료자: 때릴 때도 있니?

경식: 예.

치료자: 그래서 엄마한테 화가 났구나. 〔내담 아동의 감정에 공감하는 반응을 함.〕 이번엔 가족 중에 좋은 사람과 싫은 사람 얘기를 해 보자. 누가 제일 좋아?

경식: 아빠요.

치료자: 그럼 가족 중에 싫은 사람이 있니?

경식: 엄마요.

요약 및 설명 ● ● ●

첫 면담에서 치료자는 치료자–내담자 관계 형성을 위해 수용적인 태도를 보이면서, 내담자의 일상생활에 대한 정보를 얻고자 하였다. 초반에 내담 아동은 다소 긴장하고 방어적인 태도를 보이며 말에 일관성이 부족하지만, 자신의 어려움들을 조금씩 말하기 시작하였다. 가족에 대해서는 다소 피상적이지만 솔직한 감정을 보였다. 치료자는 내담 아동이 불편하게 느끼지 않도록, 대략의 정보만을 얻고 지나치게 깊은 수준의 대화를 유도하지 않았다. 내담 아동은 대화에 순응적인 태도를 보이고 있지만, 사용하는 언어가 단순하고 발음이 다소 부정확하였다. 따라서 치료자는 내담 아동의 언어 사용 수준에 맞추어 단순한 언어를 주로 사용하여 면담하였다.

2) 부모와의 첫 면담에서 얻은 정보

(1) 부모가 호소하는 주된 문제

① 숙제하기를 몹시 싫어하고, 주의가 산만하고 학교 수업시간에 돌아다닌다.

② 잘 운다. 애들한테 무슨 말만 들어도 울고, 놀려서 운다. 애들이 울보라고 놀린다. 집에 와서는 그런 얘기 안 한다.

③ 동생을 배려하지 못하고 양보 안 한다. 자주 떠밀고 욕한다. 하지 말라고 해도 안 된다.

④ 마음이 너무 여려, 의사표현을 제대로 못한다. 말을 조리 있게 못한다.

⑤ 친구를 사귀고 싶어하지만 친한 친구는 없다. 사회성이 부족한 것 같다.

⑥ 담임 선생님이 문제가 있다고 상담 받아보라고 했다. 이 말을 듣고 母가 스트레스 받아 애를 더 야단치고 매도 들었다.

(2) 발달력

임신과 출산 과정에서 별 문제는 없었다.

건강하고 정상 발달하였다.

母가 직장에 다녀 5세까지 같은 동네에 사는 친할아버지와 할머니가 돌보았다. 장

손이라 과잉보호하고 밖에 잘 안 데리고 나가고 집에서 주로 지냈다.

　유치원에서 선생님이 야단치거나 친구와 싸우면 울고 밖으로 뛰어 나갔다.

　유치원 때 손톱을 물어뜯고 짜증을 많이 냈다.

　5세 때 어느 상담소에 갔더니 정상이라고 했다. 애들이니까 고쳐질 거라고 했다.

　6세 때 여동생이 태어나면서 母가 직장을 그만두고 내담 아동을 돌보기 시작하였다. 이때부터 조모와 분리불안을 보였다. 동생을 싫어하고 꼬집었다.

　초등학교에 입학해서는 잘 적응을 못하고 있다.

(3) 가족력

현재 부모, 경식, 여동생이 함께 살고 있다.

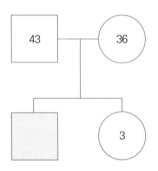

- 父(43세): 건설회사 직원. 대졸. 성격이 반듯하고 꼼꼼하다. 말수가 없고 아이들에게 애정 표현을 안 한다. 직장 일이 많아 항상 늦게 귀가하며, 가족과 함께 하는 시간이 별로 없다.
- 母(36세): 전업 주부. 3년 전까지 건설회사 경리. 고졸. 소극적인 성격이다. 활발하지 못하고 하고 싶은 말을 마음에 담아둔다. 친구가 별로 없다.
- 여동생(3세): 예민한 성격이라 잘 울고 짜증을 많이 낸다.
- 조부(74세): 점잖고 말수가 적다. 슬하에 내담 아동의 父가 장남이고 모두 3남 2녀를 두었다. 내담 아동이 장손이라 기대가 크다.
- 조모(63세): 활동적인 성격이라 친구가 많다. 하고 싶은 말은 다 한다. 내담 아동이 해 달라는 것은 다 해 주고 과잉보호하면서 키웠다.
- 부부 관계: 그저 그렇다. 부부가 함께 하는 시간이 거의 없다. 부부간에 대화가 별

로 없다. 시부모님 모시는 문제로 갈등이 있다. 결혼하면서 분가했는데, 남편은 장남인 자신이 부모님을 모셔야 한다고 생각한다. 같은 동네에 사는 시부모 댁에 이삼일에 한 번씩 방문한다. 이 문제로 가끔 다툼이 있고, 그럴 때 남편은 물건을 던지는 등의 폭력을 행사하기도 한다.

- **고부 관계:** 내담 아동의 父가 너무 효자라 내담 아동의 母도 시부모에게 잘하기를 요구한다. 자주 찾아가고 잘하려고 노력하지만 시어머니는 불만이 많다. 특히 내담 아동을 매일 보고 싶어해서 함께 살고 싶어하는 것이 가장 부담스럽다. 쾌활한 성격이라 당신이 하고 싶은 말은 다 하고 나서 잊어버린다. 고부 관계에서 상처를 많이 받는다.

3) 담임 교사와 전화 면담을 통해 얻은 정보

- 주의 산만하고 제 맘대로 돌아다닌다. 운동장에 나가 앉아 있거나 돌아다닌다.
- 다른 애들이 경식이를 놀린다. 잘 울고, 발표 못한다고 애들이 놀린다.
- 글씨는 쓰지만 학습이 조금 느리고, 알림장을 제일 늦게 쓴다.
- 母도 아이의 문제를 알고 있고, 상담이 필요한 것 같다.

3. 심리검사

경식이의 현재 정서 상태와 적응 정도 등을 알아보고, 전반적인 지능 평가와 주의력 평가 등 인지 기능들을 평가하는 것이 필요하여 종합적인 심리검사를 실시하였다. 또한 가족 문제가 개입되어 있을 가능성이 시사되어 부모 성격검사도 실시하였다. 포함된 검사는 BGT, HTP, KFD, SCT, KEDI-WISC, Rorschach, 父母 MMPI 등이었다.

1) 검사태도

귀엽고 밝은 표정의 아동으로, 검사자와 눈 접촉을 잘하였음. 발음이 다소 부정확하고 간혹 목소리가 매우 커졌으며 언어 표현이 다소 서툴렀음. BGT를 할 때는 번호를 매겨가면서 그렸음. 점의 숫자를 정확하게 세고 확인하였고 "틀려도 괜찮아요?"라고 물어보았음. 그림 검사를 할 때는 집 그림에 나무를 같이 그리겠다고 하였음. 집 그림에는 숫자를 가득 써 넣었음. 지능검사를 할 때는 과제에 비교적 집중하고 지시를 잘 따랐지만 모양맞추기 등에서 어려운 문제를 쉽게 포기하였음. 산수 문제를 할 때는 문제를 자주 다시 물어보았음. 가족화 그림은 "힘들어서 안 그리겠다."라고 거부하였음. 전반적인 검사태도는 비교적 협조적이었지만, 자주 의자 위에 올라가고 책상 위에 발을 올려놓았으며 연필과 지우개를 입에 무는 등 몸을 가만히 두지 못하였음.

2) 심리검사 원자료

(1) BGT

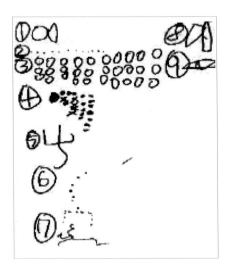

(2) 그림 검사

① 집 그림과 나무 그림

* 집 그림
- 어떤 집: 아파트.
- 누가 사나: 사람이 살아요.
- 분위기: 깨끗하고 향기도 좋아요.
- 미래: 여기 계속 있어요.

* 나무 그림
- 어떤 나무: 울타리나무.
- 나이: 요만큼 커요./ 여섯 살.
- 상태: 살아있어요./ 좋아요.
- 주변에 다른 나무: 없어요.
- 미래: 몰라요.

② 남자 그림

- 누구: 어떤 애.
- 나이: 일곱 살.
- 지금: 운동해요.
- 기분: 좋아요.
- 성격: 좋아요.
- 장래 희망: 경찰관.

③ 여자 그림

- 누구: 걸어가는 사람.
- 나이: 여덟 살.
- 지금: 걸어가요.
- 기분: 좋아요.
- 성격: 좋아요.
- 장래 희망: 간호사.

(3) 문장완성검사

1. 내가 가장 행복한 때는 <u>할머니 댁 갈 때</u>.
2. 내가 좀 더 어렸다면 나는 <u>공부하기가 싫다</u>.
3. 나는 친구가 <u>나은게는 조은친구가 은어서 기쁘이죠</u>.
4. 다른 사람들은 <u>나를 때린다</u>.
5. 우리 엄마는 <u>맛있는 반찬을 주신다</u>.
6. 나는 <u>나는 공부하기가 좋다 공상을 잘 한다</u>.
7. 나에게 가장 좋았던 일은 <u>방학동안 잘 놀았다</u>.
8. 내가 제일 걱정하는 것은 <u>슬플 것이다./ 그냥 슬퍼요./ 눈물이 나서./ 친구가 때</u>
   <u>릴 때 같이 때려요. 울고</u>.
9. 대부분의 아이들은 <u>대부분의 아이는</u>.
10. 내가 좀 더 나이가 많다면 <u>내가 좀 더 아이가 많으면 10살이 되면</u>.
11. 내가 가장 좋아하는 사람(은) <u>박동철(가명)</u>이다.
12. 내가 가장 싫어하는 사람(은) <u>안경수(가명)</u>이다.
13. 우리 아빠는 <u>회사 다닌다</u>.
14. 내가 가장 무서워하는 것은 <u>귀신</u>.
15. 내가 가장 좋아하는 놀이는 <u>공차기</u>.

16. 내가 가지고 있는 것 중에서 제일 아끼는 것은 <u>연필, 지우개</u>.

17. 내가 가장 가지고 싶은 것은 <u>장난감</u>.

18. 여자 애들은 <u>여자다</u>.

19. 나의 좋은 점은 <u>동화책 읽어</u>.

20. 나는 때때로 <u>없다</u>.

21. 내가 꾼 꿈 중에 제일 좋은 꿈은 <u>공 차기 꿈</u>.

22. 나의 나쁜 점은 <u>있다</u>.

23. 나를 가장 슬프게 하는 것은 <u>눈물</u>.

24. 남자애들은 <u>좋다</u>.

25. 선생님들은 <u>좋다</u>.

26. 나를 가장 화나게 하는 것은 <u>놀리는 것</u>.

27. 나는 공부 하기 <u>좋다</u>.

28. 내가 꾼 꿈중에 제일 무서운 꿈은 <u>귀신 꿈</u>.

29. 우리 엄마 아빠는 <u>좋다</u>.

30. 나는 커서 <u>경찰관</u>이(가) 되고 싶다.
    왜냐하면 <u>도둑을 잡고 싶어서</u>.

31. 내 소원이 마음대로 이루어진다면,
    첫째 소원은 <u>마음/마음이다</u>.
    둘째 소원은 <u>기억을 한다./ 친구가 마음을 하면 좋아요./ 몰라요</u>.
    셋째 소원은 <u>장난치는 게 싫다</u>.

32. 내가 만일 먼 외딴 곳에 혼자 살게 된다면, <u>엄마, 아빠, 동생</u>와 제일 같이 살고
    싶다. 왜냐하면 <u>좋다/안 믿다. 믿고, 안 믿다</u>.

33. 내가 만일 동물로 변할 수 있다면 <u>사자</u>이(가)되고 싶다. 왜냐하면 <u>호랑이와 싸
    우게</u>.

(4) 로샤 검사

카드 번호	반응 시간	반응 번호	연상반응	질문반응
I	6"	①	박쥐	① (전체) 울타리./ 뾰족한 게 있어서./ 박쥐?: 날개 있어서. 꼬리.
II	4"	V①	폭발산	① (전체) 화산이 있어서./ 폭발이 나서./ 밑에서 위 로 올라와 폭발
III	10"	V∧①	바퀴벌레 사람 T.L.) 몰라요./ 사람?: 맞아요.	① 이빨./ 손도 있고 발도 있고.
IV	2"	①	고릴라	① (전체) 얼굴 무서워서./ 눈이 나빠서./몸이고.
V	3"	①	아까 틀렸어, 이게 박 쥐고, 이건 울타리	① (전체) 날개가 있어서, 다리도 있어서./ 울타리?: 위에가
VI	8"	①	망가진 기타	① (전체) 뭐가 망가져서./ 막 써서, 소리를 크게 내 서 망가졌어요.
VII	3"	①	뼈 T.L.) 다리./ 몰라요	① (v)(전체)전체가 뼈./ 다리. 무릎, 얼굴, 사람 뼈.
VIII	7"	①	귀신 T.L.) 손	① (전체) 왔다 갔다 해서./ 이렇게(세로로) 반 자르 면 귀신 아니예요?/ 이게 있어서./ 공기가 이리로 들어가요. 사람인데 귀신으로 바꿨어요.
IX	10"	①	폭발	① 몰라요./ 몰라요.
X	3"	①	악어나비	① 악어같이 생겼어./ 악어나비?: 악어가 나비와 합 쳐져서./ 전부 나비. 전체가, 그래서 악어나비.

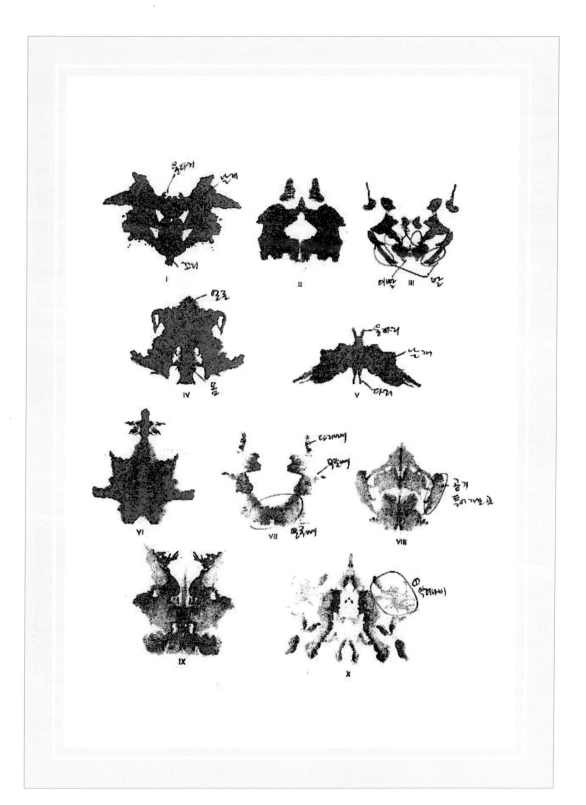

(5) 부모 성격검사

母 MMPI

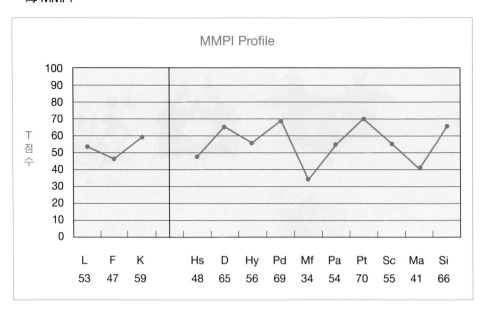

父 MMPI

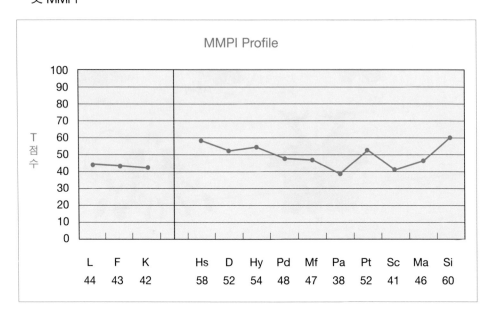

3) 검사결과

① BGT: 곡선 모사가 부정확하며 각도가 맞지 않는 등 도형 모사의 정확성이 다소 부족하지만, 연령을 고려할 때 뇌의 기질적 장애가 시사되지는 않음(즉각적 회상 = 5).

② 인지 기능: KEDI-WISC로 측정한 전체 지능지수는 89로 〔보통 하〕 수준의 상단에 속하며 동일한 연령대에서 하위 25% 수준에 속함. 그러나 지적 잠재력은 동등 수준 혹은 보통 수준으로 추정됨. 언어성 지능과 동작성 지능 간에 유의미한 차이를 보이지는 않음.

상식문제	공통성문제	산수문제	어휘문제	이해문제	숫자문제	언어성지능
11	10	8	7	9	9	94

빠진곳찾기	차례맞추기	토막짜기	모양맞추기	기호쓰기	동작성지능
9	7	9	7	8	85

상식적 지식, 추상적 사고력 및 사회적 상황을 이해하는 능력은 보통 수준으로 습득되어 있음. 또한 시각적 예민성과 시각적 분석-통합력 등도 보통 수준에 속해 기본적인 시지각과 공간지각 능력 등 지각적 조직화 능력이 양호한 것으로 판단됨.

그러나 언어이해력과 언어표현력은 매우 부족하고, 문장완성검사에서 철자 오류도 상당히 보이는바('나에게는'을 '나은게는' '좋은'을 '조은'으로 씀.) 기초 학습의 곤란을 나타냄. 이에 더해 주의력과 집중력도 저하되어 있어 학습 상황에서 어려움을 보이며 지적 잠재력을 발휘하지 못하고 있는 것으로 보임. 또한 기본적인 사회적 상황에 대한 이해는 가능하지만, 다소 복잡한 대인 상황이나 정서적인 불안을 유발하는 스트레스 상황에서는 판단력과 대처 능력에서 상당한 비효율성을 보이겠음.

시각-운동 협응력과 시각-운동 속도 등도 상당히 저하되어 있음. 이는 정서불안과 주의 산만 등에 기인한 것으로 보임.

③ 사고 및 문제 해결: 기본적으로 비현실적인 사고를 현저하게 보이지는 않음. 그러

나 정서적인 자극에 대해 관습적인 지각을 하지 못하고 지각적 정확성이 저하됨. 특히 외부 상황을 매우 두렵고 부정적으로 지각하는바, 정서 불안 상황에서 왜곡된 사고와 미숙하고 경직된 현실 판단을 보일 수 있겠음.

사고 내용이 단순하고 제한되어 있으며, 불안과 무력감과 관련된 주제를 많이 보이고 있음(로샤 검사에서 괴물, 망가진 기타 등). 논리적인 사고력도 부족하며, 정서 불안 상황에서는 문제 해결의 효율성이 매우 저하되겠음.

④ 정서 및 성격: 정서적으로 심한 불안정감이 내재되어 있으며 상당한 무력감과 슬픔을 경험하고 있음(내가 제일 걱정하는 것은 슬픈 것이다, 나를 가장 슬프게 하는 것은 눈물). 정서 조절 능력이 매우 부족해 사소한 외부 자극에 의해서도 쉽게 불안해지겠음. 따라서 상황에 적절한 대처 능력이 발달되지 못하고, 불안정한 행동을 보이거나 울거나 회피하는 등의 반응을 나타내는 것으로 판단됨. 현실에 대처하는 자신의 능력에 대해 자신감을 갖지 못하고 무능감을 경험하면서 매우 위축되어 있음.

성격상 소심하고 소극적인 경향을 보이며, 욕구나 감정을 억압함으로써 불안이나 무력감 등을 효과적으로 해결하지 못하겠음. 또한 실수에 대한 두려움이 내재되어 있어 때로 꼼꼼한 양상을 보이면서 자신의 행동을 통제하려는 노력을 보이고 있지만, 전반적으로 자기 통제력이 부족해 욕구 좌절에 대한 인내력도 저하되어 있겠음.

대인 관계에서는 사회적 상황에서 미묘한 단서를 지각하는 데 둔감하고 언어이해와 언어표현력 등 사회적 기술이 부족해 친밀하고 공감적인 대인 관계 형성의 곤란을 보이겠음. 또한 대인 상황에서 좌절감을 많이 경험한 듯, 쉽게 예민해지며 두려워하고 불안해지겠음(다른 사람들은 나를 때린다). 따라서 자주 소극적인 경향을 보이며 위축되고 다소의 고립감도 경험하겠음.

기본적인 애착 형성에서 안정감이 부족한 것으로 보임. 특히 양육자와의 관계에서 안정감과 애정 욕구가 충족되지 못한 데서 기인한 무력감과 좌절감, 분노감이 내재되어 있음. 부모뿐 아니라 조모와의 애착 관계 역시 불안정하게 형성되었을 가능성이 시사됨. 고부 갈등을 비롯한 부모 간의 갈등을 아동이 감당하기 어려울 수 있으며, 기본적인 자기 개념도 미약하게 형성되어 있어 사소한 스트레스나 좌절에도 취약하겠음. 정서 불안에 더해 조모와의 분리, 학교 입학 등 새로운 변화로 인한 스트레스가 심한 데다가, 학습 곤란과 또래 관계의 어려움 등 학교생활에 적응하지 못하고 부정적인 평가를 받는 데서 오는 스트레스가 더해져 상당한 무기력감과 우울감을 경험하며 위축되어 있음.

우선적으로 안정적인 부모-자녀 관계 형성이 필요하겠음. 이를 통해 정서적인 안정감을 회복하고 자존감을 높이는 것이 필요함. 이와 더불어 현실 대처 방식을 단계적으로 교육할 필요가 있음. 즉, 친구 사귀기 기술이나 좌절감에 대처하기, 학교 규칙 지키기 등을 교육해야 하겠음. 또한 언어문제 등으로 인한 학습장애의 가능성에 대해 고려해야 하며, 학습의 기초를 다질 수 있는 개입이 필요함.

4) 요 약

① BGT: 뇌의 기질적 장애가 시사되지는 않음.
② 인지 기능: 보통 하 수준(FSIQ=89, VIQ=94, PIQ=85)/ 언어 및 학습 문제(언어 이해와 쓰기 문제)가 시사됨.
③ 사고 및 문제 해결: 부정적이고 단순하며 제한된 사고 내용 및 경직되고 비효율적인 문제 해결 방식을 보임.
④ 정서 및 성격: 불안, 우울, 무기력감을 경험함./ 빈약한 자기 개념과 대인관계에서 과민하고 미성숙한 대처 방식을 보임./ 가족 갈등과 불안정한 애착 형성이 시사됨.

4. 사례개념화 및 심리치료 계획

1) 문제 목록

① 행동: 산만하고 과잉 활동을 보이는 등 학교 규칙을 못 지키고, 동생을 때린다.
② 정서: 슬픔과 불안, 두려움 등을 자주 경험한다.
③ 사회: 대인 관계에서 과민하며, 미숙한 사회적 기술과 대처 방식을 보인다.
④ 학업: 언어 발달이 다소 지체되어 있으며 쓰기 등의 학습 문제를 보인다. 숙제하기 등의 바람직한 학습 습관이 형성되지 못했다.

⑤ 가족: 부부 갈등, 불안정한 부모 – 자녀 관계, 조모와의 분리 불안 등을 경험하고, 동생을 미워한다.

2) 진 단

아동 면담과 부모와의 면담 자료, 교사를 통해 얻은 정보, 행동 관찰 및 심리검사 결과 등을 종합하여 우울장애(불안 동반)로 진단하였다. 학습 장애의 가능성에 대해서도 추후 고려할 필요가 있다.

3) 문제의 원인 및 유지 요인과 사례 역동

경식은 1차 애착 대상이 조모였으나, 양육자가 어머니로 갑작스럽게 변화되는 과정에서 조모와의 분리 불안을 심하게 경험했던 것으로 보인다. 특히 자신을 사랑하는 할머니와 어머니 간의 갈등을 비롯해, 이와 관련된 부모 간 갈등 등 가족 간의 불화는 어린 내담 아동이 감당하기에는 어려운 일이다. 이로 인해 슬픔과 불안감을 현저하게 나타내고 있다. 또한 어머니와 새롭게 안정된 애착 관계를 형성하는 데 어려움을 보이고 있는데, 이는 현재 주 양육자인 부모가 정서적으로 안정되어 있지 못한 것과 관련될 수 있다. 내담 아동의 어머니는 현재 상당한 불안감을 경험하면서 분노감이 내재되어 있는 상태이며, 이를 효과적으로 해결하지 못하고 있다. 이로 인해 내담 아동의 욕구에 충분히 공감하지 못하고, 처벌을 통한 훈육 위주의 관계를 맺으려 하고 있다. 이는 내담 아동으로 하여금 좌절감, 무력감 및 분노감을 경험하게 할 수 있다. 아버지의 역할도 미미하여 내담 아동의 어려움을 완충시켜 줄 역할을 하지 못하고 있다.

내담 아동은 무력감과 슬픔 등의 부정적인 정서를 효과적으로 조절하지 못해 불안정한 행동을 보이거나 울거나 회피하는 반응 등을 보일 수 있다. 이런 경험들로 인해 현실을 다루는 자신의 능력에 대해서도 자신감이 저하되고 위축되어 있다. 정서적으로 불안정한 데 더해 자기 개념도 이처럼 미약하게 형성되어 있어 사소한 스트레스나 좌절에도 취약할 수 있다. 조모와의 분리, 초등학교 입학, 학습과 숙제 스트레스 등 새로운 변화로 인한 스트레스가 심한 데다가, 학교생활에 잘 적응하지 못하고 부정적인 평가를 받는 데서 오는 스트레스가 더해져 현재 상당한 적응상의 어려움을 보이고 있다. 언어와 사회성 발달이 다소 지체되어 있는 것도 적용의 어려움을 가중시킬 수 있다. 이러한 좌절감에서 오는 분노를 동생을 공격함으로써 해소하려는 경향을 보이기도 한다.

4) 심리치료 목표

경식이의 경우, 현재 보이는 행동 문제나 정서적인 문제들이 양육자와의 불안정한 애착, 가족 간 갈등에서 오는 스트레스와 밀접하게 관련되어 있는 것으로 평가되었다. 따라서 경식이에 대한 심리치료는 내담 아동에 대한 개인 치료뿐 아니라 부모를 포함한 가족 치료적인 접근방법이 유용할 것으로 판단된다. 바람직한 양육 방식에 대한 부모교육도 필요하다. 즉, 부모가 처벌이나 경직된 양육 방식을 줄이고, 사소한 실수를 허용하며 장기적인 계획을 세워 양육할 수 있도록 교육하는 것이 도움이 될 것이다.

경식이의 개인 심리치료에서는 온정적이고 일관성 있는 관심과 긍정적인 강화를 많이 제공하고 즐거운 경험을 하게 하여 정서적인 안정감을 회복하고 긍정적인 정서 경험 및 자존감을 향상시키는 것이 필요하다. 그와 더불어 현실 대처 방식을 단계적으로 교육할 필요가 있다. 즉, 친구 사귀기 기술이나 좌절감에 대처하기, 학교 규칙 지키기 등을 교육해야 한다. 또한 언어 문제 등으로 학습 장애의 가능성이 시사되므로, 숙제하기 습관 등 학습의 기초를 다질 수 있게 도와주는 것도 포함되어야 한다. 각 영역별로 구체적인 치료 목표는 다음과 같다.

① **행동**: 교실에서 돌아다니는 행동 교정, 동생을 때리는 행동 교정.
② **정서**: 슬픔과 불안감을 해소하여 정서적 안정감 도모.
③ **사회**: 스트레스 상황에서 대처 기술 향상과 사회적 기술 향상(학교생활, 친구 사귀기 등).
④ **학업**: 학습에 대한 흥미 유발과 바람직한 숙제하기 습관 형성.
⑤ **가족**: 안정된 부모–자녀 관계 형성, 부모 양육 방식 개선, 부부 갈등을 비롯해 가족 간 효과적인 갈등 해결 방식에 대한 교육, 어머니의 정서적인 문제 해결 및 아버지의 양육 참여.

5) 치료 방법

중다 체계적으로 접근하기 위해 내담 아동에 대한 개인 치료, 부모교육과 상담, 교사 자문 등을 병행하는 것이 가장 효과적일 것으로 판단된다. 특히 어머니 스스로 자신이 내담 아동에게 대하는 방식에 문제가 있음을 인정하면서 성격적인 문제와 정서적인 문제 등에 대해 인식하고 있어, 어머니를 대상으로 하는 체계적인 교육이 필요하다. 또한 부부간 갈등과 고부간 갈등으로 인한 가정 불화를 해결하기 위한 가족 치료적인 접근 역시 필요한 것으로 판단된다.

① 아동중심적 놀이치료(주 1회): 정서적 지지를 제공하고 놀이를 통해 즐거움 등의 긍정적 감정을 경험하게 함. 또한 감정 표현의 기회를 제공함으로써 감정 정화 및 바람직한 표현 방법의 습득을 통해 정서 조절 능력을 향상시킴. 현실 생활의 어려움에 대한 효과적인 대처 방법의 학습.
② 부부 상담 및 부모교육: 가족 간 갈등 상태에 대한 가족의 이해 및 해결 방안 모색, 자녀와 좋은 관계를 맺는 방법과 효과적인 훈육 방법에 대한 교육, 자녀 양육에 아버지의 적극적인 개입 등.
③ 교사 자문: 학교에서 교사가 경식이에게 도움 줄 수 있는 방법들에 대한 소책자 제공 및 설명 제공.

5. 심리치료 과정

1) 초 기

긍정적인 치료 관계 확립과 정서적 안정을 목표로, 아동중심적인 놀이를 주로 활용하였다. 즉, 치료자는 자유롭고 허용적인 분위기를 조성하여 경식이 놀이를 통해 즐겁게 자신의 감정이나 욕구를 표현하고 인식할 수 있도록 노력하였다. 또한 부모교육을 병행하여 긍정적인 부모-자녀 관계 형성과 바람직한 양육 방식에 대한 교육을 지속적으로 실시하였다.

■ 1회기

* 포켓몬 인형들을 가지고 놀이에 몰두하였다.

- (포켓몬 일곱 마리를 차례로 세움.) 쓰러진 것, 죽은 것 있다. 무덤을 만들어야 된다.

- (포켓몬들끼리 치고 받고 싸우는 놀이를 계속함. 싸우다 죽으면 포켓몬 볼 속에 집어 넣음.) 나쁜 놈이 나타나 싸우고 잡아먹고 물어요. 바다에 빠졌어요. 다시 살아났 어요.

- (좋은 놈도 나쁜 놈도 죽었다 다시 살아나는 놀이를 반복함.) 살았어요. 다시 죽었어 요. 친구들이 슬퍼하고 있어요. 근데 또 살아나요. 〔치료자는 놀이에서 드러나는 감정에 대해 반영하고 공감하는 반응을 함.〕

- (뚱뚱한 포켓몬을 구석에 세워 놓음.) 얘는 뚱뚱해서 따돌림 당해요.

* 시간이 다 되어도 놀이를 계속하고 싶어 하였다.

- 더 놀고 싶다. 조금만 더 하면 안 돼요? (치료자가 시간 약속에 대해 설명하자 수긍함.)

요약 및 설명

경식은 명랑한 태도로 즐겁게 놀이에 열중하였다. 놀이의 내용은 주로 싸우고 죽고 다시 살아나는 것이었으며, 과격한 공격성을 자주 보였다. 포켓몬이 죽는 장면에서는 슬픔의 감정을 표현하기도 하였다. 경식은 주로 혼자 놀이를 하면서 가끔 치료자에게 설명해 주는 식으로 치료자를 놀이에 적극적으로 참여시키지는 않았지만, 함께 있는 것 에 대해 비교적 편안해하였다. 치료자는 아동중심적 입장에서 경식의 행동과 감정 상태 를 반영하고 공감해 주는 반응을 주로 하였다.

〈母 면담〉

- 母는 경식의 문제를 해결하기 위해 자신이 할 수 있는 방법들에 대해 궁금해하 였다.

    담임 선생님과 면담하였다. 담임이 치료자와 전화 통화를 통해 설명을 들었 으며, 경식이 치료에 적극적으로 협조하겠다고 해서 고마웠다. 치료자가 권유한

대로 경식이의 바람직한 행동에 대해 자주 칭찬하고 자리에 잘 앉아 있으면 스티커를 붙여주겠다고 했다.

지난번에 검사결과를 듣고 나서 가정환경이 중요하다는 걸 알았다. 부부간에도 큰소리 내지 않으려고 조심하고 있다.

집에서 해줄 수 있는 게 어떤 건지 알고 싶다. 실천하도록 노력해 보겠다.

요약 및 설명   ● ● ●

바람직한 양육 방식에 대해 부모교육을 실시하고 관련된 소책자를 제공하였다. 그 내용으로는, 따뜻하고 일관성 있는 관심과 긍정적인 강화(칭찬, 스티커 등)를 많이 제공하기, 즐거운 경험을 함께 나눌 것, 현실의 문제에 효과적으로 대처하는 방식을 단계적으로 교육하기(즉, 학교에서 규칙을 지켜 선생님이 스티커를 붙여주면 보상하기 등), 학습의 기초를 다질 수 있게 도와주기(처벌이나 강압적인 교육보다는 사소한 실수를 허용하면서 잘하는 것을 칭찬해 용기를 북돋아 줄 것, 놀이하듯이 재미있게 가르쳐 주기, 인내심을 갖고 장기적인 계획을 세워 교육하기 등) 등이 포함되었다.

■ 2회기

* 지난 회기와 마찬가지로 포켓몬 놀이에 몰두하고, 자연 재해 놀이를 하였다.

• (포켓몬들을 나쁜 놈과 좋은 놈들을 편 갈라 싸우면서 공격성을 많이 표출함. 절벽에서 떨어뜨리고, 못 올라오게 밀고, 목을 조르고, 다치고…) 넌 죽어야 돼. 죽었다. (죽은 포켓몬을 쓰레기통에 넣음.) 〔미움과 증오의 감정에 대해 반영해 줌.〕

• (책받침으로 바람을 일으키며) 지진이다, 바람 불어요. 다 무너진다. 어두운 데서 귀신 나온다. 회오리 바람이 휙휙휙…. (자연 재해 등의 역경과 관련된 놀이를 계속함.) 〔두려움과 불안감에 대해 반영함.〕

요약 및 설명   ● ● ●

여전히 싸우고 죽이는 놀이를 통해 과격한 공격성을 보였다. 또한 지진 등의 외부 역경으로 인한 파괴적인 놀이를 많이 하였다. 경식이의 미움이나 불안 등의 정서 상태가 놀이에 많이 반영되고 있는 것으로 파악되었다. 치료자는 경식이의 반복적인 놀이 주제를 계속 하도록 허용하고 순간순간의 감정 상태를 지속적으로 반영하여 자신의 감정을 있는 그대로 인식할 수 있도록 도왔다.

〈母 면담〉

• 양육의 어려움에 대해 호소하였다.

> 학교 선생님과 스티커 붙여주기를 같이 하고 있다. 그런데 경식이 소리 지르고 우는 건 아직도 그대로라서 스티커를 거의 못 받는다.
>
> 그리고 할머니에게 계속 가려고 한다. 동생에게도 계속 욕을 한다.
>
> 잘못하는 걸 지적해도 말을 안 듣는다. 결국 부모도 화가 나서 때리게 된다.
>
> 칭찬해 주기: 아직 잘 안 된다. 칭찬할 게 없다.

요약 및 설명

母가 경식의 문제 행동에 주로 집중하면서 칭찬거리를 찾지 못하고 있어, 지난 시간에 했던 부모교육 내용 중 일부를 다시 설명하였다. 문제 행동의 교정 이전에 좋은 관계를 형성하는 것이 더 우선적임을 강조하였다.

부모의 분노 감정을 효율적으로 처리하는 방법에 대해 간략히 설명하였다. 꼭 처벌이 필요한 경우, 예를 들어 동생에 대한 심한 공격 행동 등에 대해서는 타임아웃을 사용하도록 조언하고 실시 방법에 대해 설명하였다.

■ 3~6회기

※ 포켓몬 놀이와 자연 재해 놀이에 몰두하였다.

• (나쁜 놈, 좋은 놈을 나누어 계속 싸움. 나쁜 놈이 계속 이겨서, 좋은 놈도 모두 나쁜 놈으로 됨.) 이제 모두 나쁜 놈만 남았다. 힘이 없어, 아파.

• (장난감 칼로 포켓몬의 목을 써는 시늉을 하는 등 점점 더 심한 공격성을 표출함.) 다 죽

어야 돼. 너도 죽고. (결국 모두 죽음. 그러나 죽었던 나쁜 놈이 다시 살아나서 횡포를 부림.) 또 살아났다. 다시 죽여라. 〔분노감에 대해 반영함.〕

- (일시적으로 평화가 옴.) 이제 잠깐 낮잠 자는 시간이다. 〔편안한 감정에 대해 반영함.〕

- (평화가 오래 지속되지 않고 역경이 다시 시작됨.) 지진, 바람, 불이다. 포켓몬 집에 나쁜 놈이 습격했다. 포켓몬을 다 잡아먹었다.

- (죽은 포켓몬이 유령으로 변함.) 유령이 괴롭힌다. 계속 쫓아다니면서. 〔두려움에 대해 반영함.〕

- (마지막에 한 마리가 착한 놈이 되어 유령을 무찌르고, 경찰이 와서 유령을 내쫓음.) 착한 놈이 이겼다. 경찰 아저씨가 도와줘서. 〔안도감에 대해 반영함.〕

요약 및 설명

첫 회기부터 계속 놀이를 통해 공격성과 두려움, 슬픔의 감정을 표출하고 있다. 그러나 회기가 진행될수록 놀이가 끝날 무렵에는 문제가 해결되는 등 다소 긍정적인 주제들을 보이기 시작하였다.

치료자와의 관계도 점차 긍정적으로 형성되어 눈을 자주 맞추고, 미소를 짓기도 하였다. 그러나 간혹 치료자의 눈치를 살피기도 하였다. 놀이가 끝나면 스스로 장난감을 다 정리하는 등 순응적인 태도를 보이기 시작하였다.

치료자는 일관성 있게 경식의 놀이에서 나타나는 감정과 갈등에 대해 반영함으로써 경식이 자신의 감정 상태를 정확하게 인식할 수 있도록 노력하였다.

〈母 면담〉

- 경식의 행동에 대해 계속 불만스러움을 호소하였다.

  별다른 변화가 없다. 학교에서 친구랑 싸워 울었다. 딴 애가 먼저 울보라고 하면서 밀었는데 울음을 터뜨렸다고 한다. 애가 바보 같다.

  칭찬: 칭찬할 것이 많지 않다. 동생에게 욕하지만, 요새는 동생을 안아주기도 한다. 그럴 때는 칭찬해 줬다.

부모 갈등: 요즘 싸우지 않으려고 노력하지만, 가끔은 큰소리로 다투게 된다. 그럴 때는 경식이가 자기 방에 들어가서 이불 쓰고 누워버린다.

경식이 치료받으러 오는 걸 좋아한다. 목요일만 되면 여기 가자고 먼저 말한다.

요약 및 설명

경식에 대한 어머니의 부정적인 태도와 과잉 불안 경향이 계속해서 표출되어, 치료자는 어머니의 걱정과 불안감에 대해 반영하고 공감함으로써 정서적인 지지를 제공하였다. 또한 경식이 변화를 보이기까지 다소 시간이 걸리므로 인내심을 갖고 부모교육 내용을 실천하도록 격려하였다.

부모의 갈등이 근본적으로 해결되지 않아 경식의 불안감이 계속 되고 있음을 설명하고, 부부가 함께 하는 심리치료 회기를 갖도록 권유하였다. 경식 父와 전화 통화를 했지만 시간을 내기 어렵다면서 심리치료에 참여하려는 의지를 보이지 않아, 시간 여유가 생길 때 부부 치료 회기를 가질 것을 제안하였다.

■ 7~13회기

＊ 놀이 도구의 선택에서 변화를 보이고, 다양한 놀이를 하였다.

• (종이 자동차를 오리고 조립하기)

• (물건을 감췄다, 보였다 하는 마술 놀이) 안 보이죠? 마술이에요. 짠, 도로 나타났죠? 재미있다. 〔치료자에게 마술을 보여주며 스스럼 없이 이야기하고 즐거워하는 등 긍정적인 정서 표현을 함.〕

• (사람 인형들을 하나씩 갖고 와서 일렬로 세워 놓지만 상호작용 놀이는 안 함.) 남자, 여자, 애들이 있어요. 〔가족 관계를 직접적으로 표현하기에는 부담감을 느끼는 것으로 판단됨.〕

• (전화놀이) 할머니 집에 전화 걸어요. 할머니가 나 사랑해요.

• (그림 그리기) 포켓몬 볼 그림이에요.

• (강아지 인형 놀이) 친구 강아지가 추워해요. 여기 목도리 같이 하자. 고마워. 〔호의적인 상호작용을 표현함.〕

- (볼링놀이) 점수 매겨요. 〔혼자 볼링을 하고 혼자 점수를 매기는 등 치료자와의 상호작용을 잘하지 못함.〕
- (요리를 만들어 치료자에게 줌.) 〔치료자에게 호의를 표시하고 의존 욕구를 나타내는 것으로 판단됨.〕
- (치료자를 간지럽히고, 치료자의 머리 위에 공을 올려놓는 등 신체 접촉을 시도함.) 간지럽죠? 〔치료자에게 친밀감을 느끼고 이를 표현하는 것으로 판단됨.〕
- (간혹 장난스럽게 물건을 던지거나 의자 위에 올라가지만 놀이 규칙을 설명해 주고 제지하면 즉각 말을 들음.)
- (스티커 받은 것을 보여주며 자랑함.) 동생 안 때린다고 엄마가 스티커 줬어요. 아홉 개나 모았어요. 〔치료자에게 인정받고 싶은 욕구를 나타내는 것으로 판단됨.〕

요약 및 설명

경식이 놀이 양상에서 상당한 변화를 보이기 시작하였다. 간혹 초기 회기에서처럼 포켓몬으로 나쁜 놈 놀이를 하지만, 전반적으로 공격성과 부정적인 놀이 주제가 많이 감소하고 다양한 놀이들을 시도하였다. 놀이를 하면서 계속 웃고 말이 많아지는 등 명랑한 태도를 보이기 시작하여 긍정적인 정서를 많이 경험하는 것으로 판단되었다.

치료자와의 관계에서도 신체 접촉 등을 보이며 친밀감을 자주 표현하였다. 치료자에게서 관심을 받고 인정받고 싶은 욕구를 나타내며, 긍정적인 대인관계 감정을 경험하는 것으로 보였다.

〈母 면담〉

- 경식이 일상생활에서 약간씩 변화를 보이고 있음을 보고하였다.

    동생을 밀치고 소리를 지르지만 때리는 것은 줄었다./ 동생이 말을 안 들어서 소리를 지른다고 한다. 부모가 경식에게 하는 말과 똑같은 말을 경식이 하는 걸 보고 반성했다.

    학교에서 우는 것이 줄어들었다. 그러나 친구를 사귀는 방법은 아직 잘 모르는 것 같다.

학교에서 있었던 일을 母에게 솔직하게 말한다. 예를 들어 한 아이가 밀쳐서 울었다고 스스로 얘기했다.

담임 선생님이 경식의 수업 태도가 좋아졌다고 칭찬했다. 수업 중에 밖에 나가지 않는다고 한다.

스티커 받는 것을 좋아해서 열심히 하려고 한다. 동생 안 때리기, 욕 안 하기, 숙제하기, 일기 쓰기, 학교 준비물 챙기기 등을 잘하면 스티커를 붙여주는데 꽤 많이 받는다.

경식이 밝아졌다. 장난을 많이 치고 잘 웃는다.

즐거운 계획: 다음 주에 놀이동산에 놀러갈 예정이다. 요즘 母가 자주 시간을 내서 경식이와 같이 밖에 산책도 나가고 공놀이도 해 준다.

요약 및 설명

경식이 약간의 변화를 보이기 시작하면서 母도 경식에 대해 다소 긍정적으로 보려는 시각을 나타냈다. 또한 부모의 양육 방식에 문제가 있음을 인식하기 시작하였다. 최근에는 경식과 놀아주고 스티커 붙여주기를 통해 경식에게 자주 보상을 제공하는 등 母가 변화하려는 노력을 나타내고 있다.

2) 중 기

긍정적인 치료 관계가 확립되고, 경식이 정서적으로 다소 안정되어 가고 있어 중기 단계에서는 현실적인 문제들에 더 잘 대처할 수 있는 사회적 기술과 대처 방식에 대한 교육적인 측면을 놀이 상황에 추가하였다. 또한 부모와 좋은 관계를 맺고, 이를 바탕으로 효과적인 행동 수정을 실천할 수 있도록 부모교육을 계속 하였다. 경식의 일상생활에서의 어려움이 가족 문제와 연결되어 호전되거나 악화되는 경향을 보여, 가족 간 갈등 해결을 위해 부부치료를 시도하였다.

■ 14회기

＊ 회기의 전반부 절반은 그림을 활용한 사회적 기술 교육을 하고, 후반부에는 아동중심적 놀이치료를 실시하였다. 그림을 보면서 문제 해결 방법을 교육하는 과정을 축어록으로 제시하였다.

치료자: 오늘은 선생님하고 그림 보면서 얘기하고 놀았으면 하는데,(사회적 기술 교육을 위한 아래의 그림을 보여주면서) 이 그림을 보고 무슨 이야기인지 말해 볼래? 〔쉬운 그림부터 시작함.〕

경식: 차 오는데 여기 애가 막 뛰어가면 딱 부딪칠 수 있어요. 위험해요.

치료자: 그렇겠네. 그럼 찻길에서 어떻게 해야 돼?

경식: 이쪽저쪽 잘 보고 차 오나 봐야 돼요.

치료자: 그래. 그렇게 조심하면 안전하고 안 다치겠다. 아주 잘하네. (사회적 기술 교육을 위한 아래의 그림을 보여주면서) 그럼 이 그림은 어때?

경식: "미안해."라고 해야 돼요.

치료자: 그래, 그렇게 해야지 상대방이 기분이 안 나쁘겠지? 그런데 만약 "미안해."라고 했는데도 화를 내면 어떡하지? 〔약간 어려운 상황에 대해 대안적인 해결책을 생각 하도록 유도함.〕

경식: 몰라요.

치료자: 좀 어렵지? 한번 생각해 보자. 친구가 신발이 더러워져서 화가 났을 수 있는데, 그럴 때 어떻게 하면 좋을까? 〔내담 아동이 좀 더 신중하게 생각해서 스스로 해결 책을 찾도록 약간의 힌트를 주면서 기다림.〕

경식: 닦아줘요.

치료자: 와! 그래, 그러면 되겠다. 그냥 미안하다고 말만 하는 것보다 미안하다고 하면 서 신발을 닦아 주면 친구가 용서해 주겠지?

경식: 그럴 거예요.

치료자: 경식이가 아주 생각이 깊어서 앞으로 어려운 일이 생겨도 잘 해결할 수 있겠네. 〔경식이 대처 능력에 대해 자신감을 가질 수 있도록 격려하는 반응을 함.〕

요약 및 설명

사회적 기술 교육을 위해 일상생활에서 흔히 생길 수 있는 일들을 담은 그림들을 활용하였다. 그림들은 동화책이나 영화, 만화의 장면들을 활용해도 되고, 치료자가 직접 그려서 사용할 수도 있다. 다양한 상황들을 담은 그림이나 사진들을 난이도 순으로 준비해 두는 것이 도움이 된다.

경식에게 그림을 보여 주면서 이야기를 만들게 하고 문제 해결책을 찾도록 격려하였다. 가능하면 여러 가지 해결 방안을 생각해 내도록 하고, 경식 스스로 해결책을 찾아 나가도록 보조하였다. 경식은 사회적 기술 교육에 협조적으로 잘 따랐고, 후반부에는 자신이 원하는 다양한 놀이를 즐겁게 하였다.

〈母 면담〉

• 경식의 긍정적인 변화에 대해 주로 보고하였다.

경식이 자기표현이 늘었다. 안 물어봐도 스스로 얘기하고 학교에서 힘들었던 일에 대해 서툴지만 자기의 의견을 이야기한다. 母가 경식이 하는 말을 귀 기울여 들어 주니까 더 얘기를 많이 하는 것 같다.

숙제를 예전보다는 좀 더 스스로 하려고 한다. 가끔 말 안 해도 숙제할 때가 있다. 요즘 학교생활이나 숙제하기 등으로 스티커를 좀 더 많이 준다.

동생에게는 자기 학용품이나 장난감을 못 만지게 하고 양보를 안 한다. 그래도 때리는 것은 많이 줄었다.

요약 및 설명

경식의 자기표현에 대해 어머니가 긍정적인 반응을 보여주려 노력하며, 스티커 붙여 주기도 열심히 하고 있는 것으로 판단된다. 어머니가 양육 행동에서 바람직하게 변화하려는 노력을 계속해서 보이고 있다.

■ 15~18회기

＊ 회기의 전반부 절반은 다음과 같은 그림을 활용한 사회적 기술 교육을 하고, 후반부에는 아동중심적 놀이치료를 실시하였다.

- 〔여러 상황들에 따라 사회적 기술 훈련을 계속 실시함. 경식이 이 과제들에서 비교적 잘 수행하였고 사회적 상황에 대한 이해도 양호한 편으로 판단됨.〕

- (체스나 블루마블 같은 게임들을 선택함. 게임의 규칙을 마음대로 만들어서 하려고 함. 즉, 체스 말들을 죽 늘어놓고 대충 잡아먹기나 말을 빨리 놓기 게임하기 등.) 이렇게 하는 게 재미있어요. 우리 이렇게 하기로 해요. 〔치료자가 게임의 규칙을 가르치지 않고 경식이 원하는 규칙을 수용하여 함께 게임을 함. 경식의 마음대로 하고 싶은 욕구에 대해 반영함.〕

- (자신이 원하는 규칙대로 하다가 게임의 원래 규칙을 치료자에게 물어봄.) 어떻게 하는 거예요? (치료자가 게임의 기본 규칙을 알려주면 비교적 따르려고 노력함. 블루마블의 경우 내담자와 치료자가 번갈아 한 번씩 두 개의 주사위를 던지고 숫자를 더해서 가는 것을 알려주자 그대로 따라서 함.)

- (게임에 지는 것을 수용하지 못함. 경식이 질 듯하면 안 하려 하고, 졌을 때 인정하지 못함.) 이거 다시 해야 돼요. 이건 무효예요. 〔치료자와 상호작용 놀이를 시도하지만 자기중심적인 태도를 보임.〕

요약 및 설명

경식이 기본적인 사회적 기술이나 게임의 규칙 등을 이해할 수 있으며 치료자와의 상호작용 놀이를 시작했다. 그러나 실제 상호작용에서는 자기중심적이며, 공정한 규칙을 실천하는 데서 어려움을 보였다. 즉, 자신이 게임에 질 듯하면 흥분하고 과잉행동을 보이면서 말을 더듬고 언어 표현을 잘 못하였다. 또한 게임에서 지는 것을 수용하지 못하였다. 치료자는 경식의 이기고 싶은 욕구에 대해 반영하고 수용하였다.

〈母 면담〉

- 경식의 문제와 가족 문제를 연결 지어 보고하였다.

지금은 예전보다는 잘 안 울지만, 친구들이 자기를 안 끼워 준다고 불평하고 간혹 아무것도 아닌 걸로 운다. 가끔 동생과 다투다가도 자기 뜻대로 안 되면 운다.

경식이 울거나 말을 안 들으면 어떤 땐 母가 화가 나서 마구 야단을 치고 때리기도 한다. 나에게 문제가 많은 것 같다. 남편이나 시부모와의 관계에서 받은 스트레스를 애한테 푸는 것 같다. 나와 남편 둘 다 문제가 많다. 남편은 화가 나면 나한테 소리를 지른다. 나중에 화가 풀리고 나면 미안하다고 한다. 가족이 모두 치료를 받아야 할 것 같다.

요약 및 설명

경식이 보이는 문제가 母나 가족 문제와 관련되어 호전되거나 악화될 수 있음을 母가 인식하고 있고, 가족 치료의 필요성을 스스로 제기하였다. 경식 父도 문제 의식을 느끼고 있다고 하여, 치료자는 다음 주부터 부부 상담을 시작할 것을 권유하였다.

■ 19회기

＊ 다소 흥분한 상태로 치료실에 들어와 사회적 기술 교육을 거부하고 인형놀이를 하였다.

- 오늘은 내 맘대로 놀기만 할 거예요. 선생님도 뭐 하라고 시키지 마세요. 〔놀이를 통해 자신의 상태를 표현하고 싶은 욕구를 강하게 나타내고 있음.〕
- (가족 인형들을 가져와 의자에 앉힘. 아기는 父 옆에 두고, 母 인형을 두 개 가져옴. 두 母끼리 싸우자 父가 둘 다 때려서 내던져 버림.) 〔고부간 갈등과 父의 공격성을 직접적으로 표현하는 것으로 판단됨.〕
- (다시 다른 인형들을 가져옴. 이번에는 母가 4명으로, 서로 싸우는 놀이를 하다가 다 던져 버림.) 〔母와 할머니의 갈등 관계에 대한 분노를 표현하는 것으로 판단됨.〕
- (장난감 칼로 아기 인형의 목을 베는 놀이를 계속함.) 너는 나쁜 아기야. 이건 나쁜 칼이야. 〔아이들이 심각한 심리적 상처를 받고 있음을 나타내는 것으로 판단됨.〕
- (인형들을 놓고 편 가르기를 함.) 너는 나쁜 놈, 너는 좋은 놈, 나쁜 놈…. 〔양가감정을 경험하며, 감정 상태의 기복을 심하게 보이는 것으로 판단됨.〕

요약 및 설명

　　가족 간의 다툼으로 인한 분노와 공격성을 인형놀이를 통해 적나라하게 표현하였다. 특히 고부 갈등과 관련된 부부간의 문제에 대한 주제를 많이 보였다. 어른들에 대한 상당한 양가감정과 더불어 정서적인 불안감을 나타내고, 심리적인 상처를 입고 있음을 표현하였다. 또한 좋고 나쁜 것에 대한 이분법적인 태도를 보이는 등 매우 경직된 사고 양상을 나타냈다. 치료자는 경식의 감정에 대해 반영하고 공감하며, 가족 간 갈등으로 인해 불안감, 분노와 무력감을 경험하는 것을 직면하도록 유도하였다.

〈母 면담〉

• 경식의 문제와 부부 갈등에 대해 보고하였다.

　　경식이 요즘 문제가 심해졌다.

　　어제 학교에서 이유 없이 다른 아이의 책을 내던졌다.

　　며칠 전부터는 말로는 숙제한다고 하면서 안 한다.

　　물건을 요즘 자주 잃어버린다. 옷도 벗어놓고 오고, 연필, 지우개 다 잃어버린다.

　　자주 짜증을 내고 혼자 신경질 내고 욕한다.

　　2주 전부터 남편과 큰소리로 자주 다투고 요즘은 서로 말도 안한다. 부모 문제가 경식에게 안 좋은 영향을 주는 것 같다.

요약 및 설명

　　경식이 다소 호전되었던 여러 가지 행동 문제들을 다시 보이기 시작하였는데, 이는 부모의 갈등과 직접적으로 관련된 것으로 판단되었다. 최근 부모의 잦은 다툼으로 인해 정서적으로 불안정하고 분노 감정 등을 경험하는 것으로 보였다. 따라서 경식의 치료 회기와는 다른 요일에 매주 1회기씩 부부 상담을 실시하기로 결정하였다(부부 상담 회기는 5) 부부 상담을 참고할 것).

■ 20~22회기

✵ 공격적인 주제의 놀이를 많이 하고, 게임 등을 하였다.

• (사람 인형들을 갖고 와서 편 가르기를 함.) 얘는 나쁜 놈, 얘는 착한 놈, 착한 놈도 나쁜 놈이 되려 한다. 결국 나쁜 놈이 됐다. 착한 놈이 나쁜 놈 되고 나쁜 놈이 착한 놈이 되었다. 아직 나쁜 놈이 많다. 착한 마음을 다 빼앗았다. 〔사람에 대한 혼란스럽고 양가적인 감정을 나타내며, 부정적인 느낌을 표현하는 것으로 판단됨.〕

• (장난감 냉장고 문을 쾅쾅 여러 번 여닫고 두들기는 등 신경질적인 행동을 함.) 〔경식의 분노 감정에 대해 반영하고 직면시키는 반응을 함.〕

• (동물 장난감들끼리 싸우는 놀이를 함.) 서로 잡아먹으려고 싸운다. (해적이 나타나 칼로 동물들을 찌름.) 다 죽여라. 〔다투는 사람들에 대한 미움과 증오의 감정을 표현하여, 치료자가 반영하고 공감해 줌.〕

• (오뚜기 펀치를 있는 힘껏 두들김.)

• (풍선 불어 터뜨리기)

• (블루마블 게임을 함. 자기 맘대로 규칙을 정해서 하려 함. 치료자가 게임 규칙에 대해 이야기해도 모른 척함. 돈 계산이 어려우면 정확히 계산 안하고 대충 돈을 내는 등 집중하지 못함.) 〔정서적으로 불안정한 상태로 인해 집중력이나 규칙 준수 등에 어려움을 보이는 것으로 판단됨.〕

요약 및 설명

여러 종류의 공격적 주제의 놀이를 많이 하였다. 이것저것 놀이를 하지만 집중하지 못하고 산만하고, 게임의 규칙을 안 지키고 마음대로 하려고 하였다. 정서적으로 혼란스럽고 불안해 보였다. 치료자는 경식의 정서 상태에 대해 반영하고 공감하며, 직면시키려 노력하였다.

■ 23회기

✵ 경식이 연극을 하자고 제안하였다. 불안정한 정서 상태를 표현하는 과정을 축어록으로 제시하였다.

경식: (칠판에 '1. 거북이와 기린'이라는 제목을 쓰고 치료자에게 손 인형을 주면서) 우리 연극 해요. 야, 안녕, 난 거북이인데, 넌 누구니?

치료자: 나는 기린이야.

경식: 우리 한번 놀아 볼까?

치료자: 그래 놀아 보자.

경식: 나 혼자 다 할게요. 옛날 옛적에 기린과 거북이가 살았습니다. 기린과 거북이는 아주 친했습니다. 〔더 이상 이야기를 이어나가지 못함. 친한 관계에 대한 연상이 잘 되지 않는 듯함.〕 (갑자기 칠판에 다른 제목을 씀. '2. 거북이와 뱀') 거북이는 착한데 뱀 은 무서워서 잡아먹어요. 이번에는 선생님이 다 해요. 〔부정적인 관계에 대해 언급 했지만, 더 이상의 처리를 회피하고 싶어하는 것으로 판단됨.〕

치료자: 처음에 거북이랑 뱀이 친했는데, 나중에는 싸우고 잡아 먹으려 해요. 〔경식의 현재 감정 상태를 반영하는 방향으로 이야기를 끌어감.〕

경식: (뱀 인형을 들고) 야, 거북, 나랑 같이 놀지 않을래?

치료자: (거북 인형을 들고) 그래, 같이 놀자.

경식(뱀): 뭐하고 놀까?

치료자(거북): 글쎄, 뭐가 좋을까?

경식(뱀): 수수께끼 놀이.

치료자(거북): 어, 알았어.

경식(뱀): 정말이지?

치료자(거북): 응, 그럼.

경식(뱀): 야호.

치료자(거북): 히히히.

경식(뱀): 너 지금 뭐하는 거냐? 빨리 하자. 야! (뱀으로 거북이를 마구 때림.) 〔놀이 관계 를 진전시키지 못하고 갑자기 공격성을 표출하고 있음.〕

치료자(거북): 아야!

경식: (다시 칠판에 씀. '3. 거북이, 사슴과 기린') 〔앞의 주제에 대한 결말이나 해결책 없이 다른 주제로 넘어가는 등 어려운 문제에 대해 회피적인 태도를 나타냄.〕 누가 싸워 이기나? 기린이 나쁜 놈, 눈을 없애야 된다. 너희들은 끝장이야. 고마워 사슴아. 이 제 무덤으로 갔어요. 바다로 갔어요. 기린이 아직 나쁜 놈이에요. 회오리가 휙. 거북

이도 나쁜 놈. 그런데 착한 놈이 되었어. 반은 나쁜 놈, 반은 착한 놈. 뱀은 초특급 진화했어. 이제야 싸움이 되겠군. 왕 스네이크, 회오리. 이제 마지막 승부. 새끼 거북 이 초특급 진화. 같이 공격, 회오리. 〔혼자서 모든 역할을 하며 끊임없이 말하면서 계속 분노와 공격성을 표출하고 있음.〕

치료자: 나쁜 놈이 되었다가, 착한 놈이 되었다가 하면서 서로 싸우고 있구나. 서로 화가 많이 났나 보다. 〔분노 감정을 반영함.〕

경식: 기린이 착한 놈이 되었어.

치료자: 이제 평화가 온 건가?

경식: 아니요. 아직. 한 명 더 있다. 나머지는 다 착한 놈이 됐어. 이놈이 나쁜 놈. 회오 리. 휙휙. 다시 다 나쁜 놈이 되려고 해.

요약 및 설명

동물들을 가지고 역할극을 하면서 가족의 갈등과 다툼으로 인한 분노감을 표현하는 것으로 보였다. 착한 놈이 나쁜 놈이 되고, 나쁜 놈이 착한 놈이 되는 주제를 반복적으로 나타내면서, 주변 사람들의 비일관적인 특성을 상징적으로 나타내는 것으로 판단된다. 또한 사람에 대한 양가감정을 통합하지 못하고 극단적인 선호나 미움으로 나타낼 수 있음을 함축하는 것 같았다. 경식이 분노 감정을 효과적으로 해결하지 못하고 통제력이 저하되어 있을 것으로 추측되었다. 치료자는 문제 해결보다는 경식의 감정 상태를 반영하는 반응을 주로 하였다.

■ 24~28회기

✻ 공격적인 놀이가 줄어들고 게임을 주로 하였다.

• (블루마블 게임을 많이 함. 이전과 다르게 게임의 규칙을 지키려 하고, 잘 모르면 치료자에게 공손하게 물어봄. 돈도 공평하게 나누고 돈 계산을 차분하게 정확하게 함. 게임이 끝나고 나면 스스로 정리를 깨끗하게 함.) 〔정서적으로 안정되면서 집중력이 향상된 것으로 판단됨.〕

• (주사위 게임을 함. 경식이 이길 것 같으면 치료자에게 기회를 더 주고, 배려하는 모습

을 보임.) 선생님이 한 번 더 하세요. 잘 할 수 있어요. 〔호의적인 대인관계 기술이 향상됨.〕

- (간혹 동물들을 가지고 공격적인 싸움 놀이를 하지만 비교적 긍정적으로 끝냄.) 서로 화해했어요. 앞으로는 안 싸우기로 했어요. 〔분노감이 감소되어 가는 것으로 판단됨.〕

요약 및 설명

공격적이거나 분노를 표출하는 놀이가 많이 감소하고, 밝고 즐겁게 놀이를 하였다. 정서적으로 많이 안정되고 사회적 기술을 적절하게 사용하는 경우가 많아졌다. 치료자에 대한 배려와 양보심을 나타내기도 하는 등 마음의 여유가 있어 보였다. 치료자는 경식의 긍정적이고 바람직한 행동에 대해 반영하고 인정하는 반응을 많이 하였다.

〈母 면담〉

- 경식의 문제가 많이 감소했으며, 부부 상담을 받은 것이 긍정적인 영향을 준 것으로 보고하였다.

담임이 경식이 인사도 잘하고 밝아졌다고 한다. 수업 시간에 집중도 잘 한다고 한다.

집에서도 말을 많이 하려 하고, 학교에서 배운 것을 母와 동생에게 설명해 준다.

숙제할 때 여전히 좀 귀찮아하지만, 스스로 할 때도 많이 있다.

동생과 가끔 싸우지만 예뻐해 주려 하고 공부도 가르쳐 주려 한다.

칭찬: 요즘 경식이 차분하고 잘하는 것이 많아 칭찬을 많이 해 주려 노력한다.

부부 상담 받은 것이 참 좋았다. 서로가 좀 더 이해해 주려하고 상대방이 싫어하는 것에 대해 강요하지 않으려 노력하면서 다툼이 줄어들었다. 경식 父도 요즘 많이 노력하는 것 같다. 꽃도 사 갖고 들어오고 지난주에는 가족이 모처럼 외식도 했다. 특히, 시댁에 가는 것도 내 의견을 물어보고 결정한다. 남편이 예전에는 강압적이었는데, 이제 좀 변한 것 같다.

요약 및 설명 ● ● ●

경식의 문제가 많이 감소하였고, 이는 부부 상담 후 부모가 상당한 변화를 보이고 있는 것에 기인하는 것으로 보였다. 효과적인 의사소통 방법을 사용하면서 부부간 다툼이 줄어들고, 서로를 배려하려는 노력을 하기 시작하였다. 경식 母의 경우에도 경식을 대하는 양육 방식에서 부정적인 상호작용을 줄이도록 노력하면서 친밀한 부모-자녀 관계가 형성되어 가고 있는 것으로 판단된다.

3) 후 기

치료 목표가 상당 부분 달성되어 경식의 문제 행동들이 많이 감소하고 정서적으로 안정감을 찾아가기 시작하였다. 사회적 기술과 현실 대처 능력도 향상된 것으로 판단되었다. 또한 부모 관계가 개선되고 부모의 양육 방식에서도 바람직한 방향으로 변화를 보이고 있어, 후기 단계에서는 그 동안의 치료 성과를 공고히 하고 종결을 준비하기로 하였다.

■ 29회기

＊ 대화와 놀이를 병행하였다.

• 요즘 학교생활: 학교에서 공부 열심히 해요. 애들하고 조금 싸울 때도 있어요./ 애들이 조금 괴롭혀서./ 머리가 짧다고 놀려서요. 〔자기표현을 솔직하게 하고, 방어적이지 않음.〕 그럴 땐 어떻게: 안 때리고 잡으러 다니기만 해요. 〔공격적이지 않은 대처 방식을 보이는 것으로 판단됨.〕

• (블루마블 게임을 함. 규칙을 잘 지키고, 돈 계산도 정확하게 함. 경식이 졌지만 순순히 수용함.) 제가 졌어요. 〔규칙을 준수하고 승부에 집착하지 않음.〕

• (치료 종결에 대한 언급과 함께 격주로 치료받으러 오는 것을 제안하자 거부 반응을 보임.) 싫어요. 매주 올 거예요. 〔경식의 감정에 대해 공감해 줌.〕

요약 및 설명 ●●●

전반적으로 자기표현이 솔직해지고 언어 표현력이 향상되었다. 현실 대처 능력도 양호해진 것으로 보였다. 놀이 상황에서도 차분하고 긍정적인 태도를 나타내었다.

치료자가 종결에 대해 언급하자 경식이 이를 받아들이기 어려워하여, 종결을 앞두고 느낄 수 있는 감정에 대해 공감하는 반응을 하였다. 한편, 경식이 학교생활을 잘하고 있어 치료실에 자주 오지 않아도 잘 지낼 수 있음을 강조하였다.

〈父 면담〉

• 父가 자녀 양육에 좀 더 관심을 가지고 참여하려는 의지를 보였다.

경식이 요즘 글쓰기 학원에 다니는데 학원 선생님이 양보심, 협동심이 좋다고 했다. 이제 단체 생활에 적응을 좀 하는 것 같다.

요즘 주말에는 시간을 좀 내서 경식과 공놀이도 하고 자전거도 태워 주니까 경식이가 아주 좋아한다.

집안 분위기도 좀 좋아졌다. 경식 母가 스트레스가 많아 그런지 애들을 배려하지 못했는데, 요즘은 야단치는 것이 많이 줄어들고 칭찬도 자주 해 준다.

내가 집안 일에 무심해서 경식 母가 그렇게 힘들었는지 잘 몰랐었다. 부부 상담을 받고 나서 많이 반성했다. 내가 좀 달라져야겠다고 생각했다.

요약 및 설명 ●●●

경식 父가 부부 상담 후 경식 母를 이해하려는 노력을 많이 하고 있는 것으로 판단된다. 또한 경식의 변화에 만족스러워하며, 같이 놀아주는 등 자녀 양육에도 적극적으로 관여하기 시작한 것으로 판단된다.

■ 30~33회기

＊ 일상생활에 대한 이야기를 많이 하고, 놀이를 하였다.

- 동물원에 놀러갔었다. (여러 동물들 흉내를 냄.) 재미있었다.
- (가족 이야기를 함.) 엄마에게 혼날까봐 걱정이에요. 화내기 1등이 엄마예요. 그래도 예전보다는 안 무서워요. 그런데 혼낼 때는 아빠가 더 무서워요. 아빠는 자주 혼내지는 않아요. 〔가족에 대해 솔직한 표현을 많이 하고 방어적이지 않아, 긍정적인 감정과 부정적인 감정을 적절하게 통합하는 것이 가능한 것으로 판단됨.〕
- (바둑, 체스, 장기 등의 게임들을 많이 하고 승부보다는 게임 자체를 즐기려 함. 규칙을 잘 지키고 경식이 이길 때 즐거워하고, 한편으로 치료자에게 기회를 더 주어서 무승부로 이끌기도 함.) 이번에는 좀 어려운데요. 선생님이 이렇게 한 거, 잘못 생각한 거죠? 다시 한번 해 보세요. 〔상대방에 대해 배려하는 태도가 크게 향상된 것으로 판단됨.〕
- (간혹 공격적인 놀이를 하지만 오래 하지 않음.) 악어가 뱀을 물고, 뱀은 거북이 간을 빼먹어요.
- (놀이에 몰입해서 시간을 더 달라고 조를 때가 있음.) 벌써 시간 다 됐어요? 할 게 얼마나 많은데.

요약 및 설명

솔직하고 자연스럽게 자신의 경험이나 감정을 표현하였다. 놀이에 오랫동안 집중하고 몰입하며 즐거워하였다. 치료자의 감정에 대해 잘 이해하고 배려하는 태도를 보이는 등 사회적 기술이나 현실 대처 능력이 향상된 것으로 판단된다.

〈母 면담〉

- 경식의 최근 생활에 대해 보고하였다.

  학교나 학원에서 별 문제 없이 잘 한다고 한다. 친구도 좀 사귀고 같이 잘 논다.

  요즘 동생과 잘 놀아주면서도, 가끔 소리를 지를 때가 있다. 때리는 것은 확실히 줄었다.

  경식이 엄마와 많은 대화를 하고 편하게 느끼게 되면서 할머니에게 집착하는 것이 많이 줄었다. 할머니와 자주 전화하지만, 할머니 댁에 매일 가자고 조르지는 않는다.

경식 父가 주말에 경식이와 조금씩 놀아 준다. 그런데 경식 父도 성질이 급해 가끔씩 애를 혼낸다. 심하게 혼내지는 않는다.

부부 관계가 좋아지고 시댁 문제로 싸우는 일도 거의 없어지면서 큰소리 내는 일이 없어졌다. 그래서 그런지 경식이 눈에 띄게 명랑해지고 웬만해선 울지 않는다.

4) 종 결

■ 34회기

* 요즘 생활과 심리치료의 성과에 대해 평가하고, 종결에 대해 이야기하였다.
• 학교생활: 학교 가는 거 재미있다. 선생님이 숙제 잘해 왔다고 칭찬해 주셨다. 그리고 쉬는 시간에는 친구들하고 가위바위보 게임 한다.
• 숙제하기: 좀 귀찮은데, 숙제하면 엄마가 스티커 붙여 준다. 스티커 모아서 비디오 빌려봤다.
• 종결에 대해: 여기 더 오고 싶다. 선생님하고 같이 노는 게 좋다. 〔치료자와의 좋은 관계에서 느끼는 긍정적인 감정에 대해 공감하고, 부모와의 놀이 혹은 친구들과의 놀이를 통해 더 즐거운 시간을 갖는 것이 가능함을 설명함. 경식이 또래와 잘 지낼 수 있는 능력이 있음을 상기시키고 학교생활을 잘 해 나갈 수 있을 것이라고 격려함.〕

요약 및 설명

경식이 정서적으로 안정되고 자신의 생각이나 감정에 대해 자연스럽게 표현하게 되었다. 또한 공부나 또래 관계 등 일상생활에서 어려움이 없는 것으로 판단된다. 종결에 대해 섭섭한 감정을 적절하게 표현하였다. 이에 대해 치료자는 경식의 감정에 공감하는 한편, 종결 후에도 잘 지낼 수 있으리라는 믿음을 전달하고 격려하였다.

5) 부부 상담

경식의 개별 치료 19회기 이후부터 일주일에 1회기씩 부부 상담을 하였다. 처음에 각각 두 번씩의 개별 상담을 한 후에 3회기의 부부 상담을 실시하였다.

■ 母 1회기

제일 힘든 것은 내가 애들에게 소리 지르고 때린다는 것이다. 안 그러려고 해도 계속 반복된다. 그 원인을 모르겠고, 계속 화가 난다. 나에게 심각한 문제가 있는 것 같다. 〔자신의 행동 통제가 어려움을 인식하고 있음.〕

남편이 있거나 시댁에 가면 애들을 더 혼낸다. 남편에게 화가 난 것을 애들에게 푸는 것 같다. 애들이 피해자이다. 〔부부 갈등을 효과적으로 해결하는 방법을 알지 못하고 경식에게 화풀이를 하는 것으로 판단됨.〕

경식이 할머니 댁에 가고 싶어 하지만 내 눈치를 살핀다. 경식이 할머니 얘기를 꺼내면 나도 모르게 언성이 높아지고 집에서 공부나 하라고 소리를 지른다. 〔경식의 애착과 관련된 어려움을 이해하지 못함.〕

경식 父는 직장 일을 완벽하게 하려 한다. 매일 늦게 귀가하고 주말에도 회사 나간다. 〔남편의 직장 생활 스트레스에 대해 이해하지 못하고 있으며, 이로 인한 불만이 많음.〕

경식 父와 대화가 잘 안 된다. 말만 하면 싸움이 된다. 〔부부간의 의사소통 방법을 알지 못하고 갈등 해결 기술이 부족함.〕

늘 시부모 문제, 아이들 문제로 싸운다. 나는 쉬고 싶은데 자주 시댁에 가야 한다. 명절 때마다 모든 일을 내가 다 해야 한다. 그렇게 해도 맏며느리로서 당연히 할 일이라고 생각하는지, 아무도 인정해 주지 않는다. 모든 것이 시부모 위주이고 나라는 존재는 이 집안에서 중요하지 않다. 〔자신이 존중받지 못하고 부당한 대우를 받는다고 느끼고 있음.〕

경식 父는 무슨 일이든 잘못되면 내 탓만 한다. 경식이 문제도 내가 잘못 키우기 때문이라고 한다. 마음이 아프다. 이혼하자는 얘기까지 했다. 남편은 이혼은 절대 안 된다고 한다. 〔결혼 생활에 대해 절망감을 경험하고 있음.〕

시부모는 경식이를 매일 보고 싶다면서 은근히 압력을 가한다. 따로 살아도 스트레스 받는데, 이 문제를 어떻게 풀어야 할지 모르겠다. 〔시부모와의 관계에서 오는 스트레스를 해결하지 못하고 있음.〕

내가 외톨이다. 친정 부모님은 오래 전에 돌아가셨다. 언니들이 있지만 이런 문제를 얘기하는 게 자존심 상해서 얘기 안한다. 성격이 소극적이라 친구들도 오래 전에 연락이 끊겼다. 〔사회적 지지를 거의 받지 못하고 있음.〕

요약 및 설명

자신이 겪고 있는 어려움을 호소하면서 자주 눈물을 흘렸다. 정서적으로 매우 지치고 우울한 상태이며, 효과적인 문제 해결 방법을 알지 못하는 것으로 보인다. 자신의 문제로 인해 아이들이 피해를 본다는 사실을 알고 있지만, 행동 통제가 잘 되지 않는 상태였다.

치료자는 경식 母의 현재 어려움들에 대해 정서적인 지지와 공감 위주의 지지적 상담을 진행하였다. 그리고 남편이 상담에 협조하기로 했으므로 현 상황이 나아질 수 있다는 희망을 가지도록 격려하였다. 부부 상담에서 스트레스 대처 방법이나 부부간의 대화 방법에 대한 교육이 필요함을 제안하였다.

■ 父 1회기

직장 일이 많아 늦게 퇴근한다. 일요일까지 일할 때도 많다. 잘못하다가는 조기 퇴직해야 할 수도 있어 불안하다. 이런 스트레스를 경식 母는 이해 못해 준다./ 집에 와서 그런 얘기는 안 해 봤다. 〔자신의 어려움을 설명하지 않더라도, 배우자가 당연히 이해할 거라는 믿음을 갖고 있음.〕

부모님 모시는 문제는 결혼할 때부터 약속했던 거다. 내가 장남이라 모셔야 한다. 〔가족 문제에 대해 부부가 상의하기보다 배우자가 자신의 결정에 따르기를 원하고 있음.〕

매일 집에 피곤한 상태로 들어가는데 경식 母가 애들에게 강압적으로 대하고 언성을 높이는 걸 보는 것이 힘들다. 집에서 애들을 제대로 못 키우는 것 같아 화가 난다. 나도 성질이 급해서 같이 소리 지르게 된다. 〔자녀 양육을 아내의 몫으로 생각하면서

아이들의 문제를 아내 탓으로 돌리고 있음.〕

　여자들을 이해할 수 없다. 대화가 안 된다. 말을 하면 싸우게 되기 때문에 몇 달 전부터는 서로 말을 거의 안 한다. 〔적절한 대화 방법을 알지 못하고, 사회적 기술이 부족함.〕

요약 및 설명

> 　배우자에 대한 불만을 주로 호소하였고, 자신이 겪고 있는 스트레스에 대해 이야기하였다. 경식 父 역시 직장 생활이나 맏아들로서의 부담감 등으로 몹시 지친 상태인 것으로 판단되어, 치료자는 지지적이고 공감적인 이해를 제공하려 노력하였다.
>
> 　경식 父가 아이들 문제에는 관심이 많으므로, 아빠 역할의 중요성에 대해 설명하고, 아이들과 긍정적인 상호작용을 할 기회를 만들도록 조언하였다. 또한 부부 상담을 통해 경식의 문제와 현재 가족 문제에 대한 해결 방안을 함께 모색해 볼 수 있다는 희망을 전달하였다.

■ 母 2회기

　지난번에 실컷 얘기하고 나서 좀 편해졌다. 이런 얘기를 할 수 있어서 위안이 됐다. 요 며칠 사이에 경식이에게 소리 지르는 게 줄어들었다.

　남편이 지난번 상담하고 나서 좀 노력하는 게 보였다. 애들에게 시간을 내 주고 놀아주려 했다. 〔남편의 변화를 인식하는 등 긍정적인 태도를 나타냄.〕

　시부모 모시는 문제는 너무 부담스럽다. 시부모님들은 좋은 분들이지만, 내가 성격이 활달하지 못해서 할 얘기도 못하는데, 계속 같이 지내면 더 힘들 것 같다. 남편은 모든 것이 부모님 위주이고, 경식이도 할머니만 찾고 엄마의 존재를 잘 모르는 것 같다. 〔가정에서 자신의 존재 가치에 대해 회의적인 생각을 갖고 있음.〕

　남편과 대화가 안 된다. 남편은 자기가 잘 못하는 게 뭐가 있냐고 화를 낸다. 그렇지만 말 한 마디 따뜻하게 해 줄 줄 모른다. 내가 힘들다는 얘기만 하면 남들도 다 하는 일인데 왜 그러냐고 비난한다. 그래서 점점 말을 안 하게 된다. 이제는 남편과 얘기하려면 괜히 눈물이 나고 정작 하려는 얘기를 못한다. 〔만성적인 의사소통의 어려움

을 호소하고 있음.]

　요즘 배가 자주 아프다. 배가 아파서 시댁에 안 가겠다고 하면 남편이 화부터 낸다. 병원에 가 봤는데, 큰 문제는 아니라고 한다. [스트레스 상황에서 신체화 증상을 보이는 것으로 판단됨.]

요약 및 설명

　오랫동안 누적되어 왔던 감정을 계속해서 표현하였다. 자신의 존재 가치에 대해 위기감을 느끼는 것으로 보였다. 자존감이 낮아진 상태이고, 매사에 자신감이 부족하고 일상생활의 즐거움을 경험하지 못하는 등 우울증의 가능성이 시사되었다. 성격적이고 정서적인 문제에 더해 주변 사람들의 정서적 지지를 받지 못하는 데서 오는 좌절감을 해결하지 못하고 있는 상태였다. 자신의 인생이 억울하다는 생각과 남편에 대한 분노감을 자주 경험하는 것으로 판단된다.

■ 父 2회기

　주말에 경식이와 같이 놀기 위해 시간을 냈다. 축구공을 샀는데 경식이 좋아했다. 그런데 같이 놀다 보면 경식이 너무 흥분한다. 질 것 같으면 금방 화 내고 울상이 된다. [자녀와 놀아주는 방법, 아동의 감정에 공감하는 방법 등에 대해 설명해 줌.]

　화가 나면 동생에게 소리를 지른다. 동생에게 인형을 집어 던져서 혼냈다. 손바닥을 몇 대 때렸다. [공격 행동에 대한 처벌 방법으로 타임아웃에 대해 설명함. 보상의 활용법에 대해서도 설명함.]

　경식 母는 매우 피곤한 상태다. 아이들 돌보는 걸 지겨워한다. [경식 母가 다소 우울한 상태임을 설명함. 비난보다는 정서적 지지가 필요하다는 것을 설명함.]

요약 및 설명

　아이들을 돌보기 위해 시간을 내는 등 문제 해결을 위해 노력하고 있는 것으로 보인다. 그러나 효과적인 양육 방법에 대해 잘 모르고 있어, 기본적인 관계 형성 방법과 행동 수정 방법을 알려주고 읽을거리를 제공하였다.

경식 母의 현재 상태를 이해할 수 있도록 MMPI 결과를 보여주면서 설명해 주었다. 가족 문제에 있어서 경식 父의 역할이 중요하다는 것을 설명하였다.

■ 부부 상담 1회기

＊ 배우자에게 그동안 하고 싶었던 이야기를 하게 하고, 대화 과정에서 의사소통의 문제점들을 인식할 수 있도록 유도하였다. 아래에 상담 과정의 일부에 대해 축어록을 제시하였다.

치료자: 서로에게 꼭 하고 싶었던 이야기를 해 보죠.

경식 父: 신혼 때는 드라이브도 가고 그랬는데 경식이 태어난 후로는 1년에 한두 번도 외출을 못 나간 것 같다. 아무래도 내가 바쁘고 무심해서 잘못한 것들도 있는 것 같다. 이번에 상담 받기 전에는 경식 母가 그렇게 힘든지, 왜 힘든지를 잘 몰랐었다. 표현을 잘 안 하니까.

경식 母: 내가 무슨 얘기만 하려고 하면 피곤하다고 하고, 그런 사소한 거 갖고 뭘 그러냐고 하니까 말을 안 하게 된다. 남편이 너무 성격이 냉정하다. 결혼 초부터 자기 말대로 따르라고만 하고. 나한테 따뜻하게 말 한 마디 해 주지 않는다.

경식 父: 내가 밖에서 회사 다니느라 힘든 건 생각 못하나? 처자식 먹여 살리느라 고생하고 쉬지도 못하는데, 집안 일은 혼자서 알아서 해 주면 좋겠다는 생각이 들었다. 나도 늘 피곤하다.

경식 母: 뭘 해 달라고 하는 게 아니고 내 얘기를 귀담아 들어주고 서로 의논하면 좋겠다는 거다. 이렇게 대화가 안 되니까 답답하다.

치료자: 상대방이 왜 힘들어하는지에 대해 서로가 정확하게 파악을 못하는 것 같다. 대화를 할 때 미리 임의적으로 추측해서 생각하고 상대방의 말을 끝까지 귀담아 듣지 않으면 상대방이 하고자 하는 말을 오해할 수 있다. 〔대화를 할 때 서로의 입장에서 이해하고 공감하지 못하는 특성에 대해 지적함.〕

경식 母: 남편이 원망스럽다. 화가 나니까 내가 애한테 소리 지르고 매를 들게 된다. 나는 어릴 때 맞고 자라지 않았는데.

경식 父: 나도 경식 母가 아이들에게 심하게 대하는 걸 보면 화가 난다. 그게 나 때문이라고 말하는 건 책임 회피다.

치료자: 서로에게 원하는 것이 있을 때 그것을 솔직하게 표현하기보다는 상대를 비난하는 투로 말하게 되면 점점 더 감정이 상하게 되어 대화가 원활하게 이루어질 수 없다. 〔상대방을 비난하는 말보다는 무엇을 원하는지를 표현하는 것이 중요함을 알려줌.〕 서로에게 바라는 것을 말해 보는 연습을 하자. 한 가지씩만 얘기해 보라.

경식 父: 내가 퇴근했을 때 찡그린 얼굴이 아닌 웃는 얼굴로 맞아주면 좋겠다.

경식 母: 내가 말할 때 잘 들어주고 내 편이 되어서 말해 주면 좋겠다.

치료자: 다음 주까지 지금 이야기한 것을 매일 실천해 보기로 약속하자.

경식 母: 그렇게 해 보겠다.

경식 父: 노력하겠다. 그런데 여자를 대하기가 너무 어렵다. 여자의 심리를 모르겠다. 내가 성격이 모난 건지, 말할 때 좀 강하게 하는 경향이 있다.

치료자: 남성과 여성이 대화 방식에서 차이가 있어서 상대방을 쉽게 이해하지 못하는 경우가 많이 있다. 다음 주까지 '화성에서 온 남자, 금성에서 온 여자'라는 책을 읽어 보고 다음 회기 때 더 이야기해 보자.

경식 父: 요즘은 화날 때 안 부딪치려 한다. 언성 높이기 전에 내가 자리를 뜬다. 전에는 일단 소리를 질렀는데, 아무래도 내가 져야 할 것 같다. 〔강압적인 태도를 포기하고 자신이 먼저 변화하려는 노력을 보이고 있음.〕

치료자: 먼저 양보하면 상대방도 고마움을 느끼게 되어 더 배려하고 싶어지게 마련이다. 경식 부모는 서로에게 큰 잘못을 하지는 않는 것 같은데, 대화 방식에서의 문제 때문에 자꾸 오해가 생기고 서운함을 느끼게 되는 것 같다. 이런 문제는 의사소통 방식을 배우고 실천하면 해결될 수 있다. 〔문제 해결이 희망적임을 알려줌.〕 그동안 여러 가지 스트레스로 인해 서로에게 긍정적인 감정을 느끼지 못했을 것 같은데, 결혼 후 배우자에게 고마웠던 일을 한 가지씩 생각해서 이야기해 보자. 〔서로의 긍정적인 측면에 대해 생각할 기회를 제공함.〕

경식 父: 집사람은 사실 나무랄 데가 별로 없다. 부모님께 잘하고 애들에게도 신경 쓰고, 자신만을 위해 무언가를 하지 않는 사람이다. 그런 것이 고맙다.

경식 母: 남편은 가족을 위해 직장에 충실하고 나쁜 짓 안 하고 열심히 사는 사람이다. 그런 것은 고맙게 생각한다. 큰 잘못을 한 것이 없다.

치료자: 서로에게 감사하는 마음이 많이 있는데, 그런 것을 자주 표현하는 게 중요하다. 그리고 대화의 기본적인 규칙들을 지켜야 하는데, 처음에는 의식적인 노력과 연습이 필요하다. 일주일 동안 다음 다섯 가지의 규칙을 지키도록 노력하고 평가지에 1~5점까지 매일 스스로 평가해 보라. 〔대화의 규칙들에 대해 구체적인 예시와 함께 설명을 제공함.〕

대화의 기본 규칙들	월	화	수	목	금	토	일
상대방이 말할 때 끝까지 듣기							
상대방의 말을 반박하지 않고 수긍하기							
상대방의 감정에 대해 공감하는 말하기							
다 듣고 나서 자신의 생각, 감정, 바람을 말하기							
고맙다, 수고했다 등의 긍정적인 말하기							

요약 및 설명

배우자에게 하고 싶었던 이야기를 하게 함으로써 내재되어 있던 감정과 욕구를 표현하게 하였다. 그 과정에서 의사소통상의 문제점들을 인식하게 하고 변화의 필요성을 제안하였다. 부모 모두 변화하려는 의지를 보이고 있어 대화의 기본 규칙들을 알려주고 다음 주까지 실천하고 스스로 평가해 오는 과제를 주었다.

■ 부부 상담 2회기

＊ 대화의 규칙을 어느 정도 실천했는지 확인하였다.

경식 父: 경식 母가 하는 말을 좀 들어주려 노력했다. 스스로 평가하면 평균 3.5점 정도 될 것 같다.

경식 母: 남편이 좀 노력하는 것 같았다. 퇴근할 때 웃어주고 싶지만 그동안 쌓인 게 많아 그런지 좋은 감정을 갖기 어렵다. 그동안 워낙 남편이 늦게 들어오고, 애들 때문

에 외출도 못하고. 애 키우기는 힘들고, 즐거운 일이 거의 없었다. 부부 둘만의 시간
이 전혀 없고 대화도 없었다.

경식 父: 경식 母가 너무 집에만 있는 것 같아 외출도 좀 하라고 했는데, 자신을 위해서는
시간과 돈을 쓰지 않는다. 오로지 애들하고만 있으니 더 스트레스가 쌓일 것 같다.

경식 母: 너무 오래 친구들과도 연락을 하지 않아 같이 외출할 사람도 없다(눈물을 흘림).

경식 父: 집사람 성격이 좀 더 활발하면 좋겠다.

요약 및 설명

경식 父가 변화하려는 노력을 하고 있으며 경식 母를 배려하는 마음을 표현하였다.
그러나 경식 母는 현재 무기력하고 사회적으로도 고립되어 있어 스트레스를 해소할 만
한 자원이나 자신감이 매우 부족한 것으로 보였다. 치료자는 경식 母가 만성적인 스트
레스와 감정의 억압으로 인해 다소 우울한 상태임을 알려주고, 가족, 특히 남편의 정서
적 지지가 우선적으로 필요함을 알려주었다. 또한 사회적으로 고립된 생활이 경식 母
자신뿐 아니라 가족 관계를 더욱 힘들게 할 수 있음을 알려주고, 취미 생활을 하고 대화
할 친구를 사귈 것을 권유하였다.

■ 부부 상담 3회기

＊ 지난 회기들에서 배운 내용들을 실천하려는 노력에 대해 대화하였다.

경식 父: 지난주에는 좀 좋았다. 경식 母도 좀 활기가 생긴 것 같다. 그런데 애한테는 여
전히 가끔 화를 낸다. 경식이 엄마가 무서우니까 할머니에게 도망간다. 경식 母가
모든 걸 너무 완벽하게 하려고 하고, 애들에게도 완벽한 걸 요구하는 것 같다.

경식 母: 애들을 잘 키우고 싶다. 나보다는 나은 삶을 살게 하고 싶다.

경식 父: 다음 주에는 조금 시간을 낼 수 있을 것 같아, 가족 모두 놀이공원에 가 보려
한다. 〔가족을 위해 변화하려는 노력을 보임.〕

경식 母: 애들 아빠가 좀 달라지는 것 같다. 경식이 문제를 앞으로 어떻게 할지에 대해
서도 싸우지 않고 같이 이야기를 나누었다. 아빠가 쉬는 주말에는 목욕탕도 데리고

가고, 공놀이도 같이 해 주기로 했다. 그 시간 동안 나에게 취미 생활을 하라고 했다. 운동을 시작해 볼 생각이다. 부모님 모시는 문제도 같이 상의해서 천천히 결정하자고 했다. 〔경식 父의 노력을 인정하고 고마워하는 태도를 나타냄.〕

요약 및 설명

부부 모두 변화하기 위해 노력하면서 서로에 대해 고마워하며, 경식 母도 다소 활력을 되찾아 가고 있는 것으로 보였다. 경식 母의 경우 자신의 삶에 대한 불만을 아이들을 통해 보상 받고자 하는 경향이 있어, 현재 부모의 삶을 행복하게 만들 필요가 있음을 제안하였다.

6. 심리치료 결과 및 평가

경식의 경우, 부모 갈등과 고부 갈등 등 가족 문제가 내담 아동의 문제와 밀접하게 관련되어 있었다. 이로 인해 정서적으로 우울하고, 감정 조절을 잘하지 못하고 자기표현에도 어려움을 갖고 있었다. 치료 초기에는 치료관계 형성과 문제 파악을 위해 아동중심적 접근 방식으로 놀이치료를 시작하였다. 중기에는 문제 해결을 위해 사회적 기술 훈련과 놀이를 통한 대처 능력 키우기 등에 강조점을 두었다. 동시에 경식의 문제가 가족 문제와 연관되어 있다는 것이 분명하게 드러남으로써 부모의 단기간 개별 상담과 부부 상담을 실시하였다.

치료 성과를 보면, 경식의 우는 행동이나 주의 산만한 행동이 거의 없어졌으며, 정서적으로 안정되고 긍정적인 정서 경험을 많이 하게 되었다. 또한 자신의 생각이나 감정에 대해 솔직하고 자연스럽게 표현하게 되는 등 표현 능력이 향상되었다. 공부나 또래 관계 등 일상생활의 과업들을 무난히 처리해 나갈 수 있는 등 현재 생활에서 별다른 어려움 없이 잘 적응하게 되었다.

아동중심적인 놀이를 통해 자연스럽게 자신의 감정이나 욕구를 표현하고 인식할 수 있었고, 긍정적인 정서 경험을 많이 할 수 있었던 것이 중요한 치료 요인이었던 것으로 판단된다. 특히 부부 상담을 통해 부모가 변화함으로써 가정환경의 실제적인 변화가 있었던 것이 경식의 문제 행동을 감소시키는 데 결정적인 역할을 했던 것으로 평가된다.

제7장

주의력결핍 및 과잉행동 아동의 인지행동치료

주의력결핍 및 과잉행동 아동의 인지행동 치료

1. 사례: 주의 산만하고 과잉행동을 보이는 주현이

초등학교 2학년인 주현이는 학교에서나 집에서나 집중력이 부족하고 주의가 산만하다. 수업시간에 과제를 하다 말고 금방 딴짓을 하고 몸을 많이 움직인다. 집에서도 주의가 산만해 숙제나 학습지를 몇 문제 하다 말고 연필로 장난을 치면서 TV를 켜서 보곤 한다. 특히 수학 문제를 풀 때 아는 것도 많이 틀린다. 친구들에게 공격적이지는 않지만 장난이 심하고 성격이 급하며 뭐든지 자기 마음대로 하려 한다. 이런 여러 가지 문제로 인해 선생님과 부모님께 자주 야단을 맞지만 이런 행동을 고치지 못한다.

2. 초기 면담과 행동관찰

1) 내담 아동과의 첫 면담

주현은 밝은 표정에 호기심 어린 눈빛으로 치료실에 들어와서 이것저것 둘러보았다. 치료자와 눈맞춤을 하기보다는 방 안의 물건들에 시선을 두었지만, 질문에 대해서는 적절하게 대답하였다. 다음은 첫 면담 중 주요 부분에 대한 축어록이다.

치료자: 여기 어떻게 오게 됐니?
주현: (매우 빨리) 엄마가요.

치료자: 엄마가 오자고 해서 왔구나.

주현: 네.

치료자: 엄마가 여기 왜 오자고 했어?

주현: 몰라요. 그냥. 〔생각 없이 대충 대답하는 경향을 보임.〕

치료자: 엄마가 그냥 가자고 했어? 그때 기분이 어땠어?

주현: 짜증. TV 봐야 되는데.

치료자: 여기 오느라고 TV를 못 봐서 짜증이 났구나. 〔내담 아동의 감정에 대해 반영함.〕

주현: 당근이죠.

치료자: 그럼 빨리 얘기하고 집에 가서 TV를 봐야겠네.

주현: 그럼요.

치료자: 그럼 내가 몇 가지 물어볼게. 요즘 학교 다니는 게 어떠니?

주현: (매우 빨리) 몰라요.

치료자: 갑자기 물어보니까 잘 생각이 안 나나 보다. 천천히 좀 더 생각해 볼까? 〔내담
　　　아동의 성급한 반응에 보조를 맞추지 않고, 질문에 대해 시간을 갖고 더 생각할 기
　　　회를 줌.〕

주현: 재미있어요.

치료자: 그렇구나. 재미있는 거에 대해 좀 더 얘기해 줄래? 〔탐색적 질문을 함.〕

주현: 공부요. 수학을 잘 해요. 국어도, 영어도, 체육도, 음악도. (수다스럽게 말함.) 〔깊이
　　　생각하지 않고 충동적으로 장난스럽게 대답하는 경향을 보임.〕

치료자: 주현이가 잘하는 게 많구나. 그럼 학교 다니면서 힘든 건 뭐니?

주현: 없어요.

치료자: 아까 공부 잘한다고 했는데, 혹시 못하는 것도 있니?

주현: 쓰는 거랑 읽는 거. 수학 문제 푸는 거. 〔앞의 반응과 일관적이지 않은 반응을 함.〕

치료자: 쓰는 거랑 읽는 거, 수학이 힘들구나.

주현: 지겨워서요.

치료자: 지루한 거 하는 게 힘들구나. 〔내담 아동이 겪는 어려움에 대해 반영함.〕

주현: 당연하죠. (일어나서 치료실 책장에 놓여 있는 여러 물건들을 만져 봄.)

치료자: 조금만 더 같이 앉아서 얘기하고 싶은데. 같이 쳐다보면서 얘기해야 잘 알아들
　　　을 수 있거든. 〔치료자의 지시에 따를 수 있는지 확인함.〕

주현: (자리로 돌아와 앉음.) 그냥 얘기해도 되는데.

치료자: 이렇게 마주 보니까 참 좋다. 〔지시를 따른 데 대한 보상을 줌.〕

주현: 또 물어보세요.

치료자: 그럼 조금만 더 물어볼게. 친구랑 사이는 어때?

주현: 좋아요.

치료자: 친한 친구가 누구니? 〔내담 아동의 충동적인 반응에 대해 구체적인 질문을 함.〕

주현: 서진국(가명), 김동수(가명).

치료자: 친구들이랑 뭐하고 노는 게 좋아?

주현: 숨바꼭질이요.

치료자: 숨바꼭질을 좋아하는구나. 집에서는 어때?

주현: 집에선 TV 보는 게 좋아요. 그리고 자전거 타요. 그런데 동생이 '바보'라고 놀려요. 맨날 욕하고. 막 '씨!' 그러면서. 이제 됐죠? (자리에서 일어남.)

요약 및 설명

내담 아동은 처음부터 긴장하지 않고 스스럼없이 말했고 때로 수다스럽고 장난스럽게 말하기도 하였다. 치료자의 질문에 대한 반응이 매우 빠르고 별 생각 없이 대답하는 경향을 보였다. 금방 지루해하고 대화 도중 주의가 분산되어 대화에 5분 이상 집중하기 어렵지만, 주의를 환기시키면 지시에 따를 수 있었다. 자주 몸을 움직이고 간혹 자리에서 일어나지만 과잉행동이 매우 심하지는 않았다. 또한 언어 이해력과 표현력이 양호해 질문에 적절하게 대답하였다.

치료자는 내담 아동의 행동을 관찰하면서, 일상생활에 대한 질문을 통해 내담 아동의 주관적인 경험에 대해 알아보고자 하였다. 대화에 주의를 지속시킬 수 있는 시간, 충동성, 기본적인 지시를 따를 수 있는지 등에 대해서도 알아보았다.

2) 부모와의 첫 면담에서 얻은 정보

(1) 부모가 호소하는 주된 문제

① 주의가 산만하고 집중력이 부족하다. 담임에 의하면 수업 시간에 눈에 띌 정도로 딴짓을 많이 한다.

② 수행이 느리고 아는 것도 틀린다. 수학 학습지를 할 때 많이 틀린다. 담임에 의하면, 과제를 주면 딴짓을 하느라 그런지 항상 반 아이들 중에 마지막으로 끝낸다.

③ 몸을 많이 움직인다. 집에서 학습지할 때 몇 문제 하지도 않고 연필로 장난을 하거나 혀를 굴리고 일어났다 앉았다 한다. 학교에서도 그런다고 한다.

④ 공부에 신경을 안 쓴다. 알림장을 자주 안 써 오고 숙제를 알아서 하지 않는다. 지시를 하면 그때서야 한다.

⑤ 정리정돈을 못한다. 방을 어지르고 학용품이나 옷 등 자기 물건을 못 찾는다.

⑥ 또래 관계에서 제멋대로 하려 한다. 친구들과 놀다가 제 맘대로 되지 않으면 짜증을 낸다.

(2) 발달력

임신과 출산 과정에서 별 문제는 없었고 순산하였다.

정상적인 발달을 보였지만 걸어 다니면서부터 다소 활동량이 많았고, 겁이 없어서 높은 데서 떨어지는 등 자주 다쳤다.

두세 살 때부터는 계단에서 뛰어 내려가거나 길에서 갑자기 뛰는 등 예측 불허의 행동을 많이 보였다.

유치원 때 또래에 비해 말귀를 잘 못 알아듣는 것 같았다. 장난이 심하고 까불고, 친구들을 툭툭 건드리곤 하였다. 사소한 말썽은 많이 부렸지만, 큰 말썽이나 사고는 없었다.

학교 들어가기 전에 말을 아주 잘 했지만, 그에 비해 책 읽기가 좀 느리고 글 쓰는 건 몹시 싫어하고 힘들어 했다.

초등학교 1학년 때는 수업 시간에 자리에서 일어나 돌아다니기도 했다. 집에서는 숙제하라고 하거나 학습지할 때 하기 싫어서 억지로 하고 엉터리로 한다.

자전거 타기와 TV 보기, 컴퓨터 오락을 좋아한다.

어릴 때부터 조모나 母의 말을 잘 안 듣는 편이었다. 한 번 말하면 잘 못 듣고, TV를 볼 때나 컴퓨터를 하고 있을 때는 불러도 잘 못 듣는다. 잔소리하면 짜증을 낸다.

아빠가 가끔 무섭게 야단을 쳐서 그런지 아빠 말은 좀 듣는 편이다.

말을 잘 안 듣고 장난이 심하지만 남을 때리거나 하지는 않는다.

(3) 가족력

현재 조부모, 부모, 여동생과 함께 살고 있다.

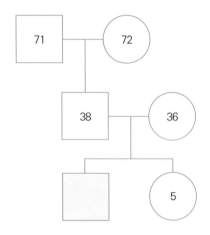

- 父(38세): 대학원졸. 연구원. 원만한 성격이다. 가끔 아이가 잘 못하면 답답해하고 '이렇게 해야지.' 하고 면박을 준다. 다정다감하지는 않지만 자녀들에게 관심이 많아 가끔 함께 놀아준다.
- 母(36세): 대졸. 동사무소 공무원. 꼼꼼한 성격으로 아이들에게 잔소리를 많이 하는 편이나 야단을 심하게 치거나 때리지는 않는다. 아주 화가 날 때는 한 대씩 때리기도 한다.
- 여동생(5세): 영리하지만 짜증이 많고 가끔 떼를 쓴다. 자기가 갖고 싶은 게 있으면 계속 조르고, 마음에 안 드는 일이 있으면 짜증을 낸다. 유치원에는 별 문제 없이 잘 다닌다.
- 할아버지(71세): 최근에 건강이 좋지 않아 거의 누워서 지낸다. 손주들을 귀여워하지만 직접 돌봐주지는 못한다.
- 할머니(72세): 정이 많고 손주들을 귀여워하고 잘 해 준다. 주현이가 말을 안 듣고 방을 어질러서 힘들어하지만 야단은 별로 치지 않는다.

- **부부 관계 및 가족 관계:** 부부 사이는 좋은 편이다. 시부모님들도 성격이 유하고 아이들을 잘 돌봐주셔서 가족 간에 별 갈등은 없다. 집안에 특별한 걱정거리는 없는데, 주현이가 좀 걱정이고 최근에 할아버지가 편찮으셔서 걱정이다.
- **부모－자녀 관계:** 부모가 맞벌이를 해 자녀들에게 많은 시간을 내 주지 못하는 것이 미안해서 주말에는 같이 놀아주려 노력한다. 그러나 주현의 행동이 마음에 들지 않아 자주 야단을 치게 되고 가끔 몹시 화를 내기도 한다.
- **형제자매 관계:** 같이 잘 놀기도 하지만, 주현이 가끔 동생을 집적거려서 다툰다. 동생도 짜증이 많은 편이고, 서로 양보를 하지 않아 가끔 큰소리가 난다.

3) 담임 교사와의 면담에서 얻은 정보

- 주현이가 능력도 있어 보이고 크게 문제를 일으키지는 않는데 집중력이 부족하고 딴짓을 많이 한다.
- 지시를 잘 따르지 못하고, 수업 시간에 혼자서 다른 것을 할 때도 있다.
- 몸을 많이 움직인다. 돌아다니지는 않지만 자리에서 들썩거리고 손발을 많이 움직인다.
- 알림장을 제대로 쓰지 않아 챙겨줘야 한다.
- 친구들과 잘 놀지만, 괜히 건드리고 항상 자기가 주도하려 하고 제 맘대로 하려는 경향이 있다.

3. 심리검사

주현이의 주의력과 집중력 등의 인지 기능들을 평가하고 충동적인 경향을 비롯해 전반적인 적응 정도 등을 알아보기 위해 심리검사를 실시하였다. 주현이의 문제가 부모의 성격 특성이나 양육 방식과 관련될 가능성을 알아보기 위해 부모 성격검사도 실시하였다. 포함된 검사는 BGT, HTP, KFD, SCT, K-WISC-Ⅲ, Rorschach, 母 MMPI 등이었다.

1) 검사태도

귀여운 인상의 아동으로 자발적으로 말을 많이 하였음. BGT 검사에서는 "재밌어요." "7번 카드가 제일 어려웠어요."라고 말했음. 재모사를 하도록 하자 "아까 잘못한 거 복습하는 거죠?"라고 말하였고, "이거 아까 그렸는데…."라며 의아해하기도 했음. HTP 검사 시 집 그림을 그리도록 지시하자 "집 안도 그려야 돼요? 크게 그려도 돼요? 아파트 그려야지." 등의 말을 계속하였음. 지능검사의 상식문제를 시작하자 "어려운 거죠? 나 그런 거 못해요."라며 하지 않으려 하였음. 그러나 쉬운 문제를 불러주자 그 후로는 재미있어 하였고 간간이 "맞았어요?"라고 확인하기도 하였음. 차례맞추기까지 한 후에는 매우 지겨워하며, 산수, 어휘, 이해문제를 풀 때는 검사실 안을 이리저리 돌아다니거나 소파에 누워서 문제를 풀었으며 문제를 다시 물어보는 경우도 있었음. 토막짜기를 처음 수행할 때는 "너무 쉽다."며 흥미를 보였고 열심히 하였음. 모양맞추기나 기호쓰기와 같은 동작성검사를 수행할 때는 노래에 가사를 바꾸어가며 부르기도 하였음. 로샤 검사에서 첫 번째 카드를 보고는 두 개의 반응을 한 후 "이거 물감으로 해서 반으로 접은 거죠?"라고 말하더니 카드를 실제로 반으로 접어버렸음. 카드가 연달아 제시되자 카드를 가지고 소파에 가서 누워서 반응을 하고 다시 갖다 주었고, 질문 단계에서도 자리에 앉아 있지 못하고 검사실 안을 돌아다니거나 소파에 누운 채로 대답하였음. 문장완성검사를 작성하는 데에도 지속적으로 집중을 하지 못해 한 문장을 작성하는 데에 매우 오랜 시간이 걸렸음.

2) 심리검사 원자료

(1) BGT

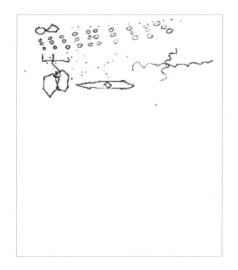

(2) 그림 검사

① 집 그림

- 어떤 집: 아파트요.
- 누가 사나: 엄마, 아빠, 나, 할머니, 할아버지, 동생이 살아요. 경비실 아저씨, 관리소도 있어요.
- 분위기: 좋아요.
- 미래: 몰라요. 오래오래 살아요.
- 아파트 위에 그린 것: 돌아가는 거요. 빨리 돌아가면 바람이 센 거고, 천천히 돌아가면 바람이

따뜻한 거예요. 인제 맨날 천천히 돌아요. 여름이니까.

- 현관문 앞의 것: 비밀번호 누르는 거. 못 들어와요, 비밀번호 모르면.

② 나무 그림

- 옹이: 예쁜 무늬예요.

- 무슨 나무: 느티나무. 우리 집에 있어요.
- 나이: 나하고 나이 똑같아요. 9살.
- 상태: 건강해요. 나뭇잎이 아주 커요. 나무는 물을 먹고 살잖아요. 근데요, 검은 흙이 물보다 더 좋아요. 그 속에는 나무가 먹는 영양분이 들어있어요. 검은 모래에 물을 부은 다음 삽으로 섞어서 하나씩 덮어줘요.
- 주변에 다른 나무: 다른 나무들도 있죠.
- 미래: 아주 키가 엄청 커질 것 같아요.

③ 남자 그림

- 누구: 나요.
- 나이: 아홉 살이라니까요. (짜증스럽게 말함.)
- 지금: 나비를 잡으려다가 놓~쳤어요. (노래 부르듯이 말함.) 손으로 잡으려다가. 근데 우리 아빠는요. (그림과 무관한 이야기를 계속함.)
- 기분: 아~주 좋아요. (과장되게 표현함.) 매미를 잡는 게 더 좋은데 매미가 없어서 할 수 없어서 나비를 잡았는데. 못

잡아서.
- 성격: 좋죠.
- 장래 희망: 과학자./ 그냥 과학자 될 거예요.

④ 여자 그림

- 누구: 내 동생이에요.
- 나이: 다섯 살.
- 지금: 만세./ 다섯 살이니까. 내가 축구 하니까 개도 축구한다고 했거든요.
- 기분: 아~주 나빠요. 내 동생은 성격이 안 좋아 머리가 또라이. 축구하니까 골 을 넣어야 된다는 생각. 근데 골을 넣는 다고 생각하면 못 넣어요. 패스가 중요 해요.
- 성격: 그냥 그래요. 별로예요.
- 장래 희망: 의사 선생님./ 몰라요. 아픈 사람을 도와준다고 어쩌구 저쩌구 해요. 그런데 유치원 가도 공부 안하고 TV만 봐요.

⑤ 동적 가족화

- 지금: 산책하는 그림. 작년 여름 에 더워서 산책 간 거예요.
- 누구: 아빠, 엄마, 나, 동생.
- 분위기: 좋고.
- 가족 관계: 아빠는 맛있는 거 사 줘서 좋아요. 엄마는 장난감 사 줘요. 나는 공부를 잘 해요. 수학 이요. 다 잘해요. 동생은 맨날 나 만 괴롭혀요. 너무 억울해요.

- 위에 그린 선: 바람.

(3) 문장완성검사

1. 내가 가장 행복한 때는 <u>소풍가는 것</u>.
2. 내가 좀 더 어렸다면 <u>친구가 없다</u>.
3. 나는 친구가 <u>많이 있다</u>.
4. 다른 사람들은 나를 <u>괴롭힐 때</u>.
5. 우리 엄마는 <u>회사을 다닌다</u>.
6. 나는 <u>수학</u> 공상을 잘 한다.
7. 나에게 가장 좋았던 일은 <u>만화 영화 보기</u>.
8. 내가 제일 걱정하는 것은 <u>받아쓰기</u>.
9. 대부분의 아이들은 <u>말썽꾸러기이다</u>.
10. 내가 좀 더 나이가 <u>많다면 좋겠다</u>.
11. 내가 가장 좋아하는 사람(은) <u>김동수(가명)/ 친구</u>.
12. 내가 가장 싫어하는 사람(은) <u>서진국(가명)/ 친구</u>.
13. 우리 아빠는 <u>회사를 단닌다</u>.
14. 내가 가장 무서워하는 것은 <u>없다</u>.
15. 내가 가장 좋아하는 놀이는 <u>숨바꼭질</u>.
16. 내가 가지고 있는 것 중에서 제일 아끼는 것은 <u>텔레비전, 나 때문에 샀어요. 내가 사달라고 졸랐어요. 피아노, 침대</u>.
17. 내가 가장 가지고 싶은 것은 <u>장난감, 레고 장난감./ 키도 잘 자라고 튼튼한 나무</u>.
18. 여자 애들은 <u>나쁘다./ 지겹구, 끔찍하고, 꼬집고 그래요</u>.
19. 나의 좋은 점은 <u>공부를 잘 하니까</u>.
20. 나는 때때로 <u>이모네 집에 가서 학교를 못 갔다</u>.
21. 내가 꾼 꿈 중에 제일 좋은 꿈은 <u>과학자</u>.
22. 나의 나쁜 점은 <u>없음</u>.
23. 나를 가장 슬프게 하는 것은 <u>없음</u>.
24. 남자애들은 <u>착하다./ 친구예요. 다 내 친구예요. 내 부하고</u>.
25. 선생님들은 <u>모른다./ 나누기를 모른다. 난 알아요</u>.
26. 나를 가장 화나게 하는 것은 <u>없어요</u>.
27. 나는 공부를 <u>잘 한다</u>.

28. 내가 꾼 꿈 중에 제일 무서운 꿈은 토요 미스테리.

29. 우리 엄마 아빠는 모른다./ 게임을 모른다.

30. 나는 커서 과학자이(가) 되고 싶다. 왜냐하면 똑똑하니까.

31. 내 소원이 마음대로 이루어진다면,

　　첫째 소원은 동화가 잔뜩 있다.

　　둘째 소원은 내 마음대로 할 수 있는 나라.

　　셋째 소원은 내가 얼마나 똑똑하면 좋을까?

32. 내가 만일 먼 외딴 곳에 혼자 살게 된다면, 아무도 같이 살고 싶지 않다. 친구랑 같이 살고 싶다와 제일 같이 살고 싶다./ 김동수(가명). 친한 친구니까. 내가 1층에서 대장이거든요. 개랑. 장난꾸러기 삼총사였거든요.

33. 내가 만일 동물로 변할 수 있다면 너구리이(가)되고 싶다. 왜냐하면 땅을 팔 수 있으니까./ 땅을 파면 짐승이 날 잡을 수 없으니까.

* 문장완성검사 원본

문 장 완 성 검 사

이름＿＿＿＿＿＿＿ 남·여 생일＿＿년＿＿월＿＿일
(세는 나이＿＿살)

학교＿＿＿＿＿＿＿ __학년 __반 __번

> 미리부터 여러문들에게 간단한 작문을 부탁합니다.
> 다음의 낱말로 시작되는 문장을 완성시켜 보십시오.
> 반드시 자기의 솔직한 마음을 그대로 말해야 하며 하나도
> 빠뜨리지 말고 모두 써 넣으십시오.

1. 내가 가장 행복한 때는 노무가늘까
2. 내가 좀 더 어렸다면 친구가있다.
3. 나는 친구가 많이있다.
4. 다른 사람들은 나를 미웠릴다
5. 우리 엄마는 의자볼다니다
6. 나는 공부 ＿＿＿＿을 잘 한다.
7. 나에게 가장 좋았던 일은 언니영하널기
8. 내가 제일 자기하는 것은 부아든기
9. 대부분의 아이들은 욕자건공기이다.
10. 내가 좀 더 나이가 들다면 축구다
11. 내가 가장 좋아하는 사람(은) ＿＿＿＿
12. 내가 가장 싫어하는 사람(은) ＿＿＿＿
13. 우리 아빠는 퇴니룬가 낳는F.
14. 내가 가장 무서워하는 것은 없다.

뒷면에 계속 →

(4) 로샤 검사

카드 번호	반응 시간	반응 번호	연상반응	질문반응
I	6"	①	여우	① (전체) 눈, 눈썹, 귀./ 여우 같이 보였어요. 얼굴이요.
		V〈②	비행기. 불꽃이 뺑뺑 나오고. 뒤에서 미사일이 뿅뿅. (카드를 반으로 접음.)	② (전체) 불꽃이 나오구요./ 불꽃처럼 생겼어요. 옆은 날개. 미사일.
		③	사나운 페르시온. 고양이가 진화된 거예요.	③ (전체) 화가 나 있고 뿔이 나 있어요. 그리고 이거 있어요. 빨간 게 여기 있어요./ 빨간?: 아니요./ 얼굴이요./ 화난?: 이렇게 쫙 되어 있잖아요.
		④	늑대	④ (전체) 화난 거. 코하고./ 얼굴이요.
II	7"	①	매미	① (전체) 얼굴, 날개, 꼬리.
		②	벌	② (전체) 꼬리가요. 이렇게 나와요. 여기 얼굴이요. 말벌도 이렇게 생겼어요.
		③	나비	③ (전체) 무늬 있구요, 날개./ 무늬?: 나비에도 무늬 있는 거 있으니까요./ 다 무늬예요. 날개에 있는 거.
		④	괴물 T.L.) 곰	④ (전체)조그만 얼굴 있는데 무서워요./ 빨간 불꽃이 나오구요, 여기 빨간 미사일 나오니까요./ 몸 전체가 괴물인데요.
III	1"	①	고양이 얼굴	① 고양이 얼굴 안 했는데.
		②	메뚜기	② (전체) 이빨 뾰족뾰족해요. 팔이요./ 전체요. 빨간 거 맨 밑에 그거는 다리예요. 이거는 아무것도 아니예요. 그냥 달고 있는 거예요.
		③	사마귀 T.L.) 사람, 남자요.	③ (전체) 사마귀도 똑같은데. 입도 뾰족하고 손도 뾰족하게 돼 있어요.
IV	1"	①	괴물이다. 똥쌌어. 진흙이다. 진흙 괴물. 진흙처럼 진득진득하게 생겼잖아요.	① (전체) 괴물이 있잖아요. 발 있구요. 손은 조그맣고 발은 굉장히 커요. 얼굴은 중간이에요./ 진흙?: 진득진득하게 생겼잖아요./ 검은 거요./ 똥?: 나 안 그랬는데. 똥싼 모습은 이거예요./ 진흙 똥이니까요.
		②	질뻑이	② (전체) 진득진득하게 생겼으니까요. 다 질뻑이./ 사납게 생겼구요, 진흙인데 눈이 있어요. 눈 있구요. 이제는 맞아요.
V	13"	V①	유령이요. 물 더 떠 갖고 와야지. (밖으로 나갔다 옴.)	① (전체) 이렇게요, 얼굴이 없어요./ 얼굴이 이상하잖아요. 그리고 유령이 무슨 날개가 있어요. 그러니까 변신한거나 마찬가지죠.

		②	귀신이요.	② (전체) 갑자기 귀신도 사랑 귀신이거든요. 갑자기 귀신이 쌩 하늘로 올라가면서 무서워졌어요. / 갑자기 하늘로 쌩 올라갔잖아요.
		③	나비요. 호랑나비요.	③ (전체) 날개가 있잖아요. 지느러미도 있잖아요./ 호랑나비?: 내가 지었어요.
		④	비행제트기요. 미사일 뺑뺑 나가고 날개 있고 불꽃이 팡팡. 비행제트기가 아닌가?	④ (전체) 날개가 있으니까. 미사일이 펑 두 개 나가고.
		⑤	비행접시요.	⑤ 안 그랬는데.
Ⅵ	11"	①	모르겠는데. 어떤 뾰족하고 꼬리가 달려 있고. 울트라 리스크. 이빨이 딱 잘려 있고 이빨로 쏙싹쏙싹 하는 것.	① (전체) 다 다리구요. 스타크에서 나온 거에요. 독침구요. 뾰족한 이빨로 갉아버려요.
Ⅶ	13"	V①	딱정벌레요.	① (전체) 다 다리. 팔 있구요, 여기가 얼굴. 날개./ 날 수 있으니까요.
		②	개미가 춤추는 거 같아요.	② 개미가 2개. 개미가 한 명 팔 이렇게 하고 춤추고 있으니까./ 개미?: 조그매서요.
Ⅷ	28"	①	(물을 계속 마심.) 이상한 로봇. T.L.) 동물. 너무 조그매서 하기 싫어요.	① 얼굴, 날개, 다리, 팔 있구요./ 로봇처럼 생겼어요. 날개도 있고.
Ⅸ	9"	V①	화산 폭발. 여기 화산이 마그마에서 펑! 폭발 했잖아요.	① (전체) 빨간 거 아니, 여기 중간 데부터 펑 폭발했어요./ 흙이구요. 여긴 터져서 나는 연기. 밑에는 터진 거예요. 빨간 거.
		②	뿔이 달려있어요. 머리에는 불이 확 나고 있어요. 이름은 모르지만 그렇게 생겼더라구요.	② (전체) 뿔이 달려 있고, 불이 달려 있고. 눈이고, 얼굴./ 동그라니까. 밑에는 입이고/괴물이죠. 불 색깔이 빨갛잖아요.
Ⅹ	6"	①	꽃게 성이요.	① 꽃게 병정이 지키고 있구요. 이건 성이에요.
		V②	나쁜 임금이요.	② 화났어. 수염, 눈썹, 눈, 코, 입./ 나쁜?: 나쁜 임금 이니까.
		③	땅굴파기.	③ 땅굴 부앙./ 땅굴 파는 기계.
		④	착한 임금님 머리 위에 뿔이 달렸어요.	④ 눈, 수염, 안경, 주름, 뿔./ 착한?: 착한 임금인데 이 나쁜 임금이 마법 걸었어요./ 그냥 걸었어요.

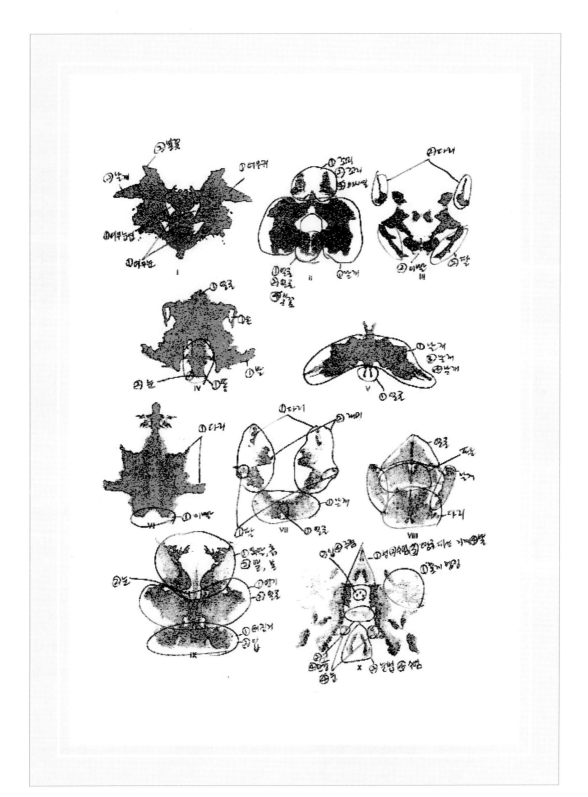

(5) 母 성격검사

母 MMPI

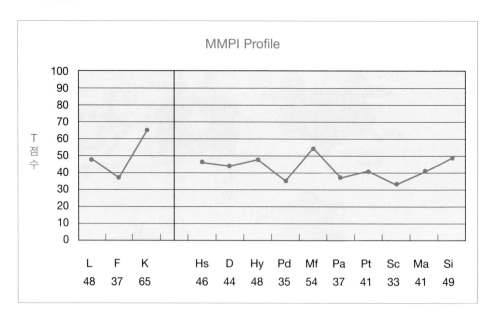

3) 검사결과

① BGT: 각과 곡선의 처리가 불안정하며 상당한 도형 중첩의 오류를 보이고 있음. 또한 도형이 전반적으로 종이 상단에 위치하는 등 배열과 조직화에 어려움을 보이고 있어 충동 통제의 곤란과 계획력 부족 등이 시사됨(즉각적 회상 = 4).

② 인지 기능: K-WISC-Ⅲ로 측정한 전체검사 IQ는 113으로 [보통 상] 수준에 속하며, 동일 연령에서 상위 16% 이내에 해당하는 수준임. 소검사 수행을 고려할 때, [우수]에서 [최우수] 수준의 지적 잠재력이 추정됨. 언어성 지능과 동작성 지능이 상당한 차이를 보이고 있어 인지 기능상 불균형을 나타냄.

상식문제	공통성문제	산수문제	어휘문제	이해문제	숫자문제	언어성지능
16	14	12	12	11	(9)	119

빠진곳찾기	차례맞추기	토막짜기	모양맞추기	기호쓰기	동작성지능
9	5	19	13	6	103

후천적인 학습을 통해 습득된 상식적 지식이나 추상적 사고력 등이 우수하게 발달되어 있고, 어휘력이나 수리 능력도 보통 상 수준이어서 기초적인 학습 능력은 양호한 것으로 판단됨. 또한 시각-운동 협응력 등 지각적 조직화 능력은 매우 우수한 수행을 보였음.

그러나 주의 집중력과 관련된 소검사들에서 매우 저조한 수행을 보이고 있음. 즉, 청각적 주의력이 부족하고 지속적인 주의를 기울이는 데서 매우 큰 어려움을 나타내고 있음. 흥미 있는 과제에 대한 주의 집중력은 양호한 반면, 간단하고 지루한 과제에 지속적으로 주의를 기울이는 데 어려움이 현저함. 또한 주변의 자극들에 의해 쉽게 주의가 분산되어 과제 수행 속도가 저하될 수 있음. 이런 경향은 철자 오류나 쓰기 곤란 등에서도 나타나고 있어, 실제 학업 성취 수준은 지적 잠재력에 비해 훨씬 낮을 것으로 판단됨.

사회적 단서에 대한 인식 능력, 사회 규범이나 관습적인 문제해결력은 보통 수준에 해당되며 기본적인 대처 방식은 습득되어 있는 것으로 보임. 그러나 대인 관계 상황에서 사건의 전후 관계를 파악하여 결과를 예측, 추론하는 능력이 매우 부족함. 이런 경향은 아동의 충동적인 특성과 결합하여 또래 관계의 형성과 유지에 방해 요인이 될 가능성이 있음.

③ 사고 및 문제 해결: 비교적 단순한 상황에서는 관습적인 지각을 할 수 있지만, 전반적으로 외부 자극에 대해 즉각적인 인상에 근거하여 충동적으로 지각하고 해석하는바, 외부 상황을 정확하게 지각하지 못하고 성급한 현실 판단을 보이겠음. 또한 비체계적이고 충동적인 연상을 보이는 등 문제 상황에 집중하지 못하고 사고의 비약을 나타낼 수 있음. 따라서 상황에 적절한 문제 해결에 어려움을 보일 수 있으며 충동적이고 행동 지향적인 대처 방식을 사용할 가능성이 큰 것으로 판단됨.

④ 정서 및 성격: 정서 조절 능력이 매우 부족하고 상당히 충동적인 경향을 보이고 있음. 충동적이고 산만한 행동으로 인해 주변에서 부정적인 평가를 많이 받은 듯, 현

상황에 대한 불만을 느끼며 정서적으로 다소 불안하겠음. 특히, 욕구가 좌절되는 등의 스트레스 상황에서 분노감이나 적대감을 쉽게 경험할 수 있으며, 부주의하고 충동적인 경향으로 인해 상황에 적절하게 자신의 행동을 통제하지 못해 규율이나 규칙을 따르지 못할 수도 있음. 그러나 외현화된 공격 행동 경향은 현저하지 않음.

대인 관계 상황에 대한 이해력이나 대처 방법에 대한 지식은 비교적 양호하지만, 타인에 대한 공감 능력은 다소 부족한 것으로 보임. 이에 더해 충동성과 내재된 좌절감 등으로 인해 친밀하고 정서적인 유대 관계를 형성하는 데 어려움을 보일 수 있겠음. 욕구 좌절을 잘 견디지 못해 사소한 좌절에도 분노감을 경험하며 자기중심적으로 행동할 수 있어 주변 사람들로부터 부정적인 평가를 받을 수 있음.

아동이 보이는 주의 산만한 행동이나 충동적인 경향으로 인해 학습이나 대인 관계 등에서 어려움을 겪어온 것으로 보임. 주변 사람들의 부정적인 평가와 더불어 가족에게서도 충분한 정서적 지지를 받지 못한다고 느끼고 있음. 이로 인해 다소의 불안과 분노감이 내재되면서 타인과 정서적인 교류를 할 수 있는 능력이 충분히 발달되지 않은 것으로 생각됨. 또한 외현상 자신감을 드러내지만 내면적으로 자신에 대해 다소 부정적인 관점과 함께 위축되는 경향도 보이고 있음. 따라서 주의력결핍과 충동성을 해결하기 위한 치료적인 개입이 필요하겠음.

4) 요약

① BGT: 충동적이고 무계획적인 경향을 나타냄.
② 인지 기능: 보통 상 수준(FSIQ=113, VIQ=119, PIQ=103)/ 주의 집중 곤란이 현저함.
③ 사고 및 문제 해결: 충동적이고 체계적이지 못한 문제 해결 양상을 나타냄.
④ 정서 및 성격: 충동적이고 욕구 좌절에 대한 인내심이 부족함. 다소의 불안감과 분노감이 내재되어 있으며 때로 위축됨.

4. 사례개념화 및 심리치료 계획

1) 문제 목록

① **학업**: 주의 집중력이 부족해 읽기와 쓰기 등 과제 수행이 어렵고, 수학에서 실수를 많이 보인다. 바람직한 학습 습관이 형성되지 못했다.

② **행동**: 주의 산만하고 과잉 행동을 보이며, 정리정돈을 하지 못한다.

③ **정서**: 충동적이고 인내심이 부족하며 감정 조절을 잘하지 못한다. 다소의 정서 불안을 보인다.

④ **사회**: 자기중심적이면서 공감 능력과 사회적 기술이 부족해 타인을 배려하지 못한다.

⑤ **가족**: 특별한 문제는 시사되지 않지만 주현의 특성에 맞는 효율적인 양육을 하지 못하고 있다.

2) 진단

아동 면담과 부모, 담임 교사와의 면담 자료, 행동 관찰 및 심리검사 결과 등을 종합하여 주의력결핍 및 과잉행동장애로 진단하였다.

3) 문제의 원인 및 유지 요인과 사례 역동

주현이 주의력결핍 및 과잉행동장애의 특징들을 보이는바, 인내심 부족, 충동적이고 주의 산만한 행동, 규칙을 따르지 못하는 것 등으로 인해 주변 사람들로부터 부정적인 평가를 많이 받아온 것으로 보인다. 이에 비해 정서적인 공감이나 사회적 지지를 받은 경험은 다소 부족했던 듯, 다소의 불안감이 내재되어 있고 자기 개념도 다소 부정적으로 형성되어 가고 있다. 또한 감정 조절 능력이 부족하고 공감 능력이나 사회적 기술도 다소 부족해 다른 사람들과 친밀하고 정서적인 교류를 할 수 있는 능력을 충분히 발달시키지 못했다. 높은 지능으로 인해 기본적인 학습 능력은 양호하지만,

주의력결핍과 충동적인 경향 때문에 현재 공부나 또래 관계 등 학교생활에서 적응의 어려움을 보이고 있다. 또한 기본적인 가족 관계는 양호한 편이지만, 부모와 동생과의 관계에서 자주 스트레스를 경험하면서 불만과 분노감이 누적되어 가고 있는 것으로 판단된다.

4) 심리치료 목표

주현이 주의력결핍 및 과잉행동장애의 특징들로 인해 적응 곤란을 보이고 있으므로 주의력 향상과 충동성 감소를 일차적인 치료 목표로 설정할 필요가 있다. 이를 통해 학습에서의 실수나 학교생활과 집에서의 문제 행동을 감소시키는 것이 필요하다. 이를 위해 인지적 기법과 행동 수정 기법을 활용하고 부모의 양육 방식에 대한 교육이 요구된다. 또한 충동성을 줄이고 감정과 행동 통제력을 향상시킴으로써 다양한 상황에서 효율적인 대처 능력을 향상시키는 것도 필요하다. 대인 관계에서 타인과 정서적 친밀감을 경험하게 하고 타인의 입장에 대해 더 공감적으로 이해하는 능력을 향상시키는 것 역시 치료 목표에 포함되어야 한다. 주현이 전반적인 인지 기능이 우수하므로, 장점을 부각시킴으로써 결핍된 측면을 보완하도록 하여 자존감을 향상시키는 것도 유용할 것으로 판단되었다. 각 영역별로 구체적인 치료 목표는 다음과 같다.

① 행동: 체계적이고 단계적인 행동 계획을 통해 충동적인 실수를 감소시키기, 정리 정돈하는 습관 들이기.
② 정서: 분노와 충동성을 감소시키고 감정 조절 능력을 향상시키기.
③ 사회: 타인의 입장을 고려할 수 있는 공감 능력과, 규칙 준수 등 사회적 기술을 향상시키기.
④ 학업: 주의 집중해서 읽기와 쓰기, 산수 문제 풀기를 함으로써 실수를 감소시키고 학업에 대한 흥미를 유발하기.
⑤ 가족: 주의력결핍 및 과잉행동장애에 대한 정보 제공, 효율적인 양육 방식과 행동 수정 방법에 대한 교육, 안정된 부모-자녀 관계를 형성하기.

5) 치료 방법

주현의 주된 문제가 주의력결핍과 충동성과 관련된 것이므로, 이런 경향성을 감소시키기 위해 인지 행동 치료와 부모교육 및 교사 교육을 병행하는 것이 필요하다. 현재 다소의 정서 불안을 보이고 있으며 지루한 과제를 힘들어하는 것을 고려해, 놀이와 게임 등을 활용하는 것이 도움이 될 것이다. 치료 경과에 따라 필요하다면 약물 치료를 병행하는 것을 고려해야 한다. 주현이 적대적이거나 반항적인 경향이 현저하지는 않으며 정서적인 문제도 심각하지 않을 뿐더러, 부모가 주현의 상태에 대해 거부감 없이 수용하고 치료에 적극적으로 협조하려는 태도를 보여 단기 치료를 하기로 결정하였다. 아래에 구체적인 치료 방법에 대해 요약하였다.

① **놀이를 활용한 인지 행동 치료와 사회적 기술 훈련(주 1회):** 놀이, 게임 등에서 인지 기법을 활용해 충동적인 경향을 감소시키고 체계적이고 단계적인 문제 해결 방법의 학습, 감정 조절 능력의 향상 및 사회적 기술 향상 등.
② **부모교육:** 주의력결핍 및 과잉행동장애에 대해 이해하기, 자녀와 좋은 관계 맺기, 효율적인 양육 방식, 행동 수정 방법 등에 대해 교육.
③ **교사 자문:** 학교에서 주현에게 도움을 줄 수 있는 정보(행동 수정 방법 등) 제공.

5. 심리치료 과정

1) 초 기

심리치료의 구조를 제공하면서 치료자와 내담 아동 간의 긍정적인 관계 형성을 위해 치료 초기에는 아동중심적 입장에서 놀이치료 접근방법을 주로 사용하였다. 또한 부모교육을 병행하여 긍정적인 부모-자녀 관계 형성과 주의력결핍 및 과잉행동에 대한 정보를 제공하고 주현에게 적합한 양육 방식에 대해 교육하였다.

■ 1회기

＊ 다양한 놀잇감을 가지고 스스럼 없이 즐겁게 놀이를 하였지만 충동성과 과잉 행동을 보였다.

- (나무 토막들을 조립하고 높이 쌓다가 금방 그만둠.) 시시해. 안 해.
- (포켓몬 인형들로 편을 갈라 전쟁 놀이를 함. 치고 받고 시끄럽게 떠들면서 공격적인 경향을 나타냄.) 누가 이기나 보자. 총 어딨어? 대포 어딨어?
- (동물 모형들과 자동차들로 싸우고 충돌하는 놀이를 함.)
- (풍선 부는 도구로 풍선을 불다가, 치료자를 향해 바람을 일으키며 재미있어 함.) 〔주현이는 재미로 바람을 일으키지만 치료자는 바람 때문에 춥다는 정도로 중립적인 감정을 표현함으로써 상대방의 입장을 느낄 수 있도록 반응함.〕
- 〔자동차들을 벽에 집어 던지는 놀이를 함.) 〔치료실의 물건을 일부러 파손해서는 안 된다는 한계 설정을 함.〕
- (펀치를 공격적으로 두드리고, 발로 참.) 인제 살겠다. 〔분노 감정에 대해 반영함.〕
- (불을 껐다가 켜는 것을 반복함.) 히히. 재미있다. 〔스위치가 고장날 수 있으니 전기로 장난하지 않았으면 좋겠다는 바람을 전달함.〕
- (끝날 시간이 되자 더 놀겠다고 떼를 쓰다가, 치료자가 치료 시간 규칙에 대해 말하자 인형을 방바닥에 집어 던짐.) 〔다시 한번 한계 설정을 함.〕

요약 및 설명

주현의 행동 관찰 및 치료자 – 내담자 관계 형성을 위해 아동중심적 놀이를 활용하였다. 자유로운 놀이를 할 수 있다고 하자 주현은 신이 나서 여러 가지 놀이를 하였다. 말을 많이 하면서 치료자에게도 스스럼 없이 장난을 쳤다. 공격적인 주제의 놀이를 많이 하였고, 간혹 물건을 던지거나 떼를 쓰는 등 공격적이고 충동적인 행동을 보여 한계 설정을 하고 심리치료에 대한 구조화를 하였다. 즉, 치료 시간을 지키는 것, 자신이나 다른 사람을 때리거나 밀거나 괴롭히지 않아야 한다는 것, 물건을 던지거나 부수면 안 된다는 것 등 심리치료의 규칙을 교육하였다. 그러나 치료자가 설명해도 쉽게 따르지 않고 간혹 고집을 부리기도 하였다.

〈母 면담〉

- 주현의 최근 상태에 대해 보고하고 부모가 해 줄 수 있는 것에 대해 궁금해하였다.

    학교생활에 계속 문제가 많고, 동생도 자주 집적거린다. 집안도 어지른다.

    할머니와 어머니의 말을 잘 듣지 않고 딴청을 부린다.

    부모가 맞벌이하느라 잘못 키워서 그런 것 같아 속상하다.

    집에서 어떻게 해 주어야 하는지 알고 싶다.

요약 및 설명

주의력결핍 및 과잉행동장애에 대해 전반적인 정보를 제공하였다. 즉, 주된 증상과 행동 특성, 그리고 치료 방법에 대해 설명하였다. 특히 부모와 교사가 치료에 적극적으로 참여할 필요성에 대해 알려주고, 우선적으로 좋은 부모–자녀 관계 맺기에 대한 정보와 읽을 자료를 제공하였다. 그 내용을 주현 父와 조부모에게도 읽게 하도록 요청하였다. 주의력결핍 및 과잉행동장애에 대해 공부할 수 있는 서적(『주의력결핍 및 과잉행동장애』, 신현균 · 김진숙 저)도 제공하였다. 부모가 겪는 어려움에 대해 공감하고 정서적인 지지를 제공하였으며 죄책감을 갖지 말 것을 제안하였다.

■ 2회기

＊ 1회기와 유사하게 다양한 놀잇감을 가지고 스스럼 없이 놀이를 주도하였다.

- (포켓몬 인형들을 편을 갈라 싸움. 치료자에게도 전쟁에 동참하도록 하고 주현 편이 계속 이기게 함.) 내가 또 이겼다. 선생님 되게 못하네요. 〔계속 이기고 싶어 하는 욕구에 대해 반영함.〕
- (펀치 오뚜기를 공격적으로 두들기고 10번쯤 걷어참.)
- (다트 던지기 놀이를 함. 있는 힘을 다해 공격적으로 던짐.)
- (볼링 놀이를 함. 별 규칙 없이 혼자 볼링을 하며 치료자에게 볼링 핀을 세워줄 것을 요구함.) 〔볼링이 원래 번갈아 하는 게임이지만 주현이 계속 하고 싶어 하는 욕구에 대해 반영함.〕

- (끝날 시간이 되자 더 놀겠다고 고집을 부림. 치료자가 한계 설정을 언급하자 씩씩거리면서 물건들을 일부러 어질러 놓고 언어적 공격을 함.) 흥, 더러워서 안 해. 안 하면 될 거 아냐. 〔한계 설정에 대해 다시 언급하고, 다음 회기부터 치료실의 규칙을 지킬 때 스티커를 주어 보상할 것임을 알려줌.〕

요약 및 설명

1회기 때와 비슷한 문제 행동들을 보여, 행동 수정을 도입하기로 결정하였다. 치료 시간뿐 아니라 집과 학교에서도 비슷한 문제 행동들을 나타내므로, 모든 상황에서 일관성 있게 행동 수정을 할 필요가 있었다. 보상을 활용한 행동 수정에 대해 주현에게도 설명해 주고 동의를 구하였다.

〈母 면담〉

- ADHD 교육 및 책을 읽은 소감과 실천한 내용에 대해 보고하였다.

  책을 읽고 나서 주현이를 이해하는 데 도움이 되었다. 야단치지 말아야겠다고 생각했다. 그런데 실천하는 게 어렵다. 일단 화가 나면 소리부터 지르고 한 대 때리게 된다.

  칭찬하기: 노력은 하는데, 하루에 한 번도 못해 주게 된다. 父도 애가 잘못하면 직선적으로 얘기를 한다.

  학습: 학습지할 때마다 짜증을 내서 이번 주부터 수학 문제 푸는 것을 반으로 줄여서 두 장만 하게 한다.

요약 및 설명

부모의 노력에 대해 인정하고 지속적으로 노력할 것을 격려하였다. 주현이의 행동 수정을 시작하기 전에 우선적으로 부모-자녀 관계가 더 긍정적으로 형성될 필요가 있음을 설명하였다. 이를 위해 '매일 칭찬할 거리 세 가지씩 찾기' '일주일에 2~3회 정도 일정한 시간 약속을 하고 주현이가 원하는 대로 놀아주기'를 제안하였다.

주현이 가끔 물건을 던지고 정리정돈을 안 하는 문제에 대해 스티커를 사용해 보상하는 방법을 설명하였다. 아래와 같이 간단한 도표나 달력을 이용하도록 하고 행동 계약서를 작성하는 방법을 설명하였다(제4장 부모교육을 참고하라).

	정리하기	물건 안 던지기
월	★	★
화	★	
수		★

2) 중기

주현이 (간혹 지시를 잘 따르지 않지만) 짧은 기간에 치료자와 비교적 긍정적인 관계 형성이 되었고 불안 등의 정서적인 문제가 현저하지는 않아서 치료의 초기 단계를 매우 짧게 하는 것이 가능하였다. 중기 단계부터는 본격적으로 문제 행동들을 수정하기 위해 인지 행동적 접근과 아동중심적 놀이치료 접근방법을 통합하여 사용하였다. 즉 매 회기의 초반 25분은 인지치료, 후반 25분은 놀이치료를 하기로 하였다. 부모교육도 주현이의 치료 내용과 부합하는 내용으로 매번 실시하였다. 또한 동일한 문제에 대해 담임 교사가 학교에서 도움을 줄 수 있도록 자문을 하였다. 즉, 주현의 특성과 관련된 정보와 행동 수정 방법에 대한 읽을 자료를 제공하였다. 따라서 치료실과 집, 학교에서 일관성 있게 행동 수정을 할 수 있도록 환경적 여건을 조성하였다.

■ 3회기

＊ 인지치료 시간에 '4단계로 생각하기 방법'을 도입하였다. (주현의 능력에 비해 읽기, 쓰기, 수학을 힘들어하는 것이 성급하게 문제를 풀어 실수를 많이 하기 때문임을 알려주고, 4단계 방법으로 실수를 줄일 수 있음을 설명함.) 이 과정에 대해 아래에 축어록을 제시하였다.

치료자: 주현이가 머리가 좋은데 읽기와 쓰기가 힘들고, 수학 문제 풀 때 자주 틀리고

그래서 많이 속상할 거야. 그런데 그 문제를 해결할 수 있는 좋은 방법이 있어.

주현: 그게 뭔데요?

치료자: 그걸 하려면 처음에는 조금 신경을 써서 노력을 해야 되는데, 한번 해 볼래?

주현: 아, 빨리 말하라니까요.

치료자: 좋아. 4단계로 문제를 푸는 건데, 이 그림을 보면 이해하기 쉬워. 우리가 문제를 풀 때 깊이 생각하지 않고 급하게 풀면 틀리기 쉽지. 그런데 그런 실수를 안 하려면 좀 더 깊이 생각을 해야 돼. 이 그림을 보면 1단계에서는 '문제가 뭐지?' 하고 생각하는 거야. 문제를 잘 생각하지 않고 풀게 되면 질문에 맞지 않는 답을 하게 되잖아? 그럼 1단계를 따라해 보자. 1단계, 문제가 뭐지? [4단계로 문제 해결하기에 대한 다음의 그림(신현균, 2002)을 제시하고, 4단계로 생각하는 구체적인 순서와 방법 등을 알려줌.]

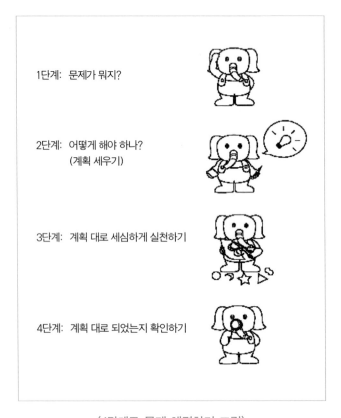

〈4단계로 문제 해결하기 그림〉

주현: 1단계, 문제가 뭐지? 쉽다.

치료자: 아주 잘했어. 이제 문제가 뭔지 알았으면 다음 단계는 '어떻게 할까' 하고 계획을 세우는 거야. 우리가 계획하지 않고 문제를 풀면 아무렇게나 하게 되거든. 그러니까 미리 머리 속으로 계획을 세우는 게 꼭 필요해. 그럼 2단계를 따라해 보자. 2단계, 어떻게 하지?

주현: 2단계, 어떻게 하지?

치료자: 그래, 잘하네. 이제 계획을 세웠으니까 다음 3단계는 '계획대로 실천'을 해야겠지? 따라해 보자. 3단계, 계획대로 실천하기.

주현: 3단계, 계획대로 실천하기.

치료자: 좋아. 계획대로 실천하고 나면, 이번에는 마지막 단계인데 '계획했던 대로 제대로 했나 확인하기'를 해야 해. 만약 실수한 게 있으면 이때 고치면 돼. 그럼 따라해 보자. 4단계, 계획대로 되었나 확인하기.

주현: 4단계, 계획대로 되었나 확인하기.

치료자: 정말 잘하는구나. 이렇게 4단계로 문제를 풀면 실수를 하고 싶어도 할 수가 없어. 그러면 주현이의 원래 실력을 다 발휘하게 되는 거지. 이 방법이 어떤 것 같니?

주현: 예, 그런데 귀찮아요.

치료자: 그래, 이게 좀 귀찮기는 해, 여러 번 생각도 해야 되고 시간도 걸리고. 그런데 처음에만 그렇지 몇 번 하게 되면 그 다음부터는 습관이 되서 아주 쉽고 훨씬 빨리 할 수 있어. 그러니까 처음 며칠 동안만 좀 신경 써서 노력하면 돼. 그리고 주현이처럼 머리가 좋으면 금방 외울 테니까 어렵지도 않을 거야. 〔4단계 방법을 수행하고자 하는 동기를 가질 수 있도록 격려함.〕

주현: 좋아요. 까짓 거. 해 보죠.

치료자: 그래, 주현이가 4단계를 하기로 결심했구나. 열심히 하면 스티커도 주고 사탕도 줄 거야. 여기서도 주고 집에서도 주고. 〔보상을 제공할 것임을 언급하여 실천하도록 격려함.〕

주현: 와, 난 스티커와 사탕이 좋아. 많이 많이 많이 많이 줘야 돼요.

치료자: 알았어. 많이 준비해 둘게. 엄마한테도 얘기할 거야.

주현: 엄마한테 꼭 얘기해야 돼요.

치료자: 물론이지. 자, 그럼 한번 연습을 해 보자. 〔4단계 그림을 보여주면서 강아지 집

을 만드는 과정을 연습하게 함.〕 만약에 주현이가 강아지에게 집은 만들어 주려면 어떻게 해야 실수 없이 잘 만들 수 있을까? 이제 4단계 방법을 배웠으니까, 이 방법 대로 하는 거야. 어떻게 할까? 〔일방적인 교육보다는 질문을 통해 내담 아동 스스로 해답을 찾아가도록 격려함.〕

주현: 1단계, 문제가 뭐지? 강아지 집 만들기.

치료자: 와, 너무 잘한다. 다음은?

주현: 2단계, 어떻게 해야 하지? 잘 만든다.

치료자: 2단계가 조금 어렵지? 2단계는 계획을 짜는 단계니까 좀 더 자세히 하는 게 좋아. 한번 잘 생각해 보자. 강아지 집을 본격적으로 만들기 전에 미리 뭘 준비해야 할까? 〔대충 넘어가려는 경향을 수정하기 위해 설명을 제공함.〕

주현: 나무판자요.

치료자: 그렇지. 나무판자가 있어야겠구나. 그리고 또? 〔질문을 통해 해답을 찾도록 유도함.〕

주현: 망치, 못, 문.

치료자: 그렇지. 그리고 나무판자를 자르려면 또 뭐가 필요해?

주현: 톱이요.

치료자: 좋아, 준비물은 그거면 다 됐나? 그거 사러 가서 하나도 안 빠뜨리려면 어떻게 해야 하지?

주현: 종이에 적어 갖고 가요.

치료자: 아주 좋은 생각이구나. 이제 준비물은 됐고, 그 다음에 본격적으로 강아지 집을 만들기 전에 또 뭘 해야 하지?

주현: 이제 만들면 돼요.

치료자: 잠깐만, 우리가 아무 생각 없이 나무판자를 마구 자르면 어떤 일이 생길까?

주현: 크기가 틀릴 수 있어요. 못 쓰게 돼요.

치료자: 그렇지. 그런 실수를 하지 않으려면 어떻게 해야 하지?

주현: 미리 크기를 계산해 놔야 돼요.

치료자: 그렇지. 그걸 설계도라고 하는데, 집을 만들기 전에 설계도를 먼저 만들어야 해. 그래야지 어떤 판자는 몇 cm로 자를지, 다른 판자는 얼마만한 크기로 자를지를 알 수 있지.

주현: 그 다음에는 3단계, 진짜 만드는 거예요.

치료자: 그래, 만들 때는 계획한 대로, 설계도를 따라서 만들면 실수를 안 할 거야. 이제 다 만들었다면, 그 다음에는 어떻게 해야 하지?

주현: 4단계, 계획대로 되었나 확인하기를 해요.

치료자: 주현이가 끝까지 꼼꼼하게 잘하는구나. 그럼 강아지 집을 짓고 나서 뭘 확인해야 할까?

주현: 잘 지었나?

치료자: 그렇지. 잘 지었나를 보려면, 설계도대로 다 되었나를 봐야겠지? 뭐가 빠진 게 없나?

주현: 강아지 집에 문이 있어야 돼요.

치료자: 그래, 그런 게 중요하지. 집을 다 지었다고 생각했지만 문이 없으면 못 들어가니까. 4번째 단계에서는 그런 걸 꼼꼼하게 하나씩 확인해서 빠진 게 있으면 보충하면 돼.

주현: 이제 끝. 되게 쉽다.

치료자: 주현이가 너무 잘 해서 조금만 연습하면 아주 쉽게 할 수 있을 거야. 이 그림을 집에 갖고 가서 색칠도 예쁘게 하고 책상 앞에 붙여 두면 더 잘 할 수 있을 거야. 오늘 열심히 했으니까 사탕을 줘야지. [칭찬과 사탕으로 보상하고 다음 회기가지 해 올 과제를 내 줌. 4단계로 문제 해결하기를 적용해 수학 학습지 하기 과제를 줌. 4단계법을 연습하는 동안에는 풀어야 할 문제 수를 절반으로 줄이기로 함. 많은 문제를 성급하게 풀어서 많이 틀리기보다는, 적은 문제를 집중해서 정확하게 푸는 것이 더 중요함을 설명함. 다음 주에 과제를 검사하고 스티커와 사탕으로 보상하기로 약속함.]

* 놀이치료 시간 동안 즐거워하며 다소 공격적인 놀이를 하였다.

- (포켓몬을 가지고 편을 갈라 싸움. 서로 죽이고 공격적으로 놀이를 함.)

- (다트를 있는 힘껏 세게 던지고, 잘 안 되면 짜증을 냄.) 에이 뭐야. 짜증나.

- (볼링 게임 시 자기중심적으로 규칙을 적용해 치료자를 항상 이김.) 선생님이 한 건 무효예요. 왜냐하면 공을 너무 높이 들었어요.

- (끝날 시간이 되자 더 놀겠다고 졸랐음. 그러나 규칙 준수 시 사탕과 스티커로 보상할 것

이라는 약속을 상기시키자 수긍하고 놀이치료실을 스스로 정리함.) 〔치료실에서의 규칙들을 준수한 데 대해 칭찬하고 사탕과 스티커를 줌.〕

요약 및 설명

주현이 치료자의 지시에 순응하여 4단계로 생각하기 방법을 비교적 잘 따라하였다. 회기 중에 이 방법을 연습하였고, 과제를 통해 계속 훈련하도록 격려하였다. 칭찬 등의 사회적 보상과 물질적 보상을 사용하는 것이 효과적인 것으로 판단되었다. 이를 통해 바람직한 행동 변화가 가능하고, 결국 성취감과 자신감을 향상시키는 데 도움이 되는 것으로 보였다.

놀이의 주제는 여전히 공격적인 내용이 많았으며, 자기중심적으로 게임을 하고, 뜻대로 되지 않으면 짜증을 내기도 하였다. 그러나 보상을 활용함으로써 치료실에서 외현화된 공격 행동이나 떼쓰는 행동이 감소하고 놀잇감을 스스로 정리하는 등 자기 통제가 어느 정도 가능해졌다.

〈母 면담〉

• 주현의 양육에 있어서 부모가 노력한 내용에 대해 보고하였다.

지난주에 부모가 각각 한 번씩 주현과 30분씩 놀았다. 게임을 하자고 해서 주사위 게임을 했는데 주현이 즐거워하였다. 그러나 자기가 이기려고 규칙을 바꾸고 해서 이를 지적하면 짜증을 냈다.

주현이 스티커를 좋아한다. 스티커를 받으려고 거의 매일 방을 정리정돈하고 치웠다.

숙제도 두 번 정도는 스스로 해서 칭찬하고 스티커를 주었다.

일주일 동안 스티커가 좀 모여서 주현이 좋아하는 피자를 사 주었다.

치료자가 주현에게 머리가 좋다는 얘기를 해 주었다면서 자신감을 보이고, 수학과 국어를 열심히 해서 1등 하겠다고 했다.

> 부모가 교육받은 내용을 실천하려 노력하고 있으며, 행동 수정 방법이 상당히 효과가 있는 것으로 보였다. 행동 수정과 병행해 인지치료를 통해 충동적인 문제 해결 방식을 수정할 필요가 있음을 설명하고, 4단계로 문제 해결하는 방법에 대해 설명하였다. 이 방법을 일상생활에서 실천하도록 부탁하였다. 즉, 부모가 자주 4단계를 말로 해서 이 단계들이 익숙해지도록 할 것을 요청하였다. 또한 주현의 과제를 도와줄 것을 부탁하였다. 주현이 실수를 많이 하는 수학 학습지를 할 때 4단계 방법을 연습하도록 도와주고, 이 방법을 사용하는 동안에는 학습지 문제 수를 절반으로 줄여줄 것을 요청하였다. 또한 자주 놀아주고 칭찬을 많이 하기, 처벌 줄이기, 스티커로 보상하기를 계속하도록 조언하였다.

■ 4회기

＊ 인지치료 시간에 '4단계로 생각하기 방법'에 대한 실천 여부를 확인하고, 읽기 과제로 훈련을 실시하였다.

- (수학 학습지를 가져와 과제를 열심히 했음을 보고함.) 수학 문제를 4단계 방법으로 풀어서 다 맞았어요. 스티커와 사탕도 많이 받았어요. 〔4단계를 더 구체적으로 적용할 수 있도록 수학 학습지에서 어려운 두 문제를 선택해 함께 4단계 방법으로 해결하는 것을 연습하고, 사탕과 스티커로 보상함.〕
- (동화책을 읽도록 하자 주의 깊게 하지 않고 빨리 읽고, 자주 틀리게 읽음.) 〔동화책을 읽을 때 4단계 방법을 적용하도록 연습시킴.〕
- 〔지난주와 마찬가지로 수학 학습지를 4단계 방법으로 하는 과제를 줌.〕

＊ 놀이 시간에 놀이의 양상이 다소 변화해서 공격적 놀이가 감소하고 게임을 주로 하였다.

- (포켓몬을 편 갈라 싸우기를 잠깐 한 뒤에 블루마블 게임을 가져옴.) 이거 어떻게 하는 거예요? (치료자가 규칙이 복잡하다고 말해 주자) 다 배울 수 있어요. (치료자가 규칙들을 설명해 주는 동안 열심히 듣고, 규칙을 지키려고 노력함.) 〔치료자는 주현이 규칙

을 지키려 노력하는 것에 대해 칭찬하고 조금씩 양보해서 주현이 승리하도록 유도함.〕

• (블루마블 게임을 한번 더 하고 싶어했지만 끝날 시간이 되자 짜증을 내고, 정리를 안하고 치료실에서 나가버림.) 〔치료자는 주현의 섭섭한 감정에 대해 공감하는 반응을 함.〕

요약 및 설명

주현이 4단계로 문제 해결하기 과제를 해 왔지만, 정확성이 부족하여 치료 시간에 함께 연습하였다. 또한 읽기 과제를 추가해 훈련하였다. 열심히 하려고 노력하였고 보상을 받는 것을 좋아하였다.

놀이의 양상은 다소 차분해지고, 공격적인 경향이 감소하였다. 또한 게임의 규칙을 지키려고 노력하는 등 행동 통제가 조금씩 가능하지만, 욕구가 좌절될 때는 여전히 통제력이 저하되었다. 스트레스 상황에서 행동 통제 능력과 사회적 기술을 향상시킬 필요가 있다고 판단되었다.

〈母 면담〉

• 주현의 최근 생활에 대해 보고하였다.

수학 시험에서 60점 받았다. 아는 문제들을 실수로 틀린 게 대부분이었다.

4단계 방법 과제는 힘들어했다. 원래 두 장 해야 하는데 한 장만 하려 했다. 옆에 앉아서 지키고 있어야 4단계를 한다. 그래도 스티커는 붙여줬다.

학교 숙제를 스스로 할 때가 가끔 있지만 잘 안 한다. 대부분 母가 도와줘야 한다.

영어 과외 교사가 오면 1:1로는 말을 듣는 편이다. 여럿이 집단 과외를 할 때는 가만히 못 있고 왔다 갔다 하고 집중을 못한다.

요즘 父가 가끔 공부를 봐 준다. 父가 큰소리를 내면 무서워하고 말을 듣는다.

주현이 스티커 받기를 좋아하고 스티커를 모아 피자를 먹는 것을 즐거워하며 기다린다.

요약 및 설명 ● ● ●

母가 주현이 여러 가지 문제들을 여전히 보이고 있음을 보고하였다. 실제적인 변화가 일어나는데 시간이 걸린다는 것을 설명하고, 아직까지는 숙제하기 등의 바람직한 습관이 형성되지 않았지만 행동 수정을 통해 점차 가능해질 것이라고 조언하였다. 또한 4단계로 문제 해결하기가 다소 성가시게 느껴질 수 있으므로 정서적인 지지와 보상을 제공하면서 계속 연습하도록 격려하는 것이 필요함을 설명하였다. 숙제 스스로 하기, 정리 정돈하기, 4단계로 생각하기를 실천할 때마다 자주 칭찬하고 스티커로 보상하는 것을 계속하도록 부탁하였다.

■ 5회기

＊ 인지치료 시간에 '4단계로 생각하기 방법'을 연습하도록 한 과제를 확인하고, 여러 과제로 훈련을 실시하였다.

• (과제를 해 왔고 4단계를 잘 외우고 있음.) 〔스티커와 사탕으로 보상함.〕

• 〔4단계 문제 해결 방법을 사용해 여러 가지 과제를 연습하게 함.〕

  (쉬운 과제는 비교적 오류 없이 잘 함. 예, 두 줄의 일련의 숫자 쌍에서 다른 부분 찾기)

13	15
379	378
2684	3684

• (지속적 주의를 요하는 과제에서는 오류가 많음. 예, 짧은 문단에서 ㄱ → ○으로, ㄷ → △로, ㅅ → ×로 바꾸어 표기하는 과제에서 많이 빠뜨리고 함.)

• (주현이 싫어하는 수학 문제로 연습하게 하자 대충 하려고 함.) 〔치료자가 소리 내면서 시범을 보임.〕

$$\begin{array}{r} 23 \\ +59 \\ \hline 82 \end{array}$$

〔1단계, 문제가 뭐지? 두 자리 숫자를 더하기.

2단계, 어떻게 해야 하지? 먼저 1의 자리 숫자를 더해 자리를 잘 맞추어 쓰고, 그 다음에 10자리 수를 더해 자리를 잘 보고 쓴다.

3단계, 계획대로 하기. 3 더하기 9는 12니까 1 올리고 2를 쓰고, 2 더하기 5는 7인 데 1 올렸으니까 8을 쓴다.

4단계, 계획대로 되었나 확인하기. 두 자리 숫자 더하기 문제인데, 먼저 1의 자리 숫자를 더해 자리를 잘 맞추어 쓰고, 그 다음에 10자리 수를 더해 자리를 잘 보고 썼는지 확인하자. 3 더하기 9는 12니까 1 올리고 2를 쓰고, 2 더하기 5는 7인데 1 올렸으니까 8을 써야 돼. 그대로 잘 되었나? OK. 계획대로 잘 되었다. 아주 잘했어.〕

* 놀이 시간에 게임을 주로 하였다.

• (블루마블 게임을 가져오며 즐거워함.) 이 시간이 오기를 계속 기다렸어요. 얼마나 기다린 줄 알아요? (게임의 규칙을 지키려 노력하고 돈 계산도 비교적 정확히 하려고 함.) 지면 화낼 거야. (치료자가 이기자 화는 내지 않고 얼굴을 다소 찡그리며 기분 나쁜 표정을 지었음.) 〔주현의 실패 상황을 견디는 능력을 관찰하기 위해 치료자가 일부러 져 주지 않고 이겼음. 주현이 화를 내지 않은 것에 대해 "규칙을 잘 지키고, 졌는데도 화를 안 내니까 같이 게임하는 게 더 재밌네."라고 인정해 주었음.)

• (계속 놀고 싶어 하였지만 끝날 시간이 되자 수긍하고 펀치를 세게 몇 번 두드림.)

요약 및 설명

주현이 4단계 방법을 다소 대충 하려는 경향이 있지만 치료자의 시범을 잘 따라하였다. 지루한 과제에서는 4단계를 제대로 적용하지 못해 여전히 실수가 많았다.

밝고 명랑한 태도로 게임을 하였다. 승부욕을 보이지만 게임의 규칙을 지키려 노력하고, 지는 상황에서 화내는 것을 자제할 수 있었다. 치료자는 주현의 바람직한 태도와 자기 통제에 대해 인정함으로써 사회적 보상을 제공하였다.

〈母 면담〉

• 주현의 최근 생활에 대해 보고하였다.

담임 선생님과의 통화에서 주현이 의자에 눕듯이 앉아 있는 등 수업 자세가 좋지 않으며, 준비물을 자주 안 챙겨 온다고 한다. 그러나 예전보다 수업에 적극적으로 참여하려 하고 자신감이 생긴 것 같다고 한다.

수학 문제 풀기와 친구와 놀 때 4단계 문제해결 방법을 사용해 보게 하였다. 여전히 4단계 하는 것을 귀찮아하지만 스티커를 받기 위해서 하기는 한다.

〔요약 및 설명〕

부모가 4단계 문제 해결 방법을 실천하려 노력하고, 주현의 학교생활에 대해 담임 교사로부터 피드백을 받는 등 주현의 교육에 적극성을 보여 그런 노력에 대해 인정하는 반응을 하였다.

주현이 학교생활에서 수업에 좀 더 열심히 참여하려고 하지만 수업 태도나 규칙 준수에 있어서 문제를 보이고 있어 행동 수정이 필요한 것으로 판단되었다. 교실에서 선생님 말씀을 귀 기울여 듣기, 수업 중에 똑바로 앉아 있기, 준비물 챙기기 등에 대해 담임 교사가 매일 평가해 스티커를 붙여주고, 부모가 보상하도록 조언하였다.

■ 6회기

＊ 인지치료 시간에 과제를 함께 검토하고, 학습 과제와 사회적 기술 과제로 4단계 문제 해결 훈련을 실시하였다.

• (수학 학습지에 대해 4단계로 문제 해결하기 과제를 검토하고 직접 문제를 풀어 보도록 하자 다소 귀찮아했지만 열심히 함.) 〔스티커와 사탕으로 보상함.〕

• 〔사회적 기술 훈련을 시작함. 다양한 사회적 상황을 담고 있는 그림 자극들을 보면서 상황을 이해하고 효과적인 해결책을 생각해 내는 과제를 연습시킴. 주현의 수업 자세가 좋지 않으므로, 이를 교정하기 위해 적합한 그림 자극을 그려서 사용함.〕 교실에서 의자를 흔들거리는 그림을 제시하고 대화하는 과정의 축어록을 다음에 제시하였다.

치료자: 이 그림이 어떤 그림일까? 〔상황을 이해하는지 질문함.〕

주현: 교실에서 의자를 흔들어서 소리를 내는 거요.

치료자: 아주 정확하게 봤네. 만약 교실에서 그렇게 한다면 어떤 일이 생길까? 〔행동에 따른 결과를 생각하도록 질문함.〕

주현: 시끄럽고 선생님께 혼나요.

치료자: 정말 그렇겠구나. 그리고 친구들이 공부하는데 방해가 되겠지?

주현: 예.

치료자: 그럼, 교실에서 의자에 앉아 있을 때 어떻게 해야 하는지 생각해 보자. 〔문제 해결 방안을 찾도록 유도함.〕

주현: 얌전히 앉아 있어야 해요.

치료자: 그래, 얌전히 앉아 있어야 한다는 걸 주현이가 잘 알고 있구나. 어떻게 해야 하는지 잘 알고 있지만 마음대로 잘 안될 때가 있지? 〔아는 것과 실천하는 것 간의 괴리를 직면하도록 유도함.〕

주현: 나도 모르게 흔들게 돼요.

치료자: 그렇구나. 사람들은 누구나 실수를 하는데, 실수를 줄이기 위해 노력하다 보면 정말 실수를 안 하게 돼. 실수를 줄이는데 도움이 되는 방법이 있는데, 주현이가 잘 할 수 있을 것 같아.

주현: 당근이죠. 주현이는 뭐든 잘 해요.

치료자: 그래, 주현이가 자신감이 있으니까 이것도 잘 할 수 있을 거야. 우리가 4단계로 문제 해결하는 방법을 이미 알고 있는데, 그보다 더 간단한 거야.

주현: 잘 됐다. 그게 뭔데요?

치료자: '멈추고 생각하기'라는 건데, 무슨 행동을 하기 전에 "멈춰." 하고 스스로에게 말하는 거야. 그리고 나서 잠깐 생각을 해. 내가 이렇게 하면 결과가 어떻게 될까? 만약 결과가 나쁠 것 같으면 다른 행동을 생각해 봐야 해. 이렇게 하는 게 왜 좋은 것 같아? (멈추고 생각하기(stop & thinking) 방법과 대안적 해결 방안 찾기에 대해 설명함.)

주현: 그러면 실수를 안 하게 돼요.

치료자: 그렇지. 잘 아는구나. 그럼 이 그림을 갖고 연습해 볼까? 수업 시간에 의자에 앉아 있는데 몸을 움직이고 싶어지면 어떻게 하지? (멈추고 생각하기에 대해 실제 상황을 예로 들면서 연습시킴.)

주현: 안 해야 돼요.

치료자: 그래, 안 그러기 위해서 어떻게 하는 게 좋다고 그랬지? 맨 먼저?

주현: 멈춰.

치료자: 와, 아주 잘하네. 일단 멈추고 나서는?

주현: 결과를 생각해요.

치료자: 선생님 말을 정말 자세히 들었구나. 몸을 움직이면 그 결과가 어떻지?

주현: 의자가 삐걱거리고 선생님한테 혼나요.

치료자: 그래. 그렇다면 결과가 안 좋은 거네. 그럼 수업 시간에는 몸을 움직이지 않겠다고 마음을 먹는 게 좋겠구나.

주현: 가만히 앉아 있어야 돼요.

치료자: 주현이가 더 좋은 행동을 찾았네. 교실에서 몸이 움직여지려고 할 때 이 방법을 써 보고 효과가 있는지 없는지 다음에 나한테 이야기해줘.

＊ 놀이 시간에 게임을 계속하였다.

• (블루마블 게임을 함. 규칙을 지키려 노력하지만 치료자가 이기자 자신이 이길 때까지 게임을 더 해야 된다고 조름.) (주현의 이기고 싶은 욕구에 대해 반영함.)

• (끝날 시간을 알리자 노는 시간이 너무 적다고 투덜거렸지만 놀잇감을 스스로 정리함.)

요약 및 설명　●●●

　　주현의 수업 태도를 개선하고 사회적 기술을 향상시키기 위해 가상적인 사회적 상황들에서 적절하게 행동하는 방법을 교육하였다. 주현이 사회적 상황에 대한 이해력은 비교적 양호한 편이지만, 충동 통제가 잘 되지 않는 점을 고려해 적합한 그림 자극들을 사용해 '멈추고 생각하기(stop & thinking)' 방법을 교육하였다. 이를 통해 대안적인 해결 방법에 대해 생각해 보도록 연습시켰다.

　　주현이 놀이 시간에 게임을 즐겁게 하고 규칙을 지키려 노력하였다. 간혹 자신이 원하는 대로 하려고 조르기도 했지만 치료자가 설명하면 지시에 따랐다.

〈母 면담〉

- 집에서 주현에게 4단계 문제 해결 방법과 행동 수정을 실시한 결과에 대해 보고하였다.

　　오늘의 할 일을 母와 함께 계획표를 짜고 母가 매일 검사해서 스티커를 붙여 주었다.

　　수학 공부할 때 지겹다고 짜증을 낸다. 학습지를 할 때 급하게 하기 때문에 간혹 + 기호를 – 기호로 착각하곤 한다. 4단계 방법을 적용하도록 하면 마지막 단계에서 틀린 부분을 찾아내기도 한다.

　　동생과 잘 싸운다. 폭력을 쓰지는 않지만 동생에게 심하게 화를 낸다.

　　아빠가 주현에게 장기를 가르쳐 주었더니 규칙을 열심히 배워서 지키려 했다. 그런 모습이 대견해서 칭찬을 많이 해 주었다.

요약 및 설명　●●●

　　부모가 주현에게 4단계 방법을 적용하게 하고 보상을 활용한 행동 수정을 지속적으로 실시하는 등 주현의 교육에 많은 노력을 기울이고 있는 것으로 보였다. 母에게 '멈추고 생각하기' 방법을 알려주어 집에서도 자주 적용하도록 조언하였다. 또한 효율적인 시간 계획표 짜는 방법과 숙제 관리 방법에 대한 읽을 자료를 제공하였다.

■ 7~12회기

＊ 인지치료 시간에는 인지 과제와 사회적 기술 연습, 두 가지를 위주로 훈련하였다. 충동성을 줄이고 체계적인 문제 해결을 습관화할 수 있도록 다양한 과제를 사용하였다.

(1) 인지 과제

〔여러 인지 과제를 사용해 4단계로 문제 해결하기를 연습시킴. 주현이 먼저 4단계를 적용해 문제를 풀도록 격려하고, 부족한 부분을 치료자가 보충해 시범 보인 후 주현이 다시 수행하도록 함.〕

① 지속적 주의 과제로, 짧은 문단을 읽고 특정 글자에 표시하기(신현균, 2002).

다음 글에서 '구' 자를 모두 골라 ○표 하세요.

> ### 다른 사람의 말을 잘 들어 주세요.
>
> 친구를 잘 사귀려면 친구의 말을 열심히 들어 주세요. 친구가 어제 만화책을 본 이야기를 한다면 그 이야기를 끝까지 들어보세요. 그리고 나서 궁금한 것을 질문하고 관심을 보여 주면 친구가 기분이 좋아진답니다. 친구는 만화책 이야기를 하고 싶어하는데, 나는 야구 이야기를 한다면 서로 대화가 잘 안 되겠지요? 친구의 이야기를 먼저 잘 들어준 다음에 내가 하고 싶은 이야기를 해 보세요. 그러면 친구도 내 말을 더 잘 들어줄 거예요.

〔4단계 문제 해결 방법의 시범〕

• 1단계: 문제가 뭐지? '구' 자를 모두 찾아서 ○표 하기.
• 2단계: 어떻게 해야 할지 계획 세우기. 빠뜨리지 않고 다 찾으려면 순서대로 하자. 맨 윗줄 왼쪽에서 오른쪽 방향으로 한 글자씩 자세히 보고 '구' 자가 있으면 ○표 하자. 다음에는 두 번째 줄의 왼쪽부터 오른쪽 방향으로 하나씩 하자. 지루해도 끝까지 집중해서 하자.
• 3단계: 계획대로 세심하게 실천하기. '구' 자를 찾자. 맨 윗줄에서 왼쪽부터 차

례대로 한 자씩 하자. 친, 구, '구' 자가 나왔으니 ○표 하자. 끝까지 집중
해서 하자. 〔소리내어 말하면서 수행하도록 교육함.〕

- **4단계**: 계획대로 되었는지 확인하기. '구' 자를 다 찾았는지 확인하자. 틀린 것
  이나 빠뜨린 것은 없는지 확인하자. 순서대로 맨 윗줄 왼쪽부터 하나씩
  확인하자. 친, 구… 끝까지 꼼꼼하게 확인하자.

② 두 그림에서 다른 부분 찾기(신현균, 2002).

③ 순서에 따라 색종이 접기

④ 도안을 오리고 접고 풀칠해서 모형 만들기

⑤ 빠진 그림 찾기

⑥ 미로 찾아 나가기

⑦ 숫자와 문자를 교대로 순서대로 연결하기

⑧ 정확하게 책 읽기

⑨ 문장에서 틀린 부분 찾기

⑩ 문제를 잘 듣고 수수께끼 풀기

⑪ 수학 문제 풀기

⑫ 컴퓨터 게임 프로그램인 어텐션 닥터(신민섭, 조성준, 2000)를 활용해 4단계로 문
  제 해결하기 연습

(2) 사회적 기술 훈련

〔사회적 기술 훈련에는 멈추고 생각하기, 분노 감정을 조절하기, 효과적인 대화법,
사회 생활의 규범과 규칙 준수하기 등이 포함되었음.〕

① 멈추고 생각하기

〔다양한 사회적 상황을 담고 있는 그림 자극들을 보면서 상황을 정확하게 이해하고 효과적인 해결책을 생각해 내는 방법을 연습하게 함. 주로 '멈추고 생각하기'를 활용해 훈련시킴.〕

- 콜라를 남의 신발에 실수로 흘리는 그림 〔사과하고 신발을 닦아주는 등 적절한 문제 해결 방법을 훈련시킴.〕
- 수업 중에 옆의 친구와 소곤소곤 얘기하는 그림 〔수업에 방해가 되는 행동을 자제하는 방법을 훈련시킴.〕
- 급하게 걷다가 다른 아이와 부딪히는 그림 〔"미안해." 하고 먼저 사과하기와 "괜찮아." 하면서 남의 잘못을 용서하기 훈련.〕
- 학교에 가서 준비물을 안 가져온 것을 발견하는 그림 〔알림장을 잘 쓰고, 하루 전에 미리 준비물을 챙기기 위해 알림장 체크하기 훈련.〕
- 아동이 차가 다니는 길로 뛰어나가는 그림 〔위험한 상황에서 주변을 잘 살피고 나서 행동하기 훈련.〕
- 〔주현의 실생활에서의 경험을 주제로 자신의 문제 해결 방식에 대해 통찰하게 하고, 바람직한 해결책을 다양하게 생각해 내는 연습을 하게 함.〕

② 분노 감정 조절 훈련

〔화가 났을 때 단계별 처리 과정을 통해 분노 감정을 효과적으로 해결하기를 훈련시킴. 즉, 화가 날 때 과도한 감정 표출을 자제하면서 적절하게 자기 주장을 할 수 있도록 연습시킴.〕

- 1단계: 화가 났을 때 자신의 신체적인 변화를 알기

  〔'화가 났을 때 어떤 신체 변화가 생기는지를 알면 상황에 현명하게 대처할 수 있다. 왜냐하면 그 신호를 통해 자신의 감정을 미리 알 수 있기 때문에 화를 폭발시키지 않고 잘 대처하는 데 도움이 되기 때문이다'는 사실을 알려주고 주현의 경험에 대해 이야기하게 함. '얼굴에 열이 난다, 심장이 빨리 뛴다, 호흡이 빨라진다, 주먹이 쥐어진다.' 등의 신체 변화에 대해 인식할 수 있도록 교육함.〕

- 2단계: 화가 나는 상황에서 자신이 어떻게 대처하는지 알기

  〔최근에 화가 난 경험을 떠올리게 하여 주현의 대처 방법들을 칠판에 적으면서

파악하게 함.)

〔비효율적인 대처 방법의 예〕

　　소리를 지른다.　　　　　　　　　욕한다.

　　때리고 싸운다.　　　　　　　　　참는다.

　　물건을 던지거나 부순다.　　　　　동생에게 화풀이한다.

〔자신이 선택한 대처 방법들 각각의 결과가 어떠했는지에 대해 생각하게 하여 비효율적인 대처 방식을 교정할 필요성을 제기함.〕

- 3단계: 화가 나는 상황에서 효율적으로 대처하기

〔화가 나는 상황에서 평소처럼 행동했을 때 나타나는 결과들의 장·단점을 파악하고 대안적인 해결책들을 찾아내도록 격려함.〕

〔효율적인 대처 방법의 예〕

　　잠시 그 자리를 피한다.

　　화가 나지만 잠시 멈추고 "마음을 가라앉히자, 진정하자."라고 스스로에게 말한다.

　　심호흡을 천천히 크게 한다.

　　마음속으로 천천히 열까지 센다.

　　상대방과 차분하게 대화한다. 상대방의 말을 들어준 다음, 내가 왜 화가 났는지 말한다.

　　화내지 않았을 때 "정말 잘 했어." 하고 스스로를 칭찬한다.

③ 대화법 연습

〔감정 표현과 자기 주장을 적절하게 하는 방법으로 '나 전달법'을 교육함. 치료자와 서로 역할을 바꾸어 가면서 연습하는 역할 연기를 통해 '너 전달법'과 '나 전달법'을 비교함으로써 바람직한 말하기 방법을 습득하게 함.〕(신현균, 김진숙, 2000)

- 친구가 밀었을 때

　너 죽을래? 〔너 전달법〕

　밀치는 건 싫어, 밀지 마. 〔나 전달법〕

- 친구가 게임 규칙을 어길 때

　너 바보 아냐? 〔너 전달법〕

규칙을 안 지키고 네 멋대로 하니까 화가 난다. 〔나 전달법〕
- 기타 연습의 예
  친구가 별명을 부를 때
  동생이 내 물건을 건드릴 때
  친구가 줄을 서지 않고 새치기할 때
  수업 시간에 친구가 떠들 때

④ 사회규범과 규칙 준수하기
〔멈추고 생각하기를 활용해 일상생활에서 지켜야 하는 다양한 규칙들을 교육함.〕
- 교실에서의 규칙
  수업시간에 자리에 앉아 있기
  수업시간에 조용히 하기
  수업시간에 선생님 말씀 집중해서 듣기
  알림장 잘 적기
  쓰레기는 휴지통에 넣기
  적절하게 질문하기
- 친구 사이의 규칙
  친구를 때리지 않기
  친구를 건드리지 않기
  친구에게 욕하지 않기
  친구의 별명 부르지 않기
  친구의 물건에 손대지 않기
  놀이나 게임할 때 순서 지키기
- 거리에서의 규칙
  교통 신호 지키기
  찻길에서 주변을 잘 살피기
  사람 많은 곳에서 줄서서 기다리기
  길에 휴지 버리지 않기
- 집에서의 규칙

스스로 숙제하기

　　준비물 챙기기

　　자기 물건 정리하기

　　방을 깨끗하게 사용하기

　　동생과 잘 지내기

* 놀이 시간에는 계속 블루마블 게임을 하였다.

• (놀이의 양상이 바람직한 방향으로 점차 변화함. 즉, 규칙을 지키려 노력하고 돈 계산을 비교적 정확하게 함. 또한 게임에 졌을 때 순순히 수용하게 됨. 끝나는 시간에 불평하지 않고 게임 도구들을 스스로 정리함.)

요약 및 설명

　　6회기에 걸쳐 다양한 과제를 사용해 체계적인 문제 해결 방법과 사회적 기술을 훈련하였다. 치료자의 시범이나 역할 연기를 통해 주현이 바람직한 행동을 학습할 수 있게 하였다. 주현은 치료자의 지시에 비교적 잘 따랐으며 4단계로 문제 해결하기 과제들을 점차 정확히 수행하게 되었다. 지속적인 주의를 요하는 지루한 과제나 어려운 과제에서 여전히 실수를 많이 하지만, 네 번째 단계에서 다시 검토해서 오류를 수정하는 경우가 많아졌다.

　　주현이 사회적 상황에 대해 비교적 정확하게 파악하며 바람직한 해결책에 대해서도 거의 알고 있었다. 즉, 자신이 실수로 잘못했을 때 사과해야 한다는 것 등을 알고 있지만, 충동적인 경향으로 인해 실제로는 부정적인 방식으로 행동하는 경우가 많아 '멈추고 생각하기'를 활용해 충동성을 감소시키도록 반복 훈련하였다. 또한 분노 조절법이나 효율적인 대화법, 학교생활의 규칙 준수 등에 대해 교육하고, 이를 실천할 때 스티커로 보상하도록 부모와 담임 교사에게 협조를 구하였다.

　　놀이 상황에서 즐거워하며 주로 게임을 선택하였다. 차분하고 집중해서 게임에 몰입하였다. 간혹 지나친 승부욕을 보이지만, 점차 게임의 규칙을 지키려 하고, 졌을 때도 화를 내지 않고 수용하게 되었다.

　　치료자는 인지 과제와 사회적 기술 훈련 시 자주 칭찬과 스티커로 보상하였고, 치료실에서의 규칙 준수에 대해서도 지속적으로 보상을 제공하였다.

〈母 면담〉

• 주현의 일상생활과 행동 수정 결과에 대해 보고하였다.

　　주현이 母와 함께 시간표를 짜고 지키려고 노력한다. 시간표대로 지켜서 스티커를 붙여주면 좋아한다.

　　자주는 아니지만 가끔 스스로 숙제도 하고 공부하려고 할 때도 있다.

　　4단계 문제 해결 방법은 매일 연습하는데, 말로는 잘하지만 실제로는 가끔 틀린다.

　　요즘 친한 친구 두 명이 매일 왔다 갔다 한다. 셋이서 안 싸우고 잘 논다. 주로 게임을 하면서 노는데 주현이 예전처럼 자기 마음대로 하려고 하지는 않는다.

　　여전히 한 자리에 오래 못 앉아 있다.

　　짜증내는 게 좀 줄어들긴 했지만, 가끔 짜증을 낸다.

요약 및 설명

　인지행동 기법들을 부모가 지속적으로 사용하고 있으며, 주현의 문제를 개선하는 데 이 기법들이 비교적 효과적인 것으로 판단되었다. 또한 학습 습관이나 또래 관계 등이 점차 향상되어 가고 있는 것으로 보였다.

　행동 수정과 4단계 문제 해결 방법 같은 인지적 개입이 지속적으로 필요함을 母에게 설명하고 주현이 바람직한 행동을 할 때 자주 스티커로 보상하도록 조언하였다. 특히 학교에서의 규칙 준수에 대해 담임 교사가 스티커를 붙여주면 집에서 받은 스티커와 합산하여 보상을 주도록 조언하였다.

3) 후 기

보상을 사용한 행동 수정이 비교적 효과가 있고, 인지 기법들을 지속적으로 적용하여 충동성이 다소 감소하는 등 주현이 짧은 기간에 상당한 변화를 보였다. 부모가 치료에 적극적으로 협조하고 효과적인 훈육자로서의 역할을 하였고, 담임 교사 역시 스티커로 보상하기를 하는 등 주현의 치료에 참여함으로써 단기간에 효과를 나타낸 것으로 판단되었다. 치료 후반기에는 그동안 습득했던 인지 기법들을 다양한 상황에 적용하도록 하여 일반화, 습관화되게 하고, 좋은 습관들을 가질 수 있도록 보상을 활용한 행동 수정을 지속적으로 실시하는 데 중점을 두었다.

■ 13회기

＊ 주현이 자신의 일상생활에 대해 이야기했다.

• (주로 자신이 잘 한 일들에 대해 이야기함.) 지난주에 숙제를 아주 열심히 했다. 줄 넘기 잘해서 상 받았다. 구구단도 거의 다 외웠다. 요즘 친한 친구들이 있어 재미있게 지낸다. 친구들과 안 싸우고 내가 양보한다. 〔충동성이 감소하고 자기 통제력이 많이 향상된 것으로 판단됨.〕

＊ 인지치료 시간에 집중하기, 4단계로 문제 해결하기 연습을 하였다.

• 〔여러 개의 단서를 다 듣고 나서 답을 맞히는 게임을 함.〕

　("노랗고, 길고, 과일인 것은?"이라는 질문에 대해 주의 깊게 끝까지 듣고 나서 "바나나"라고 정답을 맞힘.)

• 〔색칠된 숫자들을 더하는 과제를 실시함.〕

　('빨간색으로 칠해진 숫자만 찾아 모두 더하기' 문제에서 급하게 해서 틀렸지만, 네 번째 단계에서 검토하면서 오류를 수정함.)

＊ 놀이 시간에는 새로운 게임을 선택하였다.

• (블루마블 게임을 잠시 하다가 중단함.) 이제 재미없다. 다른 거 해야지.

• (장기 게임을 처음으로 가져옴.) 아빠가 장기 두는 방법을 가르쳐 줬어요. (규칙을 가끔 잊어버리고 틀리게 하지만 치료자가 지적하면 수용함. 게임에 진 것에 대해 다소 불평함.) 오늘 처음 한 건데 너무해요. 다시 한번 더 해야 돼요. (치료 시간이 다 된 것에 대해 다소 섭섭한 표정을 지었지만 더 이상 조르지 않음.) 〔주현의 참을성에 대해 칭찬함.〕

〔요약 및 설명〕 ●●●

　　주현이 인지 과제를 할 때 진지하게 집중해서 열심히 하였다. 간혹 성급하게 문제를 풀지만 스스로 교정하는 것이 가능한 것으로 보인다.

　　새로운 놀이(장기)에 관심을 보였다. 여전히 이기고 싶어했지만 게임의 규칙을 지키려 노력하였다. 지는 것에 대해 다소 섭섭해하였지만 억지를 부리지는 않았다. 치료자는 주현의 향상된 집중력, 규칙 준수, 자기 통제 능력 등에 대해 인정하는 반응을 하였다.

〈母 면담〉

• 주현의 변화에 대해 보고하였다.

　　주현이 요즘은 자기가 해야 할 것은 거의 다 해 놓는다. 숙제하기, 학원 가기, 알림장 보고 준비물 챙기기 등을 잘하고 있다. 부모가 칭찬을 많이 해 주게 되고, 주현이도 자신감이 생긴 것 같다.

　　4단계 문제 해결 방법을 많이는 안 쓰지만 그동안 계속 연습해서 그런지 머릿속에 좀 들어 있는 것 같다. 스스로 검토하고 체크해 보려고 한다. 실수가 예전보다는 줄어들었지만 그래도 아직까지 학습지 할 때 틀리는 게 좀 있다.

　　요즘 장기를 좋아해서 아빠에게 자꾸만 하자고 조른다. 아빠가 시간을 내 주면 예전처럼 까불지 않고 진지하게 게임을 한다.

요약 및 설명 ●●●

　　부모가 만족스러워할 정도로 주현이 상당한 변화를 보이고 있는 것으로 판단된다. 부모가 바람직한 양육 방식을 사용하려고 지속적으로 노력하는 것이 주현의 여러 문제 행동들을 감소시키는 데 큰 영향을 주는 것으로 보였다. 다소 부주의한 경향과 원하는 것을 집요하게 고집하는 경향이 남아 있지만, 어느 정도의 부주의함은 허용하고 주현의 노력에 대해 사회적 보상과 물질적 보상을 적절히 혼합해 사용하도록 조언하였다.

4) 종 결

■ 14회기

＊ 주현은 종결을 원하지 않았지만, 母가 시간을 내기 어렵고 주현의 문제가 많이 호전되어 종결하기로 결정하였다. 요즘 주현의 일상생활과 심리치료에서 배운 것에 대해 정리하고, 종결에 대해 이야기하였다.

- 학교생활: 좋다. 요즘 힘든 것 없다./ 학교에서 선생님이 규칙으로 정해 놓은 '손장난 안 하기' '떠들지 않기' '돌아다니지 않기'를 잘 지켜서 칭찬받고 스티커도 받았다. 발표도 잘 했다. 〔학교생활에서 적응력이 많이 향상된 것으로 판단됨.〕
- 〔그동안 습득한 인지 기법들과 사회적 기술을 정리하고 평가하게 함.〕 여기서 배운 것이 공부에 도움이 돼요. ('실수하는 것이 줄었나?'라는 질문에 대해) 그렇다. 그래도 실수를 조금은 한다. 한두 개씩은 틀린다. 〔인지 기법의 효과에 대해 긍정적으로 평가하고, 자신의 한계에 대해 솔직하게 반응하는 것으로 보임.〕
- 〔4단계로 문제 해결하기 과제를 주고 평가함.〕

    (진지하게 집중해서 수행하지만, 때때로 순서를 지키지 않아 틀리는 경우가 있음.)

    (ㄱ → ㅇ, ㅅ → ×으로 바꿔 쓰는 과제는 순서대로 체계적으로 해서 다 맞음.)

    (숫자 계산하기 과제에서 비교적 양호하게 함.)

    (문장에서 틀린 부분 찾아 밑줄 긋기 과제에서 순서대로 하지 않고 왔다 갔다 함.)

    〔체계적으로 문제 해결하는 것이 어느 정도 가능하지만, 아직 불완전한 수준인 것으로 판단됨. 열심히 한 보상으로 동물 그림이 그려져 있는 그림엽서 2장을 주자 좋아함.〕

- (치료 종결에 대해 거부하였음.) 여기 그만 오는 거 싫다. 더 오고 싶다. 〔주현의 감정에 대해 공감하고 3주 후에 다시 만나자고 함.〕 (다소 불만스러운 표정으로) 싫은데. 다음 주에 오고 싶은데. 〔종결이 다소 갑작스럽게 결정됨으로써 종결에 대한 마음의 준비가 되지 않은 상태인 것으로 판단됨. 종결할 수밖에 없는 상황임을 설명하고 추수 회기에 대해 언급함으로써 종결에 따른 부정적인 정서를 완화시키려 노력함.〕

요약 및 설명

> 주현이 학교생활에서 자신감을 보였고 장난스럽지 않게, 진지하게 대화하는 것이 가능하였다. 4단계로 문제 해결하기는 비교적 잘 적용하지만 과제에 따라 다소 다른 수행을 보였다. 즉, 짧은 과제나 단순한 과제에서는 실수를 거의 하지 않는 데 비해, 과제가 길어 지속적 주의를 요하거나 복잡한 과제의 경우에는 체계적으로 문제를 해결하지 못하는 경향이 남아 있는 것으로 판단되었다. 따라서 인지 기법을 활용한 지속적인 연습이 필요할 것으로 보인다.
>
> 갑작스러운 종결 결정에 대해 주현이 수용하기 어려워했다. 치료자는 현재 상황에 대해 설명하고 추수 회기를 제안함으로써 주현이 마음의 준비를 할 시간을 갖도록 하였다.

〈母 면담〉

• 주현의 최근 생활과 심리치료 성과에 대해 보고하였다.

　　주현이 요즘 학교 다니는 거 재미있다고 한다. 그리고 해야 할 일은 대부분 스스로 한다.

　　가끔 숙제를 하기 싫어하지만 스티커를 붙여준다고 하면 한다. 일주일마다 스티커 모은 것으로 피자를 사 주거나 게임 도구를 사 준다.

　　학교생활의 규칙 지키기를 계속 하고 있다. 담임 선생님이 주현이 잘할 때 칭찬을 많이 해 주고 스티커를 붙여준다. 수업 태도가 많이 좋아졌다고 한다.

4단계로 문제 해결하기나 멈추고 생각하기는 집에서 조금씩은 계속 하고 있다.

시간 계획표를 母와 함께 짜고, 미술 학원이나 수영장 가는 것은 시간 되면 안 빠지고 잘 다닌다.

공부나 일상생활에서 실수하는 게 좀 줄었지만, 자기가 하기 싫을 때는 여전히 실수를 많이 한다.

치료받으면서 주현이가 많이 차분해지고 까부는 것도 줄었다. 집중력도 좋아지고 친구 관계도 많이 좋아졌다. 다음에도 필요하다면 치료를 더 받게 하는 것을 고려하고 있다.

요약 및 설명

주현이 자신이 할 일을 비교적 잘하고 현재 생활에서 큰 문제는 보이지 않아 치료 목표가 상당 부분 달성된 것으로 보인다. 또한 母가 시간을 내기 힘들어 더 이상 치료를 받으러 오기 힘들다고 해서 치료를 종결하기로 결정하였다.

주현의 충동성에 대한 자기 통제력과 사회적 기술이 많이 향상되었지만, 간혹 부주의하고 충동적인 경향이 나타나고 있으므로 집과 학교에서 행동 수정과 인지 기법을 계속 사용하도록 조언하였다. 3주 후에 추수 회기를 갖고 큰 문제가 없으면 치료를 종결하고, 문제가 지속되거나 악화되면 다시 치료를 받기로 합의하였다.

■ 15회기(추수 회기)

✳ 3주 만에 만나서 그동안의 생활에 대해 대화하고, 인지 기법들과 사회적 기술을 잘 적용하는지 평가하였다.

- (최근 생활에 대해 진지하고 솔직한 태도로 이야기함.) 요즘 재미있게 지낸다./ 힘든 것: 없다./ 공부와 숙제: 보통이다. 좋은 것도 있고 싫은 것도 있다.

- 심리치료 이후에 달라진 점: 엄마가 잘 한다고 한다. 선생님도 발표 잘 한다고 칭찬해 주신다. 방도 치우고 준비물도 잘 챙긴다.

- 〔인지 기법들을 적절하게 사용하고 있는지, 주의 집중을 잘하는지 확인하기 위해 몇 가지 과제를 수행하게 함. 즉, 치료자의 설명을 듣고 기억해서 도형을 찾는 과제와 패턴 찾기 과제를 수행하게 함.〕

    ('네모 속에 동그라미가 있고 동그라미 속에 세모가 있음'을 들은 후 열 개의 보기 도형 중에서 맞는 것 찾아내기 과제에서 집중해서 잘 듣고 기억해서 해결함.)

- 〔사회적 기술을 평가하기 위해 사회적 상황에 대한 그림 자극을 보면서 설명하고 해결책을 찾는 과제를 실시함.〕

    (돌아다니면서 먹는 그림을 보면서) 흘리면 창피 당해요. 제자리에서 먹어야죠.

    (친구의 머리카락을 당기면서 관심을 표현하는 그림을 보면서) 말로 하면 되는데 툭툭 치고, 그러면 안 돼요. 기분 나쁘죠.

＊ (놀이 시간에 장기를 선택하여 매우 신중하게 생각하면서 천천히 장기를 둠. 치료자가 이긴 것에 대해 순순히 받아들임.) 제가 졌어요. 선생님이 잘하신 거예요.

요약 및 설명

주현이 밝고 정서적으로 안정되어 있으며 자신감 있어 보였다. 진지하게 대화하였고, 과제 수행 시 신중하게 생각하며 집중하고 충동성은 보이지 않았다.

완벽하지는 않지만 4단계로 문제 해결하기를 비교적 잘 적용하며, 체계적인 문제 해결이 가능하다고 판단되었다. 또한 사회적 상황을 평가하기 위한 과제에서 상황을 합리적으로 파악하고 적절하게 반응하였다.

게임을 할 때도 매우 신중하게 생각하고 자신이 졌을 때 쉽게 수용하였다. 3주의 기간 동안 긍정적인 변화가 지속되어 문제 행동이 대부분 해결되고 현재 생활에 잘 적응하고 있는 것으로 보였다.

〈母 면담〉

• 주현의 문제가 많이 감소하고 일상생활에 잘 적응한다고 보고하였다.

요즘 숙제를 스스로 해 놓을 때가 많다. 그러나 가끔은 숙제를 잊어버려서 母가 퇴근 후에 챙겨야 한다. 특히 숙제가 많은 날은 힘들어하고 꾀를 부린다.

공부할 때 집중력이 좋아졌다. 담임 선생님도 주현이 수업 태도가 많이 좋아졌다고 한다. 수업 시간에 딴 짓도 거의 안 하고 발표도 잘 해서 자신감 있어 보인다고 한다.

현재 문제: 거의 없다. 학습지도 스스로 할 정도로 좋아졌다.

4단계로 문제 해결하기: 4단계 그림을 책상 앞에 붙여 놓고 가끔씩 한다.

요약 및 설명

주현이 학교나 집에서 별다른 문제를 보이지 않을 정도로 문제 행동이 감소한 것으로 판단되었다. 부모와 교사의 지속적인 관심과, 사회적, 물질적 보상을 활용한 행동 수정이 주현의 행동 통제력을 향상시키는 데 효과적인 것으로 보여, 간헐적 보상 제도를 계속 실시하도록 조언하였다.

6. 심리치료 결과 및 평가

주현은 증상이 아주 심각하지는 않은 주의력결핍 및 과잉행동장애 아동으로 비교적 초기에 치료를 받으러 와서 약물 치료 없이 단기간의 심리치료만으로 상당한 호전을 보인 경우이다. 주현의 경우, 인지 행동 치료와 아동중심적 놀이치료를 병행하였고, 동시에 부모와 교사 교육을 지속적으로 실시하였다. 인지치료를 통해 학업이나 사회적 상황에서 충동성을 감소시키는 능력을 향상시킬 수 있었다. 아동중심적 놀이치료를 통해서는 긍정적인 대인관계를 경험하게 하고 분노 감정을 적절히 조절하는 방법이나 규칙을 준수하는 능력을 습득하게 할 수 있었다. 또한 사회적 기술 훈련을 통해 상황에 적절한 대처 방법, 효율적인 대화법, 사회생활의 규칙 지키기나 지는 것을 수용하는 것 등 다양한 사회적 기술을 향상시킬 수 있었다.

주현의 경우, 특히 부모와 담임 교사의 관심과 노력이 치료 성과를 가져오는 데 큰 역할을 한 것으로 판단된다. 이들은 주의력결핍 및 과잉행동장애에 대해 배우고 이해하여 바람직한 교육 방법을 실천하기 위해 지속적으로 노력하였으며, 그런 노력이 주현의 자존감과 행동 통제력을 키우는 데 효과적이었던 것으로 보인다.

주현은 심리치료 후에 상당한 변화를 보였는데, 먼저 정서적으로 밝아지고 안정되었으며 자신감을 갖게 되었다. 또한 과제 수행 시 주의 집중하는 것이 가능해졌다. 충동적이고 공격적인 행동도 많이 감소되었다. 사회적 기술 또한 향상되어, 전반적으로 자기 통제력과 적응력이 양호해졌다. 이에 따라 학교에서나 집에서 문제 행동이 현저하게 감소하였다. 심리치료를 통해 주의력결핍 및 과잉행동장애의 근본적인 어려움인 자기 통제력을 향상시킴으로써, 미래의 부정적인 결과를 예방하는 데에도 도움이 될 것으로 보인다.

 참고문헌

신민섭, 조성준(2000). 어텐션 닥터. 서울: 아이큐빅.

신현균, 김진숙(2000). 주의력결핍 및 과잉행동장애. 서울: 학지사.

신현균(2002). 쑥쑥 크는 집중력. 서울: 학지사.

제8장

학습장애 아동의 학습치료

학습장애 아동의 학습치료

1. 사례: 책 읽기를 싫어하고 공부를 못하는 상철이

초등학교 4학년인 상철이는 전반적으로 성적이 매우 나쁘고 시험 성적 때문에 스트레스를 많이 받는다. 공부에 대해 자신감이 없고 조금만 어려우면 쉽게 포기해버린다. 숙제도 하기 싫어하고, 학교의 준비물도 챙겨가지 못한다. 매사에 무기력하고 자주 짜증을 내며, 자신이 좋아하는 만들기에만 몰두한다.

2. 초기 면담과 행동관찰

1) 내담 아동과의 첫 면담

상철은 고개를 숙이고 풀이 죽은 모습으로 치료실에 들어왔다. 시무룩한 표정으로 눈을 내리깔고 치료자를 쳐다보지 않았다. 다음은 첫 면담 중 주요 부분에 대한 축어록이다.

치료자: 여기 어떻게 오게 됐어?

상철: (기어들어가는 목소리로) 공부를 못해서요.

치료자: 공부를 못해서 스트레스를 많이 받겠구나. 공부하기 힘든 거에 대해 좀 자세히 얘기해 볼래? 〔상철의 감정에 공감하고 탐색적인 질문을 함.〕

상철: 그냥 다 힘들어요.

치료자: 공부가 다 힘들다면 학교 다니는 것도 힘들겠네.

상철: 학교 가기 싫어요. 아침에 못 일어나요.

치료자: 아침에 일어나기도 힘들고, 학교 가기도 싫고, 요즘 생활이 여러 가지로 어렵겠구나. (상철의 어려움에 공감하는 반응을 함.)

상철: 제가 학습장애라고 하던데요.

치료자: 학습장애에 대한 얘기를 들었나 봐. 그게 어떤 거라고 생각하니?

상철: 공부 못하는 거요. 근데, 혹시 공부 잘하는 방법이 있어요?

치료자: 상철이가 공부를 잘하고 싶구나. 공부를 잘하고 싶은 마음만 있으면 좋은 방법들이 있어. 그래서 상철이가 여기 온 거고. (문제 해결에 대한 희망을 제공함.)

상철: (치료자를 쳐다보면서) 그럼 진짜 방법이 있어요?

치료자: 그럼. 공부가 힘든 이유를 찾아내서 그걸 고쳐주는 게 중요해. 공부를 못하는 데도 여러 가지 이유가 있어. 상철이는 자기가 공부 못하는 이유가 뭐라고 생각하니?

상철: 머리가 나빠서요.

치료자: 머리가 나빠서 공부를 못한다고 생각하는구나. 그거 외에 또 다른 이유를 생각해 본 적이 있니?

상철: 아니요.

치료자: 상철이 아빠에게 들은 얘기로는, 상철이가 뭐 만드는 것은 아주 어려운 것도 정교하게 잘 만든다고 하더라. 만약 머리가 나쁘다면 그렇게 하기는 어려울 것 같은데, 상철이 생각은 어떠니?

상철: 만드는 건 재미있어요. 그건 좀 잘 할 수 있어요.

치료자: 상철이가 만들기에서는 자신감을 갖고 있구나.

상철: 로봇도 만들고 자동차, 탱크도 만들어요.

치료자: 나도 그런 거 만드는 거 잘 못하는데, 그렇게 어려운 걸 만드는 걸 보면 어떤 특별한 능력이 있을 것 같아. (잘하는 것에 대해 상기시킴으로써 자신의 능력에 대해 자신감을 갖도록 격려함.)

상철: 그래도 공부를 못하잖아요.

치료자: 그래. 어떤 능력은 뛰어난데 공부는 잘 못하는 게 상철이의 지금 문제인 것 같아. 아주 잘하는 것이 있는가 하면, 부족한 측면도 있어. 그래서 여기서 상철이의

장점과 단점을 잘 찾아내서 장점은 더 키우고, 부족한 점은 집중적으로 교육을 해서 공부를 좀 더 잘 할 수 있게 도와주려고 하는데, 같이 열심히 해 보면 좋은 결과가 올 거야. 한번 열심히 해 보지 않을래? 〔심리치료에 대한 동기를 유발시키는 반응을 함.〕

상철: 좋아요.

치료자: 그럼 먼저 상철이의 우수한 점은 무엇인지, 부족한 점은 무엇인지 알아보기 위해서 몇 가지 문제들을 풀어보는 걸 해 보자. 〔심리검사에 대한 안내를 함.〕

요약 및 설명

상철이 자신의 어려움에 대해 잘 알고 있으며, 솔직하게 대화하였다. 자신감 없고 풀이 죽은 태도로 말하는 등 공부 문제로 인해 만성적인 좌절감을 겪어온 것으로 보였다. 치료자는 우선적으로 상철의 현재 문제의 개선 가능성에 대한 희망을 제공하고, 심리치료에 대한 기대와 동기를 유발시키기 위해 노력하였다. 또한 상철이 겪는 어려움에 대해 공감하고, 자존감을 높일 수 있도록 격려하는 반응을 하였다.

2) 부모와의 첫 면담에서 얻은 정보

(1) 부모가 호소하는 주된 문제

① 학습 문제가 심각하다. 전반적으로 성적이 저조해 최하위권이다. 특히 국어와 산수를 싫어한다.

② 시험 성적에 의해 스트레스를 많이 받으며, 공부에 자신감이 없고 조금만 어려워지면 포기해버린다. 최근에는 시험볼 때 머리가 멍해지는 증상을 보이기도 한다.

③ 수업 시간에 선생님의 지시를 잘 따르지 않고, 딴 생각을 하거나 자신이 하고 싶은 것에만 몰두한다.

④ 숙제를 하기 싫어하고, 준비물을 챙겨가지 못한다.

⑤ 매사 귀찮아하고 기분이 쉽게 변하며 짜증을 잘 낸다. 공부하라고 하거나 사 달라는 것을 안 사 주면 소리를 지르고 욕을 하며 신경질을 심하게 부린다.

(2) 발달력

계획된 임신으로 정상 분만하였으며, 별다른 문제는 없었다.

유아기 때 잠을 잘 안 자고 잘 우는 등 까탈스러워 母가 돌보는 데 많이 힘들어하였다. 눈 맞춤이나 운동 발달은 정상이었지만 언어 발달이 보통 아이들보다 1년 정도 늦었다.

어려서부터 블록 조립이나 만드는 것을 매우 좋아했는데, 블록을 가지고 놀 때는 불러도 대답을 하지 않고 오랫동안 몰두하였다.

5세 때 유치원에 다니기 시작했는데, 선생님의 지시를 잘 따르지 못하고 학습하는 것이 느렸다. 유치원에서 혼자 그림을 그리는 등 딴 짓을 하는 경우가 많았다.

초등학교 1~2학년 때 학교생활에 비교적 잘 적응하였으나, 만들기와 블록 조립만 하려 하고 책 읽기를 싫어했다. 책을 읽을 때 틀리게 읽고, 쓰기나 산수도 힘들어했다. 공부하기를 싫어하고 숙제도 하지 않으려 해서 부모님께 자주 야단을 맞았다. 과외나 학습지는 더 하기 싫어해서, 오래 하지 못하고 그만 두기를 여러 번 하였다.

4학년 담임 선생님이 엄격한 편이어서 시험 성적이 나쁘면 반성문을 쓰는 등 야단을 맞는다. 4학년이 되고부터 학업과 관련해 스트레스를 많이 받으며, 학교에 가기를 싫어하고 짜증을 많이 내고 불안해한다.

(3) 가족력

현재 부모, 친할머니, 여동생과 같이 살고 있다. 母가 4, 5년 전부터 신부전증으로 건강이 계속 나쁘고, 이에 동반해 우울증을 앓고 있어서 가정 분위기가 어둡고 안정

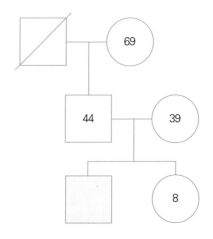

적이지 못하다.

- 父(44세): 대졸. 회사원. 꼼꼼하고 책임감이 강하고 성실하다. 한편으로, 다소 내성적이고 예민한 성격이어서 친구를 잘 못 사귄다. 술, 담배도 하지 않으며 시간이 나면 주로 책을 읽으면서 지낸다. 상철 母가 병에 걸린 이후로 아이들 양육을 대신하고 있다. 아내의 질병으로 인해 스트레스를 많이 받고 최근에는 만성 피로에 시달린다.

- 母(39세): 고졸. 주부. 원래 예민한 성격으로 기분의 기복이 심한 편이었다. 4, 5년 전부터 신부전증을 앓게 되면서 우울증까지 생겨 집안 일이나 아이들 양육 등 일상생활을 거의 하지 못하고 주로 누워서 지낸다.

- 할머니(69세): 초등학교 졸. 상철 父가 열 살 때 남편이 질병으로 사망한 이후 시장에서 장사를 하면서 세 남매를 키웠다. 경제적으로 어려웠지만 자녀들을 모두 대학 교육까지 시키고 어엿한 사회인으로 키워낸 자부심을 갖고 있다. 최근에는 아픈 며느리를 대신해 집안일을 하면서 손자, 손녀를 돌보고 있다. 2, 3년 전부터는 모든 일을 힘들어하면서 자신의 처지를 비관적으로 생각해 자주 짜증을 낸다. 화가 나면 손자와 손녀에게 욕도 하고 간혹 때리기도 한다. 장손인 상철에게 열심히 공부해서 집안을 일으켜야 한다고 부담을 주는 이야기를 많이 한다.

- 여동생(8세): 초등학교 1학년에 다니고 있으며 예민한 성격으로 또래들을 잘 사귀지 못하고 학교생활을 힘들어한다. 책 읽기를 좋아하지만 차분히 앉아서 공부를 하지 못하고 주의가 산만하다.

- 부부 관계 및 가족 관계: 부부 사이는 좋은 편이다. 상철 母가 건강이 나빠지면서부터는 남편에게 어린아이같이 의존하려 한다.

- 부모-자녀 관계: 父는 아이들에게 따뜻하게 대해 주려 노력하지만, 간혹 아이들이 말을 듣지 않을 때는 한번씩 심하게 화를 내고 엄하게 야단도 치기 때문에 상철이 아버지를 좀 무서워한다. 母는 자녀들에게 어떤 경우에는 지나치게 허용적이며 어떤 경우에는 사소한 잘못에 심하게 화를 내는 등 자신의 기분 상태에 따라 매우 비일관적으로 양육한다. 상철은 母에게 의지하면서도 母의 말을 잘 듣지 않는다.

- 형제자매 관계: 여동생이 상철에게 자주 대들고 싸우면서 크게 울어서 부모가 상

철을 야단치게 만든다. 상철은 동생을 귀찮게 여기고 싫어하며 "엄마 아빠는 동생만 사랑한다."며 불평하기도 한다.

3. 심리검사

상철의 전반적인 인지 기능과 학습과 관련된 인지 영역들의 결함을 알아보고, 학업 성취 부진의 정도를 판단하기 위해 다양한 인지, 학습 관련 심리검사들을 실시하였다. 또한 정서적인 문제 여부와 전반적인 적응 정도 등을 알아보기 위한 심리검사들도 실시하였다. 상철이의 현재 문제가 母의 질병이나 부모의 양육 방식과 관련될 가능성을 알아보기 위해 부모 성격검사도 실시하였다. 포함된 검사는 BGT, HTP, KFD, SCT, K-WISC-Ⅲ, 기초학습기능검사, Rorschach, 부모 MMPI 등이었다.

1) 검사태도

풀이 죽은 모습으로 검사실에 들어와 "어려운 거 할 거예요?"라고 처음부터 걱정하였음. BG검사 시 첫 도형을 종이 중간에 매우 크게 그렸으며 전반적으로 도형을 크게 그렸음. 그림 검사 시에는 세부 사항들을 대충 빨리 그리는 등 성의 없어 보였음. 지능검사와 기초학습기능검사를 할 때에는 자주 "힘들다."라고 말했지만 비교적 협조적인 태도를 보였음. 자주 걱정스러워하는 표정으로 자신의 대답이 맞았는지, 틀렸는지 물어보았음.

2) 심리검사 원자료

(1) BGT

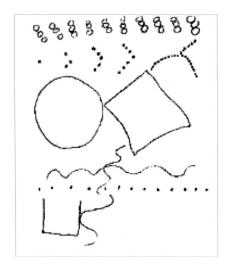

(2) 그림 검사

① 집 그림

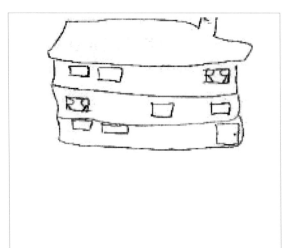

- 어떤 집: 3층집.
- 누가 사나: 우리 가족들이요.
- 분위기: 몰라요.
- 미래: 그냥 그대로예요.

② 나무 그림

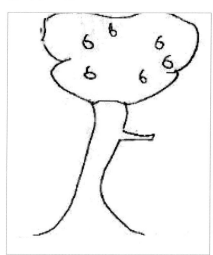

- 어떤 나무: 열매나무.
- 나이: 늙었어요. 한 쉰 살 정도.
- 상태: 허약해요. 조금 늙었으니까.
- 주변에 다른 나무: 사람들이 다 베어서 없어요.
- 미래: 젊어졌으면.

③ 남자 그림

- 누구: 나요.
- 나이: 열한 살.
- 지금: 내 방 침대에 누워 있어요.
- 기분: 빨리 잠자면 좋겠다.
- 성격: 바빠요.
- 장래 희망: 과학자.

④ 여자 그림

- 누구: 엄마.
- 나이: 서른여덟 살.
- 지금: 요리하고 있어요.
- 기분: 그냥 모르겠어요.
- 성격: 느린 편이에요.
- 장래 희망: 요리사는 못하고 다른 거.

⑤ 동적 가족화

- 지금: 그냥 서 있어요.
- 누구: 왼쪽부터 나, 엄마, 아빠, 여동생.
- 분위기: 몰라요./ 그냥 그래요.
- 가족 관계: 좋아요.

(3) 문장완성검사

1. 내가 가장 행복한 때는 <u>만들기 할 때</u>.
2. 내가 좀 더 어렸다면 <u>실쭝이 나겠다</u>.
3. 나는 친구가 <u>좋다</u>.
4. 다른 사람들은 나를 _____
5. 우리 엄마는 <u>아프시다</u>.
6. 나는 <u>만화 공상</u>을 잘 한다.
7. 나에게 가장 좋았던 일은 <u>새 레고를 샀을 때</u>.
8. 내가 제일 걱정하는 것은 <u>공부</u>.
9. 대부분의 아이들은 <u>게임을 좋아한다</u>.
10. 내가 좀 더 나이가 많다면 <u>좋겠다</u>.
11. 내가 가장 좋아하는 사람(은) <u>가족</u>.
12. 내가 가장 싫어하는 사람(은) <u>무서운 선생님</u>.
13. 우리 아빠는 <u>힘들어하실 때가 많다</u>.
14. 내가 가장 무서워하는 것은 <u>시험 성적</u>.
15. 내가 가장 좋아하는 놀이는 <u>조립</u>.
16. 내가 가지고 있는 것 중에서 제일 아끼는 것은 <u>조립한 레고 비행기</u>.
17. 내가 가장 가지고 싶은 것은 <u>조립하는 탱크</u> .
18. 여자 애들은 <u>모르겠다</u>.
19. 나의 좋은 점은 <u>모른다</u>.
20. 나는 때때로 <u>만들기를</u> 한다.
21. 내가 꾼 꿈 중에 제일 좋은 꿈은 <u>전쟁꿈</u>.
22. 나의 나쁜 점은 <u>공부를 실어한다</u>.
23. 나를 가장 슬프게 하는 것은 <u>공부</u>.
24. 남자애들은 <u>좋다</u>.
25. 선생님들은 <u>무섭다</u>.
26. 나를 가장 화나게 하는 것은 <u>공부</u>.
27. 나는 <u>공부</u> _____
28. 내가 꾼 꿈 중에 제일 무서운 꿈은 <u>가족을 잃은 꿈</u>.

29. 우리 엄마 아빠는 <u>좋다.</u>

30. 나는 커서 <u>과학자</u>이(가) 되고 싶다.

   왜냐하면 <u>과학이 좋아서.</u>

31. 내 소원이 마음대로 이루어진다면,

   첫째 소원은 <u>엄마가 건강해지는 것.</u>

   둘째 소원은 <u>공부를 잘 하는 것.</u>

   셋째 소원은 <u>과학자가 되고 싶다.</u>

32. 내가 만일 먼 외딴 곳에 혼자 살게 된다면, <u>가족와 제일 같이 살고 싶다.</u>

33. 내가 만일 동물로 변할 수 있다면 <u>치타</u>이(가)되고 싶다. 왜냐하면 <u>빨리 달릴 수 있기 때문이다.</u>

(4) 로샤 검사

카드 번호	반응 시간	반응 번호	연상반응	질문반응
I	4"	①	악마	① (전체) 날개, 얼굴, 손, 발./ 너무 검은 색이고 무서운 기분이에요.
		②	나비	② (전체) 얼굴과 날개. 나비 모양이에요.
II	6"	①	피가 굳은 것.	① (전체) 피가 나와서 점점 굳어가는 것./ 피가 보이고 검은색이 돼서 굳어가는 것처럼.
		V∧②	새가 땅바닥에 쓰러져 있어요. 검은 땅에.	② (전체) 땅에 딱 떨어져서 피가 나는 거예요. 검은 땅에.
III	3"	①	사마귀 얼굴	① 사마귀 눈, 손, 잘라졌어요./ 몸통이 이어져 있지 않고 꼬리, 발이 없고 피가 나요.
		②	사람이 리본 단 것.	② 얼굴, 리본을 달았구요./ 발, 다리는 없어요.
IV	3"	①	암흑	① (전체) 너무 검은색이에요. 너무 짙은 검은색.
		②	사람. 여자. 신발, 손, 외투.	② (전체) 신발, 얼굴, 손, 외투./ 여자?: 여자가 이런 긴 외투 입잖아요.
V	4"	①	나비, 아니 나방	① (전체) 날개, 얼굴, 꼬리./ 나방같이 생겼어요.
		②	괴물인가? 하늘 날고 있는 것.	② (전체) 괴물 얼굴, 날개, 다리./ 사람 얼굴인데 박쥐 같고.
VI	2"	①	고래를 반으로 자른 모습.	① (전체) 고래 얼굴, 손, 꼬리./ 반으로 자른?: 양쪽이 똑같잖아요.
		②	이상한 기타 같아요.	② (전체) 줄과 몸통같은 거./ 기타같이 생겼어요.

VII	9"	①	검은 섬	① (전체) 검은 것 같아요./ 섬?: 작잖아요. 뉴질랜드 섬 같아요.
		V②	코끼리 얼굴, 몸통, 발이 분리되어 있는 거.	② (전체) 얼굴, 왼쪽, 오른쪽, 몸도 다 분리되어 있어요.
VIII	8"	V①	(천국이 점점 내려와서 지옥 같아요.	① 천국./ 화려하잖아요. 핑크색이고./ 지옥?: 짙은 색이어서 지옥 같아요. 근데 다 이어져 있어요.
		②	치타가 물 위에 걷고 있는 것. 얇은 물. 해가 지려고 해요. 황혼.	② 하이에나예요. 얇은 물에서 걸어가고 있어요./ 밟고 있는 것./ 황혼?: 여기 해가 있잖아요.
IX	12"	V①	여자 얼굴, 머리 염색했어요. 눈.	① (전체) 머리를 길러 파마를 다르게 했어요. 위에는 핑크, 중간은 초록색, 아래는 주황색./ 머리카락 염색한 것 같아요.
		②	로케트가 팡 올라가면서 연기 올라오는 것.	② (전체) 로케트가 올라가면 바람 나오잖아요. 바람 나가는 거. 뜨거운 바람./ 붉은 색이잖아요.
		③	폭탄이 떨어져 연기 나는 거. 불이 나는 거.	③ 폭탄이 떨어져 폭파되고 나서 연기요./ 연기 같아서./ 불?: 이런 모양이 되잖아요.
X	11"	①	용 같아요.	① 얼굴, 꼬리, 용 2마리.
		V②	화난 악마. 아주 화난 악마요. T.L.) 몰라요.	② 화난 얼굴. 눈, 입이 삐죽 나왔구요. 코가 화나서 늘어졌구요. 입, 수염.

(5) 父 성격검사

父 MMPI

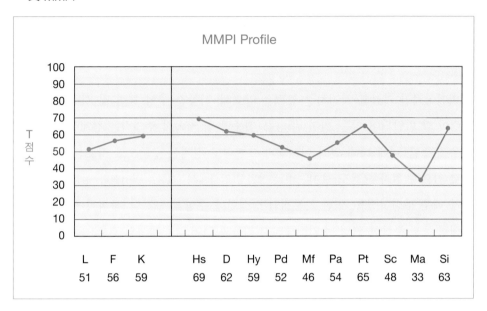

	L	F	K		Hs	D	Hy	Pd	Mf	Pa	Pt	Sc	Ma	Si
	51	56	59		69	62	59	52	46	54	65	48	33	63

3) 검사결과

① BGT: 경미한 수준의 중첩 경향을 보이고, 도형을 매우 크게 모사해 충동적이고 무계획적인 면을 나타내고 있음. 그러나 뇌의 기질적 장애가 시사되지는 않음(즉각적 회상 = 7).

② 인지 기능: K-WISC-Ⅲ로 측정한 전체 지능지수는 96으로 [보통] 수준에 해당됨. 동작성 지능은 109로 [보통] 수준의 상단에 속하는 데 비해 언어성 지능은 85로 [보통 하] 수준에 속해, 언어성 지능의 발달이 매우 지체되어 있음. 잠재 지능은 보통 수준 혹은 보통 상 수준으로 추정되지만, 현재 인지 기능들의 불균형이 현저하므로 잠재 능력을 충분히 발휘하지 못하겠음.

상식문제	공통성문제	산수문제	어휘문제	이해문제	숫자문제	언어성지능
8	8	5	6	7	5	85

빠진곳찾기	차례맞추기	토막짜기	모양맞추기	기호쓰기	동작성지능
11	10	14	13	8	109

비언어적인 자료를 처리하는 능력은 양호해, 시공간 구성 능력 및 시각적 조직화 능력이 잘 발달되어 있음. 반면, 주의력, 집중력 및 지속적 주의력은 경계선 수준으로 매우 부족함. 이에 더해 언어 이해력과 표현력도 경계선 수준으로 저조한 수행을 보이고 있으며 철자 오류도 보이는바(문장완성 검사에서 '실쫑' '실어한다' 등), 학습의 기초가 매우 부실하겠음. 또한 기본적인 상식이나 추상적 사고력, 사회적 상황에 대한 이해력 등도 부족한 편임. 주의집중의 어려움과 언어 능력에서의 결함으로 인한 학습장애의 가능성이 시사됨. 따라서 후천적인 학습에서 지속적인 어려움이 있어 왔던 것으로 판단됨.

③ 기초학습기능: 현재 전반적인 학업 성취 수준은 초등학교 2학년에 해당됨. 즉, 실제 학년에 비해 2년 정도 학업 성취가 지체되어 있어 잠재 지능 수준을 감안할 때 기초 학습이 매우 부진한 상태임.

	정보처리	셈하기	읽기 I	읽기 II	쓰기	합계
학년규준점수	3.5	1.5	2.5	2.5	1.5	2.2
학년백분위점수	31	1	13	10	7	7

소검사별로 살펴보면, 기본적인 지각 과정, 시각-운동 협응력, 추론 능력 등 정보처리 능력에서는 3.5학년 수준의 수행을 보여 실제 학년과 유사한 수준임. 그러나 문자 및 낱말 재인 등의 읽기 능력은 2.5학년 수준에 해당하며, 문장을 읽고 내용을 이해하는 독해력과 정확한 철자를 재인하는 능력은 1.5학년 수준의 수행을 보여 글을 읽고 이해하는 능력과 쓰기 능력에서 심한 결함을 보이고 있음. 또한 수학적 개념에 대한 이해와 연산 능력도 1.5학년 수준에 해당됨. 따라서 읽기(독해)장애와 산수장애

의 가능성이 시사되어, 국어와 수학을 포함한 전반적인 학업 성취에서 상당한 어려움을 보일 것으로 예상됨.

④ 사고 및 문제 해결: 단순한 자극에 대해 관습적인 지각을 하는 것은 가능하지만 정서적인 자극에 대해서는 지각적 정확성이 저하됨. 또한 불안이나 무력감과 관련된 사고 내용을 많이 보이며 외부 상황에 대해 자주 두렵고 부정적인 방식으로 지각하는 바, 현재 경험하고 있는 스트레스와 정서 불안과 관련해 미숙하고 왜곡된 현실 판단을 보일 수 있겠음. 이에 더해 과제에 주의 집중하는 데 있어서 어려움과 충동적으로 문제를 해결하려는 경향을 보이고 있음. 따라서 당면한 문제를 해결하는 데 있어서 지적 잠재력을 활용하지 못하고 효율성이 부족하겠음.

⑤ 정서 및 성격: 현재 주관적인 스트레스를 많이 경험하고 있으며, 정서적으로 매우 불안정하고 과민한 상태임. 따라서 사소한 좌절이나 어려움에도 지나치게 예민하게 반응하며 미숙하게 대처하겠음. 학습의 어려움과 母의 질병 등과 관련된 일상생활에서의 좌절감으로 인해 간혹 충동적으로 분노감을 표현할 가능성도 있음. 전반적으로 활력 수준이 저하되어 있으며 무기력하고 위축되어 있음.

주의 집중을 잘하지 못하고 부진한 학업 성취 등으로 인해 인정받고자 하는 욕구가 지속적으로 좌절되어 우울감과 낮은 자존감을 보이고 있음. 또한 학습 동기나 의욕도 상당히 저하되어 있으며 시험 불안 증상도 보이는 것으로 판단됨. 현재는 좌절에 대한 인내력이 부족해 욕구가 좌절될 때 쉽게 불안해하고 무기력해지겠음.

대인 관계에서도 자신감과 적극성이 부족하고 쉽게 위축되겠음. 주변 사람들로부터 부정적인 평가를 많이 받아 대인 관계에서 쉽게 예민해지는 등 편안하고 친밀한 대인 관계 형성에서 어려움을 보이겠음.

우선적으로 주의력 문제 및 학습 문제에 대한 치료적 개입이 필요함. 또한 상당한 지적 자원을 가지고 있음에도 불구하고 공부 스트레스와 정서 불안, 무력감으로 인해 이를 적절히 활용하지 못하고 있어 정서적 안정감과 자신감을 향상시키기 위한 개입 역시 시급함.

4) 요 약

① BGT: 뇌의 기질적 장애가 시사되지는 않지만 충동적인 경향을 보임.
② 인지 기능: 보통 수준(FSIQ=96, VIQ=85, PIQ=109)/ 주의 집중 곤란과 학습장애 (읽기장애와 산수장애)가 시사됨.
③ 사고 및 문제 해결: 부정적인 사고 내용 및 충동적인 문제 해결 양상을 보임.
④ 정서 및 성격: 불안하고 무기력하며 위축되어 있음./ 욕구 좌절에 대한 인내심이 부족하고 과민한 상태임.

4. 사례개념화 및 심리치료 계획

1) 문제 목록

① 학업: 학습장애(읽기장애와 산수장애)로 인해 전반적인 학업 성취가 매우 낮다. 또한 주의 집중력과 학습 동기가 매우 부족하다.
② 행동: 수업 시간에 선생님의 지시를 잘 따르지 않고 자신이 하고 싶은 것에만 몰두한다. 준비물을 챙겨가지 못한다.
③ 정서: 자신감이 없고 불안정하며 정서 조절을 잘하지 못한다. 공부에 대한 스트레스가 현저하며, 시험 불안 증상을 보인다.
④ 사회: 자기중심적이고 예민해 안정적이고 친밀한 대인 관계 형성에 어려움을 보인다.
⑤ 가족: 母의 질병과 우울증, 조모의 스트레스 등으로 안정적이고 지지적인 성장 환경을 제공하지 못하고 있다. 비일관적인 양육 방식의 문제도 시사된다.

2) 진 단

아동 면담과 아버지와의 면담 자료, 행동 관찰 및 심리검사 결과 등을 종합하여 학습장애(읽기장애)로 진단하였다. 산수장애와 주의력결핍 및 과잉행동장애의 가능성도

배제할 수 없다.

3) 문제의 원인 및 유지 요인과 사례 역동

근본적으로 인지 발달의 불균형을 심하게 보이며, 특히 읽기 중 독해 문제가 심각한 것으로 보인다. 이에 더해 산수장애과 주의력결핍 및 과잉행동장애의 가능성도 보이고 있다. 따라서 읽기와 독해의 어려움과 주의력결핍 문제에서 비롯된 학습 문제가 대부분 과목에서의 성적 부진으로 확산된 것으로 보인다. 학업에서의 지속적인 실패로 인한 좌절감으로 자신감이 저하되어 있고 위축되어 있으며 무기력감을 자주 경험할 수 있다. 또한 학습 동기나 의욕도 상당히 저하되어 있어 학교 숙제나 준비물 챙기기 등의 기본적인 활동도 잘하지 못하고 있다.

母의 질병으로 인해 가정환경도 안정적이지 못해, 학습 문제와 정서적인 문제가 더욱 악화되어 온 것으로 보인다. 즉, 가정에서 정서적인 지지를 받거나 긍정적인 정서 경험이 매우 부족했던 듯 하다. 또한 양육 방식의 비일관성으로 인해 정서적으로도 불안정하고 예민하며 감정 조절 능력도 제대로 발달하지 못한 것으로 판단된다.

4) 심리치료 목표

학습장애로 인해 지속적인 좌절감을 경험해 왔으며 현재는 전반적인 학습 동기가 매우 저하되어 있고 전반적인 학습 부진을 보이고 있으므로, 학습장애에 대한 전문적인 치료적 개입이 필요하다. 특히 읽기 및 독해와 산수 과목에 대한 기초 학습과 학습 동기를 향상시키는 것이 시급하다. 또한 주의집중력도 상당히 부족해 사려깊지 못하고 충동적인 문제 해결 방식을 보이고 있어, 단계적이고 체계적인 문제 해결 방법을 가르치는 등 학습 방략과 학습 습관 개선을 위한 개입도 필요하다. 이에 더해 자신감과 정서적 안정감을 향상시키는 것도 중요한 치료 목표 중 하나이다. 각 영역별로 구체적인 치료 목표는 다음과 같다.

① **학습**: 읽기 이해력과 산수 능력을 향상시켜 학습의 기초를 확립하기, 학습 동기 향상시키기, 숙제하기 등의 학습 습관 들이기.

② **정서**: 정서적인 안정감과 자존감, 자신감 향상시키기.

③ **행동**: 단계적이고 체계적인 문제 해결 능력 키우기.

④ **사회**: 타인의 입장을 고려할 수 있는 공감 능력과 감정 조절 능력을 향상시키기.

⑤ **가족**: 학습장애에 대한 정보 제공, 안정적이고 지지적인 환경을 제공하고 일관적이고 효율적인 양육 방식을 위한 부모교육.

5) 치료 방법

상철의 경우, 학습문제와 주의집중력 문제가 정서적인 문제와 동반되어 나타나고 있으므로, 학습치료와 지지적인 놀이치료를 병행할 필요가 있다. 학습 능력을 향상시키고 학습 동기와 자신감 향상을 위해 쉬운 과제 수행을 통한 성공 경험을 하는 것부터 시작하여 단계적인 학습을 해 나가도록 유도하는 것이 필요하다. 또한 정서 안정감과 의욕 향상을 위해 자유롭고 즐거운 놀이를 활용하는 것이 유용할 것으로 판단되었다. 따라서 매 회기의 초반 25분은 학습치료와 인지치료, 후반 25분은 놀이치료를 하기로 계획하였다.

학습 능력 향상을 위해 장기간 꾸준히 노력하는 것이 필요하므로 부모교육 및 교사 교육을 통해 지속적인 지원을 하는 것이 필요할 것으로 판단되었다. 바람직한 학습 습관을 형성하기 위해 행동 수정 절차도 도입하였다. 아래에 구체적인 치료 방법에 대해 요약하였다.

① **놀이와 게임을 활용한 학습치료와 인지행동치료(주 1회)**: 정서 안정을 도모하고 자존감과 의욕 향상을 위해 지지적인 놀이치료, 학습장애 교정을 위한 학습치료, 체계적인 문제 해결 방법의 학습을 위한 인지치료, 바람직한 학습 습관 형성을 위한 행동 수정 등.

② **부모교육**: 학습장애에 대해 이해하기, 자녀와 좋은 관계를 맺고 정서적인 지지 제공하기, 효율적이고 일관성 있는 양육 방식, 행동 수정 방법 등에 대해 교육.

③ **교사 자문**: 학교에서 상철이에게 도움을 줄 수 있는 정보(자신감 향상과 학습동기 향상을 위한 교사의 관심과 행동 수정 등) 제공.

5. 심리치료 과정

1) 초 기

　상철이 무기력하고 자신감이 매우 저하되어 있는 상태였으므로, 치료 상황을 즐겁고 긍정적인 경험을 하는 시간으로 만들 필요가 있었다. 따라서 상철의 의욕과 자존감을 향상시키고 치료자-내담자 간의 긍정적인 관계 형성을 위해 지지적인 놀이 치료적 접근방법을 사용하였다. 이와 동시에 학습 문제를 지속적으로 평가하고, 학습에 대한 흥미를 유도하여 학습장애 교정을 위한 토대를 형성하기 위해 쉬운 과제를 사용한 학습치료를 실시하였다. 부모교육을 병행하여 긍정적인 부모-자녀 관계 형성과 학습장애 아동에게 적합한 양육 방식에 대한 교육을 실시하였다.

■ 1~5회기

　＊ 학습 및 인지치료 시간에 쉬운 책 읽기와 낱말 퍼즐 등을 도입하였다. 상철이 현재 수학을 국어보다 훨씬 어려워하고 싫어해서, 국어 공부를 먼저 시작하였다. 읽기 수준의 평가를 통해 구체적인 문제점을 파악하여 피드백을 제공하는 것과 치료적 개입을 병행하였다.

① 쉽고 재미있는 책을 선정해서 매 회기 반복해서 읽기
* 정확하게 읽기 연습

　　〔읽기에 대한 두려움을 감소시키기 위해 상철의 현재 읽기 수준에 맞추어 초등학교 2학년 수준의 단어들로 구성된 쉬운 책을 선정함. 천천히 읽되 정확하게 읽는 것을 강조하여, 읽기에서 오류 수가 지난 시간에 비해 줄어든 만큼 스티커를 제공하기로 함. 같은 책을 반복해 읽음으로써 읽기에 친숙해지도록 유도함.〕

　　(치료자의 지시에 따라 열심히 하였음. 처음에는 급하게 읽느라 오류가 많았지만 회기가 지나갈수록 오류 수가 줄어듦. 이에 대해 매 회기 스티커 보상을 받아 즐거워하였음.) 〔회기가 지날수록 점점 큰 목소리로 자신감 있게 읽는 등 자신감과 학습 동기가 향상되어 가는 것으로 판단됨.〕

- 읽기에서의 문제점 파악과 피드백 제공

    (초등학교 2학년 수준의 책이라 상철이 읽지 못하는 단어는 거의 없었지만, 조사나 어미를 임의대로 읽는 경우가 많았으며, 부주의하게 빠뜨리고 읽는 경우가 많았음. 예를 들어, 어머니께서는 → 어머니께서, 있었습니다 → 있습니다, 그러나 → 그러자, 개는 → 개가) 〔치료자는 상철이 보이는 읽기 오류의 특성에 대해 피드백을 제공하고, 더 정확하게 읽도록 격려함. 읽기 규칙을 잘 알고 있지만 부주의하고 빨리 읽으려는 경향을 지적함. '정확하게 읽기' 게임을 실시하여, 각 문장을 오류 없이 읽을 때마다 "잘했어." 등과 같은 언어적 강화를 해 주고, 마지막에 스티커를 제공함.〕

    (4회기 때부터는 오류 없이 읽을 수 있었음.)

② 조사와 어미 채워 넣기

〔상철이 조사와 어미를 임의대로 추정해 틀리게 읽는 경우가 많아, 이를 교정하기 위해 조사와 어미를 빈칸으로 두고, 빈칸을 채워 넣는 연습을 실시함.〕

예) 나나 부닐다＿ 비스비스 족 요정입니다. 코＿ 굉장히 커다랗고 머리＿ 두 갈래로 땋아 내린 무척 귀여운 여자아이예요. 그런데 예쁘게 땋은 머리＿ 신비한 힘＿ 숨어 있어요. 나나는 그 힘＿ 이용해 어린이들을 무서운 꿈＿ 구해 준답니다. 게다가 무서운 꿈들＿ 맛있는 초콜릿 만드는 방법＿ 알고 있대요.

③ 낱말 퍼즐

〔국어에 대한 관심과 흥미를 향상시키고, 어휘력을 증가시키기 위해 가로 세로로 단어를 채워 넣는 낱말 퍼즐을 실시함. 어려운 단어의 경우 치료자가 힌트를 제공하기도 하여 게임 형식으로 진행하고 스티커를 제공함.〕

(상철이 낱말 퍼즐 푸는 것을 매우 좋아하고, 다음 회기 때 물어보면 낱말 뜻을 잘 기억하였음.)

＊ 놀이치료 시간에는 게임들을 주로 선택하였다.

- (첫 회기 때에는 놀이를 선택하지 못하고 수동적인 태도를 보임.) 뭘 해야 할지 모르겠다. 〔상철의 불안감을 감소시키기 위해 치료자가 몇 가지 쉬운 게임(주사위 게임, 다이아몬드 게임, 볼링 게임 등)을 제시하고 상철이 그중에서 선택하도록 함.〕

(다이아몬드 게임을 선택해 즐겁게 함. 규칙을 잘 지키고 열심히 해서 상철이 많이 이김.)

- (2회기부터는 자신이 하고 싶은 게임을 스스로 선택했는데, 빙고 게임을 주로 선택함. 예를 들어, 나라 이름대기, 과일 이름 대기, 동물 이름 대기 등.) 〔빙고 게임은 어휘력 향상과 함께 단어들을 유목화하는 방법을 학습하는 데 매우 유용하였음.〕

- (자신의 일상생활에 대한 이야기들을 많이 함. 자신이 잘 했던 일들을 자랑하듯이 이야기함.) 미술 시간에 공룡을 만들었는데 내가 제일 멋있게 만들었다. 〔치료자에게 인정받고자 하는 욕구를 나타내는 것으로 판단됨. 상철의 장점을 인정하고 격려하는 반응을 많이 해 줌.〕

요약 및 설명

　　상철이 학습 동기와 자신감이 매우 부족하므로, 학습 동기를 향상시키는 것이 치료 초기의 주된 목표였다. 이를 위해 상철이 쉽게 할 수 있는 과제를 선택해 성공 경험을 충분히 하게 하고, 게임하듯이 학습하게 하고 스티커를 제공함으로써 흥미를 가질 수 있도록 하였다. 또한 상철의 강점을 적극적으로 찾아내어 인정하고 격려함으로써 자존감과 유능감을 향상시키려 노력하였다.

　　학습치료에서는 우선적으로 읽기의 기초를 다지기 위해 반복해서 읽기와, 읽기에서의 오류를 파악해 교정하는 연습을 하게 하였다. 상철이 읽기 오류를 많이 보였지만 과제 수행에 열심히 협조하고, 점차 단어 퍼즐이나 읽기 과제에 대해 흥미를 보이는 등 학습에 대한 관심이 생기기 시작하였다.

　　긍정적인 치료자–내담자 관계를 형성할 수 있도록 치료자가 따뜻하고 지지적인 태도로 상철의 얘기를 들어주고 어려움을 공감해 주는 반응을 많이 하였다. 또한 놀이치료를 통해 그동안 결핍되었던 긍정적인 정서 경험을 하도록 하였다. 이런 과정을 통해 치료 초기부터 상철이 치료받으러 오는 것을 좋아하고 치료 상황을 편안하고 즐겁게 느끼는 것으로 보였다.

〈父 면담〉

- 가정생활의 어려움 등에 대해 보고하였다.

    상철 母의 건강 상태가 계속 불안정해 수시로 병원에 가야 한다. 건강 상태가 나빠지면 상철 母가 매우 신경질적으로 변하여 아이들에게 괜히 화를 낸다. 나도 직장 일과 집사람 병원 데리고 다니느라고 아이들에게 일관성 있게 신경을 써 주기가 어렵다.

    상철이 짜증을 잘 낸다. 할머니와 母에게 예의 없게 함부로 대하고, 동생이 자기 물건을 조금만 건드리면 화를 내고 자주 싸운다.

    상철이 치료받으러 오는 것을 좋아하고 손꼽아 기다린다. 치료자가 따뜻하게 대해 주고 잘 이해해 줘서 그런 것 같다. 상철이 평소에는 말도 잘 안 하고, 말을 하면 짜증 내듯이 했는데, 치료를 받고 나서는 치료실에서 공부도 하고 게임도 재미있게 했다는 얘기를 신이 나서 한다.

요약 및 설명

> 父가 오랫동안 상철 母의 병간호와 아이들 양육문제 등으로 인해 몹시 지친 상태인 것으로 판단되었다. 정서적인 지지를 제공하는 것이 필요하여 치료자가 공감적인 이해를 많이 하려 노력하였다.
>
> 상철 母의 질병으로 인해 어려운 상황임에도 불구하고 상철 父가 심리치료에 대해 적극적으로 협조하려는 태도를 보였다. 父가 상철의 공부 문제와 신경질 등에 대해 몹시 걱정하고 있어 학습장애와 정서 불안에 대해 읽을 자료를 제공하였다. 또한 상철이 긍정적인 정서 경험과 정서적 지지를 필요로 한다는 것을 설명하고 일주일에 3~4회 정도 저녁에 15분씩 시간을 내어 상철과 대화하거나 놀아줄 것을 제안하였다. 바람직한 학습 습관을 형성할 수 있도록 숙제하기와 준비물 챙기기에 대해 상철과 행동 계약서를 작성하고, 매일 체크해서 스티커 붙여주기를 통한 보상을 제공하는 것도 시도해 보도록 제안하였다.

■ 6~10회기

＊ 학습 및 인지치료 시간에 지속적으로 읽기 연습을 실시하였다.

• 〔과제의 난이도를 조금씩 높여가면서 책 읽기와 낱말 퍼즐 맞추기를 계속 실시함. 게임 형식으로 재미있게 연습하게 하고 스티커를 제공하여 학습에 대한 흥미와 동기를 계속 증가시키려 시도함.〕

• (상철이 점차적으로 더 정확하게 책을 읽으려 노력하고, 낱말 퍼즐 맞추기를 즐거워하여 치료 시간뿐 아니라 집에서도 함.)

＊ 놀이치료 시간에는 빙고 게임과 대화를 주로 하였다.

• (빙고 게임을 계속 선택하여 다양한 유목별로 이름 대기 게임을 많이 함.)

• (가족 등 자신의 일상생활에 대한 이야기들을 많이 함.) 母가 아파서 마음이 아프다. 동생이 귀찮게 군다. 아빠가 요즘 이야기를 많이 하려 한다. 학교에서 힘든 것이 없는지, 필요한 거 없는지 그런 걸 물어본다. 공부하는 것은 힘들다. 다 어렵다. 〔치료자에게 힘든 점을 털어놓고 위로받고 싶어하는 것으로 판단됨. 상철의 어려움에 대해 반영하고 공감하는 반응을 많이 함.〕

요약 및 설명

읽기의 난이도를 점차 높여가면서 읽기 연습을 계속 하게 하고 보상을 제공하였다. 상철이 치료자의 지시에 잘 협조하였으며 어휘력을 향상시키기 위해 집에서도 낱말 퍼즐을 맞추는 등 학습에 대한 관심이 점차 증가하였다.

상철이 가족 문제와 공부 문제 등 개인적인 어려움에 대해 치료자에게 솔직하게 이야기하였다. 치료자는 상철의 어려움에 공감하고, 시간이 걸리지만 꾸준히 노력하면 현재 문제들이 점차 해결되어 나갈 것이라고 희망을 제공하였다.

〈父 면담〉

• 상철의 현재 생활에 대해 보고하였다.

상철이 공부하기를 몹시 싫어한다. 숙제도 안 하려고 해서 계속 잔소리를 해야 한다. 스스로 숙제하면 스티커를 붙여주기로 약속했지만 잘 안 지킨다.

상철이 여전히 짜증이 많다. 父에게 이것저것 쓸데없는 것을 사 달라고 요구하고, 안 들어주면 짜증을 낸다.

父가 상철이만을 위해 일주일에 두세 번 정도 시간을 내려고 노력한다. 상철이 자신이 힘든 것에 대해 계속 이야기하려 한다. 얘기를 들어주다 보면 父도 피곤해진다.

낱말 퍼즐은 집에서도 하려고 해서 父가 가끔씩 도와준다.

요약 및 설명

父가 상철을 양육하는 데 어려움을 겪는 것에 대해 공감적인 이해를 많이 제공하였다. 상철이 정서적인 어려움을 겪고 있음을 설명하고, 대화 시간을 지속적으로 가지면서 상철의 입장에서 이해하고 위로하고 격려해 주도록 제안하였다. 숙제하기와 준비물 챙기기에 대해 쉬운 것부터 실천하는 계획을 세워, 보상을 활용한 행동 수정을 다시 시도해 보도록 제안하였다. 또한 상철의 작은 노력에도 칭찬함으로써 의욕과 자신감을 향상시키는 것이 필요함을 설명하였다.

2) 중 기

상철이 학습 동기가 다소 향상되고 정서적으로도 안정되어 가고 있어, 중기 단계부터는 학습장애를 교정하기 위한 학습치료와 주의집중력을 향상시키고 체계적인 문제 해결을 위한 인지치료에 중점을 두었다. 읽기에 대한 거부감이 감소하기 시작했으므로, 읽기 능력을 더욱 향상시키기 위해 독해 기술을 가르쳤다. 또한 상철이 가장 싫어하는 수학에 대한 관심을 갖게 하고 기초 능력을 키우기 위한 공부를 시작하였다. 그 외에도 바람직한 학습 습관을 들이기 위해 시간 관리하기와 체계적이고 효과적으로 공부하는 방법을 교육하였다. 치료 시간에 학습한 것을 실제 공부에 일반화시키기 위해 학교 숙제에 대해 정기적으로 치료자가 상철과 함께 검토하고 숙제하기 계획을 세우는 등의 도움을 주었다.

■ 11~15회기

＊ 학습 및 인지치료 시간에 독해 능력 향상과, 수학에 대한 관심과 흥미를 유발하고 기초 능력을 향상시키기 위한 과제를 연습하였다.

① 읽으면서 생각하기(The Directed Reading-Thinking Activity: DRTA)

〔독해 능력을 향상시키기 위해 DRTA 연습을 하게 함. 이는 글의 주제와 내용에 대해 생각하고, 예측하고, 글을 읽으면서 이를 확인하는 기술을 향상시키기 위한 방법임. 아동이 선택한 책을 가지고 한두 문장을 읽은 후, 치료자가 아동에게 다음에 어떤 일이 일어날지를 예측해 보도록 격려함. 즉, 치료자는 "이 다음에 어떻게 될 것 같니?" "왜 그렇게 생각하니?" 등의 질문을 통해 글의 줄거리에 대해 깊이 생각하도록 유도함. 이 방법은 글을 단순히 기계적으로 읽는 것이 아니라, 생각하면서 읽는 것을 강조함으로써 글의 주제에 대해 탐색하고, 가설을 세우고 증명하고, 판단을 연기하고, 신중하게 결정을 내리는 것을 배우게 함.〕

（상철이 처음에는 깊이 생각하지 않고 아주 간단하게 대답하였고, 그렇게 생각하는 이유를 물으면 "그냥요."라고 대답하는 경우가 많았음. 매 치료 시간마다 이 방법을 시도하자 점차 좀 더 신중하게 생각하고 표현하려 노력하였음.）

② 글의 핵심 주제 파악하기

〔생각하면서 체계적으로 글을 읽는 방법을 교육함. 즉, 한 문단을 읽고 나면 줄거리를 파악하고 핵심 주제와 핵심적인 문장 찾기를 연습시킴. 짧고 쉬운 내용의 글로 연습하게 하여 성취감을 경험하도록 함.〕

③ 퍼즐과 놀이를 활용한 수학 공부

〔수학에 대한 관심과 흥미를 유발하기 위해 재미있는 퍼즐 형식의 다양한 과제를 사용하고, 문제를 해결할 때마다 스티커를 제공함.〕

• 그림의 빈칸에 맞는 숫자 채워 넣기 〔가로와 세로를 모두 고려해야 하는 과제로 두 가지 측면에 주의를 기울이는 연습을 할 수 있는 과제임.〕

4	6		10	12
8	7	6		4
	8	4		-4
16		2	-5	

- 주사위 던지기 게임 〔수 계열을 이해하는 데 도움이 되는 방법으로, 다양한 규칙으로 게임을 하게 함. 즉, 두 개의 주사위를 동시에 던져 두 수를 더한 만큼 말을 이동시키기, 큰 수에서 작은 수를 뺀 수만큼 말을 이동시키기 등을 하면서 더하기와 빼기를 연습시킴.〕

  (단순한 계산을 요하는 것이어서 오류 없이 잘하고 재미있어 함.)

- 블루마블 게임 〔게임을 하면서 만 원, 십만 원, 백만 원권의 모형 돈으로 단위가 큰 연산을 연습할 수 있음.〕

  (계산하면서 간혹 오류를 보임.) 〔천천히 정확하게 계산하도록 격려함.〕

- 가게 놀이 〔모형 돈으로 물건들을 사고 팔면서 계산하는 연습을 함. 거스름돈을 계산하고 다양한 할인율(10%, 20%, 50% 등)을 적용해 % 개념에 익숙해지도록 훈련함.〕

④ 수학에서의 문제점 파악과 기초 학습 훈련

〔상철의 경우 수학의 기초가 부실해 현재 2학년 수준에 해당하기 때문에 2학년 수준의 교재를 선택해 기초부터 단계적으로 공부하게 함.〕

(상철이 수식으로 써져 있는 계산은 비교적 잘하지만, 독해 능력이 부족해 문장으로 된 문제를 해결하는 데 어려움을 보였음.) 〔문장으로 된 수학 문제를 잘 읽고 이해해서 수식으로 바꾸는 것을 집중적으로 연습시킴. 즉, 질문이 정확하게 무엇인지 파악하고, 문제에서 주어진 것이 무엇인지 알고, 그에 따라 적합한 수식을 만들고 답을 구하는 단계를 따르도록 연습시킴.〕

예) 텔레비전에서 어떤 프로그램의 광고를 5시 58분 33초에 시작하여 3분 30초 동안 하였다. 광고가 끝난 시각을 구하여라.

　질문: 광고가 끝난 시각

　주어진 것: 광고를 시작한 시각과 광고를 한 시간

알맞은 수식: 5시 58분 33초 + 3분 30초

답: 6시 2분 3초

﹡ 놀이치료 시간에는 여러 가지 게임을 하였다.

• (빙고 게임, 주사위 게임, 블루마블 게임 등을 선택하였음. 게임의 규칙을 잘 지키고 치료자와 함께 게임하는 것을 즐거워함. 이기기 위해 열심히 하였고, 지는 경우에도 순순히 수용하는 편이었음.)

요약 및 설명

다양한 학습 과제를 활용해 읽기와 수학의 기초를 다지도록 연습하게 하였다. 재미있는 퍼즐이나 게임을 활용해 읽기와 수학에 대한 흥미를 유발하고, 상철의 현재 학습수준에 적합한 문제들을 선택해 성공 경험을 할 수 있게 하였다. 또한 문제점을 파악하여 피드백해 주고, 대안적인 문제 해결 방법을 알려주었다. 회기 간의 기간 동안 매일 읽기를 연습할 수 있도록 읽을 자료를 제공하였다. 상철이 치료자의 지시를 잘 따르고 열심히 하였는데, 스티커와 칭찬 등의 보상이 학습 의욕과 자존감을 향상시키는 데 도움이 되는 것으로 판단되었다.

〈父 면담〉

• 상철의 일상생활과 변화에 대해 보고하였다.

　상철이 치료자와 재미있게 공부하고 칭찬과 스티커를 많이 받는다고 자랑한다.

　요즘 좀 밝아진 것 같다. 항상 표정이 어두웠는데 최근에는 父에게 농담도 하고 웃기도 한다.

　학교 숙제나 공부하는 것은 아직 자발적으로 별로 안 한다. 여전히 숙제를 귀찮아해서 잔소리를 해야 한다.

　상철에게 칭찬을 해 주려고 노력하지만 잘 안 된다. 공부보다는 동물 모형 만들기 같은 걸 하느라 시간을 많이 보내고 있어서 걱정이다.

요약 및 설명

상철이 정서적으로 다소 안정되고 긍정적인 정서를 표현하는 등 다소의 변화가 시작된 것으로 보였다. 그러나 아직 학습 습관 등에서 변화를 보이지 않고 있는데, 이는 상철의 현재 학업 성취 수준이 매우 낮아 학교 공부와 숙제를 하는 데 어려움이 있는 데서 기인할 수 있음을 父에게 알려주고, 어려운 숙제를 도와줄 것을 조언하였다.

학습의 기초를 다지는 데 시간이 걸리기 때문에 매일 숙제나 책 읽기 등을 격려하고 스티커를 붙여 주어 학습 동기를 유발하도록 조언하였다. 또한 함께 서점에 가서 상철이 원하는 책을 사 주어 읽게 하고, 책 내용에 대해 父와 함께 이야기 나누는 시간을 가짐으로써 책 읽기에 대한 즐거움과 정서적 지지를 동시에 제공하도록 조언하였다.

■ 16~20회기

＊ 학습 및 인지치료 시간에 독해능력을 향상시키기 위해 효율적인 읽기 방략(SQ3R 기법)과 부주의한 경향을 교정하기 위해 단계적이고 체계적으로 생각하기(4단계로 문제 해결하기) 훈련을 실시하였다.

① SQ3R 기법

〔SQ3R은 글을 읽을 때 다섯 단계에 따라 읽음으로써 글의 주제를 정확히 파악하고 잘 기억하도록 하는 방법으로 독해력을 향상시키기 위해 교육하였음.〕

• 〔SQ3R 단계를 교육함.〕

　1단계: 대략 훑어보기(SURVEY)

　제목, 소제목/ 사진, 도표, 그림 등의 제목/ 학습 목표/ 도입과 결론 부분/ 요약부분.

　2단계: 질문하기(QUESTION)

　제목, 소제목을 질문으로 바꾸어 보기/ 학습 목표나 학습문제 등을 의문문으로 바꾸어 보기/ 제목을 보고 궁금한 것을 스스로 질문해 보기/ 나는 이 주제에 대해 뭘 알고 있는지 스스로 질문해 보기.

3단계: 주의깊게 읽기(READ)

질문하기 단계에서 했던 그 질문에 초점을 두고 읽기/ 질문에 대한 답을 찾는다고 생각하면서 읽기/ 공책이나 책의 여백에 답을 간단히 요약해 기록하기/ 사진이나 도표, 그림에 있는 설명문을 잘 읽기/ 밑줄이 쳐 있거나, 굵게 인쇄된 단어나 구에 특히 주의를 기울여 읽기/ 질문과 밀접하게 관련된 문장이나 단어에 밑줄 긋기.

4단계: 외우기(RECITE)

책을 덮고 앞에서 했던 질문들에 대한 답을 말해보기/ 글을 읽으면서 이해한 내용을 나만의 말로 표현하거나 사례를 들어보기/ 다른 종이(포스트잇 등)에 요점을 간략하게 적으면서 외우기/ 잘 외워지지 않는 부분은 내용을 다시 검토하기.

5단계: 검토와 복습하기(REVIEW)

문단의 핵심 주제를 서너 문장으로 요약하기/ 소주제별로 핵심 내용을 외우기/ 연습문제를 풀어 보기/ 시험에 나올 예상 문제를 뽑아 보고 답해 보기.

• 〔연습 자료로 상철에게 도움이 되는 내용의 글을 선택하여 SQ3R 기법을 적용하게 함.〕

연습 예) 감성지수란 무엇인가?

감성지수는 지능지수보다 적응과 성공 여부를 더 잘 예언한다. 여기에는 세 가지가 포함된다.

먼저, 자신과 타인의 감정에 대해서 잘 아는 것이다. 자신이나 상대방의 감정을 잘 파악할 수 있어야 지금 상황이 어떤지 이해할 수 있고, 그에 따라 적절하게 행동할 수 있다. 예를 들면, 친구가 시험을 못 쳐서 기분이 나쁜데 옆에서 신나게 노래를 부른다면 친구가 더 기분이 상할 것이다.

다음으로, 감정을 적절하게 조절하고, 표현하는 것이다. 예를 들어 화가 났을 때 어떻게 잘 표현할 것인지가 중요하다. 소리를 지르거나 욕을 하기보다는 왜 내가 화가 났는지 차분하게 말하는 것이 문제를 해결하는 데 도움이 된다.

마지막으로, 감정을 잘 파악하고 그 정보를 잘 활용하는 능력이다. 예를 들어 친구가 기분이 우울할 때 그 기분을 잘 알고 위로해 주면 친구가 고마워하고 서로 사이가 좋아지게 된다.

이렇게 세 가지를 잘 할 수 있으면 감성지수가 높은 사람이고, 이런 사람은 대인 관계가 좋아지고 사회생활에 잘 적응하게 되어 성공할 확률이 높아진다. 만약 감성지수가 낮으면, 쉽게 화를 내고 남의 입장을 이해하지 못한다. 따라서 대인관계가 어려워지고 사회생활이 힘들어진다.

〔이 글의 내용을 파악하기 위해 다음의 표를 참고하면서 5단계에 따라 읽는 것을 연습하게 함.〕(상철이 다소 지루해하였지만 열심히 수행하였음. 질문하기에서는 제목 이외에는 질문을 잘 만들어내지 못했고 "어렵다."라고 하였음. 읽기와 외우기는 열심히 하였으며, 검토하기에서 내용을 비교적 잘 요약하였음.)

단계	연습 내용
훑어보기	
질문하기	
읽기	
외우기	
검토하기	

② 4단계로 문제 해결하기

〔상철이 상당히 부주의하고 충동적으로 문제를 해결하는 경향을 보여 4단계를 통해 체계적으로 문제를 해결하는 것의 필요성을 설명하고, 치료자가 시범을 보이면서 상철에게 따라하도록 하여 4단계를 익히게 함.〕(구체적인 절차는 제7장 주의력결핍 및 과잉행동 아동의 인지행동 치료를 참고할 것.)

- 〔사전에서 단어를 찾을 때 4단계를 적용하도록 연습시킴.〕
- (사전에서 '문화재'를 찾아보도록 하자 사전을 이리저리 뒤적거리며) 그냥 사전에서 찾아요.
- (4단계를 적용하는 것에 대해 초기에는 난감해하고 귀찮아하였지만. 여러 번에 걸쳐 지속적인 교육을 실시한 결과, 체계적이고 구체적인 해결 방법을 찾아낼 수 있게 됨.) ㅁ에서 ㅜ를 찾고, ㄴ을 찾아요.
- 〔4단계를 적용해 수학 문제 풀기를 연습시킴.〕
- (처음에는 "문제가 뭐지?"라는 질문을 하면 바로 답을 말해버리는 등 성급하게 문제를

해결하려 함. 문장으로 되어 있는 수학 문제를 풀 때 4단계를 적용하게 하면, 지루해하고 힘들어함.) 〔치료자가 여러 차례 시범을 보이고, 쉬운 과제를 통해 4단계에 익숙해지도록 격려함.〕

＊ 놀이치료 시간에는 여러 가지 게임을 하였다.

    (대부분 단어 퍼즐 맞추기, 빙고 게임, 블루마블 게임 등을 선택함. 게임의 규칙을 잘 지키고 열심히 즐겁게 함. 승부에 별로 집착하지 않음.)

요약 및 설명

다양한 학습 과제를 활용해 난이도를 조금씩 높여가면서 읽기와 수학 공부를 계속하게 하였다. 또한 독해능력을 향상시킬 수 있도록 SQ3R 기법을 교육하고, 체계적이고 충동적이지 않게 문제를 해결하도록 하기 위해 4단계를 활용하는 방법도 병행해 교육하였다. 상철이 초기에는 이 기법들을 단순하게 적용하려 하고 다소 귀찮아하였지만, 여러 번의 반복 연습을 통해 점차 구체적으로 적용할 수 있게 되었다. 스티커와 칭찬 등의 보상을 지속적으로 제공하여 학습 동기와 자신감을 키울 수 있도록 하였다. 또한 읽기 과제와 수학 문제를 4단계로 해결하기 과제를 내 주어 회기 간에도 연습하게 하여 지속적으로 학습의 기초를 다지도록 하였다.

〈父 면담〉

• 상철이 보이는 긍정적인 변화들에 대해 보고하였다.

    상철이 정서적으로 조금씩 안정되어 가는 것 같다. 짜증 부리는 것이 좀 줄어들었다. 母의 건강에 대해 걱정하는 말을 하는 등 어른스러워진 것 같다.

    父에게 학교에서 일어난 일이나 공부 문제 등에 대해 이야기를 많이 하고 상의하려 한다.

    학교 숙제나 준비물 챙기는 것을 스스로 할 때가 많아졌다. 스티커 붙여 주기를 계속 하고 있는데 이제 효과가 좀 나타나는 것 같다.

    父에게 블루마블 게임 같은 것을 같이 하자고 조르는데 일주일에 한 번 정도,

주말밖에 못해 준다. 같이 놀아주면 좋아한다.

요약 및 설명 ● ● ●

치료자는 父의 노력에 대해 인정하고, 상철이 보이는 긍정적인 변화를 가속화시키도록 지속적인 도움을 줄 것을 조언하였다. SQ3R 기법과 4단계로 문제 해결하기 방법에 대해 父에게 설명하고 이 방법들을 집에서도 자주 적용할 것을 조언하였다. 또한 책 읽기나 숙제하기 등에 대해 스티커로 보상하기와 칭찬하기 등으로 자존감과 학습 동기를 향상시키도록 조언하였다.

■ 21~30회기

＊학습 및 인지치료 시간에 읽기와 독해능력을 향상시키기 위해 난이도를 높여가면서 지속적으로 읽기 연습을 실시하고, 4단계로 문제 해결하기를 수학 문제 풀기에 적용하게 하였다. 또한 바람직한 학습 습관을 들이기 위해 시간 관리법, 숙제하기 등을 교육하였다.

① SQ3R 기법을 적용해 책 읽고 이해하기 연습

〔2학년 수준에서 3학년 수준까지 난이도를 높여가면서 연습하게 함.〕

(상철이 간혹 지루해했지만 열심히 연습함.)

② 4단계로 문제 해결하기를 적용해 수학 문제 풀기

〔2학년 수준부터 시작해서 3학년 수준까지 난이도를 높여가면서 연습하게 함.〕

(수학 능력이 빨리 향상되지 않는 것에 대해 상철이 가끔 좌절감을 표현하기도 함.) 이렇게 열심히 노력해도 다른 아이들보다 능력이 부족하잖아요. 〔상철의 감정에 공감하고, 실력 향상에 시간이 오래 걸린다는 것을 알려줌.〕

(4단계로 문제 풀기를 자주 귀찮아하며 안 하려고 함.) 4단계로 안 해도 문제를 풀 수 있어요. 이렇게 암산을 하면 돼요. 〔수학 문제는 빨리 해결하는 것보다 천천히 하더라도 정확하고 철저하게 해결하는 것이 더 중요하다는 것을 설명함.〕

③ 시간 관리 방법 교육

〔바람직한 학습 습관을 들이기 위해 시간 관리 방법을 가르침.〕(구체적인 내용은 제 13장 학습부진 아동의 구조화된 단기 학습기술 향상치료를 참고할 것)

- 〔일주일 단위의 시간 계획표를 짜는 방법을 교육함. 공부 시간, 노는 시간 등을 기입하게 함.〕
- 〔하루 단위의 시간 계획표를 짜는 방법을 교육함. 해야 할 일의 순위를 매기고 중요한 것부터 하나씩 해 나갈 것을 강조함.〕
- 〔계획표대로 실천했는지 여부를 스스로 모니터하고 스스로 보상하기 방법을 교육함.〕 (상철이 시간 계획표를 짜서 지키려고 노력함. 그러나 공부 시간을 지나치게 많이 넣어서 계획표대로 잘 못 지키는 경우가 많았음.) 〔현실적으로 실천 가능하게 계획표를 짜도록 교육하였음.〕

④ 학교 숙제하기

〔상철이 숙제하기를 어려워하여, 숙제하는 방법에 대해 치료자와 함께 상의하면서 해결 방법을 찾을 수 있도록 연습시킴.〕

(상철이 학습 수준이 지체되어 있으므로 학교 숙제를 어려워해 치료자가 함께 숙제를 검토하는 것에 대해 좋아하고 질문을 많이 함. 치료자가 도와주자 어려운 과제들도 포기하지 않고 끝까지 해결하려고 노력하였음.) 〔학습 동기가 상당히 높아져 예전처럼 쉽게 포기하지 않고 노력하는 것에 대해 칭찬해 줌. 어려운 과제를 완벽하게 하지 못하더라도 최선을 다하는 것이 중요하다고 조언함.〕

∗ 놀이치료 시간에는 여러 가지 게임을 하였다.
- (대부분 단어 퍼즐 맞추기, 빙고 게임, 블루마블 게임, 체스 게임 등을 선택함. 게임의 규칙을 잘 지키고 돈 계산을 신중하게 하는 등 안정된 모습을 보였음.)

요약 및 설명

난이도를 계속 높여가면서 다양한 학습 과제를 활용해 읽기와 수학의 기초를 연습하게 하고, 시간 관리와 숙제하기 등 학습 방법도 교육하였다. 상철이 치료자의 지시를 잘 따르고 열심히 수행하였으며, 공부를 더 잘하고 싶다는 말을 하는 등 학습 동기가 많이 향상되었다. 스스로 공부를 해야 한다는 생각을 갖게 되어 시간 관리 등 학습 방법에 대해서도 열심히 배우려 하고, 실천하려는 노력을 보였다. 간혹 자신의 노력에 비해 실력이 빨리 늘지 않는 것에 대해 좌절감을 표현하기도 하여, 치료자가 공감적인 이해와 더불어 지속적인 격려와 보상을 제공하였다.

〈父 면담〉

• 상철의 바람직한 변화와 현재 상태에 대해 보고하였다.

  상철이 일상생활에서 많은 변화를 보이고 있다. 숙제를 거의 스스로 한다. 최근에는 자신이 다른 아이들보다 학습이 느리다면서 30분 일찍 학교에 간다. 놀라운 변화다.

  시험 성적이 조금 오르긴 했지만 아직도 하위권이다.

  부모에게 자신의 감정을 자주 표현한다. 그 동안 열심히 했는데도 성적이 많이 오르지 않는다며 좌절감을 표현하기도 한다. 때로는 공부를 좀 쉬고 싶다고 말하기도 한다.

  학교 숙제가 힘들다고 하면서 父에게 학교 숙제를 도와 달라고 요청하는 적이 많다. 가끔 도와주지만 숙제가 꽤 어렵다.

요약 및 설명

상철이 학습 동기가 향상되고 자발적으로 노력하지만, 그에 비해 학습 능력이 현저하게 향상되지 않아 좌절감을 경험하는 것으로 보였다. 상철의 공부 스트레스를 완화시키고 지속적으로 노력할 수 있는 의욕을 북돋우기 위해, 상철의 노력에 대해 스티커로 보상하기와 칭찬하기 등을 계속 하도록 조언하였다. 또한 기초 실력을 향상시키기 위해 장기간에 걸쳐 책 읽기와 수학 문제 풀기를 꾸준히 지속적으로 연습하도록 부모의 격려와 도움이 필요함을 조언하였다.

3) 후 기

상철이 학습 동기가 많이 향상되고 읽기와 수학 능력이 3학년 수준에 도달하는 등 학습 문제가 다소 해결되어 가고 있다. 그러나 공부에 대한 스트레스가 여전히 심하고 성적이 현저하게 향상된 것은 아니어서 가끔 좌절감을 경험하고 있다. 따라서 치료의 후기 단계에서는 학습 동기와 의욕을 지속시키고 바람직한 학습 습관을 들여 지속적으로 노력하도록 하는 것이 중요한 목표였다. 또한 문제 해결에서 부주의한 경향성을 감소시키기 위해 4단계 문제 해결 방법을 계속 적용하게 하는 것도 중요하였다. 궁극적으로는 내담 아동 스스로 학습 계획을 세우고 실천하는 등 자율성을 키울 수 있도록 하기 위해, 현실적인 어려움과 한계에 대해 수용하면서도 용기를 잃지 않고 지속적인 노력을 할 수 있도록 하는 것이 목표였다.

■ 31~38회기

＊ 학습 및 인지치료 시간에 읽기와 수학 수준을 높여가면서 계속 공부하게 하였다.

• 〔읽기와 수학 문제를 지속적으로 풀어 보게 함.〕

　　(난이도를 높여 4학년 수준의 읽기와 수학을 시작하면서 상철이 다소 어려워함.)

• 〔4단계로 문제 해결하기를 수학 문제 풀기에 적용하게 함.〕

　　(상철이 4단계를 적용하는 것을 귀찮아해 하루에 다섯 문제만 이 방식으로 연습하자고 제안하자 동의함.)

• 〔스스로 시간 계획표 짜서 지키기, 스스로 공부와 숙제 계획 짜기 등 책임감과 자율성을 키우도록 격려함.〕

　　(상철이 주간 계획표를 스스로 만들어 지키려 노력. 공부 계획은 70~80% 정도 지킬 수 있음. 숙제는 대부분 스스로 함.) 〔상철이 바람직한 학습 습관을 상당히 안정적으로 습득한 것으로 판단됨.〕

＊ 놀이치료 시간에는 여러 가지 게임을 하고 공부에 대한 이야기를 하였다.

• (단어 퍼즐 맞추기, 블루마블 게임, 체스 게임 등을 선택하거나 치료자와 이야기를 하는 데 주로 시간을 보냄. 학교생활과 공부에 대한 이야기를 많이 하고 조언을 구하는 경우가 많았음. 자신이 노력한 만큼 성과가 뚜렷이 나타나지 않는다는 것에 대해 실망감을

표현하기도 함.) 〔치료자는 상철의 지속적인 노력에 대해 인정하고, 서서히 성과
가 나타날 것이라는 희망을 제공함.〕

요약 및 설명

　학습의 수준을 단계적으로 높여감으로써 읽기와 수학에서 4학년 수준의 학습을 시
작하였다. 상철이 다소 어려워하였지만, 학습 동기와 성취 동기가 상당히 많이 향상되
어 꾸준히 노력하는 보습을 보였다. 또한 체계적이고 충동적이지 않게 문제를 해결하는
방법을 사용하는 것을 귀찮아하지만 어느 정도 익숙해져서 필요한 경우에 적용할 수 있
는 것으로 보였다. 시간계획표 짜기를 비교적 잘 수행하고 숙제를 열심히 하는 등 바람
직한 학습 습관이 형성된 것으로 판단되었다.

〈父 면담〉

• 상철의 최근 변화에 대해 보고하였다.

　　성적이 조금씩 오르고 있다. 숙제나 준비물 챙기기, 공부하기는 스스로 잘
한다.

　　다만, 책을 좀 더 많이 읽었으면 좋겠는데, 많이는 안 하려 한다.

　　블루마블이나 체스 게임 같은 걸 할 때도 예전보다 많이 차분하고 신중하게
한다.

　　상철이 정서적으로 많이 안정되었다. 짜증 부리는 것도 줄어들고 母의 상태
가 나빠지면 어깨를 주물러 드리고 옆에서 말을 거는 등 보살펴 드리려고 노력
한다.

　　상철이 칭찬받을 만한 일을 많이 해서 父가 자주 칭찬해 주고 상철이 원하는
것도 사 주게 된다. 이제 치료를 더 받지 않아도 상철이 열심히 공부할 수 있을
것 같다.

상철의 상태가 상당히 호전되어 성적 향상의 효과가 나타나기 시작하고 정서적으로도 안정되어 가는 것으로 판단되었다. 父가 상철의 이러한 변화에 만족스러워하며 사회적, 물질적 보상을 자주 제공함으로써 상철의 학습 동기와 자존감 향상에 도움을 주는 것으로 보였다. 따라서 부모의 지속적인 지지와 격려가 필요함을 조언하였다.

상철에 대한 치료 목표가 상당 부분 달성되고 父도 치료의 종결을 원해, 종결을 준비하기로 합의하였다. 2~3회기에 걸쳐 종결 과정을 계획하였다.

4) 종 결

■ 39~40회기

＊ 상철이 정서적으로 안정되고 스스로 학습할 수 있는 능력이 향상되어 치료 종결에 대해 이야기하였다. 상철의 최근 생활에서의 어려움에 대해 상의하고, 심리치료에서 배운 것에 대해 정리하는 시간을 가졌다.

- 요즘 힘든 것: 별로 없다. 그런데 공부가 좀 힘들다. 숙제도 어렵다. 그리고 엄마 아프신 것. 〔공부 스트레스가 여전히 많고 母의 질병으로 인해 걱정이 많은 것으로 보임.〕
- 학교생활: 좀 좋아졌다./ 선생님이 숙제 잘해 온다고 칭찬해 주셨다. 성적도 조금 올랐다. 그런데 아직도 멀었다. 〔학교생활의 적응력이 향상되어 가고 있는 것으로 판단됨.〕
- 치료 종결: 여기 와서 공부하는 게 좋은데, 아빠와 상의해서 결정해야 된다. 아빠는 이제 기초가 잡혔으니까 과외 선생님이 공부를 도와주면 될 거라고 하셨다. 과외 선생님이 숙제도 도와줄 거라고 하셨다. 〔상철이 종결을 큰 거부감 없이 받아들이고 종결 이후의 학습 계획까지 父와 상의하여 자연스럽게 종결을 준비할 수 있었음.〕
- 〔그동안 배운 학습 방략들을 정리하고 평가하게 함.〕 공부하기 싫었었는데 여기 다니면서 공부가 좀 재미있어졌다. 책 읽기도 좀 좋아졌고, 수학도 조금씩 나아

지고 있다. 그래도 여전히 어렵다. 〔상철이 학습에 대해 다소 자신감이 생겼지만 여전히 어려움을 느끼고 있는 것으로 보임. 치료자는 학습 과정이 끝없는 도전임을 알려주고, 상철의 기본 능력이 양호하므로 어려움을 극복해 나갈 수 있을 것이라고 격려함.〕

- 〔독해 문제를 주고 평가함.〕

    (SQ3R 기법을 비교적 적절히 활용하였지만, 다소 단순하게 적용함.)

- 〔4단계로 수학 문제 해결하기 과제를 주고 평가함.〕

    (4단계를 적절히 적용하여 체계적으로 문제를 해결하였음.)

- 시간 관리 실천: 주간계획표는 매주 짜고 있다. 책 읽기와 수학 문제 풀기, 숙제하기는 매일 하고 있다. 아빠가 자주 체크하고 스티커를 주신다. 아빠는 책을 좀 더 읽으라고 하시는데 오래 읽기는 힘들다. 〔시간 관리를 잘하는 등 자율성이 향상된 데 대해 칭찬하고, 책 읽기 시간을 단계적으로 조금씩 늘려나갈 것을 제안함.〕

- 앞으로의 학습 계획: 이제 2, 3학년의 기초가 생겨서 겨울 방학 동안 4학년 국어와 수학을 열심히 하려고 한다. 과외 선생님과 함께 일주일에 세 번씩 만나서 공부하고, 나 혼자서도 매일 공부하려고 한다. 〔5학년 진학을 위해 구체적인 준비를 할 계획을 갖고 있는 것으로 판단됨.〕

- 〔종결에 대한 감정을 표현하게 하고 카드와 선물을 교환함.〕

요약 및 설명

> 상철이 학습 동기와 자신감이 상당히 향상되고 규칙적이고 자율적으로 공부하는 습관이 형성되어 학교생활의 적응력도 향상된 것으로 판단되었음. 종결 과정에서 그동안 치료 시간에 배웠던 학습 방략들에 대해 정리하고 평가하고, 종결 이후의 학습 계획에 대해 상의하였음.

〈父 면담〉

- 치료에 대한 평가와 종결에 대해 이야기하였다.

    상철이 아주 많이 달라졌다. 누가 시키지 않아도 알아서 공부한다. 성적이 좀 오르면서 자신감도 생긴 것 같다. 여전히 공부를 어려워하긴 하지만, 포기하지 않고 하려는 마음이 생긴 것 같다.

　　과외 선생님과 함께 방학 동안 집중적으로 4학년 과목들을 공부할 예정이다. 상철이 열심히 할 준비가 된 것 같다.

　　정서적으로 많이 안정되고 짜증도 거의 안 낸다. 동생에게도 공부를 가르쳐 주려고 하는 등 친절하게 대하려 한다.

　　치료받은 것이 큰 도움이 되었다.

요약 및 설명

　치료자는 父의 지지와 격려가 상철의 긍정적인 변화에 큰 도움이 되었음을 인정하고, 지속적인 부모의 지지가 필요함을 조언하였다. 상철이 현재 학습의 기초와 기본적인 학습 습관이 형성되었지만 여전히 공부에 대한 스트레스가 많고 학년이 올라갈수록 학습의 난이도가 높아지므로 꾸준히 노력하도록 부모의 관심과 보상을 제공할 것을 조언하였다.

6. 심리치료 결과 및 평가

　상철은 지능이 평균 수준에 속하지만 학습장애와 더불어 주의 집중력이 부족하고 이에 더해 정서 불안 등 복합적인 문제로 인해 전반적인 학습의 어려움을 보인 경우이다. 기초 학습이 부실할 뿐 아니라 학습 동기와 자신감이 저하되어 있어 장기간의 치료가 필요한 상태였다. 치료 초반에는 학습 수준을 정확히 파악해 상철의 수준에 맞는 기초부터 학습하게 하는 것에 초점을 두면서, 동시에 성공 경험과 재미있는 학습 및 격려 등을 통해 자신감과 학습 동기를 향상시키도록 도왔다. 학습 동기가 형성되고부터는 읽기와 수학 학습에 있어서 점차 수준을 높여 가면서 지속적으로 공부하게 하고, 부주의한 경향성을 감소시키기 위해 체계적으로 문제를 해결하는 방법을 교육하였다. 또한 바람직한 학습 습관을 가질 수 있도록 시간 관리, 숙제하기, 스스로 공부하기 등을 교육하고 보상하였다. 학습치료와 인지치료와 더불어 놀이치료를 병행하고 부모교육을 실시한 결과, 학습에 대한 관심과 동기가 향상되고 스스로 공부하고자 하는 자율성을 갖게 되었다.

치료 성과로는 먼저, 학습에 대해 어느 정도 자신감이 생겼고 바람직한 학습 습관이 형성되어 지속적인 노력을 할 준비가 되었다는 것을 들 수 있다. 실제로 성적도 다소 향상되었다. 또한 일상생활에서 해야 할 일들을 스스로 하게 되어 준비물이나 숙제 등을 챙길 수 있게 되었다. 정서적으로도 안정되어 짜증을 내거나 자기중심적인 경향이 감소하고, 부모와의 관계와 동생과의 관계도 호전되었다. 여전히 학년에 비해 전반적인 학습 수준이 다소 부진하고 공부에 대한 스트레스가 많다는 점이 앞으로 해결해야 할 과제이지만, 父의 지원과 상철의 지속적인 노력이 예상되어 희망적이라고 판단되었다.

분리불안장애 아동의 지지치료

분리불안장애 아동의 지지치료

1. 사례: 엄마와 안 떨어지려 하고 가구 뒤에 숨는 현이

만 여섯 살인 현이는 우유병과 손가락을 계속 빨고 母에게서 잠시도 떨어지지 않으려 한다. 따라서 유치원에도 가지 않으려 하고 놀이터에서도 또래들과 어울리지 못하는 등 연령에 적합한 행동 발달을 보이지 않고 있다. 집에서는 가구 뒤나 구석진 곳에 들어가 숨어 있는 시간이 많고, 장난감이나 공부에 별 관심을 보이지 않는다.

2. 초기 면담과 행동관찰

1) 내담 아동과의 첫 면담

현이는 母와 함께 면담실에 들어와 母의 뒤에 숨어서 나오지 않았다. 母의 등에 얼굴을 묻고 치료자를 쳐다보지 않았으며, 치료자의 질문에 작은 목소리로 간단하게 대답하였다. 다음은 첫 면담 중 주요 부분에 대한 축어록이다.

치료자: 현이가 몇 살이지? (쉬운 질문으로 대화를 시작함.)

현: (한참 있다가 작은 목소리로) 일곱 살.

치료자: 현이가 일곱 살이구나. 대답을 아주 잘하네. 그럼 유치원 다니니?

현: 예.

치료자: 유치원 다니는 거 어때?

현: 좋아요. (손가락을 입에 넣고 소파와 벽 사이의 좁은 틈 사이에 들어가 앉음.)

치료자: 그 속에 들어갔네. 〔현이의 행동에 대해 수용하고 반영하는 말을 함.〕

현: (소파 뒤에서 고개만 약간 내밀고 치료자를 봄.)

치료자: 거기 있는 게 좋아?

현: (고개를 끄덕거림.)

치료자: 현이가 거기가 편한가 보다. 〔현이의 감정을 반영함.〕

현: (대답 없음.)

치료자: 그럼 거기서 얘기해. 아까 유치원 다니는 거 얘기했는데, 유치원 가면 힘든 게 뭐니? 〔일상생활에 대해 탐색하는 질문을 함.〕

현: 없어요. 〔치료자의 질문에 대해 깊이 생각하지 않고 대충 대답하는 것으로 보임.〕

치료자: 그래, 생각이 잘 안 나나 보다. 그럼 나중에 얘기해도 돼. 현이는 뭐 하고 노는 걸 좋아해? 〔대화를 지속하고 치료적 관계를 형성하기 위해 쉬운 질문을 함.〕

현: 만드는 거.

치료자: 현이가 만드는 걸 좋아하는구나. 말을 똑똑하게 잘하네. 어떤 거 만들어? 〔현이의 언어적 반응에 대해 칭찬함으로써 자기표현을 격려함.〕

현: 사자. 상어.

치료자: 와! 사자와 상어를 만들 수 있구나. 대단하네. 여기에서도 현이가 좋아하는 거 만들 수 있어. 여기가 뭐 하는 곳인 줄 아니? 〔현이의 관심사와 치료 장면을 연관 지음으로써 치료 동기를 유발하려 함.〕

현: 몰라요.

치료자: 여기는 아이들이 와서 선생님과 같이 놀기도 하고 얘기도 하고 하는 곳이야. 유 치원에서 힘든 것도 얘기할 수 있고, 뭐든지 얘기할 수 있어. 그래서 유치원이나 학 교에 더 즐겁게 다닐 수 있게 도와주는 곳이야. 〔내담 아동의 이해 수준에 맞게 심 리치료에 대해 설명해 줌.〕

현: (입에서 손가락을 빼고 소파 뒤에서 몸을 반쯤 뺌.) 뭐하고 놀아요? 〔놀이에 관심을 보임.〕

치료자: 현이가 노는 거 좋아하는구나. 현이가 여기서 하고 싶은 건 다 할 수 있어.

현: (조금 큰 목소리로) 정말요?

치료자: 그럼. 현이가 다음에 여기 올 때부터 재미있게 놀 수 있어. 여기 오는 걸 좋아하

게 될 거야. [치료 동기를 유발하기 위한 반응을 함.]

요약 및 설명

현이가 母의 뒤나 소파 뒤에 숨어 있고 손가락을 빠는 등 불안 반응을 보였다. 또한 쉬운 내용의 대화가 가능하지만 대충 대답하는 경향을 보였다. 치료자는 현이의 행동을 있는 그대로 수용하고 반영해 줌으로써 편안한 분위기를 조성하려 하고, 심리치료에 대한 동기를 유발하는 데 주력하였다.

2) 부모와의 첫 면담에서 얻은 정보

(1) 부모가 호소하는 주된 문제

① 유아적이다. 계속 손가락을 빨고 우유병에 우유를 먹으려 한다. 말도 잘하다가도 갑자기 아기 같은 목소리를 낸다.
② 母와 잠시도 떨어지지 않으려 해서 유치원에도 거의 못 가고 밖에도 안 나가려 한다.
③ 학습에 관심이 없고 느리다. 한글을 잘 못 읽는다.
④ 처음 보는 사람과 말을 잘하지 못하고 숨는다. 친구도 못 사귄다. 놀이터에 가도 또래들과 놀지 못하고 母 근처에서 혼자 논다.

(2) 발달력

母가 임신 중에 부부간 불화로 인해 스트레스를 많이 받았다. 출산 시 어머니의 나이가 40세로 노산이었고, 난산 끝에 제왕절개로 낳았다. 아기는 정상 체중이었고 건강했다.

유아기 때 母가 양육했는데, 아기가 예민해 밤에 잠을 안 자고 많이 울어서 키우기 힘들었다. 많이 보채서 계속 업고 있어야 했다. 감기, 배탈 등 자주 아파서 병원에 많이 가고 입원한 적도 몇 번 있다. 걸어다니면서부터는 떼를 잘 쓰고, 보이는 것마다 사달라고 졸랐다.

운동 발달은 정상이었지만, 언어 발달과 대소변 가리기가 좀 늦었다. 11개월 때 걷기 시작했다. 엄마, 아빠, 맘마 등 한 단어는 10개월 때 말했고, 두 단어를 연이어 말한 것은 3세 무렵이다. 소변을 가리기 시작한 때는 4세경이지만 지금까지도 가끔 밤에 오줌을 싼다.

결혼 초부터 부부 갈등으로 자주 큰소리로 다투어서 현이가 놀랄 때가 많았다. 현이 父가 밤 늦게 들어오고 집안일에 신경을 쓰지 않아 母가 스트레스를 많이 받았다.

만 3세 이후부터 놀이방과 유치원에 보내려 했지만 적응하지 못하고 힘들어해서 거의 못 갔다. 그 외에도 피아노 학원이나 미술 학원에도 보내 봤지만 안 가려고 해서 거의 못 다녔다. 몇 달 전에 유치원에서 지능검사를 받았는데 지능은 정상이라고 했다.

(3) 가족력

현재 부모와 현이, 세 식구가 같이 살고 있다.

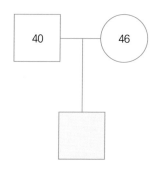

- 父(40세): 고졸. 자영업. 적극적이고 능력이 있어 성공적으로 회사를 운영한다. 그러나 고집이 세고 다른 사람에게 무관심한 성격으로 대화가 잘 안 된다.
- 母(46세): 고졸. 주부. 결혼 전에는 회사를 다니다가 결혼한 후부터 전업 주부이다. 예민한 성격이고 겁이 많으며 내성적이다. 친구가 없고 사람 만나는 것도 싫다. 남들이 나를 이상한 여자로 볼 것 같고 우울하다. 만사가 귀찮아 밖에도 잘 안 나간다.
- **부부 관계**: 현이 母는 스물두 살에 결혼한 후 10년 만에 성격 차이로 전 남편과 이혼했다. 두 아들은 전 남편과 같이 살고 있다. 이혼 후 현이 父가 3년 동안 따라다녀 재혼하고 다음 해에 현이를 낳았다.

현이 父가 신혼 때에는 잘 해 줬지만 술을 많이 마시고 점점 밤 늦게 귀가하고 집안일에 신경을 쓰지 않아 부부간에 다툼이 잦다. 화가 나면 둘 다 흥분해서 큰소리로 싸운다. 경제적으로는 어렵지 않지만, 부부 사이에 대화가 거의 없고 필요한 말만 한다. 현이 母에 의하면, 현이 父가 매사에 남의 말을 귀담아 듣지 않고 자기만 옳다고 고집을 부린다. 돈만 벌어다 주면 할 일을 다 한 거라고 생각한다. 현이 父가 아주 화가 나면 물건을 벽에 던진 적도 있지만 요즘은 자제하는 것 같다.

- **부모-자녀 관계**: 현이 父가 현이를 사랑하지만 어떻게 돌봐줘야 하는지를 모른다. 아이가 사 달라고 하는 것은 다 사 주려 하고 아이가 하겠다는 대로 내버려 둔다. 그러나 같이 놀아줄 줄을 모르고 가끔 소리를 지르기 때문에 현이가 父를 무서워한다.

현이 母는 "현이가 내 전부다."라고 생각하며 뭐든지 아이 마음대로 하게 내버려 두었다. 야단도 못 치겠고 아이가 불쌍하다는 느낌이 있어 원하는 것은 다 들어주려 한다. 요즘은 母가 힘들어서 현이를 안 낳았더라면 좋았겠다는 생각을 한다. 아이에게 잘 해 주지 못하는 것 같다.

3. 심리검사

현이의 전반적인 발달 수준을 파악하고, 애착 형성을 비롯해 현재의 정서 상태와 적응 정도 등을 알아보기 위해 종합적인 심리검사를 실시하였다. 또한 부모 문제가 개입되어 있을 가능성이 시사되어 부모 성격검사도 실시하였다. 포함된 검사는 그림 지능검사인 PTI, KEDI-WISC(일부), HTP, Rorschach, 부모 MMPI 등이었다.

1) 검사태도

귀여운 외모의 아동으로 母와 함께 검사실에 들어와 눈을 크게 뜨고 놀란 표정으로 검사실을 이리저리 둘러보았고 검사자의 눈치를 살폈음. 질문에 대해서는 적절하지만 간단하게 대답하였음. 집 그림을 그려 보라고 하자 한참을 안 그리고 있다가 "못해요."라고 거부하였음. 나무와 사람 그림을 그릴 때에도 머뭇거리다가 의자에 깊숙이 몸을 숨기듯이 앉아서 눈치를 살폈으며 환칠하듯 색칠하기도 하였음. 집 그림을 다시 그리라고 하자 "어떻게 그려요?" 하면서 끝내 그리지 않았음. 검사자가 그림에 대해 질문했지만 아무런 대답을 하지 않았음. HTP 검사 도중에 책상 밑에 들어가거나 소파 뒤에 숨어서 힐끗힐끗 검사자를 보았으며 만들기를 하겠다고 고집을 부렸음. 또한 그림을 그리다 말고 자주 母에게 가서 안겼음. KDEI-WISC를 실시하려 했지만 협조가 잘 안 되고 토막을 쌓아놓는 등 수행이 어려워 협조가 가능한 소검사만을 실시한 후 PTI를 실시하였음. 검사자가 이름을 써 보라고 하자 흔쾌히 썼으며, 숫자도 쓸 수 있다며 숫자를 쓰기도 하였음. 로샤 검사를 할 때는 검사 카드에 집중하지 않아 막대 사탕을 주겠다고 하자 겨우 협조하였지만, 자신의 반응을 잘 기억하지 못하고 설명을 거의 하지 못했음. 검사 후반에는 검사자의 눈치를 살펴가며 장난을 쳤는데, 책상 밑으로 들어가 검사자의 발가락을 간지럽히고 검사자의 말을 큰소리로 따라하기도 하였음. 또한 혼자 노래를 부르기도 했는데 "똥고, 똥개, 방구쟁이"라고 하며 재미있어하였고, 여러 번 반복하였음. 지우개를 보며 "나 이거 갖고 싶어, 지우개 사고 싶어."라고 말해서, 끝까지 열심히 하면 준다고 하자 잠깐 동안은 집중하고 협조적으로 응하였음. 검사 도중 계속 눈을 깜박거렸으며, 잠시도 가만히 있지 못하고 몸을 많이 움직였음.

2) 심리검사 원자료

(1) 그림 검사

① 나무 그림

② 남자 그림

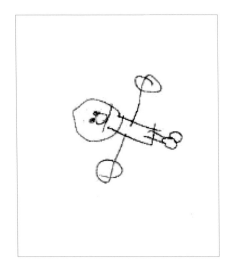

③ 여자 그림

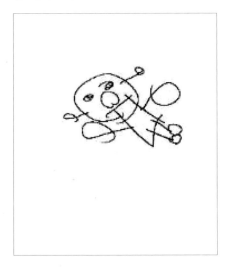

(2) 로샤 검사

카드 번호	반응 시간	반응 번호	연상반응	질문반응
I	6"	①	몰라요. 박쥐인가?	① (침묵)/ 몰라요./ 박쥐?: 몰라요.
		②	새	② 모르는데.
II	1"	①	나비	① (침묵)/ 새인가?/ 몰라요.
III	3"	①	거미	① 귀신./ 뼈요./ 그냥요.
IV	3"	①	코뿔소	① 다리.
V	2"	①	박쥐	① 새요./ 박쥐?: 몰라요.
VI	2"	①	벌레	① 잠자리./ 그냥.
VII	6"	①	벌레	① 벌레./ 몰라요.
VIII	3"	①	나무 T.L.) 곰	① (침묵)
IX	3"	①	로봇	① (침묵)
X	1"	①	거미. 몰라요.	① 거미요.

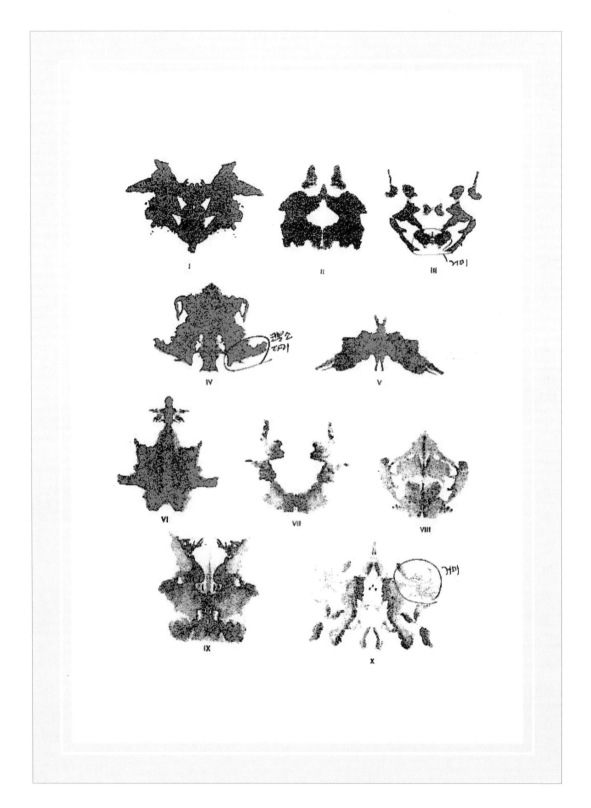

(3) 부모 성격검사

母 MMPI

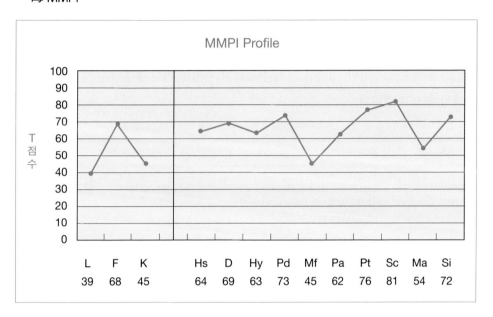

父 MMPI

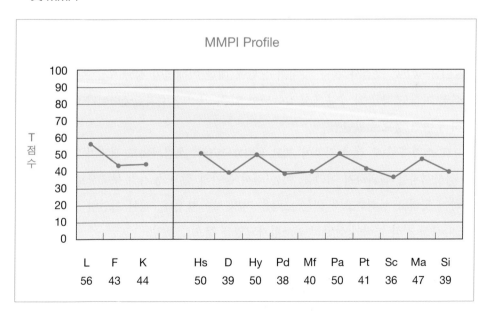

3) 검사결과

① 인지 기능: PTI로 측정한 지능 지수는 69로 〔경계선〕수준에 해당됨. 그러나 아동의 검사태도를 고려해 볼 때 지능이 과소평가되었을 가능성이 크고, KEDI-WISC 검사의 이해문제에서 평균 수준의 수행을 보이는바, 지적 잠재력은 〔보통 하〕혹은 〔보통〕수준으로 추정됨. 정확한 지적 잠재력의 추정을 위해 추후에 추가적인 검사가 필요할 것으로 판단됨.

어휘능력	형태변별	상식 및 이해	유사성 찾기	크기와 수 개념	회상능력
7	8	2	7	4	9

* KEDI-WISC: 상식(7) 어휘(5) 이해(10) 숫자(7) 기호쓰기(6)

PTI 소검사 결과, 시각 기억력은 평균 수준에 해당하며, 모양을 인식하고 형태를 변별하는 모양 지각력과, 사물의 이름을 정확히 아는 어휘력 및 추상적 사고력 등은 평균 하 수준에 해당됨. 따라서 사물의 이름을 알아맞히거나, 형태를 변별하고 기억하는 단순한 과제의 해결 능력은 연령에 비해 약간 부족한 정도임. 그러나 수 개념이나 상식적 지식이 정신지체 수준으로, 후천적인 학습의 기회가 부족했음이 시사되며 학습의 기초가 매우 부실한 것으로 보임.

KEDI-WISC 소검사 결과, 사회적 상황에 대한 이해력이 평균 수준으로 양호하고 상식적 지식도 평균 하 수준에서 습득되어 있음. 그러나 주의집중력이나 어휘력은 상당히 부족한 것으로 판단됨.

PTI 소검사 수행 간에 기복이 크고, KEDI-WISC 소검사와도 결과가 일관되지 않아 검사결과를 신뢰하기 어려움. 이는 정서 불안과 검사 동기의 부족으로 과제에 집중하지 못하고 성취하고자 하는 노력을 거의 보이지 않은 데서 기인한 것으로 판단됨. 따라서 지적 능력이 상당히 과소평가되었을 것으로 보임.

② 사고 및 문제 해결: 외부 상황을 지각하는 데서 세부적인 측면을 지각하지 못하고 단순화시키는바, 지각의 정확성이 부족함. 또한 상황을 두렵고 부정적으로 지각하며 긴장하고 위축되는 경향을 보여, 일상적인 상황을 적절하게 판단하거나 효과적으

로 대처하지 못하겠음. 현재 정서 불안 등으로 관심사가 협소해져 있어 사고의 내용이 단순하고 사고의 폭 또한 제한되어 효율적인 문제 해결이 어려울 것으로 보임. 또한 아동이 주의 산만하고 과제에 집중하지 못해 비체계적이고 충동적인 문제 해결 방식을 보이고 있음.

③ **정서 및 성격**: 정서적으로 현재 매우 불안하고 불안정해 사소한 외부 자극에 의해서도 쉽게 과민해지고 두려움을 경험하며 긴장하겠음. 긍정적인 정서 경험이 부족했던 듯하고, 안정감에 대한 욕구 등 기본적인 욕구가 지속적으로 좌절되어 온 듯 상당한 무기력감이 내재되어 있음. 또한 의욕이 부족하고 자존감과 자신감도 부족해 쉽게 위축되며 관심의 폭도 협소해져 있음.

안정감과 의존 욕구가 충분히 충족되지 못해 정서 불안이 지속되어 온 것으로 보이며, 현재 나이에 비해 미성숙하고 유아적인 특성을 보이고 있음. 즉, 자기 통제가 미숙하고 욕구가 좌절되는 것을 인내하지 못하는바, 힘든 일을 거부하고 회피하려 해 공부나 유치원 생활 등에 적응하지 못하는 것으로 보임. 현재 의존적이고 수동, 소극적이며 소심한 경향을 보이고 있음. 또한 자기표현도 적절하게 하지 못하는 등 정서 조절 능력도 미숙하겠음.

대인관계에서도 쉽게 긴장하고 위축되면서 소심하고 소극적인 경향을 보이겠음. 사회적 기술도 충분히 발달하지 못해 또래 관계 등에서 상황에 적절하게 대처하지 못하는 등 어려움을 겪을 것으로 보임. 쉽게 두려움을 경험하므로 양육자를 제외한 다른 사람들을 회피하려는 경향을 보이며 친밀한 대인관계 형성에 어려움을 보이겠음.

가정환경이 심리적 안정감을 제공하지 못해 기본적인 애착 형성에서 불안정감이 내재되어 있는 것으로 판단됨. 즉, 부모의 갈등과 잦은 다툼, 부모의 비효율적인 양육 방식 및 주 양육자인 母의 우울, 불안 및 예민한 성격 등으로 인해 정서적인 안정감이 충족되지 못하고 안정된 애착 형성에서 어려움을 보이는 것으로 판단됨. 반면, 물질적인 욕구는 과도하게 충족되고 과잉보호를 받는 등 비일관적인 양육으로 인해 나이보다 미성숙한 경향을 보이겠음. 따라서 욕구 좌절에 대한 인내력이 부족하고 나이에 부합하는 과업을 수행하기 힘들어하겠음. 학습과 대인관계에서의 어려움 등 부적응 상태가 지속되어 현재는 전반적인 의욕 저하와 더불어 자신감도 부족하며 새로운 시도를 하지 않으려는 경향이 시사됨.

정서적인 안정과 긍정적인 정서 경험, 자신감 회복, 적극적인 대처 능력 향상 등을 위한 치료적인 개입이 필요하겠음. 또한 부모의 정서적인 문제와 부부 갈등 해결을 위한 개입도 필요하겠음.

4) 요약

① **인지 기능**: 경계선 수준(FSIQ=69)이지만 과소평가되었을 가능성이 큼/ 주의 집중의 곤란.
② **사고 및 문제 해결**: 미숙한 현실 판단과 충동적인 문제 해결 방식을 보임.
③ **정서 및 성격**: 불안하고 무기력함./ 불안정한 애착 형성/ 의존적, 수동적, 회피적 경향.

4. 사례개념화 및 심리치료 계획

1) 문제 목록

① **행동**: 母와 분리되지 못하고, 손가락을 빨고 우유병에 먹는 등 연령에 부적합한 행동을 보인다. 구석에 숨고 밖에 나가지 않으려는 등 불안과 회피 행동을 나타낸다.
② **정서**: 분리 불안이 현저하며, 불안과 무기력감이 내재되어 있다.
③ **사회**: 대인 불안과 미숙한 사회적 기술 등으로 또래 관계를 맺지 못하고 사회성 발달이 지체되어 있다.
④ **학업**: 인지 발달이 다소 지체되어 있고 주의집중력도 부족해 학습의 어려움이 시사된다.
⑤ **가족**: 부모의 갈등, 母의 우울과 불안, 부모의 과잉보호 등 비효율적인 양육 방식 등으로 불안정한 부모-자녀 관계가 시사된다.

2) 진 단

아동 면담과 관찰, 어머니와의 면담 자료 및 심리검사 결과 등을 종합하여 분리불안장애로 진단하였다. 母의 경우 우울 및 불안장애 가능성이 시사되었다.

3) 문제의 원인 및 유지 요인과 사례 역동

부모의 갈등과 다툼, 과잉보호 등의 비효율적인 양육 방식, 母의 우울과 불안, 내재된 좌절감과 분노 및 예민한 성격 등으로 인해 심리적 안정감을 제공받지 못해 기본적인 애착 형성에서 불안정감이 내재되어 온 것으로 보인다. 한편으로 물질적인 욕구는 과도하게 충족되어 욕구 좌절에 대한 인내력이 부족하고 나이에 적합하게 성숙하지 못한 상태다. 이로 인해 유치원 생활이나 또래와 공부에 대한 관심 등 필요한 과업을 수행하기 힘들어하는 것으로 보인다. 지적 잠재력도 충분히 발휘하지 못하고 있으며 대인관계에서도 쉽게 두려움을 경험하면서 회피적인 경향을 보이는 등 전반적인 적응력이 부족한 것으로 판단된다. 이런 부적응 상태가 지속되어 현재는 전반적인 의욕 저하와 더불어 자신감도 부족한 상태로, 母와의 분리 불안을 경험하며 母에게 지나치게 의존하려는 경향을 나타내고 있다. 따라서 관심 영역이 다양하게 확장되지 못하고 매사에 소극적이며 두려움을 많이 경험하는 것으로 판단된다.

4) 심리치료 목표

현이 불안정한 애착 형성으로 인한 분리불안을 심하게 보이고 있으므로 기본적으로 안정된 애착 형성을 위한 심리치료가 필요하다. 정서적인 안정과 긍정적인 정서 경험을 바탕으로 자신감 향상과 대처 능력 향상을 도모하고, 또래와 학습에 대한 흥미를 유발하는 등 연령에 적합한 정서, 인지 및 사회성 발달을 할 수 있도록 돕는 것이 중요한 치료 목표다. 부모의 정서적인 문제와 부부 갈등 해결을 위한 개입도 필요할 것으로 판단된다. 각 영역별로 구체적인 치료 목표는 다음과 같다.

① **행동**: 母와 편안하게 분리되고, 손가락 빨기나 우유병에 먹는 행동을 교정하기.

② 정서: 분리 불안을 해결하고 정서적 안정감 향상시키기.

③ 사회: 적절한 또래 관계 맺기와 사회적 기술을 향상시키기.

④ 학업: 정서적인 안정감을 바탕으로 주의집중력과 다소 지체된 인지 발달을 촉진시키기.

⑤ 가족: 부모의 갈등 해결과 대화 방식에 대한 교육, 안정된 부모-자녀 관계 형성과 양육 방식의 개선, 母의 우울과 불안 등 정서적인 문제 해결하기.

5) 치료 방법

불안정한 애착의 문제는 주 양육자와의 관계가 안정적이지 못한 데서 기인하므로 내담 아동에 대한 개인치료뿐 아니라 부모교육과 상담을 병행하는 것이 효과적이다. 특히 주 양육자인 母가 현재 상당히 우울하고 불안한 상태에 있으므로, 현에게 충분한 정서적 안정감을 제공하지 못하고 있어 母에 대한 치료적 개입도 필요할 것으로 판단되었다. 또한 부모가 부부 갈등이 심하고, 현이를 과잉보호하는 등 양육 방식에도 어려움을 갖고 있어 부부 상담과 양육 방식에 대한 교육도 필요할 것으로 판단되었다. 아래에 구체적인 치료 방법에 대해 요약하였다.

① 내담 아동을 대상으로 지지치료 및 아동중심적 놀이치료(주 1회): 정서적 지지와 안정감 제공, 따뜻하고 일관성 있는 치료자와의 관계를 통해 긍정적인 대인관계 경험, 연령에 적합한 자율성과 정서 및 사회성 발달의 촉진 등.

② 부모 상담 및 교육: 부부 갈등에 대한 이해 및 해결 방안 모색, 자녀와 안정된 관계 맺는 방법과 효과적인 양육 방법에 대한 교육, 자녀 양육에 아버지의 적극적인 개입.

③ 母 개인 상담: 母의 우울과 불안, 분노감 등을 완화시키기 위한 개입.

5. 심리치료 과정

1) 초 기

치료 초기에는 애착 강화와 정서적인 안정감을 제공하기 위해 지지적이고 아동중심적인 놀이치료를 실시하였다. 또한 부모 면담과 교육을 병행하여 안정감 있는 부모-자녀 관계 형성을 할 수 있도록 따뜻하면서도 일관성 있는 양육 방식에 대해 교육하였다.

■ 1회기

＊ 긍정적인 치료자-내담자 관계 형성을 위해 놀이를 활용하였다. 〔현이 치료자와 치료실에 대해 편안함과 안정감을 느낄 수 있도록 지지적이고 아동중심적인 놀이를 유도함.〕 이 과정에 대해 아래에 축어록을 제시하였다.

현: (아이스크림을 먹으면서 母와 함께 놀이치료실에 들어옴.)

치료자: (약간 높은 어조의 반가운 목소리로) 현이 왔구나. 저번에 왔을 때 이 방에 잠깐 들어왔었지? 지금부터 50분 동안 현이가 이 방에서 하고 싶은 걸 할 수 있어. 그동안 엄마는 밖에서 기다려도 될까? 〔母와의 분리가 가능한지 알아보기 위한 질문을 함.〕

현: 싫어요.

치료자: 현이가 엄마와 떨어지기 싫구나. 그럼, 문을 좀 열어놓고 엄마가 보이게 하면 괜찮겠니? 〔현이의 감정을 반영하고 母와 부분적인 분리를 유도하기 위한 질문을 함.〕

현: 문 열어놓을 거예요?

치료자: 현이가 그렇게 하고 싶어하면 그렇게 할게.

현: 예. (母가 대기실에 나가 소파에 앉는 것을 확인하고 문을 조금 열어놓음.)

치료자: 엄마가 안 보이면 걱정이 되나 보네. 〔현의 불안한 감정을 반영함.〕

현: (장난감 자동차를 보면서) 우리 집에도 있는데.

치료자: 현이 집에도 이런 게 있구나. 〔내담 아동의 반응을 그대로 따라감.〕

현: (다른 아동이 레고로 만들어놓은 배를 보고) 어떻게 만들어요? 사고 싶어요. (배를 조심

스럽게 잡고 5분가량 찬찬히 살펴봄.)

치료자: 현이가 그거에 관심이 많구나.

현: (침묵하면서 배를 계속 살펴보고 만져봄.)

치료자: 아주 열심히 보고 있네. 〔현의 행동을 수용하고 반영함.〕

현: (침묵하면서 배를 계속 살펴봄.)

치료자: 현이가 아주 집중해서 그걸 보는구나. 〔현의 행동을 그대로 따라가면서 반영함.〕

현: (장난감 총과 칼을 찾아내 배에 싣고, 차와 말에 사람 인형을 하나씩 태움.) 이거랑 똑같이 만들어 주세요.

치료자: 현이가 만든 거랑 똑같이 만들어주기를 바라는구나. 〔내담 아동의 욕구를 반영함.〕

현: (장난감 그릇들을 보면서) 사고 싶어요.

치료자: 여기 있는 것들을 현이가 갖고 싶은 게 많구나. 〔현의 소유하고자 하는 욕구를 반영함.〕

현: 예. (장난감 냉장고를 열어 10분에 걸쳐 피자, 과일 등을 접시에 담아 늘어놓은 후, 다시 원래 있던 곳에 집어넣음.)

치료자: 피자랑 과일을 접시에 담는구나…. 이제 도로 원래 있던 자리에 넣었네. 〔내담 아동의 행동을 그대로 따라가면서 반영함.〕

현: (공룡 인형을 갖고 와서) 공룡 좋아해요.

치료자: 현이가 공룡을 좋아하는구나.

현: 쉬하고 올게요. (대기실에 있는 화장실에 들어갔다가 금방 그냥 나옴.) 〔母가 대기실에 있는지 확인하려 한 듯함.〕

치료자: 화장실에 금방 갔다 왔네.

현: (권투 글러브를 갖고 와서) 뭐하는 거예요?

치료자: 현이가 이게 뭐하는 건지 나에게 물어보네. 〔내담 아동이 알면서 질문할 가능성이 크므로, 질문에 직접 답을 하지 않고 질문하는 행동에 대해 언급함.〕

현: (권투 글러브 하나를 손에 끼고, 치료자에게 하나를 주고 치료자와 몇 번 권투하는 동작을 취함.)

치료자: 이걸로 뭐하는 건지 현이가 다 알고 있구나.

현: (인형의 집을 보면서) 침대 어디 있어요? 얘는 잘 거예요. (남자 아이 인형을 침대에 눕

히고 곧이어 여자 어른 인형을 옆에 눕힘.) 애기는 재워야 돼.

치료자: 애기가 자야하나 보다.

현: (아동 인형을 요람에 눕힘.) 이거 보세요.

치료자: 내가 애기를 보길 바라는구나. 〔내담 아동의 욕구를 반영함.〕

요약 및 설명

현이 母와 분리하는 것을 어려워했지만 부분적인 분리는 가능하였다. 그러나 놀이 도중에 대기실에 母가 있는지 확인하기 위해 열려져 있는 문을 통해 자주 내다보는 등 다소 불안해 보였다. 몇 가지 놀잇감에 관심을 보이며 오랫동안 들여다보기도 하였고 사고 싶다는 말을 많이 하였다. 아기 같은 말투로 이미 알고 있는 것을 습관적으로 치료자에게 질문하기도 하였다. 치료자와 상호작용하는 대화와 놀이는 잘하지 못하고 혼자 여러 가지 놀이를 하였고, 치료자의 반응에 적절하게 반응하지 못했다. 치료 시간이 끝나가는 것을 알려주자 "싫어요."라고 말하면서 계속 하고 싶어했지만 치료 시간에 대한 규칙을 말해주자 쉽게 수긍하였다.

치료자는 현의 행동과 욕구, 감정을 따라가면서 반영해 주는 데 주력하였다. 현의 침묵에 기다려 주는 반응을 하는 등 내담 아동의 모든 행동과 욕구를 존중해 주었다. 또한 긍정적인 정서를 유도하기 위해 다소 높은 톤의 밝은 목소리로 말하였다.

〈母 면담〉

- 현이의 문제점 등 현재 상태에 대해 보고하였다.

현이가 스스로 아무것도 안 하려 한다. 책도 읽어 달라, 옷도 입혀 달라고 하고, 뭐든지 보는 대로 사 달라고 조른다. 강아지 사 달라, 고양이 사 달라고 하는데, 안 사주면 울어 버린다.

밥을 잘 안 먹어서 쫓아다니면서 떠 먹여야 한다. 자기는 아기니까 우유병에 달라고 한다.

한글이나 숫자를 가르치려고 하면 안 하려 한다.

母가 짜증이 나서 결국은 소리를 지르게 된다. 아이를 어떻게 키워야 할지 모르겠다. 정상적으로 자라줄지 걱정이다.

요약 및 설명

> 현이 母에게 지나치게 의존하면서 연령보다 어리게 행동하는 경향을 보여, 母의 양육 스트레스가 심한 상태인 것으로 판단되었다. 母의 불안감으로 인해 현이를 과잉보호하면서 한편으로 자율성을 요구하는 등 비일관적인 양육을 하고 있는 것으로 보였다. 치료자는 母가 현의 연령에 적합한 자율적인 행동을 하도록 격려하고, 의존적인 행동을 보상하지 않도록 조언하였다. 즉, 현의 아기 역할을 수용하지 않으면서, 일관성 있고 따뜻한 관계를 유지하는 방법에 대해 조언하였다.

■ 2~5회기

＊ 현이 여러 가지 놀잇감들을 이것저것 만져 보기만 하고 본격적으로 놀이에 집중하지 못하고 금방 그만두었다. 치료자에게 질문을 많이 하였고 母가 대기실에 있는지 가끔씩 확인하였다.

- (블루마블 게임 도구의 돈을 만져봄. 장난감 냉장고를 열어봄.) 귤 어딨어요?
- (장난감 칼을 보고) 뭐하는 거예요? 〔현이 아는 것을 치료자에게 질문하는 등 의존적인 경향을 나타내는 것으로 판단됨.〕
- (장난감 싱크대를 보면서) 사고 싶어요.
- (장난감 오이를 보고) 이게 뭐예요?
- (로봇 인형을 보고) 어떻게 합체해요? 나쁜 로봇.
- (다른 아동이 레고로 만든 배를 보고) 똑같이 만들어 줘요. 선생님이 만들어요.
- (빈 상자들을 보고) 이게 뭐야?
- (공들을 이것저것 만져 봄.)
- (줄넘기를 몇 번 뛰어 봄.)
- (장난감 냉장고를 열고) 얼음이야.
- (장난감 싱크대 여기저기에 구슬들을 넣으면서) 구슬이 여기 들어갔어. 떨어지면 어떡해요? 주황색 컵 어딨어요?

- (악기 통에 있는 딱딱이와 심벌즈를 보고) 뭐할 때 쓰는 거예요? (심벌즈를 냉장고에 넣음.)

- (풍선을 갖고 와서) 불어주세요.

- (모래놀이 상자를 보면서) 하고 싶다, 이거 사고 싶다, 어디서 샀어요?

- (동물들과 자동차들을 줄 세움.)

- (포켓몬 인형들을 만져 봄.)

- (해적의 칼을 휘두르면서) 휙휙.

- (낙타 인형을 보면서) 낙타인가? 타조인가?

- (돼지 인형을 보면서) 돼지는 죽었어.

- (말을 우리 속에 넣고) 선생님, 이거 봐요.

- (치료 시간이 끝날 때 놀잇감들을 정리함.) 이거 혼자 못해요. (실제로는 정리를 잘함.)

- (치료 시간이 끝날 때마다) 더 하고 싶어요. (치료자가 치료 규칙에 대해 설득하면 쉽게 수긍함.)

요약 및 설명

현이 혼자서 치료실에 들어오지만 치료 도중에 母가 대기실에 있는지를 가끔 확인하는 등 불안 반응을 보였다. 한 가지 놀이에 집중하지 못하고 이것저것 건드려 보면서 아는 것을 계속 질문하였다. 또한 혼자 못한다는 말을 많이 하면서 치료자에게 뭘 해 달라고 요구하는 것이 많았다. 치료자의 주의를 끌고 의존하려는 경향을 보이지만 상호작용은 잘 되지 않는 것으로 판단되었다. 치료자는 내담 아동의 욕구를 반영해 주면서, 현의 질문에 대해 현이 알고 있음을 상기시키고, 혼자서 할 수 있는 것들에 대해서는 자율적으로 수행하도록 격려하였다.

〈母 면담〉

- 현이 양육의 어려움에 대해 보고하였다.

  걱정이 돼서 애를 혼자 밖에 못 내보내겠다. 놀이터에서 다른 애들과 총 싸움을 하려고 해서 못하게 했다. 다칠 것 같아서 불안하다. 내가 과잉보호하는 것 같다.

남편도 현이를 과잉보호한다. 애를 혼자 두지 말라고 하고, 현이가 원하는 대로 해 주라고 한다. 사 달라는 거는 다 사 주라고 한다.

유치원은 여전히 가기 싫어해서 잘 안 간다. 공부하기 싫다고 한다.

母가 매사에 부정적이고 뭐든지 피하고 싶고, 머리 아프고 답답하다. 내가 힘들면 애에게도 예민해지고 소리 지르고, 그렇게 된다.

남편과 사이가 안 좋은데, 현이 때문에 또 이혼할 수도 없다. 재혼한 것을 후회한다.

요약 및 설명

부모의 불안으로 인해 현이를 과잉보호하는 양육 방식을 보이는 것으로 판단되었다. 부모 모두 바람직한 양육 방식에 대한 교육을 받아야 할 필요성을 설명하고, 특히 母의 불안과 우울이 상당히 심각한 것으로 판단되어 개인 치료를 권유하였다. 父와의 전화 통화를 통해 협조가 필요함을 설득하여, 다음 시간에 치료자를 만나러 오기로 약속하였다.

■ 6회기

❋ 현이 한 가지 놀잇감에 집중하며 흥미를 보였다.

• (치료자를 쳐다보고 처음으로 웃음.)

• (모래놀이 상자에서 모래를 만지면서) 선생님도 같이 해요. [치료자를 자신의 놀이에 동참시키려는 것으로 보임.]

• (큰 모래 덩어리들을 부수고, 판형들에 모래를 넣어 여러 가지 모양을 만들어 봄.) 이거 부셔요? 선생님이 해 주세요. [질문과 부탁을 많이 하는 등 매사 치료자의 승인을 구하려 하는 것으로 판단됨.]

• (여러 동물들을 모래 속에 묻었다 꺼냈다 하면서) 재미있다. 늑대, 표범, 사자 온다. 숨어야 돼. 싸워. 뿔이 있어서 코끼리가 이겨. [다소 수다스럽게 이야기를 만들며 놀이에 집중함.]

• (호랑이와 소가 싸움.) 호랑이가 무서워요? 하마가 무서워요? 숨어야 되는데. (맹

수들만 남기고 다른 동물들을 모래 속에 숨김.) 〔두려움의 감정을 놀이로 표현하는 것으로 보임.〕

- (갑자기 일어나 화장실로 감.) 쉬하고 올게요. 〔두려움의 감정을 일시적으로 회피하고 동시에, 母가 있는지 확인하여 안도감을 얻으려는 시도로 판단됨.〕

- (화장실에서 돌아와 모래놀이 상자에서 늑대 인형을 들고) 늑대 눈이 무섭게 변했어요. 확확. (호랑이와 사자를 부딪치며) 싸우고 있다. 사자는 나쁜 놈 됐어. (모래 속에 숨어 있던 곰이 나와 사자와 싸운 후 다시 모래 속에 숨음.) 사자는 나빠. (한숨을 크게 쉼.) 〔현이 자신을 약자에 동일시하며 두려움의 감정을 표현하는 것으로 판단됨.〕

- (장난감 싱크대와 벽 사이의 빈틈 안으로 들어가 숨으면서 속삭이듯이 말함.) 선생님 이리 더 와요, 더. (숨은 곳을 칸막이로 가리고 숨어 있음.) 〔두려움을 회피하고 치료자의 보호를 받고 싶어하는 욕구를 나타내는 것으로 판단됨.〕

요약 및 설명

한 가지 놀이에 집중하고 지속하는 것이 가능해졌으며 놀이를 즐거워하였다. 놀이의 주제는 싸우고 숨는 내용으로, 두려움과 불안 정서를 놀이로 표현하기 시작한 것으로 보였다. 또한 놀이 도중에 자주 한숨을 쉬고 구석에 숨어서 한참 동안 나오지 않고, 치료 시간 중간에 화장실에 다녀오는 등 불안 반응을 보였다. 치료자를 놀이에 동참시키고 가끔 치료자에게 억지로 웃음을 지어 보이는 등 치료자의 애정과 보호를 받고자 하는 반응을 보였다. 치료자는 현의 두려운 감정과 보호받고 싶은 욕구에 대해 반영하고 공감하는 반응을 주로 하였다.

〈父 면담〉

- 현이 문제와 부부 문제에 대해 보고하였다.

현이의 문제가 우리 부부 때문이라고는 보지 않는다. 왜냐하면 우리 부부가 자주 싸우지도 않고 때린 적도 없다. 현이 母가 별일 아닌 것도 심각하게 생각하고 예민해서 가끔 다투게 된다. 그렇지만 그것은 별 문제가 안 될 것이다.

현이 원래 마음이 여려서 예전부터도 구석에서 이불을 뒤집어 쓰고 숨어 있곤 했다.

　애가 잘 안 먹어서 안쓰럽다. 몸도 약한 것 같고, 그래서 애가 원하는 건 뭐든지 해 주게 된다.

〔요약 및 설명〕

　현이 父가 방어적인 태도를 보이면서 현이의 문제, 자신이나 부부의 문제를 인정하지 않으려는 경향이 강했다. 현의 불안 상태에 대해 잘 인식하지 못하고 있으며 과잉보호하는 양육 방식을 사용하는 것으로 보였다.

　치료자는 현의 현재 상태에 대해 알려주고 父의 도움이 필요함을 알려주었다. 부부 대화법에 대한 읽을 자료를 제공하고, 의견 불일치나 갈등이 있을 때 대화하는 방법에 대해 교육하였다. 또한 현이 母의 불안과 우울 상태에 대해 설명하고 父가 정서적 지지를 제공할 것을 조언하였다. 바람직한 양육 방식에 대해 설명하고 읽을 자료를 제공하였다.

---

2) 중 기

　현이 치료자와의 긍정적인 관계 형성이 어느 정도 이루어지고, 치료를 하는 동안 母와 부분적인 분리가 가능하고, 놀이의 주제도 현이의 불안 상태 등을 반영하는 등 변화를 보이기 시작하였다. 중기 단계에서는 정서적인 안정감을 제공하면서, 감정 표현을 격려하고 연령에 적합한 자율성을 키우는 데 중점을 두었다. 또한 母의 불안과 우울 문제가 상당히 심각하여 현의 불안을 악화시키는 것으로 판단되어 개인 심리치료를 시작하였다.

　■ 7~8회기

　＊ 현이 공격적인 주제의 놀이를 주로 하였다.

　• (치료실에 들어오기 전에 스스로 화장실에 갔다 옴.)

　• (초반 약 30분 동안 모래놀이를 함.)

(장난감 트럭에 모래를 싣고) 굴 속에 뭐 들어가요?/ 뭐 넣고 싶어: 자동차.

(모래를 눌러 다짐.) 됐다. (치료자를 보고 의식적으로 억지 웃음을 지어보임.)

(늑대 인형과 칼을 든 사람 인형으로 치료자를 공격하는 시늉을 함.) 늑대다, 확확. 선생님 죽었어요, 도로 살아났어요.

(로봇을 들고) 나는 로봇이다, 로봇이 숨었어요, 로봇은 착한 놈, 늑대는 나쁜 놈. 로봇이 이겨요. (로봇을 모래에 묻으며) 로봇이 다 죽어버렸어, 숨어버렸어, 보이면 안 돼. 〔공격자에 대한 두려운 감정과 회피하고 싶은 욕구를 표현하는 것으로 판단됨.〕

(칼을 든 인형을 들고) 확확, 선생님 죽었어?/ 선생님이 죽으면 어떨까: 슬퍼요. 〔보호자의 상실에 대한 걱정을 나타내는 것으로 보임.〕

(경찰차를 잡고) 경찰차예요. 로봇을 잡는 경찰차, 이건 경찰 아저씨.

(장난감 칼로 기린의 목을 자르는 시늉을 함.) 죽었어요.

- (블루마블 게임 도구를 들고 장난감 싱크대와 벽 사이의 구석 틈으로 들어감.) 카드 놀이할 거예요. (치료자에게 장난감 돈을 주면서) 연극표요. 재미있는 거 있습니다.
- (싱크대 구석 틈에서 나오지 않고 인형의 집을 가리키면서) 뭐하는 거예요? 이리로 갖다 주세요. (좁은 틈 안에서 인형들을 만지작거리다가 인형의 집 베란다를 접고, 집 안을 들여다 봄. 어른 인형을 침대에 눕힘.)

요약 및 설명

현이 말이 많아지고 치료자를 보고 자주 억지 웃음을 지어 보였다. 놀이에 집중하고 즐거워하지만, 놀이의 주제는 싸우고 죽고 숨는 내용들이었다. 또한 구석진 곳에 들어가서 놀이를 하는 등 불안과 회피 반응을 보였다.

치료자와 母가 면담하는 동안 혼자서 기다리면서 놀잇감들을 스스로 정리하였다. 母와 일시적인 분리가 가능하고 외현상 잘 웃고 긍정적인 정서 표현이 증가하는 등 다소의 변화를 보이는 것으로 판단되었다.

■ 母 개인 심리치료 1회기

＊ 주로 현이 父에 대한 불만을 토로하였다.

현이 母가 父에게 생활비 달라고 하면 준 지 얼마 안 됐는데 다 썼냐고 기분 나쁘게 말한다. 내가 자존심이 상해 발끈 화를 내면 이해심이 없다고 또 화낸다.

나도 그렇지만, 남편도 화가 나면 심한 말을 한다. 그동안 사준 게 얼마나 많은데 고마워할 줄도 모른다고 하고, 집에서 하는 일도 없으면서 애를 잘 못 키운다고 말하기도 한다.

남편이 매일 늦게 귀가하고 집에 있는 날은 TV 보고 잠만 잔다. 내가 애 돌보고 집안일 하느라 정신 없어도 도와줄 생각을 안 한다. 집안 일을 좀 하라고 하면 사업하는 것만 해도 스트레스가 많은데 이해를 못한다, 자기를 무시한다고 화낸다.

나도 화가 나면 "이혼하자."고 소리 지른다. 부부 싸움을 하면 현이는 방에 들어가 숨어 있다.

요약 및 설명

남편에 대한 불만과 부부간의 불화로 인한 스트레스를 호소하였다. 주변에 사회적 지지를 해 줄 사람이 거의 없어 스트레스가 완충되지 않고, 문제 해결에 대한 자신감이 부족해 쉽게 무력감을 느끼는 것으로 판단되었다. 치료자는 공감적인 이해와 정서적인 지지를 제공하는 데 주력하였다.

■ 9회기

＊ 모래놀이를 통해 자신의 일상생활에서 경험하는 상황과 감정을 유사하게 재연하였다. 치료자는 현의 자기표현을 촉진시키고 자율성을 존중하는 데 주력하였다. 아래에 축어록 일부를 제시하였다.

현: (모래놀이 상자에서 모래로 터널을 만듦.) 부숴도 돼요?

치료자: 현이 마음대로 해도 되는지 나한테 자주 물어 보는구나. 〔치료실에서 원하는 대로 해도 된다는 것을 이미 여러 차례 말해 주어서 알고 있음에도 불구하고 재차

허락을 구하는 행동에 대해 직면시키는 반응을 함.]

현: (대답 없이 모래 터널을 조금 부수다가) 부수면 안돼. (터널 모양을 그대로 두고, 치료자를 향해 억지 미소를 지어보임.)

치료자: 부수지 않기로 현이가 결정했구나. 〔현이의 결정을 존중함으로써 자율성을 키우고자 함.〕

현: (모래를 모아 땅을 다지다가) 필요 없어. (갑자기 터널을 다 부숨.)

치료자: 그걸 부수었네. 〔현의 행동을 그대로 추적하는 반응을 함.〕

현: (여자 어른 인형을 보면서) 예쁘다. 죽었어. 끝장이야. (사람 인형을 모래로 덮고) 어딨지? (로봇을 갖고 와서) 로봇카예요. 죽었어. 착한 놈인데. 얘도 착한 놈인데 죽었어요. 아니, 아직 살았어, 죽었어, 끝장이야. 〔혼란스러운 감정 상태를 나타내는 것으로 판단됨.〕

치료자: 죽었다 살았다 하네. 〔현이의 혼란스러운 행동을 반영함.〕

현: (사람 인형들을 여럿 가져와서) 이게 필요해. 다 죽었어. (모래 속에 인형들을 다 묻음.) 살아 있어. (다시 인형들을 모래에서 다 꺼냄.) 죽었어요. (다시 모래 속에 묻음.)

치료자: 살았다가 죽었다가 하니까 좀 무서울 것 같아. 〔현이의 감정 상태를 반영, 명료화하는 반응을 함.〕

현: 선생님 청소하기 힘든데. (치료자의 눈치를 살피면서 바닥에 흘린 모래를 모래상자에 주워 담음.) 〔치료자의 감정을 파악하는 데 과민한 양상을 보이면서, 동시에 두려운 감정에 직면하는 것을 회피하려는 것으로 판단됨.〕

치료자: 현이가 선생님이 힘들까 봐 걱정하는구나. 〔현의 감정에 대해 반영함.〕

현: 네. (장난감 동물들을 가져옴.) 사자가 와서 숨어야 돼. (동물들을 모래 속에 묻음.) 낙타 어딨지? 어서 숨어야 돼.

치료자: 사자가 오니 다들 무서워서 숨는구나. 〔현이가 동일시하는 약자의 두려움에 대해 공감하는 반응을 함.〕

현: (30분간의 모래놀이를 끝내고, 만족스러운 표정으로) 이제 카드놀이 할래요. (카드를 잠깐 만져보다가 장난감 싱크대에서 이것저것 만지면서) 엄마놀이 할래요. 난 아빠야. (장난감 가위를 치료자 가까이에서 휘둘러 위협하는 시늉을 함.) 가짜 가위예요. (장난감 전화를 받으면서) 누구세요? 〔현이 위협적으로 지각하는 父의 역할을 잠시 연기하다가 곧 놀이의 주제를 바꾼 것으로 보임.〕 (장난감 냉장고를 열고 귤을 꺼내 그릇에 담고 다

시 가위로 치료자를 위협하는 시늉을 함.)

치료자: 찌르고 싶은가 봐? 〔공격 충동에 대해 반영함.〕

현: 아니요. 파티할 거예요. (다시 장난감 가위를 휘두름.) 〔말과 행동이 일치하지 않음.〕

치료자: 파티 한다고 말하지만 화가 난 것 같네. 〔현의 말과 불일치하는 행동에 대해 직면시키는 반응을 함.〕

현: 아니요. 〔분노 감정과 공격 충동을 부정함.〕 귤 드세요. (치료자에게 장난감 귤을 준 후 고무공을 치료자에게 던지고 다시 장난감 가위로 치료자를 찌르는 시늉을 함.) 〔두려운 인물에 대한 양가감정을 표현하는 것으로 판단됨.〕

치료자: 으악. (가위에 찔려 죽은 시늉을 함.)

현: 선생님, 살았어요. (장난감 사슴의 꼬리를 칼로 자르는 시늉을 하고 사슴을 여러 번 찌르는 동작을 함.)

요약 및 설명

현이 놀이에 몰입하며 피해자 역할과 공격자 역할을 재연하였다. 놀이의 주제는 무서워하고 숨고 죽었다가 살아나는 내용이 많았다. 치료자에게 실제 공격을 하지는 않지만 공격 행동을 하는 시늉을 여러 번 하였다. 치료자는 분노 감정에 직면시키려 시도했지만, 현이 이를 부정하고 회피하는 경향을 보였다. 현이 친밀한 대상에 대한 억압된 분노와 공격성을 갖고 있으며, 동시에 과잉 의존하는 등 양가감정을 경험하는 것으로 판단되었다.

〈母 면담〉

• 현의 최근 놀이 주제에서 시사되는 가족 문제에 대해 면담하였다.

　　가정 폭력 여부: 현이 父가 물리적으로 폭력을 쓰지는 않지만 가끔 언어 폭력을 쓴다. 부부 싸움을 할 때 욕을 할 때도 있다. 현이 父가 술에 취했을 때 모두 죽여버리겠다고 한 적이 있는데, 현이가 자다가 그 말을 들었을지 모르겠다. 술에 취했을 때는 남편이 무섭다.

요약 및 설명 ●●●

현이 父가 현이를 귀여워하지만 한편으로 술을 마시면 통제력을 상실하는 등으로 인해 현에게 두려움의 대상이 될 수 있음이 시사되었다. 치료자는 현이 母에게 父가 술에 취한 상태에서는 부부 싸움을 하지 말 것을 조언하고 효율적인 부부 대화법에 대해 설명하였다.

■ 母 개인 심리치료 2회기

＊ 자신이 겪고 있는 다양한 어려움에 대해 호소하였다.

사는 게 힘들다. 소화도 안 되고 잠도 잘 못 잔다.

요즘은 현이를 데리고 놀이터에 가끔 나가는데 애가 어리숙해서 다른 애들에게 밀린다. 그런 걸 보고 있자니 마음이 아팠다. 이 힘든 사회에서 어떻게 살아나가려나 걱정이 된다. 현이를 떠민 애들이 밉다. 가서 야단을 치고 싶었지만 참았다.

나는 지금까지 남의 눈치만 보고 살았던 것 같다. 항상 참기만 하고 살았다. 내가 크게 잘못한 것도 없는데 그럴 필요가 없다는 것을 최근에야 깨달았다. 내가 바보같이 살아왔다. 나같이 산다고 남들이 알아주지도 않는다. 이제 내가 하고 싶은 말을 하고 살아야겠다.

주위 사람들에 대해 항상 실망하게 된다. 모두 자기네 이익만 챙긴다. 아파트 이웃 주민들도 그렇고, 친척들도 그렇고, 이웃 어린애들도 마찬가지다. 어릴 때부터 영악한 애들이 많아서 싫다.

요약 및 설명 ●●●

현이 母가 사소한 일로 쉽게 불안해지고 예민하게 반응하며 매사를 부정적으로 보는 경향을 갖고 있는 것으로 판단되었다. 대인관계에서 신뢰롭고 긍정적인 관계를 맺은 경험이 부족했던 듯, 주변 사람들에 대한 실망과 불신이 큰 것으로 보였다. 현이의 대인관계나 외부 활동에 대해서도 불안감을 많이 경험하고 있어 현이의 불안과 의존성을 강화시키는 것으로 보였다. 자신의 소극적인 성격에 대해서도 불만이 많았지만, 효율적인 자기 주장을 하지 못하는 것으로 판단되었다. 치료자는 공감적인 이해와 정서적 지지 및 직면시키기를 통해 현이 母가 자신의 어려움과 문제점을 깊이 탐색하고 부정적인 태도를 수정해 <u>스스로</u> 효율적인 해결책을 찾아나갈 수 있도록 격려하였다.

■ 10~14회기

＊ 몇 가지 종류의 놀이를 반복해서 하였다.

- (모래 덩어리를 깨고 다지기를 반복함. 판형에 모래를 넣어 찍어내기를 반복함.) 또 할래. 재미있다. (즐거워하며 같은 동작을 반복함.) 〔치료자의 도움을 구하지 않고 스스로 즐겁게 모래로 모양을 만들고, 치료자에게 함께 하자고 하는 등 점차 자율성을 보이기 시작하는 것으로 판단됨.〕

- (싸우고 화해하는 놀이를 함.)

  (해적들끼리 칼싸움 놀이를 함.) 공격이다, 죽었어, 모래 속에 발이 빠졌어.

  (공룡 인형으로 기린을 공격하고 큰소리로) 혼내줄게.

  (호랑이 손 인형으로 다른 인형들을 물어뜯고 나서, 호랑이를 장난감 망치로 때려줌.) 나쁜 놈. 이제 착한 놈이 됐어. (호랑이가 다른 동물들과 사이좋게 같이 노는 놀이를 함.) 〔분노 감정에 대해 해결책을 찾으려는 시도를 보임.〕

- (블루마블 게임을 함.)

  어떻게 하는 거야? (치료자가 주사위를 한 번 던져 나온 수만큼 가기와 같은 단순한 규칙을 가르쳐 주자 열심히 함. 그러나 네 칸 이상이 되면 어려워하고 금방 중단함.) 〔숫자 세기와 같은 기본적인 학습이 부진한 것으로 판단됨.〕

- (만들기를 함.)

  (종이 비행기 만들기를 하면서) 선생님도 만드세요. (치료자가 비행기를 만들자) 빨리 빨리, 내가 이겨야지. (치료자가 만든 것을 뺏어서 자기 것으로 만들고 즐거워함.)

- (인형 놀이에 관심을 보이며 시도하지만 시작하자마자 중단하는 등 길게 하지 않음.) (사람 손가락 인형들을 손가락에 끼우고) 이거 할래, 엄마, 아기. 안 할래. (금방 중단함.)

  (병원 놀이 세트를 갖고 와 치료자를 진찰하고 주사를 놓는 등 의사 역할을 잠시 동안 말 없이 수행함.)

요약 및 설명 ●●●

현이 긍정적인 정서 표현과 언어 표현이 증가하고 여러 가지 놀이에 관심을 보이며 집중해서 자발적으로 놀이를 하였다. 치료자를 보고 자주 미소를 짓고 긍정적인 상호작용이 가능해졌으며, 질문이나 눈치를 살피는 것이 감소하였다.

반복적 놀이를 통해 즐거움과 숙달감을 경험하며 치료자에게 의존하지 않고 스스로 놀이를 진행하는 등 자율성이 향상되어 가는 것으로 판단되었다. 또한 경쟁적인 게임을 시도하고 이기고 싶어하는 등 의욕을 보였다. 공격적 주제의 놀이를 간혹 하지만 공격적인 표현이 줄어들고 화해 등의 주제가 나타나기 시작하여 문제 해결에 대한 자신감이 증가하는 것으로 판단되었다. 또한 치료가 끝나고 나서 다른 내담 아동들과 공놀이를 하며 적절한 언어로 의사소통을 하는 등 사회성이 향상된 것으로 보였다.

〈母 면담〉

• 현이의 최근 변화에 대해 보고하였다.

요즘은 母에게 매달리는 게 좀 줄어들었다.

유치원에도 좀 더 자주 나가고 재미있다는 말도 한다.

밖에 자꾸 나가자고 하고, 놀이터에서 다른 애들에게 접근해서 말도 붙인다.

아이가 밝아진 것 같다.

요약 및 설명 ●●●

현이 정서적으로 다소 안정되어 가고 母에 의존하려는 경향도 감소한 것으로 판단되었다. 현의 자율성과 자신감 향상을 도와줄 수 있는 여러 방략들, 즉 母가 미리 도와주지 않기, 현이의 실수를 너그럽게 봐 주고 다시 시도하도록 격려하기, 혼자 했을 때 칭찬하기 등을 활용하도록 조언하였다.

■ 母 개인 심리치료 6회기

* 최근 생활과 변화에 대해 보고하였다.

현이 요즘 자꾸 밖에 나가고 싶어해 계속 애를 지켜봐야 되니까 피곤하다.

현이 나이에도 영악한 애들은 절대 손해 안 보려 한다. 계속 보다 보면 밉고, 화가 난다.

내 감정을 조절하기 어렵다. 갑자기 화가 나면 심한 말을 마구 내뱉는다. 모든 것이 부정적으로만 보이고, 즐거움이 없다. 새로운 걸 좀 배워봐야겠다. 운동을 하러 다닐까 생각 중이다.

요즘 남편이 좀 변한 것 같다. 며칠 전에는 남편이 "애 보느라 힘들지?" 그런 말을 했다. 남편이 나에게나 현이에게 잘 할 때는 잘 한다. 자기가 돈 벌어서 현이 교육 잘 시켜야 된다고 한다.

요약 및 설명

현이 母가 새로운 것에 도전해 보려는 의욕을 보이기도 하는 등 다소의 변화를 보이는 것으로 판단되었다. 그러나 여전히 전반적으로 부정적인 인지 특성을 보이고 있어 인지치료를 도입하였다. 인지치료의 기본 논리를 설명하고, 자신의 인지 편향에 대해 인식하고 수정하는 연습을 하게 하였다.

3) 후 기

현이 치료자와 긍정적이고 적극적인 상호작용이 가능해지고 말수가 늘고, 감정 표현이 급속히 증가하였다. 또한 母와의 분리가 상당 부분 가능해져 유치원에 자주 가고 집 밖으로 자주 나가서 노는 등 연령에 적합한 발달 양상을 보이기 시작하였다. 따라서 치료 후기 단계에서는 현의 자율성 향상과 당면한 문제 해결에 대한 자신감 향상에 강조점을 두었다. 이와 더불어, 치료 효과를 일반화시킬 수 있도록 부모교육을 계속 실시하고, 母의 우울과 불안을 감소시키기 위한 개입도 계속하였다.

■ 15회기

＊ 인형놀이를 통해 자신의 일상생활에서 경험하는 상황과 감정을 유사하게 재연하였다. 치료자는 현이 자신의 감정에 직면할 수 있도록 반영과 명료화하는 데 주력하였다. 아래에 축어록 일부를 제시하였다.

현: (인형의 집을 펼침.) 예쁘다. 이사 왔어요. (변기, 소파 등 가구들을 배치함.) 신기하다. 마술 같아. (장롱을 거꾸로 세움.) 사람 어딨어요? (여자 어른 인형을 가져오고, 옷장과 서랍 속에 옷을 넣음.)

치료자: 새로 이사 와서 집안을 정리하는구나.

현: (여자 어른 인형을 변기에 앉힘.) 응가. (여자 아기 인형을 침대에 눕히고 남자 어른 인형을 그 옆에 눕힘.) 아가야, 형아도 우유병에 먹는대. 〔자신이 아기 역할을 하는 것에 대해 인정하는 것으로 보임.〕

치료자: 현이가 우유병에 먹는구나. 〔현의 말을 그대로 반영함.〕

현: 네. (인형들을 소파에 눕힘.) 다 자요, 피곤해서 자는 거야.

치료자: 모두 피곤하구나.

현: 이 집 어디서 샀어요? 어느 백화점에서?

치료자: 이 집을 어디서 샀나 궁금한가 봐.

현: 네. (여자 어른 인형을 싱크대 앞에 세움.) 요리하는 거예요. (큰소리로) 도둑이야, 경찰 불러야 돼. (경찰 인형을 갖고 옴.) 총 있어요.

치료자: 도둑이 들어서 경찰이 왔구나. 무섭겠다. 〔두려운 감정에 대해 공감하는 반응을 함.〕

현: (가구들을 다 배치한 후) 예쁘게 해 놨죠? 〔주제를 긍정적으로 바꿈.〕

치료자: 현이가 무서운 거는 더 생각하고 싶지 않은가 보다. 〔부정적인 감정을 억압하려는 경향에 대해 언급하고 직면시키려 함.〕

현: 엄마, 아빠 안 싸웠어요. 늦게 와서 싸웠어. 〔부모의 다툼에 대해 두려움을 인식하면서, 동시에 부정하려는 경향을 보임.〕

치료자: 엄마, 아빠가 안 싸우면 좋겠는데, 싸우기도 해서 무섭겠구나. 〔현이의 욕구와 감정을 명료화하고 공감하는 반응을 함.〕

현: 네.

요약 및 설명

차분한 태도로 놀이에 집중하는 등 정서적으로 안정되어 보였다. 인형의 집 놀이에서 무기력하고 피곤한 인물들이 등장하여 활력이 부족한 가정 분위기를 반영하는 것으로 판단되었다. 또한 도둑과 경찰의 등장으로, 두려움과 불안 감정을 은유적으로 드러내었다. 후반에는 부모의 다툼을 직접적으로 언급하는 등 방어적인 태도가 감소하고 자신의 두려움을 직접적으로 인식할 수 있었다. 치료자는 현의 감정과 욕구를 명료화하고 직면시켜 자신의 감정을 부정하지 않도록 돕는 데 주력하였다.

■ 16~20회기

＊ 현이 다양한 놀이를 주도하고 몰입하였다.

• (장난감 동물들로 싸우는 놀이를 함.)

　　(악어와 뱀이 싸움.) 모두 잡아먹기. (악어가 거북이를 공격함.) 피 났어, 죽었어. (거북이를 구급차에 태워 병원으로 감.) 아파. 악어는 나쁜 놈. 내가 구해줄게. 하마 이빨이 뾰족해. 나쁜 악어 죽었어. (뱀으로 치료자를 물려고 시늉을 한 후 도마뱀을 들고) 피다, 이 녀석은 안 무서워요. 〔공격자를 처단하고 두려움을 극복할 수 있는 자신감을 보이는 것으로 판단됨.〕

　　(거북이와 뱀의 싸움.) 엄마 거북이, 아기 거북이. 뱀이 나타났다. 거북이와 뱀이 싸우다 피났어. 뱀 나쁜 놈. 착한 놈이 다쳤어. 개구리 죽었어. 독이에요. 독 먹으면 죽어요. 엄마 거북이는 괜찮아. 아기 거북이는 잘 숨었어. 〔두려운 상황에서 母가 자신을 보호해 줄 수 있다는 믿음을 나타내는 것으로 판단됨.〕

• (공격적 놀이를 함.)

　　(치료자에게 장난감 총을 쏘는 시늉을 함. 장난감 악어로 치료자를 놀라게 하고 좋아함.)

　　(펀치 오뚜기를 10번 정도 주먹으로 때리고 발로 참.)

• (인형 놀이를 함.)

　　(큰 차에 경찰과 소방관 등 네 명을 태움.) 사람 더 필요해, 나쁜 놈 잡아야 돼. 또 사람 필요해, 큰 사람. (큰 인형 두 개를 차에 더 태움.) 〔안전에 대한 욕구와 보호

받고 싶은 욕구를 나타내는 것으로 보임.〕

- (가게 놀이) 사진 사세요, 문 닫았어요, 안 팔아요. (큰 구슬을 들고) 이거 팔아요. 이건 비싸요. 이제 문 닫아요. 〔일상생활의 경험을 놀이로 표현하는 것으로 보임.〕

- (병원놀이) 배 아프면 병원 가야 해. (현이 의사 역할을 하면서 치료자에게 주사를 계속 놓음.) 뼈가 안 좋아. 이제 선생님은 간호사 하세요. (간호사 모자를 치료자에게 쓰라고 줌.) 악어가 뼈가 부러졌어. (약을 발라주고 열심히 치료해 줌.) 전부 남자 약이네, 여자 약은 없어, 아, 이건 여자 약. 〔다른 사람에 대한 관심과 배려심이 향상된 것으로 판단됨.〕

- (아기 놀이) 아무데나 똥 쌌어, 누가 똥 싸라 그랬어? (여자 어른 인형을 화장실 변기에 앉히고) 응가, 여기는 애기 응가하는 곳, 응가, 마려워, 손 빠는 애기, 얼레리꼴레리 애기예요. 예쁘게 정리하자. (인형의 집 가구들을 정리함. 유행가를 흥얼흥얼 부르면서) 애기가 세 개. (애기 인형들끼리 싸움.) 사이좋게 지내라, 자자. (애기 인형들을 다 같이 침대에 눕힘.) 〔아기 역할 놀이를 다소 희극적으로 수행하면서, 아기 역할에서 벗어나고자 하는 욕구를 반영하는 것으로 보임.〕

요약 및 설명 ● ● ●

현이 놀이를 적극적으로 주도하고 몰입하며 즐거워하였다. 전반적으로 안정되고 자신감 있는 모습을 보이며, 치료자에게 스스럼 없이 장난을 치는 등 긍정적인 상호작용을 많이 시도하였다. 역할 놀이를 많이 하였고, 힘든 상황을 해결해 나가는 내용들이 많았다. 놀이의 양상이 연령에 적합하고 언어, 정서 및 사회성 발달 등 전반적인 발달 수준이 향상되고 있는 것으로 판단되었다.

〈母 면담〉

- 현의 최근 생활과 변화에 대해 보고하였다.

현이 요즘 다른 사람을 보면 좋아서 흥분하고 남을 웃기려 한다.

유치원에 잘 나가고 밖에 나가서 놀려고 하고 놀이터에서 친구들을 쫓아다닌다.

우유병은 이제 포기한 것 같다. 그렇지만 손 빠는 건 여전하다. 야단치면 운다. 애 아빠는 여전히 현이를 아기인 줄 안다. 곧 학교 가야 되는데 걱정이다.

한글 가르치는 선생님이 오면 좀 집중해서 한다. 선생님이 "가르치면 잘 한다."고 칭찬한다. 현이 예전에 비해 공부에 관심을 좀 갖는 것 같다.

요약 및 설명

현이 母와의 분리 불안이 많이 감소되고 또래와 타인들에 대한 관심이 증가하고 있는 것으로 보였다. 또한 집중력과 학습 동기도 다소 향상되어 가고 있는 것으로 판단되었다. 母의 정서적인 문제가 다소 감소하였지만, 사소한 문제에 대해 걱정을 많이 하는 경향이 여전히 남아 있었다. 치료자는 현이 정서적으로 안정되어 가고 있으며 문제들이 해결되는 등의 긍정적인 변화에 대해 언급하고, 다양한 관심과 자율성을 계속 키워나가도록 돕는 방법들에 대해 母에게 조언하였다.

현이 상태가 좀 좋아졌고, 집이 멀어 계속 치료받으러 다니기 힘들다고 종결을 원하여 종결을 준비하기로 결정하였다. 치료자가 2~3회기에 걸쳐 종결할 것을 권유하였지만, 母가 여러 가지 사정으로 어려움을 표현하여 다음 회기에 종결하기로 합의하였다.

■ 母 개인 심리치료 10회기

＊ 최근 생활과 변화에 대해 보고하였다.

내가 모든 일을 너무 부정적으로 예민하게 생각했던 것 같다. 생각을 바꾸는 일이 쉽지는 않지만, 좀 더 긍정적으로 생각하려고 노력하고 있다.

요즘은 현이가 유치원에 거의 안 빠지고 다녀서 그 시간에 운동을 하러 간다. 3주 전부터 다니는데 기분 전환도 되고 몸 상태도 좋아지는 것 같다.

현이 문제도 조금씩 좋아지는 것 같아 마음이 좀 놓인다. 밖에 나가 다른 아이들과 잘 어울려 놀고 재미있어 한다. 많이 씩씩해지고 밝아졌다.

남편은 별다른 변화가 없지만 예전보다는 나를 약간은 더 배려하는 것 같다. 가능하면 큰소리 내면서 싸우지 않으려고 서로 노력하고 있다.

현이 母가 정서적으로 다소 안정되고, 부정적인 인지 특성이 점차 감소하는 것으로 보였다. 부부 갈등도 다소 감소하여 현의 긍정적인 변화를 촉진시키는 것으로 판단되었다.

4) 종 결

■ 21회기

* 선악과 관련된 공격적인 주제의 놀이를 주로 하였다.

• (마지막 회기임을 알려주자 화난 목소리로) 싫어요. 〔현의 분노 감정을 반영하고 공감함.〕

• (인형의 집 놀이) 인형들 어딨어요? (여자 어른 인형을 소파에 앉히고 아기 인형 2명에게 이불을 덮어주며) 얘네는 다 자고 있어요. (경찰차에 여자 어른 인형을 태우고) 경찰서 아저씨. 신고한다. 감옥에 가, 나쁜 놈. 이제 착한 사람 됐어요. (남자 어른 인형을 운전석에 앉힘.) 이건 아빠 차야. 아이가 있어야 돼. (아이 인형 네 개를 차에 태움.) 덤벼보자, 싸워. (경찰과 아빠 인형이 싸움.) 〔부모의 다툼을 놀이로 표현하는 것으로 보임. 제3자가 관여하지만 갈등 해결의 어려움을 나타내고 있음.〕

• (동물 놀이)

(호랑이와 경찰이 싸움.) 경찰이 죽었어. 호랑이가 이겼어. 호랑이는 착한 놈. 차에 탔어. 해적은 착한 놈, 두고 보자. 이제 경찰이 없어졌어요. 경찰이 막대기로 때려. (동물들과 해적들이 같이 싸우면서) 나쁜 놈과 착한 놈, 내가 더 세, 공격해, 내가 구해줄게, 감옥에 갇힌다. 〔선과 악의 경계가 모호하고 혼란스러움을 나타내는 것으로 보임.〕

• (놀잇감들을 정리하면서) 힘들어요. 선생님이 해 줘요. 〔치료자와의 이별에 대한 불안감으로 의존적인 경향을 보이는 것으로 판단됨. 치료자 없이 현이 혼자서 잘 할 수 있는 것들에 대해 언급하고 자율성을 강조함.〕

• (종결에 대해 이야기하자 시무룩한 표정을 지으며 인사도 하지 않고 치료실에서 나감.)

〔치료자로부터 거부당했다는 느낌을 갖는 것으로 판단됨. 치료자의 전화번호가 적힌 카드와 선물을 주고, 필요할 때 다시 연락할 수 있다고 알려줌.〕

요약 및 설명

갑작스런 종결로 인해 치료자와 점진적인 분리를 할 수 있는 시간을 충분히 갖지 못함으로써 종결과 관련된 분노와 무력감 등을 해결하지 못한 상태에서 종결하였다. 놀이 내용도 공격적이고 선악과 처벌에 대한 주제를 보이는 등 정서적으로 혼란스러운 상태가 시사되었다. 치료자와의 갑작스런 이별과 다소 불안정한 부모와의 관계 등으로 인해 대상관계에서 양극단적인 감정이 통합되지 못하고 양가감정을 경험하는 것으로 판단되었다.

〈母 면담〉

• 현의 최근 상태와 부모 갈등에 대해 보고하였다.

현이 문제가 많이 좋아졌지만 여전히 문제들이 남아 있다. 母 말을 안 듣고 시키면 잘 안하려 한다. 책 읽어보라고 하면 울고 손가락을 빨고 딴 짓을 한다.

부부 사이에도 여전히 문제가 많다. 며칠 전에 옷 사는 것 같은 사소한 문제로 부부 싸움을 크게 했다. 내가 너무 화가 나서 괜히 현이를 야단쳤고, 현이 父는 화를 내면서 왜 애를 야단 치냐고 소리를 질렀다. 나중에는 현이 父가 미안하다고 사과했다. 늘 그런 식이다. 남편이 귀하게 자라서 이해심이 없고 자기 밖에 모른다. 나도 화가 나면 조절이 안 된다.

부모가 다투면 현이 풀이 죽어 구석에서 혼자 논다. 이런 상황에서는 애를 잘 키울 수 없을 것 같다. 부모가 문제다.

요약 및 설명

부모의 성격 문제와 다툼 등이 현의 불안과 양가감정을 지속시키고 있는 것으로 보였다. 父의 과잉보호나 母의 과잉간섭과 일방적인 요구 등 양육 방식의 문제도 여전히 해결되지 못한 상태였다.

현이 母가 현 상황에 대해 무기력감을 경험하고 있어, 母의 지속적인 심리치료와 더불어 부부 대화법과 갈등 해결법 등에 대해 부부가 함께 상담을 받을 것을 권유하였지만, 父가 바쁘다는 핑계로 연구소에 오지 않으려 한다고 하였다.

현이 상태는 다소 호전되었지만 부모 상태에 의해 쉽게 영향을 받을 수 있다는 것을 알려주고, 현의 상태를 지속적으로 관찰해 필요한 경우 다시 치료를 받도록 조언하였다.

6. 심리치료 결과 및 평가

현의 경우 부모와의 안정된 애착을 형성하도록 돕기 위해, 먼저 치료자와 일관성 있고 신뢰로운 관계를 형성할 수 있도록 지지적이고 아동중심적인 놀이 치료를 실시하였다. 치료 초반에는 아동의 욕구, 감정, 행동 등에 대해 무조건적으로 수용하고 존중함으로써 자신이 가치 있고 사랑받는다는 느낌을 제공하고 안전하고 따뜻한 대인관계를 경험하게 하였다. 이를 통해 치료자와의 긍정적인 관계를 비교적 빨리 형성할 수 있었다.

치료 중기와 후기에서는 현의 연령에 적합한 자율성을 향상시키기 위해 놀이 상황을 스스로 주도하고 문제를 해결해 나가도록 격려하였고, 여러 가지 경험에 도전하게 하였다. 母에 대한 개인 심리치료도 병행해 부모의 정서적인 문제가 현에게 미치는 영향에 대해 인식하게 하고, 母의 우울과 불안이 다소 감소한 것도 현의 문제 행동을 감소시키는 데 도움이 되었던 것으로 보인다.

치료 성과로는, 현이 차츰 의존적인 경향이 감소하면서 자율성과 자신감이 증가되어 母와의 분리가 가능하게 되었다. 또한 정서 불안도 다소 감소하고 또래에 대한 관심이 생기는 등 사회성도 연령에 적합하게 발달되기 시작하였다. 언어 표현과 감정표현이 자발적이고 자연스러워졌으며, 긍정적인 정서표현도 증가하였다.

이같은 치료 성과들이 나타나기 시작했지만, 부모의 상태에 따라 현의 상태가 많은 영향을 받는 것으로 판단되었다. 부모의 갈등과 다툼이 근본적으로 해결되지 않고, 母의 부정적인 성향과 父의 치료에 대한 비협조 등이 치료에 장애물로 작용한 것으로 판단된다. 현의 상태가 많이 호전되었지만, 여전히 두려움이나 양가감정 등이 남아 있고, 불안한 상황에서 손가락을 빼는 행동을 보이는 등 부정적인 감정을 적절하게 해결하지 못해 좀 더 장기적인 치료가 필요하다고 판단되었다. 그런 상태에서 치료 목표를 충분히 달성하지 못하고 갑작스럽게 치료를 종결하게 되어, 종결 이후에 다소의 어려움이 예상되었다.

제10장

등교거부 아동의 정신역동적 놀이치료

등교거부 아동의 정신역동적 놀이치료

1. 사례: 말을 하지 않고 학교를 안 가는 초등학생 미정이

초등학교 4학년인 미정이는 약 1년 전부터 학교에 자주 결석을 하다가 6개월 전부터는 학교에 전혀 나가지 않고 집에만 있다. 말도 거의 하지 않고 주로 혼자 집에서 TV를 보거나 만화를 그리면서 시간을 보낸다. 친구들과도 왕래가 없이 고립되어 지낸다.

2. 초기 면담과 행동관찰

1) 내담 아동과의 첫 면담

미정은 깔끔한 외모에 얌전해 보이지만 무표정한 인상의 아동으로, 나이에 비해 키가 작고 마른 체격이었다. 다음은 첫 면담 중 주요 부분에 대한 축어록이다.

치료자: 여기 어떻게 오게 됐어?

미정: (치료자를 잠시 쳐다보다가 눈 맞춤을 회피하고 침묵함.)

치료자: 얘기하기가 좀 힘든가 봐.

미정: (표정 변화가 없고 침묵함.)

치료자: 어머니 말씀으로는 미정이가 학교에 안 간다고 하시던데.

미정: (5초간 침묵 후 작은 목소리로) 공부 힘들어서.

치료자: 아, 공부가 힘들어서 학교 가기가 싫었구나. 〔미정의 말을 반영함.〕

미정: (침묵함.)

치료자: 공부가 많이 힘들었나 보다.

미정: (귀찮다는 말투로) 꼴등해요.

치료자: 성적 때문에 스트레스 많이 받았겠구나. 〔미정의 감정에 공감하는 반응을 함.〕

미정: (침묵함.)

치료자: 그래, 말하고 싶지 않을 때가 있지? 그럼 억지로 말 안 해도 돼. 〔침묵하는 반응까지도 존중한다는 것을 전달하고자 함.〕

미정: (5초쯤 지나서) 귀찮아서.

치료자: 그렇구나. 말하는 게 귀찮은 거구나.

미정: (고개를 약간 끄덕이며 침묵함.)

치료자: 알았어. 공부 문제에 대해서는 지금 별로 얘기하고 싶지 않은 거구나.

미정: (침묵함.)

치료자: 좋아. 그러면 다른 얘기를 해 볼까? 학교에 안 가고 집에서 어떻게 지내는지 물어봐도 될까? 〔일상생활에 대해 질문하고, 대답할지 여부를 내담 아동이 결정하도록 허용함.〕

미정: 그냥.

치료자: 그냥이라고 하면 무슨 뜻인지 잘 모르겠는데, 좀 더 얘기할 수 있겠니?

미정: TV 보고.

치료자: 아, TV 보면서 지내는구나.

미정: (침묵함.)

치료자: 어떤 프로그램을 좋아해?

미정: 그냥.

치료자: 지금 특별히 생각나는 게 없나 봐.

미정: (침묵함.)

치료자: 다음에 생각나면 얘기해 줘. 미정이가 어떤 프로그램을 좋아하는지 궁금하거든.

미정: (고개 끄덕이며 침묵함.)

치료자: 좋아. 여기 온 거에 대해서는 어떻게 생각해? 〔치료 동기에 대해 탐색하기 시

작함.)

미정: 엄마가.

치료자: 엄마가 오자고 해서 왔구나. 와 보니까 어때?

미정: 그냥.

치료자: 마음에 드니? 어떠니?

미정: 그냥.

치료자: 특별히 마음에 드는 건 아니지만 싫은 것도 아닌가 보다. 그럼 다행이야. 미정이가 여기 다니게 되면 여기가 재미있는 곳이란 걸 알게 될 거고, 점점 좋아하게 될 거야. (치료에 대해 긍정적인 태도를 가질 수 있도록 유도함.)

미정: (비아냥거리는 말투로) 글쎄요.

치료자: 그래, 아직은 처음이라 확신이 안 생길 거야. 몇 번 다녀보고 나서 여기가 좋은 지 어떤지 얘기해 보자. (치료를 강요하지 않고 선택권을 내담 아동에게 줌.)

미정: (침묵함.)

치료자: 미정이가 여기 와서 뭘 할 거라고 생각하니? (치료에 대한 기대, 선입관 등에 대해 탐색하기 위한 질문을 함.)

미정: 그냥.

치료자: 미정이가 대답하기 곤란할 때는 그냥이라고 하는 것 같네. 내가 좀 어려운 질문을 했나?

미정: (침묵함.)

치료자: 여기는 미정이처럼 공부가 힘들거나 학교 가기 힘들거나 그런 아이들이 와서 현재 힘든 것에 대해 같이 해결책을 찾아 나가는 곳이야. 선생님과 하고 싶은 이야기를 해도 되고, 이야기하기 싫으면 안 해도 되고, 다른 놀이나 게임을 할 수도 있어. 일주일에 한두 번씩 여기 오는 게 어떻겠니? (치료에 대한 동의를 구함.)

미정: 그냥.

치료자: 결정을 내리기 좀 어렵지? 여기 처음 왔으니까 그럴 수 있어. 시간을 줄 테니까 좀 생각해 보고, 엄마하고도 의논해 보고 나서 결정해도 돼. 그렇지만 내 생각에는 미정이가 여기 다니면 참 좋을 것 같아. (치료 여부에 대한 결정권을 미정과 母에 게 줌.)

미정이 말수가 매우 적고 질문에 잘 대답하지 않거나 모호하게 단답형으로 대답해 대화를 이어가기가 매우 힘들었다. 정서적인 반응은 전혀 보이지 않았고, 전반적으로 의욕 저하와 무기력 상태인 것으로 판단되었다. 매우 위축되어 있고 매사를 귀찮게 여기며, 의사 표현을 정확하게 하지 않았다. 치료자는 미정의 무반응에 대해서도 존중해 주고 대답과 치료에 대한 결정을 강요하지 않음으로써, 치료 상황을 불편하게 느끼지 않고 치료 동기를 가질 수 있도록 배려하였다.

2) 母와의 첫 면담에서 얻은 정보

(1) 母가 호소하는 주된 문제

① 초등학교 3학년 때부터 며칠씩 등교 거부를 한 적이 여러 번 있었고, 6개월 전부터 아예 학교에 가지 않는다.

② 학업 의욕이 없다. 수학, 과학을 어려워하고 성적이 나쁜데, 공부를 하려 하지 않는다.

③ 무기력하다. 집에서 빈둥거리면서 계속 있으려 하고 밖에 잘 안 나간다. 가족을 포함해 다른 사람에 대해 관심도 없고 친구도 사귀려 하지 않는다.

④ 말을 거의 안 한다. 성격이 점점 내성적이 되어가고 소극적이다. 자신의 감정이나 의견을 솔직하게 표현하지 않는다.

(2) 발달력

母가 31세 때 정상 분만하였다. 임신이나 분만과 관련해서 산모나 아기에게 별다른 문제는 없었다.

순한 아이여서 키우기 쉬웠다. 대체로 조용하고 차분한 편이었다. 두 살 때까지는 母가 양육했으며, 母가 직장에 복귀한 이후에는 친척 이모가 돌보면서 어린이집에 다녔다. 전반적인 발달은 정상적이었다.

어린이집이나 유치원에 다닐 때 말이 없고 내성적이어서 친구를 많이 못 사귀었다.

잘 웃지 않고 즐거워하는 감정 표현이 거의 없었다.

초등학교에 입학해서는 학교 다니는 것을 싫어하고, 친구를 못 사귀고 공부에도 흥미를 보이지 않았다. 3학년이 되면서부터 아침에 머리 아프다, 배가 아프다며 자주 결석을 하였다. 공부를 열심히 안 하고, 한 번도 친구를 집에 데려온 적이 없다.

4학년 올라와서 얼마 지나지 않아서부터 학교에 아예 안 나가고 있다. 학교생활에 대해 집에서 말을 하지 않아 가족들은 무슨 문제가 있는지 잘 몰랐다. 특별히 학교에서 말썽을 부리지는 않아 담임으로부터 연락을 받은 적도 없어서 잘 적응하는 줄 알았다. 부모가 바빠서 세심하게 챙겨주지 못했다.

(3) 가족력

현재 부모와 오빠, 미정이, 네 식구가 같이 살고 있다.

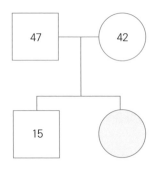

- 父(47세): 대졸. 회사원. 3~4년 전부터 회사 운영이 어려워지면서 직장에서 퇴직해야 할 것 같다는 불안감을 갖고 있다. 보수적이고 내성적인 성격으로 매사에 걱정이 많다. 말수가 매우 적고 자기표현을 하지 않아 부부간에 오해가 생기기도 한다.
- 母(42세): 대졸. 입시 학원 강사. 예민하고 내성적인 성격으로 사람을 잘 못 사귄다. 일이 힘들고, 스트레스와 불면증으로 5년째 약물 치료를 받고 있다.
- 오빠(15세): 중 2 재학. 공부를 잘하고 학교생활에 잘 적응한다. 가족 중에 제일 활달하고, 친구들도 잘 사귄다.
- 부부 관계: 결혼 초부터 의사소통이 잘 안 되어 전에는 많이 싸웠다. 현재는 서로 거의 말을 안 하고 지낸 지 오래 되었고, 각방을 사용한다. 父가 말을 잘 하지 않고 의사 표현을 하지 않아 무엇을 원하는지, 속을 알 수 없다.

- **부모-자녀 관계:** 부모 모두 바깥 일로 바빠서 미정을 어려서부터 세심하게 돌봐
  주지 못했다. 자녀 양육 방식은 별로 간섭하지 않고 내버려 두는 편이다. 심하게
  야단을 치거나 때린 적은 거의 없다.

  父는 미정에게 잔소리도 하지 않고 무관심하다. 父와 미정이 성격이 비슷하
  다. 서로 의사소통이 안 되고 대화도 거의 안 한다.

  母가 예민한 성격으로 매사에 피곤해하고 부부 관계도 좋지 않아서 스트레스
  가 많았다. 따라서 미정에게 세심하게 신경을 못 써 줬다. 미정이 어려서부터도
  母를 별로 따르지 않고 다정다감한 면이 없어 정이 안 갔다. 최근에는 학교 안
  가는 문제로 母가 미정에게 가끔 잔소리는 한다.
- **남매 관계:** 오빠는 미정에게 이것저것 가르치려 하지만 잘 따르지 않아 동생을
  못마땅하게 생각한다. 미정은 오빠에 대해 별 관심을 보이지 않는다.

3. 심리검사

미정의 인지 능력과 정서적인 문제를 비롯해 전반적인 적응 정도 및 강·약점 등을
알아보기 위해 종합적인 심리검사를 실시하였다. 또한 부모 문제가 개입되어 있을 가
능성이 시사되어 부모 성격검사도 실시하였다. 포함된 검사는 지능검사(K-WISC-Ⅲ),
BGT, HTP, KFD, 문장완성검사, 부모 MMPI 등이었다.

1) 검사태도

깔끔하고 얌전한 인상의 여아로, 처음에는 검사자의 질문에 대답하지 않고 고개를
숙이고 있었으나, 시간이 경과하면서 조금씩 말을 하기 시작하였음. BGT 검사를 할
때는 그림을 작게 그리고 종이의 윗부분에 치우쳐 그렸음. 그림 검사 시에는 대충 빨
리 그렸으며, 질문에 대해 짧게 대답하였음. 동적 가족화 검사에서는 아버지를 그리지
않았음. 지능검사의 어려운 문제에서는 쉽게 포기하였고 자주 손가락을 입에 물고 있
었음. 산수문제를 할 때는 급하게 반응하여 실수를 보였지만, 이후 다시 실시했을 때
는 정확하게 수행하였음. 토막짜기에서는 난이도가 높아지자, "잘 안 돼요."라고 말하

며 쉽게 포기하려 하였으나, 다시 해 보자고 권유하면 다시 수행하기도 하였음. 모양 맞추기에서도 4번 문항을 쉽게 포기하였음.

2) 심리검사 원자료

(1) BGT

(2) 그림 검사

① 집 그림

- 어떤 집: 그냥 시골에 내려가서 집 짓고./ 재료: 벽돌, 기와.
- 누가 사나: 한 사람이 사는 집.
- 분위기: 좋아요./ 앞에 마당 있어서.
- 미래: 조금씩 무너져 내려요./ 사는 사람이 고칠 것 같아.

- 살고 싶은지: 아니요.

② 나무 그림

- 무슨 나무: 그냥 나무.
- 나이: 세 살.
- 상태: 좋아요.
- 어디: 공원에.
- 주변에 다른 나무: 의자하고, 옆에는 또 나무들.
- 미래: 컸으면 좋겠다./ 다른 나무들보다 크는 거.

③ 여자 그림

- 누구: 대학생.
- 나이: 스무 살.
- 지금: 화장실 줄 서 있어요.
- 기분: 좋아요./ 슈퍼에서 경품을 타서./ 자전거.
- 성격: 그냥 그래요.
- 장래 희망: 선생님.

④ 남자 그림

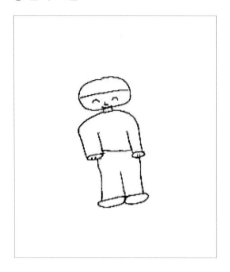

- 누구: 그냥 학생./ 중학교 2학년.
- 나이: 열다섯 살.
- 지금: 학교에서 벌 받고 있어요./ 잘못 해서./ 애들을 놀려서.
- 기분: 나빠요.
- 성격: 몰라요.
- 장래 희망: 의사.

⑤ 동적 가족화

- 지금: TV 보는 거.
- 누구: 엄마, 오빠, 나.
- 분위기: 좋아요.
- 가족 관계: 엄마는 화날 때 무서워요./ TV 볼 때./ 공부하라고.
- 오빠: 잔소리하거나, 나한테 말 안 해요.
- 미정: 저도 말 없어요.
- 빠진 사람: 아빠./ 회사 갔어요.

(3) 문장완성검사

1. 내가 가장 행복한 때는 <u>엄마가 웃을 때.</u>
2. 내가 좀 더 어렸다면 <u>어린이집에서 좋아하는 선생님과 놀았을 것이다.</u>
3. 나는 친구가 많다. 근데 <u>친구들이 나를 안 좋아하는 것 같다.</u>

4. 다른 사람들은 나를 <u>좋아하는 것 같다</u>.

5. 우리 엄마는 <u>나를 싫어하는 것 같지만 사실은 좋아한다는 것을 안다</u>.

6. 나는 <u>사람들이 행복한다는 공상을 잘 한다</u>.

7. 나에게 가장 좋았던 일은 <u>강아지가 나를 좋아하는 것</u>.

8. 내가 제일 걱정하는 것은 <u>수학과 과학을 못하는 것</u>.

9. 대부분의 아이들은 <u>학교가는 것을 좋아한다</u>.

10. 내가 좀 더 나이가 많다면 <u>강아지를 치료해줄 것이다</u>.

11. 내가 가장 좋아하는 사람(은) <u>엄마와 오빠</u>.

12. 내가 가장 싫어하는 사람(은) <u>선생님</u>.

13. 우리 아빠는 <u>잘 모르겠다</u>.

14. 내가 가장 무서워하는 것은 <u>높은 데서 노는 것</u>.

15. 내가 가장 좋아하는 놀이는 <u>TV 보기</u>.

16. 내가 가지고 있는 것 중에서 제일 아끼는 것은 <u>강아지</u>.

17. 내가 가장 가지고 싶은 것은 <u>강아지</u>.

18. 여자 애들은 <u>나와 조금 통한다</u>.

19. 나의 좋은 점은 <u>친구들은 친구를 잘 사귄다고 한다</u>.

20. 나는 때때로 <u>신경질을 낸다</u>.

21. 내가 꾼 꿈 중에 제일 좋은 꿈은 <u>모르겠다</u>.

22. 나의 나쁜 점은 <u>약속을 안 지키고 공부를 귀찮아하는 것</u>.

23. 나를 가장 슬프게 하는 것은 <u>학교</u>.

24. 남자애들은 <u>짜증을 많이 낸다</u>.

25. 선생님들은 <u>화를 많이 내신다</u>.

26. 나를 가장 화나게 하는 것은 <u>강아지가 '으르렁'할 때</u>.

27. 나는 공부 중에 <u>수학과 과학을 못한다</u>.

28. 내가 꾼 꿈 중에 제일 무서운 꿈은 <u>내가 방문을 열었을 때 귀신이 사람을 죽이는 꿈</u>.

29. 우리 엄마 아빠는 <u>많이 싸운다</u>.

30. 나는 커서 <u>수의사</u>이(가) 되고 싶다.
　　왜냐하면 <u>길거리에 고양이, 강아지들이 다니는데 그게 불쌍해서</u>.

31. 내 소원이 마음대로 이루어진다면,

첫째 소원은 <u>엄마, 아빠가 화해하는 것.</u>

둘째 소원은 <u>가족들이 안 아픈 것.</u>

셋째 소원은 <u>강아지가 죽지 않는 것.</u>

32. 내가 만일 먼 외딴 곳에 혼자 살게 된다면, <u>엄마, 아빠, 오빠와 제일 같이 살고 싶다.</u>

33. 내가 만일 동물로 변할 수 있다면 <u>강아지</u>이(가)되고 싶다. 왜냐하면 <u>주인을 조정하니까.</u>

(4) 로샤 검사

카드 번호	반응 시간	반응 번호	연상반응	질문반응
I	5"	①	박쥐	① (전체) 그냥./ 날개, 몸. 박쥐같고 검정색.
		V∧②	여우	② (전체) 여우 가면./ 눈, 코.
		V③	뭔지 이상해요.	③ (전체) 로케트./ 여기 위로 불 나오면 로케트가 날라가요./ 지금 우주에 떠 있어요. 연료가 없어서.
II	4"	①	드릴	V① (전체) 이거가 빙글빙글 돌아가면서 땅 파요./ 두 개.
		V②	먼지	② 검정색이랑 있어서./ 위에 빼고.
			T.L.) 몰라요.	
III	2"	①	사람 둘이서 물 뜨는 거.	① 아까는 그런 것 같았는데 안 그런 것 같아요.
		V②	괴물	② 이빨, 사마귀./ 머리하고 여기 허리까지.
IV	6"	①	먼지	① (전체) 꺼멓구요. 이렇게 먼지 같이.
V	1"	①	박쥐	① (전체) 날개, 발, 더듬이.
VI	2"	①	먼지	① (전체) 검정이고, 먼지처럼 생겨서.
VII	3"	①	몰라요. 먼지. (귀찮은 듯이)	① (전체) 이렇게 생긴 게 먼지예요.
			T.L.) 몰라요. 까매요.	
VIII	9"	①	먼지	① (전체) 알록달록하고 검정이어서.
			T.L.) 공룡	
IX	8"	①	식물	① 그냥 모양이.
X	2"	①	물감칠	① 유치원에서 물감 짜서 이렇게(반 접는 시늉을 함.) 하면 이런 모양 나왔어요.
			T.L.) 게인가?	

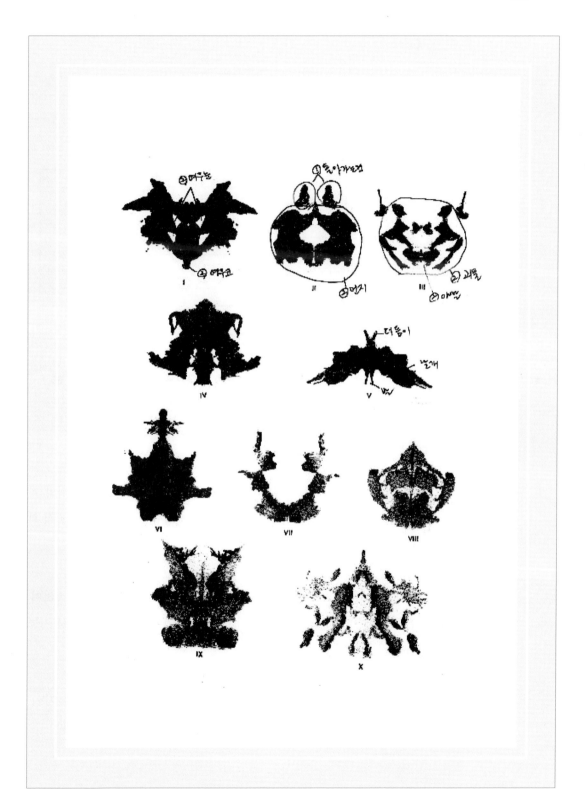

(5) 母 성격검사

母 MMPI

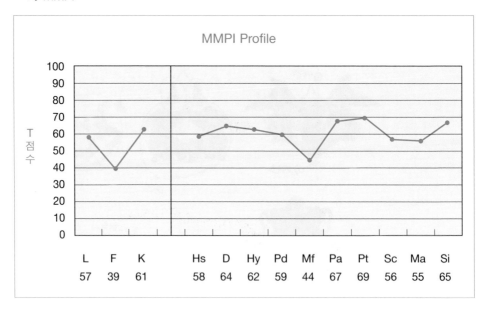

	L	F	K		Hs	D	Hy	Pd	Mf	Pa	Pt	Sc	Ma	Si
	57	39	61		58	64	62	59	44	67	69	56	55	65

3) 검사결과

① BGT: 점과 선의 모사가 다소 부정확하며 도형의 배치가 부적절하지만, 뇌의 기질적 손상은 시사되지 않음. 정서 불안과 위축되어 있는 경향 등이 시사됨(즉각적 회상 = 5).

② 인지 기능: K-WISC-Ⅲ로 측정한 전체검사 IQ는 101로 〔보통〕 수준에 속하며, 동등 수준 혹은 〔보통 상〕 수준의 지적 잠재력이 추정됨. 언어성 지능과 동작성 지능의 차이는 보이지 않음.

상식문제	공통성문제	산수문제	어휘문제	이해문제	숫자문제	언어성지능
10	13	6	11	10	(5)	100

빠진곳찾기	차례맞추기	토막짜기	모양맞추기	기호쓰기	동작성지능
11	8	12	10	11	103

주의집중력을 제외한 전반적인 인지 능력이 평균 수준 이상으로 고르게 발달되어 있음. 어휘력이나 언어 표현력, 상식적 지식, 추상적 사고력 등 후천적인 학습에 의해 습득된 지식이 보통 수준에 속해 학습의 기초는 비교적 양호해 보임. 또한 시각적 예민성, 시각 – 운동 협응력 등 전반적인 지각적 조직화 능력도 보통 수준으로 양호함.

그러나 현재 주의집중력이 매우 저하되어 있어 산수에서 연산의 오류를 보이거나, 쓰기에서 철자를 생략하거나 틀리는 등의 오류(문장완성검사에서, '좋한다(좋아한다)' '사긴다(사귄다)')를 보이는 등 학업 성취에서 지적 잠재력을 충분히 발휘하지 못하겠음. 더욱이 학습 동기와 자신감이 매우 부족해 실제 학업 성취는 매우 저조하겠음.

또한 사회적 상황에 대한 관습적 이해 및 사회적인 단서를 파악하는 능력은 양호하게 발달되어 있으나, 현재 정서적으로 상당히 위축되고 불안정하여 실제 대인관계에서는 문제 해결을 회피하는 등의 수동적인 대처 양상을 보일 수 있겠음.

③ 사고 및 문제 해결: 명확한 지침이 있는 구조화된 과제를 해결하는 데는 별 어려움을 보이지 않지만, 집중을 요하거나 복잡한 문제를 해결해야 하는 상황에서는 지나치게 긴장하고 불안정해져서 주의집중력이 급격히 저하되고, 자신감도 저하되어 쉽게 포기하는 등 회피적인 양상을 보이겠음. 따라서 학교 학습을 비롯한 일상생활의 문제 해결에서 상당한 어려움을 보일 것으로 판단됨. 정서 불안과 무력감으로 인해 지적 잠재력에 비해 사고 내용이 단순해져 있으며 사고의 폭도 협소해져 있음.

④ 정서 및 성격: 정서적으로 매우 불안정하고 위축되고 무기력한 양상을 보이고 있음. 현재 전반적인 의욕과 활력 수준이 저하되어 있으며 우울감이 내재되어 있는 것으로 보임.

성격적으로 소심하고 소극적이며 사소한 스트레스 상황에서도 지나치게 긴장하고 불안해져 회피하는 경향을 보이는바, 현실 생활의 어려움에 효율적으로 대처하지 못하겠음. 따라서 공부 스트레스나 또래 관계 어려움 등을 극복하지 못하고, 매사에 의욕이 저하되어 관심사가 축소되어 가고 있음. 현재는 등교도 거부하는 등 현실에서

도피하려 하며 사회적으로 위축되어 있음.

타인과의 관계형성에 대한 욕구는 있지만, 타인의 평가에 대해 매우 예민해 쉽게 긴장하고 불편감을 경험하겠음. 기본적으로 가족과의 관계에서 친밀감을 경험하지 못하고 긍정적인 상호작용 경험이 부족했던 것으로 판단됨. 현재는 타인에 대한 관심이 저하되어 있으며 긍정적인 대인관계에 대한 기대감과 자신감이 부족함.

부모의 만성적인 불화로 인해 심리적인 환경이 안정되지 못해 무력감을 오랫동안 경험해 온 것으로 보임. 현재 생활 전반에 걸친 부적응이 현저하므로 아동의 내재된 우울감과 불안감을 해소하고 긍정적인 정서 경험과 의욕을 증가시킬 수 있도록 가족의 지지와 전문적인 심리치료가 요구됨. 부진한 학습과 학교생활 부적응을 개선하는 것도 필요함. 또한 부모의 부부 문제 해결을 위한 상담도 필요하겠음.

4) 요 약

① BGT: 뇌의 기질적 장애는 시사되지 않음.
② 인지 기능: 보통 수준(FSIQ=101, VIQ=100, PIQ=103)/주의집중 곤란과 학습 부진.
③ 사고 및 문제 해결: 사고 내용이 단순하고 인지적 회피 경향을 보임.
④ 정서 및 성격: 무기력과 의욕 저하, 불안과 긴장, 위축되고 있고 회피적 대처를 보이며 대인관계에서 과민함.

4. 사례개념화 및 심리치료 계획

1) 문제 목록

① 행동: 등교를 거부하며 선택적 함묵증을 보인다.
② 정서: 무기력하고 우울과 불안이 내재되어 있으며 쉽게 긴장하고 과민해진다.
③ 사회: 사회적 관심이 부족하고 대인관계에서 긴장하며 회피하려는 경향을 보인다.
④ 학업: 학습 동기가 매우 부족하고 주의집중력과 자신감의 저하로 인해 전반적인 학습 부진을 보이고 있다.

⑤ 가족: 부모의 불화, 부모의 성격과 정서적인 문제 등으로 인해 불안정한 가족 관계가 시사된다.

2) 진 단

아동 면담과 母와의 면담 자료, 행동 관찰 및 심리검사 결과 등을 종합하여 우울 및 불안장애로 진단하였다.

3) 문제의 원인 및 유지 요인과 사례 역동

미정은 현재 전반적인 의욕과 동기 수준이 저하되어 있으며 우울감과 불안감을 경험하고 있다. 성격적으로도 소심하고 소극적이며 쉽게 긴장하는바, 스트레스를 회피하는 대처 방식을 사용하는 것으로 보인다. 오랫동안 무력감을 경험해 온 것으로 보이며, 현재 매사에 의욕이 저하되어 학교 공부나 친구 사귀기 등에도 관심을 보이지 않으며 등교도 거부하는 등 위축되어 지내고 있다.

미정의 이런 여러 가지 문제들은 유아기 때부터 부모의 만성적인 불화를 경험하고, 양육자와 안정되고 편안한 관계 형성 경험이 부족한 데서 시작되어, 이후 친밀하고 긍정적인 대인 관계를 잘 맺지 못하고 학업 성취도 저조함으로 인해 계속 심화되어 온 것으로 판단된다. 부모의 예민한 성격 특성상 개방적이고 긍정적인 의사소통을 잘하지 못하는 등 가족 간의 갈등이 지속되어 온 듯하다. 또한 오래 전부터 부모가 우울, 불안 등 정서적인 문제를 갖고 있었던 것으로 보인다. 따라서 미정의 욕구나 감정 상태를 세심하게 배려하지 못하고, 적절한 정서적인 지지를 제공하지 못했던 것으로 판단된다. 이런 가정 분위기로 인해 미정이 긍정적인 정서 경험이나 친밀한 대인관계 경험을 하지 못하고, 부정적인 정서 상태가 지속되어 온 것으로 보인다.

4) 심리치료 목표

미정의 경우 내재된 우울감과 불안감을 해소하고 자신의 욕구나 감정을 솔직하고 편안하게 표현할 수 있도록 돕는 것이 필요하다. 또한 긍정적인 정서 경험과 온정적인 대인관계를 경험하게 함으로써 의욕과 활력 및 자신감을 향상시키고, 스트레스 상황에 적극적으로 대처하는 방법을 교육함으로써 등교 거부나 대인 회피 등의 문제를 해결하는 것이 요구된다. 현재는 주의 집중력도 저하되어 있으며 학습 의욕과 자신감도 매우 부족해 수학, 읽기, 쓰기 등 전반적인 학습에서 어려움을 보일 것으로 예상되는바, 학습과 학교 적응과 관련해서도 단계적인 도움이 필요할 것으로 판단된다. 이를 위해 미정에 대한 심리치료와 학습치료뿐 아니라, 가족의 지지와 부모 문제 해결을 위한 상담이 유용할 것으로 판단된다. 각 영역별로 구체적인 치료 목표는 다음과 같다.

① **행동**: 학교생활에 대한 적응력을 향상시켜 다시 등교하기. 자신의 욕구나 감정을 편안하고 솔직하게 표현하기.
② **정서**: 무기력, 우울, 불안을 해결하고, 긍정적인 정서를 경험하기.
③ **사회**: 사회적 관심을 향상시키고 친밀한 가족 관계와 또래 관계 형성하기.
④ **학업**: 학습 동기와 자신감 향상을 바탕으로 지체된 학습을 보완해 학습 부진에서 벗어나기.
⑤ **가족**: 부모의 갈등 해결을 위한 상담, 가족 의사소통 방식에 대한 교육, 부모의 성격과 정서적인 문제를 해결하기 위한 개입을 통해 미정에게 적절한 정서적 지지를 제공하기.

5) 치료 방법

내담 아동의 문제가 만성화되고 자기표현을 심각하게 억압하며 전반적인 무기력감이 내재되어 있는 것으로 보여, 장기간의 치료가 필요할 것으로 판단되었다. 내담 아동에 대한 개인 심리 치료, 부모교육과 상담, 가족 문제에 대한 개입 등을 병행하는 것이 가장 효과적일 수 있다. 父는 내담 아동에게 무관심하고, 주 양육자인 母는 정서적으로 불안정한 상태로, 내담 아동이 친밀하고 안정된 관계 형성 경험이 매우 부족하고 부정적인 정서를 오랫동안 억압해 온 것으로 보이는바, 안정된 대상관계를 형성하고 억압된 감정들을 해결하기 위해 정신역동적인 접근방법이 도움이 될 것으로 판단되었다. 또한 부모교육과 가족 간에 효율적인 대화 방법의 교육 등도 필요해 보였다. 아래에 구체적인 치료 방법에 대해 요약하였다.

① **정신역동적 놀이치료(주 2회)**: 미정이 학교에 가지 않고 집에만 있는 심각한 상태이므로, 초기 회기 동안에는 일주일에 2회씩 치료하기로 함. 자신의 욕구와 감정 표현을 심하게 억압하고 있으므로 지나친 방어를 감소시켜 자기표현을 적절하게 하기, 부정적인 감정들을 정화하기

② **부모교육**: 부부 갈등 상태에 대한 해결 방안 모색, 자녀와 안정된 관계 맺는 방법과 효과적인 훈육 방법에 대한 교육, 가족의 긍정적인 정서 경험을 위한 개입 등

5. 심리치료 과정

1) 초 기

긍정적이고 안정된 치료자–내담자 관계의 확립과 치료 동기 및 의욕 향상을 목표로, 수용하기, 기다리기, 버텨주기, 지지하기 등의 기법들을 주로 사용하였다. 또한 부모교육을 병행하여 긍정적인 부모–자녀 관계 형성, 긍정적인 정서 경험 방법에 대한 교육, 솔직하고 개방적인 감정표현과 의사소통 방법에 대한 교육을 계속하였다.

■ 1회기

＊ 미정이 체스 게임을 선택해 조용하게 놀이를 하였다.

• 〔치료자가 심리검사 결과에 대해 설명해 줌. 지능검사 결과, 미정이 공부를 못하는 것이 머리가 나빠서가 아니라 공부에 대한 자신감과 의욕이 부족하고 집중을 잘하지 못하는 데서 기인한다는 것을 알려주어 자존감을 향상시키고자 시도함.〕 (치료자의 설명을 듣고 나서 말 없이 고개를 끄덕이며 수긍함.)

• (치료자가 치료실에서 무엇이든 하고 싶은 것을 할 수 있다고 말하자 한참 망설이다가 체스를 선택함.) 학교에서 해 봤어요. 근데 어떻게 하는 건지 잘 몰라요. (치료자가 체스의 규칙을 가르쳐주자 금방 이해하고 규칙에 따라 수행함. 말 없이 한참 동안 생각하면서 체스 말을 움직임. 동작이 매우 느리지만 규칙을 지키면서 게임을 함. 치료자가 이기자 아무런 표정 변화 없이 스스로 정리하고 끝냄.) 〔치료자는 미정의 행동들을 반영함으로써 수용받고 존중받는다는 느낌을 가질 수 있도록 노력함. 또한 규칙

을 잘 지키는 데 대해 칭찬함으로써 긍정적인 정서를 유발시키고자 시도함.)

- 첫 시간에 대한 느낌: 그냥./ 게임이 재미있었나: 예.

요약 및 설명

미정이 어두운 표정으로 치료자를 쳐다보지 않고 말도 거의 하지 않았다. 또한 매우 느리게 게임을 진행하였으며 표정 변화를 보이지 않았다. 치료자는 밝고 긍정적인 분위기를 조성하고, 미정의 모든 행동을 존중한다는 것을 표현하기 위해 미정의 행동들에 대해 자주 반영하였다. 또한 게임의 규칙을 잘 지키고 차분하게 게임을 하는 것에 대해 칭찬하여 미정이 긍정적 정서를 경험할 수 있도록 노력하였다.

〈母 면담〉

- 미정과 母의 관계에 대해 보고하였다.

　미정이 치료받으러 오는 것을 거부하지 않았다. 밖에 잘 안 나가려 하는데 의외였다.

　母가 잠도 잘 못 자고 늘 피곤하고 무기력해서 미정에게 세심하게 배려를 못해 준다.

　나 역시 母와 관계가 안 좋다. 母가 나를 사랑하고 나에게 많은 것을 해 주었지만, 내 의견을 존중해 주지 않았고, 母가 원하는 대로 하지 않으면 화를 냈었다. 내가 실수하는 것을 용납하지 않았다.

　나도 화가 나면 나도 모르게 아이들에게 무섭게 대한다. 그래서 그런지 미정이 나에게 거리를 두려는 것 같다. 아이들에게 어떻게 해줘야 할지 잘 모르겠다.

요약 및 설명

미정 母가 아이들 양육에 관심이 있지만 친밀한 관계를 맺거나 효율적인 양육을 하는 방식을 잘 모르는 것으로 보였다. 미정 母 자신도 母와의 관계가 안정적이지 않았던 듯하고, 유사한 모녀 관계가 세대를 이어 전이되는 것으로 판단되었다. 치료자는 母가 현재 겪고 있는 어려움과 스트레스에 대해 공감하고 정서적인 지지를 제공함으로써, 우선 母의 상태가 호전될 수 있도록 상담하였다.

■ 2~6회기

＊ 매 회기마다 똑같은 게임을 말 없이 반복하였다.

• (블루마블 게임을 선택함. 규칙을 잘 지키고 차분하게 함. 처음에는 돈 계산이 조금씩 틀리다가 갈수록 정확해짐. 게임을 할 때 투자를 많이 안 하고 값이 싼 별장 위주로 지어서 돈을 많이 벌지 못함. 미정이 이기든 지든 별다른 표정 변화가 없음. 치료자가 이겼을 때 섭섭한지 질문하면 아니라고 대답함.)

요약 및 설명

미정이 말을 거의 하지 않고 조용하고 느리게 게임을 하였다. 규칙을 잘 지키지만 융통성 없는 방략을 기계적으로 계속 사용하고 승패에 관심을 보이지 않았다. 표정 변화가 거의 없고 무기력해 보였으며, 치료자와도 거리를 두는 것으로 판단되었다.

치료자는 미정이 말을 안 하는 것이나, 행동이 느린 것 등에 대해 존중하고 반영하며 기다려 주기를 계속하였다. 회기가 진행되면서 미정이 말을 조금씩 많이 하고, 치료자를 향해 간혹 짧게 미소를 짓기도 하였다.

〈母 면담〉

• 미정의 최근 생활과 양육의 어려움에 대해 보고하였다.

이제 곧 학기가 시작되는데 미정이 학교 갈 생각이 아예 없는 것 같다. 학교나 공부에 대해 얘기하면 싫다고 단정적으로 말한다.

담임이 미정에게 전화했는데 안 받았다. 담임 말로는 미정이 학교에서 특별한 일이 있었던 것은 아니라고 한다.

미정과 母의 관계는 예측할 수 없다. 어떤 때는 가까운 것 같고, 또 어떤 때는 서로에게 냉정하고 무관심하다. 미정이 어떤 때는 母를 위해 구두를 닦아 놓기도 하지만, 대개 자기 의사를 잘 표현하지 않고 감춘다. 母가 칭찬해도 시큰둥하다. 미정이 뭘 원하는지 모르겠다.

母가 부정적인 경향이 있다. 뭐가 잘못 되면 어떡하나? 늘 걱정을 하고 있다.

미정이 치료받으러 오는 것을 좋아하는 것 같다. 갈 시간이 되면 미리 준비하고 기다린다.

요약 및 설명

치료자는 母의 초조한 감정에 대해 공감하고, 등교 문제는 시간을 두고 여유 있게 접근하는 것이 필요함을 설명하였다. 현재는 미정의 무기력한 상태를 개선하는 것이 최우선 목표이며, 학교에 다시 가기 전에 충분히 준비를 할 필요가 있음을 설명하였다. 안정된 모녀 관계 형성을 위해 母가 일관성 있고 공감적인 태도로 미정의 욕구와 감정을 배려할 것을 조언하였다.

■ 7회기

＊ 등교 문제에 대해 대화하였다. 〔새 학기가 다가오고 있어, 미정의 현재 주된 문제인 등교 거부 문제에 대해 대화를 통해 해결책을 모색하려 시도함.〕 이 과정에 대해 아래에 축어록을 제시하였다.

치료자: 다음 주면 새 학기가 시작되는데, 학교 가는 거에 대해 생각해 봤니? 〔미정의 주된 문제에 대해 직접적인 질문을 함.〕

미정: 아직.

치료자: 별로 생각 안 해 봤구나. 아마 오랫동안 학교에 안 가서 학교 가는 게 좀 어색할 수 있겠다. 학교에 다시 간다면 어떤 게 힘들까? 〔등교와 관련된 어려움에 대해 질문함.〕

미정: 공부랑 친구.

치료자: 공부하는 것과 친구 사귀는 게 제일 걱정이구나. 〔미정의 말을 반영함.〕

미정: 요즘 화나요. 〔미정이 처음으로 감정을 언어로 표현함.〕

치료자: 화가 난다고? 좀 더 얘기해 볼래? 〔미정의 감정을 더 깊이 탐색하기 위한 질문을 함.〕

미정: 아침에 일찍 일어나려 하는데 안 돼서 화나요. 〔아침에 늦게까지 일어나지 않던 습관을 스스로 고쳐보려는 의지를 표현함.〕

치료자: 아, 미정이가 일찍 일어나서 뭘 하려고 하는데 잘 안 일어나져서 속이 상했구나. 일찍 일어날 생각을 하다니 기특하네. 〔미정의 감정에 공감하고, 새로운 시도를 하려는 의지와 노력을 칭찬함.〕

미정: 그런데 공부는 재미없어요. TV는 재미있어요.

치료자: TV 보는 건 좋은데 공부가 재미없으니, 학교 가는 것이 썩 내키진 않겠다. 〔미정의 말을 반영하고 명료화함.〕

미정: 학교에 갈까 생각도 했어요.

치료자: 그래? 학교 갈 생각을 해 봤구나. 학교 가면 어떨 것 같아?

미정: 힘들 것 같아요. 공부 때문에.

치료자: 미정이가 공부를 잘 해야겠다는 생각이 있는 것 같아. 그런데 기대했던 것만큼 안 돼서 실망하고. 〔미정의 욕구에 대해 명료화함.〕

미정: 생각대로 안 돼요.

치료자: 잘하고 싶은데, 그게 잘 안 되니까 속상했구나. 그래서 공부를 못하니까 학교도 안 가고 싶고.

미정: 엄마는 학교 좀 가라고 그래요.

치료자: 엄마에게 그런 얘기 들으면 어떤 기분이 들어? 〔자신의 감정 상태를 부정하지 않고 직면하도록 유도하는 반응을 함.〕

미정: 싫어요.

치료자: 미정이도 학교 문제 때문에 고민하는데, 엄마가 이해를 잘 못해 주는 것 같아 섭섭했나 봐. 〔미정의 감정 상태를 명료화함.〕

미정: 예.

치료자: 그랬구나. 학교에 갈지 말지는 다른 사람이 결정하기 어려울 것 같아. 결국 미정이가 스스로 결정해야 하는데, 학교에 가는 것과 안 가는 것의 장, 단점에 대해서도 생각해 보고, 만약 학교에 가면 어떤 게 힘들지, 그걸 어떻게 해결할지도 같이 의논해 보고, 그러면 현명한 결정을 내릴 수 있을 거야. 그럼 먼저 학교에 안 가서 좋

은 점은 뭘까? 〔미정의 자율적인 결정을 존중하지만, 효과적인 의사 결정 방식을 사
용할 것을 조언함.〕

미정: 공부 안 해서.

치료자: 공부 안 하는 게 마음에 드는구나. 그럼 나쁜 점은?

미정: 실력이 뒤져요.

치료자: 그래. 장래를 위해서는 실력을 키워야 할 텐데, 그게 안 되겠구나. 그럼 학교 가
는 것의 좋은 점은 뭘까?

미정: 공부를 제대로 하는 거요.

치료자: 그래, 학교에서 공부하는 게 체계적으로 잘 되겠지? 그럼 학교 가서 나쁜 점은?

미정: 밖에 나가는 게 싫어요.

치료자: 미정이가 집에 계속 있다 보니까 밖에 나가는 게 불편한가 보다. 〔미정의 어려
움에 대해 반영하고 명료화함.〕

미정: 나가면 친구 마주칠 수 있는데, 뭐라고 해야 할지.

치료자: 친구를 만났을 때 무슨 말을 할지 고민이 돼서 밖에 안 나가려 하는구나.

미정: 왜 학교 안 나오냐? 그러면.

치료자: 그런 질문을 받으면 당황할 수 있겠다. 〔미정의 감정에 공감함.〕

미정: 뭐라고 해야 할지.

치료자: 그 고민거리에 대해 우리가 이야기를 해 보면, 분명히 해결책을 찾을 수 있을
거야. 〔치료자가 해결책을 알려주기보다 미정이 자신의 대처 능력을 키우기 위해
노력하도록 격려하는 반응을 함.〕 만약 길에서 친구를 만났는데, 친구가 왜 학교 안
나와? 그러면 미정이가 아마 여러 가지로 대답할 수 있을 텐데, 한 가지씩 생각해
보자. 일단 뭐라고 말할 것 같아?

미정: 모르겠어요.

치료자: 그래, 갑자기 질문 받으면 당황해서 무슨 말을 해야 할지 생각이 안 날 수 있어.
그래서 그런 걸 미리 생각해 두면, 나중에 당황하지 않고 말할 수 있을 거야. 만약
솔직하게 얘기한다면 뭐라고 말할 거야?

미정: 공부하기 싫어서 안 나간다고.

치료자: 그래, 공부가 힘들어서 좀 쉬고 있다고, 그런 식으로 말할 수 있겠네. 그렇게 말
하면 친구도 이해할 것 같은데.

미정: 글쎄요. 모르겠어요.

치료자: 그래, 결과가 어떨지 확신하긴 어렵지. 미정이가 오랫동안 친구도 안 만나고 그
래서, 갑자기 친구를 만나게 되면 좀 어색하고 그럴 수 있어. 그렇지만 나는 미정이
가 그런 걸 다 극복할 능력이 있다고 믿어. 그리고 우리가 같이 더 많이 이야기하고
여러 가지 해결책을 찾아보는 연습도 할 테니까 미정이가 자신감을 갖게 될 거야.
〔당장 결정 내리는 것을 유보하는 것을 허용하고, 미정의 문제 해결 능력에 대해 긍
정적인 기대를 하고 자신감을 북돋기 위한 반응을 함.〕

- (남은 시간 동안 블루마블 게임을 함. 게임하는 방식에서 다소 변화를 보임. 예전과는 다
른 전략을 사용해 값이 비싼 유럽 지역에 집중적으로 투자함.) 유럽을 다 갖고 싶어요.
〔승리에 대한 관심과 의욕을 표현하는 것으로 판단됨.〕
- (치료자가 서울 올림픽을 사자, 미정이 그곳을 지날 때마다 걸릴까봐 미리 걱정함.) 돈
없는데 걸리면 어떡하지? (실제로는 돈을 갖고 있으면서도 계속 걱정하는 말을 함.)
〔미정이 걱정거리를 억압하지 않고 자연스럽게 표현하는 것으로 보임.〕
- (미정이 장기자랑에 걸리자 쑥스러워하며 장기자랑을 못해서 돈을 벌 기회를 놓침.) 〔다
음에는 장기자랑할 것을 미리 준비해 와서 돈을 받으라고 조언하였음.〕
- (집중적인 투자로 미정이 승리하자 미소를 띠며 기뻐함.) 〔긍정적인 감정 표현을 하
기 시작하는 것으로 보임.〕

요약 및 설명

미정이 언어 표현을 많이 하고, 자신의 의사를 정확하고 솔직하게 전달하는 등 치료
자와 자연스럽고 편안한 의사소통을 하기 시작하였다. 미정이 학교에 가는 것을 몹시
부담스러워 해, 그 문제는 좀 더 시간 여유를 갖고 준비하기로 합의하였다. 어려운 문제
에 직면하고 해결해 나갈 자신감이 부족해 회피적 대처를 많이 하는 것으로 보였다. 그
러나 공부를 잘하고 싶은 욕구와 아침에 일찍 일어나려는 시도 등 긍정적인 변화가 시
작된 것으로 판단되었다. 치료자는 미정에게 결정을 강요하지 않고 의사 결정을 스스로
할 수 있도록 도움을 주고자 노력하였다. 미정은 학교에 갈 때까지 집에서 계획을 세워
공부하기로 치료자와 약속하였다.

404

미정이 게임을 할 때 사용하는 전략에서도 변화를 보이고 승부에 관심을 갖기 시작하였다. 즉, 돈을 잃을까봐 미리 걱정하고, 이겼을 때 기쁜 감정을 표현하였다. 치료자는 미정이 표현하는 감정, 욕구, 행동에 대해 반영, 공감해 주고 수용적인 태도를 보여 줌으로써 자기표현을 더 많이 할 수 있도록 격려하였다.

〈母 면담〉

- 최근 미정의 변화에 대해 보고하였다.

  미정이 좀 밝아졌다. 웃기도 하고 말도 예전보다 많이 한다.

  학교 가는 문제에 대해서는 생각해 보겠다고 한다. 아직은 학교 가기 싫고, 집에서 혼자 공부해 보겠다고 해서 칭찬해 주었다.

요약 및 설명

미정이 다소 의욕과 활력이 생기고, 힘들어하는 공부에 대해서도 하려고 하는 의지를 보이고 있는 등 약간의 변화를 나타내고 있는 것으로 보였다. 가족의 정서적인 지지가 필요하고, 긍정적인 상호작용을 할 기회를 만드는 것이 중요함을 母에게 조언하였다.

■ 8~11회기

＊ 블루마블 게임을 선택해 말을 많이 하면서 즐겁게 하였다.

- (블루마블 게임을 하면서 이기고 싶어하고 값이 비싼 지역에 집중적으로 투자하는 등 다양한 전략을 사용함. 미정이 지은 호텔이나 별장에 치료자가 걸리면 박수를 치며 좋아함.) 선생님, 걸려버렸어요. 호호. 〔즐거운 감정을 솔직하게 표현하고 귀염성 있게 말하는 등 치료자와의 관계를 편안하게 느끼는 것으로 보임.〕

- (게임에서 버는 장난감 돈을 소중하게 다루며 단위별로 차곡차곡 정리함.) 돈 없는데, 더 잃으면 안 되는데. (돈 걱정을 많이 함.) 〔미정의 이기고 싶어하고 돈을 많이 벌고 싶어하는 동기와 의욕에 대해 반영해 줌. 또한 돈을 갖고 있으면서도 잃을까봐 두려워하는 감정에 대해 반영하고 공감해 줌.〕

(미정이 승리하면 미소를 띠며 기뻐하고, 지면 표정 변화 없이 수긍함.)

요약 및 설명　● ● ●

　　미정이 게임을 하면서 자주 웃고 박수를 치는 등 긍정적인 정서 표현이 많아졌다. 치료자에게도 귀여운 태도를 보이는 등 친밀하게 느끼는 것으로 보였다. 또한 게임에서 이기고 싶어 하면서 여러 가지 전략을 사용하고 열심히 집중해서 하는바, 의욕과 활력이 다소 증가하고 무기력증에서 벗어나기 시작하는 것으로 판단되었다.

〈母 면담〉

- 미정의 최근 긍정적인 변화에 대해 보고하였다.

　　요즘 미정이 점점 나아지는 것 같아 기분이 좋다. 조금씩 대화가 가능해지는 것 같다. 책도 좀 들여다본다. 시간이 걸리더라도 심리치료를 계속 받게 하고 싶다.

　　아무래도 부모 문제가 미정에게 나쁜 영향을 준 게 아닌가 걱정된다. 요즘은 미정이 얘기하는 걸 잘 들어주려 노력한다.

요약 및 설명　● ● ●

　　미정 母가 미정을 보는 시각이 다소 긍정적으로 변화하고 있으며, 좋은 관계를 형성하기 위해 노력하는 것으로 보였다. 치료자는 미정 母의 노력에 대해 인정하고 미정에게 지속적인 관심을 제공할 것을 조언하였다. 또한 母 자신이 무기력하고 정서적으로 안정되지 않은 것이 미정에게 영향을 준다는 것을 인식하고 있어, 필요하다면 母가 개인 심리치료를 받도록 권유하였다.

2) 중 기

미정이 치료자와 편안한 관계를 맺을 수 있고, 의사 표현과 감정 표현이 가능해졌으며, 의욕과 활력 수준도 다소 증가되었다. 따라서 치료 중기 단계부터는 긍정적인 치료 관계를 지속함으로써 안정된 대상관계를 형성하고, 미정이 그동안 억압하였던 감정들을 인식하고 표현하도록 하는 데 주력하였다. 또한 공부 문제 등 현재 당면한 문제들에 대해 좀 더 직면하게 하고, 대처방식들에 대해 검토하게 하는 등 현재 생활에 더 잘 적응할 수 있도록 돕는 데 초점을 두었다.

■ 12회기

＊ 일상생활에 대해 대화하고 게임을 하였다.

- 최근생활: 수학과 영어 과외를 시작했다./ 선생님이 집으로 오신다./ 재미있다./ 아침에 일찍 일어나려 노력하고 있다. 자명종도 해 놓고 잔다. 그래도 늦잠 잘 때가 많다.
- 요즘 母와의 관계: 생각나는 게 없다./ 요즘 기억이 끊긴다. 〔母에 대해 부정하고 싶은 감정이 있는 듯함.〕
- 운동이나 외출: 자전거 타려고 하는데 못 탔다./ 앞으로 해 보겠다./ 내일은 母와 백화점 가기로 했다./ 옷 사러. 〔바깥 활동에 대한 의욕을 조금씩 갖기 시작한 것으로 보임.〕
- (블루마블 게임을 즐겁게 함.) 좋은 거 사야 되는데. (비싼 땅만 사려고 계속 기다리다가 많이 사지 못함.) 걸리면 안 되는데. (치료자가 지은 건물에 걸릴까봐 미리 걱정함.) (치료자의 건물에 걸릴 때마다 극단적으로 부정적인 말을 함.) 이제 끝장이다. 졌다. (미정이 게임에 진 것에 대해 순순히 수긍함.)

요약 및 설명

미정이 아침에 일찍 일어나고 과외 공부를 시작하는 등 일상생활에서 상당한 변화를 보였다. 한편으로, 불안감을 놀이를 통해 많이 표출하기 시작하였다. 즉, 게임을 할 때 미리 지나치게 걱정하고, 사소한 어려움에도 극단적으로 부정적으로 생각하는 인지 편향을 보였다.

또한 치료자가 母와의 관계에 대해 질문하자 기억이 잘 안 난다고 하는 등 방어적인 태도를 보이는바, 母와의 관계와 관련된 만성적인 불안감과 양가감정이 억압되어 있는

것으로 보였다. 치료자는 공감적인 태도로 미정의 불안감을 반영하고 직면시키려 노력
하였다.

■ 13~18회기

＊ 최근 생활에 대해 대화하고 게임을 하였다.

• 공부: 지하철 타고 서점에 가서 공부할 문제집을 사 왔다./ 요즘 공부 많이 한
다./ 공부 욕심이 조금은 있다./ 지금 3학년 거 위주로 공부하고 있다./ 과외 선
생님이 잘 가르쳐 준다.

• 공부 스트레스: 많았다. 기대하는 만큼 안 되었다.

• 학교 가는 문제: 아직은 아니다. 좀 더 준비해야 된다./ 전에 공부를 잘하는 편이
었다. 지금은 너무 떨어져 있어서 공부를 많이 해야 한다.

• 요즘 母와의 관계: 별로다./ 학교 안 간다고 많이 야단쳤다./ 母가 무서운지: 그
건 아닌데, 그런 기분이 든다./ 母와 좋은 기억: 기억 안 난다. 〔母에 대한 다소
부정적인 감정을 표현함.〕

• 父와의 관계: 별로 안 친하다./ 서로 말 안 한다. 〔父와 거리감을 느끼고 있으며,
긍정적인 관계가 형성되지 못한 듯함.〕

• 친구 만나기: 아직은 아니다./ 막상 만나면 어떻게 해야 할지 모르겠다. 며칠 전
에 학교 친구 한명이 나에게 이메일 보내서 답장은 했다. /기분: 모르겠다./ 반
가움: 별로./ 학교 언제 나오냐고 해서 그냥 공부하는 얘기 썼다./ 친구의 관심에
대해: 별로 관심 없다./ 학교 안 다닐 때부터는 친구에 관심이 없어졌다./ 친구를
계속 사귀는 게 안 된다./ 이유: 친구들이 나를 좋아할지 몰라서./ 이메일 주고받
는 것은 괜찮은데, 만나는 건 싫다. 〔친구 관계에 대해 솔직하게 이야기함. 친구
의 평가에 대해 예민하고 걱정하면서 수동적이고 회피적인 태도를 보이는 것으
로 판단됨.〕

• (블루마블 게임을 차분하고 즐겁게 함. 여전히 치료자의 건물에 걸릴까봐 미리 걱정하지
만, 한편으로 투자를 점점 과감하게 함.) 걸리면 어떡하지? 그래도 한번 해보는 거야.
(미정이 장기자랑에 걸리자 작은 목소리로 자장가를 노래하여 보상을 받음.) 〔소극적이
고 회피적인 태도에서 벗어나고 있는 것으로 보이며, 약간의 위험 부담을 감수

하면서 모험을 하려는 경향도 나타냄.) (미정이 이기면 기뻐하고, 치료자가 이긴 것에 대해서도 쉽게 받아들임.)

요약 및 설명

　　미정이 일상생활에 대해 치료자와 많은 대화를 하였다. 방어적인 태도가 감소하고 자기표현을 솔직하고 자연스럽게 하기 시작하였다. 공부에 대해 관심을 보이고, 외부와의 접촉을 시도하는 것으로 보였다. 그러나 타인의 평가에 예민하고, 회피적인 대인관계 양상에서 벗어나지 못하고 있는 것으로 판단되었다. 부모와의 관계에 대해서도 모호하고 부정적인 감정을 표현했으며, 긍정적인 기억이 별로 없어 안정된 대상관계 형성에 어려움이 있었던 것으로 보였다.

　　미정이 가족, 친구 등 전반적인 대인관계에서 친밀한 관계 형성이 어려운 것으로 보이는바, 자신의 부정적이고 예민한 대인관계 특성에 대해 자각할 수 있도록 치료자는 미정의 감정과 욕구 등에 대해 지속적으로 반영하고 직면시키려 노력하였다. 미정이 예민하고 걱정이 많지만 한편으로 놀이 상황에서 과감하게 모험을 시도하고, 장기자랑을 하는 등 적극적인 태도를 보여주기도 해, 치료자는 미정의 새로운 시도와 모험심을 인정해 주는 등 지지와 격려를 지속적으로 제공하였다.

■ 22회기

＊ 미정이 최근의 증상과 母와의 관계 등에 대해 많은 이야기를 하였다.

• 요즘 어려움: 집에 있으면 기억이 끊기고 멍해진다./ 어제와 오늘 아침에 갑자기 그랬다./ 예전에는: 기억이 안 난다./ 연상 내용: 그럴 때는 갑자기 몸이 다 아프다./ 지금은: 괜찮다. (일시적인 기억 상실 등의 해리 증상을 보이는 것으로 판단되지만, 구체적인 질문을 하면 기억을 잘 못하는 등 방어적인 태도를 보임.)

• 최근 생활: 母와 같이 외출했다./ 백화점 가고, 서점 가고./ 느낌: 별로다./ 근데 母가 요즘 나에게 신경 써주는 것 같다./ 전에는: 나한테 신경 안 써 줬다./ 신경 안 쓰는 더 좋았다. 갑자기 母가 신경 써서 이상하다./ 좀 귀찮다./ 자꾸 밖에 같이 나가자고 하고, 뭐 사 준다고 하고./ 母가 이상하다. 전에는 내가 뭐 사 달라고

하면 필요 없는 거는 안 사도 된다고 안 사 줬다./ 내가 나가기 싫을 때 나가자고 하면 귀찮고, 기분이 안 좋다. 그리고 母의 화장품 냄새가 싫다./ 母와 그 문제를 얘기한 적이 있는지: 없다./ 이유: 모르겠다./ 母가 싫어할까 봐: 모르겠다. 〔미정이 母의 냄새를 싫어하는 등 거부적인 태도를 갖고 있으며 母와 일정한 거리를 유지하는 것에 익숙해져 있어, 母의 관심과 배려를 불편하게 느끼며 양가감정을 경험하는 것으로 판단됨. 치료자는 미정의 감정을 명료화하고 더 깊이 탐색하려 시도하였음.〕

- 공부: 하고 있다. 어렵다./ 시간 계획: 잘 못 지킨다./ 일찍 일어나는 거 잘 못한다. 귀찮다. 늦게 자는 게 습관이 돼서 일찍 일어난 날은 졸립다./ 하루에 두세 시간 하고 있는데 조금씩 공부 시간을 늘려갈 것이다.

- (남은 시간 동안 블루마블 게임을 함. 즐거운 표정으로 게임에 몰두하고 투자를 과감하게 해서 돈을 많이 벌고 돈 계산도 정확하게 함.) 유럽을 다 사고 싶다. 근데 돈이 없다. (실제로는 돈을 많이 갖고 있어도 "돈 없다."라고 계속 말하며, 돈을 잃을까봐 걱정함. 또한 황금열쇠(카드 뒤에 적혀져 있는 것을 읽고 그대로 수행해야 함. 긍정적인 내용과 부정적인 내용이 섞여 있음.)에 걸리면 몹시 걱정하며 카드 뒤의 내용을 읽는 것을 주저함. 치료자가 한 번 걸려서 돈을 잃는 것을 본 이후로, 미정이 황금열쇠에 걸리면 어쩔 줄 몰라 하면서 안 보려고 함.) 도저히 못 읽겠어요./ 나쁜 것 걸릴까 봐: 그렇다. (치료자가 실제로는 좋은 내용과 나쁜 내용이 반반이니까 50%의 확률임을 알려주어도 내용을 읽지 못함.) 틀림없이 나쁜 게 걸릴 거예요. 〔미정이 부정적인 인지 편향을 뚜렷이 보이며 과도한 걱정과 상실에 대한 두려움을 나타냄. 치료자는 미정의 편향된 인지 특성에 대해 직면시키고자 시도하였지만, 자신의 걱정이 지나치다는 것을 인식하지 못하는 듯하였음.〕

요약 및 설명

미정이 해리 증상이나 母와의 관계나 등 개인적인 이야기를 하기 시작하였다. 미정이 母와 긍정적이고 편안한 관계를 맺는 데서 근본적인 어려움이 있었던 것으로 판단되었다. 새롭게 긍정적인 관계 형성을 하고자 시도하는 母의 관심과 배려에 대해 다소 불편하고 부담을 느끼는 듯하였다. 치료자는 미정의 부정적인 감정을 명료화하고 더 깊이 탐색하려 시도했지만, 미정이 세부적인 내용을 잘 기억하지 못하고 대화를 회피하는 등 다소 방어적인 태도를 보여 母와 관련된 갈등을 인식하고 자연스럽게 표현하기 위해 시간이 더 필요할 것으로 판단되었다.

대화하는 시간이 많아 놀이 시간은 자연스럽게 줄어들었다. 늘 하던 게임을 계속 즐겁게 하였지만, 돈을 잃을까봐 미리 걱정하고 안절부절못하는 등 부정적인 인지 편향이 뚜렷이 나타났다. 치료자가 미정의 그런 측면에 대해 언급해 직면시킴으로써 좀 더 현실적인 근거 하에 판단하도록 도움을 주고자 하였다. 그러나 미정이 부정적인 생각을 계속 고집하였다.

■ 24회기

＊ 미정이 자신의 증상과 대인관계 경험 등에 대해 자발적으로 이야기하였다. 이 과정에 대해 아래에 축어록을 제시하였다.

미정: 제가 공포증이 있는 것 같아요.

치료자: 그게 어떤 건데?

미정: 베란다 창고에 죽은 사람이 있는 것 같은 상상을 해요.

치료자: 그런 상상을 하면 무섭겠다. 〔미정의 감정에 공감함.〕

미정: 근데 공포증이 예전보다는 덜해요. 전에는 방 안에 이상한 사람이 있을 것 같고 그랬는데.

치료자: 그래? 그 얘기를 좀 더 자세히 해 볼래? 〔탐색하는 질문을 함.〕

미정: 밤에 더 그랬어요.

치료자: 밤에 방 안에 이상한 사람이 있다고 생각되면, 무서워서 잠들기도 힘들었겠다. 〔미정의 어려움에 대해 공감함.〕

미정: 그래서 TV를 켜서, 사람 목소리 들리면 괜찮아요.

치료자: 그럼 잠을 잘 수 있었어?

미정: 예. 재작년부터 그랬는데, 요즘은 나아졌는데, 어제 탐정 영화 보니까 또 생각나요. 살인 사건, 무서운데 재미있어서 계속 봤어요. 죽은 사람 나오는 장면은 안 보고.

치료자: 요즘은 나아졌지만 무서운 영화를 보니까 예전에 방 안에 누군가 있었던 것 같

왔던 느낌이 기억났구나. 그 이상한 사람은 어떤 사람이었어?

미정: 죽이는 사람, 범인이요. 잠잘 때 죽일 것 같고.

치료자: 그 사람이 누구를 죽일 것 같았어?

미정: 저를요.

치료자: 그때는 정말 무서웠겠구나. 그 이상한 사람이 어떤 사람인지 생각나니?

미정: 가족이요. 아빠나 엄마.

치료자: 아빠나 엄마가 미정이를 죽일 것 같은 느낌이 들었다고?

미정: 나 같은 사람은 필요 없다고 생각하는 것같이 느꼈어요. 없어도 되는 사람. 〔미정의 자기비하 경향이 뚜렷이 나타남.〕

치료자: 미정이를 그렇게 하찮게 여길 이유가 뭐였을까?

미정: 학교도 안 가고.

치료자: 미정이가 생각할 때 학교 안 가는 게 죽어야 할 만큼 나쁘다고 생각했나 봐.

미정: 예. 근데 요즘은 안 그래요.

치료자: 요즘은 학교 안 가는 걸 어떻게 생각하니?

미정: 괜찮아요. 나중에 갈 거니까요. 〔미정이 다소 희망적인 태도를 나타냄.〕

치료자: 그렇구나. 지금은 학교 안 가고 있지만, 나중에는 갈 거니까 그렇게 나쁘게 생각할 필요는 없다는 거구나.

미정: 그 얘기를 오늘 아침에 엄마에게 할까 말까 생각했어요. 〔미정이 母와의 친밀한 관계에 대한 욕구가 있지만 여전히 편안하게 느끼지 못하는 듯함.〕

치료자: 학교 가는 거에 대해서 엄마에게 얘기할까 말까 고민했었구나.

미정: 예. 지금은 집에 있는 게 좋아요./ TV도 많이 보고 늦게 일어나도 되고.

치료자: 학교 안 가서 편하고 좋은가 보네.

미정: 근데 요즘 어린이집에서 봉사하고 싶은 생각이 들어요.

치료자: 와! 남을 도와주려는 생각을 갖고 있구나. 〔치료자가 미정의 관심사에 대해 감탄하는 반응을 함.〕

미정: 전에 봉사한 적이 있어요.

치료자: 그랬구나. 그 얘기를 좀 더 자세히 해 봐.

미정: 봉사하는 거 재미있어요. 제가 다녔던 어린이집인데요. 근데 봉사하러 언제 다시 갈지 모르겠어요. 어린이집 선생님이 학교에 왜 안 가냐고 물어볼까 봐.

치료자: 미정이가 다른 사람을 위해 좋은 일을 할 생각을 하는 걸 보니, 많이 큰 것 같다. 이제 어린애가 아닌 것 같네. 그런데 막상 행동으로 옮기려니 학교 안 가는 거를 어떻게 말해야 할지 그게 걱정되는구나. 〔미정의 성장에 대해 감탄하고 실천의 어려움에 대해 반영함.〕

미정: 예. 제가 네 살부터 여섯 살까지 다녔는데, 거기 아는 선생님들이 아직 있어요. 아직 반 정도 계세요.

치료자: 미정이가 오래 전에 어린이집 다녔던 때를 잘 기억하네.

미정: 거기 안 좋은 선생님도 있고 좋은 선생님도 있어요.

치료자: 안 좋은 선생님과 좋은 선생님이 어떻게 다르지?

미정: 화를 많이 낸 선생님과, 화 안 내는 선생님이요. 화 안 내는 선생님이 좋아요. 〔미정이 이분법적인 사고로 타인에 대한 선호를 표현하는 것으로 판단됨.〕

치료자: 미정이가 화 안 내는 사람을 좋아하는구나. 그럼, 지금은 어떤 분들이 계신지 아니?

미정: 두 종류의 선생님들이 다 있어요.

치료자: 화 안 내는 좋은 선생님만 있으면 미정이가 걱정 안 하고 바로 가서 봉사할 텐데, 화 내는 선생님이 아직 계시니까, 학교 안 가는 거에 대해 야단칠까봐 걱정하는 것 같네.

미정: 그래서 갈까 말까 해요.

치료자: 완벽하게 좋은 선생님만 있으면 참 좋을 텐데, 세상 일이 항상 그렇지는 않지? 좋은 일이 있으면 나쁜 일도 있고. 〔치료자는 현실 상황에 대해 언급하면서 긍정적, 부정적 측면이 항상 공존함을 언급함.〕

미정: 예. 나쁜 일이 더 많이 일어나요. 〔미정의 부정적인 인지 특성이 드러남.〕

치료자: 미정이가 지금까지는 나쁜 일들을 더 많이 겪었나 봐. 그래서 나쁜 일들이 더 많이 일어난다고 생각하게 된 것 같네.

미정: 예. 나쁜 일들이 더 많이 있었어요.

치료자: 나쁜 일들이나 좋은 일들 중에 기억나는 걸 한번 얘기해 볼까?

미정: 공부도 못하고, 학교도 안 가고, 엄마, 아빠, 오빠와 사이도 안 좋고.

치료자: 예전에는 그래서 미정이가 힘들었던 것 같구나. 지금은 상황이 좀 달라진 것 같은데.

미정: 요즘은 좀 좋아졌어요. 엄마하고 얘기도 좀 하고. 이제 공부해서 학교도 갈 거니까.

치료자: 그래. 그렇게 생각하면 힘든 일들도 잘 헤쳐 나갈 수 있을 거야. 그런데 아까 미정이가 말한 것처럼 나쁜 일들이 더 많이 일어난다고 생각하면 무슨 일이든 하기 힘들어질 거야. 왜냐하면 무슨 일을 하기도 전에 결과가 나쁠 거라고 예상하니까. 어떻게 생각하니?

미정: 그런 것 같아요.

치료자: 그래서 내 생각에는 미정이가 참 능력도 많고 매력 있는데, 너무 부정적인 쪽으로 생각하다 보니 뭘 잘 안 하려 하고, 그러다 보니 능력 발휘도 잘 못하고 친구 사귀기도 어렵고 그런 것 같아. 〔미정의 부정적인 인지에 대해 직면시키는 반응을 함.〕

미정: 예. 맞아요.

치료자: 그런데 요즘은 미정이가 공부도 하고 새로운 일도 해 보고 싶어하고 남을 도와주려고 하고 그런 걸 보니까, 긍정적인 생각도 많이 하고 자신감도 많이 생기고 그런 것 같네.

미정: 그런 것 같아요.

치료자: 미정이가 그렇게 변하면, 앞으로는 좋은 일들이 나쁜 일들보다 더 많이 생길 수 있어. 새로운 일을 시작할 때 어려운 점이 있으면 나하고 의논해서 얼마든지 잘 해 낼 수 있어. 엄마도 도와주실 거고. 〔치료자는 미정이 어려운 일에 용감하게 맞서도록 자신감을 부여하려 하고, 미정을 지지하고 보조하기 위해 버텨주기 기법을 사용함.〕

미정: 요즘 외국에 대해서 관심이 생겼어요.

치료자: 그래, 새로운 관심거리가 생겼구나.

미정: 그래서 외국어를 배우려구요. 영어, 중국어.

치료자: 외국어를 배우면 참 좋겠다. 구체적으로 어떻게 공부할 건지 계획이 있니? 〔새로운 계획을 구체화시키도록 유도함.〕

미정: 영어 과외를 더 하든지, 학습지를 할려구요. 빨리 하고 싶어요.

치료자: 그 계획에 대해 누구와 얘기해 봤니?

미정: 아직 얘기 안 해 봤어요. 엄마한테 얘기해서 과외 선생님한테 얘기할까 해요.

치료자: 좋은 생각이네. 하고 싶은 건 미루지 말고 바로 시작하는 게 좋아. 〔미정의 새로운 시도를 지지하고 격려함.〕

요약 및 설명

미정이 자신의 어려움과 관심사에 대해 진지하고 솔직하게 이야기하였다. 성장 과정에서 긍정적인 정서 경험이 매우 부족했던 듯 하고, 양육자와의 관계에서 신뢰감과 안정감이 형성되지 않았던 것으로 보였다. 매우 미약한 자존감을 갖고 있으며 부정적인 인지 특성으로 인해 매사에 두려움을 경험하면서 현실 회피적인 태도를 보여 온 것으로 판단되었다.

치료 과정에서 긍정적인 정서 경험과 안정된 관계의 경험 등으로 인해 미정이 오랫동안 내재되어 있던 두려움에 직면하면서 회피적인 경향으로부터 조금씩 벗어나 타인이나 공부에 대한 관심이 생기고 있는 것으로 보였다. 치료자는 미정이 부정적인 인지를 직면하여 수정하게 하고 자존감을 높이고 관심사를 넓히면서 현실적인 어려움을 버텨나갈 수 있도록, 든든한 지원자 역할을 수행하는 데 주력하였다.

■ 27회기

＊ 새로운 놀이 도구를 선택해 즐겁게 게임을 하였다.
• 요즘 생활: 공부가 재미있다./ 영어, 수학이 재미있다.
• 어린이집 봉사 활동: 귀찮아서 계속 미루고 있다./ 움직이는 걸 별로 안 좋아해서.
• 운동하기: 요즘 안 하고 있는데, 자전거를 타는 게 좋을 것 같다.
• (놀이 도구의 선택에서 변화를 보임. 처음으로 윷놀이를 선택해 즐겁게 함. 신중하게 생각해서 윷 말을 안전하게 놓아 치료자에게 잡힐 위험성을 최소화함. '위험하다' '돈 없는데'와 같이 걱정하는 말은 두세 번 정도밖에 사용 안 함. 미정과 치료자가 비슷한 비율의 승패율을 보였고, 그대로 받아들임.)

요약 및 설명

미정이 새로운 놀이를 선택해 신중하게 수행하였으며, 미리 걱정하는 말을 하는 횟수가 현저하게 감소하였다. 정서적으로 안정되고 긍정적인 태도를 보였고, 일상생활에 대해서도 솔직하게 이야기하는 등 편안한 상태인 것으로 보였다.

■ 31회기

＊ 게임을 하면서 귀염성 있게 행동하였다.

• (블루마블 게임을 함. 투자를 많이 하면서 이기려고 노력함. 치료자에게 귀여운 표정과 말투로 어리광을 부림.) 선생님, 돈 좀 주세요, 깎아 주세요. (치료자가 미정의 부탁을 들어 주면 환하게 웃으며 매우 좋아함.)

요약 및 설명

미정이 치료자와 친밀하고 편안한 관계를 형성하면서 간혹 어린아이같이 행동하지만 귀여움이 느껴지는 정도로 적절한 애교를 보였다. 母와의 관계도 더 편안하게 느끼고 있으며, 공부 등의 현실 생활을 비교적 열심히 해 나가고 있는 등 자기(self)와 대상관계가 비교적 안정적으로 형성되어 가면서 현실 적응력도 향상되고 있는 것으로 판단되었다.

〈母 면담〉

• 미정의 최근 긍정적인 변화에 대해 보고하였다.

미정이 많이 좋아졌다. 자신감이 늘고, 불안감은 줄어들었다.

미정이 부모와 오빠를 좀 무서워했던 것 같은데, 그런 것도 줄어들었다.

과외 공부도 열심히 하고 있다.

내가 안정을 찾아 가고 있듯이, 미정이도 안정을 찾는 듯하다.

미정 父는 매사에 부정적인 사람이다. 거의 말을 하지 않지만 입을 열면 항상 돈이 없으니 아껴 써야 된다고 하고, 앞으로 무슨 일이 생길지 모른다면서 불안감을 조성한다.

요약 및 설명

미정 母의 불안과 무기력 증상이 다소 호전되고, 미정에게 대하는 태도도 안정되어 가는 듯이 보였다. 그러나 미정 父의 불안 증상과 부정적인 인지 특성이 가족에게 부정적인 영향을 주는 것으로 보여 치료자를 만나러 오도록 미정 母를 통해 권유하였다.

모녀 관계는 점차 편안해지고 있어, 가족이 정기적으로 즐거운 경험을 같이 할 기회를 만듦으로써 긍정적인 관계를 강화하도록 조언하였다. 또한 미정이 공부에 관심을 보이고 있으므로 지속적인 격려를 제공하도록 조언하였다.

3) 후 기

미정의 일상생활이 안정되어 가고, 주변 사람들과의 관계도 편안해졌으며 관심의 폭도 넓어지는 등 상당한 향상을 보였다. 이에 따라 35회기부터는 자신감 향상과 적극적인 현실 대처 능력을 향상시키는데 주력하였다. 또한 공부 등 현실적으로 당면한 문제에 대해 계획을 구체적으로 짜서 지키게 하고, 학교 등교 문제에 대해서도 적극적으로 준비하도록 도움을 주고자 하였다.

■ 35회기

* 게임을 즐겁게 하고 말을 많이 하였다.

• (블루마블 게임을 함. 효율적인 전략을 세워 유럽에 집중적으로 투자하여 돈을 많이 벌고 좋아함.) 돈 벌었다. (말수가 증가하여 게임을 하면서 이런 저런 얘기를 수다스럽게 많이 하고 치료자에 대한 관심과 배려를 보임.) 제가 걸려 드릴게요. 그게 재미있죠? 제가 돈 좀 드릴까요? 선생님 생일이 언제예요? 저는 다음 달이에요. 〔치료자에 대한 관심과 사랑받고 싶은 욕구가 모두 증가한 것으로 판단됨.〕

• (속임수를 쓰고 즐거워함. 50만 원권 한 장을 게임판 아래에 숨겨두고 돈이 없다고 했지만, 나중에 숨긴 것에 대해 얘기함.) 짠, 여기 한 장 더 있는데 모르셨죠? 〔치료자와 장난스러운 상호작용을 하는 등 편안함을 느끼는 것으로 판단됨.〕

• (모형 돈을 보면서) 이게 진짜 돈이면 좋겠어요./ 진짜 돈이면 어디에 쓰고 싶은지: 그냥. 별로 살 것도 없어요. 필요한 건 엄마가 사 주세요.

미정이 게임을 하면서 말이 많아지고 자주 소리 내서 웃는 등 긍정적 기분 상태를 보였다. 또한 돈을 숨기는 등 장난을 치며 재미있어 하고 애교 있고 귀염성 있게 이야기를 하였다.

치료자에 대한 관심과 배려를 보이며 대인관계 기술도 향상되어 가는 것으로 보였다.

■ 40회기

＊ 게임을 즐겁게 하고 치료자와 장난스러운 상호작용을 하였다.

• 공부: 계속 하고 있다./ 계획: 계획대로 될 때도 있고, 안 될 때도 있다.

• 등교: 개학하면 갈 거다. 준비하고 있고, 아직 시간이 좀 있다.

• (블루마블 게임을 함. 황금열쇠에 걸리기 전에 미리 카드를 뒤집어 보는 등 간혹 규칙을 어기면서 즐거워함.) 미리 볼래요. 좋은 걸까요? 나쁜 걸까요? (말이 많아지고 재미로 치료자를 속이기도 함. 즉, 치료자가 황금열쇠에 걸리면, 미정이 먼저 카드를 뒤집어 보고 치료자를 속임.) 좋은 거예요. (치료자가 직접 확인하고 나쁜 것이라는 것을 알게 되면 손뼉을 치면서 즐거워함.) 〔미정이 경직된 태도에서 벗어나고, 상황을 재미있게 만드는 능력이 향상된 것으로 보임.〕

• (장기자랑 칸에 걸리자, 스스로 만들어 낸 이야기를 들려줌.) 옛날 옛적에 어떤 아이가 살았는데요. … 친구들이랑 재미있게 놀고, 잘 먹고 잘 살았대요. 〔별다른 내용은 없지만 이야기를 상상해서 만들어내는 등 말하기를 즐거워하는 것으로 보임.〕

미정이 밝고 명랑한 태도로 말이 많아지고 귀엽고 장난스러운 태도를 많이 보였다. 치료자에게 어리광을 부리기도 하는 등 무기력하거나 경직된 양상이 많이 감소하였다. 부정적인 인지 편향 역시 감소하고 놀이 상황을 즐길 수 있게 되었다.

긍정적인 감정을 자주 표현하며 자존감과 자율성이 많이 향상되었고, 대인관계에 대한 관심도 증가하고 있는 것으로 판단되어 종결을 준비하기로 하였다. 4~5회기에 걸쳐 격주로 만나기로 합의하였다.

〈母 면담〉

• 미정의 긍정적인 변화에 대해 보고하였다.

　　미정이 많이 밝아졌다. 말수도 늘고, 잘 웃는다.

　　집에서 꾸준하게 공부를 계속하고 있다. 아주 열심히 하지는 않지만 과외 선생님이 오면 지시를 잘 따르고 과제도 해 놓는다.

　　밖에 나가 자전거도 타고 친구들과 이메일도 가끔 하는 것 같다.

　　요즘은 미정에 대해 신뢰감이 생기고, 걱정이 덜 된다.

　　예전에는 미정에게 신경을 못 써 주다가 한 번씩 야단이나 치곤했었는데, 여기 다니면서부터 미정이 하는 말을 좀 들어주고 미정이 필요로 하는 게 뭔지 물어보고 같이 외출도 하고 하면서 사이가 좋아졌다. 미정이 처음에는 시큰둥하더니 요즘은 뭘 해 달라고 요구하기도 하고 어리광도 부린다.

요약 및 설명

　　母가 미정의 여러 가지 긍정적인 변화들을 보고하면서 만족감을 표현하였다. 미정 母 역시 정서적으로 많이 안정되어 보였다. 치료자는 母가 꾸준히 노력한 데 대해 인정하고, 지속적인 관심과 지지를 제공할 것을 조언하였다.

---

4) 종 결

■ 41회기

＊ 미정이 2주 만에 와서 그 동안의 생활에 대해 이야기하고 게임을 하였다.

• 요즘 생활: 공부 계속 하면서 잘 지낸다. 과외도 계속 하고 있다. 이제 개학하면 학교에 가기로 결심했다./ 등교에 대한 걱정: 별로 없다. 잘 될 것 같다. 친구들하고도 이메일하고 있다. 〔공부에 대한 자신감이 생기고 친구들과도 접촉하는 등

학교에 갈 마음의 준비가 된 것으로 판단됨.)

- (블루마블 게임을 함. 치료자에게 애교를 부리고, 이기고 싶어함.) 돈 좀 주세요. 땅 많이 사고 싶어요.

- (속임수를 즐김. 즉, 치료자가 황금열쇠에 걸리면 미정이 카드를 먼저 뒤집어 보고 '좋다, 나쁘다'를 때로는 솔직하게, 때로는 거짓말을 해서 치료자를 헷갈리게 만들고 즐거워함.) 선생님, 속았죠?

- (돈을 게임판 아래에 숨겨 놓고 자신이 지는 듯 위장하다가 마지막에 돈을 꺼내 보이면서 이기고 좋아함.)

요약 및 설명

미정이 안정되고 마음의 여유가 있어 보였다. 밝고 즐겁게 게임을 하고, 장난스럽고 어리광 부리는 태도를 보였다. 미리 걱정하거나 안절부절못하는 경향이 거의 없어진 것으로 보였다.

■ 43회기

＊ 미정이 2주 만에 와서 최근 생활에 대해 이야기하고 게임을 하였다.

- 요즘 힘든 것: 혼자 자니까 어두운 거 싫다./ 괜히 누가 올 거 같고./ 도둑이 올까 봐 문을 잘 잠근다./ 두려움: 조금. 그렇지만 어쩔 수 없다. 혼자 잘 수 있다. 〔약간의 현실적인 불안을 보이지만 비교적 잘 통제하는 것으로 판단됨.〕

- 요즘 생활이 즐거운가: 예.

- 10년 후 장래 모습: 몰라요./ 스물한 살 때 뭐 하고 있을까: 어쩌면 영어 번역./ 요즘 열심히 영어 공부하고 있으니까.

- (블루마블 게임을 함. 치료자에게 애교를 부리며 사정하고 조름.) 선생님, 제발 사지 마세요. 제가 불리해요. 땅 좀 주세요, 공짜로. 은행 빚을 탕감해 주세요. (치료자가 억지 요구이지만 들어주겠다고 하자 박수를 치며 좋아함.)

    (미정이 이기자 웃으며 좋아함.)

- 치료 끝나는 것에 대해: 그저 그렇다./ 섭섭한지: 조금./ 치료받아서 좋았던 것:

몰라요. 재미있었어요. 얘기도 많이 하고. 〔치료자는 미정의 긍정적인 변화들에 대해 말해 주고 이별의 섭섭함을 표현하며 한 달 뒤에 추수 회기를 갖기로 함.〕

요약 및 설명 ● ● ●

> 미정이 안정되고 자신감과 활력이 있어 보였다. 밝고 즐겁게 게임을 하고, 귀여운 태도를 보이는 등 대인관계 기술이 향상된 것으로 판단되었다. 치료 종결에 대해서는 직접적인 감정 표현을 잘하지 못하는 등 부정적인 감정의 통제에 다소 어려움이 있어 보였다.

■ 추수 회기

※ 미정이 한 달 만에 와서 최근 생활에 대해 이야기하고 게임을 하였다.

- 요즘 생활: 좋다. 재미있게 지낸다. 쇼핑도 하고.
- 공부: 요즘 학원 다니는데, 다닐 만하다. 공부를 많이 한다.
- 친구 관계: 아직 만나지는 않는데 이메일은 계속 하고 있다. 학교 가면 만날 거다.
- 학교 갈 준비: 개학 하면 갈 거다. 학교 가면 공부 때문에 좀 힘들지 모르겠다./ 대처: 계속 열심히 해야 된다.
- (블루마블 게임을 함. 땅을 많이 사고 별장을 많이 지음. 가끔 어리광을 부림.) 땅 주세요. 돈도 주세요. (100만 원을 숨겨 놓았다가 나중에 갑자기 꺼내 보이면서 재미있어 함.) 놀랐죠?

요약 및 설명 ● ● ●

> 미정이 긍정적이고 밝은 태도를 보였으며, 일상생활을 잘하고 있는 것으로 판단되었다.

〈母 면담〉

• 미정의 최근 생활에 대해 보고하였다.

　　미정이 잘 지내고 있다. 잘 웃고 잘 떠들고, 잘 먹어서 살도 좀 쪘다.

　　학교 얘기를 하면, 갈 거라고 얘기한다. 아마 개학하면 갈 것 같다. 학교 갈 것에 대비해 공부도 계속 하고 있다.

　　요즘 미정과 같이 극장에도 가고, 서점이나 시장에도 같이 간다. 같이 다니면 기분이 좋다.

　　미정이 많이 변했고, 나도 많이 변했다. 개학하기 전에 다음 주에 함께 여행을 갈 예정이다.

요약 및 설명

　　모녀 관계가 안정되고 가까워진 것으로 보였다. 서로에 대해 긍정적인 느낌을 갖고 상호작용이 증가하면서 생활에 활력에 생긴 것으로 판단되었다.

6. 심리치료 결과 및 평가

　　미정은 부모의 불화와 부모의 부정적이고 불안정한 성격으로 인해 오랫동안 정서적인 무기력감을 경험해 왔으며, 안정적이고 편안한 관계 형성 경험이 부족했던 내담자였다. 치료에 의뢰될 당시에는 전반적인 의욕이나 활력이 저하되어 있고, 선택적 함묵증을 보이면서 학교에 가지 않는 상태로 매우 심각한 적응 문제를 보이고 있었다. 장기적인 심리치료가 필요한 상태였으며, 우선적으로 미정의 내재된 무기력감과 불안감을 해소하고 긍정적인 정서 경험과 안정된 대인관계를 경험하도록 하는 것이 치료 초기의 목표였다. 이를 위해 정신역동적인 놀이치료 접근 방식을 채택하여 반영하기, 공감하기, 지지하기, 버텨주기 등의 기법을 사용하였다. 치료자와 긍정적인 관계 형성이 이루어지고 난 후에는 자신의 감정을 충분히 표현하게 허용하고, 부정적인 사고방식 등에 직면할 수 있도록 도왔다. 대화와 게임을 함께 하는 과정에서 치료자는 미정의 감정, 욕구, 사고, 갈등 등을 지속적으로 반영, 공감하고 직면시키고자 노력하였고, 동시에 든든한 지원자 역할을 수행하였다.

치료 성과로, 미정은 차츰 의욕과 활력을 되찾게 되었고 긍정적인 감정을 경험하고, 자연스럽고 솔직하게 자기표현을 할 수 있게 되었다. 부정적인 인지 특성도 많이 교정되어 융통성 있는 문제 해결 방략을 사용하게 되었다. 또한 중단했던 공부를 시작하게 되었으며, 특히 모녀 관계가 안정되고 친밀해졌다. 자신의 가치를 느낄 수 없어 오랫동안 무기력 상태에 있었던 미정은 심리치료를 통해 자존감이 향상되고 귀여운 어린아이의 모습을 되찾을 수 있게 되었다. 치료 종결 후 약 6개월이 지나 미정 母와의 통화를 통해 미정이 학교에 잘 다니고 있으며, 공부도 뒤처지지 않고 그럭저럭하고 있다는 소식을 들어 적응력이 많이 향상된 것으로 판단되었다.

제11장

반항장애 아동의 아동중심 놀이치료 및 부모교육

반항장애 아동의 아동중심 놀이치료 및 부모교육

1. 사례: 화를 잘 내고 부모 말을 안 듣는 현성이

초등학교 2학년인 현성이는 집에서나 학교에서 어른들의 말을 듣지 않고 제멋대로 행동한다. 어떤 지시를 해도 "싫어."라고 말하며, 숙제도 거의 하지 않고, 교실에서도 선생님의 지시를 잘 따르지 않고 딴짓을 하는 때가 많다. 이런 행동으로 인해 주위 어른들에게 야단을 많이 맞으며, 그럴 때는 어른에게도 욕을 하는 경우가 있다.

2. 초기 면담과 행동관찰

1) 내담 아동과의 첫 면담

현성은 화가 난 듯 입을 꽉 다물고 인상을 찌푸린 채 면담실에 들어왔다. 소파에 드러눕듯이 기대고 다리를 꼬고 앉아 치료자를 쳐다보지 않았다. 다음은 첫 면담 중 주요 부분에 대한 축어록이다.

치료자: 현성이가 여기 어떻게 오게 됐어?

현성: (퉁명스럽게) 친구가 먼저 시비 걸고 때렸어요.

치료자: 현성이가 친구에게 맞았다면 화가 났겠구나. 〔현성의 감정에 공감하는 반응을 함.〕

현성: 그래서 선생님이 어쩔 건데요? 〔치료자의 공감을 받아들이지 못하고 시비조로 말함.〕

치료자: 현성이가 기분이 나빴을 것 같아서 같이 얘기해 보려고 해.

현성: 그럴 필요 없어요. 얘기 안 해.

치료자: 현성이가 지금 말하고 싶지 않은가 보구나.

현성: 아이 씨, 말 시키지 마세요.

치료자: 지금 화가 많이 난 것 같구나.

현성: (언성을 높여) 아, 말 하지 말라니까.

치료자: 현성이가 소리를 질러서 깜짝 놀랐네. 〔현성의 부정적인 행동에 대해 치료자의 감정을 표현함.〕

현성: (말 없이 일어나서 놀이치료실의 장난감들을 둘러보고는 성탄절의 장식품들, 기차, 동물들을 가져와 탁자에 늘어놓음.)

치료자: 현성이가 이게 하고 싶었었구나. 〔현성의 욕구에 대해 반영함.〕

현성: (대답 없이 동물들을 서로 부딪치면서) 공룡이 돼지 물어 죽였어. 죽여 버려. (장난감 싱크대에서 여러 가지 음식들을 차려 혼자 먹는 시늉을 하면서) 나 혼자 먹고 힘세져. (치료자에게 빈 그릇을 주면서) 약 오르지?

치료자: 나를 약 올리고 싶구나. 〔현성의 행동과 욕구를 반영함.〕

현성: 흥. (동물 손 인형들을 갖고 와 양손에 하나씩 끼고 서로 물어뜯음.) 물어, 물어.

치료자: 동물들이 서로 싸우는구나. 〔내담 아동의 행동에 관심을 보이며 중립적으로 추적하는 반응을 함.〕

현성: (동물 손 인형 하나를 치료자에게 주면서) 이거 끼세요. 안 물 거예요.

치료자: (동물 손 인형을 손에 낌.)

현성: (치료자가 손 인형을 손에 끼자마자 자신의 손 인형으로 치료자의 손 인형을 물어뜯음.)

치료자: 금방 안 문다고 했는데, 물었네. 〔현성의 행동에 대해 비난하지 않고 중립적으로 언급함.〕

현성: 흥, 내 맘이지.

치료자: 현성이가 마음대로 하고 싶은 거구나. 〔현성의 욕구를 반영함.〕

현성: 흥. (작은 공을 집어 치료자의 얼굴을 향해 던졌지만 빗나감.)

치료자: (다소 단호한 말투로) 현성아. 여기서 네가 하고 싶은 것을 할 수 있지만, 선생님

을 아프게 하거나 다치게 해서는 안 돼. 그리고 물건을 일부러 망가뜨리는 것도 안 돼. 이건 규칙이니까 꼭 지켜야 돼.

요약 및 설명

> 현성이 화가 난 표정으로 치료자와 눈을 맞추지 못하고 시비조로 말하거나 반말을 하고 질문에 대답하지 않는 등 대화가 원활하게 이어지지 않았다. 또한 치료자에게 공격적인 행동을 보이는 등 분노 통제를 하지 못해 한계 설정을 하였다.

2) 母와의 첫 면담에서 얻은 정보

(1) 母가 호소하는 주된 문제

① 초등학교 1학년 때부터 어른의 말을 듣지 않고 반항적인 태도를 보였다. 특히 母와 할머니에게 가장 심하게 한다.

② 화가 나면 아무에게나 욕하고 간혹 물건을 던지기도 한다.

③ 학교에서 선생님의 지시를 잘 따르지 않아 손바닥을 맞은 적도 있다.

④ 책을 좋아하고 가르치면 금방 배우지만, 학교 공부나 숙제에 별로 관심이 없고 스스로 하지 않는다. 한글도 엉망으로 쓴다. 담임선생님에 의하면 현성이 아는 것이 많지만 딴 생각을 많이 한다고 한다.

⑤ 친구를 사귀지 못한다. 담임에 의하면 친구들에게 피해를 주지는 않는다고 한다.

(2) 발달력

母가 현성을 임신했을 때 고부 갈등으로 심리적으로 힘들었다. 입덧을 심하게 했다. 母가 출산 후 체중이 5kg이나 빠지고, 몸이 약해져서 젖도 많이 못 먹였다. 현성이 우유를 잘 먹지 않아 애를 먹었다.

母가 5세까지 양육했다. 순해서 키우기 힘들지 않았다. 외아들이라 가족 모두 현성이 원하는 대로 해 주려 했다. 계속 안아주고 과잉보호했던 것 같다. 순진하고 착했다.

현성이 5세 이후부터 母가 직장에 나가기 시작했는데, 떨어지지 않으려고 해서 힘들었다. 어린이집에 다니면서 이웃에 사는 고모가 돌봐 주었다.

한글을 알고부터 책을 좋아해서 오랫동안 독서를 했다. 위인전, 역사책, 여행책 등 여러 가지를 읽는다.

유치원 때부터 혼자 놀고 또래 친구를 잘 사귀지 못했다.

(3) 가족력

현재 부모와 친할머니, 현성, 네 식구가 같이 살고 있다.

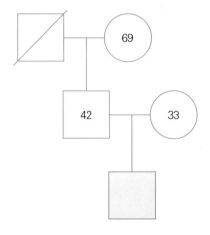

- 父(42세): 대졸. 컴퓨터 회사 운영. 리더십이 있고 인간 관계가 원만하다. 머리가 좋고 낙천적이며 성실하다. 회사 운영은 그럭저럭 되는 편이다.
- 母(33세): 전문대졸. 미용사. 성격이 다혈질이라 화가 나면 순간 못 참고 말을 함부로 하고, 나중에 사과한다.
- 친할아버지: 10년 전 63세 때 암으로 사망. 성격이 조용하고 착했다.
- 친할머니(69세): 성격이 다혈질이라 화가 나면 자식들과 손자에게 욕을 하기도 한다. 3년 전부터 중풍으로 거동이 불편하다. 현성은 조모에게 가까이 가지 않으며 관심이 없다.
- 부부 관계: 큰 문제는 없다. 결혼 초에는 현성의 할머니가 현성 母를 마음에 들어하지 않아 심한 말을 하여, 가끔 부부 싸움을 했다. 최근에는 부부간에 다툼이 잦지는 않지만, 한번 화가 나면 둘 다 못 참는다. 물건을 던지거나 깨뜨리기도 한다.
- 부모-자녀 관계: 현성 父는 현성을 귀여워하지만 학교에 들어가면서부터는 엄하게 키워야 한다고 생각해 현성이 할 일을 하지 않거나 버릇없이 굴면 가끔 매를

든다. 현성 母는 현성이 원하는 대로 해 주려 하고 애정을 많이 주지만, 가끔 화가 나면 체벌을 한다.

3. 심리검사

현성의 인지 능력과 정서적인 문제, 성격 특성 등을 비롯해 전반적인 적응 정도를 알아보기 위해 종합적인 심리검사를 실시하였다. 또한 부모 문제가 개입되어 있을 가능성이 시사되어 부모 성격검사도 실시하였다. 포함된 검사는 지능검사(K-WISC-Ⅲ), BGT, HTP, KFD, 문장완성검사, 로샤 검사, 부모 MMPI 등이었다.

1) 검사태도

약간 통통한 체격의 아동으로 검사실에 들어갈 것을 권유하자 얼굴을 찡그리면서 주저하는 태도를 보였음. 검사실에 들어오자마자 소파에 드러누웠고, 의자에 앉으라고 하자 "싫어. 안할 거야."라며 계속 누워 있었음. 검사자가 일어나 앉으라고 말하자 갑자기 일어나 검사실 안을 돌아다니며 "선생님 바보, 멍청이, 쪼다."라고 연이어 욕을 하였음. 아동이 자리에 앉지 않으려고 하여 걸어다니면서 검사자의 질문에 답변을 하는 방식으로 지능검사의 언어성 검사를 진행하였음. 검사 중간에 갑자기 힘들다고 하여 5분간 쉬고 나서 다시 검사를 시작하자고 하자 갑자기 검사자에게 다가와서 검사자의 안경을 잡으려고 하였음. 팔을 잡고 제지하자 다른 쪽 팔을 뻗쳤고, 이 역시 제지하자 발로 검사자를 걷어차려고 하였음. 검사자가 하지 말라고 하자 연필과 지우개를 바닥에 내던졌으며, 이를 다시 집어 검사자를 향해 던졌으나 빗나갔음. 검사자가 계속하여 검사를 수행할 것을 권하자 책상 위에 있던 종이를 구겨서 검사자를 때렸고, 이에 대해 검사자가 단호하게 하지 말라고 제지하자 고개를 숙이면서 "잘못했어요."라고 말했음. 이후 자리에 얌전히 앉아서 "선생님, 저 그림 그릴래요."라며 검사자의 눈치를 살폈음. 다시 한 번 검사에 협조하지 않을 경우 바닥에 한 시간 동안 꿇어앉아 있기로 약속을 한 후 계속 검사를 실시하였음. BGT 검사 시 "힘들어요. 그만하고 싶어요."라고 말하며 대충 그렸음. 검사자가 계속 하라고 하자 다시 "흥, 자기 맘대로만 하려고 그래."라며 불만을 말하였음. 이전의 약속을 상기시키며 바닥에 꿇어 앉도록 하자 팔짱을 낀 채로 꿇어앉아서 "흥, 자기 맘대로 해." 등의 말을 계속 중얼거 리다가 조금 시간이 지나자 갑자기 작은 목소리로 "잘못했어요."라고 말하며 슬그머 니 일어나 자리에 앉았음. 그 이후로는 매우 협조적으로 검사에 임하였으며, "선생님, 아까 있었던 일은 비밀이에요."라고 말하기도 하였음. HTP 검사를 할 때는 혼자 중얼 거리면서 그림을 그렸음. 집 그림을 그리면서 "굴뚝이 타임머신이라서. 땡 없어졌다 가 다시 나타나는 거야. 1층에서 조종하지. 문은 일꾼. 먹고 싶은 걸 연락하자마자 만 들어서 갖다 주니까." 하고 혼자서 말하였음. 나무 그림에서는 잎사귀 부분을 전혀 그 리지 않았고, 가족 그림에서는 가족의 얼굴만 그려놓았음. 사람 그림은 아무렇게나 대 충 그렸고, 남자 그림을 그리면서 "아주 뚱뚱한 사람. 머리는 이상하게 생기고. 사람을 잡아먹는 사람"이라고 혼자 중얼거렸음. 그림에 대해 질문하자 부적절한 대답을 하기 도 하였음. 지능검사의 어휘 문제를 할 때는 자신이 직접 답을 쓰겠다고 하였고, 모양 맞추기를 할 때는 무슨 모양인지 모르겠다며 짜증을 내기도 하였음. 로샤 검사에서는 카드를 보자마자 반응하는 경우가 많았고, 질문단계에서 새로운 반응을 추가해서 말 하는 경우도 많았음. 문장완성검사를 할 때는 철자를 많이 틀리게 썼음.

2) 심리검사 원자료

(1) BGT

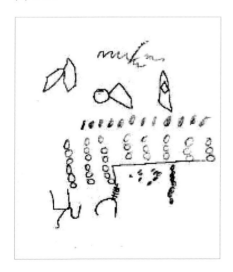

(2) 그림 검사

① 집 그림

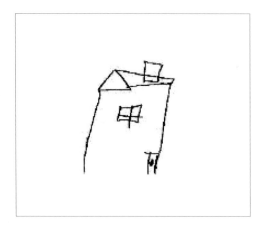

- 어떤 집: 아파트, 1층은 번개 아파트, 2층도 번개 아파트예요.
- 누가 사나: 작은 난쟁이들이 살고 있어요. 1층에는 거인이 나타날까봐 무서워하는 겁쟁이 난쟁이. 2층에는 싸우려는 난쟁이. 하지만 제3층에서 10층은 모두 착한 난쟁이들이 살아요.
- 분위기: 무섭죠. 안 그렇겠어요?
- 미래: 로봇이 될 것 같아요. 아파트 로봇. 아파트가 스스로 변해서 로봇이 돼요.
- 살고 싶은지: 별로요.

② 나무 그림

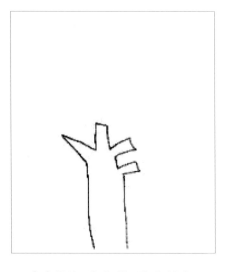

- 무슨 나무: 요술쟁이 나무.
- 나이: 한, 만 살. 이 나무는 나쁜 사람이 들어가면 못 나오고 착한 사람이 들어가면 나올 수 있고.
- 상태: 튼튼해요. 죽지 않는 나무예요.
- 어디: 아무 데나.
- 주변에 다른 나무: 있어요. 손자를 둬요. 이 나무가 새로 태어난 나무에게 힘을 줘요.
- 미래: 오래 사는 거. 행복해지는 거.
- 빠진 부분: 잎사귀는 본래 없어.

③ 남자 그림

- 누구: 거인.
- 나이: 없어요.
- 지금: 서 있어요. 오늘은 뭐하고 먹을까 저녁을. 거인은 통닭을 좋아해요.
- 기분: 얼굴하고 몸을 자기 배 속 아니, 엉덩이에 넣는 거.
- 성격: 나빠요.
- 장래 희망: 타도가 되겠지./ 하나님이 벌주실 거예요. 남들을 괴롭혀서.

④ 여자 그림

- 누구: 어떤 털쟁이 선생님. 술만 좋아해서 술쟁이 선생님이에요. 여우가 술을 먹어서 그렇게 된 거래요.
- 나이: 몰라요.
- 지금: 털이 너무 북실북실 나 있는 거.
- 기분: 여우가 자신을 잡아먹을까봐./ 하마가 여우를, 사자, 호랑이, 치타, 표범, 고래, 상어, 불가사리, 오징어. 그렇게 먹혀요.
- 성격: 더럽죠.
- 장래 희망: 앞으로도 계속 동네 장사를 하는 거.

⑤ 동적 가족화

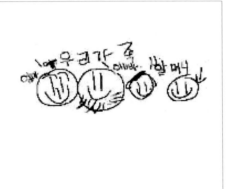

- 지금: 가족이 아파트에 살고 있어요.
- 누구: 아빠, 엄마, 할머니, 나.
- 분위기: 모두 웃고 있어요.
- 가족 관계: 몰라요.
- 엄마의 좋은 점과 나쁜 점: 좋은 점은 밥 해 주는 거. 나쁜 점은 말다툼이나 싸우는 거./ 누구와: 아빠랑./ 자주: 일주일에 열 번 정도. 그래서 내가 종이에 싸우지 말라고 썼어요.
- 아빠의 좋은 점과 나쁜 점: 좋은 점은 돈 버는 점. 나쁜 점은 때리는 점./ 잘못해도 안 때리는 게 최고예요./ 언제: 내가 욕하거나 주먹질할 때.
- 할머니의 좋은 점과 나쁜 점: 좋은 점은 웃는 점. 나쁜 점은 나보고 바보 병신이라고 소리 지른 점. 엄마한테 등신 같다고 보따리 싸서 나가라고 했다. 요즘 아파서 잘 못 걸어요.
- 현성이의 좋은 점과 나쁜 점: 좋은 점은 잘 웃는 점. 나쁜 점은 물건 던지거나 욕하는 점. 근데 조금씩 나아지고 있어요.

(3) 문장완성검사

1. 내가 가장 행복한 때는 <u>좋아했던 때</u>.
2. 내가 좀 더 어렸다면 <u>한글과 수학 모르 것</u>.
3. 나는 친구가 <u>없다</u>.
4. 다른 사람들은 나를 <u>보지 않는다</u>.
5. 우리 엄마는 나를 <u>사랑한다</u>.
6. 나는 자기 일을 할 수 있는 <u>공상을 잘 한다</u>.
7. 나에게 가장 좋았던 일은 <u>고마다는 일</u>.
8. 내가 제일 걱정하는 것은 <u>쓰쓰로, 못하일</u>.
9. 대부분의 아이들은 <u>나를 존경한다</u>.

10. 내가 좀 더 나이가 많다면 내가 좀 작아으면 좋겠다.

11. 내가 가장 좋아하는 사람(은) 김돌수(가명).

12. 내가 가장 싫어하는 사람(은) 김돌석(가명).

13. 우리 아빠는 힘이 세다. 돈도 잘 번다.

14. 내가 가장 무서워하는 것은 귀신.

15. 내가 가장 좋아하는 놀이는 레고놀이.

16. 내가 가지고 있는 것 중에서 제일 아끼는 것은 우리집 강아지.

17. 내가 가장 가지고 싶은 것은 놀이 장난감.

18. 여자 애들은 나를 싫어한다.

19. 나의 좋은 점은 칭찬을 받는 것.

20. 나는 때때로 노는 것을 좋았다.

21. 내가 꾼 꿈 중에 제일 좋은 꿈은 착한 꿈.

22. 나의 나쁜 점은 때리는 것.

23. 나를 가장 슬프게 하는 것은 우는 것.

24. 남자애들은 나를 싫어한다.

25. 선생님들은 가끔 복도에 있는 것 싫어한다.

26. 나를 가장 화나게 하는 것은 욕하는 것.

27. 나는 공부를 잘한다.

28. 내가 꾼 꿈중에 제일 무서운 꿈은 유령꿈.

29. 우리 엄마 아빠는 어른이다.

30. 나는 커서 의사이(가) 되고 싶다.
    왜냐하면 의사가 되고 싶기 때문이다.

31. 내 소원이 마음대로 이루어진다면,
    첫째 소원은 의사가 되고 싶다.
    둘째 소원은 군인이 되고 싶다.
    셋째 소원은 경찰이 되고 싶다.

32. 내가 만일 먼 외딴 곳에 혼자 살게 된다면, 친구와 제일 같이 살고 싶다.

33. 내가 만일 동물로 변할 수 있다면 독수리이(가)되고 싶다. 왜냐하면 날 수 있기 때문이다.

(4) 로샤 검사

카드 번호	반응 시간	반응 번호	연상반응	질문반응
I	6"	①	날개달린 사람	① (전체) 다리, 날개. 어깨에 있는 건 괴물 같구, 손은 없어요. 얼굴도 없구요./ 괴물?: 이건 꼭 두사람이 합병할 것 같아요.
		②	옆에는 동물 모양 같구요. T.L.) 몰라요.	② 동물 모양 같기도 하고 날개, 사람 같기도 하고. 사냥하는 것 같기도 하고. 박쥐처럼 생겼어요. 눈이 있어요.
II	6"	①	춤 추는 사람 같아요. 불을 켜고, 근데 발이 붉어요. T.L.) 몰라요.	① (전체) 두 사람. 얼굴은 없어요./ 불?: 불인 줄 알았어요, 빨간 빛이 나서./ 발?: 동물을 닮았어요. 고래 같아서 고래 두 마리.
III	3"	①	물개들이 저녁을 짓고 있나 봐요.	① 물개들 같기도 하고, 이거는 사마귀 같기도 해요./ 물개?: 그렇게 생겼어요./ 저녁?: 이거요. 이 눈.
		②	여자친구에게 리본을 선물했어요. 불을 켜고 고맙다고 하나 봐요. T.L.) 몰라요.	② 여기. 리본같이 생겼어요./ 불?: 불처럼 생겼어요. 빨개서.
IV	2"	①	꼭 손이 용처럼 생겼어요. 또 발이 크고 굉장히, 얼굴이 없어요. 괴물 같아요. 꼬리요. 꼬리가 좀 이상해요.	① (전체) 손, 발, 꼬리, 귀신 같기도 하고./ 괴물?: 이거 손 때문에./ 용 같아서./ 목 없는 걸 보니 귀신 같아요.
V	2"	①	아 이건 꼭, 대충 애벌레 같아요. 발이 있고, 집게가 있고 뿔이 달렸어요. T.L.) 몰라요.	① (전체) 발, 집게, 뿔, 날개.
VI	2"	①	꼭 예수님이 바위산에 오르는 것 같아요. 바위에 올려지고 손이 네 개 있어요.	① 예수님, 손이 네 개 달렸어요./ 바위산?: 어떤 사람이 죄도 안 짓고./ 밑에 두 개.
		②	이거 두 개는 바위가 꼭 악어를 닮았어요.	② 악어 닮아서요.

VII	2"	①	춤추는 여자 같아요. 얼굴이 용처럼 생기고 원숭이처럼 생겼어요.	① 얼굴. 모두 두 명./ 여자?: 닮았으니까요./ 용, 원숭이 얼굴처럼.
VIII	2"	①	꼭 괴물 같아요. 다리가 붉고요. 몸은 유령처럼 생겼어요.	① (전체) 몸 전체예요, 다리, 팔, 얼굴./ 괴물?: 이런 게 이빨 같아서.
IX	1"	①	꼭 용들이 싸우는 것 같아요.	① 용들 같아서. 이런 게 있어서. 뿔, 귀와.
		②	하마들이 목욕하는 것 같아요.	② 눈이 조금 하마하고 비슷해서./ 목욕?: 목욕하는 거요.
		③	붉은 돼지도 있구요.	③ 돼지 같으니까요./ 붉은 돼지.
X	3"	①	그런데, 꼭 늙은 할아버지 같아요. 용이 있고, 늙은 할아버지가 악어를 타고 있는 것 같아요. 발은 있고, 얼굴은 없어요. 손은 있어요. T.L.) 몰라요.	① 이 할아버지, 사람이 늙었어요. 그렇게. 용이 불을 끄고 있어요. 악어로 불을 끄고 있어요./ 용?: 할아버지가 용으로 변했어요.

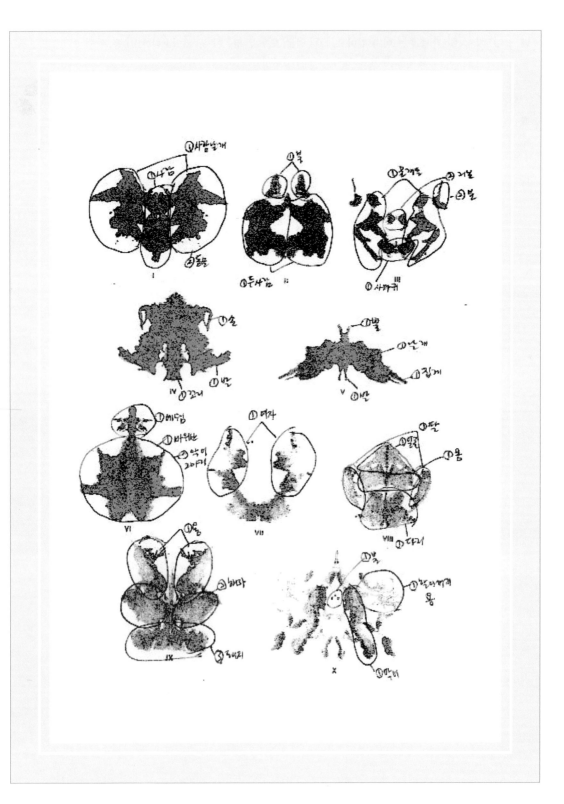

(5) 부모 성격검사

母 MMPI

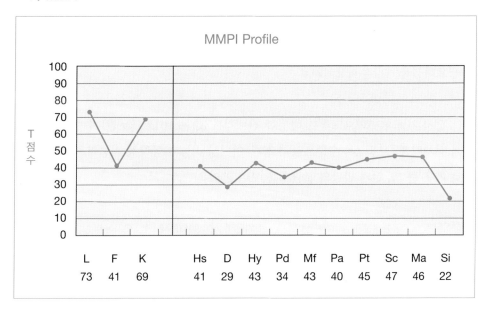

	L	F	K		Hs	D	Hy	Pd	Mf	Pa	Pt	Sc	Ma	Si
	73	41	69		41	29	43	34	43	40	45	47	46	22

父 MMPI

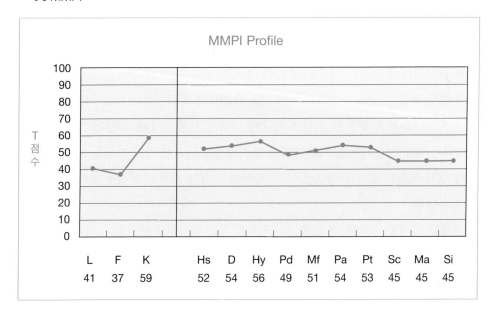

	L	F	K		Hs	D	Hy	Pd	Mf	Pa	Pt	Sc	Ma	Si
	41	37	59		52	54	56	49	51	54	53	45	45	45

3) 검사결과

① BGT: 점과 곡선, 각도 등 전반적인 도형 모사가 매우 부정확하고 형태의 왜곡, 회전 등의 오류를 많이 보이고 있음. 비협조적이고 반항적인 검사태도가 반영되었을 가능성이 시사되며, 한편으로 경계선 수준의 뇌기능 장애의 가능성에 대해 추후 검사가 필요하겠음(즉각적 회상 = 2).

② 인지 기능: K-WISC-Ⅲ로 측정한 전체검사 IQ는 101로 〔보통〕 수준에 속하며, 지적 잠재력은 〔보통 상〕 수준으로 추정됨. 언어성 지능과 동작성 지능의 차이가 26점으로 매우 큰 바, 인지 발달의 불균형을 보이고 있음.

상식문제	공통성문제	산수문제	어휘문제	이해문제	숫자문제	언어성지능
13	11	11	13	12	(7)	113

빠진곳찾기	차례맞추기	토막짜기	모양맞추기	기호쓰기	동작성지능
11	4	9	5	12	87

언어 이해력, 상식적 지식 및 사회적 상황에 대한 관습적인 이해력 등이 보통 상 수준에 해당되어 후천적인 학습은 양호한 것으로 보임. 또한 추상적 사고력이나 수학 능력 등도 보통 수준에 속하므로 기본적인 학습의 기초도 양호하겠음. 시각적 예민성이나 시각-운동 협응력 등 지각적 조직화 능력도 보통 수준에 해당됨. 그러나 현재 주의력이 매우 저하되어 있으며 때때로 부적절하고 어색한 언어 사용을 보이고, 쓰기에서 철자 오류를 많이 보이고 있어 실제 학업 성취는 지적 잠재력에 비해 저조할 것으로 판단됨.

복잡한 과제를 수행할 때 쉽게 정서적으로 불안해지면서 주의력이 저하되어 문제 해결 과정에서 실수를 많이 보이겠음. 또한 관습적이고 친숙한 사회적 상황에 대한 이해력은 양호하게 습득되어 있지만, 미묘한 사회적 단서를 파악하거나 인과관계를 추론하는 데는 어려움을 보일 수 있음. 따라서 실제 사회적 장면에서는 상황을 자의적으로 해석하는 등 상황 판단이 때로 미숙하겠음.

③ 사고 및 문제 해결: 외부 상황에 대해 관습적인 지각을 잘하지 못하고 자의적인 해석을 하는 경향이 현저함. 부정적인 사고 내용을 보이며, 특히 낯설고 복잡한 자극 상황에서는 정서적으로 불안정해지고 주의력도 저하되면서 충동적인 문제 해결 방식을 보일 수 있음. 따라서 일상생활에서 문제 상황에 직면하면 현실 검증력이 저하되면서 부적절하게 대처할 것으로 판단됨.

④ 정서 및 성격: 정서적으로 상당히 불안하고 불안정한 상태이며 분노와 적개심이 내재되어 있음. 그러나 자신의 정서 상태에 대해 정확하게 인식하지 못하고 감정 조절 능력이 매우 부족함. 따라서 때로는 과도하게 감정을 억압하다가, 때로는 폭발적으로 표출할 수 있음. 현재 사소한 욕구 좌절 상황에서도 쉽게 불안해지고 분노 감정을 경험하는바, 충동적이고 공격적인 행동을 나타낼 수 있겠음.

상황 판단이 미숙하고 감정이나 행동 조절을 잘하지 못해 주변 사람들로부터 부정적인 평가를 많이 받아온 것으로 보임. 또한 심리적인 성장 환경이 아동에게 정서적 지지를 충분히 제공하지 못하고 다소 불안정하여 아동의 욕구나 감정을 배려하지 못하는 것으로 보이는바, 이와 관련해 좌절감과 분노가 내재되어 있어 적대적이고 반항적인 태도를 나타내는 것으로 생각됨.

가족 관계를 통해 긍정적인 대인관계 형성 방법을 모방 학습하지 못했던 것으로 보임. 관습적인 문제 해결 방식에 대한 지식은 가지고 있으나 타인에 대한 공감능력이나 자기 통제능력, 좌절에 대한 인내력 등 실제 사회적 상황에서 필요한 기술은 매우 부족하겠음. 다른 사람을 조종하려는 경향을 보이며 자기중심적으로 행동하려 하지만, 권위적인 인물 앞에서는 불안감을 경험하면서 위축되겠음. 따라서 편안한 가족 관계나 원만한 또래 관계 형성에서 어려움을 보일 것으로 판단됨.

부모의 양육 방식이 아동에 대해 과도한 기대를 가지고 과잉보호를 하는 동시에 권위적이고 통제하려는 태도를 보이는바, 매우 비일관적인 양상이 시사됨. 이로 인해 아동이 분노감과 적개심을 갖게 되고 반항적인 태도를 보이는 것으로 판단됨. 또한 부모의 다툼에서 나타나는 공격적인 행동이나 고부간 갈등 등으로 인해 아동이 정서 불안을 보이고 미숙한 감정 통제 방식을 모방하는 것으로 보임. 이런 불안정한 경향이 전반적인 생활로 확산되어 또래 관계에서의 어려움과 지적 잠재력에 비해 학업 성취가 저조한 등 적응에 어려움을 보이고 있음. 따라서 부모의 양육태도 수정 및 안정된 가정환경 조성이 일차적인 개입 대상이 되어야 하며, 이와 함께 아동의 정서적인 어려움을 감소시키고 감정 조절 능력을 향상시키는 개입이 필요하겠음.

4) 요 약

① BGT: 반항적이고 불안정한 경향이 시사됨.
② 인지 기능: 보통 수준(FSIQ=101, VIQ=113, PIQ=87)/ 주의 곤란.
③ 사고 및 문제 해결: 상황 판단이 미숙하고 충동적인 문제 해결 방식을 보임.
④ 정서 및 성격: 불안, 분노, 적개심이 내재되어 있고 반항적인 태도를 보이며 감정 조절 능력이 매우 부족함.

4. 사례개념화 및 심리치료 계획

1) 문제 목록

① 행동: 어른의 지시를 따르지 않고, 때로 욕설과 물건 던지기 등의 공격 행동을 보인다.
② 정서: 충동적이고 불안정하며, 분노 감정을 조절하지 못한다.
③ 사회: 타인에 대한 공감 능력과 사회적 기술이 부족하고 또래 관계를 맺지 못한다.
④ 학업: 주의력이 부족하고 쓰기 오류를 보이며 숙제를 잘 하지 않는다.
⑤ 가족: 가족 간에 공격적인 방식의 다툼이 있고, 비일관적인 양육 방식을 보이고 있다.

2) 진 단

아동 면담과 母와의 면담 자료, 행동 관찰 및 심리검사 결과 등을 종합하여 반항장애로 진단하였다.

3) 문제의 원인 및 유지 요인과 사례 역동

현성은 감정 조절 능력이 매우 부족하고, 타인에 대한 공감능력과 욕구 좌절에 대한 인내력이 부족해 대인관계 상황에서 적절하게 행동하지 못한다. 대인관계에 대한 관심을 갖고 있지만, 욕구가 좌절되는 상황에서는 반항적이고 공격적인 경향을 뚜렷하게 보이고 있다. 현성의 이런 행동 특성은 가족 관계에서 긍정적이고 안정된 대인 관계를 충분히 경험하지 못하고, 효율적인 감정 통제 방식을 학습하지 못한 것과 관련되는 것으로 보인다. 즉, 현성의 가족 구성원들이 모두 충동적으로 분노를 표현하므로 현성이 이를 모방하여 부적절하고 충동적인 방식으로 분노를 표현하는 것으로 판단된다. 또한 부모가 현성의 훈육할 때 비일관적인 방식을 사용하는 것으로 보인다. 즉, 현성의 욕구를 때로는 과잉 충족시키고, 때로는 무시하거나 권위적으로 과잉 통제하는 등 비일관적인 양육을 보이는바, 현성의 내면에 불안, 분노 및 적개심이 누적되어 어른의 지시를 따르지 않고 반항적인 경향을 보이거나 때로는 지나치게 순종적인 경향을 보일 수 있다. 대인관계에서 이러한 불안정성, 비일관성과 충동성으로 인해 가족 관계뿐 아니라 또래 관계에서도 어려움을 보이는 것으로 판단된다.

4) 심리치료 목표

현성에게 내재되어 있는 불안과 적개심, 분노감 등의 정서적인 어려움을 해결해 적대적이고 반항적인 경향을 감소시키고, 감정 조절 능력을 키우는 것이 심리치료의 주된 목표다. 또한 타인에 대한 공감 능력과 긍정적인 상호작용을 할 수 있는 능력 및 사회적 기술을 향상시키는 것도 필요하다. 이를 통해, 힘에 의해 타인을 조종하려 하지 않고, 편안하고 친밀한 대인 관계를 형성하고 갈등 상황에서 효율적인 대처를 할 수 있도록 하는 것이 필요하다. 부모의 분노 표현 방식을 개선하고, 일관성 있고 아동을 존중하는 양육 방식을 습득하도록 하는 것 역시 중요한 치료 목표 중 하나다. 각 영역별로 구체적인 치료 목표는 다음과 같다.

① **행동**: 반항적인 경향을 감소시켜 어른의 지시에 적절하게 따르고 공격 행동을 감소시키기.

② 정서: 불안, 분노 및 적개심을 감소시키고 감정 조절 능력을 향상시키기.

③ 사회: 공감 능력과 사회적 기술을 향상시키고, 욕구 좌절 상황에서 적절한 대처 행동을 학습해 친밀한 가족 관계 및 또래 관계 형성하기.

④ 학업: 주의력 향상 및 숙제하기 등 바람직한 학습 습관을 형성하기.

⑤ 가족: 가족 간의 갈등 해결 방법, 바람직한 의사소통 방법 및 분노 처리 방법 등에 대해 교육하기. 일관성 있고 안정된 양육 방식을 습득하게 함으로써 편안한 부모-자녀 관계를 형성하기.

5) 치료 방법

현성에 대한 심리치료에서는 정서 불안과 분노를 감소시키고 타인에 대한 공감 능력과 적절한 대인관계 기술을 발달시키며 감정 조절 능력을 향상시키기 위해, 치료자와의 안정된 관계 형성을 기반으로 아동중심적 놀이를 활용한 사회적 기술 훈련이 도움이 될 것으로 판단되었다. 이에 더해 현성의 현재 문제에 미치는 부모의 영향이 매우 크므로, 부모의 양육태도 개선과 분노 표현 방식의 개선 및 안정된 가정환경 조성에 대한 지속적인 교육이 필요하다. 현성이 아직 어리고 부모의 양육 방식 개선에 따라 변화의 소지가 크다고 판단되어 20회기 내외의 단기 치료를 계획하였다. 아래에 구체적인 치료 방법에 대해 요약하였다.

① 아동중심적 놀이를 활용한 감정 통제력 향상과 사회적 기술 훈련(주 1회): 내재된 불안과 분노를 표현하고 인식하고, 분노 감정을 적절하게 표현하는 방법을 학습하기, 타인에 대한 공감 능력과 사회적 기술을 향상시키기 등.

② 부모교육: 가족 간 갈등 해결과 적절한 분노 표현 방법에 대한 교육, 일관성 있는 양육 방식과 행동 수정 방법 등을 통해 현성과 친밀하고 안정된 관계를 맺을 수 있도록 지속적인 교육.

5. 심리치료 과정

1) 초 기

치료자-내담자 간의 긍정적인 관계 형성과 정서적 안정감을 위해 아동중심적 놀이 치료 접근방법을 주로 사용하였다. 현성이 놀이를 통해 분노와 적개심을 표현하고 자신의 분노를 인식할 수 있도록, 치료자는 허용적이고 공감적인 태도를 유지하였다. 이와 동시에 현성이 공격적인 행동을 자제하도록 도움을 주기 위해 심리 치료의 구조를 제공하여 행동에 대한 한계를 설정하였다. 부모교육을 병행하여 긍정적인 부모-자녀 관계의 회복과 반항적이고 공격적인 아동에게 적합한 일관성 있는 양육 방식에 대한 교육을 실시하였다.

■ 1회기

＊ 여러 가지 놀이를 시도하지만 한 가지 놀이를 차분하게 오랫동안 하지 못하고 짧고 산만하게 하였다.

- (치료자가 현성에게 놀이치료실로 들어가자고 말하자 큰 목소리로) 싫어. (그러나 금방 놀이치료실로 들어감.) 〔현성이 반항적이고 거부하는 경향이 자동화되어 있는 것으로 판단됨.〕
- (체스를 선택함.) 어떻게 하는지 몰라요. (치료자가 자세히 가르쳐 주자 열심히 배우려 함.) 다음이 내 차례지, 이번에 선생님 차례예요. (치료자가 져 주자 소리를 지르며 좋아함.) 이겼다. 〔현성이 규칙을 잘 이해하지 못하고 자기 차례를 가끔 못 지키지만 스스로 지키려고 노력은 하는 것으로 판단되어 치료자가 이를 언급하면서 칭찬해 줌.〕
- (모형 동물들을 잔뜩 가져와, 힘센 동물들이 약한 동물들을 다 잡아가고 서로 싸우는 놀이를 함.) 〔치료자는 현성의 놀이에서 나타나는 공격 충동에 대해 반영함.〕
- (치료자와 함께 공 던지고 받기 놀이를 서너 차례 함.)
- (인형놀이 세트에서 아무 사람들이나 집어 와서 차에 태운 후, 놀이를 그만두고 장난감 싱크대를 둘러봄.) 〔치료자는 "현성이가 다른 걸 하기로 결정했구나."라고 말함으

로써 현성의 행동을 존중함을 표현함.〕

- (장난감 음식들을 한상 가득 차림. 피자, 과일, 빵 등 다양한 음식을 차려 놓고) 내가 많이 먹을 거야. (자기 앞으로 음식들을 다 끌어다 놓고 먹는 시늉을 함. 잠시 후) 나눠 먹어요. (그러나 치료자에게는 음식을 주지 않고 혼자서 게걸스럽게 먹는 시늉을 함. 다 먹고 난 빈 그릇을 치료자에게 주면서) 배신했어.〔자기중심적이고 타인을 믿지 않는 대인관계 양상을 나타내는 것으로 판단됨.〕

- (치료자가 끝날 시간임을 알려주자 큰 목소리로) 싫어. 더 할 거야.〔치료자가 치료 시간의 규칙과 치료실에서의 규칙들에 대해 알려주며 한계 설정을 하였음. 그러나 현성이 잘 듣지 않고 거부하는 등 반항적인 태도를 강하게 보여 치료자가 단호하게 한계 설정을 다시 하였음.〕(현성이 혼잣말을 계속 중얼거리면서 치료실을 나감.) 에이 씨. 짜증나….

요약 및 설명

현성이 여러 가지 놀잇감을 정신없이 갖고 놀다가 금방 바꾸고, 목소리가 크고 쉽게 흥분하는 등 정서적으로 불안정해 보였다. 현성이 치료자에 대해 공격 행동은 보이지 않고 게임의 규칙을 따르려 노력하는 등 행동을 스스로 자제하려고 노력했지만, 때때로 게임의 순서를 기다리지 못하거나 규칙을 어겼다. 치료자와 간혹 상호작용 놀이를 하지만, 매우 자기중심적이고 치료자를 무시하는 경향을 보였다. 대화가 잘 이어지지 않고, 주로 혼자 큰소리로 떠들면서 놀이를 하였다.

치료자는 현성의 감정과 욕구를 반영하고 존중함으로써 현성이 치료 상황을 편안하게 느끼고 감정을 자연스럽게 표현할 수 있도록 도왔다. 한편으로 한계 설정을 단호하게 하여 치료 상황에서 허용되는 것과 제한되는 것의 경계를 분명하게 전달하였다.

〈母 면담〉

- 현성이 보이는 문제들에 대해 보고하였다.

    현성이가 욕을 많이 하고 '죽여 버린다.'와 같은 과격한 말을 많이 한다.

    어지르는 것을 지적하면 짜증을 내고, 부모가 공부를 가르치려 하면 싫어한다.

숙제를 제대로 안 해 간다. 전혀 안 하는 건 아니지만 숙제 하라고 하면 화를 낸다.

현성이 책은 많이 읽어서 위인들이 뭘 발명했다는 것을 많이 알고 상식이 풍부하다.

부모의 대처 방식: 현성이 학습지를 하기 싫다고 찢어 버려서, 종아리를 멍이 들게 때렸다. 그러면 울면서 잘못했다고 한다. 父는 아이에게 화 내지 않고 공부를 가르치는데, 母는 가르치다 보면 소리를 지르게 된다. 父는 공부보다는 현성이 버릇없이 굴 때 혼낸다.

요약 및 설명

부모가 현성의 분노를 유발하는 양육 방식을 사용함으로써 현성이 부모의 지시를 따르지 않고 반항적인 경향이 계속되는 것으로 보였다. 치료자는 부모가 현성의 분노를 유발하지 않도록 현성의 욕구와 감정을 존중하고, 자발적으로 바람직한 행동을 할 때 칭찬해 줄 것을 조언하였다. 또한 현성이 잘못된 행동을 할 때 부모가 분노 감정을 먼저 조절하는 방법에 대해 알려주고, 이와 관련된 읽을 자료를 제공하였다. 분노를 가라앉힌 뒤에 차분하게 부모의 의견을 전달하고, 체벌을 하지 않을 것과 일관성 있게 규칙을 적용하는 것 등 바람직한 양육 방법과 부모-자녀 의사소통 방법에 대해 교육하였다.

■ 2~5회기

* 현성이 큰소리로 혼잣말을 많이 하면서 여러 가지 놀이를 정신없이 하였다.

• (색점토 놀이를 함. 여러 색깔의 색점토를 꺼내 아무렇게나 문지르고, 뭉치고, 부수고, 합침.) 괴물이다. 폭탄이다. 스타크래프트야. (큰 목소리로 혼잣말을 하면서 색점토들끼리 서로 두들기고 때림.) 싸웠대. 죽었대. 〔치료자는 현성의 놀이에 나타나는 분노와 공격성에 대해 반영함.〕

• (색점토로 눈사람을 정성스럽게 만듦.) 아기 눈사람이야. (갑자기 화를 내면서 만든 것을 다 뭉개버림. 치료자가 "마음에 안 드나 보다."라고 말하자 화난 목소리로) 입 닥쳐. 〔치료자의 공감적인 반응에 대해서도 화를 내는 등 분노 조절이 안 되는 것으로

판단됨.)

- (작은 동물 모형들, 사람 인형들, 자동차 등을 갖고 와 서로 부딪히고 싸우다가 폭탄을 쏘아 차례대로 다 죽임.) 죽어라. 죽어.
- (작은 구슬들을 갖고 와서 서로 부딪치며) 죽어, 죽어.
- (놀이 도중에 간혹 치료자를 쳐다보며 짧게 이야기를 함.) 선생님은 재미있어요? 선생님은 엄마 있어요? 우리 엄마랑 할머니는 화내서 싫어. 〔치료자가 현성의 감정을 반영하고 탐색적인 질문을 하였지만 대답하지 않아, 가족 관계에 대해 직면하기 힘들어하는 것으로 판단됨.〕
- (치료자가 현성 母와 면담하려고 하자) 엄마와 얘기하면 안돼. 엄마 미워. 〔치료자는 현성에게 엄마와 얘기하지 않았으면 하는 내용을 알려주면 얘기하지 않겠다고 하여 비밀 보장에 대해 알려주면서 안심시킴.〕

요약 및 설명

현성이 공격적인 주제의 놀이를 계속 하였고, 치료자와 상호작용 없이 혼자 큰소리로 말하는 등 불안정한 양상을 보였다. 치료자에게 간혹 부드러운 말투로 말하기도 하지만, 대부분 화난 말투로 함부로 말하는 등 현성의 태도를 예측할 수 없었다. 놀이 도중에 母에 대한 미움을 불쑥불쑥 이야기하기도 하였다. 치료 시간이 끝나간다는 것을 알려주면, 때로는 치료자와 함께 놀잇감들을 정리할 때도 있지만, 때로는 싫다고 하면서 방을 일부러 더 어질러서 치료자를 화나게 만들기도 하였다.

현성에게 내재되어 있는 분노와 적개심이 놀이 상황에서 많이 나타나고 있어, 치료자는 놀이를 통한 분노 표현을 허용하고 분노 감정을 반영하고 공감해 주어 현성이 자신의 분노를 인식하도록 돕는 데 주력하였다.

〈母 면담〉

- 현성의 문제점들에 대해 보고하였다.

현성이 여전히 과격하고, 욕을 한다. 화가 나면 母에게 화풀이한다. 母가 무슨 말만 하면 "싫어요." "안 해요." 그런 말을 많이 한다. 반항적이고 신경질이 많다.

억지를 부리고, 뜻대로 안되면 욕한다. 나중에 기분이 풀어지면 사과한다. 순간의 분을 참지 못한다.

숙제 안 한다고 야단 쳤더니 현성이 책과 공책을 찢고, 주변에 있던 신문지, 종이 같은 걸 가위로 다 잘랐다.

현성이 母에게 화내고 때리는 거 고쳤으면 좋겠다고 말했다. 나에게도 문제가 있다. 내가 자주 소리 지르고 화를 낸다. 母가 현성에게 잘해 줄 때는 잘해 준다. 잘생겼다고 칭찬도 해 주고 장난감도 사 준다. 그럴 때는 현성이 좋아한다. 대개는 현성이 母에게 함부로 대하면서도 무서워한다. 눈치를 살핀다.

요즘 부부 싸움을 좀 자제한다. 서로 화를 안 내려 노력한다.

담임선생님이 현성이 산만하고 말을 안 듣고 안절부절못한다고 했다.

요약 및 설명 ●●●

현성 母가 자신의 감정 표현 방식에 문제가 있음을 인식하고 있으며, 치료자에게서 배운 내용들을 실천하려 노력하는 것으로 보였다. 치료자는 편안하고 서로 존중하는 부모-자녀 관계 형성을 위해, 지시나 비판 없이 무조건 수용하면서 정기적으로 현성과 같이 놀아줄 것을 제안하였다. 또한 현성이 분노 폭발을 보일 때 부모가 언어화해서 바람직하게 표현하는 시범을 보여주도록 조언하였다.

■6회기

＊그림을 그리고 만들기를 하였다.

• (여러 가지 색깔의 어두운 물감을 섞어 큰 붓으로 도화지에 아무렇게나 그림을 그림.)

• 제목: 괴물, 영웅이 다 죽여. 엄마에게 보여줄 거예요. 집에 가져갈래요. (실제로는 가져가지 않음.)

• (장난감 음식으로 요리를 함.) 혼자 먹을 거야.

• (종이컵과 종이상자들을 가져옴.) 만들기 하

고 싶다. (종이들을 아무렇게나 대충 구겨서 여러 가지를 만들고 이름을 붙임.) 대포, 칼, 무기 많아. 이건 탱크, 자동차, 안경. 나는 뭐든 잘 만들어. (신이 나서 노래를 흥얼거리면서 만듦.) 마음에 들어요. 집에 가져가고 싶어요. (치료자가 허락하자 갖고 감.)

요약 및 설명

현성이 형태가 없는 그림 그리기와 만들기를 대충 아무렇게나 하고 공격적인 제목을 붙이며 만족해하였다. 치료자와 상호작용 없이 혼자 하면서 혼잣말을 많이 하였다. 그림과 만들기를 통해 분노와 적개심을 표현하는 것으로 보여, 치료자는 현성의 분노 감정에 대해 반영하고 이를 자각할 수 있도록 돕는 데 주력하였다.

〈母 면담〉

• 최근 현성이 보이는 변화에 대해 보고하였다.

요즘은 현성이 부모가 얘기하면 조금은 들으려 하는 것 같다. 이름을 부르면 대답도 한다. 전에는 못 들은 척하고 뭐 하라고 하면 무조건 싫다고 했는데, 약간 달라지는 것 같다.

숙제는 여전히 안 한다.

며칠 전에 부모가 다투었더니 현성이 불안하다고 말했다. 자기표현을 솔직하게 했다.

현성과 놀아주기: 놀아주려 하는데 현성이 규칙대로 안 하려 한다. 게임을 하다가 母가 이길 것 같으면 제 맘대로 규칙을 어기고 화를 내서 같이 노는 것이 힘들다.

현성이 자기는 화를 내면서 母가 화내면 싫다고 말한다. 이중적이다.

담임선생님과 통화했는데, 현성이 조금 나아지는 것 같다고 한다. 수업에 조금씩 참여한다고 한다.

요약 및 설명

놀이치료를 통한 분노 표출이 어느 정도 이루어져서 집과 학교에서의 폭발적인 분노와 반항적인 태도가 점차 감소하는 것으로 보였다. 母와의 관계에서는 양가감정을 많이 경험하는 듯하였다. 母가 현성과 놀아주려 하는 등 치료자의 조언을 실천하고자 하지만 바람직한 놀이 방법을 잘 모르는 것으로 판단되어 반영하기, 공감하기 등 아동중심적 놀이에서 활용하는 기본적인 치료 기법들을 교육하였다. 부모의 양육 방식에 대해 지속적인 교육이 필요한 것으로 판단되었다.

■ 7회기

✻ 뿌루퉁한 표정으로 치료실에 들어와 여러 가지 놀이를 불안정하게 하였다.

• (색점토로 그릇을 만들다가 금방 뭉개버림.)

• (종이상자들을 가지고 아무렇게나 만들기를 하다가 접착테이프가 다 없어지자 혼잣말로 욕을 하면서 화를 내기 시작함.) 젠장, 시XX. (현성의 화가 난 감정에 대해 치료자가 공감해 주자 욕을 중단하고 얌전하게 말함.) 집에 가서 만들어 올게요. 망치 만들 거예요. 〔현성이 치료자의 공감을 받으면 예전과 달리 감정 통제력이 빨리 회복되는 것으로 보임.〕

• (놀이치료실에 있는 그림책들을 이것저것 갖고 와 읽지도 않고 책장을 계속 넘기는 등 집중하지 못함.) 〔치료자는 현성의 불안해 보이는 감정에 대해 반영하였음.〕

• (다이아몬드 게임을 조금 하다가 중단함. 규칙을 지키려 노력하지만, 치료자가 이길 듯하자 중단함.) 〔현성의 이기고 싶은 욕구에 대해 반영해 줌.〕

• (블루마블 게임을 하면서 규칙을 지키려 노력함.) 〔치료자는 현성의 바람직한 행동에 대해 인정하고 칭찬함.〕

• (게임을 계속 하다가 치료자의 주사위가 좋은 데 걸리면 혼잣말로 욕을 함.) 〔치료자는 현성의 화나는 감정을 반영하고, 화가 날 때는 욕을 하기보다 말로 표현하는 것이 좋겠다고 조언함.〕

• (치료자가 의도적으로 져 주자 웃으면서 좋아함.)

요약 및 설명 ●●●

　　현성이 안절부절못하고 한 가지 놀이를 오래 하지 못했다. 좌절 상황에서 욕이 튀어나오는 등 분노 조절을 잘 못하지만 짧게 끝내고 치료자를 향해 욕을 하거나 공격 행동을 하지는 않았다. 치료자는 현성의 불안과 분노 감정에 대해 반영하고 공감해 주면서, 바람직한 대안적 행동들에 대해 조언하였다.

　　한편, 현성이 게임의 규칙을 지키려 노력하고, 치료가 끝날 때 놀이치료실을 스스로 정리하고 인사를 공손하게 하는 등 바람직한 행동들을 보이기 시작하여 현성의 노력에 대해 인정하고 칭찬해 주는 등 격려하는 반응을 많이 제공하였다.

〈母 면담〉

• 현성과의 상호작용에서의 어려움에 대해 호소하였다.

　　오늘 전철 타고 오다가 돌아다니지 말라고 말하니까 현성이 벌컥 화를 냈다. 아직도 사소한 일에 화를 낸다. 다이아몬드 게임 같은 걸 하다가도 지면 화를 낸다.

　　놀아주기: 계속 해 주고 있다. 그렇지만 현성이 제멋대로 하려고 해서 힘들다.

　　TV에서 형사물 같은 거 보고 나서는 나쁜 것만 흉내 내려 한다. 현성이 母를 때리려는 시늉을 해서 내가 너무 억울해서 울었다.

요약 및 설명 ●●●

　　현성 母가 현성의 행동이나 놀이를 지나치게 통제하려는 경향이 있어 보였다. 지시하고 비판하기보다는 현성의 감정을 공감하고 즐겁게 함께 놀기를 통해 긍정적인 모자 관계를 형성할 필요성을 설명하였다. 또한 현성으로 인해 母가 받는 스트레스에 대해 공감하고 위로하였다.

■ 8~9회기

＊ 인터넷에서 검색과 게임을 하였다.

- 인터넷을 하고 싶어요. (치료실에서 혼자서 게임하는 것은 안 된다고 설명하자) 게임 안 하고 선생님하고 같이 뭐 찾아보기만 할 거예요.

- (디지몬 사진들을 찾아보고는) 이게 뭐야. 〔현성이 사진들을 마음에 안 들어 했지만 화를 내거나 욕을 하지는 않아 화를 잘 통제하는 것으로 보였음.〕

- (인터넷에서 노래를 들으려다 금방 끄고, 이것저것 검색함.)

- (스타크래프트를 검색창에 쳐 넣고 그림들을 보면서 혼자 떠듦.) 저그, 죽었다, 팍팍. (가끔 치료자에게 '저그' 등의 용어에 대해 친절하게 설명해 줌.) 게임 좋아요, 나는 컴퓨터 박사, 과학자 되고 싶어요.

- (인터넷 검색을 하다가 빨리 뜨지 않거나 뜻대로 안 되면 짜증스럽게) 왜 이래, 부숴 버릴까 보다. (오랫동안 화를 내지는 않고 참고 기다리거나 다시 함.) 〔욕구 좌절 시에 다소 짜증을 내지만 분노의 강도가 크지 않고 비교적 적절하게 조절하는 것으로 보임.〕

- (끝날 시간이 3분 남았다고 말해주자 바로 컴퓨터를 끔.) 〔치료자의 지시에 순응하는 등 반항적인 태도가 감소되어 가는 것으로 판단됨.〕

요약 및 설명

현성이 많이 차분해지고 안정되어 보였다. 뜻대로 되지 않을 때 잠깐씩 짜증을 내지만 욕을 하거나 심하게 화를 내지 않고 비교적 잘 참는 편이었다. 치료자가 잘 모르는 것에 대해 친절하게 설명해 주려하고 꼬박꼬박 존댓말을 썼으며 치료자의 지시에 금방 순응하는 등 반항적인 경향이 크게 감소한 것으로 보였다. 치료자는 현성의 참을성과 차분하고 자제하는 태도에 대해 인정하고 칭찬함으로써 바람직한 행동을 강화하려 노력하였다.

〈母 면담〉

- 현성의 최근 변화에 대해 보고하였다.

현성이 욱하는 것은 여전하지만, 욕하거나 물건을 던지는 것은 줄었다.

게임을 그만하라고 하면 母 맘대로 한다고 화를 내지만, 예전처럼 크게 화 내지는 않는다.

"나 잘 참았지?"라고 하면서 母에게 칭찬받고 싶어 한다.

이웃집의 동갑내기 아이와 요즘 같이 노는데, 상대방을 배려하고 잘 챙겨준다. 노는 방법을 터득한 것 같다.

불안해하는 것도 좀 줄어든 것 같다. 좀 더 차분해진 느낌이다.

요약 및 설명

현성의 충동적인 분노 표출과 반항적인 태도가 다소 감소하면서 母와의 관계도 다소 개선된 것으로 보였다. 또한 자기중심적인 경향에서 벗어나기 시작하면서 또래와의 관계 형성이 가능해진 것으로 판단되었다. 치료자는 母의 노력에 대해 인정해 주고, 체벌이나 강압적인 방법을 사용하지 않고 현성을 존중하는 양육 방식을 지속적으로 사용할 것을 조언하였다.

2) 중 기

현성이 치료자와 비교적 긍정적이고 안정된 관계를 형성하고, 심하게 공격적이거나 반항적인 경향은 감소하였다. 따라서 중기 단계에서는 자신의 분노에 대해 더 정확하게 인식하고 효과적으로 조절하는 능력을 향상시키고, 가족이나 또래를 포함해 다른 사람들과 편안하고 공감적인 관계를 맺을 수 있도록 사회적 기술을 향상시키는 데 개입의 초점을 두었다. 부모교육은 효과적인 지시하기, 일방적인 통제를 줄이고 행동 계약 맺기 등에 초점을 두어 계속 병행하였다.

■ 10회기

✻ 현성이 그림을 그리면서 분노를 표현해 치료자가 대화를 시도하였다. 이 과정에 대해 아래에 축어록을 제시하였다.

현성: (화가 난 듯 뿌루퉁한 표정으로 치료실에 들어옴.)

치료자: 오늘 현성이 기분이 안 좋아 보인다. 왜 그런지 얘기해 볼래?

현성: (큰 목소리로) 싫어.

치료자: 말도 하기 싫을 만큼 화가 많이 난 것 같네. 〔현성의 감정에 대해 반영함.〕

현성: (종이를 가져와 색연필로 그림을 그리면서 '보지 마세요.'라고 씀.)

치료자: 나한테 그림을 안 보여주고 싶구나.

현성: (그림을 다 그리고 나서 치료자에게 보여줌. 그림 뒷면에는 '선생님 메롱 바보 멍청이'라
고 썼음.)

치료자: 내가 바보 멍청이라고 썼네. 왜 그렇게 생각해? 〔현성의 분노 감정에 대해 탐색
하는 질문을 함.〕

현성: 신경질 나니까. 근데 내가 왜 신경질 났는지 그것도 모르니까 바보.

치료자: 현성이가 말을 안 해도 선생님이 현성이 마음을 다 알아줬으면 좋겠는데, 모르
니까 화가 난 거구나. 〔내담 아동의 욕구와 감정을 반영함.〕

현성: 당연하죠.

치료자: 그런데 현성이가 솔직하게 말을 해 주지 않으면 선생님이 현성이의 기분을 정
확하게 알 수가 없어. 그리고 무슨 일이 있었는지도 알 수가 없고. 〔개방적인 의사
소통의 중요성을 일깨우기 위한 반응을 함.〕

현성: 그림 다 그렸어요.

치료자: 어떤 그림이지?

현성: 괴물이에요.

치료자: 괴물을 그렸구나. 그림에 대해 생각나는 걸 좀 더 얘기해 볼래?

현성: (통명스럽게) 알 거 없어요. 바이러스 전쟁이에요. 총 쏴서, 강력한 바이러스. 얘가 지금 화났어. 지금 우주 전쟁 그리는 거다. 적들이 침입했다. 외계인. 레이저 광선. 총 다다다다 발사.

치료자: 화가 나서 전쟁하는 그림이구나. 그림의 제목은 뭐라고 붙이고 싶어?

현성: 아무 것도 아니에요. 선생님을 미워하는 그림이에요. 〔분노를 치료자에게 투사하는 것으로 판단됨.〕

치료자: 현성이가 나에게 화가 난 이유가 뭔지 아직 모르겠다. 〔분노의 출처를 명확하게 하기 위한 반응을 함.〕

현성: 나도 몰라요. (동화책을 가져와 읽지도 않고 마구 책장을 넘김.) 〔자신의 분노에 대해 명확하게 인식하지 못하는 것으로 보임.〕

치료자: 현성이도 왜 그런지 알 수 없는데, 그냥 화가 나서 어떻게 해야 할지 모르는 것 같네. 〔현성의 현재 불안정한 상태를 있는 그대로 반영함.〕

현성: 만들기 할 거야, 아니 두드려 패기 게임, 아니 총 쏘는 게임. (종이를 마구 구겨서 총 모양처럼 만들어 치료자에게 총을 쏘는 시늉을 함.)

치료자: 나한테 계속 화가 나 있구나.

현성: 또 다른 총 만들 거야. (종이들을 아무렇게나 구기고 붙여서 총 모양을 만듦.)

치료자: 현성이가 계속 화를 내는 이유가 궁금하네.

현성: 이유 없는 화예요. 이 총이 맘에 든다. 다다다다. 나는 숨어서 공격하는 애야. (개구리 인형의 눈에 대고 총을 쏘고, 총을 母에게 보여주고 싶다며 치료실을 세 번 나갔다가 들어옴. 母에게 총을 겨누는 시늉을 함.)

치료자: 현성이 엄마에게 화가 난 걸까? 엄마에게 화가 났는데, 나에게 화를 내는 걸까? 〔분노의 전이에 대해 잠정적인 해석을 시도함.〕

현성: (흥분한 목소리로) 엄마는 나빠요. 짜증나게 해요.

치료자: 엄마가 현성이를 어떻게 짜증나게 했는지 얘기해 볼래?

현성: (큰 목소리로) 싫어.

치료자: 화가 많이 났을 때는 차분하게 생각하고 얘기하기가 힘들지? 나도 그럴 때가 있어. 그럴 때는 어떻게 하면 좋을까? 〔분노의 처리 방법에 대해 생각할 기회를 제공함.〕

현성: 그냥 놔 둬요.

치료자: 그래, 좀 기다려 보는 것도 좋은 방법이야. 숫자를 천천히 세면서. 〔현성이 제안한 방법을 더 구체화하는 반응을 함.〕

현성: (풍선들을 불어 치료자의 말을 가로막으며) 이건 새로운 무기야. (풍선으로 다른 풍선을 두들기면서) 때려 죽여. (풍선을 치료자의 얼굴 근처에서 위협적으로 휘두름.)

치료자: 현성이가 나 때문에 화가 난 건 아닌 것 같은데, 나에게 화풀이를 하는 것 같아. 〔분노의 대상이 전위된 것에 대해 직면시키는 반응을 함.〕

현성: 선생님도 나빠요. 내 마음도 모르니까. 〔자기중심적인 관점에서 분노 경험에 대해 이야기함.〕

치료자: 나도 현성이 마음을 이해하고 싶은데, 얘기를 자세히 안 해 주니까 무슨 일이 있었는지 도무지 알 수가 없어 답답하네. 〔치료자의 입장을 이해할 수 있도록 설명을 제공함.〕

현성: 내가 공부 안 하고 욕 하고 나쁜 사람이라 선생님한테 가서 혼나야 된다고 했어요. 〔현성이 화가 난 이유를 솔직하게 이야기함.〕

치료자: 아하. 그렇게 얘기를 해 주니까 이제 알겠다. 엄마한테 그런 말을 듣고 화가 났고, 선생님이 혼낼 거라고 생각해서 나한테도 화가 난 거구나. 진작 그렇게 말했더라면 내가 좀 더 빨리 현성이 마음을 이해했을 텐데. 〔현성의 명확한 표현을 강화하는 반응을 함.〕

현성: 이제 아시겠어요?

치료자: 물론이지. 다음부터는 화가 났을 때 지금처럼 말로 잘 설명해 줘. 그러면 내가 빨리 이해할 수 있고 현성이가 화난 것도 빨리 가라앉을 수 있어. 〔분노를 언어화하는 것의 중요성을 알려줌.〕 그런데 현성이가 화가 많이 났는데도 물건도 안 던지고 욕도 안 하고 잘 참아줘서 정말 대견하네. 〔외현화된 공격 행동을 하지 않은 것에 대해 인정하고 칭찬함.〕

요약 및 설명

현성이 반항적이고 퉁명스러운 태도를 보였다. 그러나 치료자에게 직접적인 공격 행동을 자제하면서, 형태를 어느 정도 갖춘 그림을 통해 분노를 표현하였다. 母를 향한 분노를 직접 당사자에게 표현하여 해결하지 못하고 치료자에게 부적절하게 전위시키는 경향을 보여, 치료자는 대화를 통해 현성이 분노의 원천에 대해 직면하고 분노를 언어화할 수 있도록 교육하였다.

〈母 면담〉

• 현성의 최근 문제와 母의 대처의 어려움에 대해 보고하였다.

현성이 공부를 열심히 안 하는 것 같아 母가 억지로 책상 앞으로 끌고 가서 공부하라고 했더니 짜증내고 공부를 안 하려 한다.

컴퓨터 게임만 자꾸 하려 해서 야단을 쳤더니 "엄마 미워." 하고 욕을 했다.

"부모님 말 안 듣고 욕해서 치료받으러 가야 한다."라고 했더니 "선생님도 미워."라고 말하면서 여기도 오기 싫다고 했다.

현성이 화를 내고 시간이 좀 지나서는 미안하다고 사과한다.

칭찬: 바빠서 신경을 못 써 주다 보니 칭찬을 별로 못해줬다.

요약 및 설명

母가 강압적인 훈육 방식과 분노를 유발하는 말을 사용할 때 현성의 분노와 반항적인 행동이 증가하는 것으로 보였다. 치료자는 현성이 자발적으로 바람직한 행동들을 보일 때 칭찬하는 것이 잘못을 지적하고 야단치는 것보다 행동 변화에 더 효과적임을 母에게 알려주었다. 또한 母가 쉽게 분노 감정을 경험하는 경향성과, 타인에게 분노를 유발하는 언어 습관을 갖고 있는 것에 대해 언급하고, 이를 바람직한 방향으로 수정할 수 있도록 조언하였다.

■ 11~13회기

＊ 현성이 자신의 문제에 대해 솔직하게 이야기하고, 몇 가지 놀이를 집중해서 하였다.

• (대기실에서 기다리는 동안 母와 차분하게 대화하거나 풍선 주고받기 놀이를 즐겁게 하

였음.) 〔모자 관계가 친밀해 보이고 점차 긍정적으로 형성되어 가고 있는 듯함.〕

• (치료자에게 여러 가지 이야기를 하였음.) TV에서 아픈 사람을 봤어요. 도와주고 싶었어요. 나 원래 정 많아요./ 그런데 화나면 물건을 던져요. 〔자신의 잘못된 분노 표현 방식에 대해 솔직하게 인정하는 등 문제에 대한 통찰력이 증가한 것으로 보임.〕 요즘은 좀 덜해요. 착하게 살 거예요. 〔치료자는 현성에게 분노 표현을 자제하는 방법으로, 심호흡하면서 숫자 세기, 멈추고 생각하기(Stop & thinking) 방법을 알려줌.〕

• (체스, 블루마블 등의 게임을 함. 현성이 규칙을 잘 모를 때 치료자가 가르쳐주면 쉽게 받아들이고 규칙을 지키려 노력하고 신중하게 하려고 함.) 아, 그렇지. (현성이 질 것 같으면 간혹 억지를 부리기도 하지만, 치료자가 설명하면 수긍함.) 선생님이 틀리게 했잖아요. 〔현성이 한 가지 게임을 약 30분 정도 집중해서 하는 등 안정되어 보였음.〕

• (만들기를 많이 함. 종이상자들을 테이프로 붙여서 기하학적 모양들을 만듦.) 튼튼하게 해야 돼. (테이프를 많이 붙여 떨어지지 않도록 함.) 카메라, 총, 자동차예요. 맘에 든다. (자신이 만든 것들을 대기실에 있는 母에게 보여주고 집에 가져감.)

요약 및 설명

현성이 차분한 태도로 한 가지 놀이를 오랫동안 집중해서 지속하는 등 정서적으로 안정되어 보였다. 흥분한 목소리나 공격적인 놀이가 현저하게 감소하고, 치료자와 언어적인 상호작용을 적절하게 하는 등 사회적 기술이 향상된 것으로 판단되었다. 현성이 자신의 문제에 대해 솔직하게 인정하고 고치고 싶어 해 분노 조절 방법들을 알려주었다. 반항적인 경향은 거의 보이지 않았고, 치료자의 말에 쉽게 수긍하고 따르려 하였다.

〈母 면담〉

• 현성이 최근에 보이는 문제들에 대해 보고하였다.

숙제하는 것은 좀 나아졌다. 아직 공부를 열심히 하지는 않는다.

현성이 母를 좋아하면서도 간혹 함부로 대한다. 특히 현성이 하려는 것을 못하게 하면 화를 낸다.

컴퓨터 게임을 너무 많이 해서 코드를 뽑아 버렸더니 책상 위에 있던 물건들을 다 집어던졌다. 母가 화가 나서 컴퓨터를 내다 버린다고 했더니 현성이 "엄마가 소리 질러서 화가 났다."라고 말했다. 현성이 자기표현을 잘하게 된 것 같다.

요약 및 설명

현성의 분노 폭발이 많이 감소했지만, 주로 부모의 일방적이고 강압적인 통제에 의해 유발되는 것으로 보였다. 특히 母가 분노 조절을 적절하게 하지 못하는 경향이 시사되어, 화가 나는 상황에서 부모가 먼저 멈추고 생각하기(stop & thinking) 방법을 사용하고 분노를 언어로 표현하는 모범을 보일 것을 조언하였다. 또한 스스로 공부하기, 컴퓨터 게임 시간 등에 대해 행동계약을 맺고 스티커로 보상하는 방법을 교육하였다.

■ 14회기

∗ 현성이 불안정한 태도로 분노 조절을 못하였다.

- (화가 난 표정으로 대기실에 앉아서 만화책을 뒤적이면서 치료실에 안 들어오려 함. 치료자가 마음을 진정시킬 시간을 1분 주겠다고 하자 잠시 후에 치료실에 들어와 반항적인 태도로 공격적인 놀이를 계속함.)
- (색점토로 둥근 모양 두 개를 만들어 짓누르며) 피자, 다 구겨서 죽었다.
- (풍선을 불다가 놓쳐서 날아가 버리자 풍선을 발로 마구 밟으면서 짜증을 냄.) 되는 일이 없어. (풍선에 접착테이프를 붙였다가 뜯으려는데 잘 안 되자 풍선을 물어뜯고 발로 걸어참. 치료자가 도와주려 해도 계속 짜증을 냄.) 싫어, 선생님하고 안 놀아, 집에 갈 거야. 〔치료자는 현성의 분노 감정을 반영하고, 말로 설명해 줄 것을 제안하였음.〕
- (현성이 컴퓨터를 켰는데 자신이 원하지 않는 사이트가 뜨자 혼잣말로 욕을 하며 치료자에게 반말로 소리를 지름.) 씨X. 나 혼자 할 거야. 나가. 〔치료자는 현성의 잘못된 행동에 의해 치료자가 화가 났음을 말함으로써, 분노 감정을 적절하게 표현하는 시범을 보였음.〕 듣기 싫어. (현성이 엉엉 울고 소리를 지르며 휴지를 찢어 내던지고 바닥에 침을 뱉으려 함.) 〔현성의 폭발적인 분노 표현이 계속되어 치료자는 "그

만."이라고 단호하게 말하며 한계 설정을 하였음.〕

- (치료 시간이 끝났음을 알려주자 방을 나가면서 치료자를 발로 걸어참.) 〔치료자는 폭력을 사용한 잘못에 대해 지적하고, 의자에 앉혀 5분간 타임아웃시킴.〕

요약 및 설명 ●●●

현성이 치료를 시작하기 전부터 화가 나 있는 상태로, 치료실에서 반항적이고 공격적인 행동 양상을 보여 감정 조절 능력이 일시적으로 약화된 것으로 판단되었다. 분노 조절이 안 되고 치료자에게 공격 행동을 해, 현성의 분노에 대해 반영하고 치료자의 화나는 감정에 대해 나 전달법으로 의사소통하는 시범을 보였다. 또한 단호하게 한계 설정을 하고 타임아웃을 시킴으로써 공격 행동이 허용되지 않음을 명확히 하였다.

〈母 면담〉

- 현성의 분노와 관련된 사건에 대해 보고하였다.

치료받으러 오는 길에 현성이 길에서 파는 장난감을 사 달라고 하는 걸 안 사줬더니 짜증을 냈다. 전철에서 母의 핸드백을 뺏어 아무데나 던지고, 이를 야단치자 "남들 앞에서 창피하게 만들었다."라고 화를 냈다. 최근에는 오늘같이 화내는 일이 거의 없다.

요즘은 결정권을 현성이에게 많이 준다. "지금 숙제하기 싫으면 하지 말고 네가 알아서 해라."라고 하면 나중에는 숙제를 한다. 그날의 숙제를 잘하면 컴퓨터 게임을 1시간 하기로 행동 계약을 맺었더니, 약속을 비교적 잘 지킨다.

요약 및 설명 ●●●

부모의 양육 방식에 변화가 있으며, 그런 변화가 현성의 행동 수정과 반항적인 행동을 감소시키는 데 효과가 있는 것으로 보였다. 치료자는 부모의 노력을 인정하고 격려하였다. 현성이 최근에 감정 조절을 비교적 잘하고 있지만, 간혹 분노 폭발을 보일 때 효율적인 대처 방법에 대해 母에게 설명하였다. 즉, 공감적인 반응과 언어를 통한 의사소통을 통해 분노를 가라앉히도록 돕고, 다음 단계로는 단호하게 한계 설정을 하도록 조언하였다.

■ 15~18회기

＊ 현성이 선호하는 몇 가지 놀이를 집중해서 차분하게 하였다.

- (체스, 블루마블 게임을 함. 규칙을 지키려 노력하고, 비교적 차분하게 집중해서 함. 치료자와 교대로 하려고 노력하지만, 가끔 자기 차례가 안 되어도 하려고 해 제지하면 바로 수긍함. 신중하게 생각해서 하는 등 충동성이 감소함.)

- (만들기를 많이 함. 점토를 가지고 케이크를 만듦. 케이크 모양을 내는 도구를 찾다가 없자 손으로 만듦. 색종이들을 오려서 만들기를 함. 가위가 필요한데 어디 있는지 보이지 않아 한참 동안 찾았지만 짜증을 내지 않고 계속 찾아봄.) 〔현성이 욕구 좌절 상황에서 화를 내지 않고 감정을 자제하는 것이 가능해진 것으로 판단됨.〕

- (풍선 불기. 풍선이 잘 안 불어지거나 날아가면 치료자에게 불어 달라고 공손하게 부탁함.) 선생님, 이것 좀 불어 주시겠어요? 〔사회적 기술이 많이 향상된 것으로 보임.〕

- (가끔 펀치 오뚝이를 몇 번씩 치고, 뿅 망치로 때림.)

- (병원놀이를 함. 치료자를 청진기로 진찰하고 치료함.) 아주 나빠요. 치료해 줄게요. (주사를 놓으면서) 우유 많이 먹어요, 약도 먹어야 돼요. 〔타인의 고통을 배려하는 역할 놀이를 하는 등 공감 능력이 향상된 것으로 판단됨.〕

- (나무 블록 놀이를 함.) 조심스럽게 올려야지. 성을 만들자. (블록들을 조심스럽게 차례로 20개 정도 쌓아 올림.) 〔치료자는 현성의 차분하고 집중하는 태도에 대해 칭찬함.〕

- 컴퓨터 해도 돼요? (치료자에게 공손하게 허락을 구해 15분 동안 하기로 시간 약속을 하고 컴퓨터에서 검색을 함. 디지몬 그림 등을 찾아보면서 치료자에게 친절하게 설명해 줌.)

- (끝날 시간이 되었음을 알려주면) 더 놀고 싶어요. 선생님과 헤어지는 거 싫어요. 그래도 정리해야지. (스스로 놀잇감들을 정리함.) 〔욕구 좌절에 대해 자기표현을 잘하고 행동 통제력이 향상된 것으로 보임.〕

- 저 요즘 잘하죠? 〔현성이 치료자로부터 긍정적인 평가를 받고 인정받고 싶어하는 것으로 판단되어, 치료자는 현성의 최근 변화에 대해 언급하고 인정해 줌.〕

요약 및 설명

　　현성이 차분하고 안정되어 보였다. 치료자와 상호작용을 많이 할 수 있는 놀이들을 선택하고, 치료자에 대해 긍정적이고 예의 바른 태도를 보였다. 또한 게임의 규칙을 잘 지키고, 뜻대로 되지 않아도 참을성 있게 기다리며 분노 표출이나 공격성을 거의 보이지 않는 등 감정과 행동 통제력이 많이 향상된 것으로 판단되었다.

〈母 면담〉

• 현성의 긍정적인 변화들에 대해 보고하였다.

　　현성이 칭찬받는 것을 좋아해서, 칭찬하면 공부도 좀 더 하고 효과가 크다. 현성이 "이거 잘 했으니까 칭찬할 거죠?"라면서 母에게 칭찬받으려 노력한다.

　　母가 그동안 강압적으로 뭐 하라고 하고, 야단치고 그래서 현성이 이런 문제를 보였던 것 같다. 요즘은 숙제하기 싫어하면 강제로 안 시킨다. 그러면 좀 있으면 스스로 하는 적이 많다.

　　현성이 착한 행동을 하려고 해서 대견하다. 휴지도 아무 데나 버리려 하다가도 다시 주워서 쓰레기통에 넣고, 장난감을 안 사 줘도 화 안 내고 참는다.

　　아직 공부는 열심히 안 한다. 학습지 문제 하나 풀고는 딴짓 한다.

요약 및 설명

　　母가 양육 방식에서 여유가 생기고 강압적인 태도를 포기하면서 현성의 반항적이고 공격적인 경향이 계속 감소되는 것으로 판단되었다. 현성이 母의 인정과 칭찬을 받기 위해 바람직한 행동을 많이 하려고 노력하고 있고, 母도 칭찬의 효과에 대해 알게 되어 그 방법을 계속 사용할 것을 조언하였다.

3) 후 기

현성이 정서적으로 안정되고 감정과 행동 통제력이 향상되었고, 母의 양육 방식에서의 변화와 함께 모자 관계가 개선됨에 따라 반항적인 경향도 감소하였다. 치료의 후기 과정에서는 이러한 변화를 공고히 하고, 여러 좌절 상황에서 자기 통제력이 향상될 수 있도록 치료 성과를 일반화시키는 데 치료의 초점을 두었다.

■ 21~23회기

✻ 현성이 이야기를 잘하고 즐겁게 놀이를 하였다.

• (언어를 통한 의사소통을 많이 함.) 오늘 엄마가 게임 못하게 해서 재수 없었지만 화 안 냈어요. 〔현성이 의사소통 능력이 향상되어 자신의 감정 상태에 대해 솔직하게 표현하는 것이 가능한 것으로 보임.〕

• (치료자에 대해 배려하고, 관심을 표현함.) 선생님 머리 깎았어요? 예뻐요./ 선생님이 게임에 져서 기분 나쁠 거예요./ 이거 제가 종이로 만든 꽃이에요. 선생님 드릴려구요. 〔타인에 대한 호감과 관심을 적절하게 표현하는 등 사회적 기술이 매우 향상된 것으로 판단됨.〕

• (체스나 바둑을 할 때 규칙을 비교적 잘 지키지만, 가끔 자신에게 유리하게 함. 현성이 많이 이기면, 치료자가 이길 수 있도록 양보하기도 함.) 〔현성이 완벽하지는 않지만 자기중심적인 태도에서 조금씩 벗어나고 있는 것으로 보임.〕

• (주방 놀이) 고기, 당근, 다 넣어서 국 끓일 거야. 나 혼자 먹으려고. (포도 쥬스, 계란, 귤 등을 접시에 담아 치료자에게 줌.) 먹어보세요. (치료자와 같이 먹는 시늉을 하면서) 맛있다. (장난감 전화를 받으면서) 여보, 내가 요리하고 있어. (장난감 싱크대에서 설거지를 함.)

• (만들기를 함.) 비행기 접을 수 있어요. (색종이로 비행기를 대충 접어 날려봄. 자신이 만든 종이비행기를 가져가려고 치료자에게 허락을 구함.) 제트기 멋있는데, 가져가면 안 돼요? 〔치료자의 허락을 공손하게 구하는 등 예의 바른 태도를 보임.〕

• (전쟁 놀이를 함. 종이 병정들을 곳곳에 매복시키고 전쟁 상황을 설명함.) 죽이려고 전쟁해요. 미사일 발사. 모두 다 죽었다. 누군가 침입했어. 병사들이 지켜야 돼. 전쟁이다. 전쟁하면 안 된다. 나라가 엉망이 되니까. 적을 만들어야지. 폭탄 파파

꽉. 칼까지 있어요. 보세요. 무섭죠? 나는 남자라 안 무서워요.

- (컴퓨터에서 인터넷 검색을 함.)
- (끝날 시간이 되면 잠시 조르다가 곧 포기하고 놀잇감들을 정리함.) 싫어, 이거 지금 당장 해야 돼요. 컴퓨터 할 때까지 안 갈 거예요. 〔현성의 행동 통제력이 적절한 수준에 해당되는 것으로 판단됨.〕

요약 및 설명

현성이 밝은 표정으로 다양한 놀이를 즐겁게 하고, 치료자와 눈 맞춤이 증가하고 적절하게 대화하는 등 긍정적인 상호작용을 많이 하였다. 간혹 욕구가 좌절될 때 다소 억지를 부리기는 하지만 분노 폭발이나 공격성은 거의 보이지 않고 자신의 감정과 행동을 자제하려는 노력을 많이 보였다.

〈母 면담〉

- 현성의 긍정적인 변화에 대해 보고하였다.

    요즘 현성이와 대화가 좀 잘 된다. 학교에서 있었던 일이나 친구하고 놀았던 얘기를 재미있게 잘 한다.

    행동이 많이 차분해졌다. 지하철에서도 돌아다니지 않고 자리에 앉아 있다.

    母가 좀 신경질적이라 소리를 지르고 매를 들면 현성이 무서워하면서도 말은 안 듣는다. 내가 마음을 다스려야 한다. 요즘은 좀 느긋하게 살려고 한다.

    현성이 숙제도 스스로 할 때가 많아져서 대견하다. "엄마, 나 잘 했지?" 하고 계속 물어본다.

요약 및 설명

母가 양육 방식을 개선하기 위한 노력을 지속적으로 하고 있고, 현성과의 관계가 더 긍정적인 방향으로 변화하고 있는 것으로 보였다. 현성이 반항적인 경향이 많이 감소하고 일상생활에 잘 적응하는 것으로 판단되어 두 회기에 걸쳐 종결을 준비하기로 합의하였다.

4) 종 결

■ 25회기

* 현성이 즐겁게 게임을 하고 치료 종결에 대해 이야기하였다.

- (바둑알로 알까기 게임을 함. 서로 규칙을 합의해서 정한대로 규칙을 잘 지킴. 현성이 계속 이기자 나중에는 의도적으로 치료자에게 져 줌.)

- (다른 아동이 만들어 놓은 레고를 보기만 하고 건드리지 않음.) 남이 만든 걸 부서뜨리면 얼마나 기분 나쁘겠어요? 〔타인의 입장에 대한 공감 능력과 배려심이 증가한 것으로 판단됨.〕

- (레고와 나무 토막들로 만들기를 함.) 선생님도 만드실 거죠? 로켓이나 로봇 만드세요. 나도 로봇 만들 거예요. 악어로봇. 입 속에 미사일 발사. 우리 전쟁 놀이 해요. (현성이 만든 로봇으로 치료자가 만든 로봇을 공격하지만 세게 공격하지는 않음. 치료자의 로봇이 약간 부숴지자 고쳐줌.) 제가 고쳐줄게요. 〔현성이 자기중심적인 경향에서 벗어나고 적절한 사회적 기술을 갖게 된 것으로 보임.〕

- (치료 종결에 대해 이야기함.) 더 오고 싶어요. 선생님 못 보면 섭섭해요. 〔현성이 이별의 감정을 적절하게 표현하였고, 치료자 역시 섭섭한 감정을 표현하였음. 치료자는 현성의 성장이 대견하고 고맙다는 내용이 적힌 카드와 선물을 현성에게 주었음.〕

요약 및 설명

현성이 자기표현을 적절하게 잘하고 긍정적이고 편안한 상호작용이 가능하였다. 타인에 대한 공감 능력과 배려심이 많이 향상된 것으로 보였고 적절한 사회적 기술을 사용하는 것으로 판단되었다. 치료자는 현성의 긍정적인 변화에 대해 인정하고 신뢰감을 표현하면서 치료를 종결하였다.

■ 추수 회기

＊ 치료 종결 6개월이 지난 뒤에 현성 母가 현성의 상태를 평가받기 원해서 추수 회기를 갖고 최근 생활에 대해 대화하였다.

- (밝은 표정으로 공손히 인사를 함.)
- 요즘 생활: 좋다. 학교에서 자리 배정해 주는데 남자는 남자끼리 짝을 지어 준다. 남자친구가 더 좋다. 여자는 얄미워서 싫다.
- 공부: 힘들지 않다. 수학 100점, 80점 받고./ 숙제는 다 해 간다.
- 요즘 좋아하는 것: 컴퓨터 게임. 숙제하고 나서 게임한다.
- 친구 관계: 한 명 있다. 근데 가끔 나를 괴롭힌다./ 어떻게: 바보, 멍청이라고 놀린다./ 대처: 나는 욕 안 하고 안 때리고 피했다.
- 힘든 것: 친구가 가끔 놀린다. 싸우지는 않는다. 내가 양보한다.
- 희망: 공부 많이 해서 훌륭한 사람 되어 우리나라를 잘 살게 하고 싶다.

요약 및 설명 ● ● ●

현성이 표정이 밝고 예의 바른 태도를 보였다. 말을 차분하고 조리 있게 잘하고 적절한 대화가 가능하였다. 학교생활에도 잘 적응하고 있는 것으로 보였다. 또래 관계에 대해 다소의 어려움을 이야기하였지만, 비교적 적절하게 대처하는 등 사회적 기술이 양호한 것으로 판단되었다.

〈母 면담〉

- 현성의 긍정적인 측면들에 대해 보고하였다.

현성이 많이 변했다. 너무 잘 지내서 선생님께 보여드리고 싶었다.

母와 현성의 관계가 점점 좋아져서 대화를 많이 하고, 현성이 얼마 전부터는 존대어를 쓰는 등 더 예의가 바르게 행동한다.

숙제도 스스로 하고, 공부도 필요한 만큼 하고 성적도 올라서 요즘 크게 힘든 건 없다.

컴퓨터는 하루 한 시간만 하기로 약속하고 시간을 잘 지킨다.

부모에게 인정받으려고 노력하고, 공부도 꾸준히 하고, 대견하다.

현성이 많이 안정되었다. 자신이 사랑받는다는 것을 아는 것 같다.

母가 요즘 걱정하는 것은 현성이 친구 관계에 자신감이 없는 것 같다는 것이다. 친한 친구와는 잘 노는데, 어떤 친구가 싸움을 걸면 대응을 잘 못하고 피한다./ 예전의 반항적인 경향이 완전히 없어져서 오히려 친구들에게 당하면 당했지 공격적인 행동은 전혀 하지 않는다. 현성이 너무 순진하고 나이에 비해 어린 것 같다.

집에서는 아직도 화가 나면 어쩌다 한 번씩 욕이 튀어 나오지만, 금방 잘못했다고, 미안하다고 사과한다. 물건을 던지거나 母에게 직접 욕을 하지는 않는다.

요약 및 설명

현성이 많이 안정되고 자기 통제를 잘하고 있으며, 母의 양육 방식도 많이 변화된 것으로 보였다. 간혹 또래 관계에서 미숙하게 대처할 수 있지만 크게 문제가 될 정도는 아니며, 일상생활을 비교적 잘하고 있는 것으로 판단되었다. 당분간 관찰해 보고, 또래 관계가 개선되지 않고 어려움이 커지면 심리치료를 다시 받기로 합의하였다.

6. 심리치료 결과 및 평가

현성은 반항적이고 공격적인 행동을 심하게 보이는 아동으로, 심리평가 결과 부모의 과잉보호와 강압적인 훈육 등 비일관적인 양육 방식과, 부모의 충동적인 분노 표현 방식이 현성의 문제의 주된 유발 요인으로 판단되었다. 따라서 아동중심적 놀이치료 접근방법을 적용해 현성의 분노 감정을 이해하고 공감하며 효율적인 분노 표현 방법을 자주 시범보임으로써, 현성이 자신의 분노 감정을 충분히 표현하고 인식하게 하고, 충동적인 분노 표현 방식을 교정할 수 있는 방법들을 학습하게 한 것이 효과적이었다고 판단된다. 또한 부모교육을 지속적으로 실시해 부모-자녀 관계를 개선하고 분노를 유발하지 않는 의사소통 방식을 교육한 것도 중요한 치료 요인이었다고 판단된다.

　현성의 경우, 비교적 단기간의 심리치료 후 적대적이고 반항적인 경향이 크게 감소하고, 적절한 감정 조절과 충동적인 행동의 감소 등 자기 통제력이 현저하게 향상되었다. 또한 타인에 대한 공감 능력도 발달해 또래 친구를 사귀게 되었고 어른들과의 관계에서는 매우 예의 바른 태도를 보이게 되었다. 자율성도 향상되어 스스로 숙제를 하고 게임 사용 시간을 조절할 수 있게 되었다. 이러한 치료 효과는 종결 6개월 후의 추수 회기까지 지속되었다.

제12장

외상후스트레스장애 아동의 지지치료

외상후스트레스장애 아동의 지지치료

1. 사례: 母의 사망에 임박해 불안 증상과 공격 행동을 보이는 민우

5살인 민우는 최근 母의 병세가 악화되면서부터 밤에 악몽을 꾸고 소변을 가리지 못하며 형과 또래들을 때리고 욕하는 등 공격적인 행동을 보여 심리치료에 의뢰되었다. 부모에게도 갑자기 화를 내고 욕을 하며, 뜻대로 되지 않으면 큰 소리로 우는 경우가 많다. 집에서나 유치원에서 과잉행동을 보이고 주의가 산만하여 차분히 앉아서 뭘 하지 못한다.

2. 초기 면담과 행동관찰

1) 내담 아동과의 첫 면담

민우는 귀여운 외모의 아동으로 치료자에게 웃으면서 인사하였고, 치료실에 혼자 들어와서 먼저 이야기를 시작하였다. 다음은 첫 면담 중 주요 부분에 대한 축어록이다.

민우: 나 여섯 살이에요. 유치원 안 가서 여기 왔어요. [귀여운 말투로 자신의 문제를 스스럼없이 이야기함.]

치료자: 유치원 가는 게 싫었어?

민우: 예. 애들이 못 살게 굴어요.

치료자: 애들이 못 살게 굴어서 힘들었구나. 어떻게 못 살게 굴어?

민우: 건드리고 욕하고.

치료자: 민우가 가만히 있는데 건드리고 욕하고 그랬어?

민우: 예. 아, 나도 좀 건드리고.

치료자: 민우가 먼저 건드리기도 했나 보네?

민우: 조금.

치료자: 민우가 참 솔직하게 얘기를 잘하는구나. 요즘 민우가 힘든 게 어떤 거야? 〔의사
　　　표현을 잘하는 것에 대해 보상하고, 현재 문제에 대해 탐색적인 질문을 함.〕

민우: 없어요.

치료자: 생각이 잘 안 나는가 봐. 아빠 말씀으로는 엄마가 아프시다고 하던데. 〔민우가
　　　겪고 있는 어려움에 대해 이야기할 수 있도록 단서를 제공함.〕

민우: 예. 많이 아파요.

치료자: 엄마가 많이 아파서 민우가 힘들겠구나.

민우: (슬픈 표정을 지으며) 예. 내가 속 썩여서 아픈 거래요.

치료자: 누가 그런 말을 했어?

민우: 형아가요.

치료자: 형아가 그렇게 얘기해서 정말 민우 때문에 엄마가 아픈 거라고 생각했어?

민우: 조금요.

치료자: 그건 아마 형이 화가 나서 그렇게 얘기한 거지, 엄마가 아픈 게 민우 때문은 아
　　　니야. 〔불합리한 죄책감을 덜어주기 위한 반응을 함.〕

민우: (큰 목소리로) 형은 개XX예요. 〔형에 대한 적개심을 표현함.〕

치료자: 민우가 욕을 하는 걸 보니 형한테 화가 많이 나 있구나. 〔민우의 감정에 대해
　　　공감하는 반응을 함.〕

민우: 맨날 자기 맘대로 하고, 거짓말하고 때리고.

치료자: 형이 민우를 때리기도 하니?

민우: 매일 때려요.

치료자: 형하고 사이가 안 좋아서 민우가 참 힘들겠구나.

민우: 아빠한테 얘기해서 형을 혼내 주라고 하세요. 공부도 안 하고 그래요.

치료자: 민우가 형한테 화가 단단히 나서 혼내 주고 싶구나.

민우: 공부도 되게 못해요.

치료자: 형이 공부 잘 못해? 형도 요즘 힘들어서 아마 공부가 잘 안 되나 봐. 〔형의 상태
에 대해 알려줌.〕

민우: (주변을 둘러보며) 여기 우리 집보다 장난감 많아요. 〔대화의 주제를 바꾸려 함.〕

치료자: 장난감이 많아서 마음에 드니?

민우: 예.

치료자: 민우가 좋아하니 선생님도 기분이 좋네. 앞으로 일주일에 한 번씩 여기 와서 민
우가 하고 싶은 걸 할 수가 있어.

민우: 재밌겠다.

치료자: 기대가 되지?

민우: 저 노는 거 좋아해요.

치료자: 그렇구나. 그럼 여기 다니는 거 좋아하게 될 거야. 〔치료에 대한 긍정적인 기대
를 유도함.〕

요약 및 설명

민우는 귀여운 말투로 의사 표현을 잘하였다. 외현상 밝은 표정을 지었지만, 母의 질
병으로 인해 무력감과 불안감이 내재되어 있는 듯하였다. 형에 대해서는 다소 흥분한
말투로 적개심을 표현하는 등 형과의 경쟁적인 관계에서 좌절감과 분노감을 경험하는
것으로 보였다. 치료자는 심리치료에 대해 민우가 긍정적인 기대를 가질 수 있도록 유
도하고, 현 상황을 잘 견딜 수 있도록 정서적인 지지를 제공하였다.

2) 父와의 첫 면담에서 얻은 정보

(1) 父가 호소하는 주된 문제

① 밤에 악몽을 꾸고 자주 깨며 야뇨증이 있다.

② 형과 또래들을 때리고 욕하는 등 공격적인 행동을 보인다.

③ 주의가 산만하고 과잉행동을 보인다. 한 자리에 가만히 앉아있지 못한다.

④ 요구하는 것을 안 들어주면 짜증과 신경질을 많이 내고 잘 운다. 매일 한두 번씩
   은 떼를 쓴다.
⑤ 유치원에 안 가려 한다. 공부하기 힘들다고 한다.

(2) 발달력

계획하지 않은 임신이었고 출산 시 어머니의 나이가 41세로 노산이라 제왕절개로
분만하였다. 정상 체중에 건강하였다. 유아기 때는 건강하고 우유를 잘 먹었지만 밤에
잠을 잘 안 자서 母가 힘들어했다. 민우 외할머니가 자주 와서 민우를 돌봐주었다.

언어, 운동 발달 등은 정상이었고 배변 훈련은 좀 늦었다. 민우가 3세 때부터 간경
화로 母의 건강이 나빠지기 시작하였다. 놀이방에 보냈지만 母와 떨어지는 것을 힘들
어했다.

4세 이후로 母가 자주 병원에 입원하면서 놀이방에 극도로 가기 싫어하였다. 자기
뜻대로 안 되면 큰 소리로 울었다. 고집을 부리고 말을 안 들어서 작은 형에게 많이
맞았다.

친한 친구가 있어서 같이 잘 놀지만, 최근에 공격적인 행동으로 친구들과 잘 다툰다.

(3) 가족력

현재 부모, 형 둘, 민우, 다섯 식구가 같이 살고 있다.

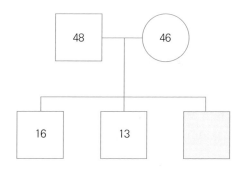

- 父(48세): 대졸. 자영업. 신중하고, 꼼꼼하고 예민한 성격이다. 민우 母의 질병이
  심각해지고부터 사업을 동생에게 맡기고 민우 母의 간호와 아이들 양육을 전담
  하고 있다. 오랜 병간호와 아이들 양육으로 만성 피로감에 시달린다.
- 母(46세): 대졸. 주부. 원래 성격이 온순하고 부드러운데, 2년 전에 간경화 진단을

받은 뒤부터 우울 증상을 보이며 자주 짜증을 낸다. 전에는 아이들에게 애정 표현을 많이 하고 가족에게 잘하려고 노력했지만, 자신의 몸 상태가 안 좋아지고부터는 아무에게나 화풀이를 하며 아이들을 때리기도 하는 등 비일관적으로 행동한다. 한 달 전부터는 건강이 더 악화되어 대부분의 시간을 호스피스 병동에서 지내고 있다.

- **큰형**(16세): 중 3. 모범생이고 모든 일에 착실하다. 장남으로 책임감을 강하게 느끼고 동생들을 위해 밥을 하기도 하는 등 부모를 많이 돕는다. 민우를 잘 돌봐 주지만, 떼를 쓰거나 너무 귀찮게 할 때는 화를 낸다.

- **작은형**(13세): 초 6. 자기주장이 강하고 고집이 세다. 학교생활에 큰 문제는 없지만 母가 아픈 이후부터 불안해하고 공부에 집중을 못하고 우울해하는 등 적응에 어려움이 있다. 민우를 매우 귀찮아하고, 자기 물건에 손을 대면 화를 내고 때리기도 한다.

- **부부 관계**: 비교적 사이가 좋은 편이었지만, 민우 母가 아픈 후부터 둘 다 예민해져서 사소한 문제로 다투게 되고 마음의 상처를 받는다. 최근에는 민우 母가 전적으로 민우 父에게 의지한다.

- **부모-자녀 관계**: 민우 父는 아이들에게 관심이 많고 자상한 편이다. 얘기를 잘 들어주고 잘 놀아주었지만, 최근에는 민우 母의 병간호 때문에 아이들을 제대로 돌보지 못했다. 최근에 많이 예민해져서 아이들이 말을 듣지 않을 때는 심하게 화를 내기도 한다. 특히 민우가 어려서 큰 상처를 받지 않을까 걱정을 많이 하고 있다.

 민우 母는 민우가 늦둥이라 귀여워하고 뭐든지 허용하고 과잉보호를 했다. 母가 아픈 후부터 민우가 母에게 더 매달리고 계속 안아 달라고 하는 등 아기같이 행동하려 해 母가 몹시 힘들어한다. 母가 몸 상태가 나쁠 때는 민우에게 화를 내고 밀쳐 내는 등 거부적인 태도를 보일 때도 있다.

- **형제 관계**: 큰 형은 맏이로서 책임감을 느끼고 현 상황을 받아들이면서 동생들을 돌보려고 노력한다. 둘째 형은 민우가 부모의 편애를 받는다고 생각하고 민우가 자기 물건을 만지거나 말을 듣지 않으면 심하게 때리고 울린다. 母가 아프고부터는 둘 사이가 더 나빠져서 자주 싸운다.

3. 심리검사

민우의 전반적인 발달 수준을 파악하고, 현재의 정서 상태와 적응 정도 등을 알아보기 위해 종합적인 심리검사를 실시하였다. 포함된 검사는 지능검사(KEDI-WISC), BGT, HTP, KFD, 문장완성검사, 로샤 검사 등이었다.

1) 검사태도

귀여운 인상의 남아로 밝은 표정으로 껌을 씹으며 검사실에 들어왔음. 검사자와 눈맞춤을 잘하였으며, 자기 얘기를 또박또박 잘하는 편이었음. BG 검사 시 오랜 시간에 걸쳐 도형을 모사하였으며(12분 38초), 모사 도중 웃으며 "쉬운데, 재밌다, 너무 쉬운데"라고 말했지만 도형을 하나씩 그릴 때마다 한숨을 크게 쉬었음. 자극 카드를 한 번만 보고 그려서 틀리게 그리는 등 부주의하였고, 필요 없는 윤곽을 그리기도 하였음. 검사자가 시계를 보자 "시간 재요?"라고 물어보았음. HTP 검사 시에는 비교적 빠르게 그렸으며, "나무 못 그리는데"라며 한숨을 쉬기도 하였음. 나무와 여자 그림을 그릴 때는 종이를 돌려놓고 그렸음. 가족화를 그릴 때는 얼굴만 그려서 몸 전체를 다 그리라고 하자, 싫다며 고집을 부렸음. 지능검사를 하는 도중에 "손톱 깎았는데" "저 수영 잘해요." "재밌나 재미없나 알고 싶어서 빨리 왔죠."라는 등 검사와는 무관한 얘기를 많이 하는 편이었음. 소검사가 끝날 때마다 "학교 갈 수 있을까요?"라며 웃는 얼굴로 묻기도 하였음. 질문에 대해 설명을 장황하게 하였으나, 공통성 문제와 거꾸로 따라 외우기는 예를 들어 설명해 주어도 문제를 정확히 이해하지 못하고 엉뚱한 대답을 하였음. 문장완성검사를 할 때는 글자 쓰기를 힘들어해서 검사자가 문제를 불러주고 받아 적었음.

2) 심리검사 원자료

(1) BGT

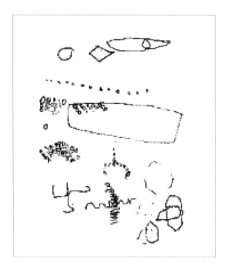

(2) 그림 검사

① 집 그림

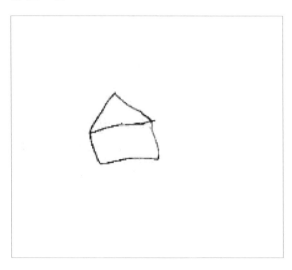

- 어떤 집: 벽돌집.
- 누가 사냐: 사람이 살아요.
- 분위기: 모르겠어요.
- 미래: 몰라요.
- 살고 싶은지: 예.
- 빠진 부분: 책, 사람, 전화, 컴퓨터, 냉장고, 카메라.

② 나무 그림

- 무슨 나무: 감나무.
- 나이: 10년 쯤.
- 상태: 좋은데 겨울이라서 나무 다 썩어요.
- 어디: 집에도 심을 수 있고, 너무 크게 자라면 밖에 심어도 되고.
- 주변에 다른 나무: 있어요.
- 미래: 그냥 살아요.

③ 남자 그림

- 누구: 점잖은 사람.
- 나이: 열두 살.
- 지금: 기차 타려고 가는 중.
- 기분: 좋아요.
- 성격: 몰라요.
- 장래 희망: 버스 운전사.

④ 여자 그림

- 누구: 집에서 공부하는.
- 나이: 여섯 살.
- 지금: 꽃 팔아요.
- 기분: 좋다.
- 성격: 좋을 거예요.
- 장래 희망: 몰라요.

⑤ 동적 가족화

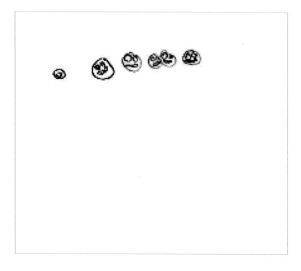

- 지금: 그냥 있어요.
- 누구: 우리 식구.
- 분위기: 그저 그래요.
- 가족 관계: 좋아요.
- 아빠: 좋은 점은 내가 좋으면 아빠도 좋아요. 싫은 점은 내가 장난감 사 달라 그러면 화내요.
- 엄마: 좋은 점은 엄마랑 사이좋고 좋아요. 싫은 점은 몰라요.

- 큰 형: 좋은 점은 게임 잘 해요. 싫은 점은 없어요.
- 둘째 형: 좋은 점은 없어요. 싫은 점은 다 싫어요.
- 민우: 좋은 점은 행복할 때 좋아요. 고쳐야 할 점은 몰라요.

(3) 문장완성검사

1. 내가 가장 행복한 때는 아무거나 노는 거요.

2. 내가 좀 더 어렸다면 네 살.

3. 나는 친구가 상철(가명)인대요. 욕하고 그래요.

4. 다른 사람들은 나를 좋아해요. 상철이요.

5. 우리 엄마는 좋아해요. 맛있는 거 해주면 매일마다 좋아해요.

6. 나는 아빠 좋아요. 놀이동산 가면 좋아요 공상을 잘 한다.

7. 나에게 가장 좋았던 일은 장난감 가지고 놀고, 아빠랑 어디 갈 때도 좋아요.

8. 내가 제일 걱정하는 것은 상철이(사고 나서 걱정했어요.)

9. 대부분의 아이들은 싫어요. 아이들은 나만 싫어해요.

10. 내가 좀 더 나이가 많다면 좋아요. 학교 갈 수 있으니까.

11. 내가 가장 좋아하는 사람(은) 상철이.

12. 내가 가장 싫어하는 사람(은) 우식이(가명). 몰래 숨어서, 도둑처럼 훔쳐가요.

13. 우리 아빠는 좋아해요.

14. 내가 가장 무서워하는 것은 불.

15. 내가 가장 좋아하는 놀이는 게임.

16. 내가 가지고 있는 것 중에서 제일 아끼는 것은 강아지/ 호프 키우는데, 아무데나 똥싸요.

17. 내가 가장 가지고 싶은 것은 공부/ 숙제하고 공부하면 선생님한테 칭찬받을 수 있잖아요.

18. 여자 애들은 좋아요.

19. 나의 좋은 점은 종이/ 그림 그리고 싶으면 종이에 그려요.

20. 나는 때때로 몰라요.

21. 내가 꾼 꿈 중에 제일 좋은 꿈은 재밌는 꿈. 산타가 하하 웃어요.

22. 나의 나쁜 점은 괴물.

23. 나를 가장 슬프게 하는 것은 엄마가 아픈 거.

24. 남자애들은 싫어해요.

25. 선생님들은 좋아요.

26. 나를 가장 화나게 하는 것은 몰라요. 친구들/ 나한테 욕하고 대들고 그래요.

27. 나는 <u>공부</u> 한다.

28. 내가 꾼 꿈중에 제일 무서운 꿈은 <u>귀신같은 장난.</u>

29. 우리 엄마 아빠는 <u>좋아해요.</u>

30. 나는 커서 <u>운전사</u>이(가) 되고 싶다.

　　왜냐하면 <u>아주 빠르잖아요.</u>

31. 내 소원이 마음대로 이루어진다면,

　　첫째 소원은 <u>몰라요. 장난감 사고 싶어요. 어른 돼서.</u>

　　둘째 소원은 ＿＿＿＿＿＿＿＿＿＿＿＿＿＿

　　셋째 소원은 ＿＿＿＿＿＿＿＿＿＿＿＿＿＿

32. 내가 만일 먼 외딴 곳에 혼자 살게 된다면, <u>상철이랑</u>와 제일 같이 살고 싶다.

33. 내가 만일 동물로 변할 수 있다면 <u>코뿔소</u>이(가)되고 싶다. 왜냐하면 <u>코로 막 찍</u>
　　<u>게요.</u>

(4) 로샤 검사

카드 번호	반응 시간	반응 번호	연상반응	질문반응
I	23″	①	로봇 얼굴	① (전체) 눈, 입./ 로봇?: 모자.
II	24″	①	독수리 T.L.) 사람이 기도하는 것./ 손 모으고.	① (전체) 얼굴, 다리./ 독수리?: 날개
III	5″	①	거미 T.L.) 가오리./ 입 쫙 벌리고 날아가는 것.	① 입, 다리, 독거미줄, 거미몸.
IV	15″	①	바퀴벌레	① (전체) 얼굴, 다리, 손.
V	12″	V①	나비	① (전체) 날개, 눈, 입
VI	20″	①	철로	① (전체) 길게 철로 같고, 땅처럼.
VII	7″	V①	한강 T.L.) 물고기./ 꼬리 흔들고 몸통에서 입 벌리는 것.	① 올라가는데, 사람이 한강에 지나갈 수 있어요.
VIII	18″	①	사람 T.L.) 새우./ 다리.	① 팔, 발, 얼굴.
IX	10″	①	거울	① (전체) 네모나게. 거울이 돼요./ 네모 모양.
X	3″	①	집게벌레 T.L) 햇빛./ 이렇게, 뜨겁고.	① 여기가 손. 이건 집게. 물고기 잡은 거 한 마리.

3) 검사결과

① BGT: 점과 선의 모사가 부정확하고 폐쇄 곤란, 곡선 곤란, 각의 변화, 퇴영, 보속성 등 다양한 오류를 보이며, 즉각적 회상도 저조함. 그러나 연령을 고려할 때 뇌의 기질적 장애가 시사될 정도는 아님(즉각적 회상 = 2).

② 인지 기능: KEDI-WISC로 측정한 전체 검사 IQ는 105로 〔보통〕 수준이지만 지적 잠재력은 〔보통 상〕 수준으로 추정되는바, 현재 지적 잠재력을 충분히 발휘하지 못하고 있겠음. 또한 동작성 지능이 언어성 지능에 비해 다소 높은 바, 후천적인 학습이 다소 부족해 인지 발달이 불균형적으로 이루어져 있는 것으로 보임.

상식문제	공통성문제	산수문제	어휘문제	이해문제	숫자문제	언어성지능
11	8	9	11	9	(8)	98

빠진곳찾기	차례맞추기	토막짜기	모양맞추기	기호쓰기	동작성지능
13	8	12	14	12	113

시각적 예민성, 시각-운동 협응력, 공간 구성 능력 등 전반적인 지각적 조직화 능력은 보통 상 수준으로 양호하게 발달하였음. 또한 상식적 지식과 어휘력도 보통 수준으로 양호한 편임.

반면 추상적 사고력, 사회적 상황에 대한 이해력 및 주의집중력은 보통 수준의 하단에 속해 지적 잠재력에 비해 낮은 수행을 보였음. 따라서 기본적인 언어 이해와 표현은 양호한 편인 데 비해 고차원적인 사고 능력과 주의력은 다소 부족해, 과제가 복잡하고 생소할 경우 실수를 하는 등 문제해결에 어려움을 겪을 것으로 판단됨. 사회적 상황에서도 관습적인 이해력이 다소 부족하고 미묘한 단서에 대한 이해력도 부족한 편임.

③ 사고 및 문제 해결: 외부 상황에 대한 지각의 정확성과 관습적인 이해가 부족해 일상적인 상황을 자의적으로 지각하고 해석하는 등 현실 판단이 미숙하겠음. 또한 사

고의 내용이 단순하고 사고의 폭 또한 제한되어 있어 생소하거나 복잡한 상황에서 문제 해결의 효율성과 융통성이 저하될 수 있음. 즉, 체계적이지 못하고 부주의하며 충동적인 문제 해결 방략을 사용할 가능성이 있음.

④ **정서 및 성격**: 정서적으로 매우 불안정해 쉽게 긴장하고 불안감을 경험하며 자존감과 자신감도 부족하겠음. 특히 母의 건강에 대한 걱정이 많아 심리적인 안정감을 경험하지 못하며 긍정적인 정서 경험도 부족한 것으로 보임. 또한 의존 욕구와 애정 욕구도 충분히 충족되지 못한 것으로 보임. 현재 상황적인 어려움의 정도가 아동의 대처 역량을 넘어서고 있어 쉽게 불안감과 무력감을 경험하면서 상황에 적절하게 대처하지 못하고 유아적이고 충동적인 대처를 보일 수 있겠음(떼쓰기, 울기, 공격 행동 등). 현재 상황 판단력이나 자기 통제 능력이 미숙한바, 욕구가 좌절되는 것을 인내하지 못해 힘든 상황을 감당하지 못하겠음.

대인관계에서 친밀하고 안정적인 관계 형성의 경험이 부족했던 듯, 타인으로부터의 관심 및 애정에 대한 욕구가 매우 강함. 따라서 유아적이고 자기중심적인 경향을 보이며 거부당하는 것에 대한 두려움이 내재되어 있어, 대인관계에서 상당히 예민하고 의존 욕구가 좌절될 때 견디기 힘들어하겠음. 타인에 대한 공감 능력과 사회적 상황에 대한 판단력 및 사회적 기술도 부족해 또래 관계에서도 어려움을 겪을 수 있겠음.

어머니의 건강이 오랫동안 좋지 않았고 현재는 죽음이 임박하는 등 어린 아동으로서 감당하기 어려운 상황에서 심한 불안감을 경험하는 것으로 판단됨. 부모에 대해 긍정적인 감정을 갖고 있지만 한편으로 의존 욕구가 충분히 충족되지 못해 양가감정을 경험하며 타인의 관심을 끌고 사랑받고 싶은 욕구를 강하게 보이고 있음. 형과의 나쁜 관계도 아동의 불안감과 분노감을 증가시키는 것으로 판단됨. 따라서 아동이 현재 당면한 어려움을 견뎌나가고 적절하게 상황에 대처할 수 있도록, 정서적 지지와 현실적인 도움을 제공하는 심리치료가 필요하겠음.

4) 요 약

① **BGT**: 뇌의 기질적 장애는 시사되지 않음.

② **인지 기능**: 보통 수준(FSIQ=105, VIQ=98, PIQ=113)/ 낮은 주의력.

③ 사고 및 문제 해결: 사고 내용이 단순하고 제한되어 있으며 미숙한 현실 판단력을 보임.

④ 정서 및 성격: 매우 불안하고 좌절감과 무력감을 경험하며, 낮은 자존감과 의존적인 경향을 보이며 감정과 행동 통제가 미숙함, 대인관계에서 과민하고 자기중심적임.

4. 사례개념화 및 심리치료 계획

1) 문제 목록

① 행동: 형과 또래들을 때리는 등 공격적인 행동과 과잉행동을 보이며, 욕구 좌절을 견디지 못해 잘 울고 떼를 쓴다. 야경증과 야뇨증이 있다.

② 정서: 심한 좌절감, 불안 및 무기력감을 경험한다.

③ 사회: 대인관계에서 과민하고 자기중심적이며 의존적이다. 미숙한 사회적 기술을 보이며 또래 관계가 원만하지 못하다.

④ 학업: 정서 불안으로 인해 주의력이 저하되어 있어 학습의 어려움이 시사된다.

⑤ 가족: 母의 질병으로 인해 어두운 가정 분위기, 불안정하고 양가적인 부모–자녀 관계 및 적대적인 형제 관계 등으로 인해 정서적 지지가 부족하다.

2) 진 단

아동 면담, 父와의 면담 자료, 행동 관찰 및 심리검사 결과 등을 종합하여 외상후스트레스장애(母의 죽음이 임박한 외상적 상황과 관련된 것으로 보임)로 진단하였다.

3) 문제의 원인 및 유지 요인과 사례 역동

민우는 주 양육자인 母가 오랫동안 질병으로 심한 고통을 받아 왔으며 현재 생명이 위태로운 상태여서, 이런 상황을 감당하지 못하고 심한 불안감을 경험하고 있다.

이에 더해 형에게 가혹한 대우를 받는 등 현 상황이 매우 힘든 외상적 상황으로, 좌절감, 분노감 및 무력감을 많이 경험하고 있다. 민우의 어린 나이와 의존적인 경향 및 미숙한 판단력 등으로 현실의 이런 어려움에 효과적으로 대처하지 못하는 것으로 보인다. 따라서 욕구 좌절 상황에서 감정 조절을 잘하지 못하고 행동 통제력도 저하되어 유아적이거나 공격적인 행동을 보이는 것으로 판단된다.

현재 부모를 포함해 가족 모두가 지치고 과민해져 있는 상황이므로, 민우가 충분한 애정과 정서적인 지지를 받지 못하고 있는 것으로 보인다. 따라서 의존 욕구가 좌절되고 긍정적인 정서 경험도 매우 부족해, 낮은 자존감을 보이며 일상생활의 힘든 일들을 견디지 못하는 등 전반적인 적응 곤란을 보이고 있다. 불안감으로 인한 주의력 저하와 충동적인 경향 및 과민성 때문에 학습이나 또래 관계 형성에서도 어려움이 초래되는 것으로 판단된다.

4) 심리치료 목표

민우가 현재의 어려운 상황을 잘 견딜 수 있도록 정서적인 안정감을 제공하고 의존 욕구를 충족시켜 주는 것이 우선적으로 필요한 것으로 보인다. 또한 母의 질병과 죽음에 대해서도 불안과 두려움을 자연스럽게 표현하고 효과적으로 대처할 수 있는 능력을 키우는 것이 필요하다. 슬픔과 좌절감 및 과민성을 감소시키고 원만한 또래 관계 형성 등 일상생활에 대한 적응력을 향상시키는 것도 중요한 치료 목표이다. 각 영역별로 구체적인 치료 목표는 다음과 같다.

① 행동: 공격적이고 유아적이며 불안정한 행동 감소시키기.
② 정서: 불안과 두려움을 적절하게 표현하고, 감정 조절 능력 향상시키기.
③ 사회: 의존성과 과민성을 줄이고 사회적 기술의 향상 및 친밀한 또래 관계 형성하기.
④ 학업: 주의력과 학습 동기를 향상시켜 기초 학습 튼튼히 하기.
⑤ 가족: 母와의 관계에서 오는 필연적인 불안정감과 양가감정을 수용하고 감당하며, 父 및 형제들과의 관계 개선하기.

5) 치료 방법

현재 민우가 겪는 어려움은 母의 위급한 상태, 그리고 이와 관련된 가족들의 정서적인 고통과 관련되어 있다. 이처럼 매우 외상적인 상황을 견뎌낼 수 있도록 힘을 주고 정서적인 지지를 제공하는 것이 우선적으로 필요하다. 즉, 母의 죽음이 예견되는 상황에서 민우가 불안과 두려움을 자연스럽게 표현하도록 허용하고, 향후 母의 상태에 따라 적절한 대처를 하고 감정적인 처리를 할 수 있도록 정서적인 지지와 교육적인 개입이 필요할 것으로 판단되었다. 현재의 외상적 상황을 감당하기에는 민우가 너무 어려, 父의 지지적인 역할 또한 중요해서 父에 대한 교육과 상담을 병행하는 것이 효과적일 것으로 보였다. 아래에 구체적인 치료 방법에 대해 요약하였다.

① **지지적이고 아동중심적 놀이치료(주 1회)**: 정서적 지지와 안정감을 제공하기 위해 온정적이고 허용적인 개입이 필요함. 놀이를 통해 불안과 좌절감을 자연스럽게 표현하도록 하고, 현재의 외상적 상황을 견뎌내도록 용기를 제공해 당면한 어려움을 현실적이고 효과적으로 해결하는 능력을 향상시키기.

② **부모교육**: 민우가 현재의 어려운 상황을 견뎌내는 데 도움이 되는 정서적 지지를 제공하면서 안정된 부모–자녀 관계를 맺는 방법과 효과적인 양육 방법에 대한 교육, 자녀 양육에 아버지를 적극적으로 개입시키기 등.

5. 심리치료 과정

1) 초 기

치료 초기에는 극도의 불안감과 좌절감을 놀이를 통해 표현하도록 허용하고, 정서적인 안정감과 현재의 어려운 상황을 견딜 수 있는 용기를 제공하기 위해 지지적이고 아동중심적인 놀이치료를 실시하였다. 또한 가족들이 현재 상황에 대해 솔직하게 의사소통하고 감정을 자연스럽게 표현하고 서로를 지지할 수 있도록 父 면담과 교육을 병행하였다.

■ 1회기

✻ 몇 가지 놀이에 몰두하였다.

• (병원놀이를 함. 병원놀이 세트를 가져와 장갑을 끼고 청진기를 하고 의사 역할을 함.) 선생님은 환자 하세요. 온 순서대로 봐야 해요. (치료자가 배가 아프다고 하자 잠시 동안 당황하며 머뭇거리고 가만히 있음.) 〔민우가 母의 질병을 치료하고 싶은 욕구를 놀이를 통해 표현하는 것으로 보였지만, 해결하기 어려운 상황을 연상한 것으로 판단됨.〕

  (3~4초의 시간이 지난 후 청진기로 치료자의 배를 조심스럽게 진찰하며) 좀 괜찮아요. 약 지어줄게요, 내일 또 오세요. 〔민우가 진지하지만 어두운 표정으로 병원놀이를 진행해 현재 자신의 걱정거리를 표현하는 것으로 보였음. 치료자는 환자 역할을 수행함으로써 민우가 걱정과 불안한 감정을 표현할 수 있도록 도왔음.〕

• (레고로 만들기를 함.) 저 레고 잘 만들어요. (보트, 보트 정거장, 비행기 등을 말 없이 집중해서 만듦.)

• (소꿉놀이를 함.) 나 원래 소꿉놀이 좋아해요. (접시에 과일들을 많이 차렸다가 그릇들을 차곡차곡 잘 정리함.)

• (치료자가 끝날 시간임을 알려주자, 장난감들을 치료자와 함께 스스로 정리하면서 母의 건강 상태에 대해 자발적으로 이야기를 함.) 어제 아빠랑 엄마 배 아픈 거 얘기했어요. 많이 아팠다가 좀 나았다가 한대요. 〔치료자는 母가 아파서 걱정이 되고 불안할 거라고 민우의 감정을 반영해 주고, 민우가 현재의 어려움을 잘 이겨나가도록 도와주겠다고 말해 위로와 지지를 제공함.〕

요약 및 설명

민우가 다소 어두운 표정으로 놀이에 집중하고 말수가 적었다. 그러나 母의 질병에 대해 부정하지 않고 놀이와 언어를 통해 솔직하게 표현하였다. 또한 스스로 놀잇감들을 정리하는 등 바람직한 행동을 보이려 노력하였다. 치료자는 현재 힘든 현실과 관련해 민우가 느끼는 감정에 대해 반영, 공감해 주고 위로와 지지를 제공하였다.

〈父 면담〉

• 민우의 현재 문제에 대해 보고하였다.

민우가 작은 형과 굉장히 심하게 싸운다./ 자기를 놀렸다, 자기 물건을 만졌다면서 물건을 집어던지고 죽여 버린다고 욕한다./ 대개는 민우가 먼저 잘못해서 싸움이 된다./ 작은 형도 요즘 불안해서 그런지 민우를 봐 주지 않고 심하게 대한다.

민우가 아빠와 이야기를 많이 하고 싶어한다. 같이 동화책 읽고 이야기하는 걸 좋아한다. 말은 조리 있게 한다.

착할 때는 무척 착한데, 자기가 원하는 것이 빨리 안 이루어지면 갑자기 돌변한다. 물건을 집어던지고 할퀴고 물고 울고불고. 형들이 같이 안 놀아 준다고 울고 유리컵을 던져 깨뜨렸다.

민우가 밤에는 더 불안해하고 혼자 잠들지 못해 父가 옆에 있어야 한다. 자다가도 깨서 운다.

민우 母 상태는 계속 안 좋다. 의사 선생님이 마음의 준비를 하라고 했다. 아이들에게는 아직 그런 얘기는 안 하고 엄마가 많이 아프다고만 했다.

요약 및 설명

민우가 정서적으로 매우 불안한 상태이며, 좌절감을 감당하지 못하고 형에게 짜증을 내는 것으로 보였다. 치료자는 현재 父의 어려움에 대해 공감하고 위로하고, 민우의 불안감과 좌절감을 언어적으로 반영해 주는 방법을 교육하였다. 또한 민우의 좌절감과 분노가 심할 때 펀치를 두들기게 하는 등 분노를 적절한 방식으로 표현하게끔 허용할 것을 조언하였다.

■ 2~6회기

* 여러 가지의 놀이를 하며, 한 가지 놀이를 오래 하지 못하였다.

• (병원 놀이를 함. 민우가 의사 역할을 하고 치료자에게 환자 역할을 하라고 함. 청진기로 진지하고 꼼꼼하게 진찰하고 치료함.) 혈압이 높다, 열이 있다. (주사를 놓아 줌.)

• (블루마블 게임 도구를 가져와 게임 도구에 써 있는 글씨를 잘 읽음.) 블루마블 게임.

〔치료자는 민우가 한글을 잘 읽는 것에 대해 인정해 줌.〕(주사위 숫자 두 개를 더하는 것을 잘 못함.) 3+6은 6인가? 8인가? (덧셈을 어려워해 주사위 한 개로 게임을 하기로 합의함. 주사위 숫자가 나온 대로 칸을 잘 세고 치료자와 교대로 하는 규칙을 잘 지킴.)〔치료자는 민우가 규칙을 잘 지키는 것에 대해 칭찬해 줌.〕

- (숫자판을 가져와 하나씩 주판알을 옮기며 1부터 50까지 정확하게 셈.)
- (로봇을 열심히 조립하다가 포기함.) 너무 힘들어요. 못하겠어요.
- (전기줄 모양의 장난감을 가져와 전기줄들을 이어서 큰 모양을 만듦.) 재밌겠다. 이건 물 끌어 오는 것, 전기 나오는 것. 〔민우가 즐거운 감정을 표현해 치료자가 반영해 줌.〕
- (색점토로 만들기를 함. 여러 색깔의 점토를 떼어내 정성스럽게 음식을 만듦.) 어른피자, 이건 매운 맛.
- (체스 게임을 함. 말의 이름을 다 알고 제자리에 놓음.) 형과 해봤어요. 이건 룩, 이건 비숍. (차례를 지키고 기본 규칙을 지키려 하지만 규칙을 정확히 몰라 자주 틀림. 치료자가 고쳐주면 그대로 수긍함. 치료자에게 자신이 아는 것을 가르쳐 주기도 함.) 선생님, 이렇게 해 보세요. (민우가 이기자 웃으면서 좋아함.)
- (몬스터 볼 던지기를 몇 번 해 봄.) 이렇게 던져서 잡는 거예요.
- (구슬치기 놀이. 구슬들을 다 쏟아서 집 전화번호 숫자들을 찾아서 꿸. 치료자에게 숫자를 찾아달라고 부탁함.)
- (바둑알로 알까기 놀이. 바둑알이 자꾸 밖으로 나가자 중단함.) 자살이다, 재미없어요.
- (글자카드 놀이. '큰 자동차'라고 글자를 맞추고는 금방 그만둠.)
- (레고 놀이) 레고가 좋아요, 기차 만들 줄 알아요. (약 10분간 집중해서 만들다가 중단함.) 그만 할래요, 힘들어서.
- (풍선불기. 펌프로 서너 번 불고) 너무 힘들었어요.
- (권투 장갑을 끼고 인형을 한 번 때림.)
- (공을 몇 번 바닥에 튕김.)
- (주방 놀이. 냉장고의 칸칸에 따라 야채, 과일 등 같은 유목별로 정리함. 정리가 끝난 후) 이제 요리해야지. (피자를 레인지에 덮히고 소금, 후추, 고춧가루를 뿌림. 야채들, 바나나, 토마토, 오렌지, 사과, 빵 등을 접시에 담았다가 금방 싱크대에 넣음.)
- (악기 놀이. 북을 몇 번 치고 트라이앵글 등 여러 악기를 두드려 보고 리듬에 맞춰 잠깐

노래를 부름.)

요약 및 설명

민우가 치료자와 눈을 잘 맞추고 말을 다소 많이 하지만 조리 있게 말하지는 못하였다. 또한 한 가지 놀이를 오래 하지 못하고 이것저것 조금씩 건드려 보고는 금방 "재미없다." "힘들다."며 포기하였다. 치료자는 민우의 행동과 감정을 반영하고 공감해 주는 등 정서적인 지지를 제공하는 데 주력하였다.

〈父 면담〉

• 민우의 최근 상태에 대해 보고하였다.

민우가 짜증과 신경질을 많이 낸다. 여전히 형이 건드리면 울고 물건을 던진다.

저녁 시간이 되면 父를 독차지하고 싶어한다. 같이 게임을 하자고 하고 동화책을 같이 읽자, 얘기도 계속 하자고 한다. 어리광을 부리고, 父가 힘들 거라고 어깨도 두들겨 준다.

잠잘 때는 곰 인형과 베개를 껴안고 잔다. 여전히 밤에 잘 깬다.

어떤 날은 괜히 화를 내고, 어떤 날은 기분이 좋다면서 흥분하고 정신없이 소리를 지르고 웃고 떠든다. 흥분했을 때에는 말로 해서는 안 듣고 한 대 때려야 멈춘다.

요약 및 설명

민우가 기분 상태의 기복을 보이며 감정 조절이 잘 되지 않는 등 정서적으로 불안정한 상태인 것으로 판단되었다. 또한 父에게 의존하고 관심을 끌고자 하며 때때로 퇴행하는 경향도 시사되었다. 민우에게 관심과 정서적인 지지를 제공하고, 공격 행동을 보이지 않을 때 스티커 붙여주기를 통한 보상을 사용하도록 父에게 조언하였다. 공격 행동을 할 때는 체벌 대신 타임아웃을 시키는 방법을 교육하였다.

■ 7회기

＊ 민우가 불안감을 놀이를 통해 표현하였다. 이 과정에 대해 아래에 축어록을 제시하였다.

민우: (로봇, 블루마블, 풍선 불기, 공차기를 잠깐씩 하고 나서 레고를 가져와서) 전에 내가 만든 거 업그레이드시킬 거예요. (배를 정교하게 만들기 시작함.) 타이타닉은 빙산에 부딪쳐. 빨리 가느라고. 이 배는 빙산을 만나면 옆으로 가도록 바퀴를 돌리고, 빙산을 갈아요. 〔튼튼한 배를 만들면서 불안감을 감소시키기 위한 시도를 하는 것으로 보임.〕

치료자: 민우가 빙산을 만나도 안전한 배를 만들고 싶구나. 〔민우의 안전에 대한 욕구를 반영함.〕

민우: 이건 비상사태 났을 때 쓰는 거, 이건 배가 부딪칠 때 전화하는 곳. 빨리 가면 위험하니까 천천히 가는 배. 〔안전에 대한 언급을 계속하면서 불안감을 감소시키려는 것으로 보임.〕

치료자: 정말 튼튼하고 안전하게 만들고 싶구나.

민우: 근데 좀 약해 보여요. 다시 만들어야 돼요. 〔자신의 노력으로 불안감이 해결되기 어려움을 나타내는 것으로 보임.〕

치료자: 민우가 배를 아주 튼튼하게 만들어도 계속 걱정이 되는구나. 〔현재 당면한 상황이 불안이 완전히 해결되기는 어려운 상황임을 수용하는 반응을 함.〕

민우: 시간 됐어요? 〔시간이 많이 남아 있음에도 불구하고 놀이치료가 중단되는 것에 대한 걱정을 하는바, 안전하고 편안한 상태가 지속되지 못할 것에 대한 두려움이 많은 것으로 판단됨.〕

치료자: 민우가 많이 못 놀고 빨리 끝날까 봐 걱정이 되나 봐. 〔민우의 걱정과 불안감에 대해 반영함.〕

민우: 예. 많이 놀고 싶어요. 이거 더 튼튼하게 만들어야 하거든요.

치료자: 튼튼하게 만들 시간이 충분히 남아 있어. 그리고 만약 오늘 다 못하면 다음에 더 하면 돼. 〔안정감을 제공하는 반응을 함.〕

민우: 휴, 다행이다.

요약 및 설명 ● ● ●

민우가 만들기에 집중해서 꼼꼼하게 만들기를 하지만 계속 걱정하는 말들을 하였다. 또한 시간 가는 것을 여러 번 물어보는 등 시간 내에 다 만들지 못할까봐 안절부절못하고 불안해하였다. 치료자는 민우의 감정에 대해 반영하고, 안심시키기 위한 반응을 하여 불안감을 감소시키려 노력하였다.

〈父 면담〉

• 민우의 최근 문제에 대해 보고하였다.

민우가 유치원에 갈 때도 있고, 안 갈 때도 있다. 가기 싫다는 말을 많이 한다.
며칠 전에는 유치원에서 친구 얼굴을 때렸다. 화가 나면 공격적으로 된다.
작은 형과도 계속 싸운다.
母가 상태가 좀 나아져서 집에 와 있는데 자기가 힘드니까 짜증을 많이 낸다.
애들이 母의 말을 안 들어 더 화를 낸다. 민우가 母가 무섭다고 한다.

요약 및 설명 ● ● ●

치료자는 父의 어려움에 대해 공감하고, 민우에게 지속적인 정서적 지지와 바람직한 행동에 대해 칭찬과 스티커를 사용해 보상함으로써 행동 수정을 하도록 조언하였다.

■ 8~10회기

＊ 놀이에 집중하며 즐거워하였다.

• (그림 그리기) 물감은 처음이에요. (여러 색의 물감을 짜서 붓으로 여러 개를 한꺼번에 사용해 아무렇게나 칠함. 그 위에 흰색으로 덧칠을 하고는) 깃털 같다. 정말 재미있다. (계속 덧칠함.) 제목: 돌. 짱 재밌다. 근데 그만 할래요. 너무 힘들어서.

• (인형의 집 놀이를 함.) 빨리 일어나라. (남자 어른 인형을 집안의 의자에 앉히고, 여자 어른 인형을 침대에 눕히고) 자는 거예요. (여자 어린이 인형을 식탁에 앉히고 여자 어

른 인형을 식탁에 마주 앉힘.)

- (모래 놀이를 함.) 내가 이걸 얼마나 잘하는데. (판형에 모래를 넣어 모양을 계속 찍어 냄.) 재미있다, 한 번도 모래놀이 해본 적 없어. 여기는 땅 마을, 경찰 특공대, 사고 나면 막아야 돼. (모래로 칸막이를 만듦. 땅을 평평하게 고르고 계속 단단하게 다짐.) 튼튼하게 해야 돼. 선생님은 벽돌 계속 찍어서 집 지으세요. (트럭으로 땅을 파면서) 땅 파야 돼, 힘들게. 농장 만들어야지. 〔즐거움의 감정을 표현하는 등 긍정적 정서를 경험하지만, 동시에 부정적인 일을 예견하며 이를 방지하기 위한 행동을 하는 등 불안감을 경험하는 것으로 판단됨.〕

요약 및 설명

민우가 비교적 차분한 태도로 한 가지 놀이에 오랫동안 집중하였다. 또한 놀이를 하며 "재미있다."라는 표현을 자주 하는 등 긍정적인 정서 표현을 하기 시작하였다. 한편으로 "힘들다." "사고 나면" 등과 같이 불안감을 표현하는 경우가 많이 있었다. 치료자는 민우의 긍정적 감정과 부정적 감정 모두에 대해 반영하고 공감함으로써, 민우가 자신의 감정을 자각하고 수용할 수 있도록 도왔다.

〈父 면담〉

- 민우의 긍정적인 변화에 대해 보고하였다.

민우가 요즘 잘 지낸다. 뜻대로 안 되어서 짜증낼 때도 父가 잘 설명해주면 금방 풀린다. 떼를 쓰거나 우는 것이 줄어들었다.

공격 행동도 줄었다. 스티커를 주니까, 오늘 친구 안 때렸다고 스스로 말한다.

요즘은 母보다 父를 찾는다. 父에게 같이 놀자고, 이야기하자고 한다. 유치원에서 있었던 얘기를 잘 한다.

공부는 안 하려 하는데, 지금 그게 중요한 게 아니라서 그냥 둔다. 나중에 하면 된다.

작은 형과는 아직 잘 싸운다. 형 물건을 가져와서 안 줘서 맞는다. 작은 형도 최근 짜증이 많고 정서 불안인 것 같다. 민우를 미워해 가끔 심하게 때리고 울린다.

　민우 母의 상태는 계속 나빠지고 있어서 우울해한다. 아이들에게 갑자기 화를 내기 때문에 아이들이 母를 피한다.

요약 및 설명　　　● ● ●

　민우의 감정 조절 능력이 다소 향상되고 공격 행동도 감소한 것으로 보였다. 父가 민우에게 정서적 지지와 보상을 많이 제공하려고 노력하고 있는 것으로 판단되어, 치료자는 父의 노력에 대해 인정하고 격려하였다. 또한 민우 母와 형으로 인해 민우가 받는 스트레스와 불안감에 대해 父가 이해해 주고 위로해 줄 것을 조언하였다.

■ 11~14회기

* 민우가 놀이를 통해 위험과 죽음과 관련된 불안감을 표현하였다.

• (모래 놀이를 함. 모래를 파서 트럭에 싣고 벽돌 공장에 갖다 줘서 벽돌을 만들고, 벽돌을 실어가서 농장을 만듦. 울퉁불퉁한 길을 만들고는 수다스럽게 계속 이야기함.) 위험해, 교통사고, 차들이 교통사고 안 나게 이런 거(벽) 해 놓은 거야, 사람이 죽었어, 땅에 묻었어, 사고 났다, 구급차, 삐요 삐요, 오늘 뉴스에 사고 난 게 많습니다, 사람이 병원으로 실려 갔어, 그런데 죽고 말았어. (모래 위에서 자동차들을 이리 저리 움직이면서 이야기함.) 사람 살려, 죽었어요. (인형을 모래 속에 거꾸로 묻음.) 함정이야. 나쁜 사람들이라서, 둘이 같이 묻었어, 돌아가셨어, 출입금지. (두 인형을 흙 속에 묻고 칸막이로 막아놓음. 총을 든 군인 인형들을 모래 속에 묻으면서) 함정에 빠졌어, 무덤이 많아 땅이 없어져, 그래서 땅을 옮기기로 했어, 땅이 약해, 시멘트로 해야 돼. 선생님은 모래로 벽돌을 자꾸 만드세요. (벽돌을 계속 실어가서 땅을 다짐.) 좁은 길이야, 옆은 강이야, 막 흔들려. (차가 뒤집어짐.) 살려줘, 살려줄 사람 아무도 없어. (군인들을 모래에 묻음.) 움직일 수 없어, 오랫동안 땅에 묻혀 있었어. 〔죽음과 관련된 절박함과 불안감을 표현하는 것으로 보임.〕

• (인형의 집 놀이를 함. 여자 어른 인형을 식탁 앞에 앉히고 침대에 남녀 어른 인형을 눕힘. 애기 인형을 그네에 태움. 어른 인형 여섯 명을 차에 태우고 떠남.) 애기들은 놔두

고 가, 애기들은 신나게 놀아요. (차가 한 바퀴 돌고 돌아옴. 차에서 인형 둘을 내려 소파에 앉힌 후 다시 차에 태움.) 또 애들을 두고 가. (풍선 부는 도구로 바람을 일으키면서) 엄청 추운데. (갑자기 인형 놀이를 중단하고 숫자 놀이판을 갖고 와 1부터 15까지 셈.) 나 100까지 셀 수 있어요. 〔母의 사망을 예상하고 이별하는 것에 대한 두려움을 표현하는 것으로 보임. 불안감이 고조되자 놀이 주제를 바꿈으로써 회피하고자 하는 경향이 시사됨.〕

요약 및 설명

민우가 한 가지 놀이에 오랫동안 집중하고 진지하게 놀이를 하였다. 주로 위험과 죽음, 부모와의 분리를 시사하는 놀이 내용을 보였다. 최근 母의 상태가 나빠 민우의 두려움과 불안감이 고조된 것이 놀이에 반영된 것으로 판단되었다. 치료자는 민우의 은유적 놀이에 맞추어 두려움과 무력감에 대해 반영하고 공감하는 반응을 많이 하였다.

〈父 면담〉

• 민우의 최근 상태와 긍정적인 변화에 대해 보고하였다.

민우가 친구들과 잘 논다. 같이 몰려다니고 밖에 나가 자전거도 타고 운동량이 많아졌다.

싸우는 것은 거의 없어졌다. 안 싸우면 스티커를 주고, 그걸 모아서 용돈을 준다.

잠잘 때는 여전히 불안해한다. 父에게 손잡고 있으라고 하고 안아 달라고 한다.

며칠 전부터 민우 母의 상태가 아주 안 좋아져서 호스피스 병동에 다시 들어갔다. 아마 회복되기 어려울 것 같다. 집사람 간호하느라 요 며칠은 애들을 방치했다. 민우도 母의 상태가 많이 나쁘다는 것을 알고 있다.

요약 및 설명

민우의 공격 행동이 감소하고 또래 관계도 호전된 것으로 보였다. 父의 정서적 지지와 보상으로 인해 행동 통제력은 다소 향상되었지만, 민우 母의 상태가 악화됨으로써 민우가 두려움과 불안감을 심하게 경험할 가능성이 시사되었다. 자녀들과 현재 상황의 어려움에 대해 솔직하게 대화하고, 불안하고 슬픈 감정을 표현하는 것을 허용하도록 父에게 조언하였다.

■ 15회기

＊ 민우가 母의 죽음에 대한 두려움과 불안감을 놀이와 대화를 통해 표현하였다. 이 과정에 대해 아래에 축어록을 제시하였다.

민우: (어두운 표정으로 놀이치료실에 들어옴.)

치료자: 일주일 동안 어떻게 지냈어?

민우: 잘 지냈어요. (한숨을 쉼.)

치료자: 민우가 잘 지냈다고 말하는데 선생님이 보기에는 좀 힘들어 보이는구나. 〔민우의 언어와 비언어적 표현의 불일치에 대해 직면시키려 함.〕

민우: (레고를 갖고 와서 한참 동안 아무 말 없이 기차를 만들며 간혹 한숨을 쉼.)

치료자: 민우가 오늘은 속이 많이 상한 것 같아. 〔민우의 행동을 통해 전달되는 감정을 반영함.〕

민우: 아니에요. 다 됐다. (기차를 완성함.)

치료자: 민우가 이걸 만들었구나.

민우: 예. (레고로 십자가 모양을 만듦.) 나쁜 놈들 다 죽이는 거야. 시한폭탄이다. 5분 후면 터져. 여기는 안전해. 인제 모래놀이 할 거예요. (모래상자로 가서 사람 인형과 토끼 인형을 모래 속에 묻음.) 얼마 못 살아, 묻어줘야 해. (토끼 인형 네 마리가 서로 칼로 찌르고 치고받고 싸움.) 하나는 죽고, 착한 놈 죽고. 다 살아났어. 다 죽었어. (칼로 모래들을 부수면서) 산을 만들 거예요. (큰 덩어리의 모래를 직사각형 모양으로 정성스럽게 깎으면서) 돌아가신 분 앞에, 글씨 써서, 네모나게.

치료자: 돌아가신 분 무덤 앞에 비석을 정성들여 만드는 것 같네.

민우: (대답 없이 모래 덩어리를 깎다가 덩어리가 부서지자 다른 덩어리로 다시 정성스럽게 다듬다가 다 부수어 버림.)

치료자: 그걸 더 하기가 싫구나. 민우가 엄마가 많이 아프시니까 돌아가실까봐 걱정하는 것 같네. 〔현재의 어려움을 부정하지 않고 직면시켜 현실을 수용하게 하려고 시도함.〕

민우: (눈물을 글썽이며) 우리 엄마 죽는대요.

치료자: 엄마가 돌아가실까봐 많이 걱정 돼지? 엄마가 많이 아프시니까 돌아가실지도 몰라. 그런 생각 하면 많이 슬프지? 〔민우의 감정에 대해 반영하고 공감함.〕

민우: 예. 안 돌아가시면 좋겠어요.

치료자: 안 돌아가시면 정말 좋겠다. 그런데 어떻게 될지 모르는 일이라서 불안하고 걱정되지? 그렇지만 이렇게 힘든데 민우가 자기 할 일도 잘하고 용감하게 잘 이겨내고 있어서 너무 대견해. 엄마, 아빠도 민우를 자랑스러워하실 거야. 〔현재의 어려운 상황을 부정하지 않고, 힘든 상황을 잘 견뎌내도록 용기를 주려고 함.〕

민우: 이제 볼링할 거예요. 선생님도 같이 해요.

요약 및 설명

민우가 죽음과 장례에 대한 내용을 놀이로 표현하고, 母의 죽음에 대해 솔직하게 의사소통을 하였다. 어두운 표정으로 서너 차례 킁킁 소리를 내는 음성 틱을 보이는 등 불안해 보였다. 母의 죽음이 임박하면서 불안 수준이 높아진 것으로 판단되어, 현재의 어려운 상황에 대해 부정하지 않도록 직접적으로 의사소통하고, 현재 상황을 견딜 수 있도록 정서적 지지와 용기를 주려고 하였다.

〈父 면담〉

• 민우 母의 사망이 임박한 상황에 대해 대화하였다.

아이들을 위해 강아지를 한 마리 얻어왔는데, 민우가 강아지를 잘 돌봐 준다.

민우 母가 호스피스 병동에서 지내면서 호흡조차 힘들어져서 마지막 선물을 준비해 아이들을 만났다. 그런데 母가 호흡 곤란을 보이자 민우가 무서워하며 가까이 가지 못했다. 민우가 "엄마가 왜 죽어야 돼?"라고 물어보는데 어떻게 대답해 줘야 할지 모르겠다.

母를 만나고 나서 민우가 밤에 자다가 깨서 소리를 질렀다. 父가 옆에 있으면 안심하고 다시 잠이 든다.

민우 母가 아마 며칠 더 못 버틸 것 같다. 현 상황이 너무 힘들다.

요약 및 설명 ● ● ●

치료자는 민우 父의 힘든 감정에 대해 공감하고 위로하였다. 두렵고 슬픈 감정에 대해 민우와 솔직하게 의사소통하고, 민우가 현재의 어려움을 잘 이겨낼 수 있을 거라는 믿음을 전달하고 격려해 주도록 父에게 조언하였다.

■ 16회기

＊ 민우 母가 사망해 2주 만에 와서 여러 가지 놀이를 하지만 집중하지 못하였다.

• 엄마가 돌아가셔서 많이 슬프고 힘들었지: 예. (큰 목소리로) 축구 할래요. (펀치볼을 많이 걷어차고 때림.) 〔母를 잃은 슬픔과 좌절감으로 인해 공격적이고 과잉 행동을 보이는 것으로 판단됨.〕

• (한글판을 가져와 처음부터 끝까지 소리 높여 읽음.) 아야어여….

• (풍선들을 불어서 날림.)

• (장난감 냉장고에서 음식들을 다 꺼내면서) 다 썩은 거, 썩었어, 새로 살 거야. (고추장, 소금, 설탕, 등을 넣어 요리를 시작하자마자 중단함.)

• (로봇을 보고) 얼굴이 이상해. (로봇을 다 해체함.)

• (작은 구슬들을 가져와) 네모만 골라. (네모 모양을 잠시 고르다가 곧 중단함.) 재미없어.

• (악어, 박쥐, 뱀 인형들을 갖고 와서 싸우다가 작은 구슬을 도마뱀 입에 넣음.) 알 같다, 뱀이 하나 먹어버렸어, 이것도 재미없다. (곧 중단하고 잠시 소파에 앉아 있음.) 힘들어.

• (다시 축구공을 발로 차 펀치를 맞추다가 펀치 꼭대기에 휴지를 씌움.) 피 나지 마. 아빠가 나 축구 하는 거 보면 좋겠어요. (父가 치료실에 들어오자 신이 나서 공을 참.) 아빠, 이거 보세요. 〔정서적으로 불안정한 상태에서 의존 욕구와 父의 관심을 받고자 하는 욕구가 강해진 것으로 보임.〕

요약 및 설명

　민우가 이것저것 불안정하게 조금씩 놀이를 하지만 한 가지에 집중하지 못했다. 또한 활동량이 많고 큰 목소리로 말을 많이 하지만, 금방 힘들어하고 재미없어 하였다. 母가 사망한 직후라 좌절감과 불안감이 고조되어 있는 상태인 것으로 판단되었다. 치료자가 母의 사망에 대해 언급했지만 민우가 이야기하고 싶어하지 않아 중단하고, 민우의 힘든 상태에 대해 반영하고 공감하는 데 주력하였다.

〈父 면담〉

• 민우 母의 사망과 민우의 최근 상태에 대해 보고하였다.
　장례는 무사히 치뤘다. 아이들도 모두 참여시켰다.
　요즘 민우는 좀 흥분되어 있고 과잉 행동을 보인다. 밖에 나가 지칠 때까지 계속 뛰어다닌다.
　밤에는 父 옆에 꼭 붙어서 잔다.

요약 및 설명

　힘든 상황에서도 아이들에게 든든한 보호자 역할을 충실히 하는 민우 父에게 위로와 정서적 지지를 제공하였다. 민우가 보이는 과잉 행동은 슬픈 감정에 대한 방어적 표현임을 설명하고, 母 사망과 관련된 다양한 감정들에 대해 솔직하게 대화하고 표현하는 것을 허용하도록 조언하였다.

■ 17회기

＊ 놀이 상황에서 母의 사망에 대해 이야기하였다.

• (다소 큰 목소리로) 아빠랑 형들이랑 놀이 공원에 갔다 왔어요. 재미있었어요.

• (공 던지기 놀이를 함. 치료자가 던지는 공을 열심히 막아내며) 나는 대단한 골키퍼야.

• (모래놀이를 함. 사람 인형을 모래 속에 넣어 긴 다리를 만들고 모래를 계속 다짐.) 튼튼하게. 엄마 돌아가시고, 삼촌이 꿈에 나타나 엄마가 하늘나라에서 기도한다고 했어요. 내가 울면 엄마가 더 아프다고 해서 안 울었어요. 〔치료자는 민우가 부정적인 감정을 지나치게 억압하지 않도록, 엄마가 돌아가셔서 많이 슬플 때는 울어도 된다고 말해 줌. 또한 엄마가 안 계셔도 씩씩하게 잘 지내서 대견하다고 격려함.〕

• (모래를 쌓아 건축물을 만듦.) 이제 성 만들어야지. 다리가 오래 돼서 망가져서 차들이 못 가서 밑으로 떨어져. (자동차들을 다리 밑으로 추락시킴. 다른 자동차들을 가져와) 고속으로 가서 사고 날 뻔 하다가 양보했어. 이쪽은 다 양보, 사랑하는 차. 이쪽은 양보 안하고. 10년 뒤에는 다 양보해, 사랑하게, 다 착하게.

• (끝날 시간임을 알려주자) 좀 더 하고 싶어요. (잠시 동안 조르다가 치료자가 규칙을 설명해 주자 금방 포기함.)

요약 및 설명

민우가 母의 죽음에 대해 자발적으로 언급하고, 사고 나는 것 등 불안감과 관련된 놀이를 많이 하였다. 치료자는 민우의 감정을 반영하고 공감하였으며, 부정적 감정을 지나치게 억압하지 않고 자연스럽게 표현하도록 도왔다.

〈父 면담〉

• 민우의 최근 상태에 대해 보고하였다.

민우가 계속 과잉 행동을 보인다. 그리고 큰 목소리로 계속 말해서 목이 쉴 정도다.

父에게 계속 밖에 나가 같이 놀아달라고 졸라서 힘이 든다. 지난 주말에는 아이들을 데리고 놀이 공원에 갔는데 민우가 아주 좋아했다.

요약 및 설명 ● ● ●

민우가 상실감과 정서적 불안감으로 인해 당분간 과잉 행동을 보이거나 더 어리게 행동할 수 있음을 설명하였다. 민우에게 관심과 정서적 지지를 많이 제공할 것을 父에 게 조언하였다.

■ 18회기

＊ 여러 가지 놀이를 즐겁게 하였다.

• (공 던지기 놀이를 함.) 공이 너무 작다. (자기에게 유리하게 멋대로 규칙을 정해 민우가 10∶1로 이김. 화이트보드에 승패를 기록함.) 〔민우의 이기고 싶어 하는 욕구에 대해 반영함.〕

• (오뚝이 펀치를 약 5분 동안 계속 차고 때리면서) 끝까지 넘어뜨려야 해.

• (모래놀이를 함. 모래를 모아 웅덩이 모양 속에 동그란 덩어리 네 개를 만듦. 덩어리를 뭉쳐 외벽을 만들고 포크레인으로 모래를 다짐.) 화산, 공사해야지, 물이 새지 않게. (모래를 탑 모양으로 조심스럽게 깎아냄.) 위에서 화산 속을 보는 거예요.

• (악어 손 인형으로 아이 인형, 아기 인형을 잡아먹고 사람 손 인형도 잡아먹음.) 다 잡아 먹었다.

요약 및 설명 ● ● ●

민우가 밝은 표정으로 즐겁게 놀이를 했지만, 여전히 다소 흥분되고 과잉 행동을 보였다. 놀이 내용도 자기중심적이며 공격적인 주제를 많이 보였다. 치료자는 허용적인 태도로 민우가 자신의 감정과 욕구를 자연스럽게 표현할 수 있도록 도왔다.

■ 19회기

＊ 불안정하게 말을 많이 하면서 놀이를 하였다.

• (오뚝이 펀치의 바람을 다 빼고 나서 다시 바람을 넣다가 포기함.) 힘들어서 못하겠어요.

• (모래놀이를 함. 모래 덩어리들을 부수고 한 덩어리만 남김.) 이 산은 단단해, 비가 와도 끄떡없어. (다른 덩어리들을 계속 부수면서) 핵폭탄 터져, 다 갈라져, 부서져, 이 산은 하느님이 지켜 줘. (해적 인형 세 개를 가져와 산을 부수면서) 악당들이야. 하느님을 이길 수 있어. (잠시 후 해적들을 땅 속에 묻음.) 벌 받아서 이렇게 됐어. 선생님, 이렇게 계속 만드세요. (치료자에게 모래로 원과 네모 모양을 만들게 하고, 위에서 핵폭탄을 떨어뜨려 파괴함. 모래 덩어리를 위에서 떨어뜨려 가루로 만들면서) 비가 와.

요약 및 설명

민우가 말을 많이 했지만 두서가 없고 앞뒤가 안 맞는 내용이 많았다. 불안한 내용의 놀이를 하면서 종교적으로 의지하고자 하는 경향을 보이고, 한편으로는 종교에 대해 거부적인 태도를 보이며 처벌에 대한 두려움을 표현하는 등 혼란된 감정 상태인 것으로 보였다. 치료자는 민우의 감정과 행동에 대해 반영하고 명료화하는데 주력하였다.

■ 20회기

＊ 정신없이 말을 많이 하면서 놀이를 하였다.

• (오뚝이 펀치를 뿅 망치로 30번 가량 매우 세게 때리고 발로 차면서) K. O.시켰다.

• (모래놀이를 함. 모래를 뭉치면서 정신없이 계속 이야기함.) 나쁜 놈들이 돈 많이 벌려고 뭘 지었어요. 화산 아니고, 연못도 아니고. 칼이 나타났어. 선생님, 사각모양 만들어 주세요. 집이 완성 안 됐어. 문이 안 되어서. 하느님이……. (알아들을 수 없이 우물거림). 나쁜 놈이 계단 만들어서. (모래로 문을 만듦.) 비가 새서 물이 많아. 박스로 막아서 못 나와. 하느님께 죄를 져서. 자고 있어. 가둔 다음에 돌멩이에 맞아. 이제 죄 안 짓고 행복하게 살았어. 거짓말해서 벌 받아, 머리에 상처

받아 죽었어. 착한 일만 하다 죽었어. (인형들을 모래에 묻음.) 이 차도 버려져, 묻혔어. 무덤을 꽉 눌러서. (자동차도 모래에 묻고 '하나님 땅'이라고 글자를 씀.)

요약 및 설명

민우가 흥분한 어조로 두서없이 말을 계속하는 등 정서적으로 불안하고 혼란스러워 보였다. 주로 죄와 벌, 죽음에 대한 주제와 종교적인 내용을 쏟아내듯이 말해, 母의 사망과 관련해 죄의식과 불안감이 내재되어 있는 것으로 보였다. 치료자는 민우의 놀이에서 나타나는 은유에 따라 혼란스러움과 불안감을 반영하고 공감하는 반응을 많이 하였다.

〈父 면담〉

• 민우의 최근 상태에 대해 보고하였다.

민우가 참을성이 늘었다. 울고 짜증내는 것이 많이 줄었다.

활동량이 많다. 낮에 하루 종일 밖에 나가 자전거 타거나 뛰고 논다.

칭찬을 들으면 좋아한다. 스티커 붙여주기를 해서 친구들과 싸우는 것도 줄어들었다.

숙제 하자고 하면 짜증을 내고 유치원에도 가기 싫어하지만, 일단 가면 잘 지낸다.

요약 및 설명

민우가 정서적인 혼란스러움을 놀이치료 상황에서 표현하지만, 일상생활에서는 이를 억압하며 감정과 행동을 통제하려는 경향이 시사되었다. 민우의 자기 통제에 대해 보상하지만, 한편으로 부정적인 감정을 지나치게 억압하지 않도록 적정한 수준의 표현을 허용할 것을 父에게 조언하였다.

■ 21회기

＊ 다양한 놀이를 하지만 놀이에 집중하지 못했다.

• (공을 몇 번 차고 나서) 선생님이 던지세요. 내가 골키퍼 할 거예요. (공을 열심히 막 아냄.)

• (풍선을 불어 몇 번 던지고 받기)

• (볼링 놀이) 선생님이 이거(볼링 핀) 세워 주세요. (민우 혼자 볼링을 함.)

• (바둑판을 가져와 제멋대로 규칙을 만들어 민우가 계속 이김. 규칙을 설명하는 것에 논리와 일관성이 없음.)

• (체스 게임을 함.) 내가 이길 거야. (규칙을 마음대로 정하고 치료자에게 자신의 규칙을 가르쳐 주려 하지만 논리와 일관성이 없음.)

• (한글과 숫자 읽기를 함.)

• (영어 알파벳을 끝까지 암송함.) abc….

요약 및 설명

민우가 다소 불안정하게 이것저것 놀이를 하며 한 가지에 오래 집중하지 못하였다. 말에 다소 조리가 없고, 간혹 '킁킁' 하는 음성 틱을 보였다. 지나친 흥분과 혼란스러움은 감소했지만 여전히 정서적으로 불안정해 보였다.

〈父 면담〉

• 민우의 최근 생활에 대해 보고하였다.

민우가 요즘 별 문제없이 잘 지낸다. 밖에 나가 잘 놀고, 친구들과도 안 싸우고 잘 논다.

요즘 父와 함께 자는데 밤에 안 깨고 잘 잔다.

귀찮은 것은 안 하려고 한다. 유치원 가려면 준비물 챙겨야 되고, 공부해야 되고, 그런 게 싫다고 한다.

요약 및 설명

　　민우가 일상생활에서 큰 문제는 보이지 않으며 행동 통제력이 향상되고 정서적으로도 점차 안정되어 가는 것으로 보였다. 학습 동기가 다소 부족한 것은 보상을 활용해 점진적으로 향상시키도록 父에게 조언하였다.

■ 22회기

＊ 놀이에 집중하고 즐겁게 놀이를 하였다.

• (작은 형에 대한 불만을 이야기함.) 형이 자기 물건 못 만지게 하고, 맨날 화내요. 〔민우의 감정에 대해 반영하고 공감해 줌.〕

　　대처 방법: 미리 물어보고 빌려달라고 해요. 〔현실적으로 적절한 대처가 가능한 것으로 판단됨.〕

• (모래놀이를 함.) 벽돌 찍어주세요, 20장이요. (치료자가 모래로 벽돌을 만들어주면 섞어서 원모양을 만듦.) 이제 부수자. (원모양을 칼로 부숨.) 이제 굴 만들 거야, 환상적이야, 굴 속에 보물 숨겨야 돼. 선생님은 네모를 만드세요. (치료자가 모래로 만든 네모 모양을 굴 속에 숨기면서) 보물이에요. (잠시 후 보물을 찾아내 자동차로 부숴 버리면서 몇 개의 보물을 남겨둠.) 좋은 건 담아둬야 돼. (잠시 후 칼로 보물들을 다 부숨.) 쌍칼이다. 재밌다. 또 해요. 보물을 부수는 게 이기는 거예요. (모래로 보물을 만들어 숨기고 부수는 놀이를 계속함.) 〔소중한 것의 존재와 상실에 대한 주제를 나타냄.〕

요약 및 설명

　　차분한 태도로 보물을 숨기고 부수는 놀이에 집중하였다. 母의 사망과 관련해 소중한 사람의 상실을 놀이로 표현하는 것으로 보였다. 민우가 놀이를 즐거워하면서 긍정적인 정서 표현을 많이 하고 정서적으로 안정되어 보였다.

2) 중 기

민우가 정서적으로 많이 안정되고 일상생활에서도 별 문제없이 지내게 되어, 중기 단계에서는 母의 사망으로 인한 상실감과 슬픔을 잘 견디고 父와의 안정된 관계를 유지할 수 있도록 돕는 데 초점을 두었다. 또한 작은 형과의 관계를 개선하기 위한 개입도 시도하였다.

■ 23회기

＊ 놀이에 집중하고 즐거워하였다.

• (모래놀이를 함.) 계란, 소금, 각설탕 넣어서 성 만들 거예요. 후추도 넣고, 감자, 야채를 썰어서, 튼튼한 성 만들려면 다 들어가야 돼. (모래를 큰 그릇에 넣어 원모양으로 만들고) 피자다. (조각을 내기 위해 칼질을 함.) 각소금이 250개 필요하니까 선생님이 계속 만드세요. (모래로 만든 각소금, 아이스크림, 통조림 등을 넣어 피자를 다시 만듦.) 아까보다 더 맛있게 됐어요. (칼로 쪼갠 다음 붙이기를 계속함.) 재미있다. (모래로 만든 피자가 자꾸 부서지자) 괜찮아요. 또 붙이면 돼요. 〔의존하고 싶은 욕구와 새로운 관계 형성의 욕구를 표현하는 것으로 보임.〕

요약 및 설명

민우가 가끔 목에서 가래 끓는 소리를 내어 음성 틱이 의심되었지만, 비교적 차분하고 안정된 태도로 음식 만드는 놀이를 계속하였다. 정성스럽게 만들려 하고, 뜻대로 되지 않을 때도 짜증을 내지 않고 긍정적으로 생각하며 다시 시도하였다. 놀이를 즐거워하고 긍정적인 정서 표현을 많이 하였다. 치료자는 민우의 긍정적인 사고방식과 지속적인 노력에 대해 인정하고 칭찬하였다.

〈父 면담〉

• 민우의 최근 생활에 대해 보고하였다.

요즘 일상생활은 괜찮다. 민우가 말하는 것도 조리 있어지고 유치원 선생님께 칭찬도 많이 받는다. 친구들과도 잘 논다. 여자애들과는 안 놀려고 한다.

민우가 母에 대한 이야기를 한다. 보고 싶다고 하고 사진 보자고 해서 母에 대해 이야기를 나누었다.

민우가 얼마 전부터 가래가 생겼다. 한의원에 갔더니 열이 많아 그렇다고 한다.

요약 및 설명

민우가 일상생활을 잘하고 있으며 母에 대한 이야기도 자연스럽게 할 수 있는 등 母의 사망으로 인한 어려움을 점차 극복해 나가는 것으로 판단되었다.

■ 24회기

＊ 놀이에 집중하고 즐거워하였다.

• (모래놀이에서 음식을 만듦. 감자를 반원 모양으로 만들어 칼로 잘게 써는 시늉을 함. 모래 덩어리를 조심스럽게 칼로 깎고, 국자에 모래를 넣어) 뽑기예요, 근데 별 맛 없다. (모래로 피자, 샐러드 등 여러 가지 요리를 정성껏 만듦.) 같이 먹어요.

• (바둑판을 가져와 규칙을 멋대로 정하고 치료자의 바둑알을 마구 따먹음.) 내가 이길 거야. (몇 번 이기고 나자 치료자에게 유리하게 규칙을 바꿈.) 이제 선생님이 잘 해 보세요. 〔자기중심적인 경향을 점차 벗어나 타인을 배려하는 능력이 향상되어 가는 것으로 보임.〕

요약 및 설명

요리와 게임 등의 놀이를 집중해서 즐겁게 하였다. 다소 자기중심적이지만 때때로 치료자의 입장을 배려하고 양보하기도 하였다. 치료자는 민우의 바람직한 행동에 대해 인정하고 칭찬함으로써 이를 강화하고자 하였다.

〈父 면담〉

• 민우의 일상생활에 대해 보고하였다.

　　민우가 별 문제 없이 잘 지낸다. 유치원도 잘 가고 유치원에서 공부도 열심히 한다.

　　스티커 붙이기를 계속 하는데 효과가 좋다. 父 말에 잘 따르고 짜증도 많이 줄었다.

　　작은 형 말도 좀 잘 들어서 사이가 예전보다 나아졌다. 작은 형도 예전보다는 덜 예민해져서 민우에게 심하게 하지는 않는다.

3) 후 기

　민우가 정서적으로 안정되고 행동상의 문제도 급속도로 감소되어, 짧은 기간 동안 후기 단계를 가진 후 종결을 준비하기로 하였다. 母에 대한 감정을 잘 정리하고 비합리적인 사고를 감소시켜 정서적 후유증을 갖지 않도록 개입하였다.

■ 25회기

＊민우가 母에 대해 자발적으로 이야기하였다. 이 과정에 대해 아래에 축어록을 제시하였다.

민우: 어제 차타고 오래 가서 멀미했어요.

치료자: 멀미해서 힘들었겠구나. 차타고 어디 멀리 갔었나 봐?

민우: 엄마 산소에 갔다 왔어요. 우리 엄마는 46년 살다 돌아가셨어요.

치료자: 엄마 나이를 정확하게 기억하고 있구나. 엄마가 돌아가신지 두 달 정도 됐는데 산소에 가니까 엄마 생각 많이 났겠네.

민우: 생각이 잘 안 나요. 형과 싸우다가 엄마가 용서해 준 건 기억나요. 괜찮아, 그랬어요.

치료자: 민우가 잘못했을 때 엄마가 용서해 준 게 기억나는구나.

민우: 예.

치료자: 민우가 엄마에 대해 좋은 기억을 갖고 있구나. 그렇게 좋은 엄마가 돌아가셔서

많이 슬프고 보고 싶을 것 같아. 〔부정적 감정에 직면시키려 시도함.〕

민우: 보고 싶어요. 근데, 오랫동안 못 만날 거예요. 나중에 내가 어른이 돼서 만날 거예요. 나중에 하늘나라에 가면.

치료자: 그래, 엄마가 하늘나라에 먼저 가셔서 민우가 훌륭하게 잘 자라도록 멀리서 지켜 주실 거야. 그리고 민우가 엄마 없이도 씩씩하게 잘 지내는 걸 보고 자랑스러워하실 거야. 〔민우의 이해 수준에 부합하도록 격려하고 용기를 주려 함.〕

민우: 오늘도 모래놀이 할 거예요. 내가 모래놀이 얼마나 좋아하는데. (모래놀이 상자 쪽으로 감.) 좁은 길이어서 한 차 밖에 못 가요. (장난감 자동차를 여러 대 꺼내 차례로 좁은 길을 지나가게 함.) 길을 새로 바꿨어요. 더 좁은 길이 됐어요.

치료자: 길이 좁아서 차들이 다니기가 힘들겠구나.

민우: 지름길이라 한 길 밖에 없어요. 땅이 좀 갈라져서 위험한 길이에요. 차들이 가기 힘들어요. 〔위험한 상황을 연출함.〕

치료자: 길도 좁고 땅도 갈라지고, 정말 차들이 가기 어렵겠네.

민우: 그래도 다닐 수 있어요. 여기는 낭떠러지예요. (낭떠러지 사이에 다리를 만듦.) 이 다리도 안 좋아요. 안 튼튼해. 물렁물렁한 다리라서 조심해야 돼요. 〔민우가 처한 어려운 상황을 놀이로 나타내는 것으로 보임.〕

치료자: 다리가 튼튼하지 않고 물렁거려서 차들이 건너가는데 위험하겠네.

민우: 다리가 끊어질 수도 있어요.

치료자: 여기를 건너가려면 정말 무섭고 걱정되겠다. 〔놀이에 나타난 감정을 반영함.〕

민우: (자동차들을 부딪치면서) 사고 났다. 근데 안 부서져요.

치료자: 후유, 깜짝 놀랐네. 사고가 크게 난 줄 알았는데, 안 부서졌다니 다행이야.

민우: 깜짝 놀랐죠? 괜찮아요. (모래를 위에서 뿌리면서) 흙비가 내려요. 차들은 괜찮아요. 〔민우가 역경 속에서도 잘 견뎌낼 수 있다는 긍정적인 사고를 나타내는 것으로 판단됨.〕

치료자: 위험한 곳이지만 차들이 아주 튼튼해서 걱정 없겠다. 〔자동차와 자신을 동일시하는 민우의 은유를 따라가면서 반영해 줌.〕

민우: 그럼요. 이건 좋은 차예요.

요약 및 설명 ●●●

　민우가 母에 대해 편안하게 이야기할 수 있고 긍정적인 기억을 하는 등 母와의 분리가 적절하게 이루어지고 있는 것으로 보였다. 또한 놀이를 통해 역경 속에서도 긍정적 생각을 하면서 잘 견뎌낼 수 있다는 자신감을 나타내 보였다. 치료자는 민우의 자신감에 대해 인정하고 격려와 용기를 주려 노력하였다.

〈父 면담〉

- 민우의 최근 생활에 대해 보고하였다.

　　민우가 귀여운 짓을 많이 한다. 강아지 흉내를 내고 기어 다니고 많이 까분다.

　　잠들기 전에는 꼭 父와 얘기하고 싶어 하고, 옆에 있어주면 안 깨고 잘 잔다.

　　요즘 父가 며칠 동안 바빠서 같이 못 놀아줬더니 "아빠 없으면 어떡하지?" 그런 말을 하는 걸 보니 좀 불안한가 보다.

　　최근에는 父가 일이 많아서 민우의 고모가 자주 들러 아이들을 봐 준다. 고모가 민우를 귀여워하고 민우도 고모를 잘 따른다.

요약 및 설명 ●●●

　민우를 포함해 모든 가족이 예전의 일상생활로 돌아가서 비교적 큰 문제없이 지내는 것으로 보였다. 치료자는 父가 민우의 보호자 역할을 충실히 하고 있는 데 대해 인정하고 격려하였다. 민우가 아직 어리고 주변 사람의 정서적 지지가 계속 필요하므로, 父가 돌봐줄 시간이 부족하면 고모 등 다른 친척들의 도움을 계속 받을 것을 조언하였다.

■ 26회기

＊ 즐겁게 놀이에 몰두하였다.

- (모래놀이를 함.) 이런 흙 갖고 싶다. (레고 포크레인을 가져와) 치즈 공장 만들 거예요, 닭에 치즈 넣어야 돼요. 이건 꿀 호떡이다. 치즈, 후추 가루, 두부 넣어서 볶

아야 돼요. (열심히 요리함.)

- (수수깡으로 만들기를 함. 색색깔의 수수깡을 가져와) 선생님, 총이랑 악어 만들어 주세요. 집도 만들어요. (치료자에게 여러 가지를 계속 만들어 달라고 요구함. 다 만든 것을 갖고 대기실로 나가 父에게 보여줌.) 아빠 놀래켜야지. 아빠, 이거 보세요.

요약 및 설명

민우가 차분하고 밝은 표정으로 즐겁게 놀이에 몰두하였다. 요리 만드는 놀이를 많이 하고, 치료자를 계속 부르면서 요구를 많이 하는 등 관심 받고 싶은 욕구가 증가한 것으로 보였다. 최근 父가 직장에 복귀하면서 의존 욕구가 충분히 충족되지 못했을 가능성이 시사되었다.

〈父 면담〉

- 민우의 최근 생활에 대해 보고하였다.

    민우가 요즘 장난이 심해져서 유치원에서 여자 애들의 머리카락을 잡아당기고, 고모에게 매달려 힘들게 한다.

    유치원에서 다른 애들이 엄마가 뭐 해 줬다든지 하는 얘기하고 자랑하면 민우가 말썽을 좀 부리는 것 같다. 엄마가 살아 있으면 좋겠다는 말을 한다.

요약 및 설명

민우가 母의 상실로 인해 결핍감과 좌절감을 느낄 수 있고 때때로 의존적인 경향을 보이는 것으로 판단되었다. 민우의 이러한 어려움에 대해 父가 관심을 갖고 공감해 주고, 母의 역할을 대신할 사람들이 필요함을 조언하였다. 세 회기에 걸쳐 종결을 준비하기로 합의하였다.

4) 종 결

■ 27~28회기

＊ 치료 종결에 대해 이야기한 후 다소 공격적인 놀이를 하였다.

• (치료자가 종결에 대해 언급하자) 싫어요. 〔종결에 대해 강한 거부감을 나타내어 민우의 감정을 반영하고 공감해 줌.〕

• (공격적인 놀이를 함. 종이 막대기를 휘두르며 싸우는 시늉을 함. 오뚝이 펀치를 세게 때리고 발로 계속 걷어참. 인형을 때림. "I love you."라고 말하는 인형을 계속 때리고 인형에게 총을 쏘면서 흥분해서 말함.) 죽여 버리고 싶다, 인형이 나한테 욕했다, 씨X, 개XX라고 욕했다. 〔치료 종결에 의해 거부당한다는 느낌으로 좌절감과 분노감을 인형에게 투사하는 것으로 보여, 민우의 분노에 대해 반영, 공감하고 해석해 줌.〕

• (모래놀이를 함.) 산 만들어야지. (모래를 다져 기초를 튼튼하게 만듦.) 선생님도 산을 만드세요. (치료자가 만든 산을 한 칼에 부숨.) 선생님, 바보 할망구야./ 선생님에게 화났구나./ 아니요. 〔치료자에 대한 분노를 표현하지만, 자신의 감정을 부정하는 것으로 보임.〕

• (체스게임을 하면서 규칙을 안 지키고 제멋대로 하고, 치료자에게 소리를 지름.) 선생님, 빨리 해요. 〔치료자와의 분리를 예상함으로써 정서적으로 불안정해진 것으로 보임.〕

요약 및 설명

치료 종결을 언급한 뒤부터 민우가 공격적인 놀이를 하고 치료자에게 소리를 지르고 반말을 하는 등 좌절감과 분노감을 나타냈다. 치료자와의 예상되는 분리가 母의 상실로 인한 분리와 연합되어 정서적으로 심한 불안감을 유발한 것으로 보였다. 이로 인해 더 의존적인 경향을 보이고 퇴행하는 경향도 시사되었다. 치료자는 민우의 좌절감과 분노 감정에 대해 반영하고 공감해 주고, 이별을 앞두고 나타나는 정상적인 반응임을 설명해 줌으로써 안정감을 제공하고자 하였다.

〈父 면담〉

- 민우의 최근 생활과 종결에 대한 반응에 대해 이야기하였다.

  민우가 요즘 자전거 타기나 놀이터에서 아이들과 공차기를 즐겨 한다.

  유치원도 비교적 잘 다니고, 유치원 선생님이 공부도 잘 따라한다고 한다.

  작은 형과는 요즘도 가끔 티격태격하지만 크게 싸우지는 않는다.

  父와 고모의 말을 잘 듣는 편이고 큰 말썽도 부리지 않는다.

  민우가 치료 종결에 대해 몹시 화를 내고, 더 다니고 싶다고 한다.

요약 및 설명

치료 종결로 인해 민우가 일시적으로 과거의 문제를 다시 보이거나 퇴행 행동을 나타낼 수 있음을 설명하였다. 치료자와의 이별로 인한 상실감을 父나 고모의 정서적 지지를 통해 완화할 수 있도록 더 많은 관심을 보여줄 것을 조언하였다.

■ 29회기

＊ 2주 만에 와서 치료 종결에 대해 이야기하고 몇 가지 놀이를 하였다.

- (종결에 대한 이야기를 함.) 오늘이 마지막 날이죠?/ 지금 기분: 나빠요. 난 여기 더 오고 싶단 말이에요. 〔치료자는 민우가 행동도 바르게 하고 유치원도 잘 다니기 때문에 치료를 끝내도 된다고 설명해 주고, 헤어질 때 섭섭한 감정이 들 수 있음을 공감해 줌.〕

- (전쟁놀이를 함. 레고로 만든 대포와 다이나마이트를 가지고) 전쟁할 거예요. 선생님은 적군을 빨리 만드세요. 이제 시작이에요. (치료자가 만든 것들을 다 부숨.)

- (모래놀이를 함.) 도끼 주세요. (치료자에게 장난감 도끼를 받아 모래를 파헤치다가 금방 중단함.) 시시해.

- (블루마블 게임을 함.) 시간 없어요. 빨리 해요. (규칙을 잘 지키면서 건물을 많이 지어 돈을 많이 벌고 숫자 계산을 차분하게 잘 함.) 다음 번에는 더 많이 살 거야. 다음에는 처음부터 블루마블 하자고 그래요. 근데, 오늘이 선생님 보는 마지막 날이잖아요? 난 여기 오는 게 좋은데. 〔민우가 치료자와의 이별에 대한 아쉬움을 적절

하게 표현하였고, 치료자도 이별의 섭섭함을 표현하고 선물과 치료자의 연락처
가 적힌 카드를 줌.)

요약 및 설명

민우가 정서적으로 안정되고 자기표현을 솔직하고 적절하게 잘하였다. 마지막 치료
시간임을 알고 많은 것을 하고 싶어 하고, 시간이 가는 것을 아쉬워하였다. 치료 종결에
대해 불만과 아쉬움, 섭섭함을 솔직하게 표현하였다. 치료자는 민우의 감정에 공감하
고, 종결 후에도 연락할 수 있도록 치료자의 이메일과 전화번호가 적혀 있는 카드를 주
었다.

〈父 면담〉

• 민우의 최근 생활에 대해 보고하고 치료 종결에 대해 이야기하였다.

민우가 문제없이 잘 지낸다. 밝고 명랑하다. 장난꾸러기다.

유치원에서 있었던 일이나 친구 얘기 등 자기표현을 잘 한다.

공격적인 행동도 하지 않고 우는 것도 많이 줄었다. 모든 것이 좋아졌다.

치료를 종결하는 것에 대해 여전히 불만이 많아, 대신에 父가 많이 놀아주겠
다고 약속했다.

아주 힘든 기간이었는데, 치료받은 것이 큰 도움이 되었다. 다음에도 어려운
일이 있으면 다시 치료받으러 오겠다.

요약 및 설명

민우의 일상생활이 정상적으로 돌아와, 유치원이나 또래 관계 등 전반적인 적응력이
향상된 것으로 보였다. 父가 민우에게 충분한 관심과 정서적 지지를 제공하고 있어 민
우가 건강하게 성장할 수 있을 것으로 판단되었다.

6. 심리치료 결과 및 평가

민우는 母의 사망이 임박한 상황에서 어린 아동으로서 감당하기 힘든 외상적 경험을 하게 됨으로써 심한 불안 증상과 좌절감 및 공격 행동을 보인 아동이다. 母가 언제 죽음을 맞이하게 될지 모르는 불확실하고 불안한 상황이 계속되어, 치료자는 민우가 이러한 어려움을 견딜 수 있도록 위로와 정서적 지지를 제공하고, 부정적인 감정을 표현하도록 도움을 주었다. 또한 힘든 상황을 이겨낼 수 있다는 용기를 주는 데 주력하였다. 母의 죽음과 관련해 민우의 비합리적 사고와 죄책감 등을 감소시키는 것도 필요하였다.

치료 기간 중에 母가 사망하였고, 이후 민우가 약 한 달 이상 정서적으로 매우 불안정한 상태가 지속되었지만 슬픔과 좌절감을 놀이와 대화를 통해 표현하면서 차츰 정서적인 안정을 찾게 되었다. 민우는 어린 나이에 母의 장기적인 투병과 죽음이라는 외상적 사건을 경험하여 여러 가지 정서적, 행동적 문제들을 보였지만, 父의 정서적인 지지와 치료에 대한 적극적인 협조를 바탕으로 놀이를 활용한 심리치료를 통해 외상의 후유증을 최소화할 수 있었다. 母의 상실이라는 큰 아픔을 겪었지만, 어려움을 극복하고 건강하게 성장할 것으로 판단되었다.

제13장

학습부진 아동의 구조화된 단기 학습기술 향상치료

학습부진 아동의 구조화된
단기 학습기술 향상치료

1. 사례: 열심히 공부해도 성적이 나쁜 순영이

중학교 1학년인 순영은 기억력이 나쁘고 공부한 만큼 성적이 나오지 않는다. 초등학교 저학년 때에는 중간 정도의 성적이었지만, 학년이 올라갈수록 성적이 나빠져 최근에는 하위권에 속한다. 점점 공부에 대한 자신감을 잃고 많이 위축되어 있다.

2. 초기 면담과 행동관찰

1) 내담 아동과의 첫 면담

눈이 크고 귀여운 얼굴의 아동으로 다소 긴장되어 보였다. 다음은 첫 면담 중 주요 부분에 대한 축어록이다.

치료자: 순영이가 연구소에서 어떤 도움을 받고 싶은지 얘기해 볼래?
순영: 공부 잘하는 거요.
치료자: 공부를 잘하고 싶구나. 지금 공부 때문에 많이 힘든가 봐.
순영: 공부 외에는 힘든 거 없어요.
치료자: 공부를 더 잘하기 위해서 이런 연구소 같은 곳에 가 본 적이 있니?
순영: 아뇨. 여기가 처음이에요. 과외는 많이 했었어요.

치료자: 그렇구나. 순영이 생각에 성적이 나쁜 이유가 뭔 것 같아?

순영: 모르겠어요. 공부는 하는데 성적은 안 올라요.

치료자: 공부를 하는데도 성적이 나쁘면 많이 속상하겠네. 〔순영의 감정에 공감함.〕

순영: 네.

치료자: 그럼 순영이가 잘하는 과목과 잘 못하는 과목을 한번 얘기해 보자. 특별히 잘하거나 좋아하는 과목이 뭐니?

순영: 음악이요. 피아노는 오래 쳤어요.

치료자: 피아노를 잘 치니까 음악 과목은 잘하는구나. 또 잘하는 과목은?

순영: 없어요.

치료자: 그럼 제일 힘들고 잘 못하는 과목은 뭐니?

순영: 과학. 영어. 그리고 국어하고 수학은 그렇게 잘하는 건 아닌데 재밌어요.

치료자: 과학과 영어가 어렵고, 국어와 수학은 재미를 느끼고 있구나. 그럼 과외 공부는 어떻게 했는지, 효과가 있었는지 얘기해 볼래? 〔학업 성취도 향상을 위한 이전의 시도에 대해 질문함.〕

순영: 영어하고 수학은 작년부터 했는데 수학은 성적이 좀 오른 것 같기도 하고 모르겠어요. 영어는 시험이 너무 어려워서.

치료자: 개인 과외를 하나 봐.

순영: 예. 3학년 때부터는 학원 다녔어요.

치료자: 순영이 생각에 과외나 학원 다니는 게 효과가 있는 것 같니?

순영: 조금. 잘 모르겠어요.

치료자: 크게 효과가 있는 것은 아닌가 보다.

순영: 예. 엄마는 제가 노력을 안 해서 그렇다고 해요.

치료자: 엄마 생각에는 순영이가 공부를 열심히 안 한다는 거구나.

순영: 그런데 그런 건 아니에요.

치료자: 순영이는 공부를 열심히 하는데도 성적이 잘 안 나오는 거구나.

순영: 그런 것 같아요.

치료자: 열심히 해도 성적이 잘 안 나올까 봐 시험 볼 때 많이 불안하니? 〔학업과 관련된 스트레스를 알아보기 위해 질문함.〕

순영: 예. 시험 때 되면 머리도 아프고 시험지 받기 전에 떨리고.

치료자: 시험 때문에 걱정을 많이 하는구나. 혹시 부모님이 성적 때문에 부담을 많이 주
시는 편이니?

순영: 좀 그래요.

치료자: 어떤 식으로 부담을 주시니?

순영: 공부하란 소리 계속 하고. 시험 잘 보라고. 상위권에 들어야 대학 간다고.

치료자: 그런 얘기 들으면 걱정되고 스트레스 받겠네.

순영: 예. 걱정되죠. 평균이 많이 올라갔으면 좋겠어요. 〔학업 성취를 향한 동기를 나타냄.〕

치료자: 성적이 좋아져서 대학에 간다면 나중에 어떤 일을 하고 싶어?

순영: 장래희망이요? 선생님.

치료자: 선생님이 되는 게 꿈이구나. 그러기 위해서 공부를 좀 더 잘하고 싶고.

순영: 네.

치료자: 순영이가 공부를 잘하고 싶어 하고 또 열심히 하려는 마음을 갖고 있으니까, 능
력을 최대한 발휘할 수 있도록 방법을 찾아보자. 공부하는 데도 기술이 필요해. 같
은 시간을 공부해도 좀 더 효과가 있는 방식으로 공부를 하면 지금보다 공부를 더
잘 할 수 있을 거야. 그런 공부 방법에 대해 여기에서 배울 수 있어. 〔학습기술 향상
치료에 대해 소개하고 치료 동기를 유발하려 함.〕

요약 및 설명

순영은 공부와 관련된 어려움을 적절하게 표현하였고 솔직하게 대화하였다. 정서적으
로 비교적 안정되어 있고 학습 동기도 양호한 편이어서, 학습기술 향상에 초점을 둔 개입
이 적절할 것으로 판단되었다. 치료자는 순영의 어려움에 공감하고 치료에 대해 소개함
으로써, 순영이 긍정적인 기대를 갖고 치료에 적극적으로 협조할 수 있도록 노력하였다.

2) 母와의 첫 면담에서 얻은 정보

(1) 母가 호소하는 주된 문제

① 기억력이 나쁘다. 영어 단어나 수학 공식을 외우고 나서는 금방 잊어버린다.

② 공부하는 시간은 긴 데 비해 성적이 하위권이다. 전반적으로 모든 과목의 성적이 부진하다. 과외를 시켜도 별 효과가 없다.

③ 자신감과 의욕 저하를 보인다. 공부 때문에 스트레스를 많이 받으며 자신감이 없고 위축되어 있다.

(2) 발달력

母가 자궁이 안 좋아 임신 기간 동안 힘들었고 제왕절개로 분만하였다.

유아기에는 잘 먹고 잘 자고 순한 아이였다. 母가 직장에 다녀서 친할머니가 순영을 돌봤는데, 애지중지 하면서 잘 돌보아 주셨다.

정상적으로 발달했지만 말이 좀 느렸고 행동도 느린 편이었다.

5세 때부터 유치원에 다녔는데 아이들과 잘 어울리지 못하고 유치원에 안 가려고 했다. 유치원 선생님은 순영이 너무 순진하고 착한데 학습이 조금 느리다고 했다. 한글을 완전히 깨치지 못하고 초등학교에 입학하게 되었다.

초등학교 1학년 때 한글 받아쓰기를 좀 어려워했지만 그럭저럭 학교 수업을 따라갔다.

3, 4학년 때부터 공부를 힘들어하고 학교 수업을 못 따라가는 것 같아 공부하라고 母가 잔소리를 하고 학원도 보내고 과외도 시켰다. 중학교에 올라와서는 성적이 더 떨어졌다. 부모가 공부 문제로 잔소리하면 짜증을 낸다. 공부 문제 이외에는 아무 문제가 없다. 순진하고 착하고 친구도 잘 사귄다.

(3) 가족력

현재 부모와 순영, 여동생, 남동생, 다섯 식구가 같이 살고 있다.

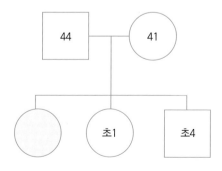

- 父(44세): 대졸. 회사원. 좀 완고하고 꼼꼼한 성격이고 잔정이 없다. 순영이 공부를 못하는 것에 대해 불만이 많다.
- 母(41세): 대졸. 회사원이었으나 순영이 5세 때 셋째 아이를 출산하면서 퇴직하여 전업 주부다. 부드럽고 정이 많은 성격으로, 남들이 너그럽다고 한다.
- 여동생(11세): 초등학교 4학년. 똑똑하고 잘난 척을 한다. 말을 잘하고 자기 이익을 잘 챙긴다. 공부를 잘하는 편으로 언니를 무시하려 하고 대들고 언니의 말을 잘 듣지 않아 가끔 다툰다.
- 남동생(8세): 초등학교 1학년. 명랑하고 자기주장이 강하다. 영리하고 친구들을 잘 사귀며 학교생활을 즐거워한다. 순영을 좋아하고 잘 따른다.
- 부부 관계: 좋은 편이다. 아이들 교육 문제로 가끔 의견 충돌이 있지만 타협이 잘 되는 편이다.
- 부모-자녀 관계: 부모가 아이들과 대화를 많이 하려하고 아이들 입장을 이해하려 노력하는 편이다. 아이들도 크게 속 썩이지 않는다. 그러나 최근에 순영의 공부 문제 때문에 자주 잔소리를 하게 되면서 순영이 짜증을 내고 반항적인 태도를 보이는 적이 있다.
- 형제 관계: 순영이 동생들을 잘 돌봐준다. 특히 막내 동생을 귀여워해서 막내가 순영을 잘 따른다. 여동생이 순영에게 대들어서 가끔 다투지만, 사이가 크게 나쁘지는 않다.

3. 심리검사

순영의 전반적인 인지 능력과 학습에서의 강, 약점, 정서적인 문제 및 적응 정도 등을 알아보기 위해 종합적인 심리검사를 실시하였다. 포함된 검사는 지능검사(K-WISC-Ⅲ), BGT, HTP, KFD, 문장완성검사, 로샤 검사, 부모 MMPI 등이었다.

1) 검사태도

귀여운 외모의 아동으로 매우 얌전한 태도로 수줍어하면서 검사자와 눈을 잘 마주

치지 못했음. 검사자가 질문을 하면 작은 목소리로 재빨리 말하여 알아듣기 힘들었고 재차 물어보면 얼굴이 굳어지며 더욱 긴장하였음. BGT 검사 시 첫 카드를 보자마자 종이 한가운데 크게 그렸고, 회상을 하라고 하자 당황하며 몇 개의 도형을 그리고 나서 약 2분 동안 가만히 앉아서 종이만 쳐다보고 있었음. HTP 검사 시 처음에는 지우개를 많이 사용하면서 그림을 그렸으나, 나중에는 틀린 부분을 지우지 않고 옆에다 다시 그리기도 하였음. 그림에 대해 질문하자 매우 작은 소리로 대답하였고, 반응하기까지 시간이 매우 길었음. 지능검사를 할 때는 자주 어렵다고 말하고 전반적으로 반응시간이 느렸으나, 산수문제와 숫자외우기에서는 반응시간이 매우 빨랐음. 로샤 검사를 할 때 반응 시간이 느렸으며, 특히 색채카드에서 그러한 경향이 두드러지게 나타났음. 3시간 동안 쉬지 않고 검사에 집중하는 등 열심히 수행하였음.

2) 심리검사 원자료

(1) BGT

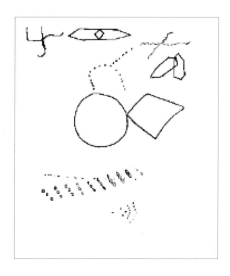

(2) 그림 검사

① 집 그림

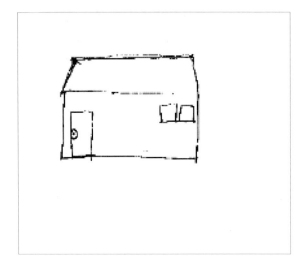

- 어떤 집: (한참 있다가) 한옥./ 돌로 지은 집이요.
- 누가 사나: 가족./ 엄마, 아빠, 저랑 동생들이랑.
- 분위기: 좋아요
- 미래: 헐구요. 새로 지을 것 같아요.
- 살고 싶은지: 예.

② 나무 그림

- 무슨 나무: 산에 있는 나무.
- 나이: 서른 살.
- 상태: 괜찮아요./ 좋아요.
- 어디: 동네에.
- 주변에 다른 나무: 다른 나무도 있어요.
- 미래: 잎이 더 많아지고 꽃들이 많이 피어있을 것 같아요.

③ 남자 그림

- 누구: 그냥 생각 없이 그린 건데./ 닮은 사람: 아빠 젊었을 때.
- 나이: 스물세 살 정도.
- 지금: 일 생각 하면서 서 있어요.
- 기분: 복잡해요.
- 성격: 낙천적.
- 장래 희망: 의사./ 생활이 안정되니까.

④ 여자 그림

- 누구: 사촌언니.
- 직업: 학생이요.
- 나이: 스물한 살.
- 지금: 서 있어요.
- 기분: 좋은 것 같아요.
- 성격: 낙천적으로.
- 장래 희망: 과학자./ 행복하게 잘 살 것 같아요.

⑤ 동적 가족화

- 지금: TV 보고 있는 거.
- 누구: 아빠, 엄마, 나, 남동생.
- 분위기: 화목해요.
- 가족 관계: 좋아요. 다 친해요.
  아빠: 좋은 점은 웃을 때./ 나쁜 점은 큰소리로 야단칠 때./ 성적 나쁘다고.
  엄마: 좋은 점은 혼낼 때 빼고는 다 좋은데요./ 나쁜 점은 공부 때문에 혼낼 때.

순영: 좋은 점은 친구랑 같이 있을 때./ 나쁜 점은 성적 잘못 나왔을 때.
남동생: 좋은 점은 내 말 잘 들을 때./ 나쁜 점은 말 안 듣고 덤빌 때.
- 빠진 사람: 여동생./ 친구 만나러 나갔어요./ 좋은 점은 말 잘하고, 모르겠어요./ 나쁜 점은 자기 밖에 모르고.
- 아래 선: 산 그리려고 했다가 안 그린 거.

(3) 문장완성검사

1. 내가 가장 행복한 때는 <u>교회에 가서 예배드릴 때이다.</u>
2. 내 생각에 가끔 아버지는 <u>좀 무서운 것 같다.</u>
3. 우리 윗사람들은 <u>고지식하다.</u>
4. 나의 장래는 <u>아직은 잘 모르겠다.</u>
5. 내가 가장 무서워하는 것은 <u>성적표 받은 후 집에 돌아온 후의 시간들이다.</u>
6. 내가 좀 더 어렸다면 <u>좀 더 즐겁게 놀았을 것이다.</u>
7. 나는 친구가 <u>내 고민을 상담할 수 있는 좋은 상대라고 생각한다.</u>
8. 다른 사람들은 나를 <u>인사성이 바른 아이로 생각한다.</u>
9. 우리 어머니는 나를 <u>그리 착한 딸은 아니라고 생각한다.</u>
10. 내가 제일 걱정하는 것은 <u>성적이다.</u>
11. 내가 늘 원하기는 <u>성적이 오르는 것이다.</u>

12. 다른 가정과 비교해서 우리집안은 보통이다.

13. 나의 어머니는 자상하신 편이다.

14. 우리 아버지는 ____?____

15. 나에게 가장 좋았던 일은 가족과 함께 놀러갔던 일이다.

16. 내가 정말 행복할 수 있으려면 성적이 올라야 할 것이다.

17. 잘못했다고 느끼는 것은 성적이 잘 오르지 않는 것.

18. 내가 보는 나의 앞날은 아직 잘 모르겠다.

19. 대개 아버지들이란 자상하진 않은 것 같다.

20. 나의 좋은 점은 사교성이 좋다는 것이다.

21. 다른 친구들이 모르는 나만의 두려움은 없다.

22. 내가 싫어하는 사람은 없다.

23. 나의 나쁜 점은 내 실수를 인정하지 않는 것이다.

24. 우리 가족은 나에 대해서 ____?____

25. 나를 가장 슬프게 하는 것은 성적이 잘 나오지 못하는 것이다.

26. 어머니와 나는 공통점이 많다.

27. 내가 저지른 가장 큰 잘못은 성적은 잘 못 받은 것이다.

28. 언젠가 나는 돈을 많이 벌 것이다.

29. 내가 바라기에 아버지는 자상해졌으면 한다.

30. 나의 야망은 돈을 많이 버는 것이다.

31. 선생님들은 우리들을 열심히 가르치신다.

32. 내가 제일 좋아하는 사람은 정직하고 순수한 사람이다.

33. 나는 공부에 흥미가 없다.

34. 나의 가장 큰 결점은 잘못한 점을 너무 빨리 잊는다는 것이다.

35. 내가 아는 대부분의 집안은 부모는 성적 때문에 잔소리를 한다.

36. 우리 엄마 아빠는 잔소리꾼이다.

37. 내가 없을 때 친구들은 만화책을 볼 것이다.

38. 대개 어머니들이란 성적으로 잔소리를 많이 하신다.

39. 생생한 어린 시절의 기억은 동물원에 놀러갔던 일이다.

40. 아버지와 나는 그저 그렇다.

41. 내가 어른이 되면 여러 사람에게 <u>도움을 줄 것이다.</u>

42. 내가 어렸을 때 우리 가족은 <u>아주 화목했다.</u>

43. 나는 커서 <u>선생님</u>이(가) 되고 싶다.
  왜냐하면 <u>돈도 벌고 아이들을 가르칠 수 있기</u> 때문이다.

44. 내 소원이 마음대로 이루어진다면,
  첫째 소원은 <u>공부를 잘하는 것</u>이다.
  둘째 소원은 <u>피아노를 아주 잘 연주할 수 있게 되는 것</u>이다.
  셋째 소원은 <u>부자가 되는 것</u>이다.

45. 내가 만일 동물로 변할 수 있다면 <u>강아지</u>이(가) 되고 싶다.
  왜냐하면 <u>사람에게 아양 떨고 먹고 자고 하면 되기</u> 때문이다.

(4) 로샤 검사

카드 번호	반응 시간	반응 번호	연상반응	질문반응
I	6″	①	게요. 꽃게요. T.L.) 모르겠어요./ 박쥐.	① (전체) 여기가 꽃게 위에 이렇게 생긴 게 있던 것 같아서요./ 전체 다요. 그렇게 보여요. 다리가 네 개 있고, 이쪽에 네 개랑. 저쪽에 네 개.
II	8″	①	나비 T.L.) 동물	① (전체) 요쪽이 날개같이 보였어요. 위쪽에 이게 나비형태에서 위의 모양이 비슷해서.
III	7″	①	두 사람이 뭐 들고 있는 거.	① 이게 두 사람이고 이게 어떤 물체처럼./ 둘 다 남자요./ 머리가 짧아서요.
IV	9″	①	괴물이 뒤돌아 서있는 것.	① (전체) 머리, 손, 몸, 발, 좀 커서./ 괴물?: 형태가 사람이랑 같은데 좀 올록볼록해서./ 삐죽 나와 있어서./ 뒤돌아?: 얼굴이 안 보여서.
		②	높은 산	② 이쪽이요. 이쪽에 연한부분이 산 같이 보여서./ 두 군데요. 모양이 산 같이 보여서.
V	9″	①	사람이 날아가는 거요. T.L.) 나비.	① (전체) 사람머리, 사람다리, 몸, 옆에 이게 날개처럼 보였어요./ 사람 날개?: 사람이요. 날개가 생겼을 때 모습으로. 지금의 모습에서 날개가 생긴 모습으로 진화한 것.
VI	17″	①	밑에는 땅 속이구요. 지면 위에 사람이 박혀 있는 것.	① (전체) 요쪽이 땅속이구요. 요기가 땅위구요. 사람의 머리, 팔 벌리고 있는 것./ 땅 속?: 까만 부분이 잔잔한 알갱이들처럼 보여서./ 흙이요.

VII	15"	①	두 동물이 서로 다른 곳에 갈라져 있는 것.	① (전체) 이게 동물이구요. 이쪽이 선이구요. 이쪽이 얘네들이 매달려 있는 곳./ 동물?: 강아지요./ 매달려?: 다리가 묶여 있어요.
VIII	32"	①	꽃이 거꾸로 되어 있는 거요. T.L.) 동물.	① 꽃 잎사귀구요, 이게 잎파리, 뿌리./ 꽃잎?: 색깔이 분홍. 형태가 꽃이랑 비슷하게 생겼어요./ 잎?: 색깔이 초록색이어서./ 뿌리?: 줄기가 밑까지 죽 연결되어 있어서.
IX	9"	①	산이 불에 타고 있는 거요.	① 산 같아요. 요기는 불이 붙은 것처럼 보였어요./ 불?: 불이 산에 붙어 있어요./ 색깔이.
		②	두 사람이 경계선을 사이에 두고 싸우고 있는 것.	② 요기가 두 사람 같았구요. 가운데 선이구요. 발톱 세우고 싸우고 있는 것./ 아니요. 이게 손이구요. 이게 발톱이에요. 아니 이게 발이고 발톱이요.
X	53"	①	지옥으로 가는 길목이요.	① (전체) 이게 길 테두리구요. 이게 지옥문이구요. 주변에 요런 것들이 영혼이요./ 지옥문?: 검정색이요. 죽음을 상징하는 색깔이니까./ 영혼?: 지옥에 들어오는 게 영혼이니까.
		②	여러 괴물들 T.L.) 거미	② (전체) 이런 거 하나하나가 다./ 괴물?: 형태가 다 이상해서요.

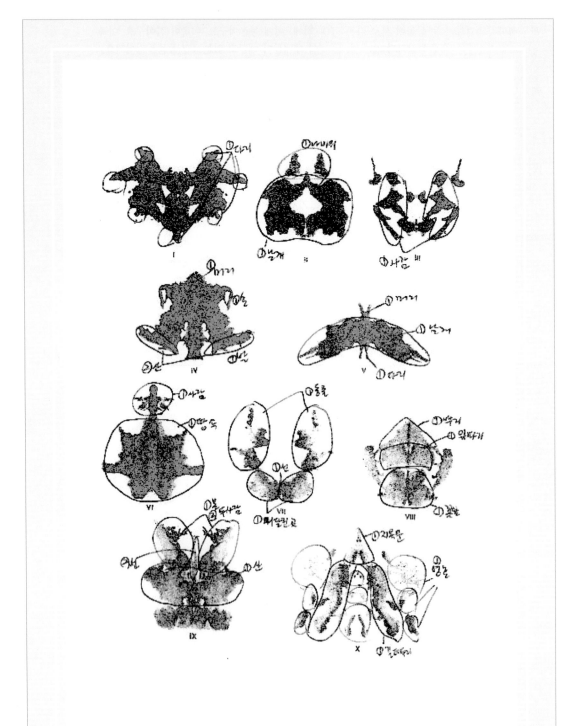

(5) 부모 성격검사

母 MMPI

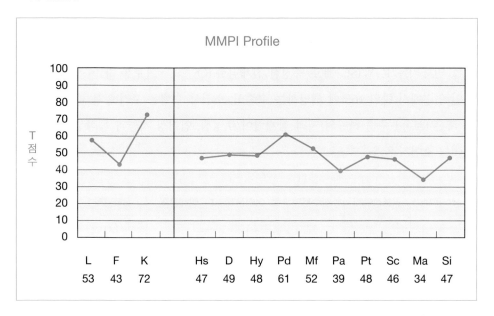

父 MMPI

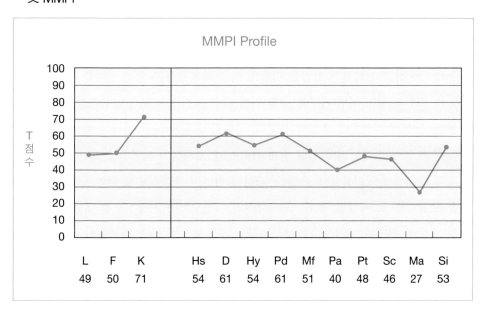

3) 검사결과

① BGT: 곡선과 각도 등의 모사가 부정확해 경계선 수준의 B-G가 시사되며, 다소 무계획적인 경향을 나타내고 있음(즉각적 회상 = 6).

② 인지 기능: K-WISC-Ⅲ로 측정한 전체검사 IQ는 87로 〔보통 하〕 수준이며, 이는 동일 연령에서 하위 16%에 해당하는 수준임. 소검사 수행을 고려해 볼 때 동등한 수준 혹은 〔보통〕 수준 하단의 지적 잠재력이 추정됨. 언어성 지능과 동작성 지능 간의 차이는 보이지 않음.

상식문제	공통성문제	산수문제	어휘문제	이해문제	숫자문제	언어성지능
5	7	12	11	7	(12)	90

빠진곳찾기	차례맞추기	토막짜기	모양맞추기	기호쓰기	동작성지능
6	7	8	6	14	87

주의집중력이 양호하고 어휘 이해력이나 기본적인 수학 능력도 보통 수준에 해당하는바, 학습의 기초는 보통 수준으로 습득되어 있는 것으로 보임. 지속적인 주의력도 우수해 단순하고 반복적인 학습을 필요로 하는 과제에서는 좋은 성취를 나타낼 수도 있겠음. 또한 아동이 성취 욕구를 갖고 있어 학습 동기도 비교적 양호하겠음.

반면, 상식적 지식이나 추상적 사고력, 사회적 상황에 대한 이해력 및 계기적 정보처리 능력 등이 경계선 수준으로 지체되어 있어, 고차적인 사고력을 요구하는 복잡한 과제의 학습에서 어려움을 보이겠음. 따라서 학년이 올라갈수록 학업 수행에서 어려움을 보일 것으로 예상됨. 또한 시 지각적인 예민성이나 시각-운동 협응력 등도 경계선 수준에 해당해, 생소한 과제나 지각적 조직화를 요하는 과제에서 문제 해결의 효율성이 저하되겠음. 특히 시험 상황에서 긴장하는 경향이 있어 제한 시간 내에 해결해내야 하는 과제나 복잡한 과제 수행시 능력을 발휘하지 못하겠음.

③ 사고 및 문제 해결: 사고 과정상 현실 검증력의 곤란이나 사고 장애는 시사되지

않음. 그러나 아동의 지적능력이 다소 부족해 사고 내용이 단순하고 제한되어 있음. 따라서 구체적이고 명확한 지침이 있는 상황에서는 문제 해결에 어려움을 보이지 않지만, 복잡한 과제를 해결해야 하는 상황에서는 외부 자극을 지각하는 데서 정확성이 저하되며, 체계적으로 문제를 해결하지 못하고 즉흥적이고 미숙한 문제 해결 방식을 보일 수 있겠음.

④ **정서 및 성격**: 정서적으로 다소 불안정하고 무기력감이 내재되어 있음. 특히 자신의 노력에 비해 학업 성취가 저조함으로 인해 자신감이 저하되어 있고 부모의 기대에 대한 부담감도 느끼는 등 학업 스트레스를 심하게 겪고 있음. 공부에서 지속적인 좌절감을 경험해 현재는 학습에 대한 의욕이나 흥미도 감소되어 있으며, 시험 상황에서 긴장하고 불안감을 경험하겠음.

기본적으로 행동 통제력이 양호하고 일상생활에서의 적응력도 비교적 양호한 것으로 보임. 그러나 다소 소심하고 수동적인 성격으로, 자기표현을 억제하는 경향을 보이겠음. 또한 타인의 평가에 다소 예민하며, 스트레스 상황에서 미숙하고 성급한 대처 방식을 보일 수 있어 좌절감이 누적되고 있는 것으로 보임. 기본적으로 친밀한 대인관계를 형성할 수 있으며 또래 관계도 비교적 원만하지만, 갈등 상황에 직면하면 수동적인 경향을 보이고 위축될 수 있겠음.

아동이 다소 낮은 지능으로 인해 학습의 어려움을 보이며 좌절감과 무력감을 경험하고 있으므로, 학습기술 훈련과 바람직한 학습 습관 형성을 통해 지적 잠재력을 최대한 발휘하도록 돕는 개입이 필요하겠음. 또한 공부 스트레스와 시험 불안을 감소시키는 개입도 필요함.

4) 요 약

① BGT: 경계선 수준의 수행을 보임.
② **인지 기능**: 보통 하 수준(FSIQ =87, VIQ =90, PIQ =87).
③ **사고 및 문제 해결**: 사고 내용이 단순하고 제한되어 있으며 체계적인 문제 해결을 하지 못함.
④ **정서 및 성격**: 좌절감과 무력감이 내재되어 있고, 학업과 시험 스트레스가 심함.

자신감이 부족하고 위축되어 있음.

4. 사례개념화 및 심리치료 계획

1) 문제 목록

① 학습: 전반적인 학습 부진을 보이며, 체계적이지 못한 문제 해결 방식을 갖고 있다.
② 정서: 학업에서 오는 좌절감과 의욕 저하를 보이는 등 공부 스트레스가 현저하고, 시험 불안 증상을 보이며 자신감이 저하되어 있다.
③ 사회: 안정적인 대인관계가 가능하지만 현재 타인의 평가에 다소 예민하고 수동적이고 위축된 양상을 보인다.
④ 행동: 특별한 문제 행동은 시사되지 않는다.
⑤ 가족: 비교적 안정되어 있지만 공부 문제와 관련해 부모가 순영에게 과도한 기대를 갖고 부담감을 줄 수 있으며, 여동생과 다소 경쟁적인 관계에 있다.

2) 진 단

아동 면담과 母와의 면담 자료 및 심리검사 결과 등을 종합하여 학습 부진과 시험 불안으로 진단하였다.

3) 문제의 원인 및 유지 요인과 사례 역동

순영은 주의집중력이나 어휘력 등은 양호하지만 다소 낮은 지능으로 인해 학습에 어려움이 초래된 것으로 보인다. 학습 동기는 비교적 높은 편이며 노력을 하고 있지만, 학년이 올라갈수록 학습의 난이도가 높아지면서 대부분의 과목에서 성적 부진을 보이고 있다. 학업에서의 지속적인 실패로 인한 좌절감으로 현재 자신감이 저하되어 있고 시험 불안도 보이는 것으로 판단된다. 또한 새롭거나 복잡한 과제를 수행할 때와 평가받는 상황에서 쉽게 긴장하고 불안해져서 체계적인 문제 해결을 하지 못하는 것으로 보인다.

가정 분위기는 안정적이고 가족 간의 관계도 친밀해 순영이 특별한 정서적, 행동적 문제는 보이지 않고 있다. 그러나 순영의 공부 문제와 관련해 부모의 기대 수준에 부합하지 못함으로써 부정적 평가를 받는 등 다소 갈등이 있으며, 똑똑한 동생과의 관계에서 경쟁의식을 갖고 있는 것으로 보인다. 따라서 현재는 가족 관계에서도 쉽게 과민한 양상을 보이는 것으로 판단된다.

4) 심리치료 목표

순영이 지적 잠재력을 최대한 발휘할 수 있도록 하는 것이 주된 치료 목표이다. 이를 위해 기억이나 학습기술 향상 훈련을 통해 효과적으로 학습하는 방법을 습득하게 하는 것도 도움이 될 것으로 판단되었다. 현재 공부에서 무력감을 많이 경험하고 있으므로, 흥미 있어 하는 영역을 개발하고 장점을 살려 자신감을 향상시키는 것이 필요하다. 또한 시험 불안을 감소시켜 평가 상황에서 능력을 최대한 발휘하는 것 또한 필요하다. 이에 더해 부모가 아동의 능력에 부합하도록 기대 수준을 조정하고 정서적인 지지와 격려를 제공함으로써, 순영의 지나친 학습 스트레스를 줄이고 지속적인 노력을 할 수 있도록 도와줄 필요가 있다. 각 영역별로 구체적인 치료 목표는 다음과 같다.

① **학습**: 학습기술(기억술, 독해력, 시험 치기 방략 등) 향상, 관심영역 찾기와 적합한 진로 모색하기.
② **정서**: 학업 스트레스와 좌절감 극복하기, 자신감과 의욕 향상시키기.
③ **행동**: 효과적인 공부 습관들이기.
④ **사회**: 대인 긴장감을 감소시키고 자신감 있는 대인관계 맺기.
⑤ **가족**: 학습 부진에 대한 부모교육, 기대 수준 조정, 지지적인 환경을 제공하고 아동의 장점을 살리고 자존감을 향상시켜줄 수 있는 양육방법에 대해 교육하기.

5) 치료 방법

순영이 학습과 관련된 문제 이외에는 특별한 정서나 행동 문제를 보이고 있지 않으므로, 학습 능력 향상에 초점을 둔 단기간의 개입을 계획하였다. 즉, 학습기술 향상을 위한 구조화된 개입과 부모교육을 병행하는 것이 필요할 것으로 판단되었다. 아래에 구체적인 치료 방법에 대해 요약하였다.

① **학습기술 향상 치료(주 1회):** 학습에 대한 관심과 학습 동기를 향상시키기 위해 관심 영역과 진로를 탐색하기, 강점을 부각시켜 유능감을 향상시키기, 효율적인 학습 방법을 교육하고 바람직한 학습 습관을 들이기 위해 학습기술 교육하기, 학업 스트레스를 감소시키고 시험 불안을 줄이기 위한 인지치료
② **부모교육:** 부모의 기대 수준을 아동의 능력에 적합하게 조정하고 효율적으로 지원하는 방법 교육하기, 결과보다는 노력하는 과정에 대한 격려를 통해 학습 동기와 의욕을 향상시키기, 아동의 장점을 강화하기와 인정해 주는 방법에 대한 교육 등

5. 심리치료 과정

순영의 학습 동기와 자신감을 높이고 학습기술을 향상시키기 위해 총 10회기의 단기 구조화된 프로그램을 실시하였다. 1~2회기는 흥미와 진로를 탐색하여 학습 동기를 향상시키고 자신의 평소 학습 습관을 평가하는 데 초점을 두었다. 3~9회기는 구체적인 학습기술과 방략들을 교육하였다. 10회기는 평가 회기로 그동안 배운 내용을 정리하는 데 초점을 두었다. 각 회기는 60분으로 구성하였다. 학습기술 향상치료의 기본 구성은 아래 표에 제시하였다.

〈순영의 학습기술 향상치료 개요〉

영역	회기	주제	내용
진로탐색과 학습 습관 평가	1	학습동기 형성	· 흥미검사 · 진로 탐색
	2	학습 습관과 환경 평가	· 학습 습관 평가 · 학습 환경 평가
학습기술 및 방략 교육	3	시간 관리	· 시간 사용 실태 평가 · 효과적인 시간표 짜는 방법 교육
	4	수업 참여기술	· 수업 태도 점검 · 수업 중 효율적인 듣기 방법 교육
	5	읽기 기술	· 효과적인 읽기 방법 교육 · 읽기 방략 적용하기 연습
	6	노트 필기 기술	· 노트 필기의 중요성 알기 · 효과적인 노트 필기법 교육
	7	집중력 향상법	· 집중력 향상법 교육과 적용
	8	기억술	· 다양한 기억력 향상 방법 교육
	9	시험 치기	· 시험 준비하는 방법 교육 · 시험 보는 요령 교육 · 시험불안 감소 방법
평가	10	치료 평가 및 종결	· 치료 내용에 대한 평가 및 정리 · 학습에 대한 자신감 향상시키기

■ 1회기

✽ 학습기술 향상치료의 개요를 설명하고, 순영의 흥미와 적성 분야를 탐색하기 위해 대화와 흥미검사를 활용하였다.

• 좋아하는 과목: 음악, 국어

• 힘든 과목: 과학, 기술./ 공부해도 성적이 나쁘다. 국사, 사회는 책 여러 번 읽고 외웠는데도 어느 시대인지 잊어버려서 틀린다. 〔순영의 어려움에 공감하고, 외우기 방략을 배움으로써 기억력을 향상시킬 수 있음을 설명하여 치료 동기를 유발함.〕

• 관심사: 잘 모르겠다./ 친구들과 얘기하는 것./ 가수 얘기, 책 얘기, 강아지 얘기.

• 장래 희망: 선생님./ 구체적 전공: 아직 모르겠다. 〔진로에 대해 구체적인 계획이

없고 막연한 기대를 갖고 있는 것으로 보여 흥미검사를 해 보도록 권유함.)

- (노동부 인터넷 사이트에서 흥미검사를 한 결과, 높은 점수를 받지는 못했지만 문학, 농림 분야, 사무회계 분야 등이 다소 흥미가 있는 것으로 나옴.)

- 흥미검사 결과에 대한 소감: 좀 맞는 것 같다. 책 읽는 거 좋아하고 국어는 좀 잘하는 편이다./ 국어 선생님이나 글짓기 선생님이 괜찮을 것 같다./ 그 직업이 마음에 든다. 〔순영이 좋아하는 과목에 국어가 포함되고, 지능검사 결과에서도 어휘력이 양호한 것으로 나왔으며, 흥미검사에서도 문학과 관련된 분야에 흥미가 있는 것으로 나와, 진로의 방향을 어느 정도 결정할 수 있을 것으로 판단됨.〕

순영이 초반에는 다소 긴장하고, 소극적이며 수동적인 태도로 치료자가 이끄는 대로 따라갔다. 그러나 후반으로 가면서 흥미검사 결과에 대해 궁금한 것을 치료자에게 질문하기도 하는 등 다소 적극적인 태도를 보였다. 치료자는 흥미검사와 대화를 통해 순영이 잠정적으로라도 진로를 구체화하도록 유도하였다.

〈순영의 흥미검사 결과표〉

일반 흥미유형	기초 흥미분야	표준 점수	표준점수 프로파일								흥미 수준
			20	30	40	50	60	70	80	90	
R(36)	농림	47									중하
	기계 · 기술	32									최하
	사회안전	31									하
I(31)	과학 · 연구	32									최하
A(39)	음악	38									최하
	미술	34									중하
	문학	55									중하

S(31)	교육	29			최하
	사회서비스	38			최하
E(29)	관리 · 경영	30			최하
	언론	37			하
	판매	36			최하
C(48)	사무 · 회계	46			중상

- 같은 영역에서 일반흥미유형 점수와 기초흥미점수를 비교하여 흥미점수가 비슷한 수준을 나타내는지 살펴보시기 바랍니다.
- 많은 분야에서 모두 높은 흥미점수를 보이거나 또는 반대로 많은 분야에서 모두 낮은 흥미를 보이는 경우에는 개인이 특정분야에 흥미를 가지고 있다고 볼 수 없습니다.
- 또한 개인의 흥미분야에 대한 폭넓은 이해를 위해 「기초흥미분야 대표직업 및 학과목록」을 참고하여 여러분들의 진로 및 직업설계에 도움을 받으실 수 있습니다.

〈母 면담〉

• 순영의 문제에 대해 보고하였다.

순영이 어릴 때부터 착하고 순종적이라 부모가 하자는 대로 하였다. 자기가 스스로 결정한 적이 거의 없고 모든 것을 母에게 해 달라고 한다. 숙제하거나 시험 볼 때도 母에게 봐 달라고 한다. 학습에 자신감이 없고, 자기 의견과 주관이 너무 없어서 걱정이다.

여기 온 게 도움이 될 것 같다. 순영이 상태를 정확히 파악해서 아이에게 가장 적합한 방식으로 도와줄 수 있는데 도움이 될 것 같다.

요약 및 설명

순영이 母에게 지나치게 의존하려는 경향을 보여, 의사 결정을 자율적으로 할 기회를 주는 것이 필요함을 설명하였다. 결정을 내리는데 있어서 실수할까봐 걱정이 많아 母에게 계속 의존하려 하므로, 실수할 수 있음을 인정하고 불확실성을 수용하도록 도와줄 것을 조언하였다. 특히 새롭게 배우게 될 학습기술들을 바탕으로 자율적인 학습 습관을 형성할 수 있도록, 공부에 대한 母의 관여를 줄이되 정서적 지지를 많이 제공할 것을 조언하였다.

■ 2회기

＊ 순영의 평소 공부하는 습관에 대해 이야기하고 문제점을 분석하였다.

• 공부 방법: 계속 책 읽고 문제 풀고 틀린 거 체크한다.

• 〔학습 습관 분석표를 작성하여 순영의 평소 학습 습관에 어떤 문제가 있는지를 검토하게 함.〕 (전반적으로 50점 이하로 평가하였고, 특히 외우기, 노트 정리, 시험 준비에서 매우 낮게 평가하였음.)

〈학습습관 분석표〉

	공부 의욕과 노력	계획 지키기	주의 집중	수업 시간에 집중	읽고 이해하기	외우기	노트정리	시험준비
90								
80								
70								
60								
50	●	●		●	●			
40			●				●	●
30						●		
20								

• 각 항목에서의 구체적 문제: 책을 여러 번 읽어도 잘 외워지지 않는다./ 수업시간에 열심히 듣지만 집에 와서 정리하려면 생각이 안 난다./ 공책 정리를 하기는 하지만 다시 보지는 않는다./ 시험이 다가오면 걱정만 하고 어떻게 준비해야 할지 모르겠다. 시험 때가 되면 배가 아프고 계속 졸려서 공부하기가 힘들다. 시험 때 공부를 열심히 해도 성적이 잘 안 오른다.

• 〔학습기술을 향상시키는 방법이 있음을 알려줌. 즉 암기를 좀 더 효율적으로 하고, 시험에 대비해 노트 정리를 잘하는 방법이 있음을 알려줌. 순영이 시험 때 보이는 증상들은 시험 불안 증상이며, 시험 불안을 완화시키고 효과적으로 시험

준비를 하는 방법이 있다는 것을 알려줌.]

(순영이 관심을 보임.) 배우고 싶다. [다음 회기에 시간 관리법을 배우기로 하고, 평소 하루 시간을 어떻게 사용하는지 작성해 오는 과제를 줌.]

요약 및 설명

　편안한 태도로 치료자의 지시를 잘 따르고, 질문에 대답을 잘하였다. 자신의 학습 습관을 분석해 보고는 문제가 많음을 인정하고, 학습기술에 대해 관심을 보이며 배우고 싶어 하였다.

■ 3회기

＊ 시간 관리 방법에 대해 교육하였다.

• 지난주 과제: 해 왔다. (평소 하루 시간을 어떻게 사용하는지 간단하게 작성해 옴. 하루의 대부분을 학교생활과 혼자 공부하는 시간으로 사용함.)

• 평소 시간 관리: 그냥 계획 없이 이것저것 공부한다. 쉬는 시간은 별로 없다.

• 시간 계획표: 작성 안 한다. 작성해도 안 지킨다./ 딴 거 하느라고./ 만화책도 보고.

• [주간 계획표와 일일 계획표를 사용하는 시간 관리의 중요성을 설명함. 계획표를 작성하는 요령과 스스로 평가하는 방법, 시간 관리 지침(시간 계획표 작성 지침, 실천하기 지침)을 제공하고 설명해 줌. 다음 회기까지 주간 시간표를 작성해서 평가해 오도록 과제를 줌. 다음 회기에 계획표 지키기에 대해 어려운 점 등을 상의하고, 수업 시간에 수업에 적극적으로 참여하는 방법에 대해 배우기로 함.]

요약 및 설명

　순영이 시간 계획표 작성 방법을 열심히 배우려 하고, 잘 모르는 것에 대해 질문하는 등 적극성을 보였다.

〈주간 계획표 작성법〉

- 반드시 해야 하는 시간을 먼저 채우고 나서 나머지 빈 시간을 채우세요.
- 빈칸을 모두 다 채우지 말고 80%만 정도만 채워서 여유를 두세요.
- 공부 시간 외에 노는 시간, TV 보는 시간 등도 넣으세요.
- 매일 저녁에 하루를 반성하면서 실행한 것을 체크하세요.
- 잘 지킨 것은 ○ 보통은 △ 못 지킨 것은 ×로 표시하세요.

시간 \ 요일	월	화	수	목	금	토	일
6~7							
7~8							
8~9							
9~10							
10~11							
11~12							
12~오후 1							
1~2							
2~3							
3~4							
4~5							
5~6							
6~7							
7~8							
8~9							
9~10							
10~11							
11~12							
반성 • 한 주 동안 잘 지킨 점과 못 지킨 점을 적어보고 개선할 점을 적어봅시다.							

시간 계획표 작성 지침

1. 미래의 큰 목표를 달성하기 위해 오늘 하루를 성실하게 보낸다.

2. 시간 계획은 1년, 1달, 1주일, 하루 단위로 작성한다.

3. 큰 목표는 작은 목표들로 나눠서 계획을 세운다.

4. 계획표를 작성할 때 중요한 것부터 먼저 작성한다.

5. 매일 규칙적으로 시간을 사용한다.

6. 지키기 어렵지 않게 계획을 짠다.

7. 구체적으로 계획 짜기(예, 월요일 5시~6시, 영어 학습지 15쪽~20쪽)

8. 만약 계획 지키기에 실패한다면, 문제점을 보완해 다시 도전한다.

9.

10.

11.

- 9~11번은 스스로 필요하다고 생각하는 것을 적으세요.

시간 계획표 실천 지침

1. 가족에게 자신의 계획을 알리고, 공부시간에 조용히 해 줄 것을 요청한다.

2. 계획한 시간이 되면 미루지 말고, 심호흡하고 바로 시작한다.

3. 시간을 지키기 위해 자명종이나 타이머를 사용한다.

4. 한 번에 한 가지 일만 집중해서 한다.

5. 한 가지 계획을 실천할 때마다 잠시 휴식하고 스스로 칭찬한다.

6. 시간 계획표를 매일 체크하고 잘 지켰을 때 스스로에게 보상을 준다.

7. 공부할 땐 열심히 공부하고, 놀거나 쉴 때는 확실히 놀고 쉰다.

8.

9.

10.

- 8~10번은 스스로 필요하다고 생각하는 것을 적으세요.

■ 4회기

＊ 시간 계획표 작성과 실천에 대해 검토하고, 바람직한 수업 태도에 대해 교육하였다.

- 계획표 짜기와 실천: 계획표를 짜기는 했지만 잘 안 지켜졌다./ 다른 거 하다보면 시간이 지나쳤다./ 다른 책 보거나 인터넷 하다 보면 시간 가는 줄 몰라서./ 70% 정도 지킨 것 같다. 〔계획표 짜기를 시도하고 상당 부분 실천한 것에 대해 칭찬하고, 다음에는 좀 더 여유 있고 지키기 쉽게 계획표를 짜고, 타이머를 사용할 것을 조언함.〕
- 계획표에 더 넣으면 좋을 것: 책 읽는 것과 운동하기.
- 〔수업 태도에 대해 문제점을 평가하고 개선책을 제안함.〕

  순영이의 수업 태도: 그냥 선생님 말씀을 잘 듣는다./ 나중에 기억 안 나는 것이 많다. 〔수업 태도에 대한 질문지를 작성하면서 자신의 수업 태도를 검토하게 함. 순영의 경우 수업에 매우 수동적인 태도로 참여함을 알 수 있었음.〕

〈나의 수업 태도〉

수업태도	예, 아니오
나는 수업 전에 그 시간에 공부할 내용을 대략이라도 훑어본다.	아니오
수업 전에 그 시간에 공부할 내용에 대해 궁금한 것이 있다.	아니오
선생님의 질문에 손을 들어 대답하려고 노력한다.	아니오
수업 중에 잘 모르는 것이 있을 때는 선생님께 질문한다.	아니오
수업시간에 선생님께서 말씀하시는 것을 집중해서 듣는다.	예
선생님의 말씀 중에 중요한 부분은 책이나 공책에 표시한다.	아니오
수업이 끝나면 배운 것을 훑어본다.	아니오
수업이 끝나고 나서 모르는 부분은 체크해 두고, 알고 넘어간다.	아니오

〔순영이 수업에 수동적으로 참여하는 것의 문제점을 인식하게 하고, 적극적인 수업 태도의 필요성을 설명함. 수업 시간을 잘 활용하면, 부가적으로 공부해야 하는 시간이 줄어들 수 있음을 설명하고 바람직한 수업 태도에 대해 알려줌. 수업 시작 전 1~2분과 수업이 끝나고 1~2분을 활용하는 것이 수업 내용을 잘 이해하고 오래 기억하게

하는 방법임을 설명함.)

(순영이 열심히 배우려 함.) 내일부터 실천해 보겠다.

바람직한 수업 태도

1. 수업에 들어가기 1~2분 전에 그 시간에 배울 내용을 대략 훑어본다.

2. 수업에 들어가기 전에 배울 내용에 대해 궁금한 점을 생각해 둔다.

3. 선생님의 말씀을 집중해서 듣는다.

4. 수업 내용 중 중요한 것은 노트에 적는다.

5. 선생님의 질문에 적극적으로 대답한다.

6. 잘 모르는 것은 손을 들고 질문한다.

7. 수업이 끝난 직후에 노트를 다시 한번 훑어보고 빠진 부분을 보충한다.

8. 이해가 안 되는 부분은 색연필로 표시해 두었다가 선생님께 질문을 하거나 참고 서를 찾아본다.

요약 및 설명

순영이 시간 계획표 짜기 과제를 해 와서 어려웠던 점에 대해 이야기하고 개선 방안에 대해 상의하였다. 또한 자신의 수업 태도가 수동적이고 비효율적임을 인정하고, 효과적인 수업 태도에 대해 열심히 배우려 하였다.

⟨母 면담⟩

• 순영의 최근 변화에 대해 보고하였다.

순영이 이곳에서 배운 대로 계획표도 짜고 스스로 공부하려고 노력한다. 부모도 공부하라는 잔소리를 안 하려고 노력하고 있다.

요약 및 설명 ●●●

순영이 자율적으로 공부하는 습관을 들일 수 있도록 공부 문제를 부모가 주도하지 않도록 조언하였다. 또한 시험 성적보다는 노력하는 과정에 대해 인정하고 격려함으로써 학습 동기와 의욕을 향상시킬 것을 조언하였다.

■ 5회기

＊ 시간 계획표 작성과 수업 태도 실천에 대해 검토하고, 효과적인 읽기 방법에 대해 교육하였다.

- 계획표: 지난번보다 좀 더 잘 지켰다. ○ 70%, △ 20%, × 10%. 〔주간 계획표를 비교적 잘 짜고 80% 이상 지켰음.〕
- 잘 안 지켜진 부분: 저녁 늦게 혼자 하는 문제집과 운동하기./ 밤 늦게 하려니까 힘들고, 운동은 줄넘기와 달리기를 계획서에 넣었는데 귀찮고 재미가 없어서 안 했다./ 문제집의 분량을 줄여야겠다. 운동하기는 내가 좋아하는 자전거 타기로 바꾸어 보겠다. 〔순영이 실천하기 위한 대안들을 스스로 생각해 내는 등 문제 해결 능력이 향상되어 가는 것으로 보임. 일주일 동안 계획표의 90% 이상 지켰을 때 주말에 스스로에게 보상을 주는 것을 도입해 자율적인 시간 관리를 습관화하도록 조언함.〕
- 원하는 보상: 주말에 영화 보기, TV 보기, 친구 만나기.
- 수업 태도: 여기서 배운 대로 조금 해 봤는데, 좀 귀찮았다.
- 잘 되는 것: 수업 전에 미리 훑어보기, 선생님 말씀 중 중요한 것 표시하기.
- 잘 안 되는 것: 선생님의 질문에 대답하기, 모르는 것 질문하기, 수업이 끝난 후 훑어보기. 〔우선 잘 되는 것부터 습관화하고, 잘 안 되는 것들을 점진적으로 하나씩 시도하도록 조언함.〕
- 〔읽기에서의 비효율성을 평가하게 함.〕 읽고 이해하고 기억하는 데서의 어려움: 사회, 지리는 재미없고, 국사는 그림은 없고 글만 있어서 읽기 싫고. 〔책 읽기 점검표를 작성하게 함으로써 순영의 읽기에서의 문제점을 파악함. 순영의 경우 효과적인 책 읽기 방략을 거의 사용하지 않고 기계적으로 읽는다는 것을 알 수 있

었음.)

〈책 읽기 점검표〉

번호	내용	그렇다	아니다
1	책을 본격적으로 읽기 전에 소제목이나 표, 그림, 연습문제 등을 먼저 훑어본다.		V
2	소제목을 의문문이나 질문 형식으로 바꾸어 본다.		V
3	중요하다고 생각되는 내용에 강조하는 표시(밑줄 긋기나 색칠하기)를 하며 읽는다.		V
4	주제별로 읽은 내용에 대해 잠시 생각한 후에 다음 주제를 읽는다.		V
5	책을 읽을 때는 그 내용과 관련된 적절한 예를 떠올리면서 읽는다.	V	
6	여러 주제들 간의 관계성을 파악하려 노력한다.		V
7	읽은 내용을 '내가 이해한 것'으로 요약해 보려고 노력한다.		V
8	책을 다 읽고 나서 주된 내용이 무엇인지를 정리해 본다.		V

- 〔효과적인 읽기 방법(SQ3R)을 교육함. 즉, 5단계로 책을 읽는 방법에 대해 알려줌.〕

〈SQ3R 기법〉

단계	구체적 내용	평가
훑어보기	1. 제목 읽기 2. 소제목들 읽기 3. 학습목표와 연습문제 살펴보기 4. 그림, 사진, 도표 살펴보기	
질문하기	1. 제목과 소제목을 읽고 궁금한 것 생각하기 2. 각 소제목별로 질문 만들기	
읽기	1. 궁금증과 질문에 대한 답을 찾으면서 읽기 2. 소제목의 내용들을 읽고 주제를 정확하게 이해하기 3. 글의 내용과 관련된 예를 생각하면서 이해하기 4. 중요한 부분에 밑줄이나 색깔로 표시하기 5. 이해가 안 되는 부분을 표시했다가 선생님께 질문하기	

외우기	1. 책을 덮고 질문에 대한 답을 생각하면서 외우기 2. 밑줄 그은 부분 등 중요한 부분을 중심으로 외우기 3. 이미 알고 있는 내용과 연결해서 외우기 4. 서로 연관되는 내용들을 묶어서 외우기 5. 도표나 그림으로 정리하면서 외우기 6. 안 외워지는 부분은 카드에 적어서 반복해서 외우기	
정리하기	1. 소제목별로 주요 내용을 간단하게 요약하기 2. 시험에 나올만한 문제를 만들고 답해 보기	

- 〔SQ3R 방략을 적용하는 연습을 위해 순영의 국사 교과서를 가지고 실습하게 함. 즉, 백제, 고구려, 신라의 문화를 SQ3R 단계에 따라 읽고 외워 보게 함. 암기 과목들은 이 방법을 사용해서 공부하도록 조언함.〕
- (순영이 열심히 연습함.) 좀 어렵다. 〔치료자가 세부적인 부분을 도와줌. 다음 회기에 노트 필기법에 대해 배울 예정임을 알려주고, 순영의 노트를 가져올 것을 요청함.〕

요약 및 설명

순영이 시간 계획표 짜기 과제를 잘 해 왔으며, 자율적으로 작성하고 실천하려 노력하였다. 효과적인 읽기 방략에 대해 열심히 배우려 하고 정성껏 실습하였다. 치료자는 순영의 적극적인 태도를 칭찬하고, 새롭게 배운 학습기술들을 지속적으로 실천해 습관화할 것을 조언하였다.

■ 6회기

* 효과적인 읽기 방략과 노트 필기법을 연결시켜 교육하였다.
- 읽기 방략 연습: 조금 해 봤다./ 좀 복잡하지만 도움이 된다.
- 노트 필기 습관: 선생님이 공책 필기 하라고 하는 과목만 하고 다른 과목은 안 한다.
- 노트 활용: 별로 안 한다. 시험 때도 노트를 안 본다. (순영이 가져온 국사 노트는 빈틈없이 빽빽하게 써 있음.)

- 〔외우기와 시험 대비를 위해 노트 필기의 중요성을 설명하고, SQ3R 방법을 적용해 책을 읽고 노트를 정리하는 방법에 대해 교육함.〕

노트 정리의 필요성

1. 노트 필기를 하면서 선생님의 말씀을 들으면 수업의 집중도가 높아진다.
2. 노트를 보면 그날 배운 내용의 전체적인 흐름을 한 눈에 알 수 있어 쉽게 복습이 된다.
3. 중요한 내용 위주로 작성해 두면, 필요할 때 수시로 볼 수 있다.
4. 시험 준비에 필요한 시간을 단축시킬 수 있다.

효과적인 노트 필기 방법

1. 공책에 세 개의 세로 선을 그어 구획을 나눈다.
2. 제목을 눈에 띄게 적는다. 큰제목, 소제목을 적는다.
3. 수업을 듣거나 책을 읽으면서 중요한 요점을 파악해서 적는다.
4. 선생님이 칠판에 적거나 중요하다고 하는 내용은 노트에 반드시 적는다.
5. 여백을 많이 남겨두어 보충할 내용이나 빠진 것들을 채워 넣을 수 있도록 한다.
6. 중요한 단어에 색깔이나 기호로 눈에 띄게 표시한다.
7. 다른 주제로 넘어갈 때는 몇 칸의 여백을 둔다.

- 〔국사책을 읽으면서 효과적인 노트 필기 방법을 연습하게 함.〕
- 기존의 노트 정리 방식과의 차이점: 전에는 학교에서 배운 것이 집에 오면 기억에 없었는데, 이렇게 하면 보기 편하고 색연필로 밑줄을 긋는 것이 더 기억하기 쉬울 것 같다. 모든 공책을 이렇게 만들어 보겠다.

요약 및 설명

순영이 효과적인 책 읽기와 노트 필기 방법을 연결함으로써, 공부한 내용을 더 잘 기억하게 하는 방법에 대해 열심히 배우고 실천하기로 약속하였다.

■ 7회기

＊ 주의집중력을 향상시키기 위한 방법들을 교육하였다.

• 집중하기 위한 노력: 그냥 책상 앞에서 공부한다. 〔순영이 기본적으로 주의집중력이 양호하지만 집중을 더 잘하기 위한 방법들이 있음을 알려줌. 집중을 잘하기 위해 기본적으로 해야 할 일들, 즉 충분한 수면, 건강관리, 공부방 꾸미는 방법, 긴장이완법 등에 대해 알려주고, 공부할 때 집중력을 높이는 방법을 설명해 줌.〕

집중력을 향상시키기 위한 기본적인 준비

1. 밤에 잠을 충분히 잔다.
2. 평소에 운동 등 건강관리에 신경 쓴다.
3. 공부방을 산만하지 않게 만든다.
   • 공부방의 책상에는 당장 공부할 책과 필기도구만 둘 것.
   • 책상 앞에는 아무 것도 붙이거나 올려놓지 말 것.
   • 공부방의 벽지는 차분한 단색으로 할 것.
   • 책상 위에 스탠드를 놓고 공부할 때 사용할 것.
   • 책상 옆이나 뒤에 메모판을 만들어서 시간계획표를 붙여놓을 것.
   • 교과서, 참고서 등을 수납할 수 있는 수납공간을 만들어서 체계적으로 정리할 것.
4. 긴장이완법을 수시로 사용한다.
   • 편한 자세로 앉아 눈을 감는다.
   • 자연스럽고 편안하게 천천히 복식 호흡한다.
   • 머리끝부터 발끝까지 모든 근육을 긴장시켰다가 이완시킨다.

- 몇 분 정도 이 과정을 반복한다.

공부할 때 집중력을 높이는 방법

1. 자신이 집중이 잘되는 시간대를 파악해, 그때 중요하고 어려운 과목을 공부한다.
2. 지속적으로 집중이 가능한 시간을 파악해, 자주 잠깐씩의 휴식을 취한다.
3. 어려운 것과 쉬운 것을 번갈아 공부한다.
4. 공부를 하는 장소와 노는 장소를 구분한다. 공부는 책상에서, TV는 소파에서.
5. 공부를 하다가 다른 생각이 나면 잠시 일어서서 공상을 떨쳐버리고 책상에 앉는다.
6. 음악을 들으면 주의가 분산되므로 가능하다면 조용한 상태에서 공부한다.
   꼭 음악을 들으려면 조용한 클래식이나 연주곡을 듣고, 차츰 음악을 듣지 않고 공부하는 습관을 들인다.

- 실천할 사항들: 잠을 적게 자는데 충분히 자야겠다. 운동을 꾸준히 해야겠다. 책상 정리를 해야겠다. 책상에서 딴 생각을 많이 하는데, 그럴 때는 잠깐 일어나야겠다. 음악을 들으면서 공부하는 습관을 고쳐야겠다.

요약 및 설명

순영의 주의 집중력이 양호한 편이지만, 몇 가지 습관을 수정하는 것이 필요함을 인식하고 실천해 보기로 하였다.

■ 8회기

* 집중력 향상을 위한 실천 사항에 대해 점검하고, 기억력 향상법을 교육하였다.
- 집중하기 위한 노력: 음악을 끄고 공부했다. 그리고 책상 앞에 물건들을 다 치웠더니 깔끔하고 좋다.

- 평소 기억 방략 사용: 안 한다. 기억력이 나쁘다. 〔평가지를 통해 순영이 기억력을 높이기 위한 방략들을 평소에 얼마나 사용하는지 체크하게 함. 순영의 경우, 오랜 시간 동안 반복해서 외우는 방략 이외에 적극적인 기억술을 사용하지 않는 것으로 나타남.〕

〈기억력 향상법 사용에 대한 평가 질문지〉

1. 내용을 정확하게 이해하고 나서 외운다.	예
2. 여러 번 반복하여 읽거나 쓰면서 외운다.	예
3. 중요한 단어나 문장에 색연필로 표시를 하고 외운다.	아니오
4. 내용들의 특성에 따라 조직화하고 분류하면서 외운다.	아니오
5. 그림이나 도표를 만들면서 외운다.	아니오
6. 유사한 내용들을 서로 관련지어서 암기한다.	아니오

- 〔무작정 외우는 것보다 기억의 특성에 대해 잘 알고, 기억력을 향상시키는 방법을 적극적으로 활용하는 것이 효과적임을 알려줌.〕

기억의 특성

1. 감각기억

   감각기억은 시각, 청각 등 다양한 감각기관을 통해 들어온 정보들이 순간적으로 짧게 기억되는 것.

2. 단기기억

   감각기억으로 들어오는 수많은 정보들 중 선택적인 주의집중을 통해 20~30초 정도의 짧은 시간 동안 저장되는 기억. 오래 기억하고자 하는 의도적인 노력이 없으면 금방 사라져 버림.

   예) 처음 듣는 전화번호 기억하기

3. 장기기억

   단기기억에 저장된 수많은 정보들 중 오랫동안 보존되는 기억. 새롭게 공부한 내용들은 오래 기억해야 하므로 장기기억을 향상시킬 수 있는 다양한 방략들을 사용할 필요가 있음.

• 〔기억력 향상 방법들을 교육함. 이미 배웠던 SQ3R, 효과적인 노트 필기, 메모지와 카드 사용하기 등을 활용할 것과, 이에 더해 몇 가지 구체적인 기억 향상 방략들을 알려줌.〕

기억력 향상 방략들

1. 첫 글자로 기억하기

   외워야할 목록 단어들의 첫 글자들을 따서 문장이나 구절을 만들어 외우는 방법. 리듬까지 가미해서 외운다면 더 효과적.

   예) 조선시대 역대 임금을 첫 글자를 따서 리듬에 맞춰 외우기(태정태세문단세…)

2. 의미 부여하여 외우기

   의미가 없는 정보들에 의미를 부여해 재미있게 기억하는 방법.

   예) 콜럼버스가 아메리카 대륙을 발견한 연도는 1492년인데, 이 연도를 기억하기 위해 숫자 모양과 소리로 의미를 만듦. → 콜럼버스가 배를 타고 와서 아메리카 대륙에 내려서는 순간 구두가 물에 젖어서 "아! 내 구두!"라고 소리쳤다.

3. 조직화하기

   기억해야 할 정보들을 어떤 속성이나 기준에 따라 범주화시키는 방법. 도서관에서 책들을 가나다 순서대로 분류하는 것과 같은 방식.

   예) 동, 서양의 역사적 사건들을 연대별로 묶어 기억하기

요약 및 설명

순영이 기억 방략들을 평소에 거의 사용하지 않아 공부한 내용을 잘 잊어버리고 시험 공부할 때 몹시 힘들어하므로, 기억력을 향상시킬 수 있는 방법들에 대해 큰 관심을 보이며 열심히 배우려 하였다.

■ 9회기

＊ 기억 향상법의 실천 여부에 대해 점검하고, 효과적인 시험 준비 방법에 대해 교육하였다.

• 기억 향상법 실천: 여러 가지를 해 보고 있다. 의미 부여하여 외우기나 조직화해서 외우기는 역사 공부할 때 연도 외우는 데 도움이 된다. SQ3R과 노트 필기도 좀 하고 있다.

• 〔순영의 평소 시험 준비하는 방법에 대해 검토하고, 효과적인 시험 준비 방법에 대해 교육함.〕

• 평소 시험 준비는 어떻게: 한달 전부터 공부한다./ 그냥 모든 과목을 돌아가면서 공부한다. 〔시험 준비에도 요령과 단계가 있음을 알려주고, 시험 준비하기와 시험칠 때의 요령 등 구체적인 내용들을 교육함.〕

시험 잘 보는 방법

1. 시험 준비
• 시험 범위를 확인하고 시험과 관련된 정보를 수집한다.
• 2주 전부터 시험 공부를 위한 시간계획표를 짠다.
• 계획표에 따라 체계적으로 공부한다.

2. 시험 공부 방법
• 평소에 잘 정리해 둔 노트를 중심으로 공부한다.
• 잘 안 외워지는 것은 메모지나 카드에 써서 수시로 외운다.

- 기출 문제를 구해보고, 예상문제를 객관식과 주관식으로 다양하게 만들어 풀어본다.

3. 시험칠 때 요령

- 미리 자리에 앉아 심호흡을 하고 마음을 가라앉힌다.
- 필기도구, 지우개 등을 미리 준비한다.
- 시험지를 받으면 전체를 훑어보고 시간 안배를 한다.
- 문제의 지시문을 자세히 읽는다.
- 어려운 문제는 체크하고 넘어가고 쉬운 문제부터 푼다.
- 깨끗한 글씨체로 답안을 작성한다.
- 문제를 다 풀고 나면 문제지와 답안지의 번호가 맞는지 확인한다.

4. 시험이 끝난 후에

- 어려웠거나 틀린 문제에 대해 정답을 찾아서 노트의 여백에 적어둔다.

- 〔순영의 시험 불안 증상에 대해 검토하고, 시험 불안의 본질에 대해 설명해 줌.〕
- 시험이 다가오면: 걱정되고 배도 아프고 잠만 온다. 〔시험 불안 증상에 대해 설명함.〕

시험 불안 증상들

- 신체적으로 심장이 빨리 뛰거나 손발이 떨리며 소화불량, 두통, 과민성 대장증상, 불면증 등을 보인다.
- 불안해지면 공부할 때 주의집중력이 저하되어서 시험 준비에 지장을 주고 결국 성적이 떨어진다.
- 시험불안이 계속되면 자신감이 없어지면서 무기력증에 빠질 수 있다.

- 〔시험 불안이 왜 생기는지 인지적 관점에서 설명함. 시험 불안을 일으키는 생각들의 예를 보여주고 순영이 얼마나 해당되는지 검토하게 함. 순영의 경우, 시험 불안을 유발하는 생각들을 대부분 갖고 있는 것으로 나타나, 이런 생각들이 더 불안하게 만들고, 결과적으로 성적을 떨어뜨리게 더 된다는 것을 설명함.〕

시험 불안을 일으키는 생각들

- 시간 내에 문제를 다 못 풀지도 몰라.
- 문제가 어려울 거야.
- 성적이 나쁘게 나올 거야.
- 시험 못 치면 정말 끝장이야.
- 대학도 못 갈 거야.
- 좋은 대학에 못 가면 사람 취급도 못 받을 거야.

- 〔시험 불안을 줄이기 위한 방법으로 자기 지시법을 알려줌.〕

시험 불안을 줄이는 자기 지시법

1. 시험 준비할 때
   - 지금 내가 할 수 있는 만큼 최선을 다하자.
   - 괜찮아, 이 정도면 열심히 했어.
2. 시험 보기 직전에
   - 심호흡을 하고 마음을 편하게 가지자.
   - 내가 공부한 만큼 잘 볼 수 있을 거야.
   - 불안해할 필요 없어, 차분하게 잘 할 수 있어.
3. 시험 보는 도중에

- 쉬운 문제부터 먼저 풀자.
- 허둥댈 필요 없어, 시간 안에 마칠 수 있어.
- 난 지금 최선만 다 하면 돼.

4. 시험보고 난 후
- 긴장하지 않고 잘 했어.
- 다음엔 더 잘할 수 있을 거야.

- 〔순영이 2주 후에 시험이 시작된다고 해서 어떻게 준비할 것인지 상의함.〕

　　시간계획표를 짜서 하루에 2~3과목씩 공부할 것이다.

　　국사와 사회는 엄마와 같이 공부하면 잘 된다. 그동안 노트 필기를 좀 해 뒀고, 기억 방략들을 사용해서 공부해 보겠다.

　　음악 듣는 걸 좋아하는데 음악을 안 듣고 공부해 보겠다.

　　시험 불안을 줄이기 위해 여기서 배운 방법들을 실천해 보겠다. 시험 준비할 때 자기 지시법을 옆에 두고 보면 도움이 될 것 같다.

요약 및 설명 ● ● ●

　　순영이 시험을 앞두고 지금까지 배운 학습기술들을 적극적으로 활용하려는 의욕을 보였다. 치료자는 순영이 학습기술을 최대한 활용하고, 시험 불안을 감소시키기 위한 인지치료 기법들을 적용함으로써 노력한 만큼 최상의 성과를 가져올 수 있을 것이라고 격려하였다.

■ 10회기

＊ 시험 결과에 대해 검토하고, 학습기술 향상치료에 대해 평가하였다.

- (시험 기간이 끝나고 3주 만에 와서 시험에 대해 이야기함.)

- 시험 결과: 그냥 그렇다. 지난번 시험보다 평균이 7점 올랐지만 아직 더 올려야

된다. 다음에는 좀 더 잘할 수 있을 것 같다. 〔순영의 성적이 약간 향상되었고, 공부 방법에 대한 자신감이 향상된 것으로 보임.〕

- 지난번 시험 준비와 달랐던 점: 시간 계획표를 짜서 공부하고, 노트를 미리 해 두었고, 음악을 듣지 않고 공부했다. 〔필요한 학습기술들을 활용할 수 있는 것으로 판단됨.〕
- 〔학습기술 향상치료에 대해 평가하고 학습 습관 분석표를 다시 작성하게 함.〕
- 학습기술 훈련을 통해 배운 점: 노트 정리법, 기억하는 법, 시험 준비하는 방법./ 도움이 된다.
- (학습 습관 분석표를 꼼꼼하게 작성하고 처음에 했던 것과 비교함.) 〔순영이 학습 습관이 다소 향상되었다고 스스로 평가하였음. 특히 읽고 이해하기, 외우기, 노트 정리, 시험 준비 등에서는 상당한 변화가 있었음.〕

〈종결 시 작성한 학습습관 분석표〉

	공부 의욕과 노력	계획 지키기	주의 집중	수업 시간에 집중	읽고 이해하기	외우기	노트정리	시험준비
90								
80								
70				70				
60	60	60				60	60	60
50			50					
40								
30								
20								

요약 및 설명 ● ● ●

순영이 학습에 대해 다소 자신감이 생기고 학습기술들을 적절하게 활용하는 것으로 판단되었다. 치료자는 순영이 배운 학습기술들을 꾸준히 사용함으로써 바람직한 학습 습관을 가지도록 조언하고, 그동안의 노력에 대해 칭찬하고 격려하였다.

〈母 면담〉

• 순영의 긍정적인 변화에 대해 보고하였다.

　　순영이 공부에 대한 자세가 많이 달라졌다. 공부 의욕이 생기고, 이번 시험에서 성적도 올랐다. 스스로 계획을 세워서 시험 준비를 하고 자신감도 좀 생긴 것 같다.

　　자신의 미래에 대해 진지하게 생각하고 직업의식도 뚜렷해졌다.

　　연구소에서 배운 것을 많이 실천하려 노력한다.

　　母도 요즘 잔소리를 줄이고 순영이 스스로 하도록 믿고 내버려 둔다.

　　과외는 수학, 영어를 하는데 모르는 거 물어볼 수 있어서 좋다고 계속 하고 싶다고 한다.

　　피아노는 순영이 취미로 하고 싶어 해서 계속시킨다.

요약 및 설명

　순영이 자율적인 학습 습관을 어느 정도 형성하는 등 긍정적인 변화를 많이 보여 母가 만족스러워하였다. 순영의 노력에 대해 정서적인 지지와 격려를 자주 제공할 것을 母에게 조언하였다.

6. 심리치료 결과 및 평가

　순영은 다소 낮은 지능에 학습기술도 부족해 학습에 전반적인 어려움을 보이는 아동이었다. 이에 더해 학습에서의 지속적인 좌절 경험과 스트레스로 인해 자신감이 저하되고 시험 불안 등을 보여, 노력에 비해 학업 성취도가 매우 낮은 것으로 판단되었다. 가정환경은 양호한 편이며, 아동이 정서적, 행동적인 측면에서는 별 문제를 보이지 않고 있어 학습 능력 향상에 초점을 둔 단기적인 구조화된 개입을 실시하였다. 진로 탐색을 통한 학습 동기 향상과 다양한 학습기술들을 교육하고 실습하도록 한 결과, 미래에 대한 목표와 공부에 대한 의욕이 생기고, 노트 정리법과 기억 방략 사용법, 시간 관리법, 시험 준비 방법 등을 실제 공부하는 데 적용할 수 있게 되었다. 특히, 母에게 의존하던 수동적인 학습 태도를 벗어나 자율적인 학습 태도를 갖게 되고 자신감이 향상된 것이 가장 큰 성과라고 판단된다. 효과적인 공부 방법을 꾸준히 적용할 경우, 순영이 잠재 능력을 최대한 발휘할 수 있을 것으로 기대되었다.

제14장

게임 과몰입 아동의 인지행동치료

게임 과몰입 아동의 인지행동치료

1. 사례: 밤늦게까지 컴퓨터 게임만 하는 창민이

초등학교 6학년인 창민이는 컴퓨터 게임을 하기 시작하면 시간관념이 없어지고 해야 할 일을 모두 잊어버린다. 밤늦게까지 게임을 하며 공부에는 관심이 없고, 정서적으로 안정감이 없고 간헐적으로 음성 틱을 보인다.

2. 초기 면담과 행동관찰

1) 내담 아동과의 첫 면담

통통한 체격에 순진해 보이는 인상의 아동으로, 쑥스러워하면서 면담실로 들어왔다. 다음은 첫 면담 중 주요 부분에 대한 축어록이다.

치료자: 창민이가 어떤 게 힘들어서 여기 왔는지 얘기해 줄래?

창민: 힘든 거 없는데, 저 이런 데 안 와도 되는데요. 그냥 코 킁킁대는 거 때문에. (수선스럽게 빨리 말함.)

치료자: 코 킁킁대는 게 힘들구나. 그것 때문에 어떤 어려움이 있니?

창민: 애들이 가끔 놀리구요.

치료자: 애들이 놀리면 속상하겠네?

창민: 아뇨. 심하게 그러진 않아요. 그냥 친하게 지내니까요.

치료자: 창민이가 친한 친구들이 있어서 코 킁킁대는 걸로 크게 힘들진 않은가 보구나.

창민: (다소 장난스러운 말투로) 제가 이래봬도 친구는 많거든요.

치료자: 친구들과 잘 지내나 보다. 창민이가 친구 사귀는 능력이 좋은가 봐.

창민: 그거 하나는 자신 있어요.

치료자: 그게 아주 대단한 능력이지. 창민이의 큰 장점인 것 같아.

창민: 그런데 공부를 잘해야 말이죠.

치료자: 창민이가 공부 때문에 걱정이 많은 것 같네.

창민: 자꾸 성적이 떨어져서요.

치료자: 성적 때문에 신경이 쓰이겠구나. 성적이 떨어지는 이유가 뭐라고 생각하니?

창민: 공부를 안 하니까요. 하기 싫어서.

치료자: 노력을 안 해서 성적이 안 나오는 거구나.

창민: 계속 놀고만 싶어요. 노는 게 좋아요.

치료자: 노는 걸 좋아하는구나. 뭘 하면서 노는 걸 좋아하니?

창민: 게임이요. 프로 게이머 되면 좋겠어요.

치료자: 프로 게이머가 될 생각을 하는 거 보니까 게임에 소질이 있나 봐.

창민: 아니요. 그렇게 잘하진 못해요. 프로 게이머 되긴 힘들 거예요. 그냥 재미로 하는 거죠.

치료자: 진로가 그쪽은 아니라고 생각하면서도 게임을 하는데 시간을 많이 보내나 봐.

창민: 그게 문제죠. 컴퓨터 앞에 앉으면 시간 가는 줄 몰라요.

치료자: 어머니도 창민이가 게임을 너무 많이 하는 게 큰 문제라고 하셨는데, 창민이도 같은 생각인 것 같네.

창민: (건성으로) 좀 적게 해야죠.

치료자: 게임을 적게 해야 한다는 걸 알고 있지만, 창민이 마음대로 잘 안 지켜지니까 고민이 될 것 같아. 〔창민의 문제를 구체화하려 시도함.〕

창민: 예. 이제 공부도 좀 해야 되는데.

치료자: 창민이가 자기 문제가 뭔지 잘 알고 있고, 고치고 싶어 하는 마음도 있으니까 희망이 보이네. 창민이가 게임을 즐겁게 하면서도 시간 관리도 잘하고 공부도 좀 더 효과적으로 하도록 선생님이 도와줄 수 있어. 〔치료 동기를 유발하려 함.〕

창민: 여기 저 같은 애들이 많이 오나요?

치료자: 각자 힘들어하는 게 조금씩은 다 다르지만, 요즘 게임하는 걸 조절하지 못하고 공부를 힘들어하는 아이들이 많아. 〔과도한 게임 사용이 내담 아동만의 문제가 아님을 알려주어 안심시키려 함.〕

창민: 네.

- 게임 사용과 관련된 정보 수집

컴퓨터 게임 시간: 평일에는 하루에 대략 4~7시간, 주말에는 부모님이 말리지 않으면 하루 종일 함.

주로 게임하는 시간: 학교 갔다 와서 1~2시간, 학원 갔다 와서부터 자기 전까지.

좋아하는 게임: 리니지

컴퓨터 게임 이외의 취미나 여가 활동: 피자 먹기, 만화 보기.

게임으로 인해 생기는 문제점: 학교나 학원에 자주 지각하거나 결석함, 숙제를 못해 가는 적이 많음, 수업 시간에 게임 생각, 부모님께 거짓말, 컴퓨터 앞에만 앉아 있고 운동을 안 해서 비만이 됨.

요약 및 설명

창민은 밝고 순진한 태도로 면담에 적절하게 응하며 귀염성과 붙임성이 있어 보였다. 그러나 말이 빠르고 자주 허둥대는 등 다소 긴장하고 불안정해 보였다. 게임에 대한 통제력이 부족함을 스스로 인정하며 고치고 싶어 하여, 치료자는 창민으로부터 게임 사용과 관련된 정보를 얻고 치료 동기를 유발하는 데 주력하였다.

2) 母와의 첫 면담에서 얻은 정보

(1) 母가 호소하는 주된 문제

① 컴퓨터 게임에 빠져서 지낸다. 새벽 2~3시까지 하고 스스로 조절을 못한다.

② 공부나 숙제 등 해야 할 일을 하지 않는다. 성적이 점점 떨어져 중하위권이다.

③ 시간관념이 없고 시간 약속을 안 지킨다. 학교나 학원에 자주 지각하고 가끔 결석도 한다.

④ 정서적으로 불안정해 보이며 가끔 킁킁거리는 소리를 낸다.

⑤ 방을 정리하지 않고 자기 물건을 못 찾는다. 생활이 무질서하다.

(2) 발달력

임신과 출산은 순조로웠고 별 문제 없었다. 정상 분만하였고 석 달 동안 모유를 수유하였다.

母가 직장에 다녀 친할머니가 주로 양육하였다. 친할머니가 동네 할머니들과 자주 어울려서 창민이 할머니들 사이에서 귀여움을 받으면서 자랐다. 친할머니가 외향적인 성격이라 친척들과 동네 사람들이 자주 찾아와 집안이 늘 산만하였다.

걷기, 말하기, 사회성 등은 아마 정상 발달한 것 같다. 잘 먹고 붙임성 있고 특별한 문제는 없었다.

네 살 때 동생이 태어났는데, 동생을 귀여워했지만 간혹 때리기도 했다.

유치원 가는 걸 좋아했다. 다른 아이들과 잘 놀았지만 산만하고 장난이 심해 가끔 선생님께 야단을 맞았다.

초등학교 입학해서 공부하는 걸 별로 안 좋아했다. 숙제하기를 귀찮아하고 준비물을 자주 잊어버려 지적을 당하곤 했다. 친구 관계는 좋은 편이었다.

부모가 바빠서 공부 습관을 잘 들이지 못해 초등학교 3학년이 되면서부터 학교 공부를 힘들어했다. 학원에 보냈지만 열심히 하지는 않는 것 같았다. 이때부터 코를 킁킁대기 시작했으며, 게임을 하면 숙제하는 것을 잊어버렸다. 야단치면 잘못했다고 쉽게 수긍하지만, 의지력이 부족해서 그런지 고치지 못했다.

초등학교 5학년부터는 게임을 밤늦게까지 잠도 안 자고 하는 날이 많았다. 부모가 야단치면 그만두지만 스스로는 조절을 못한다.

성격이 온순하고 착하고 정이 많고 친구를 잘 사귄다. 그러나 의지력이 부족하고 일상생활이 무질서하다. 공부에 통 관심이 없고 약속 시간을 잘 못 지키고, 자기 물건을 간수하지 못하고 방을 어지른다. 운동은 안 하고 먹는 걸 좋아해서 자꾸 살이 찐다.

(3) 가족력

현재 부모와 창민, 남동생, 네 식구가 같이 살고 있다.

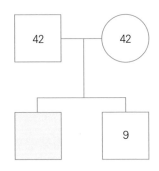

- **父(42세)**: 대졸. 공무원. 성격이 느긋하고 외향적이다. 친구가 많아 자주 술을 마시고 늦게 귀가한다. 자녀 양육은 母에게 맡기려 하고 창민의 문제에 대해 별로 걱정하지 않는다. 공부를 못하는 것에 대해서는 가끔 잔소리를 한다.

- **母(42세)**: 대졸. 회사원. 마음이 약하고 정이 많은 성격으로 다른 사람들을 배려하는 편이다. 그러나 내면으로는 예민하고 다른 사람들의 눈치를 살핀다. 직장에서 할 일을 완벽하게 하려 노력하는 편이라 저녁 때까지 일할 때가 많고 피곤하게 느껴질 때가 많다. 최근에는 창민이 문제로 스트레스를 많이 받고 있으며 자꾸 잔소리를 하게 된다.

- **남동생(9세)**: 초등학교 2학년으로 학교생활에 별 문제는 없지만 숙제나 준비물 챙기기 등은 스스로 잘 못한다. 형이 게임하는 것을 자주 봐서 그런지 게임을 좋아한다. 게임을 서로 하겠다고 창민과 가끔 다툰다. 고집이 센 편이다.

- **친할머니(66세)**: 두 아이들을 키워줄 때 함께 살았는데, 2년 전부터 큰 아들 집에서 거주한다. 집이 가까워서 지금도 저녁에 아이들 밥을 차려주는 등 자주 왕래한다. 아이들을 귀여워하고 해 달라는 대로 해 준다. 성격이 외향적이라 친구가 많고 잘 놀러 다닌다.

- **부부 관계**: 보통이다. 서로 바빠서 뭘 같이 하거나 대화할 시간은 별로 없다. 창민 父는 착하지만 너무 느긋하고 걱정을 안 하는 성격이라 좀 답답하다. 신경 쓰는 것을 싫어하고 창민 母에게 아이들 양육을 떠넘기려 한다. 최근에는 아이들 교육 문제로 가끔 의견 충돌이 있다.

- **부모-자녀 관계**: 부모 모두 아이들이 원하는 대로 해 주려 하고 매사에 허용적인

편이다. 부모가 맞벌이를 해서 아이들을 세심하게 돌봐주지 못해 미안하게 생각한다. 아이들이 학교에서 돌아오면 집에 아무도 없어서 정서적으로 안정이 안 되는 것 같다. 저녁 식사는 할머니가 차려주는 때가 많고, 저녁 시간에 학원을 끊어 놓았지만 제대로 안 다니는 것 같다. 어릴 때는 할머니가 너무 오냐오냐 하면서 키웠고, 공부하는 것이나 생활 습관을 잘 들여 주지 못한 것 같다.

부모가 아이들에게 크게 요구하지 않는 편이고, 창민이 母에게 이야기를 잘 한다. 주로 뭘 사 달라는 얘기를 많이 하고 학교생활이나 공부에 대한 얘기는 잘 안 해서 학교생활에 어느 정도 적응하고 있는지 잘 모른다. 최근에 창민의 게임 문제와 성적 때문에 자주 잔소리를 하게 되면서 부모와 창민 모두 스트레스를 많이 받고 있다.

- 형제 관계: 사이가 나쁘지는 않지만, 창민이가 동생을 좀 귀찮아한다. 게임할 때 옆에 있으면 싫어하고 컴퓨터를 서로 차지하려고 가끔 다툰다.

3. 심리검사

창민의 인지 능력과 정서적인 문제를 비롯해 전반적인 적응 정도 등을 알아보기 위해 종합적인 심리검사를 실시하였다. 또한 부모의 성격 특성이 창민의 문제와 관련되어 있을 가능성이 시사되어 부모 성격검사도 실시하였다. 포함된 검사는 지능검사(K-WISC-Ⅲ), BGT, HTP, KFD, 문장완성검사, 로샤 검사, 부모 MMPI 등이었다.

1) 검사태도

통통하고 귀여운 외모의 아동으로 검사자의 질문에 허둥대며 빠르게 대답하였음. HTP 검사 시 그림을 대충 빨리 그렸고 작게 그렸음. 그림에 대해 검사자가 질문하자 간단하게 대답하였으며 모르겠다는 대답이 많았음. 지능 검사를 할 때 모르는 문제가 나오면 당황하고 허둥대는 모습을 보였고 자주 어렵다고 말하였음. 로샤 검사를 할 때는 자주 당황해하면서 "어렵다."라고 말하였음. 문장완성검사는 집에 가서 해 오기로 하였으나 잊어버리고 못 해 왔다고 하였고, 다음 시간에도 해 오지 않았음. 전반적인 검사태도는 열심히 하려 하고 협조적이었지만 자주 허둥대고 말을 더듬는 등 전반적으로 불안해 보였음.

2) 심리검사 원자료

(1) BGT

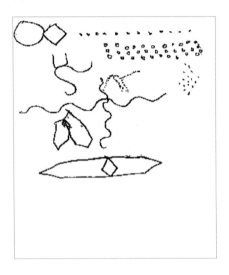

(2) 그림 검사

① 집 그림

- 어떤 집: 사람들이 대부분 이런 집 많이 그려서.
- 누가 사나: 아무도 모른다.
- 분위기: 시끄럽다. 사람들 끼리 이 안에서 맨날 싸운다.
- 미래: 그냥 늘 그럴 것이다.
- 살고 싶은지: 잠깐 살고 싶은 데 오래 살고 싶지는 않다.

② 나무 그림

- 무슨 나무: 사과나무.
- 나이: 마흔다섯 살.
- 상태: 여기 저기 가지 치기 해서 사람들이 따 먹었다./ 자기 몸을 잘랐는데 좋을 리가 있나요?
- 어디: 동네에.
- 주변에 다른 나무: 있다.
- 미래: 글쎄요, 당사자가 아니라서.

③ 남자 그림

- 누구: 만화책 조연, 주연 아니고.
- 나이: 열세 살.
- 지금: 글쎄요, 잘 모르겠는데.
- 기분: 그냥 그렇다.
- 성격: 평범하다. 용기, 정의감 있다.
- 장래 희망: 잘 모르겠다.

④ 여자 그림

- 누구: 잘 모르겠다.
- 나이: 열두 살.
- 지금: 그냥 서 있다.
- 기분: 그냥 그렇다.
- 성격: 무서운 성격, 귀신같이 생겨서, 눈동자도 없고.
- 장래 희망: 모른다.

⑤ 동적 가족화

- 지금: 이사하는 그림, 도배하고.
- 누구: 아빠, 나, 동생
- 분위기: 기분 안 좋은 사람은 없다.
- 가족 관계: 좋다.
  아빠: 좋은 분이다. 나를 잘 이해해 주신다.
  엄마: 좋다. 사 달라는 거 사 주고, 잔소리할 때는 싫다.

동생: 좀 귀찮을 때가 있다. 심부름시킬 때는 좋다.
- 빠진 사람: 엄마./ 집안일 하느라고.

(3) 로샤 검사

카드 번호	반응 시간	반응 번호	연상반응	질문반응
I	25"	①	마왕	① (전체) 어둠의 날개, 팔, 몸 전체./ 어둠의?: 어두우니까, 까매서.
		②	나비	② 흰 데 네 군데.
II	54"	①	서커스하는 애들 선공격으로 해서 치는 것 같다.	① (전체) 얼굴, 몸통, 다리 손뼉치는 것./ 두 명이.
		V②	곰 두 마리가 팔 치는 것 같다.	② 얼굴, 손
III	55"	①	인간 한 명이 갈라진 것. 심장이 있는 것.	① (전체) 그냥 갈라진 것 같다. 가운데 심장 있고./ 심장같이 생겨서.
		V②	쥐 두 마리가, 아니다, 몸통 같다. 리본 있고.	② 하반신, 팔, 뼈./ 그렇게 생겼다.
IV	50"	①	넝마가 된 이상한 갑옷	① 팔 들어가는 구멍, 입체적으로 하면 상반신이 가려진다. 전부 찢어져서, 넝마.
V	1'29"	①	몸 상체만 남은 이상한 괴물. 상반신만 남은 인간	① (전체) 보통 사람은 뿔이 없는데 뿔이 있어 이상하다.
		②	팔이 늑대 입이다.	② 팔이 늑대 입같이 생겼다.
VI	1'09"	①	호랑이 두 마리가 등을 맞대고 있고 다리에 나비 한 마리가 사이에 낀 것.	① (전체) 호랑이 두 마리 사이에 나비 한 마리가 갈라져 있다./ 호랑이?: 머리가 밑에 있고.
VII	1'24"	①	동물 두 마리가 얼굴을 맞대고 있음. 한명 머리 돌리고 있고 또 한 마리도 돌리고 있음.	① (전체) 두 마리가 고개 돌리고 있다.
VIII	1'05"	①	칼라네! 닻이 찢어진 배. 배 위에 무슨 옷이 걸려 있다.	① 닻, 타는 것. 노도 있고. 가운데는 빼고, 한복이고 밑에는 배./ 한복?: 알록달록해서.
IX	47"	①	어떤 외계인이 머리에 투구, 갑옷을 두르고 있다.	① (전체) 얼굴 긴 것, 그래서 외계인,투구, 갑옷.
X	33"	①	여러 가지 동물 두 마리씩, 서로 편 갈라서 싸운다. 너무 어려워서 못하겠다.	① 곤충, 응원하는 세 마리 동물. 싸우려고 하는데 팔이 안 닿고, 뱀도 싸우고 있다./ 싸움?: 팔 뻗치고.

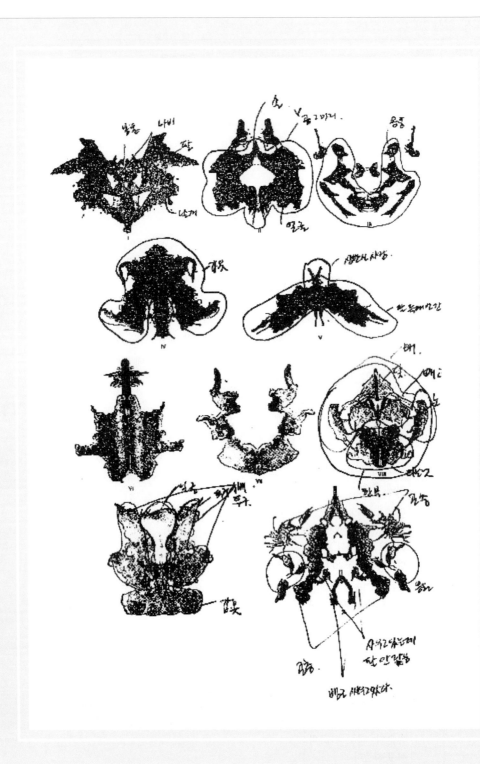

(4) 부모 성격검사

母 MMPI

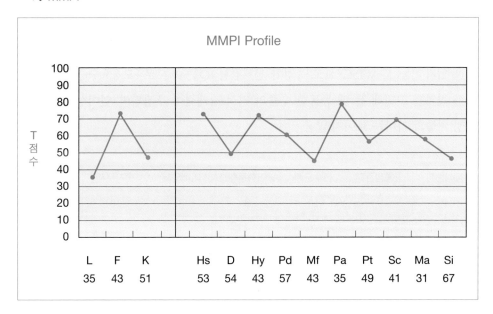

父 MMPI

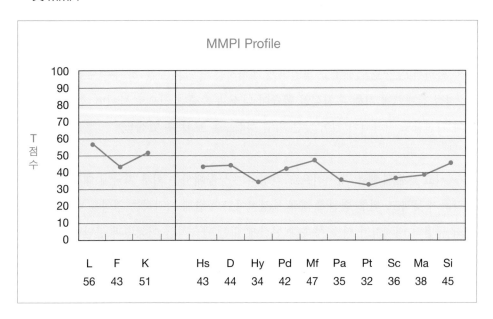

3) 검사결과

① BGT: 퇴영과 더불어 세부 형태모사의 정확성이 부족함. 또한 중첩 경향 등의 오류를 보이고 있어 경계선 수준의 수행이 시사됨(즉각적 회상 = 4).

② 인지 기능: K-WISC-Ⅲ로 측정한 전체검사 IQ는 96으로 〔보통〕 수준에 속함. 소검사 결과를 고려해 볼 때 동등한 수준의 지적 잠재력이 추정되며, 언어성 지능과 동작성 지능의 차이는 보이지 않음.

상식문제	공통성문제	산수문제	어휘문제	이해문제	숫자문제	언어성지능
9	9	10	8	8	(10)	92

빠진곳찾기	차례맞추기	토막짜기	모양맞추기	기호쓰기	동작성지능
9	9	13	10	10	101

대부분의 인지 기능이 보통 수준에 해당됨. 즉, 주의 집중력, 기본적인 지식과 추상적 사고력 등이 보통 수준임. 또한 시각 – 운동 협응력, 시각적 예민성, 시각 – 운동 속도 등 시각적 조직화 능력도 대부분 보통 수준의 수행을 보이고 있음. 이에 비해 어휘력과 사회적 상황을 이해하고 적절하게 대처하는 능력은 보통 하 수준으로 다소 부족함. 지적 잠재력에 비해 후천적인 학습이 다소 부족했던 것으로 보이며, 현재 학습 동기와 자신감도 저하되어 있어 낮은 학업 성취도를 보일 수 있겠음.

③ 사고 및 문제 해결: 정서적으로 각성되는 상황에서는 외부 자극에 대해 정확하게 지각하지 못하고, 외부 현실에 대해 부정적이고 두렵게 지각하는 경향을 나타냄. 또한 사회 규범의 내재화가 다소 부족해 현실에 대한 관습적인 이해력과 판단력이 미숙할 수 있음. 따라서 때로 사회적 상황을 정확하게 파악하지 못해 현실적이고 효율적인 대처를 잘하지 못하고, 성급한 판단이나 충동적인 문제 해결 방식을 보이겠음.

④ 정서 및 성격: 정서적으로 쉽게 불안정해지고 위축감과 무력감이 내재되어 있는

것으로 보임. 자존감이 미약하고 자신의 행동에 대한 통제력이 부족해 일상생활에서 처리해야 할 일들에 적절하게 대처하지 못하겠음. 특히 욕구 좌절이나 힘든 상황에서 인내심이 저하되면서 충동적이고 무계획적인 경향을 보일 수 있음. 따라서 공부 문제 등 현실의 어려움을 효율적으로 해결하지 못하고 게임에 과도하게 몰입하는 등의 방식으로 현실 도피 행동을 보이는 것으로 판단됨. 자신의 이러한 문제를 인식하고 있지만 이를 해결할 자신감이 부족하고, 이로 인해 좌절감과 자신감 저하를 보이고 있음.

대인 관계에서는 타인에 대해 관심을 갖고 있지만, 타인으로부터 평가받는 상황에서 예민해지고 긴장하는 등 친밀하고 안정적인 대인 관계 형성에서 다소 어려움을 보일 수 있겠음. 또한 상황 판단력이 다소 부족해 대인 관계에서의 갈등을 효과적으로 해결하지 못하고, 갈등 해결을 회피하거나 쉽게 위축될 가능성이 있음.

가족 관계에서 온정적인 관심과 정서적 지지를 받은 경험이 부족한 듯, 기본적으로 정서적 안정감이 부족하고 자존감이 낮은 것으로 판단됨. 이에 더해 부진한 학업 성취로 인해 주변 사람들로부터 부정적 평가를 받아, 타인으로부터 인정받고 싶은 욕구가 좌절되어 온 듯함. 현재 공부에 대한 부담감이 크지만 학습 동기나 의욕은 저하되어 있으며, 힘든 현실을 도피하고자 하는 경향을 보이면서 게임에 몰입하는 것으로 보임. 따라서 정서적인 안정감과 자존감을 향상시키고 행동 통제력을 키우기 위한 개입이 필요하겠음. 부모의 관심과 정서적 지지를 증가시키기 위한 개입 역시 도움이 될 것으로 판단됨.

4) 요 약

① BGT: 경계선 수준의 수행이 시사됨.
② 인지 기능: 보통 수준(FSIQ=96, VIQ=92, PIQ=101).
③ 사고 및 문제 해결: 현실 이해력과 판단력이 미숙하고 성급한 문제 해결 방식을 보임.
④ 정서 및 성격: 불안정하고 과민하며 자존감과 자기 통제력이 부족해 힘든 상황을 회피하려는 경향을 보임.

4. 사례개념화 및 심리치료 계획

1) 문제 목록

① **행동**: 게임에 과도하게 몰입하는 등 행동 통제력이 부족하고 현실 도피 경향을 보인다. 시간을 못 지키고 정리정돈을 못하는 등 자기 관리를 하지 못한다.

② **정서**: 정서적으로 불안정하고 과민하며 자존감이 저하되어 있다.

③ **사회**: 외현상 특별한 어려움은 보이지 않지만 타인의 평가에 예민하고 쉽게 긴장한다.

④ **학습**: 다소의 학습 부진을 보이며 학습 동기와 자신감이 저하되어 있고, 숙제하기 등의 학습 습관이 형성되지 못했다.

⑤ **가족**: 부모가 아동에게 안정적인 정서적 지지를 제공하지 못하고, 적절한 생활 습관을 들이지 못하는 등 효율적인 양육을 하지 못하고 있다.

2) 진 단

아동 면담과 母와의 면담 자료, 행동 관찰 및 심리검사 결과 등을 종합하여 불안을 동반한 게임 과몰입으로 진단하였다.

3) 문제의 원인 및 유지 요인과 사례 역동

창민의 경우, 부모의 맞벌이 등으로 인해 성장 과정에서 양육자의 충분한 관심을 받지 못했던 듯하고 정서적으로 안정된 관계 형성에서 어려움이 있었던 것으로 보이는바, 기본적으로 안정감이 부족한 것으로 보였다. 또한 시간 관리나 일상생활의 과업들을 적절하게 수행하는 습관이 형성되지 못하는 등 자기 통제력이 부족한 상태였다. 이로 인해 좌절감을 경험하며 자신감과 자존감이 저하되어 있으며, 일상적인 과업이나 어려운 현실 상황에 효과적으로 대처하지 못하고 회피하고자 하는 경향이 두드러졌다. 학습의 어려움이 누적되면서 게임에 몰입하고, 이는 다시 학업의 어려움을 초래하는 등 악순환이 계속되면서 자기 관리가 점점 더 어려워지는 상황인 것으로 보였다. 창민의 이런 상태에 대해 부모나 교사 등 주변 사람들로부터 부정적인 평가를 자주 받게 되어 스스로 자기 비난을 하는 등 불안하고 위축되는 경향을 보이고 있다. 父는 창민의 양육에 별로 개입하지 않는 상태이며, 母는 현재 상당한 스트레스를 경험하면서 과민해져 있는 상태여서 창민의 불안감을 증폭시킬 가능성이 있다. 따라서 부모가 창민에게 정서적인 안정감을 제공하지 못하고 비효율적인 훈육 방식을 사용할 수 있어, 바람직한 생활 습관을 형성하는 데 도움을 주지 못하는 것으로 판단되었다.

4) 심리치료 목표

창민이 현재 정서적으로 불안정하며 지나치게 게임에 몰입하면서 일상적 과업을 소홀히 하는 등 자기 통제력이 저하되어 있지만, 전반적인 인지 기능이 비교적 양호하고 자신의 문제에 대해 인식하고 치료를 받고자 하는 동기가 있다. 따라서 정서 불안을 완화시키고 자존감과 행동 통제력을 향상시키는 것이 최우선 목표이며, 시간 관리나 주변 정리 등 자기 관리 습관을 들일 필요가 있다. 또한 학습 부진이 심각한 수준은 아니므로 지적 잠재력을 최대한 발휘할 수 있도록 학습기술 훈련을 통해 바람직한 학습 습관을 들이는 것도 성취감과 자신감을 향상시키는 데 도움이 될 것으로 판단되었다. 각 영역별로 구체적인 치료 목표는 다음과 같다.

① **행동**: 적절한 게임 사용 등 행동 통제력과 자기 관리 능력을 향상시키기.
② **정서**: 정서적 안정감과 자존감을 향상시키고, 학업 스트레스와 좌절감을 극복하기.
③ **사회**: 친밀하고 안정적인 대인관계 맺기.
④ **학습**: 학습기술 향상과 바람직한 학습 습관(시간 관리 등) 들이기, 학습 동기와 자신감을 향상시키기.
⑤ **가족**: 정서적으로 안정적이고 지지적인 환경을 제공하고, 아동의 행동 통제와 자기 관리 능력을 향상시켜줄 수 있는 양육 방식을 사용하기.

5) 치료 방법

창민이 정서적으로 불안정한 상태이므로, 정서적인 안정감과 자존감을 우선적으로 향상시키기 위해 아동중심적인 심리치료 접근방법을 사용할 필요성이 있었다. 이와 함께 적절하게 게임하기나 시간 관리 능력 등 자기 통제 능력을 키워주기 위해 인지행동 치료 기법을 활용하고, 학습기술 훈련을 통해 바람직한 학습 습관을 형성할 필요가 제기되었다. 또한 주변 사람들이 격려와 정서적 지지를 제공하고 적절한 감독을 하게 함으로써 아동의 행동 통제력과 정서 안정 및 자존감을 키워줄 수 있도록 부모교육을 병행하는 것이 필요할 것으로 판단되었다. 아래에 구체적인 치료 방법에 대해 요약하였다.

① **아동중심 심리치료와 인지치료(주 1회):** 치료 초기에는 아동중심 심리치료를 통해 정서적인 불안감을 완화시키고 게임 과몰입 등 행동 통제력이 부족한 문제에 대해 인식하게 함. 치료 중기부터는 게임 조절, 시간 관리, 학습기술, 정리정돈 등 일상생활에 필요한 습관 들이기에 초점을 두는 구조화된 단기 인지행동 치료 실시.
② **부모교육:** 자녀에게 정서적인 안정감을 주고 자존감을 향상시키는 양육 방식에 대한 교육, 아동에게 행동 통제와 자기 관리 능력을 향상시키고 바람직한 일상생활의 습관을 들일 수 있도록 행동 수정 방법 교육 등.

5. 심리치료 과정

1) 초 기

창민이 정서적으로 불안정하고 쉽게 예민해지고 긴장하는 경향이 있어, 정서적 안정감과 자존감을 높이고 긍정적인 치료자-내담자 관계를 형성하기 위해 편안한 분위기를 조성하는 데 주력하고 아동중심적 놀이를 활용하였다. 동시에 창민이 자신의 현재 상태의 심각성과 어려움의 근원을 파악하고 변화의 동기를 가지도록 하기 위해 때때로 현재 문제에 직면시키기를 시도하였다.

■ 1회기

＊ 자신의 현재 어려움에 대해 이야기하고, 즐겁게 게임을 하였다.

- (1시간 늦게 옴.) 길을 못 찾아서 늦었어요. 죄송해요. 〔창민이 처음 혼자서 오느라 늦은 것에 대해 이해함을 전달하고, 치료 시간에 대한 규칙을 설명해 줌.〕
- 치료 목표: 무조건 많이 놀고 싶다. 학교와 학원 다니기 힘들다. 공부를 너무 많이 시킨다. 다른 애들도 다 공부하기 싫어한다. 〔창민의 감정과 욕구에 공감해 줌.〕
- (블루마블 게임을 선택함. 돈 계산이 빠르고 정확하며, 게임의 규칙을 잘 지킴. 투자를 잘 해서 창민이 이기자 기뻐하며 치료자에게 선심을 써서 무료통행증을 싸게 팜.) 제가 투자를 많이 해서 이긴 거죠. 그렇지만 인생은 그렇게 살면 안 돼요.
- (치료가 끝날 무렵 母가 데리러 오자 몹시 좋아하고, 치료자에게 작별 인사를 여러 번 함.)

요약 및 설명

창민이 자기 이야기를 잘 했지만, 다소 허둥대면서 빨리 말하였다. 치료자의 일반적인 질문에도 변명하듯이 "그게 아니구요."라는 말을 많이 하였다. 치료 동기는 피상적인 수준이었으며, 놀이에만 관심을 보였다. 놀이에 집중하고 규칙을 잘 지키며 즐겁게 하였고, 자신이 이기자 치료자를 배려하는 등 너그러운 태도를 보이기도 하였다. 치료자는 창민이 치료 상황을 편안하게 느끼고 존중받는다는 느낌을 가질 수 있도록 창민의 감정과 욕구를 반영하고 공감하는 데 주력하였다.

〈母 면담〉

- 창민 母의 최근 힘든 상황에 대해 주로 이야기하였다.

  〔창민 부모의 성격검사 결과를 해석해 드림.〕

  실제 내가 예민한 성격이며, 요즘 스트레스가 많다, 하고 싶은 말이 많다.

  요즘 창민이 문제, 남편 문제, 직장 문제 등 모든 게 힘들다.

창민에게 조금은 기대를 했었는데 그게 무너지고 있다.

남편은 가정에 무심하고 잘못되면 모두 내 탓으로 돌린다.

직장 일은 새롭게 배워야 하는 것도 많고 잘못하면 퇴직해야 하기 때문에 스트레스가 많다. IMF 때 많이들 잘렸다. 나도 언제까지 직장에 다닐 수 있을지 걱정이 된다.

창민에게는 어릴 때부터 신경을 못 써 줬다. 할머니가 귀여워하기만 했지 제대로 교육을 못 시켰다. 그래서 그런지 어릴 때부터 자기 물건 관리를 못하고 친구들과 노는 것만 좋아했다. 그래도 잘할 거라 믿었는데, 요즘은 창민에 대해 자꾸 부정적인 시각으로 보게 된다.

母가 직장 일 때문에 자주 못 오고 창민이 혼자 치료를 받으러 다녀야 할 것 같다.

요약 및 설명

창민 母가 자신의 성격검사 결과를 듣고 나서 최근 힘든 상황을 끝없이 이야기하려 하였다. 생활 전반에 걸쳐 스트레스가 많아 보였다. 가족을 포함해 주변 사람들에 대한 실망감을 많이 표현하고, 현재 상황에 대해 대부분 부정적 시각에서 보는 경향이 있었다.

치료자는 창민 母의 힘들어하는 감정에 대해 공감하고 위로하였다. 창민의 정서 안정을 위해 자주 대화의 시간을 갖고 창민이 겪는 어려움에 대해 잘 들어주고, 부정적인 평가를 자제할 것을 조언하였다. 치료 초기에는 창민이 게임하는 것에 대해 시간을 알려주는 정도로 중립적으로 개입할 것을 제안하였다.

■ 2회기

＊ 최근 생활에 대해 이야기하고 게임을 즐겁게 하였다.

• (50분 늦게 와서 정중하게 사과함.) 자꾸 늦어 죄송해요. 버스가 늦게 와서 늦었어요. 〔치료 시간의 규칙에 대해 다시 상기시키고, 시간을 지킬 경우 초콜릿으로 보상을 주기로 함.〕

- 어떻게 지냈나: 똑같다./ 학원 다니고./ 공부를 열심히는 안 했다. 공부가 반, 나머지는 놀고./ 공부를 좀 더 해야 된다./ 효율적인 공부 방법 훈련: 지금은 아니다. 일단 놀고 싶다. 〔창민이 자신의 문제를 인식하지만, 변화를 위한 노력을 귀찮아하고 회피하려는 경향을 보이는 것으로 판단됨. 우선적으로 학습 동기 향상과 회피적인 태도를 교정하기 위한 개입이 필요해 보임.〕

- (블루마블 게임을 함. 돈 계산을 잘하고 투자를 많이 해서 돈을 많이 벌어들임. 치료자가 부진하자 돈을 빌려 주기도 함.) 선생님, 외상으로 건물을 지으세요. (열심히 게임에 몰입함.) 오늘도 제가 이길 것 같은데요. (창민이 승리하자 웃으며 좋아함.)

- (치료 시간이 끝난 뒤, 대기실에 비치되어 있던 『인터넷 중독』 책을 1시간 동안 열심히 읽음.)

요약 및 설명

창민이 연속해서 시간 약속을 잘 못 지키고, 늦게 온 것에 대해 해명할 때 당황하면서 말이 빨라지고 더듬었다. 치료자와 같이 게임하는 것을 즐거워하지만, 자신의 문제에 직면하지 않으려 하고 변화를 위한 노력을 귀찮아하였다. 행동 변화에 대한 동기와 학습 동기 향상을 위한 개입이 필요하지만, 다소 시간이 필요할 것으로 판단되었다.

■ 3회기

＊ 시험에 대해 잠시 이야기하고 게임을 하였다.

- (30분 늦게 와서 해명함.) 또 늦었어요. 시험 준비 때문에 이것저것 하느라 늦었어요. 〔늦었지만 지난번보다 조금 빨리 왔다는 것을 중립적인 태도로 지적해 주고, 다음에는 시간을 지킬 수 있을 것이라는 기대를 전달함.〕

- 시험 준비: ('쿵쿵' 소리를 내면서) 수학 숙제, 국어 숙제 있는데 깜박했다. 다 힘들다. 음악, 미술, 체육도 문제다. 성적이 안 좋다./ 학원: 선생님들이 잘 못 가르친다. 〔시험 준비에 대해서도 회피적인 태도를 보이는 것으로 판단되어, 힘든 상황에서 회피하고자 하는 경향에 대해 지적함.〕

- 지난주에 인터넷 중독 책 읽은 소감: 게임을 좀 적게 해야겠다는 생각을 했다.

사람이 폐인될 수 있다./ 게임 시간을 줄이려는 노력: 아직은 그냥 생각만 했다.

- (블루마블 게임을 함.) 오늘까지만 이거 하고, 다음에는 다른 거 할 거다. (치료자가 처음에 더블이 나와 한 번 더 할 기회를 갖자) 나는 운도 지지리 없어, 오늘 내가 100% 질 거야. (게임 도중에 간혹 '큿큿' 소리를 냄.) 양심대로 해야지. (창민이 치료자보다 뒤지자 말과는 달리 내야 할 복지기금을 안 내는 등 규칙을 위반함. 그러나 자신이 이길 듯하자 좋아함.) 희망이 보인다. (창민이 승리하고 돈을 많이 벌자 복지기금을 냄.) 〔창민이 사소한 좌절 상황에서도 극단적으로 부정적인 생각을 나타내고 불안해지면서 틱 증상을 보이는 것으로 판단됨.〕

요약 및 설명

치료자는 창민이 계속해서 시간 약속을 잘 못 지키는 것에 대해 중립적으로 지적하고 다음에 잘 지킬 수 있을 것이라는 기대를 전달하고 격려하였다. 창민이 시험에 대해 말하면서 말을 더듬고 코를 큿큿대는 틱을 보이는 등 시험 스트레스가 많은 듯이 보였다. 시험 걱정을 하지만 해야 할 일을 잊어버리며 회피하는 경향이 강한 것으로 판단되었다.

게임을 하면서 자신이 불리하면 조금씩 규칙을 위반해서라도 이기고 싶어 하고, 어려운 상황에서 임의적이고 극단적으로 부정적인 생각을 표현하였다. 치료자는 창민의 회피적인 경향이나 부정적인 사고방식 등에 대해 중립적인 태도로 지적하여, 자신의 문제를 인식할 수 있도록 유도하였다.

■ 4~6회기

＊ 새로운 게임을 선택하여 규칙을 열심히 배우려 하였다.

- (3~5분 정도 늦게 옴.) 〔시간 약속을 거의 지키는 것에 대해 창민의 노력을 칭찬해 주고 초콜릿을 줌.〕
- 어떻게 지냈나: 친구들하고 농구하고.
- 이번 시험: 결과가 아주 나쁘다. 평균 60 나올까? 수학은 계속 못하고 있다. 국어도 점수가 떨어졌다. 어쨌든 시험이 끝나서 즐겁다. 〔창민의 스트레스에 대해 공

감하고, 적극적인 대처를 통해 스트레스를 줄일 수 있음을 알려줌으로써 치료 동기를 유발하려 함.)

- (다이아몬드 게임을 선택함.) 처음 해 본다. (치료자가 규칙을 가르쳐 주자 빨리 배우고, 치료자가 하는 것을 보면서 열심히 전략을 개발하려 함. 창민이 졌을 때 쉽게 수용함.) 〔창민이 패배를 받아들이는 용기와 여유에 대해 인정하고 칭찬해 줌.〕

요약 및 설명

창민이 시간 약속을 거의 지키게 되는 등 행동 통제를 위한 노력을 하는 것으로 보였다. 치료자는 창민의 변화에 대해 칭찬하고 격려해 줌으로써 자기 통제력을 더 향상시키려는 동기를 유발하려 노력하였다.

창민이 컴퓨터 게임이나 시험 문제 등 현실의 어려움에 여전히 효과적으로 대처하지 못하고 있으며, 여전히 말이 빠르고 불안정해 보이며 가끔 틱 증상을 보였다. 치료자는 창민의 어려움에 대해 공감하고, 해결 방안이 있음을 알려줌으로써 정서적인 안정감을 제공하고 치료 동기를 유발하는 데 주력하였다.

■ 7회기

＊ 자신의 어려움을 토로하고, 게임을 하고 유머를 이야기하였다.

- (2분 늦게 옴.) 심신이 피곤하다./ 이유: 모르겠다./ 계속 놀고 싶고 공부는 안 하고 싶다. 계속 졸리고, 오늘 PC방에 세 시간 있었다./ 공부나 시험 걱정: 엄청 긴장된다. 〔창민의 어려움에 대해 공감해 주고, 게임 과몰입이나 공부 문제에 대해 해결 방법이 있고 단계적으로 해 나갈 수 있음을 알려줌.〕

- (다이아몬드 게임을 함. 창민의 실력이 향상되어 두 게임을 연속해서 이김. 자신이 질 때도 쉽게 수용함.)

- 재미있는 이야기를 해 드릴게요. (자신이 알고 있는 몇 가지 유머를 치료자에게 이야기함.) 친구들한테 들었어요. 〔치료자에 대해 편안하게 느끼고 즐거운 상황을 만들고 싶어 하는 것으로 보임.〕

요약 및 설명

> 창민이 개인적인 이야기나 재미있는 이야기를 잘하는 등 치료자에 대해 긍정적이고 편안하게 느끼는 것으로 보였다. 자신의 현재 문제에 대해 걱정이 많아 보였고, 여전히 다소 불안정하게 말을 급하게 하고, 간혹 틱 증상을 보였다. 치료자는 창민의 어려움에 공감하고, 문제에 대한 해결 방법이 있음을 알려줌으로써 걱정을 감소시키고 희망을 제공하고자 하였다.

〈母 면담〉

* 창민의 최근 상태에 대해 보고하였다.

　　계속 바빠서 창민에게 신경을 못 썼다. 잔소리는 좀 안 하려고 노력한다.

　　창민이 먹고 싶다는 것은 많이 사 줬다. 먹는 걸 좋아해서 먹을 걸 사 주면 좋아한다.

　　창민이 여전히 게임을 많이 하지만, 부모가 하지 말라고 하면 군소리 없이 그만 한다.

　　숙제는 할 때도 있고 안 할 때도 있는 것 같다.

　　학원도 여전히 자주 지각은 하지만, 요즘 들어 결석은 안 하는 것 같다.

요약 및 설명

> 창민이 공부나 게임 문제 등을 여전히 보이고 있지만 조금씩 변화를 보이는 듯했다. 치료자가 창민이 시간 약속을 잘 지키는 등의 변화를 보인다고 알려드리자 母가 매우 기뻐하였다. 부모와 창민과의 관계 개선을 위해 함께 외출하거나 즐겁고 긍정적인 이야기 등을 자주 하도록 母에게 조언하였다. 게임이나 공부 문제에 대한 이야기를 할 때는 창민이 예전보다 나아진 것에 대해 이야기하면서 지속적인 노력을 격려하도록 조언하였다.

■ 10회기

＊ 게임에 집중하여 즐겁게 하였다.

• (제 시간에 옴.) 시간 잘 지켰죠? 〔창민의 행동 변화와 노력에 대해 인정하고 초콜 릿을 줌.〕

• (블루마블 게임을 함. 막상막하 상태가 계속되자 불안, 초조해하면서 급하게 함. 창민이 질듯 하자 규칙을 약간 어겨서 이김.) 제가 사기 친 것 생각하면 비긴 거나 마찬가 지예요. 〔치료자는 창민이 자신의 잘못된 행동을 솔직하게 인정하는 용기에 대 해 칭찬해 줌.〕

• 〔다음 회기부터 놀이와 병행해, 시간 관리와 좋은 공부 습관을 들이기 위한 프로 그램을 시작하자고 제안함.〕 한번 해 보죠.

요약 및 설명

창민이 뜻대로 되지 않을 때 다소 불안해지는 경향을 보이지만, 정서적으로 다소 안 정되고 마음의 여유가 생긴 것으로 판단되었다. 창민이 시간 약속을 잘 지키는 등 행동 통제를 위한 노력을 보여, 시간 관리와 학습기술을 향상시키는 인지행동 치료에 대해 알려주었다. 창민이 프로그램에 참가하기로 동의하였지만, 다소 귀찮아하는 표정을 보 였다.

2) 중 기

창민이 치료자와 긍정적인 관계를 형성하고 정서적으로 다소 안정감을 찾아가기 시작하였고, 변화에 대한 동기도 다소 증가한 것으로 보였다. 따라서 중기 단계에서 는 자기 통제력을 향상시켜 게임 과몰입에서 벗어나고 바람직한 생활 습관을 갖게 하며, 학습기술을 향상시키기 위해 총 10회기로 구성된 구조화된 인지행동 치료와 자 유로운 놀이를 병행하였다. 각 회기는 인지행동 치료 30분, 놀이치료 20분으로 구성 하였다.

처음 두 회기는 스트레스와 대처 방법에 대해 알게 하여 힘든 상황에서 불안과 긴장을 줄이게 하고, 창민의 흥미와 진로를 탐색하여 학습 동기를 향상시키는 데 초점을 두었다. 세 번째 회기에는 문제 목록을 작성하고 행동 수정 계획을 세웠고, 네 번째 회기에서는 생각 바꾸기를 통한 자기 통제력 향상에 역점을 두었다. 5, 6회기에서는 시간 관리 방법을 교육하고, 7회기에서는 정리정돈에 대해 교육하였다. 마지막 세 번의 회기는 구체적인 학습 기술과 방략들을 교육하였다. 구조화된 인지행동 치료의 기본 구성은 다음 표에 제시하였다.

〈창민의 구조화된 인지행동 치료 개요〉

회기	목표	개입내용
1	효과적인 스트레스 대처방법	• 자신의 스트레스를 확인하고 스트레스 반응 알기 • 비효과적인 스트레스 대처방법 알기 • 효과적인 스트레스 대처방법 찾기
2	진로 탐색	• 자신의 능력과 장 · 단점 파악하기 • 적성과 진로 탐색하기 • 미래에 대한 계획 세우기
3	행동 수정 목표 설정	• 〈게임습관 평가지〉 작성으로 자신의 게임 시간 및 습관을 파악하고 문제점 인식하기 • 수정해야 할 행동 목록 작성하기 • 행동 수정 계약서 작성하기
4	생각 바꾸기를 통한 자기 통제	• 게임에 대한 잘못된 생각 찾기 • 게임에 대한 잘못된 생각을 합리적인 생각으로 바꾸기 • 게임의 대안 활동 찾기(운동하기 등) • 변화에 대해 자신감을 갖게 하는 생각들을 알기
5	효율적인 시간 관리	• 시간 계획표 짜기 • 시간 관리 수첩 사용하기
6	시간 관리 실천하기	• 시간 계획표 실천율 높이기 • 자기 통제에 도움이 되는 환경 만들기
7	정리정돈	• 방 정리하는 방법 • 물건 간수하기
8	학습기술 향상	• 집중력을 높이는 학습 방법 • 기억력을 높이는 학습 방법
9	학습기술 향상	• 효과적인 책 읽기 방법
10	학습기술 향상	• 공책 정리하는 방법 • 시험 준비하는 방법

■ 11회기

＊ 효과적인 스트레스 대처방법에 대해 교육하였다.

• 〔창민이 자신의 스트레스를 확인하고 스트레스 반응을 파악하도록 질문함.〕

• 최근 스트레스: 공부, 시험이 힘들다. 숙제도 어렵고 부담되고, 학원 가도 재미없다. 그리고 살찌는 것도 스트레스다.

• 스트레스 반응: 국어는 어려워서 포기하고 수학, 영어는 귀찮다. 시험 망치면 부모님께 안 보여드린다. 성적이 너무 나쁘면 "다음에 잘하면 된다"고 생각하지만, 다음에도 공부를 안 한다. 시험 때는 게임을 더 하게 된다. 그러면서 긴장하고 걱정한다. 〔창민이 자신의 문제를 인식하고 있지만 회피적인 대처를 하는 습관에 대해 이야기하고, 습관을 바꾸기 위해 상당한 노력이 필요함을 설명함.〕

• 〔비효과적인 스트레스 대처 방법에 직면하도록 유도함.〕 잘못 대처하는 것: 평소에 공부 열심히 안 하는 것, 게임 많이 하는 것, 게으름 부리는 것, 허둥대는 것(예, 일기를 써 놓고도 인쇄를 안 해서 못 가져감; 아침에 늦잠 자서 지각함; 귀찮아서 운동 안 하는 것.) 〔창민이 자신의 스트레스 대처가 비효과적임을 알고 있어, 효과적인 대처 방법을 사용하기 위한 방법들이 있음을 알려줌으로써 변화하려는 동기를 유발함.〕

• 〔효과적인 대처방법 찾기에 대해 생각하도록 유도함.〕 좋은 대처 방법: 게임 적게 하기, 숙제 해 가기, 아침에 일찍 일어나기, 운동하기. 〔힘든 문제에 대해 회피하지 않고 적극적으로 대처하기 위해 구체적인 계획을 세우고 계약을 하고, 이를 지켜 나감으로써 자신의 일상생활을 조절할 수 있다는 희망을 제공하고, 앞으로의 회기 내용에 대해 알려줌.〕

• (다이아몬드 게임을 함. 독창적인 게임 방식을 도입하고, 끝까지 집중하고 치밀하게 해서 2:1로 창민이 승리함.) 〔치료자는 창민의 승부 근성과 창의력, 집중력에 대해 인정해 주고, 이런 특성을 다른 일상생활에 적용할 수 있다고 격려함으로써 자신감을 향상시키고자 하였음.〕

요약 및 설명

창민이 자신의 스트레스와 비효과적인 스트레스 대처 방식에 대해 잘 알고 있어, 스트레스를 지속시키는 습관들을 교정할 필요성을 느끼고 있는 것으로 판단되었다. 오랫동안 습관화되어 있는 회피적인 대처 방식을 교정하고 바람직한 생활 습관을 들이기 위해, 10회기의 인지행동 치료를 통해 단계적으로 행동 수정을 해 나가기로 합의하였다. 치료자는 창민에게 변화에 대한 동기를 유발하고 희망을 제공하는 데 주력하였다.

■ 12회기

＊ 적성과 진로 탐색을 위한 활동을 하였다.

- 〔창민의 능력과 장단점을 파악하도록 유도함.〕
- 장점: 자신 있는 게 거의 없다. 잘하는 게 없는 것 같다. 친구 잘 사귀는 것 정도. 가끔 글 쓰는 것.
- 단점: 많다. 게으르고, 약속 못 지키고, 잘 잊어버리고 등등. 〔누구나 장단점을 갖고 있으며, 창민이 자신의 능력을 아직 발견하지 못했거나 자신감을 키우지 못했을 수 있음을 지적함. 또한 창민이 언급한 단점들은 치료자의 도움을 받아 교정할 수 있다는 희망을 제공함.〕
- 〔적성과 진로를 탐색하기 위해 심리검사를 실시함.〕
- 창민의 적성과 진로: 얼마 전에 학교에서 적성검사를 했는데, 결과표에 협응 능력과 수리 능력이 좋다고 나왔다. 그런데 잘 모르겠다. 그 결과를 믿기 어렵다. 나중에 뭘 해야 할지 잘 모르겠다. 〔창민이 자신의 적성과 진로에 대해 잘 모르는 것으로 판단되어, 노동부 홈페이지에서 '직업흥미 검사'를 실시한 결과 문예 창작 방면에 가장 흥미가 있다고 나옴. 검사결과에 대해 대화함으로써 자신의 적성과 진로를 탐색하도록 도움.〕
- 직업흥미 검사 결과: 좀 맞는 것 같다. 글 쓰는 건 좀 좋아한다./ 무협 소설가가 어떨지 모르겠다. 공상하는 걸 좋아하니까. 그런데 소설가는 힘든 일이고, 돈 벌기도 어렵다고 하던데. 〔글 쓰는 능력이 있고 흥미가 있으면 소설가뿐 아니라 극작가, 광고 카피라이터, 선생님 등 관련된 직업이 많다는 것을 알려주어 진로를 다양하게 생각하도록 격려하고, 지금 진로를 확정할 필요는 없고 잠정적으로 결정해 두는 것이 좋겠다고 조언함.〕
- 〔미래에 대한 계획 세우기를 통해 학습동기를 유발하고 현재의 노력이 필요함

을 인식하도록 유도함.) 10년 뒤, 20년 뒤, 미래의 희망하는 삶: 10년 뒤에는 대학 졸업할 때니까 취직 걱정하고 있겠죠. 20년 뒤에는 안정된 생활을 하고 있으면 좋겠어요. 좋은 직장에 돈도 잘 벌고, 놀러 다니고. (미래에 창민이 원하는 멋진 삶을 살기 위해, 지금 어떻게 살아야 하는지에 대해 생각하게 유도함.) 힘들어도 열심히 공부해야죠. 이제 정신 좀 차려야죠. (행동 변화를 위해 다음 회기부터 다양한 인지행동 기법들을 활용할 것임을 알려줌.)

- (다이아몬드 게임을 함. 창민이 계속 패하자 다소 장난스럽게) 엎어버릴 거야. (실제로는 패배를 순순히 인정함.)

요약 및 설명

진로나 미래에 대한 계획이 다소 막연하지만 창민이 긍정적인 미래를 상상하는 것이 가능하여, 현재의 생활을 개선하기 위한 동기 유발에 이를 활용하였다.

■ 13회기

✽ 행동 수정 목표를 설정하고 행동 계약서를 작성하였다.

- (30분 늦게 와서 허둥대며 사과함.) 여기 오는 걸 깜박했어요. 죄송해요. (행동 수정을 통해 실제적인 변화를 시작하기로 한 데 대해 창민이 심리적인 부담감을 느껴 약속 시간을 잊어버린 것으로 보였음. 치료자는 창민이 느낄 수 있는 부담감에 대해 직면시키고, 최근에 창민이 시간 약속을 잘 지키고 있어서 오늘 늦은 것은 한 번의 실수로 받아들이겠다고 하여 안심시켜 줌.)
- (창민의 주된 문제인 게임 과몰입을 수정하기 위해 먼저 '게임습관 평가지'를 작성하게 한 결과, 게임 사용에 대해 통제력이 매우 부족한 상태로 나옴. 치료자는 창민이 자신의 게임 시간 및 습관을 파악하고 문제점을 구체적으로 인식하도록 유도함.)
- 게임 사용의 실태: 평소 하루에 대략 4~7시간 동안 게임을 하며, 숙제 하는 것도 잊어버리고 스스로 멈추지 못하는 것이 문제다. 치료받으면서부터 최근에는 반성을 하고 좀 적게 하는 날도 있다.

- 게임으로 인해 생기는 문제점들: 학교나 학원에 자주 지각하거나 결석했다. 요즘은 결석은 잘 안 한다. 숙제를 못해가는 적이 많다. 수업 시간에 게임 생각을 한다. 부모님께 거짓말한다. 컴퓨터 앞에만 앉아 있고 운동을 안 해서 비만에 걸렸다.
- [수정해야 할 행동 목록을 작성하게 함.]

    창민의 행동 수정 목록:

    첫째, 게임 적게 하기

    둘째, 숙제하기

    셋째, 학교와 학원에 시간 맞춰 가기

    넷째, 운동하기

    [최근에 창민이 게임을 적게 하는 날이 늘어나고 있고, 공부에 대한 필요성을 느끼고 있으며, 가끔 지각하지만 결석을 하지 않는 점 등에 비추어 볼 때, 현실적으로 달성 가능한 목표들이라는 희망을 제공하고 격려함.]

- [창민이 언급한 목록들에 대해 좀 더 구체적인 목표를 설정하기 위해 함께 상의하여 목표를 설정하고 행동 수정 계약서를 작성함. 창민이 매우 열심히 계약서를 작성하여 치료자가 칭찬과 함께 초콜릿을 주어 보상함.]

행동 수정 계약서

나 이창민은 다음과 같이 행동 수정을 하기로 약속한다.

1. 하루에 두 시간 이내로 게임을 함. 단, 일요일에는 네 시간까지 할 수 있음.

〈실천 방법〉

- 타이머를 사용해 게임 사용 시간을 정확하게 지킬 것.
- 매일 게임 시간을 모니터해서 달력에 기록하기.

2. 매일 숙제 하기.

〈실천 방법〉

• 숙제 적는 수첩을 작성하고, 방과 후에 바로 확인할 것.

• 방과 후에 숙제부터 먼저 하고 가방에 넣고 나서 게임을 할 것.

3. 시간 약속 지키기.

〈실천 방법〉

• 저녁 12시 이전에 잠자리에 들 것.

• 자명종을 여러 개 사용해서 기상 시간을 일정하게 할 것.

• 학교와 학원 시간에 늦지 않게 타이머를 맞출 것.

4. 운동하기: 일주일에 두 번 이상 헬스장에 가서 한 시간 이상 운동한다.

〈실천 방법〉

• 달력에 일주일 중 시간을 낼 수 있는 날을 이틀 이상 표시해 둔다.

• 계획한 날은 아무리 귀찮아도 "난 할 수 있어."라고 스스로 말하고 운동하러 간다.

＊보상 계획

1. 행동 수정 기록 공책에 위 내용들의 실천 여부에 대해 O, X로 매일 기록하여 부모님께
   확인받아, 잘 지킨 개수만큼 스티커를 받는다. 하루에 최대 네 개까지 받을 수 있다.

• 일주일 동안 스티커를 12개 이상 받으면 주말에 비디오 한 개를 볼 수 있다.

• 일주일 동안 스티커를 15개 이상 받으면 주말에 피자와 비디오 한 개를 볼 수 있다.

• 일주일 동안 스티커를 18개 이상 받으면 주말에 돈 오천 원, 피자, 비디오 한 개를
  볼 수 있다.

2. 스스로 약속을 지키는 것에 대해 자부심을 갖는다.

계약 기간: 2008. 6. 21. ~ 2008. 7. 20.

계약일: 2008. 6. 20.

계약자 서명: 이창민 _____   부모님 _____

           치료자 _____

• (다이아몬드 게임을 함. 장애물 놓고 게임하기에서 창민이 승리하자 기뻐하면서 과자를 달라고 조름.)

요약 및 설명

창민이 자신이 고쳐야 할 문제들을 잘 알고 있어, 치료자는 창민이 행동 수정 목표를 더 구체화할 수 있도록 돕고 행동 수정 계약서를 함께 상의하여 작성하였다. 또한 창민母와의 전화 통화를 통해 창민이 행동 수정 계약을 잘 이행할 수 있도록 격려와 감독을 하고 보상을 제공할 것을 요청하였다.

■ 14회기

✻ 게임 통제력을 향상시키기 위해 생각 바꾸기를 활용하였다.

• 〔행동 계약을 잘 지키고 있는지 확인함.〕

• 저 약속 잘 지켰어요. 스티커 열두 개 받아서 비디오 봤어요.

• 게임 시간 조절: 게임만 하면 폐인 된다. 핸드폰 알람으로 시간 맞춰서, 하루 두 시간 하는 거 많이 지켰다. 이제 좀 조절할 수 있다. 근데 주말에는 못 지켰다. 하루 종일 했다.

• 숙제하기: 숙제는 기본은 했는데, 다 못한 적도 있다. 힘들어서 무협지 읽고 딴짓하고.

• 시간 약속 지키기: 아침에는 일어나기 힘들다. 아직 습관이 안 되어서. 그래도 학교에 지각은 별로 안했다.

• 운동하기: 운동은 한 번 갔다. 귀찮아서 안 가게 된다. 다음 주에는 두 번 갈 거다.

• 〔창민이 변화를 위한 노력을 하고 있고 계약 이행 상황을 솔직하게 보고하여 치료자는 신뢰감을 표현하고 지속적으로 노력하도록 격려함.〕

• 〔게임과 관련된 잘못된 생각을 찾아 합리적인 생각으로 수정하는 연습을 하게 함.〕

• 게임을 많이 하게 만드는 생각들: 게임하는 게 제일 재미있다. 한번 하기 시작하면 스스로 끝내기 힘들다.

• 잘못된 생각을 바꾼다면: 게임 외에도 재미있는 것은 많이 있다. 게임 시간을 내

가 조절할 수 있다.

- 〔게임의 대안 활동을 찾도록 유도함.〕 게임 외의 즐겁고 의미 있는 일들: 헬스장 가서 운동하기, 친구들과 농구나 축구하기, 책 읽기, TV나 비디오, 영화 보기, 맛 있는 거 먹기, 양로원에 봉사 활동 가기
- 〔변화할 수 있다는 자신감을 갖게 하는 생각들을 찾아내도록 유도함.〕 행동 변화에 필요한 생각들: 노력하면 할 수 있다. 조금씩 해 나가자.
- (블루마블 게임을 함. 즐겁게 게임을 했지만, 뜻대로 안될 때 다소 거친 말투를 사용함.) 젠장. 뭐 이딴 게 나와? (창민이 승리하자 좋아함.)

요약 및 설명

창민이 행동 수정 계약을 이행하려 매우 노력하여 특히 게임 사용 시간이 많이 감소한 것으로 보였다. 그러나 숙제나 시간 관리, 운동하기 등은 다소 미흡하다고 솔직하게 보고하였다. 치료자는 창민의 노력과 솔직함을 인정하고, 지속적인 노력을 통해 점진적인 변화를 가져올 것을 격려하였다. 또한 게임을 많이 하게 만드는 잘못된 생각들을 찾아내서 수정하게 함으로써 게임에 대한 통제력을 향상시키고자 하였다. 창민이 게임 외의 대안적 활동들을 스스로 많이 생각해 내고, 특히 봉사 활동 같은 의미 있는 활동을 생각해 내어 실천해 보도록 격려하였다.

〈母 면담〉

- 창민의 행동 수정과 관련된 최근의 변화에 대해 보고하였다.

母가 행동 수정 계약 상황을 매일 체크하고 있다. 웬만하면 스티커를 주려고 한다. 스티커를 주면 좋아한다.

게임은 확실히 적게 하고 있다. 그 대신 만화책을 보거나 TV를 많이 본다.

공부나 운동은 여전히 열심히 안 하고 숙제도 대충 하고 스티커를 달라고 하지만, 예전보다는 조금씩 더 하려고 하는 것 같다.

창민이 불안정한 모습이 좀 줄어들어서 가끔 차분하게 책도 읽곤 한다.

요약 및 설명

> 창민이 정서적으로 안정되어 가고 있으며 행동 변화를 위해 노력하는 것으로 보였
> 다. 창민이 계속 노력하도록 하기 위해 부모의 지속적인 관심과 격려, 보상이 필요함을
> 母에게 조언하였다.

■ 15회기

＊ 효율적인 시간 관리 방법에 대해 교육하였다.

- (창민이 하루 전에 오기로 시간 약속을 했었지만 오지 않은 데 대해 치료자에게 사과하
  기 위해 초콜릿을 가져 옴.) 어제 노느라고 여기 오는 거 잊어버렸다, 이런 모습을
  보여 부끄럽다.
- 시간 약속 지키기: 자꾸 까먹는다. 친구끼리 놀기로 한 약속은 안 까먹는다. 〔힘
  들고 부담스러운 약속을 잊어버리는 것에 대해 직면시킴. 망각이 회피의 의미가
  있을 수 있음을 설명해 줌.〕
- 〔시간 관리의 중요성에 대해 생각하게 하고 주간 계획표 짜는 방법을 교육함.〕
- 시간 관리 필요성: 할 일을 안 하고 잊어버리고 놀기만 하니까.
- 〔방학 동안 시간 계획표를 짜서 지킴으로써 시간 관리 습관을 들이기로 합의함.
  효율적인 시간 관리를 위해 주간 계획표 짜는 방법에 대해 교육하고 과제를 내
  줌. (구체적인 내용은 제13장 학습부진 사례 참조)〕
- 〔시간 관리 수첩 사용하기를 교육함. 날짜별로 빈 칸이 있는 작은 수첩을 창민
  에게 제공하고, 매일 지켜야 할 약속들과 해야 할 일들을 기록해 하루에 세 번씩
  확인하고 체크하는 습관을 들일 것을 조언함.〕
- (블루마블 게임을 함. 신나게 게임을 하고, 치료자가 잘하면 다소 흥분하지만 패배를 순
  순히 인정함.)

요약 및 설명

> 창민이 시간 약속을 잘 못 지키는 것에 대해 부끄러워하였다. 치료자는 치료 일정에

따라 시간 약속 지키기와 시간 관리를 위해 계획표 짜는 방법과 수첩을 쓰는 방법을 교육하였다. 창민이 열심히 배우려 하였고, 정서적으로 많이 안정되고, 밝은 태도를 보였다.

■ 16회기

＊ 시간 관리를 실천하는 방법에 대해 교육하였다.

- (약속 시간에 정확하게 옴.) 오늘은 안 늦으려고 미리 시간 보고 계산했다. 〔시간 약속을 지키려는 창민의 노력에 대해 칭찬하고 초콜릿으로 보상함.〕
- 주간 계획표: 깜박하고 안 했다./ 별 도움 안 될 거다. 어차피 계획표대로 안 지킬 거다.
- 수첩쓰기: 귀찮아서 안 했다.
- 〔귀찮고 신경 써야 하는 일들에 대한 회피적인 경향에 직면시킴. 또한 새롭게 시도하는 일에 대해 부정적인 기대 대신 긍정적인 기대를 하는 것의 중요성에 대해 이야기함.〕
- 〔계획표의 실천율을 높이기 위해 쉽게 지킬 수 있는 계획표 짜기에 대해 다시 교육함. (실천 방법에 대한 구체적인 내용은 제13장 학습부진 사례 참조)〕
- (창민이 다음 회기까지 쉽게 지킬 수 있는 계획표를 짜고 실천해 보기로 약속함.)
- 〔자기 통제에 도움이 되는 환경을 조성하는 방법에 대해 교육함.〕
- 해야 할 일을 안 빠뜨리고 하는 데 도움이 되는 방법: 수첩을 쓰고, 책상 앞의 메모지 보드에 할 일을 써 놓으면 된다. 〔창민이 알고 있는 방법을 실천할 것을 격려하고, 책상 정리 방법에 대해 조언함.〕

책상 정리하기

- 책상과 책상 앞의 벽을 깨끗하게 치운다.
- 책상 앞에 주간 계획표와 그날 해야 할 일을 적은 메모지만 보이게 한다.
- 해야 할 일을 한번에 하나씩 해 나간다.
- 수행한 것은 색연필로 바로 체크한다.

- (블루마블 게임을 함. 치료자가 잘하자 짜증을 냄.) 계속 지네. 제기랄. (나중에는 패배 를 순순히 인정함.)

요약 및 설명

창민이 계획표와 수첩 쓰기 같은 귀찮은 활동에 대해 약속을 지키지 않고 부정적인 기대를 갖고 있어, 힘든 일을 회피하고자 하는 경향이 쉽게 고쳐지지 않는 것으로 판단 되었다. 치료자는 실천하기의 어려움에 대해 공감하고, 좀 더 지키기 쉬운 주간 계획표 짜기에 대해 재교육을 실시하였다.

■ 17회기

* 계획표 실천하기와 정리 정돈하는 방법에 대해 교육하였다.

- 행동 수정 계약 실천: 많이 지키고 있다. 스티커도 많이 받는다./ 일단 게임을 적 게 한다. 숙제도 거의 하는 편이다. 운동하는 것은 잘 안 지켜진다. 〔행동 수정 계약 기간이 거의 끝나가 한 달간 계약을 연장하기로 함. 평균 80% 정도는 지켜 지고 있어 계약 내용대로 계속 노력하도록 격려함.〕
- 계획표와 수첩 쓰기: 그럭저럭 했다./ 한 60~70% 정도밖에 못 지켰다.
- 못 지킨 부분: 숙제하기, 영어 단어 외우기, 수학 문제 풀기./ 귀찮아서. (숙제와 공부 얘기를 하기 싫어하고 딴 얘기를 하려고 함.) 〔치료자는 창민이 노력한 것에 대 해 칭찬해 주고, 계획표대로 완벽하게 실천되지는 않지만 창민의 노력에 따라 향상될 수 있음을 알려주고, 다음 주에는 계획표의 80%를 지키는 것을 목표로 하기로 합의함.〕
- 〔방을 정리하는 방법에 대해 교육함.〕
- 창민의 방 상태: 어지럽다. 쓰레기를 아무 데나 던지고, 옷을 아무 데나 벗어 놓 는다. 내가 봐도 정신없다.
- 방 정리를 안 해서 안 좋은 점: 지저분하다. 먼지가 날려 위생상 안 좋다. 보기에도 안 좋다. 남이 오면 창피하고. 학용품 같은 걸 아무 데나 두니까 빨리 못 찾는다.
- 〔힘들지 않게 방을 정리하고 물건을 간수하는 방법에 대해 조언함.〕

방 정리하기

- 수납장에 물품의 유목별로 이름표를 써서 붙인다.
- 물품들을 유목에 따라 체계적으로 정리한다.
- 집에 오면 바로 옷을 옷걸이에 걸어 옷장에 넣는다.
- 양말이나 빨 것은 벗는 즉시 세탁 바구니에 넣는다.
- 방에 쓰레기통을 두고 쓰레기는 바로 쓰레기통에 넣는다.

- (새로운 게임을 찾다가 윷놀이를 발견하고 선택함. 말 쓰는 방법을 잘 모른다고 하여 치료자가 가르쳐주자 금방 배움. 윷놀이를 즐겁게 함. 1:1 무승부가 되자 기분 좋게 수용함.)

요약 및 설명 ● ● ●

　　창민이 게임 사용에 대한 조절 능력은 많이 향상되었지만, 시간 관리나 공부하기 등은 힘들어하며 마지못해 하고 있는 것으로 보였다. 바람직한 생활 방식이 습관화되기 위해 시간이 필요하고, 보상을 지속적으로 활용하는 것이 효과적일 것으로 판단되었다. 치료자는 창민의 작은 노력에 대해서도 인정해 주고 격려하였으며, 母와의 전화 통화를 통해 창민의 노력에 대해 칭찬과 보상을 계속 제공할 것을 조언하였다. 또한 방을 정리 정돈하는 것을 처음에 母가 도와주고 습관화될 때까지 보상을 활용하도록 조언하였다.

■ 18회기

＊ 학습기술 향상 훈련으로 집중력과 기억력 향상 방법을 교육하였다.

- (40분 늦게 와서 사과함.) 개학해서 숙제 하느라고 늦었다./ 늦을 때 연락하기: 여기 전화번호를 잃어 버렸다. 다음부터는 안 그러겠다. 〔창민이 시간 약속을 지키는 비율이 60~70% 정도임을 지적하고, 개선 방법에 대해 상의함.〕 수첩에 약속 시간을 적어 놓고, 미리 타이머를 맞춰두면 된다. 다음에는 그렇게 해 보겠다.

- 숙제하기: 어제도 밤늦게까지 숙제했다. 개학 하자마자 숙제가 많아서. 게임도 거의 못했다. 매일 숙제 하느라 피곤하다. 피곤하니까 학원 가서 집중을 못한다. 〔게임을 자제하고 숙제를 열심히 한 것에 대해 칭찬함.〕

- 요즘 공부하기: 영어 어렵다. 단어를 안 외워둬서 갈수록 힘들다. 영어가 싫다. 5학년 때부터 열심히 안 한 게 후회된다. 국어 글쓰기는 좀 괜찮은데, 다른 과목들은 다 어렵다. 예술 과목도 다 싫다. 〔공부하기의 어려움에 대해 공감하고, 학습기술을 배워 단계적으로 해 나가면 실력이 점차 향상될 수 있다고 격려함.〕

- 계획표: 지난번만큼밖에 못 지켰다. 스티커도 비슷하게 받았다. 〔창민이 포기하지 않고 계획표를 짜는 것에 대해 칭찬하고 지속적으로 해 나가도록 격려함.〕

- 〔학습 습관 질문지를 실시하여 평소의 학습 습관에 대해 분석하게 함. (구체적인 내용은 제13장 학습부진 사례 참조)〕

    (창민이 대부분의 항목에서 30~50점 사이의 낮은 점수에 체크함.) 〔치료자는 학습 습관 분석표를 창민과 함께 검토하면서, 학습기술을 훈련받음으로써 공부를 좀 더 쉽게, 효율적으로 할 수 있음을 설명해 줌.〕

- 〔집중력과 기억력을 향상시키는 방법들에 대해 교육함. (구체적인 내용은 제13장 학습부진 사례 참조)〕 (창민이 열심히 배우려 함.) 집에 가서 해 보겠다.

- (윷놀이 게임을 함. 말을 쓰는 전략이 향상되고 즐겁게 게임을 함. 창민이 연속해서 두 번을 이기자 몹시 기뻐함.)

요약 및 설명

창민이 개학을 맞아 숙제하는 데 상당한 노력을 기울이고 있는 것으로 보였다. 자신이 시간 약속을 잘 못 지키는 것, 학습 습관이 안 좋고 그동안 공부를 열심히 하지 않은 데 대해 후회하면서 개선하고 싶어하는 의지를 나타내었다. 치료자는 창민의 이러한 태도 변화와 노력에 대해 신뢰감을 전달하였고, 학습 능력을 향상시키기 위해 학습기술을 세 회기에 걸쳐 교육하기로 합의하였다.

■ 19회기

＊ 학습기술 향상 훈련으로 효과적인 책 읽기 방법을 교육하였다.

- (약속 시간보다 5분 일찍 와서 기다림.) 오늘은 절대 안 늦으려고 미리 나왔어요. 수첩에 미리 기록도 해 뒀어요. 〔치료자는 창민의 노력에 대해 칭찬하고 초콜릿으로 보상함. 학교와 학원에 가는 것도 같은 방법을 사용해 시간을 지키도록 격려함.〕

- 행동 수정 계약, 시간 계획표 지키기: 그럭저럭 하고 있다. 게임은 이제 좀 시시해서 많이 안 한다. 〔게임에 대한 조절 능력은 많이 향상된 것으로 보이며, 시간 관리도 꾸준히 노력하는 것으로 판단되었음.〕

- 〔효과적으로 책을 읽고 이해하는 방법을 교육함. (구체적인 내용은 제13장 학습부진 사례 참조)〕 (창민이 열심히 배움.) 어렵다. 좀 복잡한데 해 보겠다. 무협지 읽을 때도 해 보면 좋겠다.

- (물고기 잡기 게임을 함. 창민이 이기려고 치료자를 방해하다가 실이 엉켜 버림. 실을 푸는데 10분 걸려 끝까지 풀어냄.) 〔장난스럽게 게임을 하면서 즐거워하는 등 긍정적인 정서 표현이 증가한 것으로 보임.〕

요약 및 설명

창민이 미리 와서 기다리고 학습기술을 열심히 배우는 등 진지한 태도를 보였다. 최근 게임을 비교적 자제할 수 있으며, 숙제와 공부에 관심을 갖고 노력하는 것으로 판단되었다. 치료자는 창민의 노력에 대해 칭찬하고 격려하면서 신뢰감을 전달하였다.

〈母 면담〉

- 창민의 최근 긍정적인 변화에 대해 보고하였다.

　창민의 생활 태도가 많이 좋아졌다.

　아직 시간 관리는 잘 안 되고 정리도 잘 못하지만, 게임은 알아서 조절을 잘 하는 편이다. 어쩌다 밤늦게까지 게임하는 날도 있지만, 그런 날은 별로 없다.

　학교와 학원에 가는 것도 지각하는 날이 줄어들었다. 예전에는 거의 매일 지각하고 결석도 많이 했지만, 요즘은 일주일에 두 번 정도 지각하는 것 같다.

개학하면서 숙제도 잘 해 가고, 공부를 열심히 해야겠다는 말을 한다.

부모가 칭찬도 많이 해 주고, 용돈도 많이 올려 줬다. 스티커도 많이 주려고 한다. 창민이 스티커 받는 것을 좋아한다.

요약 및 설명

창민이 긍정적인 변화를 보이고 있어 母가 만족감을 표현하였다. 창민이 변화를 위한 노력을 계속할 수 있도록 부모가 정서적인 지지를 자주 제공하고, 보상을 지속적으로 활용할 것을 母에게 조언하였다.

■ 20회기

＊ 학습기술 향상 훈련으로 공책 정리하는 방법과 시험 준비하는 방법을 교육하였다.

• 〔효율적인 공책 정리법과 시험 준비 방법에 대해 교육함. (구체적인 내용은 제13장 학습부진 사례 참조)〕

• 실천 사항: 선생님이 내 주는 프린트 같은 걸 아무렇게나 놔 둬서 나중에 못 찾았는데, 그런 걸 잘 모아서 정리해 두어야겠다. 다음 번 시험 때는 준비를 좀 철저하게 할 생각이다. 오늘 배운 대로 해 보겠다.

• (블루마블 게임을 함. 즐겁게 게임을 하고 승부에 별로 개의치 않음. 시간이 모자라 중간에 그만두어야 했지만 불평하지 않음.)

요약 및 설명

정서적으로 많이 안정되고 여유가 있어 보였으며, 전반적인 자기 통제력이 점차 나아지고 있는 것으로 보였다. 학습 동기도 향상되어 가고 있으며 학습기술을 열심히 배우는 등 상당한 변화를 나타냈다.

3) 후기

창민이 10회기의 구조화된 인지행동 치료와 학습기술 향상 훈련을 비교적 성공적
으로 끝마치고 정서적인 안정감과 더불어 게임 시간을 조절할 수 있고 학습 동기도
향상되는 등 긍정적인 변화를 보였다. 따라서 후기 단계에서는 창민이 습득한 행동
통제력과 학습기술을 최대한 활용하도록 격려하고, 치료 과정 중 학습한 것을 습관화
시키기 위해 지속적으로 검토하고 피드백을 주면서 자신감을 갖도록 하는 데 초점을
두었다.

■ 21회기

＊ 최근 생활에 대해 이야기하였다.

• (10분 먼저 와서 책을 읽으면서 기다림.)

• 학교생활: 잘하고 있다. 숙제도 잘 해 간다. 학원도 잘 다니고 있다. 아직 공부가
  좀 힘들고 어렵다. 많이 놀 수 있으면 좋겠다. 〔치료자는 창민의 솔직한 욕구와
  감정에 대해 공감하고, 미래를 위해 현재의 어려움을 참고 견디려는 의지와 노
  력에 대해 칭찬하고 격려함.〕

• 게임: 이제 많이 안 한다. 숙제하고 학원 갔다 오면 게임할 시간이 별로 없다. 하
  루에 1~2시간 정도도 못하고 있다. 주말에만 좀 많이 한다. 〔게임 사용에 대한
  조절이 가능해진 것으로 보임.〕

• 약속 시간 지키기: 요즘 지각 별로 안 한다. 수첩에 약속 쓰기도 하고 있다. 어쩌
  다 한 번씩 지각할 때는 있다.

• 운동: 헬스는 귀찮고 재미없어서 안 한다. 친구들과 가끔 농구는 한다. 〔운동을
  하기로 한 약속은 거의 지켜지지 않는 것으로 보임. 헬스 이외의 대안적인 활동
  에 대해 생각해 보도록 격려함.〕 잘 모르겠다. 운동할 시간도 없다. 농구는 자주
  안 하게 되고. 〔귀찮은 운동에 대해 회피하고자 하는 경향을 보이는 것으로 판단
  됨. 일상생활에서 쉽게 할 수 있는 운동에 대해 생각해 보도록 권유하였음.〕

• (창민이 놀이 대신 이야기를 하고 싶어함.) 오늘은 게임하는 것보다 이야기하고 싶
  다. 인터넷 검색에서 재미있는 것들을 찾아봤다. 세상에서 제일 작은 강아지, 세
  상에서 제일 뚱뚱한 사람 …. 〔창민이 치료자에게 재미있는 이야기를 해 주려 하

는 등 편안하고 친밀한 느낌을 갖고 있는 것으로 판단됨.〕

요약 및 설명

창민이 자신의 최근 생활에 대해 차분하고 안정감 있게 이야기를 잘하였다. 또 인터넷 검색에서 찾은 재미있는 이야기들을 치료자에게 많이 해 주면서 즐거워하였다. 숙제하기, 시간 약속 지키기 및 게임 사용 등에서 전반적으로 자기 통제가 향상된 것으로 판단되었다.

■ 22회기

＊ 시험 준비에 대해 이야기하였다.

- (3분 늦게 뛰어 들어와 사과함.) 조금 늦었죠? 죄송해요. 버스가 늦게 와서. 〔치료자는 창민이 많이 늦지 않은 것에 대해 언급하며, 시간을 지키려 하는 의지에 대해 인정해 줌.〕
- 최근 생활: 시험 준비해야 된다. 이제 2주 남았으니까 시작해야 된다. 이번에는 시험 잘 봐야 된다. 80점을 목표로 하고 있다. 최소한 75점 이상은 넘어야 된다. 〔시험을 잘 보고자 하는 목표가 뚜렷한 것에 대해 칭찬하고 격려해 줌.〕
- 시험 스트레스: 머리가 떵하고 영어 단어가 안 외워진다. 잠자는 게 제일 좋다. 〔시험 스트레스에 대해 회피하지 않고 적극적으로 대처할 것을 조언함.〕
- 시험 준비 계획: 계획표 짜서 할 거다. 〔학습기술 훈련에서 배운 대로 계획을 세워 시험 준비에 최선을 다하고, 불안감을 감소시키는 생각들을 하도록 조언함.〕
- (카드를 갖고 와서 치료자에게 블랙잭 하는 방법을 친절하게 가르쳐 줌.)

요약 및 설명

창민이 성적 향상에 대한 의지와 시험에 대한 스트레스를 표현하여, 치료자는 학습기술 훈련에서 배운 내용을 토대로 최선을 다해 준비하도록 격려하였다. 시험이 끝난 뒤에 다음 회기를 갖기로 하고, 종결을 준비하기로 하였다.

4) 종 결

■ 23회기

＊ 시험 기간이 끝나고 3주 만에 와서 시험에 대해 이야기하였다.

• 시험: 그럭저럭 봤다. 성적이 좀 올랐는데 많이는 안 올랐다./ 규칙적으로 공부 안 해서. 겨우 평균 3점 올랐다. 믿었던 국어도 잘 못 보고 수학도 별로다. 사회는 많이 올랐다. 체육도 좀 오르고. 〔창민의 노력에 따라 성적이 점차 더 많이 향상될 수 있다고 격려하였음.〕

• 학습기술 활용 여부: 계획표는 짜서 했는데 잘 못 지켰다. 그래도 시험 기간 동안에는 게임을 거의 안 했다. 외우기 방법이 좀 도움이 됐다.

• 시험 끝난 소감: 이제부터라도 공부 열심히 해야겠다. 다음 시험 때 80점대로 올려야 된다./ 구체적인 방법: 평소에 공책 정리를 잘 해야겠다./ 선생님들이 칠판에 써 주는 거는 꼭 받아 적고, 프린트 내준 거에 밑줄 치고. 〔창민이 지속적으로 노력하려는 의지를 보여 치료자가 신뢰감을 전달하며 격려하였음.〕

• (블랙잭을 함. 승부에 집착하지 않고 즐겁게 함. 치료자가 질 듯 하면 친절하게 가르쳐 주기도 함.) 〔창민이 여유 있어 보이고 치료자를 배려하면서 상황을 즐겁게 만들려는 것으로 보였음.〕

요약 및 설명

창민이 시험 성적이 약간 향상되어 이로 인해 더 노력하고자 하는 동기가 유발된 것으로 보였다. 치료자는 창민의 노력에 대해 격려하고, 지속적인 노력으로 점진적인 향상을 가져올 수 있으므로 장기적인 목표를 세우고 꾸준히 노력할 것을 조언하였다.

〈母 면담〉

• 창민의 최근 생활에 대해 보고하였다.

창민이 이번에 시험 준비하는 태도가 예전과는 달랐다. 계획표도 짜고 게임도 거의 안했다.

성적이 많이 오르지는 않았지만 좀 오른 과목도 있고 열심히 하려는 모습을 보여 대견하고 희망이 보인다.

시험이 끝나고 피자도 사 주고 옷도 사 주고, 같이 영화도 봤다.

말하는 것도 예전보다 차분하고 조리 있게 한다. 정서적으로 안정이 된 것 같다.

아직 운동 하는 걸 싫어하고 방 정리 같은 건 잘 못한다. 아마 조금씩 나아질 거다.

요약 및 설명

창민이 시험 준비를 열심히 하고 게임도 적절하게 조절하는 등 자기 통제력과 학습 동기가 상당히 향상된 것으로 보였다. 부모와의 관계도 개선되어 가고 있고 정서적으로도 안정감을 찾아가는 것으로 판단되었다. 치료자는 부모의 노력에 대해 인정하고 창민에게 지속적인 관심과 지지를 제공하도록 조언하였다.

■ 24회기

＊ 2주 만에 와서 최근 생활과 치료 종결에 대해 이야기하였다.

• (약속 시간보다 먼저 와서 기다림. 치료자에게 줄 선물로 헝겊 필통을 가져옴.)

• 요즘 생활: 똑같다./ 학교 가고, 학원 가고.

• 힘든 점: 공부하는 거. 계속 어렵다./ 열심히 했다가 안 했다가 한다. 숙제는 꼭 한다.

• 시간 관리: 수첩은 쓰고 있다. 최근에 학원은 딱 한 번 지각했다.

• 게임: 많이 안 한다. 하루에 1시간 정도. 이제 별로 재미없다. 차라리 만화책이나 무협지 보는 게 낫다.

• (블랙잭을 함.) 우리 마지막으로 카드 해요. (승부에 연연하지 않고 즐겁게 카드놀이를 함.)

• 치료 종결 느낌: 시원하고 섭섭하다. 여기 안 와도 되니까 시간이 절약될 거다.

• 심리치료 효과: 없어요. (농담처럼 장난스럽게 말함.) 그저께 학원에 10분 지각했어요.

- 학습기술 활용 여부: 조금 도움이 된다. 많이는 아니고. (장난스럽게 웃음.)
- (작별할 시간이 되자) 선생님, e-mail 알려 주세요. 선물 안 주실 거예요? 〔치료 자는 창민에게 카드와 메모지 수첩을 선물하면서 이별의 섭섭함을 표현하고, 창민이 앞으로 학교생활이나 해야 할 일들을 잘해 나갈 것이라는 신뢰감을 전 달하였음.〕

요약 및 설명

치료 목표로 설정했던 대로 창민이 정서적으로 안정되고 기본적인 자기 통제 능력을 갖게 된 것으로 판단되었다. 귀엽고 장난스럽게 이야기하면서 치료 종결을 큰 거부감 없이 받아들였다.

6. 심리치료 결과 및 평가

창민은 컴퓨터 게임을 자제하지 못하고, 공부에 대한 무관심과 정서 불안이 주된 문제였던 아동으로, 일상생활의 바람직한 습관을 형성할 기회가 매우 부족했던 것으로 판단되었다. 치료 목표는 정서적 안정을 토대로 자기 통제 능력과 학습 동기 및 학습기술을 향상시키는 것이었다. 놀이를 활용한 아동중심적인 심리치료와 인지행동 치료를 병행하였고, 일상생활에서 구조와 체계를 갖출 수 있도록 유도하였다. 또한 부모교육을 통해 창민에게 정서적 지지를 제공하게 하고 보상을 사용한 행동 수정을 하도록 조언하였다.

우선적으로 정서 안정을 위해 치료 초기에는 아동중심적 놀이를 활용하고 자신의 문제에 대해 스스로 인식할 수 있도록 유도하였다. 중기 단계부터 문제 해결을 위한 인지행동 치료를 도입하여 스트레스에 효과적으로 대처하기, 게임에 대한 통제력 키우기, 학습 동기 유발하기 및 학습기술 향상 훈련 등을 도입하였다. 그러나 창민이 초반의 결심이 오래 가지 않고 다시 회피적 행동 양상을 보이는 등 치료 성과에서 회기별로 기복이 심했다. 시간 약속 지키기도 일관성 있게 호전되지 않고 치료 시간에 자주 늦고 사과하는 양상이 반복되었다. 치료자는 창민의 반복되는 문제 행동에 대해 비난하지 않고 자신의 문제를 스스로 인식하여 변화의 동기를 가질 수 있도록 돕는 데 주력하였다. 또한 창민이 노력하는 것에 대해 사회적 보상과 물질적 보상을 활용하고, 끊임없이 창민에 대한 믿음을 전달하였다. 수많은 시행착오를 거쳐 창민이 정서적으로 안정되고 자기 통제력도 점진적으로 향상되는 치료 성과를 보였다. 즉, 게임을 적절하게 조절하면서 즐길 수 있게 되었으며, 학습 동기도 향상되었다. 또한 치료가 종결될 즈음에는 시간 관리나 약속 지키기 등도 상당히 개선되었다. 창민이 보이는 노력이 일관적이지 않은 등 다소 미진한 부분이 남아 있지만 기본적인 자기 통제력이 습득되어 적응력이 점진적으로 향상될 것으로 예상되었다.